Martin Dinges, Fritz Sack (Hg.)
Unsichere Großstädte

Konflikte und Kultur – Historische Perspektiven

Herausgegeben von Andreas Blauert, Martin Dinges,
Mark Häberlein, Doris Kaufmann, Ulinka Rublack,
Gerd Schwerhoff

Band 3

Martin Dinges
Fritz Sack (Hg.)

Unsichere Großstädte?

Vom Mittelalter bis zur Postmoderne

UVK Universitätsverlag Konstanz GmbH

Die deutsche Bibliothek – CIP-Einheitsaufnahme

Unsichere Großstädte? : Vom Mittelalter
bis zur Postmoderne. / Hrsg.: Martin Dinges; Fritz Sack
– Konstanz : UVK Univ.-Verl. Konstanz, 2000
(Konflikte und Kultur – Historische Perspektiven ; 3)
ISBN 3-87940-652-9

ISSN 1437-6083
ISBN 3-87940-652-9

© UVK Universitätsverlag Konstanz GmbH, Konstanz 2000

Einbandentwurf: Riester & Sieber, Konstanz
Satz: Michael Knoll, Konstanz
Druck: Legoprint, Lavis

UVK Universitätsverlag Konstanz GmbH
Schützenstr. 24 • D-78462 Konstanz
Tel. 07531-90 53-0 • Fax 07531-90 53-98
www.uvk.de

Inhalt

UNSICHERE GROßSTÄDTE?

MARTIN DINGES UND FRITZ SACK

1 Sicherheit – ein konstitutiver Grundbegriff moderner Gesellschaften

Belegbedürftig dürfte unsere allgemeine Ausgangsfeststellung zu diesem Sammelband wohl keineswegs sein: Wie kaum ein anderes Thema hat das der „Sicherheit" in den letzten Jahren einen Spitzenplatz auf der öffentlichen Agenda von Problemen und Besorgnissen erreicht und bewahrt. Dies gilt zudem und nachhaltig für die Foren und Akteure der medienbestimmten und -repräsentierten Öffentlichkeit. Für die Boulevardpresse, jenen medialen Urtyp zur Bedienung schneller, markt- wie merkfähiger Informations- und Kommunikationsinhalte, über die seriöse Tagespresse bis hin zu den wöchentlichen Medienprodukten der Massen- ebenso wie der Hochkultur haben Informationen aus dem Bereich der Sicherheit einen von anderen Gegenständen kaum erreichten News-Wert.

Den Medien nicht nach stehen die Foren und Arenen der Politik, in denen politische Macht entweder direkt ausgeübt oder in denen um den Zugang dazu gerungen und gestritten wird. Auf der parlamentarischen Ebene der Politikformulierung wie auf der exekutiven Ebene der Politikimplementierung beanspruchen Programme und Projekte der Sicherheit enorme Ressourcen an Zeit und Aufwand. Und bei dem Erwerb der Anwartschaft auf diese staatlichen Ämter der Gewaltausübung in Form parteipolitischer Konkurrenz, in Sonderheit in Zeiten von Wahlkampf und Wahlkampagnen, ist die Sicherheit mittlerweile nahe daran, zu einem sogen. „valence issue"[1] zu gerinnen – einem politischen Gegenstandsbereich, der keine programmatischen Differenzen und Kontroversen mehr verträgt. Speziell die „Innere Sicherheit" drängt nach einer Homogenität und einem programmatisch nivellierenden Gleich-

---

[1] Dieser Begriff ist der politischen Soziologie bzw. der Politologie entnommen, genauer: der Analyse des Wählerverhaltens. In der Kriminalitätsforschung hat ihn namentlich K. Beckett in mehreren Aufsätzen und ihrer bedeutenden Monographie zur politischen Instrumentalisierung der Kriminalität und Kriminalitätsfurcht verwendet. Der binäre Gegenbegriff dazu ist der des „positional issue", der politische Gegenstände und Probleme bezeichnet, für die politische und öffentliche Akteure alternative und kontroverse Modelle und Lösungsvorschläge entwickeln und vertreten; vgl. Katherine Beckett, Making Crime Pay: Law and Order in Contemporary American Politics, New York 1997.

schritt politischer und öffentlicher Akteure, der politische Präferenzen markierende und legitimierende Unterschiede kaum mehr auszumachen erlaubt. „Crime is a labour issue" – dieses von der gehäuteten englischen Labour Party propagierte und gelebte Motto steht für die Verwandlung eines einst ideologisch und programmatisch bestimmten Politikbereichs in einen solchen des Partei übergreifenden Sachzwangs und gemeinen Menschenverstands. Diesem Wandel der inhaltlichen Dynamik der politischen Agenda haben sich selbst grüne Parteien alternativlos anzuverwandeln.

Diese politische und programmatische Nivellierung und Entdifferenzierung des Problems der Sicherheit bezieht sich auf mindestens drei Aspekte. Sie schlägt sich zum einen in einer Situationsdefinition nieder, die insofern den Charakter einer fixen Annahme, wenn nicht gar den eines Axioms auszeichnet, als sie immunisiert ist gegen jede Widerrede und jeglichen Zweifel, und seien diese noch so empirisch fundiert und validierbar. Der zweite Aspekt homogener und alternativloser Orientierung von Politik und Öffentlichkeit auf dem Feld der Sicherheit betrifft die Rezepte und Maßnahmen zur Wiedergewinnung und Herstellung von mehr Sicherheit bzw. zur Reduktion von Unsicherheit. Es braucht nur wenig Mut zur Vereinfachung und Reduktion von Komplexität, um die Feststellung zu treffen, daß die weithin verbreitete Antwort und Reaktion auf die vermeintlich verlorene Sicherheit in einer Rückkehr zu den punitiven Elementen des traditionellen Strafrechts besteht. Unüberhörbar ist der Ruf von Gesellschaft, Öffentlichkeit und Politik nach mehr, härterer und längerer Strafe. Vorbei sind die Zeiten, in denen Gesellschaften ihre Liberalität auch darin aufgehoben und manifestiert sahen, wie sie mit ihren Abweichlern und Kriminellen umgingen. Dies hat der große englische Staatmann Winston Churchill – weiß Gott kein Träumer und Realitätsverächter – in einer berühmten Rede im englischen Unterhaus schon vor dem Ersten Weltkrieg in gerade heute erinnernswerter und unmißverständlicher Weise ausgedrückt:

> „The mood and temper of the public in regard to the treatment of crime and criminals is one of the most unfailing tests of the civilization of any country"[2].

---

[2] Dieses Zitat ist der Monografie „The Expanding Prison. The Crisis in Crime and Punishment and the Search for Alternatives" von David Cayley (Toronto 1998), III, entnommen. Die Publikation ist aus einer von Nils Christie organisierten Konferenz der norwegischen Akademie für Wissenschaften und Literatur im Jahre 1995 hervorgegangen und basiert auf einer daraus entstandenen Serie von in Kanada ausgestrahlten Rundfunkdokumenten.

Der dritte Aspekt des gesellschaftlichen und parteiübergreifenden Konsenses in Sachen Sicherheit hängt eng mit der weltweit gewachsenen Strafbereitschaft zusammen. Die gesellschaftlich und politisch gehandelte und akzeptierte Erzeugungsgrammatik von Unsicherheit und sozialer Gefährdung kennt fast nur noch das Konto des Individuums und sieht kaum mehr Eintragungen und Belastungen auf den diversen Konten von Staat, Politik und Gesellschaft vor.

Es ist keine Frage: Sicherheit in dem zuvor skizzierten Sinne ist zu einem Schlüsselkonzept und zu einem konstitutiven Symbol moderner Gesellschaften geworden. Es nimmt einen zentralen Platz im etablierten Code gesellschaftlicher Selbstbeschreibung und im Vokabular der dafür zuständigen Akteure und Institutionen aus Staat, Politik und Öffentlichkeit ein. Resistent und undurchlässig in Bezug auf die drei genannten Aspekte – die Definition, die Gegenrezepte wie die Erklärungsmuster – hat dieses Konzept eher die Struktur, den Gehalt und die Funktion eines Mythos als den eines kognitiven und rationalen Werkzeugs zur Erfahrung und Erfassung einer von ihm als unabhängig verstandenen Wirklichkeit. Bekanntlich ist ein Mythos – entsprechend der Analyse von Roland Barthes[3], der wissenschaftlichen Autorität auf diesem Gebiet – nicht schlicht das Gegenteil oder ein Dementi der Wirklichkeit, auf die er sich (auch) bezieht. Vielmehr steht der Mythos zur Wirklichkeit in einem Verhältnis sie vereinseitigender Überhöhung und konnotativer Aufladung und Anreicherung. Der Mythos hat das Ziel, die soziale Realität mit einer Existenzebene symbolischer Verdichtung auszustatten, die ihren eigenen Gestaltungs- und Funktionsregeln folgt. Er unterliegt „Wahrheits"kriterien, die, obwohl auf die Realität der Gesellschaft bezogen, resistent sind gegenüber den etablierten und kanonisierten Methoden zur Erzeugung empirischen Wissens wie der deskriptiven Selbstvergewisserung der Gesellschaft.

Dennoch soll im Weiteren nicht etwa eine linguistische oder semiologische Analyse des Mythos „Sicherheit" vorgelegt werden – auch wenn viel dafür spricht, daß sich zumindest dem Verständnis und der Funktion des Sicherheitsdiskurses letztlich nur auf diese Weise beikommen läßt. Stattdessen wollen wir einleitend die historische und kriminologische Perspektive soweit wie möglich ausreizen und für die Einschätzung der Bedeutung und Reichweite des gegenwärtigen Diskurses über die Sicherheit einsetzen. Davor noch beginnen wir mit einer Art Alltagsphänomenologie und Ausmessung des semantischen Spielraums, in dem sich der gesunde und informierte Menschenverstand zu bewegen pflegt, wenn er sich des Themas der Sicherheit annimmt.

---

3   Vgl. Roland Barthes, Mythen des Alltags, Frankfurt/Main 1964.

2 „Sicherheit" und ihre Kontrolle – Überlegungen zur Sache und zur Begriffsgeschichte

2.1 Einige phänomenologische und historische Notizen zur Sicherheit – ein vieldimensionales Konzept

Das Interesse der Bewohner welches politischen Gebildes auch immer an ihrer persönlichen Unversehrtheit ist geradezu konstitutiv für alle Formen von Gemeinschaftsbildung. Frühgeschichtliche Siedlungen mit ihren Palisadenwällen und ähnlichen Schutzvorrichtungen zeugen ebenso davon wie antike Befestigungsanlagen. Bei diesen baulichen Vorkehrungen steht der Schutz vor Tieren und äußeren Feinden im Vordergrund. Auch das Selbstverständnis der mittelalterlichen Stadt ist durch ihre Funktion als Schutzraum vor äußeren Feinden geprägt. Demgegenüber ist die Herstellung des Friedens im Inneren eines so abgegrenzten Gebildes eine zweite, oft viel schwieriger zu lösende Aufgabe[4]. Sie wird aber ebenfalls von den Einwohnern und von ihren Vertretern regelmäßig als wichtig betrachtet. So ging dieses Ziel in die paradigmatische Formulierung der Lehnsbeziehungen des Mittelalters als „Schutz und Schirm" ein, mit denen die Leistungen des Lehnsherren gegenüber dem Lehnsmann charakterisiert wurden[5].

Die Sache, um die es in diesem Band geht, ist also alt, aber der von uns im Buchtitel gewählte Begriff orientiert sich an der aktuellen Form, den Sachverhalt zu thematisieren. Sicherheit ist heutzutage ein umfassendes Konzept, das zunächst die Unversehrtheit von Leib, Leben und Eigentum umfaßt[6]. Damit ist nicht nur die Sicherheit vor kriminellen

---

[4] Zu rituellen Verfahrensweisen vgl. z.B. Egon Flaig, Zwingende Gesten in der römischen Politik, in: Richard van Dülmen (Hg.), Neue Blicke: historische Anthropologie in der Praxis, Wien, Köln 1997, 33–50.

[5] Gadi Algazi, Herrengewalt und Gewalt der Herren im späten Mittelalter: Herrschaft, Gegenseitigkeit und Sprachgebrauch, Frankfurt/Main 1996, hat kürzlich darauf hingewiesen, dass Brunner wohl zu einseitig die Gegenseitigkeit im Herrschaftsverhältnis zwischen Lehnsmann und Lehnsherrn betont habe. „Schutz und Schirm" sei eine ideologische Verbrämung eines vorwiegend durch Herrschaftsinteressen der Lehnsherren geprägten Verhältnisses. Holenstein hält dem entgegen, daß sich Herrschaftsfunktionalität und Gegenseitigkeit nicht sachlich ausschließen müssen. Auch die Quellenbefunde würden auf eine solche Vielschichtigkeit hindeuten.

[6] Zweifellos lässt sich der Sicherheitsdiskurs noch unterhalb dieser Ebene bereits kodifizierter „Rechtsgüter" führen, wenn man ihn anthropologisch oder psychologisch im Sinne phylo- oder ontogenetisch fundierter Grundbedürfnisse ansetzt – vgl. hierzu etwa Udo Zelinka, Sicherheit – ein Grundbedürfnis des Menschen?, in: Ekkehard Lippert, Andreas Prüfert und Günther Wachtler (Hg.), Sicherheit in der unsicheren Gesellschaft, Opladen 1997, 43–57. Indessen kommt eine historische und komparative Perspektive, wie sie diesem Band zugrunde

Angriffen, sondern auch vor Krankheits-, Invaliditäts- und die sich daraus ergebenden Pflegerisiken gemeint, die nur als Versicherung gegen diese Risiken denk- und machbar ist. Soziale Sicherheit bezieht sich auf die Unsicherheiten der Arbeitsmärkte und die Lebensphase nach der Berufstätigkeit, also die Alterssicherung. Daneben steht der ganze Bereich an Unsicherheiten, die sich aus der Nutzung moderner Technik ergeben und in Begriffen wie Verkehrssicherheit und Reaktorsicherheit aufscheinen. Die Diskussion um Sicherheit im Internet ist nur der letzte Sprößling eines Diskurses, der bereits mit aufklärerischen Debatten über die Unsicherheit des Straßenverkehrs wegen zu vieler Kutschen begann und über die gefährliche Schnelligkeit von Eisenbahnzügen weitergeführt wurde. Sicherheitspolitik bezeichnet klassisch die Aufrechterhaltung äußerer Sicherheit. Daneben wird mittlerweile „Innere Sicherheit als gesamtpolitische Aufgabe" charakterisiert[7]. Man wird beobachten müssen, wie sich dieser Begriffsgebrauch weiterentwickelt. Jedenfalls weisen kritische Stimmen darauf hin, daß mit der Rede vom „Krieg gegen das Verbrechen" nicht nur metaphorisch eine Tendenz zur Verwischung von Grenzen zwischen Innenpolitik und Außenpolitik angedeutet ist. Daneben halten manche den Verlust von Glaubensgewißheiten nach wie vor für erheblich[8]. Dies gilt insbesondere vor dem Hintergrund, dass die institutionellen staatlichen Surrogate religiöser Gewissheit zunehmend an Wirkungskraft einbüssen[9].

Konstitutiv für alle diese Vorstellungen von Sicherheit ist, daß letztlich Sicherheit vor einer Bedrohung gesucht wird. Bereiche, in denen Unsicherheiten konstatiert werden, sind also vielfältig, und es scheint typisch, daß sich in ihnen höchst persönliche Gefährdungen nicht selten mit gesellschaftlichen verbinden. Dementsprechend sind auch die bereits angesprochenen Lösungen zumeist kollektive Leistungen: Militär,

---

liegt, nicht umhin, mit der Annahme zu operieren, daß wir es „bei Sicherheit wie bei Unsicherheit" mit *„gesellschaftlichen Konstruktionen"* zu tun haben, d.h. mit variablen Größen (vgl. Wolfgang Bonß, Die gesellschaftliche Konstruktion von Sicherheit, in: daselbst, 21–41, 21).

7 Bundesministerium des Innern (Hg.), Innere Sicherheit als gesamtpolitische Aufgabe, Bonn 1997.

8 Das Problem der Glaubensgewißheit ist einerseits die älteste durchgehende Traditionslinie für die Formulierung von Unsicherheiten. Andererseits wurde für diesen Bereich der ungenauere Sicherheitsbegriff schon in der Spätantike durch eine begriffliche Neuprägung christlicher Autoren, die certitudo (Gewißheit), verdrängt. Vgl. Andrea Schrimm-Heins, Gewißheit und Sicherheit. Geschichte und Bedeutungswandel der Begriffe certitudo und securitas, Diss. Phil. Bayreuth 1990, 224 f.

9 Diesen Gedanken hat Ulrich K. Preuss vor mehr als zehn Jahren mit Blick auf die schon damals beginnende Konjunktur des Sicherheitsdiskurses ausgearbeitet: Vorsicht Sicherheit. Am Ende staatlicher Neutralisierung?, in: Merkur, Heft 6 (1989), 487–498.

Polizei, Versicherungen und Sozialversicherungen, Technische Überwachungsvereine und Kirchen mit Kommissionen für Glaubensfragen oder standardisierte Verfahren wie die Gewissenserforschung.

Man kann sich fragen, warum in den letzten Jahren das Thema Sicherheit so in den Vordergrund der öffentlichen Diskussion gerückt ist. Aus der wissenschaftlichen Diskussion zu diesem Thema ist als Zwischenergebnis zu entnehmen, daß die Unsicherheitsgefühle teilweise auf der Zunahme von langfristigen zivilisatorischen Entwicklungen beruhen[10]. Dazu gehört, daß industrielle und postindustrielle Gesellschaften immer mehr von eigenen Hervorbringungen abhängig sind, die nicht als bekannt vorauszusetzen sind. Damit werden mehr und mehr Individuen immer weiträumiger voneinander abhängig. Außerdem beschleunigt sich technischer Wandel und greift immer tiefer in die Alltagswelt ein. Das läßt sich leicht an den unterschiedlich starken Wirkungen von Waschmaschinen, Telephon, Fernsehen, EDV und dem Internet auf den Alltag und die Arbeitswelt nachvollziehen. Da sich immer mehr Veränderungen wissensgestützt vollziehen, läßt sich immer weniger voraussagen, wie die nahe Zukunft aussehen mag. Daneben nimmt zwar der Informationsraum insbesondere seit der Einführung von Rundfunk und Fernsehen zu, während der eigene Handlungsraum nicht gleich schnell wächst. Die Wahrnehmung von Unsicherheiten in der eigenen Stadt und rund um den Globus kann dementsprechend wachsen. Auch werden Risiken nicht nach der Eintrittswahrscheinlichkeit, sondern als solche wahrgenommen, so daß insgesamt Unsicherheitsgefühle leicht zunehmen können. Schließlich scheinen relativ hohe Niveaus politischer und sozialer Sicherheit wie in den „entwickelten Industriegesellschaften" nicht zu höherer Gelassenheit zu führen, sondern vielmehr eine gewisse Intoleranz gegenüber Unsicherheiten zu verstärken. Paradoxerweise scheinen gerade relativ sichere Gesellschaften einen schnell weiter steigenden Sicherheitsbedarf zu produzieren, ohne daß das Ende eines solchen unentrinnbar scheinenden Teufelskreises absehbar wäre. Diese Zusammenhänge weisen über Rechtsgutverletzungen und den Bannkreis der Inneren Sicherheit traditionellen Verständnisses hinaus und reichen heran an die Konstitutionsprinzipien fortgeschrittener Gesellschaften, wie es etwa St. Spitzer mit der Übertragung des Fetischkonzepts aus der Warenwelt in den Sicherheitsbereich schon vor längerem vorgeschlagen hat[11].

---

[10] Das folgende bezieht sich auf Hermann Lübbe, Die schwarze Wand der Zukunft, in Ernst Peter Fischer (Hg.), Auf der Suche nach der verlorenen Sicherheit, München 1991, 17–31.

[11] Vgl. Steven Spitzer, Security and control in capitalist societies: the fetishism of security and the secret thereof, in: John Lowman, Robert J. Menzies und T.S.

Diese eher langfristigen Tendenzen und Strukturen von Unsicherheits-Wahrnehmungen werden durch eine Reihe aktueller politischer Entwicklungen verstärkt. Dazu gehören insbesondere die zunehmende Arbeitslosigkeit, weltweite Migrationsprozesse, deren Bugwelle langsam auch die wohlhabenden Länder erreicht, die Diskussionen über die Tragfähigkeit der sozialen Sicherheitssysteme und die Veränderungen der außenpolitischen Lage seit 1989, die nunmehr als beunruhigender wahrgenommen wird. Das ist umso erstaunlicher, als eine frühere Generation von Autoren bei ihrer Zeitdiagnose gerade auf die Sicherheitsverluste seit der Erfahrung des Zweiten Weltkrieges und dem Abwurf der Atombombe hinwies[12].

Die genannten politischen Entwicklungen der letzten 20 Jahre lassen sich als Infragestellung bisher als gegeben betrachteter „Sicherheitsstandards" deuten. Bezieht man die politische Beunruhigung im Zusammenhang mit den Debatten um das Asylrecht und um die Staatsangehörigkeit (polemisch reduziert auf den „Doppelpaß") mit ein, dann scheinen viele Bundesbürger zu den Sicherheitsstandards einer Gesellschaft auch zu zählen, daß in ihr „nicht zu viele Fremde" leben. Schon an dieser Formulierung zeigt sich allerdings, wie unterschiedlich entsprechende Wahrnehmungen von imaginierten Sicherheitseinbußen ausfallen können.

2.2   Einige Anmerkungen zur Geschichte des Sicherheitskonzepts

Dies war für uns der Anlaß, ausgehend von heutigen Problemlagen, danach zu fragen, wie frühere Generationen und historische Epochen mit auf den ersten Blick ähnlich scheinenden Sachverhalten umgegangen sind. Ein erster Zugang dazu ist immer die Bezeichnung des von uns mit dem Begriff Sicherheit gefaßten Problemfeldes. Ein Wandel in den Benennungen verweist zumeist auch darauf, daß in früheren Zeiten das Problem etwas anders gesehen wurde. Es ist deshalb lohnend, den Begriff Sicherheit in der Geschichte zurückzuverfolgen und auch danach zu fragen, welche anderen Konzepte komplementär oder alternativ verwendet wurden. Sicherheitsprobleme werden insbesondere seit dem Zweiten Weltkrieg und noch einmal rasant wachsend seit ca. 20 Jahren mehr und mehr wahrgenommen. Anders ließe sich die exponentielle Zunahme des Redens über Unsicherheit schwerlich verstehen.

Palys, Transcarceration. Essays in the Sociology of Social Control, Aldershot u.a. 1983, 43–58.

[12] Vgl. Werner Conze, Sicherheit, Schutz, in: Otto Brunner u.a. (Hg.), Geschichtliche Grundbegriffe, Band 5, Stuttgart 1984, 831–862, 861 f.

Unser heutiges Verständnis von Sicherheit ist noch gar nicht so alt. Als jüngste Komponente läßt sich der Begriff „soziale Sicherheit" ausmachen, der zunächst in den USA Mitte der 1930er Jahre als Reaktion auf die Weltwirtschaftskrise geprägt wurde. Sicherheit im Zusammenhang mit dem Staat wird allerdings schon viel früher systematisch thematisiert[13]. Seit der augusteischen Zeit in der Antike bezeichnet securitas, allerdings im Zusammenhang mit pax, den Friedensraum innerhalb des Römischen Imperiums. Formelhaft wird diese Bedeutung unter veränderten politischen Bedingungen von den Franken und Karolingern übernommen. Wichtig daran ist, daß diese Begriffstradition im Mittelalter trotz entgegenstehender politischer Verhältnisse weitergelaufen ist. Der Friedensbegriff sowie andere Konzepte (Schutz und Schirm...) stehen in dieser Epoche aber zumindest gleichberechtigt neben dem Sicherheitsbegriff[14]. Dieser wird besonders häufig seit dem 12. Jahrhundert belegbar. Er bezeichnet ganz konkret die Sicherheit von Klöstern, Straßen, Märkten, Besitzungen und Rechten. Auch innerhalb des Lehensverhältnisses dient das Konzept zur Beschreibung der Sicherheit der Person – etwa vor Gefangennahme. Bezeichnenderweise reduziert sich die Bedeutung des securitas-Begriffes während der Landfriedensbewegung seit dem 12. Jahrhundert aber immer mehr auf die Sicherheit der Straßen. Dieser Bedeutungsschrumpfung entspricht der Bedeutungszuwachs von „Friede" für die Bezeichnung des angestrebten Gesamtzustandes der Gemeinwesen. Trotzdem blieb die Zielvorstellung von „sicheren", also von Fehde freien Ständen und Personen bestehen.

Ein Neuansatz in der Begriffsbildung läßt sich seit Machiavelli und dann weiter im 16. Jh. beobachten. Nunmehr wird Sicherheit im Sinne von äußerer Sicherheit der Staaten immer mehr im Zusammenhang mit Landesverteidigung, also dem Aufbau von Streitkräften und Festungen zur Sicherung des entstehenden Staatsgebietes gebraucht. Althusius dehnt 1614 die Pflicht des Fürsten zur Sicherung der Straßen seines Territoriums so weit aus, daß bei ihm Sicherheit zum „Zweck des politischen Gemeinwesens" werden kann[15]. Gerade seit den 1630er Jahren, also einer Zeit besonders großer Friedenssehnsucht, wird der Sicherheitsbegriff in der politischen Sprache immer wichtiger, weil offenbar der Friedensbegriff alleine nicht mehr zur Charakterisierung des angestrebten politischen Zustandes ausreichte. „Es war ein Begriff des neuen (Militär-)Staates. Er folgte aus dessen ‚Raison'. Er war dem ‚Interesse'

---

13   Das folgende nach Conze, Sicherheit, 833 ff.

14   Vgl. Johannes Fried (Hg.), Träger und Instrumentarium des Friedens im hohen und späten Mittelalter, Sigmaringen 1996.

15   Conze, Sicherheit, 840.

des Staates nützlich."[16] Sehr bald wird dann im Zusammenhang mit der Wendung der fürstlichen Schutzpflicht nach innen auch der Verlust ständischer Freiheiten bewußt, denn die securitas des entstehenden Staates wird nun gegenüber der libertas (Freiheit) der Stände bevorzugt.

Ebenfalls seit dem Beginn des 17. Jahrhunderts wurde zunächst indirekt die Unterscheidung zwischen äußerer und innerer Sicherheit des Staates und der Wechselwirkung zwischen beiden ausgearbeitet, bis sie bei Leibniz 1670 voll ausgebildet wurde. In der zweiten Hälfte des 17. Jahrhunderts wird durch Hobbes und Pufendorf Sicherheit als Staatszweck immer umfassender durchdacht, philosophisch begründet und positiv als Voraussetzung für ein Leben mit gesichertem Eigentum, in Wohlfahrt und Bequemlichkeit gedeutet. Diese Vorstellung von der „Glückseligkeit der Bürger" rückt im 18. Jahrhundert noch stärker in den Vordergrund. Ihr entsprach der umfassende Auftrag der obrigkeitlichen „Policey", nicht nur alle Gefährdungen des Lebens und Eigentums von den Bürgern fernzuhalten, sondern die Untertanen auch gegen solche Gefahren zu versichern, woraus sich die zeitgenössische Verbreitung des Assekuranzgedankens erklärt[17].

Es muß hier nicht im Einzelnen verfolgt werden, wie seit der Amerikanischen und Französischen Revolution die Menschenrechtsidee mit der gleichermaßen naturrechtlich begründeten Vorstellung vom fürstlichen „Wohlfahrtsstaat" in Konkurrenz trat und wie beides in den deutschen Staaten in ein labiles Verhältnis gesetzt wurde. Wichtig ist nur, daß nun zur Charakterisierung wünschenswerter politischer Verhältnisse der Begriff Freiheit seine große Karriere beginnt. Seit den 1790er Jahren und dann prägend für den späteren Liberalismus im 19. Jahrhundert war damit vor allem Freiheit vor staatlichen Eingriffen, also – überspitzt gesagt – Sicherheit vor dem Staat gemeint. Die entsprechende politische Begriffsbildung für diese Verhältnisse war der Rechtsstaat, der in polemischer Absetzung vom früheren „Policeystaat" gedacht war, der ja die Sicherheit für die Bürger garantieren sollte. Nach Johann Christoph Aretin (1772-1824) sollte die Herrschaft des Rechts auf die Herrschaft der Wohlfahrt folgen. Deshalb wird konsequent bereits seit den 1830er Jahren auch das Konzept der Rechtssicherheit im modernen Sinn einer umfassenden Rechtsordnung entwickelt, die durch formelle und materi-

---

16 Conze, Sicherheit, 842.
17 Conze, Sicherheit, 848; zur Policey vgl. Michael Stolleis, Geschichte des öffentlichen Rechts in Deutschland, 1, München 1988, Kap. 8 und 9; s.a. Peter Nitschke, Verbrechensbekämpfung und Verwaltung. Die Entstehung der Polizei in der Grafschaft Lippe 1700–1814, Münster 1990, sowie jetzt Karl Härter (Hg.), Policey und frühneuzeitliche Gesellschaft, Frankfurt/Main 2000.

elle Selbstbindungen die Sicherheit des Rechtslebens gewährleistet[18]. Erst später (1866) wird das Bewußtsein wieder stärker, daß die Entgegensetzung von Recht und Wohlfahrt keine ausreichende Perspektive für die Bestimmung des Staatszwecks sein kann, sondern die nunmehr als erreichter Standard betrachtete Rechtssicherheit um Inhalte der älteren Wohlfahrtspolicey ergänzt werden muß, wenn ein akzeptables Leben des Bürgers gewährleistet werden soll.

Der politische Begriff von Sicherheit entsteht also im Zusammenhang mit einer bestimmten Phase der frühneuzeitlichen Staatsbildung im 16./17 Jahrhundert, reichert sich dann durch weit gefaßte wohlfahrtspolizeiliche Aufgabenstellungen insbesondere im 18. Jahrhundert an. Bereits seit dem 17. Jahrhundert tritt ein auf den Fürsten bezogenes Sicherheitskonzept in Konflikt mit der Freiheit der Stände. Seit der Französischen Revolution wird die Konkurrenz von staatlich hergestellter Sicherheit und bürgerlicher Freiheit deutlicher. Rechtssicherheit sollte diesen Konflikt austarieren, Maßnahmen sozialer Sicherung traten als weitere Komponenten mit zunehmender Industrialisierung immer entscheidender hinzu[19]. Allerdings werden sie erst nach 1945 auch im Deutschen auf den Begriff „Soziale Sicherheit" gebracht.

2.3 Das 19. Jahrhundert: Sicherheit und Sicherheitsvorsorge

Die vorstehende ideengeschichtliche und staatstheoretische Rekonstruktion des Konzepts der Sicherheit macht deutlich, daß das Europa des neunzehnten Jahrhunderts auf diesem Felde bereits auf einem Stück akkumulierten kulturellen und ideologischen Kapitals aufbauen und von ihm zehren konnte. Profitieren konnten davon die Akteure aus Politik, Staat und Wissenschaft, die je für sich, durchaus aber gleichsinnig, daran gingen, den Gedanken über den Staat und seine Aufgaben sowie über die Beziehung zwischen Staat und Gesellschaft in institutionelle Wirklichkeit und praktischen Vollzug zu übersetzen. Dies kann hier nur in

---

[18] Conze, Sicherheit, 855, abweichend gegenüber Felix X. Kaufmann, Sicherheit als soziologisches und sozialpolitisches Problem. Untersuchungen zu einer Wertidee hochdifferenzierter Gesellschaften, Stuttgart 1970, 97 f., der Belege für das beginnende 20. Jahrhundert bietet. Allerdings bildeten einzelne Sicherheiten in Rechtsgeschäften den Kern des antiken Begriffs von securitas. Man kann an diesem Beispiel nachvollziehen, wie sich Wortbedeutungen von konkreten zu verallgemeinernden und abstrakteren Inhalten ausweiten können.

[19] Diese „Höhenkammgeschichte" des Sicherheitsbegriffs müßte durch die Begriffsnutzungen im Alltag ergänzt werden. Eine entsprechende Auswertung von Texten der Alltagskommunikation wie z.B. Lieder, Sprichwörter oder Bänkelgesang ist aber ein Forschungsdesiderat. Hinweise auf solche Quellengruppen enthalten einige Beiträge des Bandes.

Stichworten nachgezeichnet werden. Das geschieht zu Lasten von erforderlichen zeitlichen und geographischen Differenzierungen, wie sie längst von historischer Forschung und auch soziologischen Analysen aufbereitet und ausgearbeitet worden sind. W. Knöbl hat gerade in einer theoretisch imponierenden und außerordentlich materialreichen sozialhistorischen komparativen Studie über die Entwicklung der Polizei und der inneren Sicherheit in Preußen, England und Amerika seit dem 17. Jahrhundert solche zeitlichen Differenzierungen und geografischen Variationen aufgezeigt[20].

Ein europäisches Schlüsseljahr war in dieser Hinsicht das Jahr 1829 – das Geburtsjahr der ersten professionellen und modernen Großstadtpolizei in London. Diese hatte erst nach jahrzehntelangen politischen und öffentlichen kontroversen Debatten über den unaufhebbaren Antagonismus zwischen Sicherheit und Freiheit ihr gesellschaftliches und politisches Plazet gefunden, um dann aber in der zeitlichen Folge Beispiel gebend und Stil prägend für europäische und außereuropäische Metropolen und Großstädte zu wirken. Wie wenig man allerdings auch über diese sicherheitsrelevante Einzelentwicklung im europäischen oder westlichen Singular sprechen kann, zeigt sehr schön die soeben erwähnte Studie von Knöbl.

Etwa zur gleichen Zeit erfuhr das Feld der Sicherheit eine Neuerung, der wir uns bis zum heutigen Tag bedienen, obwohl wir uns dabei unserer Sache immer ungewisser geworden sind. Entsprechend dem Voranschreiten der europäischen (National)Staatenbildung und dem Auf- und Ausbau der staatlichen Administration und ihrer institutionellen Infrastruktur entwickelte sich das Instrumentarium staatlicher Gestaltung und Verwaltung des uns hier interessierenden Politikfeldes. Zuerst in Frankreich, fast zeitgleich auch in England – in Deutschland als Ganzem erst Anfang der achtziger Jahre nach der Bismarckschen Reichsgründung – entstand jene Einrichtung, die H. Popitz etwas despektierlich mal die gesellschaftliche „Sündenregistratur"[21] genannt hat. Im 19. Jahrhundert als „Moralstatistik", heute als „Kriminalstatistik" ist dieses staatliche Rechenwerk mittlerweile zu einem Kristallisationsort gesellschaftlicher moralischer Befindlichkeit angewachsen[22] – ablesbar am

---

20 Vgl. Wolfgang Knöbl, Polizei und Herrschaft im Modernisierungsprozeß. Staatsbildung und innere Sicherheit in Preußen, England und Amerika 1700–1914, Frankfurt/Main und New York 1990.

21 Vgl. Heinrich Popitz, Über die Präventivwirkung des Nichtwissens. Dunkelziffer, Norm und Strafe, Tübingen 1968, 19.

22 Der staatliche (kameralistische) Ursprung, und nicht etwa der kriminologische oder wissenschaftliche Ausgangspunkt, der Kriminalstatistik, wie der amtlichen Statistik überhaupt, ist bei Horst Kern, Empirische Sozialforschung. Ursprünge, Ansätze, Entwicklungslinien, München 1982, überzeu-

jährlichen öffentlichen Ritual der Bekanntgabe seiner letzten Befunde, einem Ritual, dem beizuwohnen sich kein Innenminister entgehen lässt, wohl wissend, dass es sich um eine wichtige Gelegenheit zur Demonstration „staatlicher Benennungsmacht" (P. Bourdieu[23]) handelt.

Zur institutionellen Infrastruktur staatlicher Organisation und Konstruktion gesellschaftlicher Sicherheit nach innen gehört neben der Polizei, neben dem rechtsstaatlichen Umbau der Justiz mit der entscheidenden Etablierung der Staatsanwaltschaft als eine im Rechtsgang selbstständige und vom urteilenden Gericht getrennte Institution, auch die Entstehung einer eigenständigen wissenschaftlichen Disziplin, die sich mit den gesetzmäßigen Erscheinungen auf dem Gebiet der Kriminalität und den sonstigen moralischen Erscheinungen der Gesellschaft befasst. Entgegen dem bis heute lebendigen „Lombrosian Myth in Criminology"[24] ist ein wissenschaftlicher kriminologischer Diskurs über den hier interessierenden Bereich sozialer Wirklichkeit bereits ein halbes Jahrhundert vor dem italienischen Psychiater C. Lombroso von keinem geringeren als dem belgischen Astronomen und Statistiker A. Quetelet (1796-1874) begründet worden.

Der Aufbau der Polizei, die republikanische Ausgestaltung des Rechtsstaats, die Schaffung administrativer Instrumente zur Bestandsaufnahme und Entwicklung der gesellschaftlichen Moral, die wissenschaftliche Analyse von Kriminalität und gesellschaftlicher Sicherheit – dies alles sagt zunächst wenig oder nur Indirektes über die realen Erscheinungen auf dem Feld der Kriminalität sowie der Sicherheit aus. Schlägt sich darin – objektiv oder subjektiv – eine Zunahme von Kriminalität oder sonstiger gesellschaftlicher Bedrohung nieder?

Ohne Zweifel durchzieht das 19. Jahrhundert eine ständige Diskussion über die sozialen und politischen Folgen der ökonomischen Entwicklung und der „Großen Transformation" (K. Polanyi) der Agrargesellschaften (West)Europas in unsere heutigen modernen Industriegesellschaften. Sie findet sich in den verschiedensten Textgenres – in der Welt der Literatur ebenso wie in wissenschaftlichen und politischen

---

gend dargelegt; eine ausgezeichnete (wissenschafts-)philosophische und epistemologische Diskussion dieses Prozesses findet sich in der Monografie „The Taming of Chance" von Ian Hacking (Cambridge 1990), Professor am „Institute for History and Philosophy of Science and Technology" der Universität Toronto. Vgl. zur methodischen wie kriminologischen Problematik der Kriminalstatistiken die Stichworte „Dunkelfeld", „Kriminalstatistik" im Kleinen Kriminologischen Wörterbuch, hrg. v. Günther Kaiser, Hans-Jürgen Kerner, Fritz Sack und Hartmut Schellhoss, Heidelberg [3]1993.

23 Vgl. Pierre Bourdieu, Sozialer Raum und ‚Klassen' – Leçon sur la leçon. Zwei Vorlesungen, Frankfurt/Main 1985, 23f.

24 Vgl. Alfred R. Lindesmith und Yale Levin, The Lombrosian Myth in Criminology. In: American Journal of Sociology, 42 (1937), 653–671.

Texten. Die negativen Folgen dieser gesellschaftlichen Strukturwandlungen in die Moderne wurden indessen nicht so sehr in der Kriminalität und der inneren Sicherheit im heutigen Sinne gesehen, sondern es ging eher um andere Erscheinungen moralischen Verfalls und sozialer Schattenseiten der neuen Entwicklung: die Verbreitung der Prostitution, die Rate der Unehelichkeit, die Bettelei, die Nichtseßhaftigkeit etc. Darüber hinaus zeichnete den Blick auf diese sozialen Defizite eine dezidiert gesamtgesellschaftlichen Perspektive aus. Diese begriff die soziale Existenz als klassengebundene oder armutsbestimmte Lebensweise. Vor allem aber waren der Diskurs und die öffentliche Aufmerksamkeit auf die politischen Momente und Implikationen dieser negativen Erscheinungen moralischer oder krimineller Art gerichtet. Jedenfalls lassen sich öffentliche und politische Erregungen über die Entwicklung der Kriminalität oder die verloren gegangene Kontrolle und Beherrschung der Inneren Sicherheit nach der Art und in der Form „moralischer Paniken", wie wir sie aus einer Reihe westlicher Länder in der zweiten Hälfte des 20. Jahrhunderts kennen, kaum nachweisen.

Wenn sich demnach die oben skizzierten kriminal- und sicherheitspolitischen Entwicklungen des 19. Jahrhunderts – Polizei, Rechtsstaat, Kriminalstatistik, Kriminologie – nicht bzw. nicht an erster Stelle als Antwort und Reaktion auf eine veränderte und bedrohliche Sicherheitslage in unserem heutigen Sinne zurückführen lassen, müssen wir nach einer anderen Interpretation dieser kriminal- und sicherheitspolitischen Aufrüstung des 19. Jahrhunderts suchen. Entwicklungssprünge kriminalstatistischer Art lassen sich zwar auch für das 19. Jahrhundert nachweisen – manche solcher Belege wurden allerdings erst durch die historische Archivarbeit des 20. Jahrhunderts erkennbar und waren insofern in gewisser Weise nicht präsent, zumindest nicht handlungsleitend für die uns interessierenden Prozesse.

Der Ausbau und Umbau des Systems der staatlichen sozialen Kontrolle ist vielmehr – so unsere These – eher als Ausdruck eines von den realen Problemen weitgehend unabhängigen und umfassenden Vorgangs der Errichtung staatlicher und politischer Institutionen und Strukturen überhaupt zu sehen. Er ist Teil der Etablierung einer grundsätzlich anderen Struktur gesellschaftlicher Regulierung und sozialer Kontrolle, die – losgelöst von Bewegungen der Realität im einzelnen – die expressiven und „aufgeregten" Elemente der Vergangenheit abstreift und auf Formen der Kontrolle zielt, die sich durch mehr Rationalität und „Ökonomie" auszeichnen[25]. Ein ganz zentraler Aspekt dieser neuen

---

[25] Natürlich beziehen wir uns mit dieser These auf die Analysen M. Foucaults über die Transformation sozialer Kontrolle vom Typus der „majestätischen" Strafe

Strukturen von Regulierung und Kontrolle bestand im gestalterischen und reformorientierten Optimismus und Fortschrittsglauben jener Zeit: die Beherrschbarkeit und Kontrolle der negativen Erscheinungen einschließlich der Kriminalität standen außer Zweifel, und – anders als heute – Zuwächse auf dem Gebiet der sozialen Defizite der Gesellschaft vermochten nicht die Kraft eines Dementis dieses Steuerungsoptimismus zu entfalten.

Kriminalität figurierte also nur als ein Indikator unter vielen, wenn es darum ging, die gesellschaftliche Situation und Befindlichkeit zu thematisieren. Sie ging ein in die Diskussion um die „soziale Frage" und die dysfunktionalen Auswirkungen des neuen Zeitalters auf die Lebensumstände der Menschen. Sie interessierte deshalb nicht so sehr als individuelles Geschehen und Ereignis, auch wenn das die Funktionsgrammatik des Strafrechts und seiner Institutionen bestimmte. Bezugspunkt ihrer Erörterung war nicht der individuelle Akteur, sondern ein „kollektives Subjekt", so wie die „soziale Frage" ja nicht als eine Summe von Einzelschicksalen gedacht war und diskutiert wurde, sondern als ein „überindividuelles" Geschehen, das sich nicht ohne Rest auf individuelle Parameter reduzieren ließ. Auch die Frage der Kriminalität war eingebettet in den antagonistischen Zusammenhang der sich einander gegenüberstehenden gesellschaftlichen Gruppen und kollektiven Akteure des 19. Jahrhunderts, unabhängig davon, ob diese theoretisch und politisch in der Terminologie des Marxismus oder eher konservativ-bourgeoiser Vorstellungen konzipiert wurden. Kriminalität war im 19. Jahrhundert folglich vor allem auch eine Klassenfrage – das Proletariat war nicht nur eine „dangerous", sondern auch eine „criminal class". Die „Gefährlichkeit" des Proletariats resultierte dabei nicht aus ihrer Kriminalität, sondern aus ihrer gemeinsamen gesellschaftlichen Lage und dem in ihr enthaltenen Potenzial zu kollektivem Handeln, d.h. sie zielte auf die politische Implikation und Dimension des sozialen Konflikts.

Der politische Charakter der Kriminalität, mehr noch der Funktionsweise sowie des sozialen „Outputs" der Strafjustiz manifestierte sich darüber hinaus in der sozialen Zusammensetzung des vom Strafrecht und seinen Institutionen erreichten und erfassten Teils der Bevölkerung: es waren in weit überwiegendem Masse Angehörige aus den sozial benachteiligten und unteren Klassen der Gesellschaft, die vor die Schranken der Gerichte gerieten und die in den Gefängnissen der Strafjustiz einsaßen. Wenn die Kriminalität im 19. Jahrhundert überhaupt zu einem Anlass gesellschaftlicher Aufregung und politischer Besorgnis wurde,

---

zu dem der „normalisierenden" Disziplin; vgl. dazu seine große Monografie „Überwachen und Strafen", Frankfurt/Main 1976.

wenn sie Ausgangspunkt für die öffentliche Thematisierung gesellschaftlicher Unsicherheit war, dann war es ihre gedachte und konzipierte Nähe zu den in ihr vermeintlich offenbar werdenden politischen
Hintergründen und gesellschaftlichen Bedingungen. Diese Nähe und
Verknüpfung einzelner krimineller Ereignisse und individueller Handlungen mit „Merkmalen" der Gesellschaft und ihren Teilstrukturen,
seien es die fortschreitende Industrialisierung oder Urbanisierung, seien
es die Wohnverhältnisse, fehlende Hygiene und sonstige Defizite der
gesellschaftlichen Infrastruktur, wurde somit auch durch die Art und
Weise der Thematisierung des Problems der Kriminalität selbst hergestellt.

Beispielhaft und besonders nachhaltig lässt sich diese gesellschaftliche und überindividuelle Codierung der Kriminalität und der gesellschaftlichen Sicherheit am Stichwort der Urbanisierung aufzeigen, genauer noch am Reizwort „Großstadt": sie fungierte in der Tat als Chiffre für das Wirken von Kräften und Faktoren, die sich auf der individuellen Ebene als abweichendes Verhalten unterschiedlichster Art niederschlug. In einer interessanten Studie hat J. Schlör vor einigen Jahren
einen Blick auf rund hundert Jahre Diskussion über die Unsicherheit
von Großstädten geworfen – die dabei von ihm identifizierten Perioden
herausgehobener Thematisierung von Unsicherheit waren alles Phasen
politischer Unruhen und Umbrüche: 1830, 1848, 1870, 1912[26]. Die
seismographische Relevanz der Städte für Strukturwandlungen der Gesellschaft sowie für den Ausbau des Staates und seiner Institutionen
zieht sich als roter Faden auch durch die Studie von Knöbl über die
Entwicklung der Polizei in den von ihm untersuchten Ländern.

Die politische und sozialstrukturelle Konnotierung der Kriminalität
und der inneren Sicherheit trug jedoch den Keim ihrer eigenen Krise
und ihres Versagens in sich. In der Tat waren die beiden letzten Jahrzehnte des 19. Jahrhunderts von tief greifenden Zweifeln an Effizienz
und Legitimität instrumenteller und legitimatorischer Art in Bezug auf
Struktur und Funktion des existierenden Systems staatlicher Regulierung
und strafrechtlicher Kontrolle gekennzeichnet. David Garland hat dies
für England in seiner exzellenten sozial-historischen Studie „Punishment and Welfare" zum Ausgangspunkt der Analyse des Transformationsprozesses des klassischen Tatstrafrechts zum modernen Täterstraf-
recht herausgearbeitet, mit einer über England hinausweisenden Reich-

---

[26] Vgl. Joachim Schlör, Über die Rede von der Unsicherheit und ihre Gefahren.
Nachrichten aus vergangenen und gegenwärtigen Großstadtnächten, in: Stadt-
bauwelt 122 (1994), 1339–1345; Ders., Nachts in der großen Stadt. Paris, Berlin,
London 1840–1930, München 1994.

weite[27]. Dabei war die Krise des Systems strafrechtlich-staatlicher Kontrolle – wie diese Studie eindrucksvoll belegt – nur Teil und Ausdruck einer umfassenderen und gesellschaftsweiten Verunsicherung und eines Entwicklungspessimismus, die so gar nicht mehr dem notorischen Fortschrittsglauben des Europas des 19. Jahrhunderts entsprachen. Eine auf die französische Situation – mit abschließendem summarischen Blick auch auf England and Deutschland – bezogene gleichermaßen aufschlussreiche und faszinierende Studie hat für die gleiche historische Periode nur wenig vorher der amerikanische Historiker Robert A. Nye unter dem Titel „Crime, Madness and Politics in Modern France" vorgelegt[28]. Der Untertitel verweist mit dem Stichwort des „national decline" in aller Deutlichkeit ebenso auf die über das rein Politische noch hinweggreifende gesellschaftliche Perspektive, in die die Diskussion über Kriminalität und Wahnsinn eingebettet ist.

In den Arbeiten beider Autoren geht es um grundlegende Strukturwandlungen im Bereich der staatlichen und gesellschaftlichen Steuerung und Kontrolle. Obwohl beide Studien unterschiedliche Akzente setzen, weisen sie eine Anzahl von Gemeinsamkeiten und Parallelen auf. Bei beiden geht es um „soziale Regulierung" in einem über die konkreten empirischen Ausgangs- und Belegpunkte diverser „pathologischer" Erscheinungen hinausgreifenden Sinne. Dies zeigt sich vor allem in der Suche nach einem gemeinsamen Nenner für die breite Palette von Problemen und Symptomen der Krise und des Verfalls, denen sich Politik und Öffentlichkeit in den beiden Gesellschaften konfrontiert sahen. Zwar spielt in beiden Untersuchungen die Entwicklung sowie die Struktur der Kriminalität – bei Garland mehr als bei Nye – immer wieder eine Rolle, aber ihr Symptomwert für die diagnostizierte Krisensituation sowie die durch sie angestoßenen Strukturveränderungen der Gesellschaft ist nur ein Faktor unter vielen. So erregen öffentlichen Anstoß die Bettelei, das Vagabundenwesen bzw. die Zunahme – in heutiger Terminologie – der Obdachlosigkeit. Dabei wurde die Großstadt zum verdichteten Symbol, zum Mythos des Bösen, zum gärenden Boden der Staat und Gesellschaft bedrohenden Kräfte und Faktoren gemacht. Die Konzentration und die Sichtbarkeit von Armut, Bettelei, Prostitution, fehlender Hygiene, Unrat, Banden etc. in den großen Me-

---

27 Vgl. David Garland, Punishment and Welfare. A History of Penal Strategies, Gower 1985; eine analoge deutsche Untersuchung ist uns nicht bekannt, obwohl sie außerordentlich verdienstvoll wäre. Insbesondere besticht an der Analyse Garlands seine stark an Foucault angelehnte diskursorientierte Methodologie, auch wenn er substantiell Foucault an wichtigen Punkten widerspricht.
28 Robert A. Nye, Crime, Madness, & Politics in Modern France. The Medical Concept of National Decline, Princeton, N.J., 1984.

tropolen prädestinierte diese geradezu als Projektionsvehikel für gesellschaftliche Ängste und Bedrohungen, wovon zumal die Akteure aus
Politik und Öffentlichkeit zu profitieren wussten.

Bedeutsamer aber als Kriminalität und andere „soziale Probleme"
war im England des ausgehenden 19. Jahrhunderts das Brüchigwerden
des viktorianische Gleichgewichts zwischen einer im ökonomischen
Liberalismus wurzelnden und mittels moralischem Puritanismus regierenden Bourgeoisie und den erstarkenden Arbeiterschichten: politische
Solidarisierungen und Streiks unter Letzteren breiteten sich aus – während und als Folge einer lang andauernden wirtschaftlichen Rezession
seit Beginn der siebziger Jahre; selbst außenpolitische Veränderungen
der Stellung und des Gewichts Englands in ökonomischer und macht-
politischer, nicht zuletzt auch militärischer Hinsicht – und zwar insbesondere im Vergleich zu Bismarcks Deutschland – trugen zu dieser
Krise nationaler Sicherheit bei. Ähnlich verhielt es sich in Frankreich,
folgt man der Analyse Nyes. Neben dem „kriminellen" Alltag, ins öffentliche Licht gesetzt und medial ins Virtuelle aufgebläht durch voyeu-
ristische und blutrünstig-detailreiche Reportagen grausamer Kriminalfälle sowie mittels des wohl reinen Medienkonstrukts einer landesweiten
epidemieartigen Erscheinung jugendlicher krimineller Banden[29], bestand
das eigentliche „Rohmaterial" des gesellschaftlichen Krisendiskurses aus
ebenfalls ökonomischen Defiziten und Konflikten (Zunahme von
Streiks), massiven politischen Umbrüchen und Verwerfungen (Affäre
Dreyfus), außenpolitischen Ängsten und Besorgnissen vor allem gegenüber dem deutschen Nachbarn.

Diese sehr heterogenen und mehrdimensionalen Probleme, Konflikte und Ängste brauten sich in letzter Abstraktion von der sinnlichen
Wirklichkeit und in der Steigerung ins nur noch Virtuelle zu einem Gefühl und Bewußtsein höchst alarmierender und existenzieller Bedrohung
zusammen, die gleichsam an das materiellste Substrat von Staat und
Gesellschaft rührten: eine Bedrohung des biologischen Volkskörpers.
Nicht nur begann das Bevölkerungswachstum zu stagnieren, sondern
innerhalb der Gesellschaften zeigten sich sehr differentielle und klassen-
spezifische Fruchtbarkeitsraten – mit höheren Fruchtbarkeiten und
größerer Kinderzahl in den unteren (Arbeiter)schichten als in denen der
Mittel- und Oberschichten. Dies rief veritable und weithin öffentlich
diskutierte Ängste der nationalen und gesellschaftlichen biologischen
„Degeneration" hervor, der sich die hegemonialen Kreise und Kräfte
der Gesellschaft konfrontiert sahen und gegen die es gesellschaftsweit
zu Felde zu rücken galt.

---

[29] Vgl. ibid., 197.

Das war die Stunde der Biologie – und insbesondere die der Kriminologie: Lombrosos Thesen vom geborenen Verbrecher und vom
Verbrechen als einem atavistischen Evolutionsrelikt aus einer gattungs-
geschichtlich früheren Entwicklungsstufe wirkten weit über die Grenzen
der Kriminologie hinaus und traten einen die weitere Öffentlichkeit
geradezu erlösenden Siegeszug an. Die Kriminologie beanspruchte
Kompetenz für die Kontrolle und die Behandlung der „pathologischen"
Mitglieder der Gesellschaft, zu denen ja auch die Kriminellen zählten.
Andere biologische Fehlwürfe der Natur sollten mittels der Eugenik,
einem weiteren Abkömmling der Biologie zur Intervention in den
Volkskörper, kontrolliert und korrigiert werden – es waren streckenwei-
se die gleichen wissenschaftlichen Netzwerke und Personen, die sich
kriminologischer und eugenischer Probleme annahmen[30]. Garland wie
Nye widmen deshalb auch der damaligen Kriminologie wegen ihres
allgemeinen gesellschaftlichen und politischen Stellenwerts und ihrer
über sie selbst hinausweisenden Funktion ein je eigenes Kapitel[31].

Das biologische Modell verschaffte dem Staat und der Gesellschaft
einen legitimatorischen Gewinn und Nutzen, der nicht hoch genug
veranschlagt werden kann: die Frage der Kriminalität war damit beim
Täter und seinen Parametern verortet und nicht länger bei der Gesellschaft und ihren Strukturen. Die individualisierende Interpretation der
Kriminalität mit ihren disziplinierenden Zugriffen auf das kriminelle
Individuum bedeutete nicht nur die Begründung eines interventionisti-
schen Strafrechts – ob in der Form der Resozialisierung oder des Weg-
sperrens –, sondern sie entlastete das Strafrecht auch dem Vorwurf,
ein Kontrollinstrument zu sein, das sich hauptsächlich auf bestimmte
gesellschaftliche Schichten und Gruppen richtete, das auf „dangerous
classes" und nicht auf „dangerous individuals" zielte – in den Worten
von Garland:

---

[30] Christiane Dienel hat vor einigen Jahren eine sehr verdienstvolle und materialreiche vergleichende Studie über bevölkerungspolitische Diskurse und Interventionen in Deutschland und Frankreich in der Zeit bis zum Ersten Weltkrieg
vorgelegt: Kinderzahl und Staatsräson. Empfängnisverhütung und Bevölke-
rungspolitik in Deutschland und Frankreich bis 1918, Münster 1995.

[31] Dass die biologistisch-individualistische Wende der Kriminologie durch die
sogen. italienische Schule weit über ihren eigentlichen Gegenstand und Anlaß
Bedeutung hatte und Wirkung auslöste, lässt sich schon aus der Tatsache vermuten, dass insbesondere den Publikationen von Lombroso ein publizistischer
Erfolg beschieden war – nicht nur an Auflagenhöhe und –dichte, sondern auch
an Anzahl und Schnelligkeit der Übersetzung in andere Sprachen gemessen; vgl.
dazu Marvin E. Wolfgang, Cesare Lombroso 1835–1910, in: Hermann Mannheim (Hg.), Pioneers in Criminology, London 1960.

„The existence of a class that was constantly criminalised – indeed, the very existence of an impoverished sector of the population – could now be explained by reference to the natural, constitutional propensities of these individuals, thereby excluding all reference to the character of the law, of politics or of social relations".[32]

Zu Recht macht Garland weiter darauf aufmerksam, dass sich der klassische Liberalismus des 19. Jahrhunderts mit seinem anti-staatlichen Affekt und seinem Vertrauen in die Selbstregulierungskräfte der Gesellschaft und vor allem in ihre ökonomischen Teilstrukturen zum Ende des Jahrhunderts erschöpft hatte. Stattdessen wurde einer Position Notwendigkeit bescheinigt, die staatliche Verantwortung für die Lösung einer Reihe sozialer Probleme bejahte und einforderte, die als Ergebnis und Erbe des unumschränkten Liberalismus der zurückliegenden Jahrzehnte betrachtet wurde. Wie sich auf dem Gebiet des Strafrechts die Prinzipien des freien Willens und der individuellen Verantwortung an der Wirklichkeit der Kriminalität und der Kriminellen brachen, so ließ auch das Alltagsleben diesseits von Abweichung und Kriminalität nicht länger den abwesenden Staat als zentrales Leitprinzip gesellschaftlicher Regulierung und Gestaltung bestehen.

Insgesamt ergibt sich somit für das 19. Jahrhundert ein sehr komplexes und differenziertes Bild zum Gegenstand der hier versammelten Beiträge. Einerseits sah das 19. Jahrhundert die Entwicklung des staatlichen Instrumentariums zur Definition, Selbstbeschreibung, Analyse gesellschaftlicher und staatlicher Sicherheit sowie die institutionelle Infrastruktur zur Wahrnehmung der zentralsten und legitimatorisch bedeutendsten „Staatsaufgaben", nämlich den Mitgliedern den Schirm und Schutz zu gewähren, deren sie bedurften, um ihren privaten und vor allem beruflichen Dingen und Geschäften nachgehen zu können. Dies war Ausdruck dessen, was R. A. Nye exemplarisch für die französische Gesellschaft des 19. Jahrhunderts zu der Feststellung veranlasst: „Bourgeois and crime are a true binary opposition"[33]. Diese Schlussfolgerung ergibt sich als Quintessenz aus der Beobachtung, dass das weit verbreitete Krisenbewusstsein zum Ende des 19. Jahrhunderts zu seiner Darstellung und Inszenierung zwar intensiv auf das Reservoir alltäglicher und außeralltäglicher krimineller Ereignisse zurückgreift, aber von der Struktur und der Entwicklung dieses Teils der gesellschaftlichen Wirklichkeit alleine nicht begreifbar ist. Sein Momentum und seine öffentliche Wirkung gewinnt das Krisenbewusstsein erst aus den Kon-

---

[32] Garland, Punishment, 104.
[33] R.A. Nye, Crime, 205.

textbedingungen sonstiger innen- und außenpolitischer Konflikte und Gefährdungen:

> „In this atmosphere of anxiety, one might reasonably expect the threshold of public tolerance for deviance particularly low. Indeed, there are clear signs that popular attitudes, and in some instances the treatment of deviants, became much tougher during this period"[34].

3   Der aktuelle Sicherheitsdiskurs

Wir wollen nunmehr auf einige Aspekte des gegenwärtigen Sicherheitsdiskurses etwas detaillierter eingehen. Wir tun dies vor dem Hintergrund der offenbar komplexeren Zusammenhänge, die diesen gesellschaftlichen Teilbereich und das ihm zugeordnete Politikfeld auszeichnen, wie wir dies bei dem Blick auf das neunzehnte Jahrhundert gezeigt haben. Wir werden dies in einer Abfolge von Schritten und Überlegungen tun, die sowohl der politischen als auch der alltäglichen Logik der Dinge zuwiderläuft. Das eingeschliffene Alltagsverständnis, wie es in den Arenen der Politik, den Foren der medialen und demoskopischen Öffentlichkeit, ja z.T. auch in den Werkstätten der Wissenschaft geübt wird, behandelt die Frage der Sicherheit und ihrer staatlichen und gesellschaftlichen Kontrolle als eine fest stehende Sequenz von Ursache und Wirkung. Kontrolle von Sicherheit einschließlich deren Instrumentarium werden dabei als rein „reaktive" Größen verstanden, die den realen Bewegungen auf dem Felde der Sicherheit folgen, m.a.W. die Entwicklung der Sicherheit bzw. Unsicherheit gilt als Bedingung bzw. Ursache, der sich die staatliche und gesellschaftliche Kontrollpolitik als Wirkungs- bzw. abhängige Größe zuordnen lässt.

3.1   Die repressive Wende in der Strafrechtspolitik

Da wir eine solche Prämisse für eine Vorentscheidung halten, die soziale und politische Zusammenhänge auf vorgefertigte Schablonen presst, die alternative Abläufe nicht mehr für denkmöglich hält, wollen wir in unserer Darstellung bewusst den umgekehrten Weg gehen und mit einem Blick auf die Entwicklung des staatlichen und gesellschaftlichen Kontrollapparates beginnen und uns erst danach den Tendenzen auf dem „realen" Feld der gesellschaftlichen Sicherheit zuwenden. Wir richten dabei unsere Aufmerksamkeit nicht ausschließlich auf die deutsche

---

[34]   R.A. Nye, Crime, 172.

Situation, sondern beziehen uns auf eine Entwicklung, wie sie sich in der Gruppe der ökonomisch und politisch fortgeschrittensten Länder, zu denen natürlich auch die Bundesrepublik zählt, beobachten lässt.

Man steht buchstäblich vor der Qual der Wahl, wenn man nach Belegen für die Feststellung sucht, dass sich in den letzten beiden Jahrzehnten auf dem Gebiet der strafrechtlichen Sozialkontrolle eine Entwicklung vollzogen hat, die sich kaum anders als eine staatliche Aufrüstung des repressiven Instrumentariums strafrechtlicher Sozialkontrolle bezeichnen lässt. Dies lässt sich auf allen institutionellen Ebenen des Kriminaljustizsystems nachweisen. Notorisch schon gilt dafür das Beispiel der USA, die den zweifelhaften Ruhm für sich beanspruchen können, sowohl die Frontinstitution wie die Ausgangsinstitution der strafrechtlichen Sozialkontrolle – die Polizei wie das Gefängnis – auf eine neue und scharfe Gangart strafrechtlicher Sozialkontrolle umgestellt zu haben. Obwohl – hoffentlich nicht wiederum vorschnell – kaum für möglich gehalten wird, dass das amerikanische Beispiel Entwicklungen signalisieren kann, die sich auch in Europa erwarten lassen, mag ein etwas genauerer Blick auf die Situation der anerkannt „führenden westlichen Nation" geworfen werden.

Wir beginnen mit einer knappen Darstellung und Erörterung der Entwicklung eines der statistisch gültigsten und kaum unterschiedlicher Interpretation zugänglichen „Indikatoren" strafrechtlicher Sozialkontrolle, der auch oft für komparative Zwecke verwendet wird: der Gefängnisrate. Diese wird üblicherweise auf je 100.000 der jeweiligen Bevölkerung errechnet. Diese Maßzahl bildet nicht die Kriminalität einer Gesellschaft ab, sondern sie ist ein Indikator für die Straf- und Kriminalpolitik eines Landes. Ein Blick auf die Entwicklung der Gefängnisrate der USA macht das Ringen um eine adäquate Verbalisierung und die Suche nach einer Erklärung verständlich, der sich Experten wie sonstige Beobachter konfrontiert sehen, wenn sie diesen Verlauf seit etwa Mitte der siebziger Jahre zu kommentieren haben. Die beiden amerikanischen Kriminologen J. Irwin und J. Austin greifen dafür ins Vokabular unmäßigen Essens und Trinkens: sie sprechen von einem „imprisonment binge" – der Cassell übersetzt diesen Slang-Ausdruck mit „Bierreise" bzw. „Saufabend"[35]. Zwei andere amerikanische wissenschaftliche Experten, Th. Caplow und J. Simon, stellen fest: „These figures are unprecedented in American history"[36] und sehen sich ange-

---

[35] John Irwin und James Austin, It's About Time. America's Imprisonment Binge, 2. Aufl., Belmont, Cal. 1997 (zuerst 1994)

[36] Theodore Caplow und Jonathan Simon, Understanding Prison Policy and Population Trends, in: Michael Tonry and John Petersilia (Hg.), Prisons. Crime and Justice. A Review of Research, 26, Chicago und London 1999, 63–120, 73.

sichts der auch von ihnen analysierten Tendenz „reminded of the intrinsic limits of sociological prediction" [37]. Beide Autorenpaare setzen sich mit einer Entwicklung auseinander, für die sie sich zwar auf die gleichen offiziellen – und damit identischen Datenquellen und -werte – beziehen, die sie aber auf unterschiedliche Zeiträume und Ausgangspunkte beziehen. Um das bis zu Fünffache ist die Gefängnisrate zwischen 1973 und 1997 gestiegen, wird übereinstimmend in beiden Quellen berichtet[38]. In der nachstehenden Tabelle haben wir diese Entwicklung für einige ausgewählte Jahre abgebildet.

Anzahl der Insassen in Staats- und Bundesgefängnissen der USA[39]		
Jahr	Anzahl	Gefängnisrate
1970	199.000	87
1980	316.000	139
1996	1.139.00	423
1997	1.250.000	445

Der in der Tat beispiellose Anstieg der Gefängnisrate, der einer durchschnittlichen jährlichen Zunahme der Gefängnispopulation von 6,3 % entspricht[40], wird in seinem ganzen Ausmaß und in seiner auch über die USA hinausreichenden Einmaligkeit deutlich, wenn man noch zwei Vergleiche ergänzt. Der eine bezieht sich auf die USA selbst, der andere setzt die amerikanischen Werte in Bezug zu anderen Ländern der Welt. Der Anstieg der Gefängnisrate in den USA folgte einer rund fünfzigjährigen Periode (1925-1975) einer mehr oder weniger konstanten Gefäng-

---

[37] Caplow und Simon, Understanding, 64.
[38] Vgl. Irwin und Austin, Time, XII, und Caplow und Simon, Understanding, 63
[39] Die Zahlen sind aus den folgenden Quellen entnommen bzw. errechnet: 1970: Loïc J.D. Wacquant, Vom wohltätigen zum strafenden Staat: Über den politischen Umgang mit dem Elend in Amerika, in: Leviathan, 50 (1997), 50–66, 58; 1980 u. 1996: Alfred Blumstein und Allen J. Beck, Population Growth in U.S. Prisons, 1980–1996, in: Tonry/Petersilia, Prisons, 17–61, 22; 1997: Caplow/Simon, Understanding, 73; die Gefängnisrate von 1970 ist extrapoliert aus den authentischen Daten von 1980. Als offizielle Quelle, auf die sich die von uns zitierten Autoren vielfach beziehen, sei noch hingewiesen auf Darrell K. Gilliard und Allen J. Beck, Prisoners in 1997, Washington 1998, D.C.: U.S. Department of Justice, Bureau of Justice Statistics.
[40] Vgl. Blumstein/Beck, Population, 18.

nispopulation, deren Rate um den Wert von 100 oszillierte[41]. Zu den amerikanischen Gefängnisraten ist sodann noch anzumerken, dass die in der obigen Tabelle mitgeteilten Werte für einen Vergleich mit anderen Ländern noch um die Insassen von Gefängnissen (jails) unterhalb der Bundes- und Staatenebene ergänzt werden müssen: das erhöht die Insassenzahl im Jahre 1997 von 1,25 auf 1,7 Millionen, entsprechend die Gefängnisrate von 445 auf 645. Diese letzte Zahl bringt die USA an die Spitze aller Länder, über die es Daten zu den Gefängniszahlen gibt. Die USA werden lediglich von Russland mit einer Gefängnisrate von 690 überboten, und sie liegen weit vor den europäischen Ländern, deren Werte etwa zwischen 60 und 120 schwanken, auch noch vor Südafrika mit einer Gefängnisrate von 368[42].

Als weiteres Indiz für die repressive Aufrüstung der strafrechtlichen Sozialkontrolle in den USA wollen wir auf die auch in der Bundesrepublik weithin bekannte und kontrovers diskutierte Polizeistrategie der „zero tolerance" verweisen, das Modell einer konsequenten und aggressiven Herabsetzung der polizeilichen Interventionsschwelle nach dem Muster der sogen. „broken-windows-Theorie" – polizeiliches Einschreiten auch bei den strafrechtlich leichteren und minderen Normverstößen[43]. Dieses New Yorker Modell eines neuen Stils staatlicher Kontrolle ist eingebettet in eine umfassendere Strukturveränderung polizeilicher Arbeit, die unter dem Begriff des „community policing" weit über die USA hinaus Karriere macht[44]. Die beiden entscheidenden Stich-

---

[41] Vgl. hierzu Blumstein/Beck, Population, 19, und Caplow/Simon, Understanding, 64.

[42] Diese Werte sind Caplow/Simon, Understanding, entnommen, die sich ihrerseits auf Elliott Currie, Crime and Punishment in America, New York 1998, stützen.

[43] H. Hess berichtet in diesem Band ausführlich darüber. Zur Darstellung und Information vgl. Gunther Dreher und Thomas Feltes (Hg.), Das Modell New York: Kriminalprävention durch 'Zero Tolerance'?, Holzkirchen/Obb. 1997; eine dezidiert kritische Diskussion verschiedener Autoren findet sich bei Helmut Ortner, Arno Pilgram und Heinz Steinert (Hg.), New Yorker »Zero-Tolerance«-Politik. Jahrbuch für Rechts- und Kriminalsoziologie '98, Baden-Baden 1998; detaillierter, im Wesentlichen kritische Auseinandersetzung mit der „criminology of intolerance" gibt Jock Young: The Exclusive Society, Sage 1999, Kap. 5: The Criminology of Intolerance: Zero-Tolerance Policing and the American Prison Experiment, 121–147; ausgezeichnet, weil ausgewogen und umsichtig, ist der wohl aktuellste Aufsatz hierzu von Benjamin Bowling, The Rise and Fall of New York Murder. Zero Tolerance or Crack's Decline?, in: The British Journal of Criminology, 39/4 (1999), 531–554.

[44] Aus der dazu vorliegenden Fülle an Literatur sei nur beispielhaft auf eine frühe Arbeit aus dem amerikanischen Justizministerium hingewiesen: Jerome H. Skolnick und David J. Bayley, Community Policing: Issues and Practices Around the World, Washington, D.C.: U.S. Department of Justice, National Institute of Justice 1988; ferner auf einen deutschen Konferenz-Sammelband: Dieter Döl-

worte dieser Neubestimmung polizeilicher Funktionen und Arbeitsweise sind zum einen die „Mobilisierung der Gesellschaft" im Dienste der Erzeugung von besserer und mehr Sicherheit – Sicherheit als eine Art „Ko-Produktion" von Staat und Gesellschaft. Die Konsequenzen und Implikationen dieser Entwicklung reichen bis zur massiven Herausbildung privater und unternehmerischer Formen der Wahrnehmung von Polizeiaufgaben, eine Tendenz, die sich im angelsächsischen Raum schon seit zwei Jahrzehnten vollzieht, die Bundesrepublik jedoch erst mit einiger Verspätung erreicht hat[45]. Das zweite Stichwort ist das der „Prävention": unter diesem Konzept wird eine Reihe von Maßnahmen und Teilstrategien gefasst, die polizeilicher Arbeit und Intervention einen neuen Wirkungsbereich erschließt, der die staatliche Kontrolle entscheidend vorverlagert. Auch hierbei handelt es sich um eine Entwicklung, die ihren Ausgangspunkt vornehmlich in Nordamerika genommen hat und von dort nach Europa importiert worden ist[46].

An diesen Strukturveränderungen und Funktionswandlungen der Polizei verdient ein Aspekt besondere Aufmerksamkeit. Das neunzehnte Jahrhundert sah, wie wir oben betonten, die Entwicklung einer professionellen Polizei, deren Struktur und Funktion auf spezifische Aufgaben und Tätigkeiten fixiert wurde. Nach Gestalt und Auftrag wurde die Polizei allmählich von dem Typus einer absolutistischen und umfassenden Wohlfahrtsinstitution in den Typus einer rechtsstaatlich domestizierten und kontrollierten Strafverfolgungs- und Gefahrenabwehrinstitution überführt – in technischer Terminologie handelt es sich um die beiden polizeilichen Funktionssäulen repressiver und präventiver Art, wobei die repressive Funktion der Polizei mehr und mehr Leitbild und Image der modernen Polizei bestimmte. An dieser traditionellen Bestimmung der Polizei rütteln die erwähnten Strukturveränderungen um eine Polizei der „zero tolerance" sowie des „community policing" in nicht zu übersehender Weise. Ein einschlägiges Schlüsselkonzept, an dem sich diese Entwicklung bricht, ist das der „police discretion" bzw. – in freier deutscher Übersetzung – der polizeilichen „Definitionsmacht". Entgegen der von Politik und Polizei gehegten, geradezu klischeehaften

---

ling und Thomas Feltes (Hg.), Community Policing. Comparative Aspects of Community Oriented Police Work, Holzkirchen/Obb. 1992.

[45] Vgl. dazu den Konferenz-Sammelband von Fritz Sack, Michael Voss u.a. (Hg.), Privatisierung staatlicher Kontrolle: Konzepte, Befunde, Tendenzen, Baden-Baden 1995.

[46] Vgl. hierzu Patrick Hebberecht und Fritz Sack (Hg.), La prévention de la délinquance en Europe. Nouvelles stratégies, Paris und Montréal 1997; Fritz Sack, Prävention – ein alter Gedanke im neuen Gewand, in: Rolf Gössner (Hg.), Mythos Sicherheit. Der hilflose Schrei nach dem starken Staat, Baden-Baden 1995, 429–456.

Vorstellung, demzufolge polizeiliches Handeln ohne Spielräume und Ermessen nach vorfixierten und vorentworfenen Regeln abläuft, insistiert der Begriff der „discretion" umgekehrt darauf, dass Polizeihandeln notwendig und konstitutiv in der Ausübung von Ermessen und in der Auswahl von Handlungsoptionen und –alternativen besteht. G. L. Kelling, zusammen mit J. Q. Wilson einer der theoretischen Ideengeber und praktischen Ratgeber der neuen Polizeistrategie[47], hat kürzlich in einer Broschüre des amerikanischen Justizministeriums die Implikationen, die die neue Polizeiphilosophie und -praxis für das Problem polizeilicher Entscheidungsfreiheit mit sich bringt, näher beleuchtet – und verteidigt[48].

Wir wollen jetzt unseren Blick von den USA abwenden und ihn auf Europa richten. Sieht man von der einzigartigen Entwicklung der amerikanischen Gefängnispolitik ab, scheint es, als vollzöge sich eine der amerikanischen sehr analoge Entwicklung auch in den meisten Ländern Europas. Nach L. Wacquant kommt dabei England die Rolle eines Vorreiters auf dieser Seite des Atlantiks zu[49]. Dies lässt sich selbst an dem für die USA so aussagekräftigen Indikator der Gefängnisrate ablesen: Der britische Kriminologe I. Taylor hat errechnet[50], dass die durchschnittliche Gefängnisrate von 15 Ländern der Europäischen Union innerhalb von sechs Jahren (1990-1996) um 21 % gestiegen ist – mit den Niederlanden mit der am schnellsten steigenden Gefängnisrate (73 %), gefolgt u.a. von Italien (49 %), Portugal (49 %), Spanien (27 %), England (21); Deutschland liegt mit 7 % Steigerung schon in der unteren Hälfte der europäischen Länder, noch vor allerdings den stabilen skandinavischen Gesellschaften. Dies alles vollzieht sich auf einem Niveau

---

[47] Kelling und Wilson sind die Erfinder der Metapher und des Mythos von den „broken windows", in die Welt gesetzt schon 1982 in dem konservativen Organ „Atlantic Monthly" und seither zum Inbegriff einer neuen staatlichen repressiven Ordnungspolitik geworden: James Q. Wilson und George L. Kelling, Polizei und Nachbarschaftssicherheit: Zerbrochene Fenster. „The police and neighborhood safety: Broken Windows", in: Kriminologisches Journal 28 (1996), 121–137. Insbesondere Wilson gilt als führender Kopf einer „anticrime policy based almost wholly on deterrence and incapacitation, ... that would probably transform our justice system into a Gulag" – vgl. Elliott Currie, Radical Criminology – or Just Criminology – Then, and Now, in: Social Justice. A Journal of Crime, Conflict & World Order, 26 (1999), 16–18, 17.

[48] George L. Kelling, „Broken Windows" and Police Discretion. Research Report. National Institute of Justice. U.S. Department of Justice, October 1999 (NCJ 178259).

[49] Vgl. Loïc Wacquant, Die Armen bekämpfen, in: Le Monde diplomatique v. 16.4.1999, 1, 12/13.

[50] Vgl. Ian Taylor, Crime and Social Criticism, in: Crime and Social Justice, 26/2 (1999), 150–167, 163; Ders., Crime in Context. A Critical Criminology of Market Societies, Cambridge 1999, Kap. 7.

der Einsperrungsrate, die zwischen Werten von rund 60 bis 120 erheblich unter dem der USA liegt. Dennoch, die Tendenz einer repressiven Wende auch für Europa ist deutlich genug und ließe sich weiter etwa an Projekten zum Ausbau von Gefängniskapazitäten, an der Senkung der rechtlichen Schwelle der Inhaftierung ausweisen.

Es gibt eine Reihe von anderen Belegen, die auch für die meisten europäischen Länder die Tendenz bekräftigen, dass das Strafrecht und seine Institutionen stärker gefordert und gefördert werden. Es findet eine Schärfung des Instrumentariums statt, Strafrahmen werden erhöht, die sogenannte „Waffengleichheit" im Prozess zwischen Anklage und Verteidigung verschiebt sich zugunsten der Anklage, Polizeibefugnisse werden erweitert, Interventionsschwellen werden herabgesetzt, anlassfreie Personenkontrollen wurden eingeführt, die Telefon-Überwachung und der „große Lauschangriff" gehören für die Sicherheitsorgane zum legalen Instrumentarium von Kontrolle und Ermittlung. Derzeit steht für die Bundesrepublik die Frage an, in welchem Ausmaß, an welchen Orten und zu welchen Zwecken Kamera-Überwachung an öffentlichen Orten gesetzlich zulässig sein sollte – wie dies etwa in Großbritannien, vom dortigen Home Office forciert und gesponsert, bereits in vielen Städten und Gemeinden praktiziert wird. Die Einzelheiten dieser Entwicklung können hier nicht nachgezeichnet werden. Für die Bundesrepublik hat R. Hansen kürzlich eine Bilanz dieser Entwicklung unter die Fragestellung gebracht: „Eine Wiederkehr des »Leviathan«?"[51]. Einen guten Einblick in die analogen Tendenzen in Großbritannien vor allem im Bereich des Jugendstrafrechts gab J. Graham vom britischen Home Office den Teilnehmern und Teilnehmerinnen des 24. Deutschen Jugendgerichtstages im Herbst 1998[52]. Dass im Übrigen inzwischen die Zeiten vorbei sind, da verschärfte Sicherheitspolitik ein hauptsächlich von rechten Parteien bestelltes Terrain darstellte, sahen wir bereits eingangs[53]. Eine faszinierende Diskussion darüber, ob es sich bei den beschriebenen Tendenzen einer veränderten Kriminal- und Sicherheitspolitik um oszillierende Bewegungen entlang Prinzipien des modernen

---

51 Vgl. Ralf Hansen, Eine Wiederkehr des »Leviathan«? Starker Staat und neue Sicherheitsgesellschaft, in: Kritische Justiz, 32/2 (1999), 231–253.
52 Vgl. John Graham, Aktuelle Entwicklungen in der Jugendjustiz in England und Wales, in: DVJJ (Hg.), Kinder und Jugendliche als Opfer und Täter. Prävention und Reaktion. Schriftenreihe der Deutschen Vereinigung für Jugendgerichte und Jugendgerichtshilfen e.V., 30, Bad Godesberg 1999.
53 „Crime is a labour issue" ist bekanntlich mittlerweile ein internationaler sozialdemokratischer Programmpunkt. Eine erste kritische englische Bilanz gibt Ian Brownlee, New Labour – New Penology? Punitive Rhetoric and the Limits of Managerialism in Criminal Justice Policy, in: Journal of Law and Society, 25/3 (1998), 313–335.

Strafrechts handelt oder um sich abzeichnende Konturen einer „post-modernen" Zäsur auf diesem Politikfeld, kann hier nur erwähnt, nicht ausgeführt werden[54].

3.2   Die subjektive Seite der Inneren Sicherheit

Die beschriebene strafrechtliche Aufrüstung wirft die Frage nach ihren Gründen auf. Wir wollen dafür zunächst auf einen Aspekt des Sicherheitsdiskurses eingehen, der erst seit den letzten drei bis vier Jahrzehnten zunehmend an öffentlicher und politischer Bedeutung gewonnen hat. Die Frage der öffentlichen Sicherheit und der daraus zu ziehenden Schlussfolgerungen politischer oder staatlicher Art ist nicht mehr nur aus den Befunden und Aktivitäten der hierfür geschaffenen gesellschaftlichen und staatlichen Einrichtungen und Institutionen zu beantworten. Zu reden ist von dem Einzug der Demoskopie und der Instrumente der empirischen Sozialforschung in den Diskurs der Sicherheit und der Sicherheitspolitik. Ursprünglich als Korrektiv und komplementäre Informationsquelle der seit ihrer Existenz mit dem Verdacht und Makel sozialer Selektivität beargwöhnten offiziellen und staatlichen Kriminalstatistiken gedacht, haben sich mittlerweile „Viktimisierungsstudien" zu einem fest etablierten und eigenständigen Instrument der Erfassung und Analyse wie auch der politischen Orientierung in Sachen Innerer Sicherheit entwickelt[55]. Dienten die ersten solcher Studien, die Eingang in den kriminologischen Werkzeugkasten mit der bis heute berühmten President's Commission on Law Enforcement and Administration of Justice unter der Johnson-Präsidentschaft in den sechziger Jahren fanden, noch hauptsächlich der Erforschung des kriminellen Dunkelfeldes, so verselbständigte sich bald eine eigene Forschungsrichtung, der es um

---

[54] Vgl. dazu John Pratt, The Return of the Wheelbarrow Man; Or, the Arrival of Postmodern Penality, in: The British Journal of Criminology, 40/1 (2000), 127–145; der australische Kriminologe Pratt widerspricht in diesem Aufsatz einer viel beachteten These von D. Garland über die Interpretation von repressiven Tendenzen der Strafpolitik, deren empirischer Gehalt zwischen beiden Autoren unumstritten ist – was Garland noch als gesteigerten Ausdruck der Moderne sieht, hält Pratt als Zeichen der „Postmoderne".

[55] Die methodische, theoretische und empirische Literatur hierzu ist mittlerweile kaum mehr zu überblicken, geschweige denn auf einen bilanzierenden Nenner zu bringen. Einen knappen, aber historisch orientierenden und mit einer Reihe weiterer Nachweise versehenen Ausgangspunkt liefern Helmut Kury, Uwe Dörmann, Harald Richter und Michael Würger, Opfererfahrungen und Meinungen zur Inneren Sicherheit in Deutschland, Wiesbaden 1992 (BKA-Forschungsreihe, 25).

die subjektive Seite von Kriminalität, um die „Kriminalitätsfurcht" geht[56].

Dieser letzte Aspekt, die „mentale Repräsentation" von Sicherheit und Kriminalität in der Gesellschaft interessiert uns hier. Die subjektiven Größen und Indikatoren für die Innere Sicherheit und deren Bearbeitung durch die staatlichen Sicherheitsorgane gehören mittlerweile zu den Parametern, die ebenso regelmäßig empirisch ermittelt werden wie politische Relevanz für sich beanspruchen. In ihrer politischen Bedeutung konkurrieren sie sichtbar mit den „objektiven" Indikatoren auf diesem sozialen und politischen Handlungsfeld. Sie haben ebenso Eingang in die offiziöse „Sozialberichterstattung" und in deren Kreis der „sozialen Indikatoren"[57] gefunden wie sie Gegenstand der Forschungs- und Publikationsaktivitäten des Bundeskriminalamts [58] geworden sind.

Obwohl K.H. Reuband[59] eine Zeitreihe solcher subjektiver Sicherheitsindikatoren für einen Zeitraum bereits ab 1965 zusammengetragen hat, hat eine wahre Konjunktur solcher Untersuchungen in der Bundesrepublik erst nach der deutschen Vereinigung im Jahre 1989 eingesetzt[60]. Die kriminologische und kriminalpolitische Diskussion seit dem

---

[56] Vgl. hierzu die ausgezeichnete Studie von Klaus Boers, Kriminalitätsfurcht. Über den Entstehungszusammenhang und die Folge eines sozialen Problems, Pfaffenweiler 1991.

[57] Die Sozialberichterstattung und die regelmäßige Erhebung und Fortschreibung sozialer Indikatoren in der Bundesrepublik besorgt das in die „blaue Liste" öffentlich geförderter Forschungseinrichtungen aufgenommene Mannheimer „Zentrum für Umfragen, Methoden und Analysen (ZUMA) e.V." – Postfach 12 21 55, 68072 Mannheim. Das ZUMA gibt einen regelmäßigen „Informationsdienst Soziale Indikatoren" heraus, dessen letztes Exemplar – ISI 23 – zwei einschlägige Beiträge zur Empirie subjektiver Sicherheitsindikatoren enthält. Informationen zur öffentlichen Sicherheit werden in den von ZUMA seit 1978 regelmäßig durchgeführten – bisher acht – „Wohlfahrtssurveys" erhoben.

[58] Vgl. hierzu Uwe Dörmann, Wie sicher fühlen sich die Deutschen? Repräsentativbefragung der Bevölkerung zu Rauschgiftsituation, Polizeibewertung und Sicherheitsgefühl – zum Teil als Replikation früherer Erhebungen, Bundeskriminalamt Wiesbaden 1996; die Publikation enthält eine Reihe tabellarisch aufbereiteter Informationen zur subjektiven Repräsentation der Sicherheitslage, daneben auch eine ausführliche Bibliografie.

[59] Vgl. K. H. Reuband, Veränderungen in der Kriminalitätsfurcht der Bundesbürger 1965–1993. Eine Bestandsaufnahme empirischer Erhebungen, in: Günther Kaiser und Jörg-Martin Jehle (Hg.), Kriminologische Opferforschung. Neue Perspektiven und Erkenntnisse, Teilband II: Verbrechensfurcht und Opferwerdung. Individualopfer und Verarbeitung von Opfererfahrungen, Heidelberg 1995, 37–53; ders., Kriminalitätsfurcht. Stabilität und Wandel, in: Neue Kriminalpolitik 2 (1999), 15–20. Reuband ist einer der besten deutschen Kenner dieses kriminalsoziologischen Arbeitsfeldes.

[60] Die dazu vorliegenden Publikationen können hier nicht erschöpfend präsentiert, geschweige denn ausgewertet werden; vgl. aber als einen guten Zwischenstand die Beiträge im Sammelband von Klaus Boers, Günter Gutsche und Klaus Sessar (Hg.), Sozialer Umbruch und Kriminalität in Deutschland, Opladen 1997;

Untergang der DDR ist nahezu ausschließlich bestimmt von den differentiellen Sicherheitsgefühlen in den alten und den neuen Bundesländern. Beunruhigend war in der Tat die Tatsache, dass „die Kriminalitätsfurcht nach der Wende vor allem in den neuen Bundesländern zugenommen (hat) und (...) dort zeitweise – bei im wesentlichen gleichen Opferraten – doppelt so hoch wie im Westen (lag)"[61]. Insgesamt hatten sich in dem Jahrfünft von 1990 bis 1995 die subjektiven Sicherheitswerte schon dramatisch verschlechtert: die Frage: „Wird die Sicherheit der Bürger auf Strassen und Plätzen durch Kriminalität bedroht oder nicht bedroht" bejahten 1990 56 % der West-Befragten und 65 % der Ost-Befragten, ein Jahr später war die Diskrepanz zwischen West und Ost von 9 auf 25 Punkte empor geschnellt (West: 67, Ost: 92 %) und 1995 betrug sie immer noch 16 Punkte (West: 70, Ost: 86 %)[62]. Und diese Unruhe besteht fort – zumindest ist der Anteil der Bewohner aus den neuen Bundesländern, die die „öffentliche Sicherheit" als „ganz und gar" bzw. „eher realisiert" sehen, mit 29 % der Befragten des 1998er Wohlstandssurveys wesentlich niedriger als der Anteil der Befragten aus den alten Bundesländern, die die gleiche Antwort zu 50 % gaben[63].

Wir wollen aus der empirischen und theoretischen Fülle der Befunde zur subjektiven Seite der öffentlichen Sicherheit nur noch zwei Einzelheiten herausgreifen. In einer Auswertung der einschlägigen Befunde aus den oben erwähnten Wohlfahrtssurveys des ZUMA (Anm. 54) über einen zwanzigjährigen Zeitraum von 1978 bis 1998 ergibt sich eine Kurve, deren Werte – bei einer vorgegebenen Skala von 0 = „ganz und gar unzufrieden" bis 10 = „ganz und gar zufrieden" – zwischen 5 im Jahre 1978 über 5,8 im Jahre 1988, 5 im Jahre 1993 und 6 im letzten gemessenen Jahr 1998 liegt. Erfragt wurde jeweils die „Zufriedenheit mit der öffentlichen Sicherheit"[64]. Bemerkenswert an dem Verlauf dieser Kurve ist zum einen die geringe Oszillation der Skalenwerte um einen mittleren Wert, zum anderen der markante Rückgang der Zufriedenheit im Fünfjahreszeitraum um die politische Wende- und Nachwendezeit, sodann natürlich der erneute Anstieg der Werte auf 6 im Jahre 1998.

Hans-Jürgen Kerner zieht darin eine Bilanz: „Kriminologische Forschung im sozialen Umbruch. Ein Zwischenresümee nach sechs Jahren deutsch-deutscher Kooperation", 331–372.

[61] Klaus Boers und Peter Kurz, Kriminalitätseinstellungen, soziale Milieus und sozialer Umbruch, in: Boers/Gutsche/Sessar, Umbruch, 187–253, 197.

[62] Vgl. Uwe Dörmann, Wie sicher fühlen sich die Deutschen?, 36.

[63] Vgl. Thomas Bulmahn, Freiheit, Sicherheit und Gerechtigkeit. Unterschiedliche Bewertungen in Ost- und Westdeutschland, in: ISI 23 – Informationsdienst soziale Indikatoren, Ausgabe 23, Januar 2000, 5–8, 6.

[64] Vgl. Heinz-Herbert Noll und Stefan Weick, Bürger empfinden weniger Furcht vor Kriminalität. Indikatoren zur öffentlichen Sicherheit, in: ISI 23, 1–5.

Die zweite Anmerkung bezieht sich auf eine theoretische Vermutung von Klaus Sessar, die er im Zusammenhang mit den bereits erwähnten intensiven empirischen Forschungen zum „Sozialen Umbruch und Kriminalität" (SUK)[65] aufgestellt hat. Mit einer sonst in der deutschen Kriminologie kaum anzutreffenden Deutlichkeit und Eindringlichkeit formuliert Sessar die metaphorische und generalisierte Funktion von „Verbrechen und Strafe": „Die Strafe wird metaphorisch als Missbilligung oder zum Zwecke der Bändigung von Bedrohungen eingesetzt. Insoweit handelt es sich dann *weniger um Einstellungen zur Strafe als mehr um Einstellungen mit Hilfe der Strafe*"[66]. Als Konsequenz dieser theoretischen Position fordert er deshalb zu Recht eine Forschungsstrategie, die analytisch und empirisch zwischen originären Strafeinstellungen und Strafbedürfnissen und dem verallgemeinerten, gleichsam „unechten" Strafbedürfnis, das als „suggestivstes Verständigungsmuster für die Verteilung von Missbilligung und Ablehnung" sprachlich zur Verfügung steht, zu trennen vermag[67]. In eine solche Richtung weist eine kürzlich erschienene amerikanische Studie über die öffentliche Unterstützung des berüchtigten „three strikes and you are out" Gesetzes des Staates California. Die weitgehende Akzeptanz dieses Beispiels einer repressiven Verschärfung des Strafgesetzes durch die Öffentlichkeit liegt nicht in seiner „instrumentellen" Bedeutung („the instrumental judgement that the world is dangerous"), sondern in der sozialen und moralischen Brüchigkeit der Gesellschaft („the relational judgement that the world lacks social cohesion")[68].

Ausgangspunkt für den Blick auf die subjektive Dimension des Sicherheitsdiskurses war die Frage, ob sich in den Befunden eine Entsprechung zur institutionellen und gesetzlichen repressiven Aufrüstung nachweisen lässt. Die oben mitgeteilten Befunde betreffen ja eher Indikatoren der Bedrohtheit als solche der punitiven Einstellung. Andererseits dürfte aber auch nicht mehr ganz zutreffen, was Sessar in seiner bekannten Studie für die Mitte der achtziger Jahre herausgefunden hatte, dass nämlich der emphatische repressive Duktus des Strafrechts nur mehr noch eine Sache der Juristen sei und die Gesellschaft in ihrer Majorität auf „Wiedergutmachung" setze[69]. Dass der Ruf nach mehr Strafe

---

[65] Vgl. dazu Anm. 60, vor allem den dort erwähnten Beitrag von H.-J. Kerner.
[66] Vgl. Klaus Sessar, Strafeinstellungen zum Umbruch, in: Boers/Gutsche/Sessar, Umbruch, 255–292, 255f.
[67] Ibid., 256.
[68] Vgl. Tom R. Tyler und Robert J. Boeckmann, Three Strikes and You Are Out, but Why? The Psychology of Public Support for Punishing Rule Breakers, in: Law & Society Review, 31/2 (1997), 237–265, 238.
[69] Vgl. Klaus Sessar, Wiedergutmachen oder strafen. Einstellungen in der Bevölkerung und der Justiz. Pfaffenweiler 1992.

indessen auch in der Gesellschaft der Bundesrepublik unüberhörbar ist, und zwar nicht nur von Politikern und Medien, lässt sich an einer Reihe von – freilich nicht ohne weiteres methodisch zuverlässig nachgewiesenen – Einzelbeobachtungen ablesen. Die Zeiten in der Bundesrepublik sind passé, als sich gegen den oben erwähnten Ausbau der Strafverfolgungsbehörden massenhafter bürgerrechtlicher Widerstand zu Wort meldete. Im politischen und vorpolitischen Raum – insbesondere im Jugendstrafrecht – wird einst gepriesenen Projekten und Programmen aus dem Arsenal der Jugendhilfe und Sozialarbeit mit Zweifel, wenn nicht sogar Hohn begegnet, wie sich überhaupt auch die Idee der Resozialisierung einem ähnlichen Verfallsprozess ausgesetzt sieht, wie dies in anderen westlichen Ländern der Fall ist.

Eine weitere Beobachtung bezieht sich auf eine Erscheinung in der Bundesrepublik, die auch in den USA Repression und Punitivität ankündigte. Justizkritik und Justizschelte scheinen in der Bundesrepublik hoffähig und beliebt zu werden. Über zu milde und zu lasche Richter zu klagen und zu lamentieren, löst keineswegs die Entrüstung und den Widerspruch aus[70], den man sich in einem Lande wünschen möchte, das, wenn es drauf ankommt, der ersten immer noch mehr als der dritten Gewalt anhängt, das nach wie vor die Spannung zwischen der Effizienz und der Rechtsförmigkeit („due process" vs. „crime control") staatlicher Kontrolle zugunsten ersterer zu lösen bereit ist, im Datenschutz endlich zu aller erst Taten-, und nicht Bürgerschutz erblickt.

Zuletzt schlägt sich die Kriminalitätsfurcht und die mentale Repräsentation der Sicherheitslage auch in den manifesten Handlungen der Gesellschaftsmitglieder nieder. So lässt sie sich etwa an dem Umfang der „Eigenvorsorge" der Bevölkerung in puncto Schutz und Sicherung der eigenen Rechtsgüter in Form von Maßnahmen „situativer Prävention" – u.a. Ausgaben für sicherheitstechnische Installationen[71] – oder auch in Form der Bereitschaft zur Mitarbeit in kommunalen Präventionsräten und zivilgesellschaftlichen Initiativen zur Erhöhung der inneren Sicherheit ablesen. Hierüber gibt es bislang keine zuverlässigen und systema-

---

[70] Einen solchen lautstarken Einspruch hätte man sich angesichts der Frontseite der Hamburger Morgenpost, dem Konkurrenzblatt von BILD, v. 20/21.3. 1999 gewünscht. Das Blatt machte mit der Schlagzeile auf: „Die Liste der laschen Richter. Justiz im Visier der Hamburger Polizei" – in der Tat verkehrte Fronten: die dritte Gewalt kontrolliert von der ersten, statt umgekehrt, wie es der Rechtsstaat eigentlich vorsieht.

[71] Vgl. z. B. die Daten in Ekkehart Lippert/Andreas Prüfert/Günther Wachtler, Einleitung, in: Dies. (Hg.), Sicherheit in der unsicheren Gesellschaft, Opladen 1997, 7–20, 9f.

tisch gewonnenen Daten[72], sieht man mal von der eher indirekten, gleichwohl aufschlussreichen Tatsache ab, dass die private Sicherheitsindustrie seit Jahren überdurchschnittliche Wachstumsraten verzeichnet. Wir brechen hier unsere Überlegungen zur subjektiven Dimension des Kriminalitätsdiskurses ab. Mit den subjektiven Parametern ist dem Sicherheitsdiskurs eine zusätzliche und unabhängige Dimension zugewachsen, die kriminologisch wie kriminalpolitisch in Konkurrenz steht zu den „objektiven" Indikatoren, die die traditionellen Kriterien der Beschreibung und Kontrolle dieses gesellschaftlichen Teilbereichs waren. Zukünftige Kriminalpolitik hat sich mindestens ebenso an dem Sicherheitsgefühl der Bevölkerung wie an den bisherigen „objektiven" Parametern, wie sie etwa die polizeiliche Kriminalstatistik jährlich liefert, zu orientieren. Das kann im Klartext zu kriminalpolitischen Maßnahmen führen, die zwar wenig zur Kontrolle und Beeinflussung von Straftaten beitragen, aber auf die subjektiven Parameter zurückwirken. Dass objektive und subjektive Indikatoren nicht gleichsinnig verlaufen, sondern sich durchaus konträr zueinander verhalten können, belegt ein notorischer Befund aus den Untersuchungen zur Kriminalitätsfurcht: dort hat sich vielfach das Paradox empirisch bestätigt, dass objektive Opferrisiken nicht mit subjektiver Kriminalitätsfurcht korrelieren, wie dies etwa bei den Frauen und bei älteren Menschen der Fall ist. Es leuchtet deshalb unmittelbar ein, daß Kriminalitätsangst und Kriminalitätsentwicklung durchaus unterschiedlich verlaufen können. So meint etwa ein Teil der Beobachter, dass die Kriminalität langsam die ganze Sozialordnung unterminiere[73], anderen scheint es so, als liefe die Angst vor der Kriminalität der tatsächlich registrierten Kriminalität davon.[74]

Aus der jeweiligen Unabhängigkeit der objektiven und subjektiven Dimension des Sicherheitsdiskurses ergibt sich eine Schlussfolgerung, deren politische und soziale Tragweite noch nicht so recht gegenwärtig ist. Kriminalpolitisch relevant sind vor allem jene subjektiven Aspekte von Kriminalitätseinstellungen, die sich auf die allgemeine gesellschaftliche Situation beziehen, d.h. auf Kriminalität und Sicherheit als „soziales Problem" auf der gesellschaftlichen Makroebene. Hierfür spielen aber nicht so sehr persönliche Erfahrungen mit Kriminalität im lebensweltlichen Rahmen eine Rolle, sondern die darüber öffentlich geführten Dis-

---

72 Am Aufbau- und Kontaktstudium Kriminologie der Universität Hamburg wird gerade eine von der Deutschen Forschungsgemeinschaft geförderte Untersuchung über die gesellschaftliche „Selbstaufrüstung" durchgeführt.

73 Klaus Tipke, Innere Sicherheit und Gewaltkriminalität. Die Sicherheitsdefizite unseres Rechtsstaates, München 1998

74 Ronald Hitzler, Riskante Reaktionen – Formen der Bewältigung von auf Kriminalitätsfurcht fokussierter alltäglicher Verunsicherung, in Karl-Ludwig Kunz, Rupert Moser (Hg.), Innere Sicherheit und Lebensängste, Bern 1997, 183–208

kurse – in den Medien und in der Politik. In dem Masse, wie subjektive Indikatoren kriminalpolitische und kriminologische Relevanz gewinnen, erzielen auch die Akteure aus Politik und Medien einen politischen und ideologischen Mehrwert bzw. eine zusätzliche Ressource in Form eines verstärkten Einflusses auf die subjektiven Repräsentationen der Kriminalitäts- und Sicherheitslage – Kriminalität gleichsam als politische und mediale Manövriermasse.

3.3 Die objektive Seite der Kriminalität: die Wirklichkeit, die alles bewegt?

Wir kommen nunmehr zu der Frage, die üblicherweise am Anfang der Diskussion über die öffentliche Sicherheit steht. Es geht darum, ob und in welchem Ausmaß die aufgezeigten Tendenzen strafrechtlicher Aufrüstung und repressiver Kontrolle als Reaktion und abhängige Größe auf die Entwicklung der Kriminalität zu betrachten sind. Dies genau ist die Behauptung, auf die sich Politik, veröffentlichte und öffentliche Meinung mit einer Nachhaltigkeit und Intensität verständigt haben, die schon den nachfragenden und Beleg prüfenden Blick in die Nähe der Häresie bringt. Dennoch wollen wir uns diesen Blick nicht versagen, um uns den Verdacht zu ersparen, vorschnell einer theoretischen Position erlegen zu sein, die politische und populäre, um nicht zu sagen: populistische Akzeptanz gegen die Unbequemlichkeit intensiveren Nachdenkens und eines komplexeren Modells der Wirklichkeit eintauscht.

Als Ausgangspunkt knüpfen wir für unsere Überlegungen an eine Beobachtung an, die wir der bereits erwähnten Analyse von Caplow und Simon über den amerikanischen Gefängnisboom der achtziger und neunziger Jahre entnehmen. Sie unterscheiden darin zwei Erklärungsmuster für den „spektakulären Anstieg in unbekannte Höhen"[75] der Gefängnisrate. Wir lassen diese Positionen direkt und ausführlich zu Worte kommen. Hier zunächst die Position, die von vielen führenden Politikern und von einigen wenigen wissenschaftlichen Experten vertreten wird:

„The most often heard explanations focus on the interaction of crime and politics. From this perspective, the great surge of imprisonment is a response to the great surge of crime. It reflects both social outrage at crime and rational aspirations to control it".

Die alternative Position –

---

75 Caplow/Simon 1999, Understanding, 88.

„virtually absent from political discourse but held by many penal experts and social scientists"[76] – „sees the surge of imprisonment as a result of a 'moral panic'....According to this view, the growth of crime ... cannot explain the recent expansion of penal sanctions. Concern about the crime wave has become a symbolic vehicle to channel anxieties about social order ... From this perspective the mobilization of laws and resources for imprisonment is political opportunism rather than rational public policy"[77].

Für die amerikanische Situation lässt sich eine kurzschlüssige Zurechnung der verschärften strafrechtlichen Kontrolle auf die objektive Kriminalitätsentwicklung sehr offensichtlich bezweifeln. Zum einen lässt das explosive Ausmaß des Anstiegs der Gefängnispopulation eine solche kausale Zurechnung als zu simpel erscheinen. Zum anderen ist der zeitliche Zusammenhang zwischen dem Verlauf der Kriminalitätskurve und dem der Gefängnisrate zu versetzt und unregelmäßig, um daraus eine kausale Beziehung herzuleiten: diese verliefen eher gegenläufig als parallel und gleichsinnig[78]. Übrigens ist dieser letzte Einwand auch ein Argument, das gegen die Erfolgsstory der „zero-tolerance-Strategie" in Bezug auf die Kriminalitätsentwicklung New Yorks vorgebracht wird[79]. Es gibt in den USA selbst Stimmen, die die „objektiven" Daten der Polizeistatistiken als politisch manipuliert betrachten – eine Position, die seit Jahren von dem international bekannten Kriminologen W. J. Chambliss mit vielen Belegen im einzelnen vertreten wird[80].

Der Blick auf die deutsche Situation zeigt in der Kriminologie eine deutliche Rehabilitation von Kriminalstatistiken für Antworten auf Fragen, die sich mit ihnen schlicht nicht beantworten lassen. Eigentlich galt seit den sechziger Jahren wissenschaftlich die Erkenntnis als abgehakt, dass Kriminalstatistiken Gültigkeit nur für das Handeln, die Informationen und Entscheidungen derjenigen, die diese Kriminalstatistiken führen, beanspruchen können. Das ist die Quintessenz des in der Kriminologie zum propädeutischen Wissen gehörenden Konzepts der „Anzeigebereitschaft" der Bevölkerung, die sich gleichsam zwischen den

---

[76] Ibid., 74.
[77] Ibid. 64.
[78] Ibid., 87/88; vgl. auch Craig Calhoun, Donald Light und Suzanne Kellner, Sociology, New York u.a. [7]1999, 158.
[79] Vgl. hierzu Manuel Eisner, Rückgang von Kriminalität in den Städten: Die USA und die Schweiz im Vergleich, in: Ortner/Pilgram/Steinert, New Yorker, 109–121, 112.
[80] Vgl. etwa William J. Chambliss, Power, Politics and American Crime, Vortragsms. Bielefeld 1998, erscheint demnächst; David Seidman und Michael Couzens, Getting the Crime Rate Down: Political Pressure and Crime Reporting, in: Law and Society Review, 8 (1974), 457–493.

sozialen bzw. kriminellen Sachverhalt und seine statistische Abbildung schiebt. Ein anderes Stichwort, das sich sogar mal Eingang in die ZEIT verschaffen konnte, bezieht sich auf den sogenannten „Lüchow-Dannenberg-Effekt": auf diesen Begriff brachte einst Chr. Pfeiffer vom Kriminologischen Forschungsinstitut Niedersachsen (KFN) den Befund erhöhten Kriminalitätsaufkommens in Gemeinden und Kreisen in der Umgebung von Gorleben, das er auf die erhöhte Polizeidichte zurückführte – ein Sachverhalt analog zu dem Befund, dass der Krankenstand einer Bevölkerung mit der Arztdichte variiert.

Ein drittes Stichwort, das ebenfalls die Validität der Kriminalstatistik für den Zweck diachroner und komparativer Analysen in erhebliche Zweifel zieht, ist das der „Sensibilität". Dieses betrifft die Schwelle bzw. Grenzziehung zwischen Norm und Abweichung. Es gibt eine Reihe von plausiblen Argumenten und vormethodischen empirischen Wahrnehmungen, die die Vermutung stützen, dass insbesondere im sozialen Nahraum, in der Familie etwa, die Akzeptanz-Schwelle Gewalt geprägter sozialer Beziehungen sich deutlich verschoben hat. Dies betrifft erotische und sexuelle Beziehungen zwischen erwachsenen Partnern ebenso wie Erziehungsbeziehungen zwischen Eltern und Kindern. Ein viertes Argument hinsichtlich der ambivalenten Validität von Kriminalstatistiken hat mit dem engen Wechselverhältnis verschiedener Formen und Modi sozialer Kontrolle zu tun. Die informellen und nichtstrafrechtlichen Institutionen sozialer Kontrolle, wie sie die Familie, die Nachbarschaft („community"), die Schule darstellen, stehen nicht nur in einem komplementären und ergänzenden Verhältnis zu den Institutionen des Strafrechts, sondern in einem der wechselseitigen Substitution: in dem Masse, wie die informellen Institutionen an Kompetenz, Integrationsfähigkeit und Bindekraft einbüssen, gewinnen die formellen Institutionen sozialer Kontrolle an Bedeutung und Zuständigkeit. Das schlägt sich u.a. in den Kriminalstatistiken nieder. Es ist doch gar nicht zu leugnen, dass insbesondere langfristige Veränderungen in der Kriminalstatistik mit derartigen Verschiebungen im gesellschaftlich-staatlichen Gesamtsystem sozialer Kontrolle zu tun haben[81].

Das ist eine Gruppe von Argumenten, die dem umstandslosen Zugang zur „objektiven" Sicherheitslage qua Kriminalstatistik entgegenstehen. Der englische Kriminologe K. Stenson hat das Zusammenwirken dieser verschiedenen Tendenzen – Ansteigen der Kriminalität, gesunkene öffentliche Toleranz dafür, zunehmendes Versagen von formeller und informeller sozialer Kontrolle – auf einen sehr plastischen, wenn

---

[81] Diese These wird seit Jahren von dem amerikanischen Rechtssoziologen Donald Black vertreten: The Behavior of Law, New York u.a. 1976.

auch konjunktivischen Nenner gebracht: „wenn dies zuträfe, wäre es ein explosives Gebräu"[82]. Die fragwürdige Validität von Kriminalstatistiken in der Tat nur noch als Vorwort oder Fußnoten würdig zu betrachten bzw. sie nur noch als Ausweis professioneller Belesenheit zu nutzen, im Übrigen aber mit den Kriminalstatistiken die Kriminalität munter hoch- und runterzurechnen, wie man es vermehrt in der deutschen Kriminologie beobachten kann, ist schon ein besonderer Fall von professioneller Amnesie[83], die schon mal den Verdacht käuflicher bzw. korrumpierbarer Wissenschaft aufkommen lässt, wenn man sich vergegenwärtigt, mit welchem Nachdruck die Verfasser der Polizeilichen Kriminalstatistik ihr eigenes Zahlenwerk notorisch vor Fehl- und Überinterpretationen zu bewahren versuchen..

Diese prinzipielle methodologische Relativierung vorausgeschickt, wollen wir einen knappen Blick auf das inkriminierte Zahlenwerk werfen. Wir tun dies um eines Arguments willen, das den Anspruch kriminalstatistischer Informationen auf einen „objektiven" Zugang zur kriminellen Wirklichkeit weiter in Frage stellt. Der unmittelbare und schnelle Zugriff auf die Kriminalstatistik befriedigt fast nur das Interesse am Anstieg der Kriminalität: dazu eignet sich die globale Häufigkeitsziffer vortrefflich. Sie misst die auf 100.000 der Bevölkerung verrechnete Gesamtzahl der der Polizei bekannt gewordenen Normverstöße – vom Schwerstdelikt des Mordes bis zum (opferlosen) Haschisch-Besitz und zum Leichtdelikt der Schwarzfahrt, d.h. ein zusätzlicher Mord hat das gleiche Gewicht wie eine Schwarzfahrt mehr. Diese Häufigkeitszahl sämtlicher Straftaten hat sich z.B. in der Bundesrepublik in den letzten 35 Jahren von 2914 in 1963 auf 7869, d.h. um 170 % erhöht. Mit diesem Blick begnügen sich die meisten, die das Buch der Kriminalität aufschlagen, Politiker und Medien fast ausschließlich, aber auch manche, die es besser wissen sollten. Für sie spielt keine Rolle, dass in diese Zahl etwa auch die Einzel-Entwicklung des „Kontrolldelikts" der Rauschgiftkriminalität eingeht, deren Häufigkeitszahl im gleichen Zeitraum von 1,4 auf 264 geklettert ist; für sie ist auch unerheblich, dass die Autodichte in

---

[82] „… if true, this would be a potent brew", vgl. Kevin Stenson, Making Sense of Crime Control, in: Ders. & David Cowell (Hg.), The Politics of Crime Control, Sage 1991, 1–32, 3.

[83] In Bezug auf die spezifische und symbolisch besonders aufgeladene Kontroverse um das Anwachsen der Jugendkriminalität und der kriminalstatistischen „Beweisführung" vgl. Oliver Brüchert, Die Drohung mit der Jugend. Mystifizierende Statistik und öffentliche Moralisierung, in: Bürgerrechte & Polizei, Cilip 63/1 (1999), 15–23; ferner: Fritz Sack, Gewalttätige Jugend – Schlüssel zur Pathologie der Gesellschaft der Gesellschaft, in: Gewalttätige Jugend – ein Mythos?, in: Bulletin Nr. 4, Schweizer. Nationalfonds, Bern 1999, 5–37.

dieser Periode um ein Mehrfaches gestiegen ist, mit der die Wachstumsrate der autobezogenen Kriminalität nicht hat mitziehen können.

Wer an Räsonnieren über gestiegene Kriminalität und an zunehmender Bedrohung der Gesellschaft interessiert ist, wird sich nicht in die Gefahr kognitiver Dissonanz dadurch bringen, dass er die Kriminalstatistik nach Beispielen oder Teilentwicklungen durchforstet, die gegen den Strich der hegemonialen Annahme zunehmender Kriminalität und gesellschaftlicher Unsicherheit verlaufen. Dazu könnte es leicht kommen, wenn man es nicht bei jenem erwähnten ersten Blick auf die Kriminalstatistik beließe. So würde man etwa finden, dass sich Kapitaldelikte über die letzten Jahrzehnte mehr oder weniger konstant gehalten haben, dass Vergewaltigungen in den sechziger Jahren häufiger waren als Mitte der neunziger Jahre, dass Fälle des „sexuellen Missbrauchs von Kindern" 1998 um 50 % niedriger waren als 35 Jahre zuvor. Es ließen sich mehr solcher Beispiele an Rückgangsdelikten auftun, und es ließen sich Perioden mit geringen oder auch negativen Wachstumsraten ausmachen, wenn man für seine Analyse nur die geeigneten Vergleichszeiträume und Basisjahre wählen würde. Das ist so beliebig gemeint, wie es klingt und wie es auf einer wissenschaftlichen Tagung mal vom Chefstatistiker des britischen Home Office formuliert worden ist: die Komplexität der Kriminalstatistiken erlaubt es, ihnen sowohl überzeugende empirische Belege für die Zunahme wie für die Abnahme der Kriminalität zu entnehmen.

Um eine letzte Beobachtung zum Thema der vermeintlich objektiven Kriminalitäts- bzw. Sicherheitsindikatoren zu erwähnen, möchten wir auf die seit einigen Jahren kontrovers diskutierte Fragen des Verlaufs der Gewaltkriminalität und der Jugendkriminalität kurz eingehen. Ein außerordentlich instruktives Lehrstück für den Umgang mit den objektiven Indizien für die Sicherheitslage bot Ende der achtziger Jahre die Arbeit der „Unabhängigen Regierungskommission zur Verhinderung und Bekämpfung von Gewalt (Gewaltkommission)". Diese Kommission ging auf eine Koalitionsvereinbarung der CDU/CSU und FDP vom März 1987 zurück und sollte – so der Titel der daraus entstandenen insgesamt vierbändigen und mehr als 2500 Seiten umfassenden Publikation[84] – „Ursachen, Prävention und Kontrolle von Gewalt" analysieren und erarbeiten. Für den uns interessierenden Zusammenhang der objektiven Bestimmung der Sicherheitslage ist eine in der Rezeption dieses gewaltigen Kompendiums kaum zur Sprache gekommene Marginalie

---

[84] Hans-Dieter Schwind, Jürgen Baumann u.a. (Hg.), Ursachen, Prävention und Kontrolle von Gewalt. Analysen und Vorschläge der Unabhängigen Regierungskommission zur Verhinderung und Bekämpfung von Gewalt (Gewaltkommission), Bde. I – IV, Berlin 1990.

außerordentlich aufschlussreich. Ganz offensichtlich begann die Arbeit der Kommission mit einer augenreibenden Entdeckung, die, hätte man sie früher gemacht, vermutlich die Geburt der Kommission vereitelt hätte.

Zur Entstehungsgeschichte der Kommission erfährt der Leser, dass diese auf „die (Annahme einer) Eskalation der Gewalt"[85] zurückgehe. An diesem Zitat mag den Leser die Bewandtnis des Klammerzusatzes (Annahme einer) neugierig machen. Dieser war in der Tat nicht zufällig: Die Kommission hatte nämlich Mühe, aus den objektiven Daten den Gewaltanstieg umstandslos herauszulesen. Sie muss dafür schon weit nach hinten in die Vergangenheit greifen, denn: „seit 1982 ist ein leichter Rückgang festzustellen"[86]. Man spürt förmlich zwischen den Zeilen das Unbehagen der Verfasser über diese kontrafaktische Entdeckung des Untersuchungsgegenstands, registriert das Jonglieren mit Zahlen und Zeiträumen, um doch noch andere Werte zu errechnen, um vor allem der „verführenden Schlussfolgerung" entgegentreten zu können, „dass eine Entspannung der Lage eingetreten sei"[87].

In kriminalpolitischer Hinsicht – und das war ja wohl der politische Ausgangspunkt des Unternehmens – findet die „unabhängige Regierungskommission" ihren bequemen Ausweg darin, dass „ …die Unsicherheiten in der Bestandsaufnahme … jedoch der Bejahung eines Handlungsbedarfs … nicht entgegen(stehen)". Vielmehr gehe es bei letzteren „… *immer um vielfältig determinierte politische Prioritätensetzungen,* die keineswegs durch aktuell erhöhte Auftretenshäufigkeit von Gewalt begründet sein müssen"(Hervorhebung im Original)[88]. Den rettenden Anker für die Abkopplung von bzw. die Relativierung der objektiven Sicherheitslage findet die Kommission vor allem in der bereits bekannten subjektiven Sicherheitslage: „Auch ein Bedrohtheitsgefühl der Bevölkerung kann zum (mit-)maßgeblichen Kriterium werden"[89]. Für unsere eigene Argumentation verdient die Zusammenfassung der Befunde der Gewaltkommission zur „Entwicklung der Gewaltkriminalität (objektive Sicherheitslage)" in der „Kurzfassung des Endgutachtens" notiert zu werden: „Als Ergebnis der Diskussionen in der Regierungskommission … ist dazu festzuhalten, daß eine genaue und übereinstimmende Einschätzung der objektiven Sicherheitslage (Kriminalitäts-

---

[85] Vgl. Schwind/Baumann, Ursachen, I: Endgutachten und Zwischengutachten der Arbeitsgruppen, 28.
[86] Ibid., 41.
[87] Ibid.
[88] Ibid., 44.
[89] Ibid.

lage) in der Bundesrepublik (zumindest zur Zeit) nicht möglich erscheint"[90].

Hat sich an dieser Situation seither etwas geändert? Ohne dies hier im einzelnen darlegen zu können, lässt sich die Frage eindeutig verneinen. Es stehen sich nach wie vor zu der auf den ersten Blick harmlos-faktischen Frage nach Ab- oder Zunahme der Gewaltkriminalität im Sinne des realen Verhaltens – und darum geht es, nicht darum, was die Kriminalstatistik dazu sagt – zwei sich ausschließende Positionen gegenüber. W. Heinz, einer der intimsten Kenner der statistischen Datenlage auf diesem Gebiet, hat erst kürzlich die Lückenhaftigkeit und Unzulänglichkeit der dazu vorliegenden Datenbasis konstatiert[91]. Seine Feststellung, dass „Gewaltkriminalität … in besonders hohem Masse einem Wahrnehmungs- und Bewertungswandel zu unterliegen (scheint)", weshalb er weiter vom „Bild registrierter Kriminalität" und von „Konstruktionen von Wirklichkeit" [92]spricht, ist Ausdruck jener Vorbehalte, die wir oben gegen die Validität von Kriminalstatistiken für die Indizierung der kriminellen Wirklichkeit formuliert haben und die der bereits erwähnte britische Kriminologe K. Stenson auf den Nenner bringt: „Crime statistics are *moral statistics*"[93] (Hervorhebung im Original). Allerdings hält Heinz – ein wenig gegen seine eigene Argumentation – an der Möglichkeit einer kriminellen Wirklichkeit ohne konstruktiven Rest fest, d.h. an der Trennbarkeit der konstruierten und nicht-konstruierten Bestandteile bzw. der Verhaltens- und Bewertungsaspekte von Kriminalität. Auch wenn es möglich ist, im Zeitablauf sich ändernde Wahrnehmungs- und Bewertungsstandards empirisch nachzuweisen, wie dies derzeit einige Forscher sich anschicken zu tun[94], lässt sich daraus gewiss nicht eine der Moral entkleidete Kriminalstatistik basteln. Man fragt sich zudem, warum es die Kriminologie unbedingt auf die unverrückbare und „objektive Wirklichkeit" der Kriminalität abgesehen hat und warum sie sich nicht damit begnügen kann, die Konstruktionsprinzipien dieser Wirklichkeit in den Blick zu nehmen, die variierenden – ethnomethodologisch gesprochen – „methods in use for the production of social order". Die in der Kriminologie vorherrschend praktizierte Position ist exemplarisch an der weit beachteten, etwas reißerisch aufgemachten Studie des Schweizers M. Eisner über „das Ende der zivili-

---

90 Ibid., 242.
91 Wolfgang Heinz, Gewaltkriminalität in Deutschland, in: Wolfgang Feuerhelm, Hans-Dieter Schwind und Michael Bock (Hg.), Festschrift für Alexander Böhm zum 70. Geburtstag am 14. Juni 1999, Berlin/New York 1999, 721–749, 749.
92 Ibid., 747.
93 Vgl. Ken Stenson, Making, 3.
94 Diese Information ist uns aus informellen Kontexten und Gesprächen zugewachsen.

sierten Stadt?"[95] abzulesen. In historischer Analogie zum „aufgeklärten Absolutismus" lässt sich diese Position als „aufgeklärter Objektivismus" charakterisieren: wie auch der aufgeklärte Absolutismus ein Absolutismus blieb, so hält auch der „aufgeklärte Objektivismus" in der Kriminologie daran fest, dass sich mit Kriminalstatistiken eine Realität ausweisen und messen lässt, deren „Unschärferelation" auf Grund des Messinstruments zu vernachlässigen, wenn nicht zu ignorieren ist[96].

In einer letzten Überlegung verlassen wir die kriminologische Engführung des Sicherheitsdiskurses und erweitern den theoretischen Bezugsrahmen um Überlegungen, die mit Kriminalität und deren Entwicklung nur mehr indirekt und rhetorisch zu tun haben. Die Notwendigkeit einer solchen disziplinären Überschreitung der traditionellen kriminologischen Argumentation drängt sich nach unserer Ansicht fast zwingend als Schlussfolgerung aus dem geringen Stellenwert auf, dem die sogenannte kriminalstatistisch gemessene „objektive Sicherheitslage" nur beigemessen werden kann: Für eine Erklärung und als Ursache der Renaissance einer repressiven und punitiven staatlichen sozialen Kontrolle lassen sich die Daten der offiziellen Kriminalstatistiken nur dann verwenden, wenn auf sie unter Absehung von methodologischen Bedenken und unter Ignorierung der in ihnen auch enthaltenen Gegentendenzen – selektiv – zugegriffen wird. Zweifel scheinen uns deshalb selbst angebracht gegenüber einer Position, wie sie die schon mehrfach erwähnten Caplow und Simon in Bezug auf den amerikanischen Gefängnisboom vertreten:

> „we think the (real – Verf.) crime threat is both necessary and insufficient to account for the incarceration rise of the 1980s and 1990s"[97].

Angesichts der „Anzeigeelastizität" – um eine begriffliche Anleihe aus der Ökonomie zu machen – und der Dynamik der Sensibilisierung auf dem Feld der gesellschaftlichen Sicherheit stellt sich der Faktor der „realen Bedrohung" als eine ziemlich variable und der Konstruktion zugängliche Größe dar.

---

[95] Vgl. Manuel Eisner, Das Ende der zivilisierten Stadt? Die Auswirkungen von Modernisierung und urbaner Krise auf Gewaltdelinquenz, Frankfurt/Main / New York 1997.

[96] Eisner hebt zwar die Notwendigkeit „quellenkritischer und methodologischer Erörterungen" in der Einleitung nachdrücklich hervor, verweist sie jedoch in den Anhang seines Buches – „um jedoch den Fluss der inhaltlichen Argumentation nicht allzu sehr zu stören" (18).

[97] Vgl. Caplow/Simon, Understanding,. 87.

3.4 Regieren mittels Kriminalität: ein alternatives Wirkungsmodell

Wir möchten zunächst erinnern an die oben von Sessar angestellten Überlegungen: Kriminalitätsfurcht gleichsam als das sprachliche und psychologische Vehikel betrachten, dessen man sich bedient, um Bedrohungen und Unsicherheitsgefühle ganz anderer Art und Herkunft zu kanalisieren und auf einen entlastenden Begriff zu bringen. Diese Argumentation legt sich vor allem aus der vielfach nachgewiesenen Diskrepanz zwischen den subjektiven Bedrohtheitsgefühlen[98] und dem kriminalstatistisch oder auch viktiminologisch errechneten Risiko der Opferwerdung nahe. Selbst die erwähnte Gewaltkommission erlaubte sich mit Blick auf das letzte Jahrzehnt vor der deutschen Vereinigung bereits den Hinweis darauf, dass „offenbar das *Empfinden allgemeiner Unordnung oder sogar beginnender Verwahrlosung des öffentlichen Raumes* verunsichernd auf die Bevölkerung (wirkt)"[99].

Wir möchten sodann auf eine – wiederum amerikanische – Studie aufmerksam machen, von der man sich wünschen würde, sie fände bald eine deutsche Replikation. In der bereits eingangs erwähnten Untersuchung von K. Beckett wird die empirische Triftigkeit der – wie die Verfasserin sie nennt – „democracy-at-work"-These überprüft, wonach „the increased incidence of criminal behavior has led Americans to demand that their political representatives crack down on criminals"[100]. Diese These bestreitet die Autorin und ersetzt sie durch „a very different story about the ascendance of the get-tough approach to crime"[101], durch die Hypothese der „political origins and role of the crime issue"[102].

Der faszinierende Kern der empirischen Studie besteht in der Analyse des statistischen Zusammenhangs zwischen vier verschiedenen Zeitreihen: dem Verlauf der Kriminalitätsraten zwischen 1966 und 1974 und des Drogenkonsums zwischen 1986 und 1992; für den gleichen Zeitraum werden jeweils die Verläufe der öffentlichen Besorgnis, der Thematisierung durch die Medien sowie der politischen „wars against crime and drugs" mitgeteilt. Diese graphisch dargestellten Zeitreihen und Kurven lassen schon beim bloßen Anblick ins Auge springen, was die Autorin in Korrelationsmassen errechnet[103]: es gibt keine statistische

---

[98] Vgl. hierzu überblicksmäßig mit Blick insbesondere auf die Gewaltkriminalität auch W. Heinz, Gewaltkriminalität, 735.
[99] Vgl. Schwind/Baumann, Ursachen, 45.
[100] Vgl. Katherine Beckett, Making, 4.
[101] Ibid., 5.
[102] Ibid., 10.
[103] Ibid., 17 ff.

Beziehung zwischen der Kriminalitätsrate und der öffentlichen Kriminalitätsbesorgnis, wohl aber eine hochsignifikante Beziehung zwischen den „law and order"-Programmen der Politik und den dadurch ausgelösten Sorgen der Öffentlichkeit. In unserer bisherigen Terminologie: die subjektiven Aspekte des öffentlichen Sicherheitsdiskurses folgen sehr eng und regelmäßig dem Zyklus seiner politischen und staatlichen Thematisierung. Deshalb nehmen der Faktor „political initiative" und seine Akteure den zentralen Rang der weiteren Analyse des Buches ein – mit detaillierten inhaltsanalytischen Rekonstruktionen der Wahlkämpfe von Bewerbern um die amerikanische Präsidentschaft, seit Barry Goldwater 1964 erstmalig Kriminalität zu einem zentralen Wahlkampfthema gemacht hat, an dem seither kein Präsidentschaftswahlkampf und -kandidat vorbeigekommen ist.

Obwohl der theoretische und empirische Reichtum der Studie der Entdeckung des Lesers überlassen werden muss, möchten wir doch drei Aspekte aus dieser Studie betonen. Ein erster Aspekt betrifft die viel diskutierte Rolle, die der Presse auf der Bühne der inneren Sicherheit zukommt. Der Beitrag der Medien zu einer repressiven Tendenz in Politik und Öffentlichkeit fällt aufgrund der Befunde einer rahmenanalytischen Sichtung der Medien während der beiden betrachteten Perioden geringer aus[104], als dies beispielsweise in der deutschen Diskussion insbesondere von Seiten der Politik immer wieder behauptet wird. Der zweite Aspekt bezieht sich auf das ideologische und theoretische Verständnis von Kriminalität und ihren Trägern. Im Mittelpunkt steht die Betonung der „frei gewählten" Handlung, auch wenn es sich um eine Normübertretung handelt – der Mensch ist nicht nur seines Glückes, sondern auch seines Unglückes Schmied. Hierauf habe das Strafrecht und der Staat zu reagieren, unangesehen der „Ursachen" dieses Handelns. Das bedeutet eine kriminalpolitische Absage an die Idee der Resozialisierung, und es bedeutet die Zurückweisung des Strafrechtsregimes, dessen Entwicklung am Ausgang des 19. Jahrhunderts wir oben in der Studie von D. Garland kennen gelernt haben. Der dritte Gesichtspunkt, den wir festhalten wollen, bezieht sich auf das zur repressiven Strafpolitik komplementäre politische Projekt des Abbaus des Sozialstaats. K. Beckett sieht in diesem Zusammentreffen einer auf Strafe setzenden Kriminalpolitik und der Kürzung sozialstaatlicher und auch bildungspolitischer Leistungen einen inneren Zusammenhang und Ausdruck eines neuen (konservativen) Staatsverständnisses[105] – eine Schluß-

---

[104] Ibid., Kap. 5: „Crime and Drugs in the News".

[105] „I show that the crime issue has been a crucial resource for those advocating this reconstruction of social policy" (ibid., 10); weiter Kap. 3: „Creating the Crime Issue".

folgerung, die sie mit einer Fülle von Originaltönen aus den Texten der Vertreter der „nearly hegemonic ... law and order perspective"[106] zu belegen weiß.

K. Beckett steht keineswegs alleine mit der These über die enge innere Verknüpfung von Repression im Strafrecht und Regression auf dem Gebiet der gewährenden und leistenden staatlichen Politikfelder. Am nachhaltigsten ist dieser Zusammenhang von dem in Berkeley und Paris lehrenden Bourdieu-Schüler L. Wacquant ausgearbeitet worden. Die Quintessenz seiner Argumentation ist im Titel eines seiner Aufsätze festgehalten: „Vom wohltätigen zum strafenden Staat: Über den politischen Umgang mit dem Elend in Amerika"[107]. Man könnte den Untertitel stehen lassen und müsste im Obertitel nur die beiden Richtungsadjektive vertauschen (vom strafenden zum wohltätigen Staat) und hätte die Entwicklung charakterisiert, die Garland für den Strukturwandel des Strafrechts des 19. Jahrhunderts zu dem des 20. Jahrhunderts ausgemacht hat. Das läuft faktisch auf eine Stornierung dieses Wandels strafrechtlicher Sozialkontrolle hinaus. Diese Parallele trägt bis zu der Wiederentdeckung einer kriminellen oder „dangerous class", die sich in den urbanen Ghettos der amerikanischen Großstädte gebildet hat und die längst unter dem Konzept der „new urban underclass" Gegenstand heftiger politischer und wissenschaftlicher Kontroversen ist[108].

Der politische Charakter des Sicherheitsdiskurses jenseits einer engen kriminal- und sicherheitspolitischen Relevanz und Bedeutung ist in anderer Akzentuierung bereits früh von A. H. Adelaide betont worden. Er hat die in den USA schon Mitte der sechziger Jahre einsetzende „law and order"-Politik als eine „präventive Konterrevolution" und als „ideologische Antwort" des Staates auf die sozialen Bewegungen der sechziger Jahre interpretiert, als eine Scharte, die es auszuwetzen galt[109]. Das wäre eine Interpretation aus der Perspektive des auf Revanche

---

[106] Ibid., 106; als hegemonial bezeichnet Beckett eine politische Position, die „... is understood not just as one possible project among many alternatives, but as the only possible social order" (ebda.).

[107] Vgl. Loïc J.D. Wacquant, Vom wohltätigen zum strafenden Staat: Über den politischen Umgang mit dem Elend in Amerika, in: Leviathan, 25(1997), 50–66; Ders., Clinton reformiert Armut zu Elend, Le Monde diplomatique, Sept. 1996; ders., Die Armen bekämpfen, Le Monde diplomatique, April 1999; ders., Elend hinter Gittern, Konstanz 2000.

[108] Vgl. u.a. Michael B. Katz (Hg.), The Underclass Debate. Views from History, Princeton 1993; Herbert Gans, The War Against the Poor, New York 1995; Thomas Gebhardt, Andreas Heinz und Wolfgang Knöbel, Die gefährliche Wiederkehr der „gefährlichen Klassen", in: Kriminologisches Journal 2/1996, 82–106.

[109] Vgl. Adelaide H. Villmoare, Preventive Counterrevolution. The Ideological Response to the 1960s, in: American Behavioral Scientist, 20 (1977), 597–616.

setzenden Staates bzw. der gesellschaftlichen Teilgruppen mit privilegierter Nähe zum Staat. Eine politisch eher indirekte, indessen soziologisch ebenso brisante wie griffige Vermutung formuliert die amerikanische Naturwissenschaftlerin B. Ehrenreich in ihrem wohl treffenden Psychogramm der Mittelschicht, dessen Titel die Hypothese der Untersuchung besser wiedergibt, als jede weitere Umschreibung es vermag: „Fear of Falling".[110]

Zur begrifflichen Erfassung des politischen „Mehrwerts" und des außerkriminellen Profits der Thematisierung von Kriminalität und innerer Sicherheit ist auf das bereits oben eingeführte Konzept der „moral panic" zurückzukommen. Als Konzept von Stanley Cohen 1972[111] eingeführt, hat es seine wohl überzeugendste empirische Ausarbeitung und Anwendung in einer berühmten englischen Studie mit dem Titel „Policing the Crisis" gefunden[112]. In dieser Untersuchung werden der Aufbau und die „Inszenierung" einer moralischen Panik nachgezeichnet, an deren Anfang ein besonders gewaltsamer Straßenraub vor einer der berühmten Londoner U-Bahn-Stationen steht. Dieser Fall eines Raubdelikts wird zum Ausgangspunkt einer öffentlichen Kettenreaktion gesellschaftlicher Bedrohung „out of all proportion to the actual threat offered". Ein einzelnes Delikt wird zum Kristallisationspunkt von Ängsten, Krisenerscheinungen und Konflikten, die in der britischen Gesellschaft in den siebziger Jahren virulent waren, jedoch jenseits der Kriminalität und der öffentlichen Sicherheit standen.

Moralische Paniken sind nun keine naturwüchsigen Ereignisse, die über die Gesellschaft wetterartig hereinbrechen. Vielmehr sind es gesellschaftliche Veranstaltungen, die identifizierbare Akteure, Medien und Mechanismen haben. Die Autoren von „Policing the Crisis" haben als Initiatoren und Verstärker von moralischen Paniken vor allem Akteure aus den Arenen der Politik und der Medien ausgemacht. Caplow und

---

[110] Vgl. Barbara Ehrenreich, Fear of Falling: The Inner Life of the Middle Class. New York 1989 (dt.: Angst vor dem Absturz. Das Dilemma der Mittelklasse, Reinbek b. Hamburg 1994, 4: „Ob die Mittelklasse hinunterschaut in die Welt der Entbehrungen oder hinauf ins Reich des Überflusses, die Angst vor dem Absturz verliert sie nie".

[111] Vgl. Stanley Cohen, Folk Devils and Moral Panics, Oxford 1972; vgl. weiter zur weiteren Entwicklung des Konzepts Erich Goode und Nachman Ben-Yehuda, Moral Panics: Culture, Politics, and Social Construction, in: Annual Review of Sociology, 20 (1994), 149–171; die Anwendung des Konzepts auf eines der höchst emotionalisierten Fälle von Kriminalität findet sich bei Philip Jenkins: Moral Panic: Changing Concepts of the Child Molester in Modern America, New Haven, Conn., 1998.

[112] Vgl. Stuart Hall, Chas Critcher, Tony Jefferson, John Clarke und Brian Roberts, Policing the Crisis: Mugging, the State, and Law and Order, London u. Basingstoke 1978.

Simon binden deshalb das Konzept in einen weiteren politischen Stil- und Strukturwandel ein. Sie sprechen von „Crime Control as a Privileged Mode of Governing"[113] und titeln einen ganzen Abschnitt ihres Artikels „Governing through Crime"[114]. Damit gehen sie weit über Vorstellungen und Annahmen hinaus, wie wir sie weiter oben im Zusammenhang mit den außerkriminellen Bezügen von Unsicherheit und subjektiven Bedrohtheitsgefühlen kennen gelernt haben. In diesem Begriff bündeln sie eine Reihe von ökonomischen, politischen, kulturellen und sozialen Argumenten und Befunden ihrer eigenen und der Forschungen anderer Autoren, die hier im einzelnen nicht nachgezeichnet werden können, die aber insgesamt ein äußerst faszinierendes Szenario zum Problem der gesellschaftlichen Sicherheit ergeben. Die beiden sicherlich theoretisch weitreichendsten Überlegungen betreffen dabei die Reorganisation und den Strukturwandel von Politik und Staat einerseits und die zunehmende „kulturelle" Aufladung von Sicherheit und Sicherheitskontrolle in postmodernen Gesellschaften andererseits.

Die erwähnte Komplementarität von Konjunktur und Wachstum auf dem Gebiet der Produktion von innerer Sicherheit und von Rezession und Rückgang auf den Politikfeldern von Wohlfahrt, Ausbildung und Erziehung sowie Gesundheit signalisiert mehr als die konjunkturell bedingte und vorübergehende Umschichtung und Umgewichtung staatlicher Aufgaben in Folge von Budgetrestriktionen. Vielmehr manifestiert sich darin eine grundlegendere Schwächung und Ablösung des Primats von Politik und der Souveränität des Staates – darin sind sich Politiker über Parteigrenzen hinweg und Wissenschaftler über ideologische und philosophische Standorte und Positionen hinweg einig. Caplow und Simon formulieren diesen Zusammenhang, unter Bezugnahme auf Überlegungen von D. Garland so:

> „The contemporary state finds itself rather routinely confronted with failure, and its most refined twentieth-century techniques of government – welfare, redistribution, and regulation – no longer seem to work well".

Nach weiteren Hinweisen auf den Siegeszug marktregulierter über staatsregulierte Steuerung und Kontrolle sowie auf die restriktiven Rückwirkungen ökonomisch angetriebener Globalisierung auf Umfang und Reichweite staatlicher Aktivitäten kommen sie zu folgender Schlussfolgerung:

---

[113] Vgl. Caplow und Simon, Understanding, 70.
[114] Ibid., 78–93.

> „In the face of losses in its perceived competence, purposes, and boundaries, the state finds the intensification of crime control attractive. Punishment invokes a primordial understanding of state power that remains highly credible."

Und schließlich auf den amerikanischen Ausgangspunkt der Überlegungen der beiden Autoren, den Gefängnisboom der USA, bezogen:

> „Imprisonment, especially when promoted as incapacitation, is something government knows it can accomplish"[115].

Der Gedanke, dass der Staat, dem die Felle gleichsam davon schwimmen, sich seiner ursprünglichsten Aufgabe, der Gewährung von Schirm und Schutz für seine Untertanen besinnt, ist übrigens eine Quintessenz, die der renommierte amerikanische Sozialhistoriker Charles Tilly schon vor Jahren aus seinen umfangreichen empirischen Studien über die konfliktvollen und Gewalt gesättigten Prozesse der europäischen Nationalstaatenbildung seit dem 17. Jahrhundert gezogen hat. In einer nicht nur für Kriminologen etwas degoutanten Analogie vergleicht Tilly „Kriegführung und Staatengründung" mit der Funktion und Arbeitsweise eines kriminellen Schutzkartells, allerdings mit dem Unterschied, dass letztere ohne die „Heiligkeit von Regierungen" operieren. Gehe man davon aus, dass Schutzkartelle nach dem Prinzip funktionierten, eine Bedrohung in die Welt zu setzen, deren Beseitigung sie sich anschließend bezahlen ließen, fielen Schutzmassnahmen von Staaten und Regierungen oftmals hierunter:

> „To the extent that the threats against which a given government protects its citizens are imaginary or are consequences of its own activities, the government has organized a protection racket"[116].

Der Nachdruck, den K. Beckett sowie die Anhänger der Theorie moralischer Paniken auf die politischen Akteure bei der Erzeugung und politischen Ausbeutung von Bedrohungsdiskursen legen, die festgestellte und leicht manipulierbare Diskrepanz zwischen subjektiver und objektiver Sicherheit statten die theoretische Interpretation von Staaten als

---

115 Vgl. Caplow und Simon Understanding, 79; hier Titel und Fundort des erwähnten Aufsatzes von David Garland, auf dessen Arbeiten sich die Verfasser vielfach und oft Richtung weisend beziehen: The Limits of the Sovereign State: Strategies of Crime Control in Contemporary Society, in: British Journal of Criminology, 36 (1996), 445–471.
116 Vgl. Charles Tilly, War Making and State Making as Organized Crime, in: Peter B. Evans, Dietrich Rueschemeyer & Theda Skocpol (Hg.), Bringing the State Back In, Cambridge u.a. 1985, 169–191, 171.

Unternehmer in Sachen Sicherheit („Protection as Business") – zumindest als heuristisches Prinzip – mit viel empirischer Plausibilität aus.

Der zweite theoretische Gedanke, den wir aus der Untersuchung von Caplow und Simon festhalten wollen, bezieht sich auf die These, dass „Kriminalitätskontrolle" mittlerweile zum Bestandteil des kulturellen Wertevorrats zu rechnen sei. Aus der allenthalben beobachteten Erfahrung, dass Kriminalität einschließlich Kriminalitätskontrolle ein Politikfeld darstellt, das Parteien eint und Positionen übergreift, keinen Spielraum lässt für alternative Programme und Projekte, vielmehr zu einer „rare source of agreement in a factionalized public"[117] geworden sei, schließen die Verfasser auf einen fundamentalen Bedeutungswandel von Sicherheit und Sicherheitskontrolle in „postindustriellen" und „postmaterialistischen" Gesellschaften – „Crime Control as a Value":

> „the postmaterialist value that has been most successful in dominating political discourse has been crime control"[118].

Der Hinweis auf die massiven Strukturwandlungen der „post"-Gesellschaft gibt uns ein letztes Stichwort, mit dem wir unsere theoretischen Überlegungen zu einem Ende bringen wollen. Zunächst wollen wir festhalten, dass unsere ein wenig umwegreichen Überlegungen und Argumente als zentralen Ertrag die Erkenntnis bekräftigt haben, dass sich Fragen der Kriminalität und der Sicherheit ohne den Blick auf den gesellschaftlichen Kontext nicht angemessen erschließen und verstehen lassen. Die Kriminologie hat in ihrer Geschichte immer wieder die Neigung gehabt, diese gesellschaftlichen Bezüge auszuklammern und vor ihren Pforten zu lassen. Der erfolgreiche Auf- und Ausbruch kriminologischen Denkens und Forschens seit Mitte der sechziger Jahre aus dem Gehäuse der traditionellen Kriminologie, exemplarisch geworden in der „New Criminology" aus dem Jahre 1973[119], verdankte sich vor allem dem mutigen Schritt, Kriminalität und Sicherheit von der Mitte und den Strukturen der Gesellschaft her zu denken und zu erforschen. Die vor fast drei Jahrzehnten betretenen Wege, Kriminalität und Kriminalitätskontrolle mit den Strukturen der Gesellschaft näher zu verknüpfen, sind inzwischen jedoch – z. T. zu Recht – zugewachsen und verschüttet.

Ian Taylor, einer der drei Autoren von damals, hat gerade dem Projekt einer gesellschaftstheoretischen Rekonstruktion der seitherigen Entwicklung der Kriminalität und Kriminalitätskontrolle eine neue Mo-

---

[117] Vgl. Caplow/Simon, Understanding, 79.
[118] Ibid., 83, 84.
[119] Vgl. Ian Taylor, Paul Walton und Jock Young, The New Criminology: For a Social Theory of Deviance, London 1973.

nographie gewidmet[120]. Darin unternimmt er es, ausgehend von acht Krisensymptomen moderner Gesellschaften „im Übergang", die alle zum Typ der modernen Marktgesellschaft konvergieren, einerseits neue „kriminogene" Kräfte der gewandelten Strukturen dieser Gesellschaften auszumachen. Andererseits identifiziert er die spezifischen Anfälligkeiten für Unsicherheit und Bedrohung, denen die Menschen in diesen Gesellschaften ausgesetzt sind. In einem besonderen Kapitel macht Taylor die moderne Großstadt als den Kristallisationsort aus, an dem sich die beschriebenen Tendenzen in besonders augenfälliger Weise manifestieren: so sehr die in diesem Band vorgelegten Beiträge ein Ergebnis von individuellen und unabhängigen Forschungsarbeiten sind, so nachhaltig spiegelt sich in ihnen doch, dass gesellschaftliche Entwicklungen großflächiger und fundamentaler Art ihren gleichsam experimentellen und avantgardistischen Platz in der Großstadt finden.

Erneut greifen wir mit dem Verweis auf Taylor auf einen nichtdeutschen Autor zurück. Und erneut beklagen wir damit, dass die deutsche Diskussion, insbesondere auf dem Gebiet der Kriminologie, in dieses Denken nicht eingeübt ist. Natürlich gilt auch hier der Satz, dass die Ausnahme die Regel bestimmt. So haben H. Cremer-Schäfer und H. Steinert immer wieder die weiteren Bezüge gesellschaftlicher Art in Bezug auf die Bewegungen auf dem Feld der Kriminalitätskontrolle geltend gemacht[121]; so hat U. Preuss schon in den achtziger Jahren von der Unsicherheit generierenden Dekomposition staatlicher Neutralisierungen von Religion, Wahrheit und Gerechtigkeit gesprochen[122], und so haben, um ein letztes Beispiel zu geben, K. Ronneberger, St. Lanz und W. Jahn die sozialen Umwälzungen der modernen Stadt festgehalten[123]. Insgesamt jedoch haben wir den Eindruck, dass die deutsche Diskussion um das Problem der inneren Sicherheit und die Kriminalität erheblich davon profitieren könnte, wenn sie sich rezeptionswilliger gegenüber den dazu vorliegenden Forschungen und theoretischen Überlegungen vor allem im angelsächsischen Raum zeigte.

---

[120] Vgl. Ian Taylor, Crime in Context. A Critical Criminology of Market Societies, Cambridge 1999; fast zeitgleich hat übrigens auch Jock Young einen neuen Versuch vorgelegt, auf Kriminalität und ihre Kontrolle aus der Perspektive der gewandelten „postmodernen" Gesellschaft zu werfen: The Exclusive Society. Social Exclusion, Crime and Difference in Late Modernity, London 1999.

[121] Vgl. zuletzt Helga Cremer-Schäfer und Heinz Steinert, Straflust und Repression. Zur Kritik der populistischen Kriminologie, Münster 1998.

[122] Vgl. Preuss, Vorsicht Sicherheit, 487–498.

[123] Vgl. Klaus Ronneberger, Stephan Lanz und Walther Jahn, Die Stadt als Beute, Bonn 1999.

4   Die Beiträge des Bandes

Dieser Band entstand aus einer Kooperation von Kriminologen und Historikern im Rahmen dreier Tagungen. Zwei von ihnen hatten die „(un)sichere Stadt" zum Thema.[124] Da die meisten Beiträge diesem Diskussionszusammenhang entstammen, waren entsprechende gegenseitige Bezugnahmen möglich. Einige Texte, insbesondere zum 20. Jahrhundert wurden nachträglich eingeworben, um den Band zeitlich ausgewogener zu gestalten.

Die drei Themenschwerpunkte der Tagungen spiegeln sich auch in den hier abgedruckten Beiträgen: Die „Wahrnehmung von Sicherheit/Unsicherheit" unterliegt erstens einem erheblichen historischen Wandel in der Einschätzung von bestehenden Sicherheitsrisiken, weist aber auch über lange Zeiträume Konstanten in Bezug auf bestimmte als gefährlich geltende Orte in Städten oder hinsichtlich der verunsichernden Personengruppen auf. Zweitens steht zum Thema „Herstellung von Sicherheit" hier zwar die Entwicklung der Polizei seit ihren spätmittelalterlichen Anfängen bis in die New Yorker Gegenwart im Vordergrund. Es wird dabei aber auch erkennbar, welche privaten Wege zur Herstellung von Sicherheit – wie die Selbsthilfe, die Nachbarschaftshilfe und kommerziell hergestellte Kontrolle – bestanden. Der dritte Schwerpunkt sind Ausmaß und Struktur von Kriminalität. An den historischen Fallstudien wird noch einmal besonders deutlich, wie selektiv und sozial differenziell die polizeiliche Erfassung der Kriminalität erfolgt sowie welche unterschiedliche Bedeutung der Kriminalität und „vorkriminellen" Erscheinungen zukommt. Dieser Quellenbefund bestätigt die Einschätzung der „Kriminalität" durch manche Kriminologen, die über diese am liebsten nur noch in Anführungszeichen schreiben wollen.

Die Aufsätze greifen mit unterschiedlichen Akzentsetzungen meist mehr als nur einen dieser Themenschwerpunkte auf. Statt einer systematischen Gliederung haben wir uns deshalb für eine chronologische Reihenfolge entschieden. Dabei ist eine Geschichte von Sicherheit und Unsicherheit in der Großstadt entstanden, die bis auf die anderenorts noch kürzlich besonders behandelte NS-Zeit[125] und die noch unzurei-

---

[124] Vgl. den Bericht: Martin Dinges, Interdisziplinäre Workshops „Historiker und Kriminologen" – Hamburg, Herrenberg, Gelnhausen (1994 bis 1997), in: AHF-Informationen 32, 1997 vom 22.5.1997, 1–12, sowie in: Historical Social Research – Historische Sozialforschung 22 (1997), 386–394.

[125] Vgl. die Beiträge von Robert Gellately, Die Gestapo und die „öffentliche Sicherheit und Ordnung", 94–115, und Bernd-A. Rusinek, Unsicherheit durch die Organe der Sicherheit. Gestapo, Kriminalpolizei und Hilfspolizei im „Dritten Reich", 116–133, in: Herbert Reinke: „...nur für die Sicherheit da.."? Zur Geschichte der Polizei im 19. und 20. Jahrhundert, Frankfurt /Main, 1993.

chend erforschte direkte Nachkriegszeit[126] in dichter Folge die Jahrhunderte seit dem Spätmittelalter umfaßt. Der gegenwartsbezogene Schluß bietet zwei durchaus unterschiedliche Positionen zur aktuellen „Sicherheitslage", so daß die in der öffentlichen Diskussion anzutreffenden kontroversen Bewertungen sich auch innerhalb dieses Bandes wiederfinden.

Dabei war die bereits erwähnte „Zero-Tolerance-Politik" New Yorks zu diskutieren. Auch die Bedeutung der Kategorie „race" für die Kriminalitätskonstruktion konnte am besten am nordamerikanischen Beispiel dargestellt werden, während der Beitrag über Rom die spezifisch südeuropäische Gewaltproblematik – hier noch durch das schnelle Wachstum der Stadt Rom im 16. Jh. verschärft – vergleichend darstellt. Ansonsten beziehen sich die Arbeiten auf – jeweils in ihrer Zeit große – Städte des deutschen Sprachraumes. Das sichert eine gewisse Homogenität des Kontextes.

Man kann den Band auch systematisch entlang der genannten drei Themenbereiche lesen: Die Texte von Schuster, Hoffmann, Schwerhoff, Eibach, Hüchtker und Wagner/Weinhauer betreffen vorrangig die Wahrnehmung von Sicherheit/Unsicherheit, während die Herstellung von Sicherheit – zumeist durch Ordnungskräfte – bei Bendlage, Reinke, Leßmann-Faust, Beste, Hess und Ronneberger im Vordergrund steht. Blastenbrei, Finzsch und Krasmann akzentuieren jeweils „Kriminalität" als Prozeß der Konstruktion durch Polizei bzw. Gerichte.

Im einzelnen zeichnet SCHUSTER am Beispiel der spätmittelalterlichen Stadt Konstanz ein durchaus widersprüchliches Bild. Vor dem Hintergrund ähnlich erlebter Unsicherheit von Land- und Stadtbewohnern überwog bei den Städtern Stolz auf die in der Stadt hergestellte Rechtsordnung, während das unbestritten bestehende Gewaltpotential selten thematisiert wurde. Zudem wurden plötzliche Todesfälle durch Krankheiten bedrohlicher empfunden als die Gefahr, Opfer eines Anschlages auf der Straße zu werden. Die Rechtsordnung ahndete mit großer Härte Verstöße gegen die Eigentumsordnung. Die überwiegende Zahl der Hingerichteten waren Diebe. Diese Härte hatte aber ihren Preis: Zwar vergewisserte sich die Bürgerschaft der Geltung der bestehenden Eigentumsordnung, das Gefühl der Bedrohung verlor sich aber nicht.

BENDLAGE diskutiert am damaligen „sicherheitspolitischen Vorreiter" Nürnberg die langsame Herausbildung eines „Erzwingungsstabes"

[126] Vgl. dazu Falco Werkentin, Die Restauration der deutschen Polizei: innere Rüstung von 1945 bis zur Notstandsgesetzgebung, Frankfurt 1984; s.a. Hans Boldt, Geschichte der Polizei in Deutschland, in: Hans Lisken/Erhard Denninger (Hg.), Handbuch des Polizeirechts, München 1992, 1–39.

für öffentliche Ordnung (M. Weber) im 15. und 16. Jahrhundert. Die Stadtknechte waren zunächst wenig durch die Obrigkeiten steuerbar, die sie indessen bei Verfehlungen auch nicht härter bestrafte als die Bürger selbst. Das Polizeipersonal hatte statt dessen oft gemeinsame Interessen mit den Bürgern, mit denen es auch „gemeinsame Sache" gegen die auf dem Papier stehende obrigkeitliche Ordnungsvorstellung machte.[127] Statt darin ein Zeichen obrigkeitlicher Ohnmacht zu sehen, deutet die Verfasserin dies als eine zunächst stärker an Friedenssicherung und Konfliktausgleich orientierte Strategie. Diese entwickelt sich im Laufe des 16. Jahrhunderts durch zunehmende Rekrutierung des Personals von außerhalb der Stadt sowie durch den Versuch einer strengeren Durchsetzung der obrigkeitlichen Ordnung. Dieser Politikwechsel geht einher mit teilweise gewalttätigen Übergriffen der Polizeidiener, welche die Bürger als immer ungerechter empfinden. Sie reagieren mit Gewalt gegen die Büttel, die zum Symbol für eine nicht akzeptierte Sanktionierung des Alltags werden. Parallelen zu heutigen (Frühjahr 2000) Bürgerprotesten gegen Polizeiübergriffe in New York springen ins Auge.

HOFFMANN arbeitet das enge Wechselverhältnis zwischen den Vorstellungen von Sicherheit, die die Bürger und die Obrigkeit im Augsburg des 16. Jahrhunderts hatten, genauer heraus. Die Bürger forderten den Schutz vor Gewalttätigkeiten ein, was diesen Aufgabenbereich gleichzeitig zu einem – neben dem Gottesgnadentum – herrschaftsbegründenen Attribut von Obrigkeit machte. So setzte die Herstellung von Sicherheit einerseits eine enge Kooperation zwischen der noch schwachen Obrigkeit und den Bürgern voraus, was ihrer gemeinsamen Interessenlage durchaus entsprach und eine Mitprägung des Herrschaftssystems durch die Bürger begünstigte. Andererseits wurden aber viele obrigkeitliche Eingriffe im Alltag als störend empfunden. Auch die Fülle von demographisch, politisch und religiös bedingten Spannungen setzte einer vollends kooperativen Herstellung von Sicherheit notwendig Grenzen.

Rom war im 16. Jahrhundert durch ein extrem hohes Maß an interpersonaler Gewalt geprägt, so daß man leicht zum Gewaltopfer werden

---

[127] Grundsätzlich zu der Differenz zwischen Gesetzgebung und ihrer Umsetzung mit einer Neubewertung der Gesetzgebungstätigkeit des frühneuzeitlichen Staates vgl. Jürgen Schlumbohm, Gesetze, die nicht durchgesetzt werden – ein Strukturmerkmal des frühneuzeitlichen Staates, in: Geschichte und Gesellschaft 23 (1997), 647–663; zur Verarbeitung von Erfahrungen der Nichtbeachtung in Gesetzestexten vgl. Martin Dinges, Normsetzung als Praxis? oder: Warum werden die Normen zur Sachkultur und zum Verhalten so häufig wiederholt und was bedeutet dies für den Prozeß der „Sozialdisziplinierung"?, in: Gerhard Jaritz (Hg.), Norm und Praxis im Alltag des Mittelalters und der Frühen Neuzeit, Wien 1997, 39–53.

konnte. Das erklärt sich vorwiegend durch den hohen Anteil überwiegend erst vor kurzem in die Stadt immigrierter, junger unverheirateter Männer an der Gesamtbevölkerung, die auch zu anderen Zeiten und an anderen Orten als besonders virulente Bevölkerungsgruppe die Kriminalstatistiken füllen.[128] Vor diesem Hintergrund betonten Zeitgenossen nach BLASTENBREI die Notwendigkeit einer strengen, ja blutigen Justiz. Die päpstliche Justiz konnte diese Ansprüche wegen der zersplitterten Machtverteilung und infolge häufiger Papstwechsel nur teilweise erfüllen. Stetes Umschalten zwischen polizeilicher Strenge und Milde beeinträchtigte zusätzlich die Kooperationsbereitschaft der Bevölkerung, die der Strafverfolgung immer mehr passiven Widerstand entgegensetzte.

Diese Beiträge zum 16. Jahrhundert zeigen die noch sehr offene Balance zwischen Straf- und Sicherheitsforderungen der Bevölkerung, noch wenig erfahrenen und akzeptierten Ordnungskräften und obrigkeitlichen Ordnungsstrategien, die bei Übersteuerung jeweils schnell an die Grenzen der eigenen Durchsetzungschancen durch entsprechenden Widerstand aus der Bevölkerung stoßen. Von einem Monopol obrigkeitlicher oder gar staatlicher Sicherheitsgewährung war man noch weit entfernt.

Für Köln im 16. und beginnenden 17. Jahrhundert unterstreicht SCHWERHOFF, wie wenig wir aufgrund des Mangels an Quellen über die Gewalt in Familie und Haushalt wissen, der besonders Frauen ausgesetzt waren: „Crime in the suites" war damals wie heute weniger sichtbar als „crime in the streets".[129] Von dieser nicht zu schließenden Wissenslücke abgesehen, konnten sich die damaligen Kölnerinnen und Kölner aber innerhalb ihrer Stadtmauern viel sicherer als im Umland fühlen. Spektakuläre Überfälle waren in der Stadt selten, während die allgegenwärtigen Gewaltrituale unter Männern zur Verteidigung ihrer Ehre eine gewisse Bedrohung für Leib und Leben bildeten.[130] Die reale Gefährdung war in dieser Hinsicht hoch, ihre öffentliche Thematisierung aber gering. Dies widerspricht diametral heutigen großstädtischen Verhältnissen.

---

[128] Vgl. dazu Martin Dinges, Formenwandel der Gewalt in der Neuzeit. Zur Kritik der Zivilisationstheorie von Norbert Elias, in: Rolf Peter Sieferle/ Helga Breuninger (Hg.), Kulturen der Gewalt. Ritualisierung und Symbolisierung von Gewalt in der Geschichte, Frankfurt/Main 1998, 171–194, 178. Eine kritische Diskussion mit abweichenden Befunden für nordamerikanische Städte dieses Jahrhunderts bietet Eric H. Monkkonen, Die Geschichte amerikanischer Großstädte und die Entstehung von Ordnungsproblemen, in: Reinke, Sicherheit, 206–221.

[129] Vgl. dazu Stuart A. Scheingold, The Politics of Street Crime. Criminal Process and Cultural Obsession, Philadelphia 1991.

[130] Vgl. dazu auch Martin Dinges, Der Maurermeister und der Finanzrichter. Ehre, Geld und soziale Kontrolle im Paris des 18. Jahrhunderts, Göttingen 1994.

Frankfurt war im 18. Jahrhundert ausweislich der rekonstruierten Kriminalstatistik ein ruhiges Pflaster, wo auch die „Kriminalität" während der Messezeiten von den Bewohnern nicht als bedrohlich wahrgenommen wurde. Im Kontrast dazu beschreiben nach EIBACH die obrigkeitlichen Verordnungen den städtischen Lebensraum aber als unsicher und kriminalitätsgefährdet. Offenbar speist sich dieser obrigkeitliche Sicherheitsdiskurs hauptsächlich aus sich selbst, ist also „selbstreferentiell".[131] Schon damals neigte mancher also offenbar dazu, mit der (Un)Sicherheit Politik, vor allem aber „Staat zu machen".[132] Demgegenüber gab es insbesondere in den schnell wachsenden Metropolen der Zeit wie Wien einen öffentlichen Diskurs um Unsicherheit durch Raub und Diebstahl als Bedrohung für die Bürger, welcher nach dem Pariser Beispiel zum Aufbau zentral gelenkter Polizeikräfte führte.[133]

Eibach unterstreicht also die hervorragende Rolle von starker Immigration in die Städte für die öffentliche Thematisierung von Unsicherheit, die Blastenbrei bereits für die römische Hochrenaissance herausgearbeitet hat. Die damit einhergehenden allgemeineren Verunsicherungen scheinen sich vorzüglich zur Anheizung eines Unsicherheitsdiskurses zu eignen. Daneben zeigt der Vergleich zwischen der (zeitgenössisch) mittleren Großstadt Frankfurt mit den damaligen Metropolen, daß Sicherheitsdiskurse sich besonders an den letzteren kristallisieren. Nicht (Un)Sicherheit in der Stadt generell war lange der Rahmen für Sicherheitsdebatten, sondern die (Un)Sicherheit in den wenigen Großstädten.

---

[131] Im folgenden wird der Diskursbegriff von Michel Foucault zugrundegelegt. In einem Diskurs wird festgelegt, was als wichtig und richtig Geltung beansprucht und damit vor allem ausgeschlossen, was unwichtig und unrichtig ist. Diese Festlegungen strukturieren maßgeblich ein Feld von Wahrnehmungen und Praktiken. Diskurse sind demnach wirkmächtig, weil sie Wirklichkeit herstellen. In der interdisziplinären Kooperation stellte sich heraus, daß dieser Diskursbegriff für die Kriminologen wenig problematisch zu sein scheint. Zu Rezeptionsproblemen bei deutschen Historikern vgl. Hans-Ulrich Wehler, Die Herausforderung der Kulturgeschichte, München 1998, sowie Martin Dinges, The Reception of Michel Foucault's Ideas on Social Discipline, Mental Asylums, Hospitals and the Medical Profession in German Historiography, in: Colin Jones/ Roy Porter (Hg.), Reassessing Foucault: Power, Medicine and the Body, London 1994, 181–212.

[132] Das entspricht dem zeitlich früheren Befund von Algazi, Herrengewalt, für das Spätmittelalter, in dem die Fehde führenden Adeligen auch erst den Bedarf für „Schutz und Schirm" durch allfällige, nicht koordinierte Terrorisierung der Bauern schufen.

[133] Vgl. Alan Williams, The Police of Paris 1718–1789, Baton Rouge 1979; Dinges, Maurermeister, 44 ff. Zur Unsicherheit in der Großstadt-Wahrnehmung vgl. Thorsten Sadowsky, Reisen durch den Mikrokosmos. Berlin und Wien in der bürgerlichen Reiseliteratur um 1800, Hamburg 1998, 23-26, 83f., 96ff., 106ff., 154ff.

In diese Argumentationslinie läßt sich ebenfalls der Beitrag von HÜCHTKER einordnen, der die – aufgeregte öffentliche – Diskussion um die Prostitution in der ersten Hälfte des 19. Jahrhunderts aufgreift. Unter den mittlerweile entstandenen Bedingungen einer Öffentlichkeit mit verbreiteten Zeitungen und gewachsenem Lesepublikum – selbst für Bücher – entspann sich in Berlin ein Verständigungsdiskurs zwischen Polizei, Armenverwaltung, engagiertem Stadtbürgertum und Feuilletonisten, in dem die Neugestaltung der Armenpolitik, die Kontrolle des städtischen Raums und der Umgang mit der Prostitution selbst in Rede standen. Unsittlichkeit und die dadurch entstehende Bedrohung konnten so bei Unterschichten und Frauen lokalisiert werden. Dies diente gleichzeitig dazu, die Grenzen zwischen öffentlicher Kontrolle und privaten Freiheiten von Frauen insgesamt diskursiv neu zu bestimmen. Mit dieser Diskussion über Prostitution ließ sich also auch „Geschlechterpolitik" machen. Mit solchen nicht gleich offensichtlichen weiteren kulturellen und sozialen Wirkungen von (Un)Sicherheitsdiskursen liefert Hüchtker einen wichtigen Merkposten für die Analyse aktueller Debatten um Sicherheit, insbesondere für die Tendenz, Sicherheitspolitik mit Hilfe der sogenannten „incivilities" zu machen.

Mithilfe der quantitativen Analyse von Verhaftungen im Washington der 1860er Jahre geht FINZSCH der Frage nach, ob die schwarze Bevölkerung besonders diskriminiert wurde. Sicherheit Herstellen bedeutet nämlich immer auch, Sicherheit vor dem Anderen, z.B. den Immigranten in schnell wachsenden Städten oder hier den African Americans, zu gewähren. Als polizeiliches Handlungsmuster zeigt sich entgegen Finzschs Ausgangsannahme, daß die irischen Immigranten wesentlich häufiger aufgegriffen wurden als die Schwarzen. Allerdings ging die Polizei gegen Männer und Frauen ganz unterschiedlich vor. Dies und die ungleiche Behandlung der Colored und der Iren verweist auf das Wirken anderer Kontrollagenturen, die die Grenzziehungen zwischen der „sicheren" und der „unsicheren Stadt" garantierten.

REINKE untersucht die Entwicklung der Polizei während des schnellen sozialen Wandels im Kaiserreich. Die Kommunen reagierten auf die durch sprunghafte Urbanisierung gewachsenen Probleme mit sozialpolitischen und infrastrukturellen Maßnahmen. Die Polizei war ein Teil dieser Infrastruktur, die allerdings ganz überwiegend politische „Ordnungs-" und nur ganz nachrangig kriminalpolizeiliche „Sicherheitsaufgaben" erfüllte. Der Ordnungsbegriff war ganz umfassend konzipiert und nur wenig sozial konnotiert. Erst um die Jahrhundertwende wurden die Sicherheitsprobleme im Zusammenhang mit der entstehenden Kriminalpolizei stärker in den Blick genommen. Diese Analyse polizeilicher Aufgaben zeigt nicht zuletzt, wie falsch es wäre, die Tätigkeit früherer

Polizeien umstandslos mit dem derzeitigen engen, kriminalitätskonnotierten Begriff von Sicherheit in Zusammenhang zu bringen.

LEßMANN-FAUST beschreibt zur weiteren Entwicklung der Polizei in der Weimarer Republik die langwierige und umwegreiche politische Auseinandersetzung um die Zuordnung der Zuständigkeit für öffentliche Sicherheit in den ersten Jahren. Die Reichswehr spielte als militärische Option zunächst eine hervorragende Rolle. Erst nach dem Kapp-Putsch wurde die Entscheidung für eine zivile Lösung durch den entsprechenden Aufbau der preußischen Landespolizei durchgesetzt. Obwohl ausgerüstet für die bürgerkriegsähnlichen Formen der Auseinandersetzung aus der Frühzeit der Republik, war sie dennoch den Formen politischer Gewaltsamkeit von KPD und NSDAP nicht gewachsen. Auch wurden Ermittlungserfolge der Polizei durch eine nazifreundliche Justiz entwertet. Leßmann-Faust zeigt neben dem erstaunlich schnellen Wandel bei Polizeikräften die Gefahren polizeilicher Fehlspezialisierungen. Er unterstreicht Brüche innerhalb der staatlichen Apparate zur Herstellung von Sicherheit, die heutzutage allgemeiner unter der Chiffre einer zu milden Justiz thematisiert werden, die angeblich eine zu geringe Bereitschaft zeige, jugendliche Straftäter zu verurteilen.

WAGNER und WEINHAUER stellen die öffentliche Wahrnehmung von Bedrohungen der Sicherheit am Beispiel der Berliner „Ringvereine" und der „Wilden Jugendcliquen" in den Vordergrund. Zwar traten die Unterweltvereine und die Jugendcliquen in der Weimarer Zeit stärker als im Kaiserreich in Erscheinung, auffallend ist aber, daß ihr Bedrohungspotential vor allem während der Weltwirtschaftskrise durch entsprechend reißerische Berichterstattung zum Thema wird. So verunsicherten diese Zusammenschlüsse erst in der Endphase der Weimarer Republik weite Kreise der Bevölkerung, während sie gleichzeitig ihren Mitgliedern Sicherheit und Halt gaben. Das Agieren beider Gruppen verweist gleichzeitig auf die begrenzte Reichweite staatlicher Macht. Selbst in der NS-Zeit gelang es einer mit terroristischen Methoden agierenden Polizei nicht, diese Zusammenschlüsse völlig zu zerschlagen.

Der Aufsatz von KRASMANN ist der erste zur aktuellen Sicherheitsdebatte. Die Verfasserin charakterisiert die derzeitigen Konzepte zur Kriminalitätsbekämpfung vor dem Hintergrund des Gouvernementality-Konzeptes von Michel Foucault. Dieses erlaubt, einer politischen Rationalität korrespondierende Formen der Subjektivierung in den Blick zu nehmen. Als solche betrachtet Krasmann die Figur des Unternehmers, die im Zentrum neoliberaler Regierungsmentalität steht und auch einen korrespondierenden Kriminalitätsdiskurs prägt. Die Normalisierungs- und Dämonisierungsdiskurse über Kriminalität seien dabei keineswegs widersprüchliche Theorieentwicklungen, sondern ließen sich auf den gemeinsamen Nenner einer Strategie der Responsibilisierung bringen.

RONNEBERGER charakterisiert die mit der Globalisierung seit den 1980er Jahren einhergehenden soziokulturellen Veränderungen der Stadtfunktion und insbesondere des städtischen Raumes unter den Bedingungen der weltweiten Standortkonkurrenz von Metropolen. Von Industriestandorten zunehmend zu Dienstleistungsmetropolen gewandelt, setzen Stadtpolitiker auf die Herstellung optimaler Bedingungen für Konsum und Freizeitvergnügen in entsprechenden Shopping Malls. Dort werden marginale Bevölkerungsgruppen, deren Zahl durch die Tendenzen der gesellschaftlichen Aufspaltung in Wohlhabende und Ausgeschlossene („Zweidrittelgesellschaft") zunimmt, immer mehr als Gefährdung und sichtbarer Ausdruck von Kontrollverlust über den öffentlichen Raum wahrgenommen. Mit Hilfe von Gefahrenabwehrverordnungen und staatlichen Sicherheitsorganen wird gegengesteuert. Besonders wichtig ist, daß durch den Einsatz von privaten Wachdiensten und die Schaffung privatrechtlich kontrollierbarer – dadurch nur noch scheinbar – „öffentlicher" Räume (Shopping Malls) die Rollen zwischen öffentlicher Gewalt und privater Herstellung von Sicherheit im Dienste ungestörten Konsums neu verteilt werden. Damit zeichnet sich ein Modell sozial und rechtlich differenzierter Stadträume ab, in denen der Abstand zwischen sozialen Milieus und unterschiedlichen Konsumklassen auch räumlich fixiert wird.

BESTE untersucht die Auswirkungen dieser Zonierung auf die situationsbedingten personen- und raumbezogenen Kontrollformen am Beispiel von Frankfurt am Main. Dabei werde der innerstädtische Bereich als strategischer Aktionsraum begriffen, dessen abgestufte Zonen sich durch einen hohen Sicherheitsstandard auszeichnen, der durch den Ausschluß sogenannter Randgruppen erreicht werden solle. Die Zielsetzung dieser Polizeipraxis charakterisiert Beste als Zeichen einer „revanchistischen Stadt". Diese zeichne sich durch eine geringere Toleranz als früher und ein höheres Maß an öffentlicher Reglementierung aus.

Einen weltweit beachteten Weg zur Herstellung öffentlicher Sicherheit beschritt New York zu Beginn der 1990er Jahre.[134] Die Unsicher-

---

[134] Zur juristischen Diskussion, die in diesem Band nicht weiter verfolgt werden konnte, vgl. Rainer Störmer, Renaissance öffentlicher Ordnung?, in: Die Verwaltung (1997), 233–257; Wolfgang Hecker, Vorbild New York? Zur aktuellen Debatte über eine neue Sicherheits- und Kriminalpolitik, in Kritische Justiz 30 (1997), 395–409; Uwe Volkmann, Broken Windows, Zero Tolerance und das deutsche Ordnungsrecht, in: Neue Zeitschrift für Verwaltungsrecht 3 (1999), 225–232; Albert Krölls, Privatisierung der öffentlichen Sicherheit in Fußgängerzonen?, in: Neue Zeitschrift für Verwaltungsrecht 3 (1999), 233–236; Wolfgang Hecker, Aufenthaltsverbote im Recht der Gefahrenabwehr, ebendort, 261–263.

heitswahrnehmung der Bevölkerung, die sich nicht nur an relativ hohen Kriminalitätsraten, sondern auch an einem hohen Grad an Verlotterung des öffentlichen Raums festmachte, wurde dort nach HESS zum Ausgangspunkt einer neuen Sicherheitspolitik. Diese bestand einerseits in einer internen Reorganisation der Polizei mit Leistungsanreizen und weniger „Papierkram". Andererseits verfuhr man entsprechend der sogenannten „Broken-Windows-Strategie", nach der die Ordnung durch präventives Zugreifen der Polizei bereits bei kleinen Anlässen gesichert werden soll. Die Ergebnisse schienen sich zunächst in erheblich sinkenden Kriminalitätsraten zu zeigen, mittlerweile sind aber auch zunehmende Bürgerproteste gegen Polizeiübergriffe zu beobachten.

Die in ihren Wertungen durchaus gegensätzlichen beiden letzten Beiträge charakterisieren eine gewisse Offenheit der aktuellen Diskussionslage zur inneren Sicherheit. Die Herausgeber wären zufrieden, wenn der Band dazu beitragen könnte, diesen notwendigen gesellschaftlichen Diskurs um historisch und kriminologisch fundierte Argumente zu bereichern.

Hinter den Mauern das Paradies?

Sicherheit und Unsicherheit
in den Städten des späten Mittelalters

PETER SCHUSTER

1   Wörter haben Geschichte

Auch Begriffe und Wörter haben eine Geschichte: Ihre Bedeutung unterliegt historischem Wandel. Aus dieser Grundeinsicht ergebe sich, so einer der Väter der modernen französischen Geschichtsschreibung, Lucien Febvre, für die Geschichtswissenschaft ein methodisches Verfahren, zumindest auf Umwegen in die authentisch nicht bezeugten Gefühlswelten der Menschen vergangener Epochen vorzudringen. Gerade die Geschichte des Begriffs Sicherheit, so Febvre weiter, eigne sich vortrefflich, das oft postulierte Sicherheits- und Unsicherheitsgefühl unserer Vorfahren präziser zu erschließen.[1] Febvres Appell blieb durchaus nicht ungehört. 1989 legte Jean Delumeau eine umfassende Studie über das Sicherheitsgefühl in der Geschichte der okzidentalen Gesellschaft der Vormoderne vor, die freilich vorwiegend den weltlichen Dialog mit Gott und den Heiligen thematisierte, also gleichsam die Heilsgewißheit als Maßkategorie für das Gefühl von Sicherheit und Unsicherheit einführte. Die Untersuchung schloß an seine vorhergegangenen Studien an, die der Geschichte der Angst als eines Gefühls kollektiver Unsicherheit gewidmet waren. Für unser Thema von Bedeutung ist seine einflußreiche, auch ins Deutsche übersetzte Abhandlung zur Angst im Abendland.[2] Vergleichbare Studien fehlen in der Forschungslandschaft diesseits des Rheins. In Deutschland war es weniger historische Neugier als eine Vergewisserung soziologischen Unbehagens an der von Krisen geschüttelten Gegenwart, die Franz-Xaver Kaufmann Anfang der siebziger Jahre bewog, eine Aufarbeitung der Geschichte des Begriffs Sicherheit zu unternehmen.[3]

---

[1]   Vgl. Lucien Febvre, Pour l'histoire d'un sentiment: le besoin de sécurité, in: Annales ESC 11 (1956), 244–247.

[2]   Jean Delumeau, Angst im Abendland. Die Geschichte kollektiver Ängste im Europa des 14.–18.Jahrhunderts, 2 Bde., Reinbek 1985. Vgl. auch ders., Le péché et la peur. La culpabilisation en Occident (XIIIe–XVIII siècles), Paris 1983.

[3]   Vgl. insbes. Franz-Xaver Kaufmann, Sicherheit als soziologisches und sozialpolitisches Problem, Stuttgart 1973 (3).

Wenn auch Delumeau und Kaufmann von unterschiedlichen Standpunkten und Fragestellungen aus an ihr Thema herangegangen sind, so trafen sie sich doch in einem für diesen Beitrag maßgeblichen Punkt: An der Schwelle zur Neuzeit gewann nach der Erkenntnis beider Autoren das Wort Sicherheit eine bis dahin unbekannte Bedeutung. In größerem Maße als zuvor verbreiteten sich volkssprachliche Begriffe wie „sécurité" und „security" erst seit dem 15. Jahrhundert.[4] In den Jahrhunderten davor war Sicherheit offenbar kein Thema. Auch das seit dem ersten vorchristlichen Jahrhundert in der römischen Philosophie gebräuchliche Wort „securitas", die sprachgeschichtliche Wurzel der volkssprachlichen Begriffsbildung, scheint bis zu dieser Zeit kaum als gesellschaftliches Ziel formuliert worden zu sein. Das Wort securitas verbrachte nach einer ersten Konjunktur in der römischen Antike während des Mittelalters ein Schattendasein in Verträgen und Eidesformeln. Dort umschrieb securitas den Schutz von Gütern und Personen sowie Garantien und Gewährleistungen.[5]

Das vermehrte Sprechen über Sicherheit setzt das Gefühl von Unsicherheit voraus. Folgen wir dem genannten Franz-Xaver Kaufmann, so ist Unsicherheit „die Mangellage, aus der sich die Wertschätzung von Sicherheit ergibt".[6] Offensichtlich bewegen wir uns, sofern wir dem begriffsgeschichtlichen Befund vertrauen wollen, an der Wende zur Neuzeit in solch unsicheren Zeiten, die den Bedarf, über Sicherheit zu reden, spürbar steigerten. Wie wir freilich dem eigenen, neuzeitlichen Sprachgebrauch entnehmen können, gibt es viele Felder, auf denen Sicherheit erwünscht und Unsicherheit erlebt wird. Neben der inneren Sicherheit beschäftigen uns die äußere, die soziale wie die private. Mindestens ebenso vielfältig sind die Wege, mittels derer gesellschaftlich und individuell den Unsicherheiten begegnet wird. Neben rechtlichen Eingriffen stehen soziale, politische und kulturelle Handlungsformen zur Verfügung, um einem angenommenen oder verbreiteten Unsicherheitsgefühl zu begegnen. Die Breite des thematischen Feldes erfordert insofern eine Einengung. Wir wollen uns daher im folgenden auf einen Aspekt beschränken: auf Delinquenz und Kriminalität sowie deren gesellschaftliche und individuelle Wahrnehmung in der spätmittelalterlichen Stadtgesellschaft.

---

4 Jean Delumeau, Rassurer et protéger: Le sentiment de sécurité dans l'occident d'autrefois, Paris 1989, 12f.
5 Vgl. Andrea Schrimm-Heins, Gewißheit und Sicherheit: Geschichte und Bedeutungswandel der Begriffe certitudo und securitas, Diss. phil., Bayreuth 1990, 33 und 224f.
6 Kaufmann, Sicherheit, 15.

2 Nachdenken über die Gefahren in Stadt und Land

Die Städte des späten Mittelalters – das ist jedenfalls der Eindruck bei der Lektüre intellektueller Selbstvergewisserungen – sahen sich keinesfalls als Brutstätten von Gewalt und Unsicherheit. Im mittelalterlichen Wort für Stadt, Civitas, sei ja gerade die Idee und besondere Qualität der Stadt als Friedensbereich bereits verborgen, befand etwa Mitte des 13. Jahrhunderts Johannes von Viterbo in seinem Werk über städtische Herrschaft, das an die Potestaten oberitalienischer Städte adressiert war.[7] Das Wort Civitas sei als ein Akronym zu deuten: Zerlege man es in die drei Silben Ci, vi und tas, ließe sich das Wesen dieser gesellschaftlichen Formation eindeutig rekonstruieren: Ci stehe für citra (jenseits), vi für vim (Gewalt), tas für habitas (Du wohnst). „Daher bedeutet Civitas, Du wohnst jenseits der Gewalt" (Inde civitas, idest citra vim habitas).[8]

Betrieb hier ein mittelalterlicher Intellektueller philologische Wortspiele ohne Bezug zur Realität oder teilten Stadtbürger seine Ansicht? Eine frühe Thematisierung der eigenen Sicherheit eines Städters führt uns zunächst scheinbar vom Thema und der uns interessierenden Epoche weg. Ende des 16. Jahrhunderts schrieb der Basler Arzt Felix Platter seine Lebenserinnerungen. Er berichtet darin von seiner Reise, die er 1552 als Sechzehnjähriger unternahm, um in Montpellier das Studium der Medizin aufzunehmen. Die Reisegruppe, der er sich anschloß, erreichte bald einen Wald im Bois du Jorat, der nach den rückschauenden Worten Platters „gar nicht sicher domolen war zereißen (=zu reisen)". Die Angst um die eigene Sicherheit bestätigte sich alsbald in einer zweifelhaften Herberge, in der die Gruppe wegen starken Regens und der anbrechenden Dunkelheit Station machen mußte. In der Wirtsstube fühlten sich die jungen Leute von dunklen Gesellen beäugt und gemustert. Dementsprechend unbehaglich empfanden sie ihre Raststätte. Die Nacht und der anhaltende Regen ließen jedoch eine Weiterreise nicht zu, so daß sie schließlich trotz großer Bedenken Zimmer für die Nacht bezogen. Verängstigt verbarrikadierten sie ihr Zimmer mit Möbeln und hielten abwechselnd Wache. Gleichwohl wäre Schlimmes passiert, hätte ihnen nicht ein Dienstbote zugetragen, daß einige der finsteren Gestalten aus der Wirtsstube für den kommenden Morgen einen Hinterhalt

---

[7] Die einleitenden Überlegungen zum Selbstbild spätmittelalterlicher Städte fußen auf Gedanken und Belegen, die ich bereits an anderer Stelle publiziert habe. Vgl. Peter Schuster: Dschungel aus Stein? Der mittelalterliche Diskurs über die Stadt zwischen Ideal und Wirklichkeit, in: KEA. Zeitschrift für Kulturwissenschaften 8 (1995), 191–208.

[8] Johannes von Viterbo, Liber de regimine civitatum, hg. von Gaetano Salvemini, in: Bibliotheca iuridica medii aevi 3, Bononiae (Bologna) 1901, 217–280, hier 218.

vorbereiteten. Noch vor Anbruch des Tages brach die Gruppe daraufhin auf und erreichte so glücklich Lausanne. Dort wußte man um die
Gefahren einer Reise durch die Wälder:

> „Wir zeigten zu Losanna an, in waß gforen wir gewesen und an
> welchem ort, do sy anzeigten, eß wer kein wunder gewesen,
> unser keiner were darvon kommen, dan domolen in der Jurthen
> viel merdery sich zu drieg.“[9]

Die Sicht des Städters Platter und seine Erlebnisse auf Reisen scheinen
Johannes von Viterbo zu bestätigen. In den Städten hatten sich seit dem
12. Jahrhundert erste funktionierende Rechtsordnungen etabliert, an die
hohe Erwartungen geknüpft wurden. Rechtsordnungen wurden kodifi-
ziert, so die volkssprachliche Fassung des Straßburger Stadtrechts aus
dem 11. Jahrhundert, daß „ein iglich mensche … ze allen ziten vride
hab“.[10] In einem Verfassungsprivileg für die Stadt Regensburg aus dem
Jahr 1230 formulierte Kaiser Friedrich II. die Gewißheit, daß die Bürger
dieses Recht zu dauerhaftem Frieden und Ruhe nutzen („ut ipsis
perpetuo utantur pacifice et quiete“).[11] Im Prolog des Dortmunder
Stadtrechts wird eingangs die Gewißheit ausgesprochen, „ut per ea pacis
incrementum et rigor iustitiae“.[12] Friede und Ruhe (pax et tranquillitas)
bzw. Friede und Gerechtigkeit (pax et iustitia) waren das ganze Mittelalter hindurch Schlagworte im Diskurs über das Recht und seine Aufgaben. Die selbstverwalteten Städte schlossen sich in ihren gesatzten
Rechten den herrschaftlichen Friedensworten an. Der Rat der am Bodensee gelegenen Reichsstadt Überlingen begann sein Stadtrecht mit der
Feststellung, daß die folgenden Gebote zu „frides sterkerung“ erlassen
werden.[13] Nur das kodifizierte Recht, so hob einleitend die Wormser
Stadtrechtsreformation von 1498/99 hervor, bleibe „in ewige
gedechtnuß, dardurch die vernu(n)ft gesterckt, recht, frid vnd einickeit,
auch truwe, gehorsam vnd liebe vnder den burgern … enthalten
(=erhalten)“ werde.[14] In Ulrich Zasius’ Vorrede zum neuen Freiburger

9 Felix Platter, Tagebuch (Lebensbeschreibung) 1536–1657, hrsg. von Valentin
   Lötscher, Basel o.J., 133–135. Vgl. auch Schuster, Dschungel aus Stein?, 191f.
10 Ernst Theodor Gaupp,(Hg.), Deutsche Stadtrechte des Mittelalters mit rechts-
   geschichtlichen Erläuterungen, Breslau 1851–1852, 48.
11 Ebenda, 168.
12 Zit. nach Stefanie Wolf, Stadtrecht und Konflikt. Konfliktwahrnehmung und
   Konfliktregelung in Stadtrechtsquellen des 12. und des 13. Jahrhunderts (Staatsexamensarbeit Universität Frankfurt 1995, Ms.), 62.
13 Oberrheinische Stadtrechte, 2. Abt.: Schwäbische Rechte, 2. Heft: Überlingen,
   hrsg. Von Fritz Geier, Heidelberg 1908, 1.
14 Der Statt Wormbs Reformation, mit Einleitung, bibliographischen Hinweisen
   und Sachregister in fotomechanischer Verkleinerung, neu hrsg. von Gerhard
   Köbler (= Arbeiten zur Rechts- und Sprachwissenschaft 27), Gießen 1985, 23.

Stadtrecht von 1520 lesen wir als ähnlichen Gedankengang, „dan durch gute wolgemesse satzungen und stattrechten ... frid erwachßt den bywonern (=Bewohnern)".[15] Das (geschriebene) Recht, darin waren sich die Bürger der mittelalterlichen Städte einig, war Garant für die Bewahrung von Frieden und Ordnung.

Im Denken spätmittelalterlicher Theologen, Philosophen und Juristen führte die in den Rechtstexten zum Ausdruck kommende Zuversicht über die Gestaltbarkeit eines friedlichen Zusammenlebens wiederholt zu einer gleichsam übersteigerten Hochschätzung der Stadt, wie wir sie schon bei Johannes von Viterbo kennengelernt haben. Der seit 1228 als Pariser Bischof amtierende Theologe Wilhelm von Auvergne bemühte in seiner Sakramentenlehre wohl nicht zufällig gerade die Stadt als eine brauchbare Metapher, um dem Leser deutlich zu machen, daß das Wesen der Dinge nur zu erkennen sei, wenn man es von seinem Idealzustand her betrachte: Irdisches werde nur vom Himmlischen, Unvollkommenes nur vom Vollkommenen her verstanden. Seine Überlegungen beginnen mit einigen Gedanken zur Stadt: „Stellen wir uns eine Stadt vor, die sich aus so vollkommenen Menschen zusammensetzt, daß ihr ganzes Leben darin besteht, Gott zu ehren und zu dienen, als geschuldete Pflicht der Ehre, als Unterstützung der Mitmenschen. Es ist offensichtlich, daß der Rest der Menschheit im Vergleich zu dieser bewundernswerten Stadt wie ein wilder Wald ist." Die Menschen in dieser idealen Stadt verbünden sich zu einer Rechtsgemeinschaft, leben in Gleichheit und Freundschaft. Voraussetzung für die Einhaltung solch vorbildlicher Lebensweise ist es freilich, daß sich die Bürger den Gesetzen, Statuten und Sitten der Stadt unterwerfen („necesse habent civilitatem ejus suscipere, hoc est leges et statuta, moresque subire").[16] Der Wald hingegen erscheint, wie bei dem Basler Arzt Platter, nicht als friedliche Natur oder ersehnter locus amoenus (lieblicher Ort), sondern als wild, d.h. ungeordnet, unüberschaubar und gefährlich.

Wilhelms Anliegen war nicht eine Beschreibung der realen Stadt, sondern die Darstellung eines Ideals, dessen Struktur, Institutionen und Ämter freilich der städtischen Lebenswelt seiner Zeit entnommen waren.[17] Ideal und Realität verwoben sich und produzierten Bilder, die

---

15 Ulrich Zasius, Neue Stadtrechte und Statuten der Stadt Freiburg im Breisgau (Faks.-Druck d. Ausgabe von 1520) Aalen 1968, fol. 2.

16 Wilhelm von Auvergne, De sacrameto in generali, in: Opera Omnia I, Paris 1674, 408ff. (meine Übersetzung). Vgl. auch Ulrich Meier, Mensch und Bürger. Die Stadt im Denken spätmittelalterlicher Theologen, Philosophen und Juristen, München 1994, 30ff.

17 Vgl. Meier, Mensch und Bürger, 32f. Vgl. dazu auch Alfred Haverkamp, 'Heilige Städte' im hohen Mittelalter, in: František Graus (Hg.), Mentalitäten im Mittelalter. Methodische und inhaltliche Probleme (=Vorträge und Forschungen 35),

Realität und Ideal gleichermaßen verformten: nicht nur bei Wilhelm von Auvergne. Das Ideal der Stadt, das im Mittelalter einen konkreten Namen, nämlich den des himmlischen Jerusalem, hatte, wurde in einer mittelalterlichen Gestalt gedacht. Gleichzeitig versuchten die Städte dieser Epoche sich der Stadt des Herrn anzugleichen: „Die mittelalterliche Stadt will ein Abbild des himmlischen Jerusalem sein"[18].

Im Schatten des Himmlischen Jerusalem sahen sich viele Städte des Spätmittelalters gleichsam als Ideale des Zusammenlebens und wurden auch durchaus so wahrgenommen. Es erschien dem Autor wohl kaum blasphemisch, wenn er den weiblichen Lesern in seinem 1454 verfaßten 'Gebetsgarten' anriet, sich zur sinnlichen Vergegenwärtigung der Passionsgeschichte in die nächstgelegene Stadt zu begeben. Durch das Epitheton aurea oder sancta stellten insbesondere Bischofsstädte ihre besondere Heiligkeit und Gottesnähe heraus.[19] Selbstbewußt leitete die Stadt Lahr ihr Bürgerbuch mit der programmatischen Feststellung ein, „Unser herre Got ist burger an der stat zuo Lare".[20] Die Berner Justinger Chronik formulierte um 1420 auf kaum weniger überzeugte Weise, „wo frid ist, da wil got sin."[21] Daß dies vor allem in den Städten möglich war, findet in einem Statut der oberitalienischen Stadt Brescia aus dem Jahre 1313 seinen selbstbewußten Ausdruck, indem die Städte zu weltlichen Abbildern des Paradieses erhöht werden (…quod civitates factae sunt ad similitudinem paradisi).[22]

Nun war freilich nicht die gesamte mittelalterliche Literatur voll des Lobes für das Städtewesen. Neben Erhöhung und Wertschätzung finden sich ohne große Mühen auch Texte, die ein Verdammungsurteil über die Stadt sprechen.[23] Ihnen stand als Argumentationsfigur das

---

Sigmaringen 1987, 119–156, der die Selbstbezeichnungen der Städte Trier, Köln und Mainz in bezug auf das himmlische Jerusalem und die civitas Dei diskutiert.

[18] Otto Borst, Babel oder Jerusalem? Sechs Kapitel Stadtgeschichte, Stuttgart 1984, 49.

[19] Haverkamp, 'Heilige Städte', passim.

[20] Zit. nach Meier, Mensch und Bürger, 58.

[21] Heinrich Schmidt, Die deutschen Städtechroniken als Spiegel bürgerlichen Selbstverständnisses im Spätmittelalter, Göttingen 1958, 87.

[22] Zit. nach Georg Dahm, Das Strafrecht Italiens im ausgehenden Mittelalter. Untersuchungen über die Beziehungen zwischen Theorie und Praxis im Strafrecht des Spätmittelalters, namentlich im 14. Jahrhundert, Berlin 1931, 43. Der Versuch mittelalterlicher Städte, in ihrer Stadtplanung das himmlische Jerusalem zu zitieren, verweist in eine ähnliche Richtung, vgl. Hugo Borger, Die mittelalterliche Stadt als Abbild des himmlischen Jerusalem, in: Symbolon. Jahrbuch für Symbolforschung, N.F. 2 (1974), 21–48.

[23] Vgl. die Belege bei Schuster, Dschungel aus Stein, passim und Hans-Joachim Schmidt, Societas christiana in civitate. Städtekritik und Städtelob im 12. und 13. Jahrhundert, in: Historische Zeitschrift 257 (1993), 297–354, passim. Dort auch weiterführende Literatur.

Gegenbild zum himmlischen Jerusalem zur Verfügung, die zweite theologisch bedeutende Stadt der Schrift: Babylon, Stadt der menschlichen Hybris, des Verderbens und Verfallenseins an die Welt. In einer eindringlichen Passage schildert der englische Chronist Richard von Devizes Ende des 12. Jahrhunderts seinem Wegbegleiter die Gefahren der Stadt London: „Du wirst in London ankommen. Ich prophezeie Dir: was immer an schlechten und tückischen Dingen in der Welt möglich ist, findest Du dort in einer Stadt. Schließe Dich nicht der Meute von Zuhältern an. Verbinde Dich nicht mit den Spießgesellen in den Bordellen und Kneipen. Meide den Becher und die Würfel, das Theater und die Tavernen."[24] Die Stadt London wird als die Höhle des Verbrechens, des Lasters und der Dekadenz ausgemalt, voll von Bettlern, Päderasten, Falschspielern und Huren. Doch hat Richard damit beileibe nicht „die wohl schärfste Invektive gegen Stadt und Stadtbürger formuliert".[25] Er spricht über London, nicht über die Stadt an sich. Er empfiehlt dem ihn begleitenden jungen Juden keinesfalls, das Landleben zu suchen. Vielmehr schlägt er ihm die Stadt Winchester vor, „urbs urbium, mater omnium et omnibus melior". Auf dem Lande hingegen werde er sein Glück nicht finden, sondern nur plumpe und rohe Menschen.[26]

Mit dieser Sicht der Verhältnisse steht Richard nicht allein in seiner Zeit. Ländliche Idylle als dem städtischen oder höfischen Treiben entgegengesetzte Welt findet sich in der Literatur des Mittelalters selten beschrieben. In der vornehmlich aus der Sicht des Hofes verfaßten Epik des französischen Mittelalters erweist sich zusammenfassend der Wald, wie ihn eingangs Felix Platter wahrgenommen hat, als der „Ort des Bösen". Der Wald, so hat es Peter Wunderli formuliert, erscheine in dieser Literatur als Ort der Asozialität, bevölkert von entwurzelten, untergetauchten, ausgegrenzten und bedrohlich wirkenden Menschen.[27]

---

24 „Esto. Londoniam uenies. Ecce predicto tibi. Quicquid in singulis, quicquid in uniuersis partibus mundi mali et malitie est, in una illa ciuitate repperies. Lenonum choros non adeas. Ganearum gregibus non immiscearis. Vita thalum et tesseram, theatrum et tabernam.", Chronicon Richardi Divisensis de Tempore Regis Richardi primi, hrsg. von John T. Appleby, Edinburgh 1963, 65. Vgl. auch Schmidt, Societas christiana in civitate, 300–302.

25 So Schmidt, Societas christiana in civitate, 301.

26 „Post urbes, omne forum, uilla, uel opidum incolas habet rudes et rusticos." Chronicon Richardi Divisensis, 67. Zur Relativität oft zitierter Städtekritik im hohen Mittelalter, insbes. bei Bernhard von Clairvaux, Guilbert von Nogent oder Rupert von Deutz vgl. die Hinweise bei Haverkamp, 'Heilige Städte', 119–121 und 154.

27 Peter Wunderli, Der Wald als Ort der Asozialität. Aspekte der altfranzösischen Epik, in: Josef Semmler (Hg.), Der Wald in Mittelalter und Renaissance (=Studia humaniora 17), Düsseldorf 1991, 69–112, bes. 80 und 112. Zu den outlaws in den englischen Wäldern des 14. Jahrhunderts, deren Lebensform wohl wesent-

Sieht man von den Lobpreisungen einer monastischen Lebensform ab, so hat die mittelalterliche Literatur insgesamt kein eindeutiges Bild über vorzuziehende Lebens- und Gemeinschaftsformen hinterlassen. Die Stadt erscheint den Intellektuellen jener Zeit zumeist als den anderen Formen gesellschaftlichen Zusammenlebens mindestens ebenbürtig, wenn nicht überlegen. Auch wenn die Stadt gelegentlich als Moloch beschrieben wird, so wird die Suche der Städter nach Ruhe und Frieden ernst genommen. Sie gehen davon aus, daß dies nun eben am ehesten dort, wo sie lebten, möglich sei: in der Stadt.

Doch geben Texte über die Absichten von Rechtsordnungen und Diskurse über die Stadt im allgemeinen letztlich wenig konkreten Aufschluß über das Sicherheits- oder Unsicherheitsgefühl der Städter. Ein anderer Indikator dafür könnte gegebenenfalls die Rechtswirklichkeit sein, wie sie sich aus den erhaltenen Kriminalquellen rekonstruieren läßt. In der Ahndung und Verfolgung delinquenter Handlungen spiegelt sich nicht zuletzt, welche Delikte als sicherheitsbedrohend und die gesellschaftliche Ordnung gefährdend angesehen wurden.

3 Unsicherheit in der Stadt I: Der strafende Gott

1475 lagen düstere Wolken über der Bischofsstadt Basel. Angriffe des Herzogs von Burgund hatten in jenen Jahren den Krieg vor die Stadt gebracht. Der Schrecken der kriegerischen Scharmützel saß den Räten offenbar in den Gliedern, als sie Beschlüsse und Anregungen für den sog. 13er-Ausschuß formulierten. Ihre Unsicherheit erzeugte einen umfänglichen Handlungsbedarf. Den 13ern wurden Überlegungen dahingehend abverlangt, „ob man gegen den Herzog von Burgund mit macht zu gegenwer ziehen wolt". Zudem wurde den 13ern aufgetragen, „bettler und uppig lut us ze triben". In der nächsten Sitzung bewahrte sich die Hektik. Der Rat wies die 13er an, die Schulden allenthalben einzutreiben, auf argwöhnige Menschen in der Messe zu achten, den Torhütern ihre Aufgaben einzuschärfen, die Scharwächter antreten zu lassen, die Feuerordnung zu fördern und einzuhalten, Ungehorsam, insbesondere bei Feuer, zu ahnden, jene zu strafen, die während des Angriffs auf die Stadt „nit herfur komen sind", die Wächter wegen üblen Wachens zu strafen, offene Ehebrecher zu bestrafen und leichtfertige Frauen auszuweisen, Ordnungen ausrufen zu lassen und schließlich böse Schwüre abzustellen.[28] Folgt man diesen Beschlüssen, gewinnt

---

lich den Mythos von Robin Hood zu entwickeln half, vgl. Wilhelm Busse, Im Wald, da sind die Räuber..., in: Semmler, Der Wald, 113–129.

[28]   StaatsA Basel, Protokolle, Öffnungsbuch V, f. 139v.

man den Eindruck, als bedrohe nicht allein der äußere Feind die Sicherheit der Stadt. Die Wächter erfüllten ihren Dienst nur nachlässig und sollten ermahnt und bestraft werden. Die Bürger kamen ihren Bürgerpflichten zur Verteidigung und zum Brandschutz nicht im gebotenen Maße nach. Argwöhnische Leute, Bettler und leichtfertige Frauen destabilisierten die Stadt und mußten vertrieben werden. Das alles hört sich plausibel an, aber warum sollten im Angesicht der äußeren Bedrohung auch Ehebrecher bestraft werden und warum wurde gegen böse Schwüre vorgegangen?

In diesen Anweisungen artikuliert sich die vermutlich größte Angst der Menschen des Mittelalters: die vor dem strafenden Gott. In dieser Angst zeigt sich, daß das selbstbewußte Reden über die eigene Stadt als das Abbild des himmlischen Jerusalems immer von der Sorge unterlegt war, am Ende wegen eines nicht an den christlichen und rechtlichen Normen orientierten Verhaltens der Bürger das Schicksal Babylons zu teilen und Gottes Strafe zu gewärtigen. Anfang des 16. Jahrhunderts faßt eine Zuchtordnung der schwäbischen Reichsstadt Nördlingen die Angst und das Unbehagen der politisch Verantwortlichen in wortgewaltigen Formulierungen zusammen. In der Einleitung zu einem Verbot des Gotteslästerns, des Scheltens, Fluchen, Zu- und Betrinkens befindet der Rat der Stadt, daß diese in Dekadenz verfallen sei: „hoch und nidern standes, geistlichen und weltlichen, jungen und alten, mans und weibs personen" seien für ihre Lasterhaftigkeit „vast wenig gestrafft worden, deßhalben on allen zweifel bißher durch verhengknuß ewiger und unzerstörlicher gotlicher mayestät gemainer christenhait … blutvergiessungen guter lender, stett und flecken verwüstungen, dartzu auch vilfaltig theure, unrat, mißgewechs, hagel, schauer, donnern, plitzen und erdpidem an manichen … orten … erschienen. Die Menschen auch durch fremde unerhorte … krankhaiten unaussprechlicher weiß geplaget, …. daran sich schier nyemand gekert, … als ob einer das leben von sich selbs hat, als das unvernünfftig vich gelebt hat, … bis wir doch zuletzt … Got schier gar gegen uns zu ungnaden erweckt und yetzt alle stund und augenplick zu gewarten haben, … das er die welt durch seinen grausamen zorn zum tail vertilgen."[29] Die Türken, die Naturgewalten, unbekannte Krankheiten; all dies stürmt auf die sündigen Menschen ein und erweist sich als Werkzeug Gottes, der die Welt zerstören wird. Aus dieser Mentalität resultierte ein dem Mittelalter eigentümliches Unsicherheitsgefühl, das insbesondere beim Auftreten unerklärlicher Ereignisse oder äußerer Bedrohung, eindringlich thematisiert wurde.

---

[29] Zit. nach Peter Schuster, Das Frauenhaus. Städtische Bordelle in Deutschland 1350–1600, Paderborn 1992, 178.

Der Hinweis auf den strafenden Gott erinnerte die Menschen an ihre Endlichkeit, Geringheit und vor allem an die Sündhaftigkeit ihrer Existenz. Folgerungen wurden daraus im Mittelalter nur bedingt gezogen. Allgemeine Hinweise darauf, daß es ratsam sei von den Sünden zu lassen, waren die Regel. Die eindringliche Referenz auf den drohenden Zorn Gottes zur Legitimation einer verschärften Sittenzucht verbreitete sich erst mit der Reformationszeit zu einem allgemeinen Konzept. Ganz unbekannt war er dem mittelalterlichen Denken freilich nicht. Bereits in den Novellen Justinians, einer im Mittelalter intensiv rezipierten Rechtssammlung des 6. Jahrhunderts, wird göttliche Strafe angekündigt, sofern die weltliche Macht nicht gegen Gotteslästerer einschreite.[30] Vereinzelt wurde dieser Gedanke in den Rechtstexten des Mittelalters aufgenommen. Der Würzburger Bischof Albert von Hohenberg bedrohte 1349 Gotteslästerung und böse Schwüre mit der Exkommunikation, weil die menschlichen Sünden Gottes Zorn auf sich zögen und schwere Plagen auf die Menschheit brächten. Zumeist aber fehlt im Mittelalter die explizite Begründung. Wir müssen daher einen Umweg wählen und festzustellen versuchen, ob in Zeiten krisenhafter Erschütterungen Verordnungen zur moralischen Läuterung der Menschen zunahmen.[31] Vieles spricht dafür. Im Königreich Aragon beispielsweise, wo ein konfliktreiches Zusammenleben von Christen, Muslimen und Juden den mittelalterlichen Alltag bestimmte, fallen Ordnungen, die religiöse Grenzen überschreitende sexuelle Beziehungen untersagen, durchweg in Krisenzeiten. Krisen, gleich welcher Art, wurden als Gottes Strafe für moralisches Fehlverhalten gedeutet.[32] In dieser Denktradition bewegten sich auch die Basler Räte. Ein gottgefälliges Leben, so dachten die Basler Politiker und mit ihnen viele Menschen des Mittelalters, werde der Stadt eine innere Stärke geben und Gott auf ihre Seite ziehen.[33]

---

[30] Gerd Schwerhoff, Gott und die Welt herausfordern. Theologische Konstruktion, rechtliche Bekämpfung und soziale Praxis der Blasphemie vom 13. bis zum Beginn des 17. Jahrhunderts, Habilitationsschrift Bielefeld 1996, Ms., 137.

[31] Vgl. dazu besonders Schwerhoff, Gott und die Welt herausfordern, 190ff.

[32] David Nirenberg, Communities of Violence. Persecution of Minorities in the Middle Ages, Princeton 1998 (2), 119f. und 142.

[33] Daß der strafende Gott zumindest in Basel bereits seit der Mitte des 15. Jahrhunderts ein Thema war, ist evident. Vgl. dazu Schwerhoff, Gott und die Welt herausfordern, 190 u. Anm. 84, der ein Basler Ratsmandat aus dem Jahr 1451 anführt, in dem für Spielen, lästerliche Schwüre und andere „uppige wise" als göttliche Strafen Seuchen, Mißernten, Kriege und Unwetter angegeben werden.

4 Unsicherheit in der Stadt II: Die Gemeinde in Gefahr

Neben der Angst vor göttlicher Strafe legen die spätmittelalterlichen Rechtsquellen jedoch weitaus profanere Bedrohungsgefühle offen. Unsichere Herrscher etwa reagierten empfindlich auf Kritik. Daß nach politischen Auseinandersetzungen in mittelalterlichen Städten von der siegreichen Partei Gericht über die Unterlegenen gehalten wurde und oftmals harte Urteile den Abschluß des Konflikts begleiteten, ist wiederholt beschrieben worden.[34] Daß jedoch nach dem Beilegen der Streitigkeiten die Sensorien der Sieger noch lange sehr empfindlich auf politische Kritik reagierten, ist weniger bekannt.

In der Reichsstadt Konstanz am Bodensee war es 1429/30 zu einer letzten heftigen innenpolitischen Auseinandersetzung zwischen Patriziern und Zünften gekommen, die schließlich durch Intervention Kaiser Sigismunds beigelegt werden konnte.[35] Das juristische Nachspiel war kurz und schmerzhaft. Mehreren Bürgern wurde das passive Wahlrecht abgesprochen, den im Aufstand exponierten ehemaligen Bürgermeister Heinrich Ehinger verurteilte der neue Rat am Tag nach Sigismunds Abreise zu ewiger Stadtverweisung auf vier Meilen Entfernung.[36] Eine Woche später, am 22. Januar 1431, fällte der Rat über Ulin Lentz die Todesstrafe, weil er „des küngs richtung mit swerlichen herten trow worten übervaren, als er ainstails selbs bekennt hat".[37]

Die innenpolitische Krise mündete in eine langdauernde Prosperitätsphase der Stadt. Doch wie fragil der neue Frieden war, erwies sich sieben Jahre später. Der Tod des Kaisers Ende 1437 war für einige Bürger Anlaß, die vom Kaiser durchgesetzte Verfassung erneut in Frage zu stellen. Derartige Kritik war gefährlich: Der Gürtler Guldinast wurde 1438 vom Ratsgericht zu vier Jahren Stadtverweisung auf vier Meilen Entfernung verurteilt, weil er offen politische Hoffnungen mit dem Tod des Herrschers verband. Er meinte, „als unßer herr, der kaißer abgangen sy, so solle och der brief och tod und absin und man bedurft in füro nit mer zu sweren."[38] Daß Guldinast mit seiner Ablehnung des von Sigis-

---

[34] Vgl. zusammenfassend František Graus, Pest – Geißler – Judenmorde. Das 14. Jahrhundert als Krisenzeit, 2. Aufl. Göttingen 1988, 501ff.

[35] Der Lauf der Auseinandersetzung muß hier nicht nachgezeichnet werden. Vgl. dazu Helmut Maurer, Konstanz im Mittelalter, Bd.2, Konstanz 1989, und Klaus D. Bechtold, Zunftbürgerschaft und Patriziat. Studien zur Sozialgeschichte der Stadt Konstanz im 14. und 15. Jahrhundert (= Konstanzer Geschichts- und Rechtsquellen, 26) Sigmaringen 1981, 148ff.

[36] StadtA Konstanz, B I 5, 168.

[37] StadtA Konstanz, B I 5, 216, gedr. bei Ruppert, Die Chroniken der Stadt Konstanz, Konstanz 1891, 173.

[38] StadtA Konstanz, B I 6. Vgl. auch Maurer, Konstanz im Mittelalter II.

mund durchgesetzten Richtungsbriefes nicht allein stand, bestätigte sich nur eine Woche später. Vor dem Ratsgericht standen nun der Scherer Pontzius und Albrecht Gißler. Pontzius wurde vorgehalten, „ain brief an das münster bii nacht angeschlagen, der doch wider die richtung wist zwischend den geschlächten (= Geschlechtern) und der gemaind…, der er und menglich järlich swert zu halten, und lut der zedel also: wer sint die, die den erwirdigen brief der geschlächt hand gebrochen, daz hand die geschlächt selb tön, darumb wär die gemaind nit wiz, swurint sy in furbass zu halten." Albrecht Gißler hatte Pontzius bei seiner politischen Manifestation unterstützt, indem er den Zettel „mit syn selbz hand geschriben". Gleichzeitig hatte er jedoch versucht, Pontzius von seinem Vorhaben, den Zettel öffentlich anzuschlagen, abzubringen, da er befürchtete, eine solche öffentliche Kritik an der Verfassung werde ihnen die Todesstrafe einbringen. Er sollte Recht behalten: Das Hochgericht verurteilte beide Männer zum Tod durch das Schwert.[39] Das spektakuläre Todesurteil gegen die beiden beendete eine jahrelange Phase innenpolitischer Gärung. Die Quellen zur Gerichtsbarkeit legen die Zäsur in bemerkenswerter Deutlichkeit offen. Nach den Todesurteilen nahmen politische Urteile drastisch ab. Entweder verstummte die Kritik am Rat oder sie wurde als weniger bedrohlich empfunden.

Nicht nur die herrschenden Gruppen nutzten die Gerichtsbarkeit, um ihr Unsicherheitsgefühl in Grenzen zu halten. Auch die Bürgergemeinde zeigte eine hohe Sensibilität in bezug auf ihre eigene Sicherheit. Angst vor Feuer und vor Angriffen von außen prägten den Alltag. Mit vielfältigen Maßnahmen vergewisserte sich die Bürgergemeinde ihrer Brandsicherheit: Feuerschauer gingen umher, Feuerstellen etwa von Bäckern und Schmieden mußten über Nacht gelöscht werden und jedem Bürger bis hin zum Bürgermeister wurde präzise eingeschärft, wo er sich im Falle eines Brandes einzufinden habe und welche Aufgaben ihm zufielen.[40] Mit dem Feuer „spielen" war insofern mit der sprichwörtlichen Gefahr verbunden und zog hohe Strafen nach sich. Allein für die Drohung, das Spital zu verbrennen, bestrafte 1440 das Konstanzer Ratsgericht einen Mann namens Hans Rüchti mit zwei Jahren Stadtverweisung.[41] Nur mit Glück entging zwanzig Jahre später Uli Öttlin von Schönis einer ähnlich harten Strafe. Er war inhaftiert worden, weil er „schwere worte geredt hätt, er wölt, das die statt brenn und

---

[39] StadtA Konstanz, B I 6, 488f.; Ruppert, Chroniken, 201f. Vgl. auch Maurer, Konstanz im Mittelalter II, 70 und Bechtold, Zunftbürgerschaft und Patriziat, 151.

[40] Vgl. dazu Peter Schuster, Der gelobte Frieden. Täter, Opfer und Herrschaft im spätmittelalterlichen Konstanz, Konstanz 1995, 20–22.

[41] StadtA Konstanz, B I 7, f. 13v.

undergieng und es möcht sych villicht fügen, es wurd, das er der statt find wurde …". Nachdem Dritte sich für den wütenden Mann verwendet und Fürbitte eingelegt hatten, verzichtete der Konstanzer Rat auf eine Bestrafung. Gegen Urfehde, in der er von seinen Drohungen gegen die Stadt abschwor, entließ ihn der Rat aus der Haft.[42] Die permanente Furcht vor Feuer und äußerer Bedrohung ließ selbst die Kolportage drohender Gefahr auf äußerst fruchtbaren Boden fallen. Man nahm Gerüchte ernst und bestrafte jene, die unwahre verbreiteten. Ende des 14. Jahrhunderts war nachts Cuntz Snider Hasenschart aus Buchhorn, dem heutigen Friedrichshafen, in die Stadt Konstanz gelaufen und hatte die Bürger mit der Nachricht aufgeschreckt, vor der Stadt sei ihm eine Rotte von Mördern begegnet, denen er trotz zugefügter Verwundung noch mit knapper Not habe entrinnen können. 200 bewaffnete Bürger zogen auf seinen Bericht hin aus der Stadt in Richtung Wolmatingen, um der Täter habhaft zu werden, mußten aber unverrichteter Dinge zurückkehren.[43]

Besonders in Krisenzeiten verbreiteten sich Gerüchte schneller als Erkenntnisse. Als im Kriegsjahr 1443 in der Stadt das Gerücht aufkam, die Appenzeller hätten den Rhein überschritten, sandte der Rat den Stadtboten Grülich aus, um die Lage vor Ort zu prüfen.[44] 1432, kurz nach Etablierung eines neuen Ratsregiments, machte in der Reichsstadt Konstanz die Nachricht die Runde, vor der Stadt stünden Bewaffnete. Eine ausgesandte Patrouille konnte dies nicht bestätigen. Davon ließ sich freilich das neue Ratsregiment nicht besänftigen, sondern ging umgehend den Urhebern dieses Gerüchtes nach und zog sie zur Verantwortung. Auch zwei Wächter, Tuttsch und Pfarrbach, hatten das Gerücht, möglicherweise in bester Absicht, weitergetragen. Neben der Buße zog ihr aufgeregtes Reden die Entlassung nach sich.[45]

---

[42] StadtA Konstanz, B I 11, S. 102f.
[43] Vgl. Edgar Höfler, Der Rat und seine Bürger: Alltag und Recht im ersten Ratsbuch der Stadt Konstanz (1376–1391), Konstanz 1990, 68. Vgl. zur rechtlichen Bewertung ungerechtfertigter Alarmierung der Bürger auch Schuster, Der gelobte Frieden, 19–21.
[44] StadtA Konstanz, Bände L 1359, f. 12.
[45] StadtA Konstanz, B I 6, 42. 1429 versuchte ein Mann in Radolfszell, sich die Angst der Bürger zunutze zu machen. Er sagte, daß „ettwas anschlag uber sy beschehen soll" und stellte in Aussicht, gegen eine Zahlung von 600 Gulden nähere Auskunft zu erteilen. Im Verhör gestand er, „daz wer alles ain beschissry und lugi gewesen". Für sein Spiel mit der Angst wurde er zum Tode verurteilt. StadtA Konstanz, B I 5, 122.

5 Unsicherheit in der Stadt III: Das bedrohte Individuum

Bislang betrafen unsere Gedanken vorwiegend das Sicherheits- resp. Unsicherheitsgefühl der Stadtbevölkerung als Gesamtheit. Daß die Bürger als Individuen nur bedingt die kollektiven Ängste teilten, erweist sich allein darin, daß sie trotz drohender göttlicher Strafe für das Gemeinwesen lästerliche Worte im Mund führten, sexuelle Beziehungen außerhalb des engen Rahmens des Zulässigen unterhielten und auch sonst gelegentlich über die Stränge schlugen. Wie sicher fühlten sich die Menschen in ihrer Stadt? Folgt man der Literatur, war ihre körperliche Unversehrtheit nur bedingt garantiert. Gerade das späte Mittelalter sei gekennzeichnet durch wachsende Kriminalität und zunehmende Gewalt. Dieses traditionelle Urteil hat der kürzlich verstorbene Historiker Georges Duby in seinen Gedanken über die Ängste der Menschen in der Geschichte relativiert: „Im Vergleich mit dem, was sich in modernen Großstädten abspielt, scheint mir die damalige Kriminalität eher unbedeutend. Die Leute waren gewalttätig, schlugen sich, aber sie stahlen weniger, als man denken könnte."[46] Die Auswertung der überlieferten Rechtsquellen bestätigt dieses Urteil, wenngleich nur zum Teil. In Konstanz etwa dominierten in den von uns untersuchten 1725 Delikten der Jahre 1430 bis 1460 die Gewaltdelikte mit fast 600 Fällen.[47] Dieser hohe Gewaltanteil relativiert sich jedoch bereits dann, wenn man sich vergegenwärtigt, daß über die Hälfte der Gewalttaten das sogenannte Messerzücken betraf, eine Drohgebärde, die im eigentlichen Sinne keine Gewalttat, sondern nur die Androhung von Gewalt war. Die Übergänge von der Drohung zur Körperverletzung waren freilich fließend. Die vielen leichten Verwundungen in Streitfällen zeugen m.E. davon, daß mancher, der mit dem Messer drohte, seine Bereitschaft zum Kampf durch einen ersten Stich zu unterstreichen versuchte. Diese Streitkultur war zwar durch hohe Gewaltbereitschaft gekennzeichnet, ebenso aber auch durch eine geringe Neigung, den Kontrahenten schwer zu verletzen. Tötungsdelikte traten eher selten auf: Insgesamt verzeichnet die Stadt Konstanz in den untersuchten 31 Jahren zehn Tötungen und vier versuchte Totschläge. Schwere Verwundungen waren ebenso die Ausnahme und wurden als solche auch eigens herausgestellt.

Die Gewalt in den spätmittelalterlichen Städten soll mit diesen Hinweisen nicht schöngeredet werden. Es ist jedoch darauf hinzuweisen, daß es wenig Anzeichen dafür gibt, die Angst um die eigene körperliche

---

[46] Georges Duby, Unseren Ängsten auf der Spur. Vom Mittelalter zum Jahr 2000, Köln 1996, 112.

[47] Zum folgenden ausführlicher Peter Schuster, Eine Stadt vor Gericht. Recht und Alltag im spätmittelalterlichen Konstanz, Paderborn 2000, bes. 70ff.

Unversehrtheit sei in den spätmittelalterlichen Städten höher gewesen als heute. Das Sicherheitsdenken der Menschen in der spätmittelalterlichen Stadt bewegte sich eher um andere Dinge, aus gutem Grund.

Am Beispiel des Nürnberger Chronisten Heinrich Deichsler hat Valentin Groebner den Wahrnehmungshorizont eines Menschen um das Jahr 1500 anschaulich herausgearbeitet: „Der wohlhabende Bierbrauer Deichsler beschreibt die Kämpfe und Messerstechereien auf den Nürnberger Straßen kühl und sachlich; offenbar begreift er sie weder als Bedrohung seiner Unversehrtheit noch der Unversehrtheit der Stadt."[48] Folgt man einem anderen Chronisten des 15. Jahrhunderts, dem Konstanzer Gebhard Dacher, so stand im Mittelpunkt des damaligen Denkens nicht die Angst vor einem Überfall, sondern die Angst vor einer anderen Art des plötzlichen Todes, vor dem sich die Menschen jener Zeit auch deshalb fürchteten, weil er „die Erlangung des Seelenheils so außerordentlich erschwerte".[49] Weitaus häufiger als über Totschläge und körperliche Mißhandlungen berichtet der Konstanzer Chronist über tödliche Unfälle und unerklärbare Todesfälle, die scheinbar Gesunde mitten aus dem Leben rissen. Besonders oft suchte der „unrechte" Tod die Stadt Konstanz im Jahr 1442 heim. Schon in der Form der Darstellung spiegelt sich die ganze Betroffenheit des Autors:

> „In dem jar sturbent ettlich personen zu Costentz ellendlich. Maister Hans Schulmaister, was ain vaist man, der erstickt und lebt von frytag biß an den sambstag enmorgen und kunt im niemant gehelffen. Her Hans Myer, caplan zum münster, der auß ze imbiß in des stattschribers huß und nach imbiß starb er in ainer vierten tail ainer stunden. Her Hans Bömer, chorher zu sant Stefan, der starb ob dem tisch und gieng darüber gesund und frisch."

---

[48] Valentin Groebner, Der verletzte Körper und die Stadt. Gewalttätigkeit und Gewalt in Nürnberg am Ende des 15. Jahrhunderts, in: Thomas Lindenberger/Alf Lüdtke (Hg.), Physische Gewalt. Studien zur Geschichte der Neuzeit, Frankfurt am Main 1995, 162–189, hier 182. Ähnlich Robert Brentano, Violence, Disorder and Order in Thirteenth-Century Rome, in: Lauro Martines (Hg.), Violence and Civil Disorder in Italian Cities 1200–1500, Berkeley 1971, 308–330, hier 329: „Violence was less socially disruptive than it, at first glance, would seem." Ähnlich auch Guido Ruggiero, Violence in Early Renaissance Venice, New Brunswick 1980, 182: „Violence in Venice was not, in the end, a form of behavior alien to social organization: rather it grew directly out of that organization and the perceptions, that informed it."

[49] Frank Rexroth, Der rechte und der unrechte Tod: Über die gesellschaftliche Deutung von Gewaltverbrechen in London, 1276–1340, in: Markus J. Wenniger (Hg.), „Du guoter tot". Sterben im Mittelalter – Ideal und Realität, Akten der Akademie Friesach „Stadt und Kultur im Mittelalter", Friesach (Kärnten) 19.–23. September 1994, Klagenfurt 1998, 5.

Gesunde fielen tot um, und seltsame Zeichen begleiteten ihre Beerdigung. Schließlich bilanziert Dacher erschüttert:

„Das warent fünf erschröckenlich töd. Got kom uns zu hilf."[50]

Neben der Sorge um das Seelenheil bewegten die Bürger spätmittelalterlicher Städte freilich sehr profane Dinge. An den Galgen vor den Toren der Stadt hingen vornehmlich Diebe, genauer Fremde, die des Diebstahls bezichtigt worden waren. Gegen sie richtete sich die ganze Brutalität der Blutgerichtsbarkeit. Jeder zweite in Konstanz vor dem Ratsgericht verhandelte Fall von Diebstahl endete mit der Todesstrafe für den Täter. Die 49 gehängten Diebe zwischen 1430 und 1460 zeigen an, daß kein Delikt strenger bestraft wurde als Eigentumsdelikte. Die toten Diebe am Galgen vor der Stadt signalisierten Fremden wie Bürgern, daß die Sicherung des Besitzes das Zentrum der Rechtsordnung markierte. Die Sicherheit des Besitzes und die Angst vor Verlust führen uns nach meinem Eindruck in das Zentrum der Unsicherheitsgefühle jener vergangenen Epoche. Die Rechtsfolge des Todesurteils für den Diebstahl war in der vormodernen Gesellschaft so verbreitet und allgemein, daß Historiker diesem Kontinuum bislang kaum Interesse abgewinnen konnten und können: Es gibt keine Geschichte des Diebstahls. Dabei könnte gerade sie den Unterschied zu unserer heutigen Einstellung zu Delinquenz und Sicherheit präzisieren helfen. Eine solche Geschichte hätte zunächst damit zu beginnen, Quellen über den Schutz des Eigentums in der mittelalterlichen Stadt zu sammeln. Zunächst erwiese sich dann, daß der Übergang von außen nach innen, von öffentlich zu privat fließender war als in der heutigen Gesellschaft. Ende des 14. Jahrhunderts ließ der Konstanzer Rat die Sicherung der Häuser prüfen und fand viele Türen unverschlossen oder gar offen vor.[51] Die daraufhin verhängten Bußen werden kaum Änderung herbeigeführt haben: Besitz war in der mittelalterlichen Gesellschaft schlecht gesichert und sein Schutz setzte die Integrität der Mitmenschen voraus. Auch wenn zumeist Fremde als Diebe belangt wurden, so fanden doch die meisten Diebstähle im sozialen Umfeld statt. Aus Basler Quellen erfahren wir, daß Gesellen ihre Meister, Ehemänner ihre Frauen und Besucher ihre Gastgeber bestahlen. Offenbar war der Diebstahl im näheren sozialen Umfeld weit verbreitet. 1389 benannten die Londoner Gilden immerhin den Diebstahl der Diener als eine Ursache für unverschuldete Armut,

---

50 Philipp Ruppert (Hg.), Die Chroniken der Stadt Konstanz, Konstanz 1891, 220.
51 Vgl. StadtA Konstanz, B I 1, 334ff.

die durch die Bruderschaftskasse gelindert werden müsse.[52] Zumeist nahmen in solchen Fällen die Bestohlenen ihre Angelegenheiten in die eigene Hand. Das Blutgericht diente allenfalls als Drohung, um die Herausgabe des gestohlenen Gutes zu erwirken.[53] Auf eben diese Weise ging 1433 der Nürnberger Bürger Hans Negelin vor. Er hatte „sein knecht, der im gelt gestolen hett, gefangen und zu einem puttel daruber geantwurtt und gelegt." Es war keinesfalls moralische Entrüstung, die Negelin den Knecht in den Schatten des Hochgerichts führen ließ. Er wollte sein Geld zurück. Als ihm dies gelungen war, verlor er das Interesse an der Strafverfolgung:

> „Und do im sin gelt wider ward, (ihn) on des burgermeisters und rats wissen und lawb (= Erlaubnis) wider ledig gelassen."[54]

Es scheint mir in dieser Perspektive kein Zufall zu sein, daß unter den verleumderischen und beleidigenden Worten in der Stadt Konstanz der Vorwurf, ein Dieb zu sein, neben der Beleidigung als Hure eindeutig dominierte. Beide Etikettierungen stellten die moralische Integrität der Beschuldigten und Geschmähten in Frage und insinuierten, daß die Gescholtenen Grundregeln der gesellschaftlichen Ordnung des Zusammenlebens mißachteten. Der Diebstahlsvorwurf säte Zwietracht und wurde deshalb geahndet. Es ging um die kleinen Dinge des Alltags. Ein Mann sah beim Schneider eine Hose, die er als sein gestohlenes Eigentum zu identifizieren glaubte. Eine Frau bezichtigte die Nachbarin, ihr ein Tuch gestohlen zu haben. Ein Gürtler sah es als erwiesen an, daß ihm sein Knecht einen Meissel entwendet hatte. Wieder ein anderer wähnte, ihm seien vom Nachbarn Hölzer aus dem Garten gestohlen worden. Die Frau des Konstanzer Bürgers Froschli machte sich 1434 sogar auf, ihren entwendeten Besitz im Haus der von ihr Verdächtigten zu suchen. Alle Vorwürfe erwiesen sich als haltlos und wurden vom Ratsgericht mit einer Buße belegt.[55] Eine Welt aus Mißtrauen, aber auch aus Unsicherheit erschließt sich anhand derartiger Fälle. Eine Gesellschaft, die Besitz und Eigentum schon von den Nächsten bedroht sah, brauchte Symbole, die die Sicherheit der Eigentumsordnung herausstellten. Die Angst um den eigenen Besitz erzeugte ein Unsicherheitsgefühl, dem durch exemplarische Hinrichtungen vorwiegend fremder

---

52 Vgl. Frank Rexroth, Das Milieu der Nacht. Obrigkeit und Randgruppen im spätmittelalterlichen London (=Veröffentlichungen des MPI, 153) Göttingen, 1999, 191.

53 Vgl. Rippmann, Dorothee u.a., Arbeit, Liebe, Streit. Texte zur Geschichte des Geschlechterverhältnisses und des Alltags. 15.–18. Jahrhundert, Liestal 1996, 52, 97

54 StaatsA Nürnberg, Rst. Nürnberg, Amts- und Standbuch 196, f. 23.

55 Vgl. StadtA Konstanz, B I 5, 174, 244; B I 6, 39, 194, 559 und B I, 11, 100.

Diebe Rechnung getragen wurde. Man empfand nicht größere Abscheu vor dem Delikt des Diebstahls: die Hinrichtungen von Dieben reflektierten vielmehr das Unsicherheitsgefühl einer Gesellschaft in bezug auf Besitz und Eigentum.

Wir sollten diese vergangene Gesellschaft weder beschönigen noch verzerren. Sie war nicht so blutrünstig, wie es oft beschrieben wurde. Sie war aber auch nicht so moralisch rechtschaffen und integer, wie andere idyllisierend herausstellten. Man schmähte und mißtraute einander, und dies vor allem schürte Unsicherheit. Jerusalem war insoweit eine ferne Utopie. Gleichwohl erzeugte die Perspektive auf die Stadt des Herrn in den Städten des Mittelalters ein Gefühl der Sicherheit und Überlegenheit, insofern die Bewohner wähnten, sie lebten in einer historisch richtungsweisenden Gesellschaftsform, der gleichwohl ihre irdischen Mängel anhafteten. Aus dieser Perspektive ist das Gefühl von Sicherheit und Unsicherheit bei den spätmittelalterlichen Stadtbürgern dem der Menschen in der heutigen sog. Ersten Welt durchaus vergleichbar. Zwar lebten die Menschen der mittelalterlichen Städte wie ihre Nachfahren heute auch durchaus mit Sorgen und Ängsten, vielleicht empfanden sie das Vorgehen gegen fremde, die Ordnung damals als Diebe bedrohende Menschen sogar als brutal und ungerecht, aber eine bessere, gerechtere und sicherere Welt konnten sie zumindest im Diesseits nicht denken. Ihre gesellschaftliche Utopie konnte den Alltag nicht bewältigen. Sie warf die Menschen auf sich selbst zurück.

Städtische Polizeidiener in der Reichsstadt Nürnberg im 15. und 16. Jahrhundert[1]

ANDREA BENDLAGE

Kinder und Narren, so heißt es gemeinhin, sagen die Wahrheit. Doch diese Wahrheit ist von besonderer Art. Till Ulenspiegel gehört unter den Narren zu den unvergänglichen Gestalten der Weltliteratur. Die Erzählungen des Volksbuchs[2], das um die Wende des 15. zum 16. Jahrhundert seinem Namen zahlreiche Schwänke zuschreibt, ist auch heute noch lebendig. Als landfahrender Geselle machte Ulenspiegel durch allerlei Schabernack von sich Reden. Auf seinen betrügerischen Reisen kam er auch in die Reichsstadt Nürnberg. Dort spielte er den Scharwächtern unter dem Rathaus, die er nachts schlafend vorfand, einen seiner berüchtigten Streiche: Er warf drei Dielen der Brücke vom Saumarkt in die darunter fließende Pegnitz. Die Brücke scheint er mit Bedacht gewählt zu haben, denn das Volksbuch erwähnt, daß Ulenspiegel die Wege und Stege der Stadt wohl kennen gelernt habe und „sonderlich den Steg zwischen dem Säumarkt und dem Hüslin, da des Nachts bös drüberwandeln ist". Denn man habe schon manche gute Dirn, wenn sie hat Wein holen wollen, da herumgezerrt.[3] Ulenspiegel begann daraufhin vor dem Rathaus zu fluchen und mit einem Messer auf das Pflaster zu schlagen. Von dem Lärm aus ihrem Schlaf gerüttelt, kamen die Wächter schließlich herbeigeeilt und eine wilde Verfolgungsjagd nahm ihren Anfang. Am Saumarkt angelangt, lockte Ulenspiegel seine Verfolger über die zuvor präparierte Brücke. Die gefoppten Wächter zögerten nicht lange, denn, wie der Chronist schreibt, „ein jeglicher wollte der erste sein". Einer nach dem anderen fiel in die Pegnitz.[4]

Ob unser 'Held' tatsächlich gelebt hat, ist nicht eindeutig überliefert. Die schnelle Verbreitung der Volksbücher, allein im 16. Jahrhundert erschienen achtzehn deutsche Ausgaben[5], lassen jedoch darauf schlie-

---

1   Dieser Aufsatz ist im Rahmen eines von der Deutschen Forschungsgemeinschaft geförderten Schwerpunktprogramms zur Geschichte des öffentlichen Strafrechts entstanden. Das Teilprojekt unter der Leitung von Prof. Dr. Neithard Bulst untersucht die Strafverfolgungspraxis im Spätmittelalter und in der Frühen Neuzeit.
2   Zur Überlieferungsgeschichte vgl. die Einleitung von Wiemken, Helmut: in: Ders. (Hg.), Die Volksbücher von Till Ulenspiegel, Hans Clawert und den Schildbürgern, Bremen 1962, IXff. Für den Hinweis danke ich Peter Schuster.
3   Wiemken, (1962), 53.
4   Wiemken, (1962), 53f.
5   Wiemken, (1962), XIV.

ßen, daß die Streiche Ulenspiegels in weiten Teilen der Bevölkerung bekannt waren. Was mochten die Zeitgenossen über die Sicherheitsbedingungen in der Fränkischen Metropole gedacht haben, wenn sie von Ulenspiegels Abenteuer hörten? Der Verweis auf die schlafenden Wächter, die ungeachtet dessen, daß in der Nacht gute Bürgerstöchter überfallen wurden, schließlich alarmiert, nur tölpelhaft und unzureichend ihren Pflichten nachkamen, wird seine Wirkung auf die Zuhörer sicher nicht verfehlt haben. Daß Ulenspiegel gerade vor dem Rathaus, das als zentraler Ort in der Muntat[6] besonders strengen Sicherheitsvorkehrungen unterlag, unbehelligt sein Unwesen treiben konnte, wirft zumindest kein gutes Licht auf das Nürnberger Polizeipersonal. Zugleich steht diese volkstümliche Episode im Widerspruch zu der allgemeinen Einschätzung über das Sicherheitswesen in der fränkischen Metropole. Denn die Reichstadt Nürnberg gilt der neueren Forschung mit ihren detaillierten Polizeiordnungen, ihrem umfangreichen innerstädtischen Sicherheitsapparat und dem straffen Patrizierregiment gemeinhin im Spätmittelalter und in der Frühen Neuzeit als ein strikt regiertes Gemeinwesen.[7] Lebten die Nürnberger Bürger nun in einer sicheren oder unsicheren Stadt?

Der Begriff (Un-)Sicherheit ist kein zeitgenössischer Terminus und tritt in der Form, wie wir ihn heute gebrauchen, in den Nürnberger Quellen nicht auf. Wenn die Stadtherren in Nürnberg im 15. und 16. Jahrhundert das Thema 'Sicherheit' formulierten, so sprachen sie von gemeinem Nutzen, von städtischem Frieden, von Eintracht und Ordnung.[8] 'Unsicherheit' war ihrer Ansicht nach immer dort zu finden, wo

---

6   Die Muntat beschreibt jenen Rechtsbereich in der Stadt, der besonderen Schutz- und Strafbestimmungen unterlag. Er erstreckte sich in der Regel auf den Markt, den angrenzenden Kirchhof und das Rathaus. In Nürnberg wurden die Grenzen dieses Raumes 1481 durch gemalte Zeichen – ein Beil über einer abgehauenen Hand – kenntlich gemacht. Reicke, Emil: Geschichte der Stadt Nürnberg, Nürnberg 1896, 639; vgl. auch die besondere Polizeiordnung für den Bereich der Muntat mit der ausführlichen Beschreibung des Schutzbereiches in Nürnberg bei Baader, Josef (Hg.): Nürnberger Polizeiordnungen des 14. und 15. Jahrhunderts, Stuttgart 1861, 49ff.

7   Buchholz, Werner: Anfänge der Sozialdisziplinierung im Mittelalter. Die Reichsstadt Nürnberg als Beispiel, in: Zeitschrift für Historische Forschung (= ZHF)18 (1991), 129–147; Groebner, Valentin: Der verletzte Körper und die Stadt. Gewalttätigkeit und Gewalt in Nürnberg am Ende des 15. Jahrhunderts, in: Lindenberger, Thomas; Lüdtke, Alf (Hg.): Physische Gewalt. Studien zur Geschichte der Neuzeit, Frankfurt/M. 1995, 162–189, hier 176. Mummenhoff, Ernst: Die Kettenstöcke und andere Sicherheitsmaßnahmen im alten Nürnberg, in: Mitteilungen des Vereins für die Geschichte Nürnbergs (= MVGN) 13 (1899), 1–52.

8   Im Stadtknechtseid von 1537, der im wesentlichen die Aufgabenbereiche und Befugnisse der Knechte festschreibt, heißt es dazu: „Es sollen alle Statknechte

„zwitracht, unwille und unrath" zwischen den Menschen erwuchsen und den städtischen Frieden störten.[9] Wichtigstes Ziel der städtischen Obrigkeit war es daher, „Fride und Einigkeit undter den Lewten" zu wahren, „Aufrur und Unrath" zu verhüten und zu vermeiden.[10] Dies wurde um so dringlicher, als ein „vergleichsweise hohes Gewaltpotential im Mittelalter und in der Frühen Neuzeit in der Öffentlichkeit" den Bemühungen der Obrigkeiten gegenüberstand, für ein friedliches Miteinander unter den Bürgern zu sorgen. Insgesamt brachte denn auch die zunehmende öffentliche Kontrolle, so Lothar Kohner, eine „Verbesserung der Sicherheit" mit sich.[11] Auch in den Nürnberger Polizeiordnungen ist immer häufiger von Gewalt auf den Straßen die Rede. Der Rat formulierte daher Gesetze, die das Tragen von Waffen in der Stadt einschränken sollten. So wurden den Bürgern schon im 14. Jahrhundert „spitzige Messer" verboten. Gäste mußten ihre Messer in den Herbergen hinterlegen, und die Wirte durften an Messerträger keinen Alkohol ausschenken. Denn gerade unter Alkoholeinfluß eskalierten Auseinandersetzungen, so daß sie nicht selten mit schweren Körperverletzungen endeten.[12] Für einen Nürnberger Metzgergesellen ging eine solche Auseinandersetzung tödlich aus. Er war im Frühjahr 1558 nachts auf der Gasse mit anderen Gesellen aneinander geraten, von denen schließlich einer das Messer zog und ihn erstach. Der Nürnberger Rat leitete sofort die Fahndung nach den Beteiligten ein. Zur Ergreifung der Täter erlegte man zunächst allen Torhütern auf, die Tore bis auf weiteres geschlossen zu halten.[13] Die Flucht konnte auf diese Weise vereitelt werden. Schon zwei Tage später wurden die verdächtigen Täter durch die Nürnberger Stadtknechte eingebracht und ins Loch gelegt, wofür sie die zuvor ausgelobte Prämie von einem Gulden erhielten.[14]

Doch die Ergreifung der flüchtigen Metzgergesellen wirft ein falsches Licht auf die Arbeitsbedingungen des Sicherheitspersonals im

---

geloben..., daß Sie ains erbern Rath vnnd gemeynern Stat nutz Er vnnd frümmen werben vnnd fürdern, Irrn schaden warnen, wenden vnnd fürkommen wollen ..." Staatsarchiv Nürnberg (= STAN), Amts- und Standbücher (= AStB) Nr. 100, fo. 698.

[9] Baader (1861), 89.

[10] Baader (1861), 44.

[11] Kohner, Lothar: Gewalttätige Öffentlichkeit und öffentliche Gewalt. Zur städtischen Kriminalität im Spätmittelalter, in: Zeitschrift für Rechtsgeschichte, Germanistische Abteilung (= ZRG (GA)) 114 (1997), 261–295, hier 291.

[12] STAN, Satzungsbuch V/D von 1380 – 1424 / Anfang des 15. Jahrhunderts, 274; vgl. auch Henselmeyer, Ulrich: Niedergerichtliche Strafverfolgungspraxis in Nürnberg im Spätmittelalter, Staatsexamensarbeit (masch.), Bielefeld 1997, 101, Groebner (1995), 168f.

[13] STAN, Ratsverlässe (= RV) 1155, fo. 7,18. April 1558.

[14] STAN, RV 1155, fo. 11 und fo. 20, 20. und 26. April 1558.

späten Mittelalter und in der Frühen Neuzeit. Kriminalität war zu einer „Massenerscheinung"[15] geworden, der in der Praxis nur eine schwache Exekutive gegenüberstand.[16] Es überrascht jedoch, daß trotz nachhaltigen Interesses an historischer Kriminalitätsforschung in den zurückliegenden Jahren und trotz anhaltender Konjunktur des von Oestreich entwickelten Konzepts der Sozialdisziplinierung nur wenig über die 'schwache Exekutive' des späten Mittelalters und der Frühen Neuzeit bekannt ist. Die Polizeiknechte werden allenfalls im Zusammenhang der Randgruppenforschung als Angehörige der unehrlichen Berufe behandelt. Im Rahmen der rechts- und sozialgeschichtlichen Forschung zur Delinquenz und Strafrechtspflege erscheinen sie eher beiläufig als die unzulänglichen Vollstrecker obrigkeitlicher Regelungs- und Ordnungsbemühungen.[17] Der folgende Beitrag will daher das niedere Exekutivpersonal, namentlich die Stadtknechte und Schützen der Reichsstadt Nürnberg genauer in den Blick nehmen. Zuerst soll die allgemeine Sicherheitsorganisation in der Stadt beschrieben werden, um einen Eindruck über den Umfang des Polizeiapparates in der fränkischen Metropole zu vermitteln. Im weiteren Verlauf wird auf die Pflichten und Aufgaben der Stadtknechte und Schützen eingegangen. Die Untersuchung des Alltags der Polizeidiener, ihrer Aufgaben und Pflichten zur Aufrechterhaltung von Sicherheit und Ordnung sowie der daraus resultierenden Konflikte der Knechte mit den Bürgern und Einwohnern soll schließlich die Möglichkeiten und Grenzen obrigkeitlicher Sicherheitspolitik und -wahrnehmung im 15. und 16. Jahrhundert aufzeigen.

---

[15] Isenmann, Eberhard: Die deutsche Stadt im Spätmittelalter, Stuttgart 1988, 162.

[16] Schwerhoff, Gerd: Köln im Kreuzverhör. Kriminalität, Herrschaft und Gesellschaft in der frühneuzeitlichen Stadt, Bonn/Berlin 1991, 20 u. 56–59. Dagegen Schuster, Peter: Eine Stadt vor Gericht. Recht und Alltag im spätmittelalterlichen Konstanz, Paderborn 2000, 206, der auf die hohe Zahl von Verhafteten in Konstanz verweist, die wieder freigelassen werden mußten. „Derer, die man haben wollte, wurde man in der Bodenseemetropole offenbar in den meisten Fällen habhaft."

[17] Nowosadtko, Jutta: Scharfrichter und Abdecker. Der Alltag zweier „unehrlicher Berufe" in der Frühen Neuzeit, Paderborn 1994, Kap. III.9; Frauenstädt, Paul: Breslaus Strafrechtspflege, 7f; Gernhuber, Joachim: Strafvollzug und Unehrlichkeit, in: Zeitschrift für Rechtsgeschichte (=ZfR) 74 (1957), 119–177, hier 154f; Hartung, Wolfgang: Gesellschaftliche Randgruppen im Spätmittelalter. Phänomen und Begriff, in: Kirchgässner, Bernhard, Reuter, Fritz (Hg.): Städtische Randgruppen und Minderheiten, Sigmaringen 1986, 49–114, hier 66; Schwerhoff, (1991), 51–59. Zum Forschungsdesiderat vgl. Bulst, Neithard: Zum Problem städtischer und territorialer Kleider-, Aufwands- und Luxusgesetzgebung in Deutschland (13. – Mitte 16. Jahrhundert), in: Gouron, André; Rigaudière, Albert (Hg.), Renaissance du pouvoir législatif et genèse de l'État, Montpellier 1988, 29–57, hier 53–55.

1   Das Polizeipersonal in der Reichsstadt Nürnberg

Mit einer Größe von ca. 16.000 km² gehörte Nürnberg zu den flächen-
reichsten Städten im deutschsprachigen Raum. Nach unterschiedlichen
Schätzungen lebten in der Mitte des 15. Jahrhunderts bereits ca. 18.000
bis 20.000 Menschen in der Stadt. Bis 1500 hatte sich die Bevölkerung
mehr als verdoppelt und lag bei ca. 50.000 Einwohnern.[18] Die Nürnberger Stadtherren hatten damit nicht nur ein umfangreiches Territorium
zu verwalten, sondern sie mußten auch auf den stetigen Bevölkerungs-
zuwachs mit dem Ausbau ihrer Polizeikräfte reagieren. Die Maßnahmen
zur Aufrechterhaltung der Sicherheit innerhalb der Stadtmauern wurden
von den drei Kriegsherren, die aus Mitgliedern des kleinen Rates benannt wurden, in Absprache mit dem Rat bestimmt. Sie trafen Vorkehrungen bei Kriegsgefahren und inneren Unruhen. Mit Hilfe der ihnen
unterstellten drei obersten Hauptleute sowie fremder Söldner und Stadtschützen waren sie für die Ausführung von Streifen und Verhaftungen
sowie für die Aufsicht bei Jahrmärkten und Halsgerichten im Landbe-
zirk verantwortlich.[19] Die Hauptleute übten bei Exekutionen die Ober-
aufsicht aus, bei denen es immer wieder zu Unruhen und Aufläufen
kam. Auch leiteten sie die wichtigsten Aktionen der Stadtknechte und
Schützen außerhalb der Stadt.

Das Stadtgebiet war in acht Viertel unterteilt, denen jeweils ein
Viertelmeister mit einem Vertreter vorstand. Die Viertelmeister wurden
in der Regel aus den angesehensten Mitgliedern der Nürnberger Oberschicht gewählt und unterstanden direkt dem Rat und den drei obersten
Hauptleuten. Sie waren mit den ihnen untergebenen Gassenhauptleu-
ten[20] für die Sicherheitsmaßnahmen (Brandschutz, Wachdienste) in
ihren jeweiligen Vierteln verantwortlich, was sie jährlich vor dem Rat zu

---

18 Bosl, Karl: Die gesellschaftlich-geistige Situation in den drei Reichsstädten
Regensburg, Augsburg, Nürnberg im vorreformatorischen Jahrhundert, in:
Ders. (Hg.), Die bayerische Stadt in Mittelalter und Neuzeit. Altbayern – Fran-
ken – Schwaben, Regensburg 1988, 22–40, hier 34; Endres, Rudolf, Zur Ein-
wohnerzahl und Bevölkerungsstruktur Nürnbergs im 15. / 16. Jahrhundert, in:
MVGN 57 (1970), 242–271.

19 Zu den Kompetenzen der Kriegsherren vgl. Stadtarchiv Nürnberg (=StadtAN)
B 11 Nr. 120 sowie Sander, Paul: Die Reichsstädtische Haushaltung Nürnbergs.
Dargestellt auf Grund ihres Zustandes von 1431 bis 1440, Leipzig 1902, 187f.

20 Die Zahl der Gassenhauptleute richtete sich nach der Größe der einzelnen
Viertel. 1408 werden sie mit insgesamt 74 angegeben. Vgl. Mendheim, Max: Das
reichsstädtische, besonders Nürnberger Söldnerwesen im 14. und 15. Jahrhundert, Leipzig 1889, S. 7; Sander (1902), S. 168; zur Bedeutung des Stadtviertels
für die soziale Kontrolle der Bewohner vgl. allgemein Jütte, Robert: Das Stadtviertel als Problem und Gegenstand der frühneuzeitlichen Stadtgeschichtsforschung, in: Blätter für deutsche Landesgeschichte (= BldLg) 127 (1991), 235–
269.

geloben hatten. Insbesondere durch die Gassenhauptleute verfügte die städtische Obrigkeit über Informanten, die in engem Kontakt zur städtischen Bevölkerung standen. Sie kontrollierten den Zu- und Abzug der Bewohner und damit die einzelnen Haushalte (Steuererfassung, Abnahme des Bürgereides etc.), die Wehrhaftigkeit der Bewohner, aber auch die Umsetzung der städtischen Ver- und Gebote in ihren Vierteln. Zugleich hatten sie die Wächter der in den Vierteln befindlichen Türme und Tore zu beaufsichtigen. Für die Strafverfolgungspraxis und damit die Aufrechterhaltung der obrigkeitlichen Sicherheitspolitik war diese organisatorische Einteilung hilfreich, da die Viertelmeister bzw. die untergeordneten Gassenhauptleute die Bewohner ihrer Viertel kannten, was die Identifizierung von Straftätern sowie die Weitergabe von Informationen an die Kriegsherren oder direkt an den Rat erheblich beschleunigen konnte.

An den Stadttoren kontrollierten 20 Torsperrer alle, die in die Stadt kamen oder hinauszogen. Sie waren dafür verantwortlich, in kritischen Situationen, etwa bei Kriegsgefahr, aber auch bei flüchtigen Straftätern, die Tore zu schließen. In der Regel gehörten sie zu den Handwerkern, die diesen Wachdienst nur nebenberuflich ausübten. Über die Nachtruhe der Bewohner wachten zahlreiche Nachtwächter: Allein sechs Wächter (Scharwächter) patrouillierten unter dem Rathaus. 42 weitere Nachtwächter waren an verschiedenen zentralen Orten und Gebäuden in der Stadt (jeweils zwei Wächter bis Mitternacht und zwei bis zum Morgen) stationiert. Für die Kontrolle der Handwerkspolizei und des städtischen Marktes, aber auch der allgemeinen Polizeivorschriften (Luxuspolizei, Gotteslästerung, Spiel etc.) war der Pfänder verantwortlich. Ihm zur Seite stand der Marktmeister, der meist mit Unterstützung eines Stadtknechts die fälligen Strafgelder einsammelte und bei geringfügigen Übertretungen der Handwerks- und Marktordnungen die Beschuldigten vor den Pfänder bestellte. Ebenso wie der Marktmeister hatte auch der sogenannte „Löwe" Kontrollfunktionen auf dem Markt. In der Regel sorgte er für die Eintreibung der Standgebühren, war jedoch auch verpflichtet, Verstöße gegen die Marktordnung anzuzeigen. Zugleich fungierte er als Knecht für den städtischen Henker (in Nürnberg der „Nachrichter"). Die Aufsicht über die Bettler oblag dem obersten Bettelrichter, der mit Unterstützung zweier Unterbettelrichter fremde Bettler der Stadt verwies und den ortsansässigen Armen Bettelzeichen aushändigte.

Die Zahl der hauptamtlichen Polizeidiener wuchs seit dem 15. Jahrhundert kontinuierlich und erreichte mit sechs Stadtknechten und vier

Bütteln[21] Mitte des 16. Jahrhunderts einen Stand, der bis weit in das 17. Jahrhundert beibehalten wurde. Ihnen zur Seite standen die Stadtschützen. Sie sind als Stadtknechte 'minderen Grades'[22] anzusehen und nicht zu verwechseln mit jenen Schützen, die aus der Bürgerschaft zur Verteidigung bei Kriegsgefahren rekrutiert wurden, wie etwa die Armbrust- oder Büchsenschützen[23]. Die Zahl der Schützen unterlag starken Schwankungen und ist nicht eindeutig zu ermitteln, da sie direkt von den Kriegsherren bestallt wurden und namentlich nicht im Ämterbuch der Stadt auftauchen. Glaubt man den Kriegsherren, so haben Anfang des 16. Jahrhunderts noch an die 100 Schützen ihren Dienst in der Stadt versehen. Ihre Zahl nahm dann jedoch ständig ab, so daß zur Mitte des 16. Jahrhunderts von einer Zahl zwischen 20 und 40 auszugehen ist. Der Umfang der Nürnberger Stadtdienerschaft, die hauptamtlich für polizeiliche Aufgaben tätig waren, läßt sich für Nürnberg daher nur allgemein schätzen. Zugleich muß berücksichtigt werden, daß in Krisenzeiten zusätzliches Kriegspersonal, insbesondere bei äußeren Bedrohungen, in die Stadt geholt und verpflichtet wurde (gehende und reitende Söldner, reisige Knechte). Diese setzten die Kriegsherren bei Bedarf auch zur Verfolgung von Straftätern und inneren Unruhen ein. Bei vorsichtiger Schätzung ist für die Mitte des 16. Jahrhunderts jedoch von mindestens 120 Polizeidienern (Stadtknechte und -büttel, Schützen, Nachtwächter, Turmhüter, Pfänder, Bettelrichter) auszugehen. Bei einer geschätzten Einwohnerzahl von 50.000 entspräche diese Zahl einem Verhältnis von einem Polizeidiener auf 417 Einwohner in der Stadt. Eine ähnlich hohe 'Polizeidichte' konnten nur wenige Städte in dieser Zeit aufweisen.[24]

---

21 Zwischen Stadtknechten und Stadtbütteln bestand prinzipiell kein Unterschied, was die Dienstpflichten betraf. Als Stadtbüttel wurden in Nürnberg jene Knechte bezeichnet, die in der Hierarchie noch ganz unten, d.h. die noch nicht so lange im städtischen Polizeidienst standen. Im alltäglichen Sprachgebrauch wurden auch die Büttel als Stadtknechte bezeichnet. Lediglich wenn ein Stadtknecht 'gebüttelt', d.h. aufgrund einer Verfehlung im Dienst in der Hierarchie wieder nach unten gesetzt wurde, wurde er in diesem Zusammenhang ausdrücklich als Büttel geführt. Eine Herabsetzung zu den Bütteln brachte vor allem finanzielle Nachteile.

22 Im Gegensatz zu den Stadtknechten erhielten sie beispielsweise keine städtischen Wohnungen zur Verfügung gestellt.

23 Knapp, Hermann: Das alte Nürnberger Kriminalverfahren bis zur Einführung der Karolina, in: Zeitschrift für die gesamte Strafrechtswissenschaft (= ZgS) 12 (1892), 200–276, hier 268.

24 Für Augsburg hat Rogge, Jörg: Für den gemeinen Nutzen. Politisches Handeln und Politikverständnis von Rat und Bürgerschaft in Augsburg im Spätmittelalter, Tübingen 1996, 156 ein Verhältnis von Polizei und Bevölkerung bis 1520 von ungefähr 1:476 berechnet; Schwerhoff (1991), S. 61 kommt für Köln auf die Zahl 1: 4000. Siena liegt im 14. Jahrhundert schon bei 1: 145, Venedig bei

Das Kennzeichen der mittelalterlichen und frühneuzeitlichen Polizeidiener waren ihre umfangreichen Pflichten, die sie im Rahmen der Strafverfolgung und der allgemeinen Stadtverwaltung zu erfüllen hatten.[25] Die Stadtknechte und Schützen hatten straffällig gewordene Bürger und Einwohner zu verhaften, ihnen verbotene Waffen abzunehmen, bei Hinrichtungen und öffentlichen Strafen für einen geregelten Ablauf zu sorgen[26] sowie die Einhaltung der obrigkeitlich verfügten Ordnungen (Spielverbote, Luxusverbote etc.) zu kontrollieren.[27] Sie hatten Tag und Nacht für Ruhe und Ordnung auf den Gassen zu sorgen und bei Feuergefahr die Bürger- und Viertelmeister zu benachrichtigen. Einigen, zumeist erfahrenen Stadtknechten, wurde zugleich die Aufsicht über die Gefangenen in den Schuldtürmen übertragen. Abwechselnd mußten die Stadtknechte zum Rat und zu den Gerichtstagen bieten, d.h., sie hatten die Beteiligten mündlich zu den entsprechenden Sitzungen ein- und vorzuladen. Die Schützen hatten bei diesen Aufgaben meist unterstützende Funktionen ('Schützenhilfe'), indem sie die Knechte bei ihren Aufgaben begleiteten, insbesondere wenn es darum ging, Übeltäter in das berüchtigte Nürnberger Gefängnis, das „Loch" zu führen. Sie überprüften die Treffpunkte der Handwerksgesellen, an denen es immer wieder zu Unruhen und Gewalttätigkeiten kam.[28] Ihre Einsätze waren gefürchtet, denn sie waren ausdrücklich gefordert, auch physische Gewalt gegenüber Delinquenten auszuüben. So verpflichtete man etwa den neu eingestellten Büttel Hannsen Schreck nachdrücklich dazu, daß er als ein Büttel „niemand angreiff dörf, sonndern geb(e) man Ime allemal Schütz zu, dj solchs thun."[29]

---

25   1: 200, Florenz bei 1: 800 und Bordeaux bei 1: 1000. Alle Zahlen bei Schwerhoff (1991), 61.

25   Vgl. Schwerhoff (1991), 56f.

26   STAN, Rep. 60b, Ratsbuch (= RB) 2, fo. 273v.

27   Neben der Kontrolle der Spielverbote hatten sie auch die Einhaltung der in Nürnberg schon im 13. Jahrhundert einsetzenden Luxusverordnungen zu überwachen.

28   Zum gewalttätigen Verhalten von Handwerkern und Gesellen vgl. Jaritz, Gerhard: Kriminalität – Kriminalisierung. Zum Randgruppenverhalten von Gesellen im Spätmittelalter, in: Jahrbuch für Regionalgeschichte und Landeskunde (= JbfRG) 17 (1990), 100–113.

29   STAN, RV 875, fo. 29v, 28. April 1537.

2 Sicherheit für die Bürger?
Der Alltag von Stadtknechten und Schützen.

Entgegen den täglichen Ermahnungen der Ratsherren, bescheiden und zurückhaltend gegenüber den Bürgern und Einwohnern aufzutreten[30], bestimmten Gewalt und verbale Auseinandersetzungen das Handeln der Polizeidiener auf den Straßen der Stadt. In den Ratsverlässen wird regelmäßig über die gewalttätigen Übergriffe und das unangemessene Vorgehen der städtischen Diener bei geringfügigen Delikten berichtet. Insgesamt scheint daher dieser Befund die allgemeine Einschätzung zu bestätigen, daß „harte Tatsachen" das Berufsbild und somit auch den „Sozialcharakter der Amtsinhaber" geprägt haben.[31] So wurde 1550 der Stadtknecht Endres Rietmair vom Rat der Stadt wegen eines groben Vorgehens während seines Kontrollganges auf der Straße verurteilt. Er hatte Hannsen Mayerhofer, einen Goldschmid, „bey nechtlicher weyl uff der Gassen als er mit einem Schlitten gefahren, etwas unpillicher weys mit ein Peyhel (Beil) am Kopff wund geschlagen."[32] Wenig später wurde den Knechten unter Androhung schwerer Strafen verboten, die Verhafteten nicht „dermassen zu pleuen noch zuschlagen" wenn sie ins Loch geführt wurden.[33] Angesichts dieser zügellosen Gewalttätigkeit wußten auch die Kriegsherren „nit baß zurathen", weil, wie sie resignierend feststellten, „streffliche Rede bey Inen nit würcken will".[34] Das Deliktspektrum der unbotmäßigen Knechte umfaßte dabei neben ihrer Gewalttätigkeit auch die Unterschlagung von Strafgeldern, Bestechung, Ehebruch, wiederholtes Fernbleiben von der Wache, Trunkenheit im Dienst, Strafvereitelung und verbotenes Spiel. Auch untereinander wa-

---

30 STAN, AStB 155b, fo. 734, 14. Mai 1569: „Dagegen ist den Stattknechten vnnd Schützen eingepunden vnnd befohlen, ire Beuelh Inn Hadereyen, Schlachtungen, Fried zumachen vnnd was sonst weitter die Notturfft erfordert vnnd Ir beuelh außweist, sowil yenner warlich mit pester Beschaidenheit vnnd verantwortlicher Weiß zuverrichten."

31 Schwerhoff (1991), 58. Zu einer anderen Einschätzung kommt Martin, Helmut: Verbrechen und Strafe in der spätmittelalterlichen Chronistik Nürnbergs, Köln 1996, 155: „Selten scheint der Straftatbestand des Widerstandes gegen Polizeiorgane gewesen zu sein: Lediglich ein einziges Mal wurde eine solche Tat vermerkt." Dieser Befund aus der Chronik des Nürnberger Bierbrauers Heinrich Deichsler geht an den tatsächlichen Verhältnissen in der Stadt jedoch vorbei und verdeutlicht, daß sich Formen und Ausmaß von Gewalt nicht allein auf Grundlage zeitgenössischer Chroniken erschließen lassen. Vielmehr wirft das Fehlen der entsprechenden Überlieferung in der Chronik Fragen nach der Wahrnehmung von Gewalt durch den Chronisten auf, worauf der Autor der Studie jedoch nicht näher eingeht. Vgl. dazu die innovative Studie von Groebner (1995), bes. 182–189.

32 STAN, AStB, Nr. 197, fo. 189v.

33 STAN, RV 1145, fo. 13, 22. Juli 1557.

34 STAN, AStB 155b, fo. 790, 20. November 1526.

ren die Knechte nicht gerade zimperlich. Als im Sommer 1550 mehrere Teilnehmer eines Zechgelages „zum Sibenthurnen" in eine handgreifliche Auseinandersetzung gerieten, endete diese für den Stadtknecht Peter Frey tödlich. Schnell wurden die beiden Täter, ebenfalls Stadtknechte, überführt. Die Ursache des Konfliktes blieb weitgehend im Dunkel, doch die gleichzeitige Vorladung des Frauenwirtes läßt die Gründe erahnen, da der Wirt im Zusammenhang des Vorfalls befragt wird, „warumb er den Statknechten dz Gelt zum Vortayl gegeb(e)n" habe.[35] Vielleicht ging es um Bestechungsgelder, über deren Verteilung man sich nicht einig war. Hans Weigel, als Haupttäter identifiziert, war zur Tatzeit gerade einmal acht Wochen im Amt und fühlte sich möglicherweise aufgrund seiner kurzen Dienstzeit bei der Verteilung des Geldes zurückgesetzt. Beiden Stadtknechten wurde die Stadt auf Lebzeit verboten. Weigels Vater Herman hatte zusätzlich die Atzung, d.h. die Kosten für den Gefängnisaufenthalt zu tragen; Hans aber sollte mit Ruten ausgeschlagen werden, „vnd alßdann sy bede fürderlich one Frißt hinweck gewißen, welches aber doch verschwigen gehalten werden soll".[36] Erstaunlich an diesem Urteil ist nicht nur, daß die beiden Täter mit dem Leben davon kamen, sondern auch, daß ihnen das entehrende öffentliche Hinausbringen aus der Stadt erspart wurde.

Die milde Bestrafungspraxis gegenüber dem Polizeidiener, die zuweilen bis zum völligen Strafverzicht gehen konnte, stellte durchaus keinen Einzelfall dar und gehörte zum Alltag städtischer Personalpolitik. Die Regeln, die diesem Sanktionsverzicht zugrunde lagen, sind nicht eindeutig erkennbar. Während für 'normale' Straftäter das von Verwandten, Freunden und Korporationen ausgehende Gnadenbitten unter Umständen eine Signalfunktion bei der Strafmilderung hatte, spielte dies bei den Polizeidienern in Nürnberg keine Rolle.[37] Vielmehr scheint die milde Bestrafungspraxis bei Stadtbediensteten insgesamt ein Kennzeichen spätmittel-

---

[35] STAN, RB Nr. 25, fo. 194vf., 16. Juli 1550. Zur Rolle und Funktion des Frauenwirts in Nürnberg vgl. Schuster, Peter: Das Frauenhaus. Städtische Bordelle in Deutschland 1350 bis 1600, Paderborn 1992; Kappl, Claus: Im Frauengäßlein. Die Prostitution in der Stadt des Spätmittelalters unter dem Einfluß der Reformation, aufgezeigt am Beispiel der Freien Reichsstadt Nürnberg, (masch. Examensarbeit) Universität Nürnberg-Erlangen WS 1979/80.

[36] STAN, RB Nr. 25, fo. 219 r/v., 19. August 1550.

[37] Zum Gnadenbitten vgl. Schwerhoff, Gerd: Devianz in der alteuropäischen Gesellschaft. Umrisse einer historischen Kriminalitätsforschung, in: ZHF19 (1992), 385–414, hier 394; Bauer, Andreas: Das Gnadenbitten in der Strafrechtspflege des 15. und 16. Jahrhunderts. Dargestellt unter besonderer Berücksichtigung von Quellen der Vorarlberger Gerichtsbezirke Feldkirch und des Hinteren Bregenzwaldes, Frankfurt/M. 1996; Schuster 2000, 273–311. Zwar gibt es bei den Stadtknechten einzelne Belege dafür, daß höher gestellte Persönlichkeiten für die Bediensteten sprachen oder etwa Familienangehörige (i.d.R. die Ehefrauen), insgesamt sind diese Fürsprachen jedoch eher selten.

alterlicher 'Personalpolitik' gewesen zu sein, denn auch Manfred Groten[38] verweist für Köln auf eine ähnliche Rechtspraxis. Die Verurteilung eines Stadtbediensteten bedeutete demnach nicht, daß das Urteil tatsächlich umgesetzt wurde bzw. das Ende des Dienstverhältnisses, sondern es war in zahlreichen Fällen der Anfang eines Ausgleichs- und Schlichtungsverfahrens, in dem der Konflikt beigelegt und die Knechte anschließend weiterbeschäftigt wurden. Daß es sich dabei um eine gängige Praxis handelte, wird durch die fast selbstverständlichen Bittgesuche der Knechte um Wiedereinstellung oder Strafnachlaß bestätigt. Daß der Rat einen Zusammenhang zwischen dem mangelhaften Dienstverhalten seiner Polizeidiener und der Durchsetzung seiner Sicherheitspolitik gesehen hätte, ließ sich bisher nicht nachweisen.

Angesichts der Gewaltbereitschaft der städtischen Polizeidiener vermag sich der heutige Betrachter nur schwer vorzustellen, daß die mittelalterliche und frühneuzeitliche Stadt für den einzelnen Bürger ein sicherer Lebensraum gewesen sein soll. Eine für heutige Verhältnisse schwache und gewaltbereite Exekutive scheint kaum in der Lage gewesen zu sein, daß Sicherheitsgefühl der Einwohner zu heben. Im Gegenteil, das Auftreten der Knechte in den Konflikten vermittelt vielmehr den Eindruck, daß sie durch ihre Grobheit die Situation eher verschärften denn befriedeten. Valentin Groebner hat in diesem Zusammenhang die These vertreten, daß die Gewalttätigkeit der Knechte ein funktionales Element zur Stabilisierung von Herrschaft gewesen sei: „Nicht Disziplinierung, sondern Schlichtung und Strafspektakel sind die Parameter, die den Umgang der Nürnberger Obrigkeit mit den blutigen Konflikten in der Stadt prägen. Vor diesem Hintergrund wird auch klar, daß die vermeintlich ziellose Brutalität und Korruption der Stadtknechte nicht zügellos oder dysfunktional ist, sondern notwendiger Teil städtischer Ordnung."[39] Die Gewalttätigkeit und Unzulänglichkeit der Stadtbediensteten beschreibt jedoch nur eine Seite der Auseinandersetzung um die Durchsetzung obrigkeitlicher Sicherheits- und Ordnungsvorstellungen in der Stadt. Sowohl die Polizeiknechte als auch die Betroffenen waren 'Akteure', die sich in einer spezifischen Situation aufeinander bezogen. Die Gewalt der Knechte und der Widerstand der Bürger muß daher in einem Spannungsverhältnis gesehen werden, das sich wechselseitig bedingte. Das unangemessene Vorgehen der Stadtknechte wäre vor diesem Hintergrund nicht nur als Mittel zur Darstellung von Macht und

---

[38] Groten, Manfred: In glückseligem Regiment. Beobachtungen zum Verhältnis Obrigkeit – Bürger am Beispiel Kölns im 15. Jahrhundert, in: Historisches Jahrbuch (= HJb) 116 (1996), 303–320, hier 307f.

[39] Groebner (1995), 189.

Herrschaft zu deuten, sondern auch als Überreaktion im Wissen um die Widersetzlichkeit der Stadtbevölkerung.[40]

3 Widerstand und Gewalt gegen das städtische Polizeipersonal

Am 20. Januar 1552 wurde Hanns Weber, ein Bäcker, zu vier Tagen auf dem Turm verurteilt, weil er sich gegen die Diener gestellt hatte, während diese das Spielverbot auf dem städtischen Markt, ein neuralgischer Ort im Konflikt zwischen Stadtknechten und Bürgern, kontrollierten. Er hatte sich „offenlich vernemen lassen, wie sye die Statknecht mer hanndelten, dann sie Bevelh hetten, und sie mit solchem gegen den Burger inn Nachteil zubringen understanden".[41] Nicht nur die Sicherheits- und Ordnungsvorstellungen des Rates, sondern auch die Kompetenzen der Ratsdiener wurden hier in aller Öffentlichkeit in Frage gestellt. Besonders der obrigkeitliche Anspruch, Feierlichkeiten und Vergnügen im Rahmen von Kleider- und Hochzeitsordnungen zu reglementieren, erregte den Zorn der Bürger, so daß der Rat wiederholt beraten mußte, wie die Mißachtung seiner Knechte bei der Kontrolle der städtischen Polizeiordnungen abzustellen sei, ohne dabei freilich zu einer dauerhaften Lösung zu kommen.[42] 1569 klagten die Kriegsherren erneut über die Verachtung und die Widersetzlichkeit gegenüber den Stadtknechten und Schützen, die doch „umb Friedens willen vnnd yden zu gleichen Schutz vnnd Schirm vorhannden weren".[43] Offensichtlich hatten die Nürnberger jedoch zuweilen andere Vorstellungen als der Rat von dem, was 'Schutz' für sie im einzelnen bedeuten sollte.

Das 'Polizeiproblem' des Nürnberger Rats zeigt, daß die Bürger im Verlauf des 16. Jahrhunderts zunehmend Macht und Ordnungsbemühungen des Rates in Frage stellten. Denn erst seit dieser Zeit häuften sich die Klagen wegen tätlicher Übergriffe auf die Polizeidiener. Die Bürger und Einwohner antworteten ihrer Obrigkeit mit Ausgrenzung und Beleidigung des städtischen Polizeipersonals, verweigerten ihre Mithilfe bei Verhaftungen und zögerten auch nicht, die Knechte tätlich anzugreifen. Gerade bei Ladungen vor Gericht und der Eintreibung von Strafgeldern gerieten die städtischen Bediensteten immer häufiger in Konflikte mit zahlungsunwilligen Bürgern. So ließ sich etwa Moritz

---

[40] Vgl. Henselmeyer (1997), 96. Er stellt 12 Strafen gegen Polizeiknechte und 21 Strafen gegen Bürger wegen Übergriffs auf die Polizeiknechte im 15. Jahrhundert gegenüber.

[41] STAN, AStB Nr.198, fo. 105.

[42] STAN, RV 1113, fo. 18, 11. Februar 1555.

[43] STAN, AStB Nr. 155b, fo. 730f., 29. April 1569.

Beyer, ein Tucher, durch seinen Ärger darüber, daß man ihn wegen überfälliger Strafschulden in die Eisen geführt hatte, dazu verleiten, öffentlich zu behaupten, daß Jeronimus Aiden und Cuntz Zengel, beides Stadtknechte, „solch Gelt hieuor eingenommen In darumb beschissen, vnnd solch Gelt verschlucht", d.h. unterschlagen hätten.[44] Es verwundert daher nicht, daß die Polizeidiener ihrerseits zu Verweigerungsstrategien Zuflucht nahmen, um sich dem zunehmenden Druck aus der Bevölkerung zu entziehen. Sie stellten 'unangenehme' Dienste zurück, wenn sie die Aufträge überhaupt erledigten, oder schickten gar stellvertretend Hilfspersonal, um dem Konflikt mit den Bürgern aus dem Wege zu gehen. So heißt es im Ämterbüchlein für das Jahr 1553, „man sol inen (den Stadtknechten) auch ains Rathes Misfallen anzaigen, das sy bisweylen wann man sy auffs Lanndt schickt, etlich Personen herein zuvordern, nit selbs hinaus geen", zu Hause blieben und anderen Geschäften nachgingen.[45]

4 Nürnberg – eine unsichere Stadt?

Der Rat der Stadt konnte seinen Anspruch auf Durchsetzung obrigkeitlicher Sicherheits- und Ordnungsvorstellungen mit seinem Polizeipersonal in der Alltagspraxis nicht gradlinig und konsequent durchsetzen. Ob mit dem an heutigen Maßstäben gemessenen relativ bescheidenen Nürnberger Polizeiapparat allerdings eine strukturelle Schwäche der Strafverfolgung und damit eine mangelhafte Sicherheitslage in der Stadt verbunden war, muß hinterfragt werden. Strafverfolgung und Strafpraxis waren Sache der Obrigkeit. Wollte sie ihre Sicherheits- und Ordnungsvorstellungen durchsetzten, war sie auf die Kooperation der beteiligten Täter, Opfer und ihrer Polizeidiener angewiesen. Zugleich zeigt das Verhalten der Knechte, ihre Unzuverlässigkeit und ihre Delinquenz, daß sie den zu 'schützenden' Bürgern zuweilen näher standen als ihrem Dienstherren. Vor diesem Hintergrund wird klar, warum sie Verhaftungen vereitelten, sich ihrem Dienst entzogen oder gar selbst in die üblichen Händel und Streitigkeiten verwickelt waren. Anzeigen und Denunziationen waren von ihnen nicht ohne weiteres zu haben. Für bestimmte Verhaftungstätigkeiten wurde ihnen daher nicht selten ein besonderes Trinkgeld in Aussicht gestellt. Stadtknechte und Schützen sind in dem Beziehungsgeflecht zwischen Stadtbürger/Einwohner und Obrigkeit daher nicht als die (ineffektiven) Vollstrecker obrigkeitlicher Sicherheits- und Ordnungspolitik zu sehen, sondern als Teil eines differenzierten

---

44 STAN, AStB Nr. 197, fo. 114v.
45 STAN, Repertorium Nr. 62, Ämterbücher Nr. 73 (1553).

Schlichtungs- und Bestrafungswesens, in dem die Sicherung des städtischen Friedens im Vordergrund stand. Es ging nicht um die Ausübung der Straf- und Polizeigewalt als Instrument bloßer Repressionen und Disziplinierung, sondern um einen Ausgleich zwischen Opfern und Tätern, der ein dauerhaft friedliches Zusammenleben der Bürger sichern sollte.[46]

Der Ausgleichs- und Konsensgedanke ist bis in das 16. Jahrhundert zu verfolgen und wurde erst nach und nach mit Einsetzen der Reformation durch eine verstärkt moralisierende Sicht der Obrigkeit bezüglich des delinquenten Verhaltens ihrer Bürger abgelöst. Das Resultat des Aufeinandertreffens von tiefgreifender gesellschaftlicher Umwälzung und einer damit einhergehenden neuen Sicherheitspolitik und Strafmentalität, war zunächst die Ausgrenzung jener Gruppen, die aus Sicht der Obrigkeit ein auffälliges Leben führten: Kleinkriminelle, Bettler, moralisch Auffällige (Ehebrecher), Müßiggänger und Vaganten. Seit dieser Zeit sind die zahlreichen städtischen Gefängnistürme in Nürnberg überfüllt.[47] Die Kehrseite der neuen Sicherheitsvorstellungen war eine sich langsam vollziehende gesellschaftliche Ausgrenzung des Polizeipersonals durch die Bürger. So wurde Hanns Rigen 1550 mit drei Tagen Turmhaft bestraft, weil er von Hans Zirnhalt „von hörnsagen nachgeredt vnd ausgeben wie er vmb den Statknechtsdienst supplirt haben will", was jedoch nicht richtig war.[48] Auch die Unterstellung einer persönlichen Beziehung oder Verwandtschaft zu einem Stadtknecht wurde zunehmend als Beleidigung und Ehrverletzung aufgefaßt. Die Polizeidiener wurden zum Symbol einer von den Einwohnern als ungerecht empfundenen Sanktionierung ihres Alltags. Was sich zunächst mit dem auffälligen Rückgang der Schützen gegen Ende des 16. Jahrhunderts abzuzeichnen begann, bedeutete auf lange Sicht eine grundlegende Veränderung der Sicherheitspolitik in der Stadt. An die Stelle des traditionellen Einigungswillens traten obrigkeitliche Sicherheitsvorstellungen, die mit den individuellen Sicherheits- und Schutzbedürfnissen der Untertanen offensichtlich immer weniger übereinstimmten.[49]

---

[46] Schuster, Peter: Der gelobte Frieden, Täter, Opfer und Herrschaft im spätmittelalterlichen Konstanz, Konstanz 1995, 117; jetzt erschienen Henselmeyer, Ulrich, Alltagskriminalität und ratsherrliche Gewalt. Niedergerichtliche Strafverfolgungspraxis des Nürnberger Rates in der ersten Hälfte des 15. Jahrhunderts, in: Schlosser, Hans/Dieter Willoweit (Hg.): Neue Wege strafrechtsgeschichtlicher Forschung, Köln/Weimar/Wien 1999, 155-174, hier 173f; vgl. dazu auch Groebner (1995), 188f.

[47] STAN, RV 1104, fo. 56v., 18. August 1554.

[48] STAN, AStB NR. 197, fo. 106vf.

[49] Zur Aufrechterhaltung der Sicherheitsmaßnahmen gingen viele Städte dazu über, fremde Söldner anzuheuern. Die sich hieraus entwickelnden Probleme, die fremde Knechte ohne familiäre Bindungen für die Stadt bedeuteten, sind noch

Ulenspiegels 'Wahrheit' ist daher nicht ironisch gemeint, sie ist derb und unverhüllt. Die Auflehnung gegen die Gesellschaft ist Kern seines Wesens, und der Narr ist damit Sinnbild einer Epoche, in der sich Umstürze und Neuorientierung vollzogen. Für die Menschen dieser Zeit war die Gestalt Ulenspiegels Symbol einer Freiheit, die sie selbst nicht besaßen. Als Narr durfte er all das sagen und tun, was den 'normalen' Bürgern unter Androhung von Strafen verboten war. Doch der Narr behält in der Geschichte nicht das letzte Wort. Er verläßt nach seinem Schabernack schleunigst die Fränkische Metropole, denn er fürchtete, „daß er möchte gestäupt werden".[50] Wenngleich sich Ulenspiegels Wahrnehmung der Polizeiknechte als in mancher Hinsicht unzulängliche Exekutive mit den Erfahrungen des Rates im 16. Jahrhundert auch deckten, so hatte der Narr doch gute Gründe, die Strafgewalt der Nürnberger Obrigkeit zu fürchten – auch wenn deren Wächter zuweilen schliefen.

---

weitgehend unerforscht. Die zahlreich überlieferten Polizeiordnungen gegen die sogenannten 'Gartenden Knechte' sprechen jedoch deutlich für eine Zunahme der Probleme bei der Umsetzung obrigkeitlicher Ordnungspolitik.

[50] Wiemken (1962), 54.

BÜRGERSICHERHEIT UND HERRSCHAFTSSICHERUNG IM 16. JAHRHUNDERT

DAS WECHSELVERHÄLTNIS ZWEIER FRÜHMODERNER SICHERHEITSKONZEPTE

CARL A. HOFFMANN

1 Einleitung

In einem Mandat des Augsburger Rates aus dem Jahre 1531 heißt es:

> „Kundt vnd wisßend sey allermenigklich, als etlich zeit her sich
> in diser statt Augspurg vil entzwayung, auffrur vnd mercklich
> freuel auß widersetzigem mut vnd bösem willen, mit wortten vnd
> gethaten begeben, vnd also die lewt ainannder wider diser statt
> friden vnd alle billichait schwärlich behönet, gewundet, verletzt
> vnd zu zeiten gar tod geschlagen haben, dardurch zuuor got der
> herr, auch die oberkait diser statt, derselben recht, ordnung,
> gesatz vnd erkanntnuß hoch vnd gröblich veracht, geschmecht
> vnd mißpraucht worden sein, wa also dem nit entgegen gangen,
> wurde solchs noch meer bösen willen, widerwertigkait,
> zerrüttung vnd <u>vnsicherhait</u> in diser statt geberen."[1]

In diesen Sätzen finden sich wichtige Probleme zum Thema „Bürgersicherheit und Herrschaftssicherung" angesprochen: die Devianz- und Aufruhrpotentiale in der Reichsstadt, die damit verknüpfte Sicherheitssituation für die Bürger sowie die Labilität der Herrschaft der städtischen Obrigkeit. Ob der geschilderte Grad der Unsicherheit den tatsächlichen Verhältnissen entsprach oder nicht, muß an dieser Stelle noch nicht beantwortet werden. Wichtig erscheint dagegen die Korrelation, die hier aufgebaut wurde, nämlich die Verbindung der Gefährdung der von Gott eingesetzten Obrigkeit und der Unsicherheit des Lebens und Eigentums der Bürger. Bürgersicherheit und Herrschaftssicherung können auch als Indikatoren für das Funktionieren dieses Herrschafts-

---

[1] Stadtarchiv Augsburg Verruf- und Anschlag Buch 1512–1620, Bd. 1, Nr. 22 („Verordnung. Wie es mit dem Burg-Frieden an nachbemelten in gemeiner Stadt ausgeseszten Plätzen gehalten und wie gegen die Uebertrettern verfahren werden solle", 23.5.1531).

systems gesehen werden, oder anders ausgedrückt, hieran läßt sich auch
erkennen, wie sich Systemakzeptanz oder -ablehnung im Laufe der Zeit
veränderten. Diese Zusammenhänge können natürlich nicht allein aus
den Einleitungssätzen von Mandaten und Ratserlassen abgelesen werden. Einen Maßstab bilden dagegen die Rechtspraxis und die tatsächliche Devianz in der Stadt. Anzahl, Art und Intensität von Konflikten
zwischen Bürgern und der städtischen Obrigkeit sind zwar nur Beleg-
stellen für Probleme im Verhältnis von Bürgersicherheit und Herrschaftssicherung, zeigen aber in der Rechtswirklichkeit die Friktionen
wie auch das Funktionieren eines Systems.

Der hier verwendete Sicherheitsbegriff orientiert sich an unseren
heutigen Vorstellungen. Wenn er auch in dem einleitenden Zitat vor-
kommt, so findet er sich in den zeitgenössischen Quellen doch relativ
selten. Meist ist er verborgen hinter umfassenderen Kategorien wie
„städtischer Frieden"[2] oder „gemeiner Nutzen"[3]. De facto aber nimmt
in den Mandaten die Prävention oder Abschreckung von bzw. vor devi-
antem Verhalten, kriminellen Taten oder gar als revolutionär empfundenen Akten einen weiten Raum ein. Ich halte es deshalb für legitim, im
folgenden auch den Sicherheitsbegriff zu benutzen, da er weit präziser
als die genannten zeitgenössischen Formeln das hier zu behandelnde
Thema umschreibt, ohne die Denkschemata des 16. Jahrhunderts zu
verletzen.

Die historische Forschung hat sich der Problematik von Sicherheit
und Sicherheitsbedürfnissen in der Frühen Neuzeit als eigenständigem
Thema bisher noch sehr selten gestellt. Erste Ansätze finden sich insbesondere im Bereich der Ordnungsorgane[4]. Hilfreich sind deshalb besonders die Arbeiten aus der historischen Konflikt- und Kriminalitätsforschung[5]. Hierin werden immer wieder die Sicherheitsdefizite früh-

---

[2]   Zum Begriff „Friede" vgl. allgemein Eckehard Kaufmann: Friede, in: Hand-
      wörterbuch zur deutschen Rechtsgeschichte, hg. v. A. Erler; E. Kaufmann, I,
      Sp. 1275–1292.
[3]   Vgl. hierzu zuletzt Jörg Rogge: Für den Gemeinen Nutzen. Politisches Handeln
      und Politikverständnis von Rat und Bürgerschaft in Augsburg im Spätmittelal-
      ter, Tübingen 1996; dort auch die ältere Literatur.
[4]   Andrea Bendlage; Peter Schuster: Hüter der Ordnung. Bürger, Rat und Polizei
      in Nürnberg im 15. und 16. Jahrhundert, in: Mitteilungen des Vereins für Ge-
      schichte der Stadt Nürnberg 82 (1995), 37–55; vgl. dort S. 53 Anm. 83 zu Bele-
      gen zu Polizeiorganen im Spätmittelalter und Früher Neuzeit in Arbeiten zur
      Kriminalitäts- und Strafrechtsgeschichte. Vgl. ebenso die Beiträge der Autoren
      in diesem Band.
[5]   Vgl. hierzu besonders die Forschungszusammenfassungen von Gerd
      Schwerhoff: Devianz in der alteuropäischen Gesellschaft. Umrisse einer histori-
      schen Kriminalitätsforschung, in: Zeitschrift für Historische Forschung (=ZHF)
      19 (1992), 385–414; Joachim Eibach: Kriminalitätsgeschichte zwischen Sozialge-
      schichte und Historischer Kulturforschung, in: HZ 263 (1996), 681–715.

moderner Staatlichkeit deutlich. Herauszuheben sind dabei u.a. Themenkreise wie die Aufstandsfurcht der Obrigkeiten vor dem „gemeinen Mann"[6] oder die stets konstatierte männliche Gewaltbereitschaft zur Verteidigung von Ehre[7].

Dem Problemkreis Sicherheit in der Stadt soll im Rahmen dieses Aufsatzes am Beispiel der Reichsstadt Augsburg im 16. Jahrhundert nachgegangen werden. Quellengrundlage hierfür bilden vor allem die verschiedenen Rechtssammlungen der Zeit, die Ratsbücher sowie Akten und Register der Strafgerichte. Normative Grundlage und Strafrechtspraxis sind gleichermaßen die methodische Basis der Überlegungen. Im folgenden soll zunächst zwischen den zwei verschiedenen Konzepten städtischer Sicherheitspolitik – Bürgersicherheit und Herrschaftssicherung – unterschieden werden. Daraufhin wird dann das Wechselverhältnis der Sicherheitsverständnisse von Bürgern und magistratischer Obrigkeit behandelt. Hierbei werden verschiedene Umsetzungs- und Durchsetzungsmöglichkeiten der beiden Konzepte beleuchtet, wobei auch Akzeptanz- und Konfliktbereiche in diesem Herrschaftssystem gegenübergestellt werden sollen. Letzterer Fragestellung wird anhand der Rechtspraxis nachgegangen. Die Betrachtungen stellen eine Skizze für eine umfangreichere in Arbeit befindliche Untersuchung zum Thema „Ordnungskonzepte und Verhalten im 16. Jahrhundert. Widerstand und Akzeptanz reichsstädtischer Bevölkerungsschichten gegenüber Normenwandel am Beispiel der Augsburger Strafgerichtspraxis" dar[8].

2   Konzepte städtischer Sicherheitspolitik

In den Einleitungen von für unseren Zusammenhang einschlägigen Mandaten finden sich Begründungszusammenhänge für die Entstehung einer neuen Regelung bzw. für die Einschärfung einer alten, die sich in

---

[6]   Vgl. u.a. Winfried Schulze: Herrschaft und Widerstand in der Sicht des „gemeinen Mannes" im 16./17. Jahrhundert, in: Hans Mommsen; Winfried Schulze (Hg.): Vom Elend der Handarbeit: Probleme historischer Unterschichtenforschung, Stuttgart 1981, 182–198; Martia A. Panzer: Sozialer Protest in süddeutschen Reichsstädten 1485 bis 1525. Anhand der Fallstudien: Regensburg, Augsburg, Frankfurt am Main, München 1982; Peter Blickle: Unruhen in der ständischen Gesellschaft 1300–1800, München 1988; Rogge: Gemeiner Nutzen (wie Anm. 3); Mark Häberlein (Hg.): Devianz, Widerstand und Herrschaftspraxis in der Vormoderne. Studien zu Konflikten im süddeutschen Raum (15.–18. Jahrhundert), Konstanz 1999.

[7]   Vgl. u.a. die beiden Sammelbände Klaus Schreiner; Gerd Schwerhoff (Hg.): Verletzte Ehre. Ehrenkonflikte in Gesellschaften des Mittelalters und der Frühen Neuzeit, Köln 1995; Sibylle Backmann u.a. (Hg.): Ehrkonzepte in der Frühen Neuzeit. Identitäten und Abgrenzungen, Berlin 1998.

[8]   Das gleichnamige Forschungsprojekt wird im Rahmen des Schwerpunktes „Recht und Verhalten" von der Volkswagen-Stiftung gefördert.

zwei Konzepte einteilen lassen. Zum einen steht hier die Sicherheit des einzelnen Bürgers und der Gesamtheit der Bürgerschaft in seiner bzw. ihrer körperlichen und materiellen Integrität sowie der Schutz des Seelenfriedens vor den Folgen sündhaften Lebens im Zentrum. Zum anderen erhält die Bewahrung der Funktionsfähigkeit der „staatlichen" – oder besser obrigkeitlichen – Einrichtungen von den Polizeiorganen bis hin zum Regierungsgremium des Rates eine herausragende Bedeutung. In dem einleitend zitierten Mandat wird deshalb von der Abschaffung von Verachtung, Beleidigung und Mißbrauch der städtischen Ordnung und Gesetze gesprochen, die zu weiterem „bösen willen, widerwertigkait, zerrüttung vnd vnsicherheit" führen würden. Wenn auch meist weniger klar formuliert, bei genauerem Hinsehen aber ebenso deutlich, wird darin auch auf die Sicherung gruppenspezifischer Machtpositionen der politischen Führungsschichten Bezug genommen. Wenn z.B. im Falle des Rates dessen besondere Schutzwürdigkeit immer wieder unterstrichen wird, so stellt dies eine Durchbrechung der sonst meist auf egalitäre Einhaltung der Normen ausgerichteten Regelungen dar. Dies setzt sich u.a. fort in einer privilegierten Stellung bei der Arrestierungspraxis in Folge von Straftaten.[9]

Die Ziele städtischer Sicherheitsvorstellungen wurden stets aus den realen Bedrohungen der Zeit oder aus Erfahrungen abgeleitet und in ein vielfach amorphes Regelwerk gebracht. Ad hoc erlassene Ratsdekrete reagierten auf unmittelbare Anforderungen, immer wieder erneuerte Mandate sollten ältere Regelungen einschärfen sowie die ausbleibenden Erfolge einklagen und umfangreiche Ordnungen (Zucht- und Polizeiordnungen) versuchten schließlich die Einzelregelungen zu systematisieren und auf einen jeweils neuesten Stand zu bringen. Die letztgenannten Ordnungen haben jedoch nie den Vollständigkeitsgrad, den ihre Titel mitunter versprechen. Stets wird auf andere Einzelmandate verwiesen, die den einen oder anderen Sachverhalt regeln. Schließlich behielt in Augsburg neben der sich seit dem 15. Jahrhundert immer mehr verstärkenden „Mandatenflut" das Stadtrecht von 1276 als eine Art weiter wirkendes „Grundgesetz" seine Bedeutung. Wenn auch seine Anwendung mehr und mehr in den Hintergrund trat, so finden sich in der ersten Hälfte des 16. Jahrhunderts noch zahlreiche Belege für seine

---

[9] Vgl. hierzu demnächst Carl A. Hoffmann: Delinquenz und Strafverfolgung städtischer Oberschichten im Augsburg des 16. Jahrhunderts, in: Johannes Burkhardt; Mark Häberlein (Hg.): Die Welser. Ein oberdeutsches Handelshaus und sein historisches Umfeld, Berlin.

Gültigkeit in der Rechtspraxis[10]. Eine systematische Rechtsordnung wurde in Augsburg bis zum Ende der reichsstädtischen Zeit 1806 nicht mehr geschaffen[11]. Es sei also nochmals betont: Wenn hier von „Konzepten" einer Sicherheitspolitik die Rede ist, so sind dies moderne Konstrukte aus einem ständig im Fluß befindlichen und sich aus Hunderten von Einzelerlassen zusammensetzenden Rechtssystem. Man könnte argumentieren, daß gerade diese Offenheit, sich aktuellen Anforderungen zu stellen, dem System eine besondere Lebensfähigkeit und auch Anpassungsfähigkeit an die Bedürfnisse der verschiedenen sozialen Gruppen sowie an die politischen, wirtschaftlichen und sozialen Entwicklungen erlaubte. In dem folgenden Überblick über die beiden Sicherheitskonzepte wird nun auf ihren Sollzustand anhand einiger Beispiele eingegangen, während die Rechtspraxis stärker bei der Beleuchtung des Wechselverhältnisses von Bürger- und Obrigkeitsinteressen im nächsten Abschnitt betrachtet wird.

2.1 Bürgersicherheit

Im Bereich der Schaffung individueller und kollektiver Sicherheit der Bürger auf den Straßen oder auch innerhalb des eigenen Hauses fallen besonders die hohen Strafandrohungen im Falle von Übertretungen auf, die nicht nur als Sühne zu verstehen sind, sondern auch der Täterabschreckung dienen sollten. Die extremen Höchststrafen der Frühen Neuzeit wurden bereits vielfach als ein „Theater des Schreckens" beschrieben[12]. Man hat sie sogar als eine Demonstration der absolutistischen Machtvollkommenheit des frühmodernen Staates interpretiert[13].

---

10 Vgl. Carl A. Hoffmann: Strukturen und Quellen des Augsburger reichsstädtischen Strafgerichtswesens in der ersten Hälfte des 16. Jahrhunderts, in: Zeitschrift des historischen Vereins für Schwaben (=ZHVS) 88 (1995), 57–108.

11 Johann Joseph von Huber: Abhandlungen über die Abweichung der Augsburgischen Statuten vom Gemeinen Recht oder kurzer Abriß des Augsburgischen Statutar-Rechts mit einem Anhang der nöthigsten Statuten, Augsburg 1821; Hans-Joachim Hecker: Das Recht der Reichsstadt Augsburg und die Versuche zu seiner Kodifizierung im 18. Jahrhundert, in: Zeitschrift der Savigny-Stiftung für Rechtsgeschichte Germanistische Abteilung (=ZRG GA) 113 (1996), 391–396.

12 Richard van Dülmen: Theater des Schreckens. Gerichtspraxis und Strafrituale in der frühen Neuzeit, 3. Aufl. München 1988, 127: „Als regelrecht blutige Schlachtfeste besaßen diese [die Hinrichtungen, C.H.] weniger reinigende Funktion, sondern verwirklichten par excellence die Idee der Vergeltung und der Abschreckung und korrespondierten dementsprechend mit den alten Verstümmelungsstrafen."

13 Michel Foucault: Überwachen und Strafen. Die Geburt des Gefängnisses, Frankfurt a. Main 1977; Pieter Spierenburg: The Spectacle of Suffering. Executions and the Evolution of Repression: From a Preindustrial Metropolis to the

Die Abschreckung anderer vor vergleichbaren Verbrechen war dabei allerdings eine weit wichtigere Intention. Die öffentliche Präsentation der Schwerverbrecher, die Verlesung der Tat und des Urteils vom Rathausbalkon und die daran anschließende Exekution war stets auch mit entsprechenden Mahnformeln verbunden wie z.b.: „Davor sich menigelich wis zuverhütten".[14] Die alltägliche Sicherheit der Bürger war jedoch wohl weniger mit todeswürdigen Delikten bedroht, als durch eine Vielzahl von Ruhestörungsdelikten, Kleindiebstählen, Körperverletzungen bis hin zu Totschlägen[15] sowie durch unkalkulierbar entstehende Gewalt- und Aggressionsausbrüche. Die Gerichte waren ständig hiermit beschäftigt, und diese Urteile wurden keiner Öffentlichkeit verlautbart. Mitunter wurde sogar eine Art „Persönlichkeitsschutz" gewährt[16]. Das Strafinstrumentarium war allerdings auch hier weitgespannt. Hauptsächlich Geld-, Turm- und Verbannungsstrafen wurden verhängt. Abschreckend waren auch diese Strafen allemal. Die Geldstrafen waren vielfach so angesetzt, daß selbst ein einfacher Handwerksmeister sie kaum bezahlen konnte und damit vom Stadtverweis als Erzwingungsstrafe bis zur Begleichung seiner Schuld bedroht war[17]. Die Turmstrafe war nicht nur mit den Unannehmlichkeiten einer Gefängnisstrafe verbunden – ganz abgesehen von dem Arbeitsausfall –, sondern wurde vielfach ebenfalls durch eine Geldstrafe ergänzt[18]. Außerdem mußte der Delinquent bzw. seine Familie die Kosten des Aufenthalts tragen. Die Verbannung schließlich war ab einer bestimmten Dauer meist der Ruin der bürgerlichen Existenzen ganzer Familien. Die Ehefrauen durften zwar offiziell die Betriebe mit einem Gesellen fortführen, verschuldeten sich aber in

---

European Experience, Cambridge 1984; Dülmen: Theater des Schreckens (wie Anm. 12), 10.

[14] In den älteren Verhörprotokollen in Stadtarchiv Augsburg Reichsstadt Urgichten finden sich immer wieder sogenannte „Verrufzettel", die ein öffentlich verkündetes Urteil beinhalten. Die zitierte Formel steht dabei stets am Ende.

[15] Totschläge wurden in Augsburg erst gegen Ende des 16. Jahrhunderts mit der Todesstrafe bedroht, während in anderen Städten (z.B. Basel) bereits zu Beginn dieses Jahrhunderts Sühneverträge keine Rolle mehr spielten: vgl. Carl A. Hoffmann: Außergerichtliche Einigungen bei Straftaten als vertikale und horizontale soziale Kontrolle im 16. Jahrhundert, in: Andreas Blauert, Gerd Schwerhoff (Hg.): Kriminalitätsgeschichte. Beiträge zur Sozial- und Kulturgeschichte, Konstanz 2000, 563-579.

[16] Dies geschah meines Wissens allerdings nur in Fällen von Ehebruch; vgl. Carl A. Hoffmann: Delinquenz und Strafverfolgung städtischer Oberschichten (wie Anm. 9).

[17] Dies belegen zahlreiche Stadtverweisungen von Bürgern, die zunächst nicht in der Lage waren, die festgelegte Geldbuße zu begleichen; vgl. Stadtarchiv Augsburg Reichsstadt Strafbücher des Rates.

[18] Ein Teil der Turmstrafe wurde in vielen Fällen als durch Geld ablösbar erklärt; vgl. hierzu u.a. Stadt- und Staatsbibliothek Augsburg 2° Aug. 243 (Nr. 9): Zucht- und Polizeyordnung vom 8.11.1553.

praxi derartig, daß sie dem Almosen anheim fielen. Nicht zu unterschätzen ist in den Fällen längerer Verbannung auch der eintretende Ehrendefekt, der einem obrigkeitlich Begnadigten auch lange nach seiner offiziellen Reintegration anhaften konnte. So wollte für den 1539 stadtverwiesenen Tuchscherer Georg Miller nach seiner Begnadigung keine Geselle mehr arbeiten, ein Kontakt mit ihm konnte sich für sie „schmechlich, nachtailig vnnd schedlich" auswirken [19].

Neben der intendierten Abschreckungswirkung durch hohe Strafen bei Straftaten wurden zur Herstellung der öffentlichen Sicherheit verschiedene Präventionsmaßnahmen getroffen. Am auffälligsten sind dabei diejenigen Fälle, in denen eigene Bürger der Stadt eine andere Behandlung vor Gericht erfuhren als Fremde. Vielfach wurden letztere bereits für Delikte aus der Stadt geschafft, bei denen Augsburger Bürger allenfalls eine Geldstrafe zu entrichten hatten. Hierzu gehörten u.a. Ehebruch, Kleindiebstähle und Körperverletzungen. Allein der unbewiesene Verdacht auf eine Straftat genügte bei einem Auswärtigen mitunter bereits, ihn vor die Tore zu schicken[20].

Zur Prävention gehörten auch Sicherheitsmaßnahmen wie die Restriktionen beim Tragen oder Gebrauch von Waffen. So wurde das Abfeuern von Schußwaffen in der Stadt verboten[21] und die Länge der Messer, die zu tragen erlaubt waren, beschränkt[22]. Wegen Verschwendung, Trunkenheit oder Mißhandlung von Familienmitgliedern Verurteilte traf vielfach neben einem Verbot von jeglichem Wirtshausbesuch und Alkoholgenuß auch ein Verbot, Waffen aller Art zu tragen – eine empfindliche Ehrenstrafe[23]. Wer sich nächtlich auf der Straße aufhielt, mußte ein Licht mit sich führen[24]. Besonders in der Fastnachtszeit wur-

---

[19] Stadtarchiv Augsburg Reichsstadt Strafbuch des Rates 1533–39, fol. 157r; Stadtarchiv Augsburg Reichsstadt Suppliken (undatiert) Buchstaben M-R, Jorg Muller; vgl. zum Stadtverweis Carl A. Hoffmann: Der Stadtverweis als Sanktionsmittel in der Reichsstadt Augsburg zu Beginn der Neuzeit, in: Hans Schlosser; Dietmar Willoweit (Hg.): Neue Wege strafrechtsgeschichtlicher Forschung, Köln u.a. 1999, 193–237.

[20] Vgl. Stadtarchiv Augsburg Reichsstadt Strafbücher des Rates.

[21] Stadtarchiv Augsburg Reichsstadt Schätze ad 36/3, Zucht- und Executionsordnung 1553, fol. 40v (Nachtrag vom 16.2.1567).

[22] Stadtarchiv Augsburg, Verruf- und Anschläg-Buch 1512 – 1620, Vol. 1, Nr. 8: „Verruf, das überflüssige Weintrinken, auch Tragung verbotener Gewöhr betr." vom 29.1.1525.

[23] Vgl. besonders zahlreich in Stadtarchiv Augsburg Reichsstadt Strafbuch des Rates 1509–26.

[24] Stadtarchiv Augsburg Reichsstadt Ratsbuch Nr. 28/II, fol. 29r, Mandat vom 25.10.1554 (Turmstrafe für Personen ohne Licht auf nächtlicher Straße). Vgl. auch: Die Chroniken der schwäbischen Städte. Augsburg, Bd. 7, Leipzig 1917, S. 362 (Mandat vom 8.10.1559).

den die Vermummungsverbote eingeschärft[25]. Der Sicherheit der Bevölkerung diente u.a. auch das Verbot, Fremde ohne Genehmigung zu beherbergen[26]. Unter Strafe gestellt wurden Gewaltandrohungen. Besonders häufig tauchen in der Gerichtspraxis Vergehen gegen das Verbot, Messer gegeneinander zu zücken, auf. Die „Zuckstrafe" war dabei meist eine Geldstrafe[27]. Hierbei bestand auch eine Selbstanzeigepflicht[28].

Der Polizeiapparat der Stadt kann sowohl als Instrument zur Herstellung von Bürgersicherheit als auch zur Sicherung des Herrschaftssystems betrachtet werden. Auf seine tatsächliche Funktionstüchtigkeit wird noch später einzugehen sein. Zum Zweck der Durchsetzung öffentlicher Ordnung finden sich in den Städten diverse Exekutivorgane. Zentral sind hierbei die verschiedenen – modern gesprochen – Polizei- und Wachmannschaften. Ihre Zahl nahm im Laufe des 16. Jahrhunderts zu, wobei allerdings auch die Bevölkerungszahl sich zumeist erheblich erhöhte. Scharwächter kontrollierten nachts die Straßen und die Torwachen unterlagen einem genauen Reglement[29]. Das Augsburger Torsystem und der komplizierte Modus des nächtlichen Einlasses erregte die Aufmerksamkeit der Zeitgenossen[30]. Auch die Stadtverwiesenen wurden vor der Ausschaffung an allen Toren den Torwächtern vorgeführt[31]. Jörg Rogge errechnete ein Verhältnis von Sicherheitspersonal zur Bevölkerung für das Jahr 1500 von 1:476[32]. Schwerhoff ermittelte dagegen für Köln eine weit ungünstigere Relation von 1:4000[33]. Damit wäre Augsburg etwa zehnfach besser geschützt worden als die Rheinmetro-

---

[25] Vgl. u.a. Stadtarchiv Augsburg Reichsstadt Ratsbuch Nr.20/I, fol. 30v, Eintrag vom 20.2.1546; Nr. 28/I, fol. 31r, Eintrag vom 23.2.1554.

[26] Vgl. u.a. Stadtarchiv Augsburg Reichsstadt Ratserlasse 1507–1599, Fremde ohne Erlaubnis in bürgerlichen Häusern, 7.3.1530.

[27] Vgl. u.a. Stadtarchiv Augsburg Reichsstadt Ratsbuch Nr. 14, S. 208, Eintrag vom 2.8.1516.

[28] Angesehene Bürger wurden von der Inhaftierung in den Eisen befreit, wenn sie der Selbstanzeigepflicht nicht nachkamen: Stadtarchiv Augsburg Reichsstadt Ratsbuch Nr.26/I, fol. 65v, Eintrag vom 17.5.1552 zu Ratserkenntnis vom 9.3.1549. Seit 1569 wurden Frauen „nit ansagens halb der freuel" nicht mehr wie die Männer auf den Turm oder in die Eisen geschafft: Stadtarchiv Augsburg Reichsstadt Schätze ad 36/3, Zucht- und Executionsordnung 1553, fol. 40v, Nachtrag vom 10.5.1569.

[29] Vgl. u.a. Stadtarchiv Augsburg Reichsstadt Ordnungen und Statuten Karton 20 Nr. 417: „Ordnung der nachtwachter vor werthachprucker thor" vom 22.4.1560.

[30] Michel de Montaigne beschrieb die nächtliche Schlupfpforte in der Stadtmauer 1580; Abdruck in: Augsburg in alten und neuen Reisebeschreibungen, ausgewählt von Klaus-Jörg Ruhl, Düsseldorf 1992, 44f.

[31] Stadtarchiv Augsburg Reichsstadt Ratsbuch Nr. 20/I, fol. 16r

[32] Rogge: Gemeiner Nutzen (wie Anm. 3), 156.

[33] Gerd Schwerhoff: Köln im Kreuzverhör. Kriminalität, Herrschaft und Gesellschaft in einer frühneuzeitlichen Stadt, Bonn 1991, 61, dort auch einige weitere Zahlenbeispiele.

pole. Meines Erachtens dürfte in Augsburg das Verhältnis sogar noch günstiger gewesen sein, da Rogge das Personal des kaiserlichen Stadtvogts nicht einkalkuliert. Dieser Stadtvogt hatte mit seinen Leuten u.a. die Aufgaben, fremde Bettler aus der Stadt zu entfernen, die Überwachung der Wirtshäuser in regelmäßigen Abständen durchzuführen und die Gäste dort zu überprüfen, aber auch Verhaftungen vorzunehmen[34].

Aber auch die Bürger selbst waren in die Durchsetzung der Rechtsordnung durch Eid eingebunden. Den Bürgern und Einwohnern der Städte oblag als Mitgliedern der Bürgergemeinde in dem hier behandelten Kontext zunächst eine vorgerichtliche Befriedungs- und Ermahnungspflicht. Sie galt vor allem gegenüber Gotteslästerern, Verschwendern, Ehemännern, die ihre Familien mißhandelten, und ähnlichen Missetätern. Diese sollten gütlich durch ihre nächste Umgebung auf ihr Fehlverhalten aufmerksam gemacht und ermahnt werden. Erst bei Mangel an Einsicht und Wiederholung sollte die Anzeige bei obrigkeitlichen Organen, den Niedergerichten bzw. dem Rat, erfolgen[35]. Bevor also ein Fehlverhalten zu einer tatsächlichen strafwürdigen Tat eskalierte wie auch bei geringeren Vergehen, hatten die Mitbürger die Aufgabe, eine befriedigende Lösung zu finden. Die betroffene Umgebung diente also als außer- bzw. vorgerichtliche Schlichtungsinstanz. Alle Bürger waren weiterhin verpflichtet, bei gewalttätigen Auseinandersetzungen durch Friedbieten ein unblutiges Ende herbeizuführen. Dabei waren natürlich insbesondere die unmittelbaren Anwohner, die Besucher eines Wirtshauses oder die Nachbarn eines gewalttätigen Hausvaters angesprochen. Dieses Friedbieten geschah im Namen des Bürgermeisters

---

34 Zu den verschiedenen Aufgaben des Stadtvogts vgl. Hoffmann: Strukturen (wie Anm. 10), 68–73.

35 So heißt es beispielsweise in einem Augsburger Mandat „wider die laster von befleckungen des üblen Gotslesterns /schwörens / zutrinckens / überflüssigen füllens / Eebruchs / auch ergerlicher hurerey / vnd annders" vom 5. 12. 1529 (Bayerische Staatsbibliothek München 4° J. pract. 154/15 (Res)): „Vnd damit zu abwendung vnd außreytung / aller vnd yeder obgemelter befleckung vnd laster / dest ernstlicher / mit straffe / vnd in anderwege / gehandelt werde / So hat egerürter Rate / ferrer geordnet / vnd gesetzt / das menigklich / jme / vnnd gemainer Statt Augspurg verwandt / bey sein burgerlichen Aidspflichten / so man järlich den Burgermaistern / schwört / schuldig sein / wann yemandt den andern / in ainem oder meer vorbestimbten laster / befleckt / verdacht / oder argkwenig sehen / vnd befinden wurde / dieselb person / dauon abzusteen / auff das erst / vnd ainmal / mittrewen vnd bruiederlich vermanen / vnd warnen soll / vnd ob dieselb persone / so also vermanet vnd gewarnet / von solcher sündtlichen gethate / nit absteen wolt / Alßdann solle der oder die / so vermelt vermanung vnd warnung gethan hat / solches / mergedachten Burgermaistern / bey dem Ayde / anzuzaigen auch verpflicht sein / Vnnd ob yemandts wer der wäre / ain oder mer persone / von wegen bemelts vermanens / warnens / oder anzaigens / mit worten oder wercken / belaidigen / schmehen / oder schenden / ... dieselben / sollen vmb solchs auch ernstlich gestrafft werden...".

bzw. des Rates und diente der unmittelbaren Gefahrenabwehr[36]. Schließlich bestand für die Bürger und Inwohner eine Anzeigepflicht von Straftaten[37], der auch in allen Bereichen des Zucht- und Polizeirechts in so erheblichem Umfange nachgekommen wurde, daß von einer größeren Differenz obrigkeitlicher und gesellschaftlicher Normvorstellungen kaum auszugehen ist. Dies belegen u.a. die Protokollbücher der niederen Strafinstanzen[38], in denen sich neben gewöhnlichen Denunziationen auch Einträge finden, in denen der Anzeigende sich verpflichtet, Beweise für seine Behauptungen beizubringen. Insbesondere im Bereich der Sexualdelikte entsteht aus diesen zahllosen Hinweisen, Anklagen und Verdächtigungen für den modernen Betrachter das Bild eines ausgeprägten Bespitzelungs-, Verdächtigungs-, Gerüchte-, Überwachungs- und Marginalisierungsunwesens. Diesem fielen u.a. besonders Wirte, die ihre Gäste etwas freizügiger gewähren ließen, oder Frauen zum Opfer, die entweder alleine lebten oder deren Ehemänner für längere Zeit nicht anwesend waren. Vielfach genügte bereits ein einzelner kurzer Besuch eines Mannes unter Tags, um die Phantasie der Nachbarn zu beflügeln und die Frau einem Verhör durch den Rat in den Eisen auszusetzen. Umgekehrt drohte Bürgern, die einen Straftäter nicht preisgeben wollten, Erzwingungshaft und Strafe[39].

Der Prävention vor weiteren Straftaten bzw. Gewalttaten dienten auch Abbitten im Falle von Beleidigungen, falschen Verdächtigungen oder Anschuldigungen. Diese konnten öffentlich oder auch nichtöffentlich durchgeführt werden. Inwieweit die öffentliche Sicherheit hiervon betroffen sein konnte, zeigt das Beispiel eines wegen verbalen Angriffen auf die Angehörigen der anderen in Augsburg erlaubten Konfession

---

[36] Vgl. u.a. die Augsburger Polizeiordnung von 1537 (Stadtarchiv Augsburg Reichsstadt Evangelisches Wesensarchiv Nr. 147 T. I): „Wa yemand zwischen den Leüten / was Stannds / oder wer die seyen / hitzige Scheltwort vnd Zanckreden / dadurch thaetliche beschoedigung vermutlich entsteen moecht / hoeren / oder vernemen wurd / Es sey auf der Gassen / oder in den Heüsern / Das der / oder dieselben anhoerer / den Zanckenden alßbald / von aines Erbern Rats wegen / sollen Frid gepieten. Theten Sy aber solchs nit / vnd truege sich ainichs Schlahen oder Beschoedigung zwischen den Parteyen zu / So will ain Erber Rat / solche anhoerende zusehende / vnd nit Frid gepietende / nach gelegenhait aines yeden Fals / Straffen."

[37] Vgl. Zitat in Anm. 35. Vgl. auch Rogge: Gemeiner Nutzen (wie Anm. 3), 151 Anm. 108.

[38] Vgl. besonders Stadtarchiv Augsburg Reichsstadt Strafbücher der Strafherren / Zuchtherren.

[39] Z.B. im Fall des Hanns Peukhlocher: Er „ist darumb jnn fronuest komen, das er ainen, der ain weibsperson vberritten hat, auff den straffherren ansprechen nit nennen noch antzaigen wollen, aber auff furbit vnnd das er den selben hernach angetzaigt, wider ausgelassen worden" (Stadtarchiv Augsburg Reichsstadt Strafbuch des Rates 1554–62, fol. 122v, Eintrag vom 19.12.1559).

verurteilten protestantischen Wirtsknechts. Die Auseinandersetzung hatte ihren Ausgang in einem Streit um einen Kapaunen mit der Frau des Kochs des Abts von St. Ulrich genommen. Wie in vielen derartigen Fällen, wurde die Beleidigung dann auf der Ebene der konfessionellen Gegensätze ausgetragen[40]. Die Abbitte sollte zunächst öffentlich erfolgen; schließlich beschloß man doch, ihn „nur ain gemeine abbitten" leisten zu lassen[41], d.h. die formelle Entschuldigung erfolgte nur vor den Strafherren in Anwesenheit der Beleidigten. Wie auch in vergleichbaren anderen Fällen[42] sollten wohl damit die Emotionen nicht noch weiter geschürt und der städtische Frieden gefährdet werden.

Als Mittel, den öffentlichen Frieden zu sichern, sind auch die privaten Einigungen im Rahmen von Totschlagsfällen und Körperverletzungen zur Verhinderung weiterer Gewaltanwendungen unter der Bevölkerung bzw. den betroffenen Familien zu interpretieren. Bis am Ende des 16. Jahrhunderts in Augsburg einheitlich Todesstrafen für Totschläge verhängt wurden, war es üblich, den Delinquenten für fünf oder zehn Jahre der Stadt zu verweisen und ihm die Rückkehr nach einem Sühnevertrag mit den Angehörigen des Getöteten zu ermöglichen. Gerade die private Einigung, die ohne obrigkeitliche Leitung erfolgte, sollte weitere Friedensstörungen verhindern. Der Täter mußte in diesem Verfahren von der Familie des Opfers wie auch von seinem eigenen sozialen Umfeld (Familie, Zunft, Nachbarschaft etc.) wieder integriert werden können. Für die Obrigkeit erkennbar war dies durch diverse Suppliken zugunsten des Delinquenten[43].

2.2 Herrschaftssicherung

Systemsicherung bzw. Maßnahmen zum Schutz des Herrschaftsapparats können als der andere Pfeiler von städtischer Sicherheitspolitik verstanden werden. In frühmodernen Gesellschaften erhält dieser Aspekt seinen besonderen Stellenwert durch die religiöse Legitimierung von Herrschaft. Selbst bürgerliche Magistrate verstanden sich von Gottes Gna-

---

[40] Vgl. Carl A. Hoffmann: Konfessionell motivierte und gewandelte Konflikte in der zweiten Hälfte des 16. Jahrhunderts – Versuch eines mentalitätsgeschichtlichen Ansatzes am Beispiel der bikonfessionellen Reichsstadt Augsburg, in: Peer Fries / Rolf Kießling (Hg.): Konfessionalisierung und Region, Konstanz 1999, 99–120.

[41] Stadtarchiv Augsburg Reichsstadt Urgichten1568c Nr. 63 (Ulrich Gebhart, 11.8.1568).

[42] Hoffmann: Konfessionell motivierte und gewandelte Konflikte (wie Anm. 40).

[43] Vgl. Hoffmann: Außergerichtliche Einigungen (wie Anm. 15).

den[44]. Grundsätzlich wurde jeder Verstoß gegen die Strafrechtsordnung auch als Ungehorsam gegen die von Gott gesetzte Obrigkeit verstanden, die diese Ordnung ja geschaffen hatte. Entsprechende Formulierungen finden selbst Eingang in die Urteilsregister des Rats, die Strafbücher[45]. Damit wurde jeder Rechtsbruch automatisch von einer Verfehlung gegen eine abstrakte Norm zu einer moralischen wie sozialen Abkehr von der Rechtsordnung als Ausdruck der Friedensgemeinschaft.

Konkreter wird dieses frühneuzeitliche Konzept der Systemsicherung im Bereich des Schutzes der Obrigkeit und ihrer Organe vor jeglichem Angriff. Immer wieder erneuert wurden dabei vor allem die Verbote, öffentlich Kritik an den Ratsentscheidungen zu äußern und unerlaubte Versammlungen durchzuführen[46]. U.a. 1524 meint der Rat, daß

„reden vnd handlungen / fürgenoomen vnd geschehen / die zu widerwillen / auffrur / entpoerung / auch zu vngehorsam / vnd verachtung gepürender oberkait diser Stat / dienen sollen, [auch] das sich nyemandt / samet / sonder / noch in ainich ander weg / inn heüsern / gärten / auf der gassen / noch an anndern orten / inner noch ausserhalb diser Stat Augspurg / weder zusamen rottieren / versamelen / verainigen / verpinden. Auch kainerlay Rede / noch sunst ainich annder handlung / weder haimlich noch offenlich / fürnemen / treiben / oder gebrauchen solle / So ainem Erbern Rate / als ordenlicher oberkait diser Stat Augspurg/ zu vnainigkait / widerwillen / vnfride / verachtung / oder vngehorsam / auffrur / vnd entpoerung / raichen / dienen / oder dermassen verstanden werden möchten."[47]

Die angedrohten Höchststrafen lagen für derartige Vergehen stets bei Leibes- oder Lebensstrafen.

Vergehen gegen obrigkeitliche Organe waren allerdings in einem abgestuften Strafsystem auf allen Ebenen mit empfindlichen Strafen belegt, weit über das Maß hinaus, die vergleichbare Vergehen gegen „gemeine" Bürger verursacht hätten. So war bereits die Beleidigung eines

---

[44] Vgl. Hans-Christoph Rublack: Eine bürgerliche Reformation: Nördlingen, Gütersloh 1982.

[45] So heißt es unter anderem in Stadtarchiv Augsburg Reichsstadt Strafbuch des Rates 1596–1605, fol. 102v, Eintrag vom 11.4.1600 in einem Fall der unerlaubten Rückkehr in die Stadt trotz bestehendem Verbannungsurteils: „aber dessen allen vngeachtet, zu fürsetzlicher verachtung der oberkait verpot wider herein gangen".

[46] Vgl. zu kritischen Äußerungen gegen den Rat, die als Aufruhr interpretiert werden konnten, für die Zeit um 1500 Rogge: Gemeiner Nutzen (wie Anm. 3), u.a. 171ff, 175.

[47] Stadtarchiv Augsburg Reichsstadt Verruf- und Anschläg-Buch 1512 – 1620, Vol. 1, Nr. 7.

Handwerksvorgehers während seiner Dienstausübung Grund genug, neben Diebe, Totschläger und Mörder in die „eisen" verbracht zu werden[48]. Besonders im Bereich der Qualitäts- und Quantitätskontrolle der Handwerksprodukte kam es zu zahlreichen Konflikten zwischen den Meistern und den obrigkeitlich eingesetzten Beschauern[49]. Selbst gegen die Verspottung der Bettelknechte wurde ein eigenes Mandat erlassen[50].

Der Systemsicherung im weitesten Sinne dienten auch Sanktionen bei Ladungsungehorsam vor städtische Gremien, insbesondere Gerichte. Wer im Augsburg des 16. Jahrhunderts einem „furbot" vor die Strafherren, das niedergerichtliche Straforgan der Stadt, nicht nachkam, mußte beim ersten und zweiten Mal mit einer Geldstrafe rechnen, die ersatzweise auch mit einem Tag und einer Nacht auf einem der Türme bei Wasser und Brot abgeleistet werden konnte. Nach der dritten Aufforderung, der sich der Beklagte „vngehorsamer verachtlicher weyß" verweigerte, wurde er in die Eisen geschafft und mußte mit einer Bestrafung durch den Rat rechnen. Den Stadtknechten wurde eingeschärft, jeden Delinquenten vor diesen Strafmaßnahmen zu warnen[51]. Ohne derartige Zwangsmittel, die dem Römischen Recht entstammen, könnte wohl kein Rechtssystem bestehen.

Die Strafmittel richteten sich jedoch nicht nur auf die Untertanen. Insbesondere Ratsmitglieder und Wachpersonal unterlagen empfindlichen Sanktionsdrohungen bei Verstößen gegen die Amtspflichten. Auffällig häufig sind die Ratserlasse gegen Verspätungen bzw. Abwesenheit von Räten und Richtern von ihren Dienstgeschäften[52]. Scharwächtern, die schlafend, betrunken oder „vnfleissig" im Dienst vorgefunden wur-

---

[48] Stadtarchiv Augsburg Reichsstadt Ratsbuch Nr. 27/II, fol. 5v.

[49] So heißt es u.a. in Stadtarchiv Augsburg Reichsstadt Strafbuch des Rates 1554–62, fol. 22r, Eintrag vom 3.9.1560, zum Fall des Augsburger Bäckers Georg Rauner, er „hat den brotgeschauern, als sie jren beuelch verrichten wollen, schmechlich zugeredt vnnd sich vnder andern reden vernemen lassen, sie solten jne, mit eeren zumelden, jm hindern leken ec. Derhalb er jnn fronuest gelegt vnnd erkannt worden, das er viertzehen tag ligen bleiben vnnd volgends den geschmechten ain abbitten thun soll".

[50] Stadtarchiv Augsburg Reichsstadt Ratsbuch Nr. 20/I, fol. 19v, Mandat vom 6.2.1546.

[51] Stadtarchiv Augsburg Reichsstadt Schätze ad 36/3, Zucht- und Executionsordnung 1553, fol. 10r. Die Stadtgerichtsordnung von 1529 enthält dagegen entsprechende Regelungen bei Ladungsungehorsam u.a. in Schuldsachen und peinlichen Sachen: Stadtarchiv Augsburg Reichsstadt ohne Signatur (Band trägt Aufschrift: „1582 Eines ehrsamen raths der Stadt Augspurg der geziErd vnnd kleidunger halben auffgerichte Policey ordnung de dato 11.tn Dezembr. b) Stadtgerichtsordnung 1529"), fol. 1r–5v.

[52] Vgl. u.a. Stadtarchiv Augsburg Reichsstadt Ratsbuch Nr.21/II, fol. 43r, Eintrag vom 25.10.1547; Nr. 22/I, fol. 103r, Eintrag vom 29.5.1548; Nr. 29/II, fol. 91v, Eintrag vom 3.11.1556; Stadtarchiv Augsburg Reichsstadt Schätze Nr. ad 36/3, Zucht- und Executions-Ordnung 1553, fol. 5r–5v.

den, drohte eine Entfernung aus der Stellung „on mittel"[53]. Disziplinierungsmaßnahmen dieser Art mögen insbesondere für die Handwerker und Kaufleute in den Organen der Stadt unangenehm gewesen sein, da ihre Abkömmlichkeit von ihren eigenen Betrieben doch sehr eingeschränkt war.

Zur Aufdeckung von Straftaten sowie von heimlicher Opposition bediente sich der Rat auch eines institutionalisierten Spitzelwesens. Der „Kundschafter" erhielt dabei für jede Anzeige, auf die auch eine Verurteilung folgte, eine bestimmte Summe[54]. Wenn er jedoch seinen Aufgaben nicht nachkam oder sich gar bestechen ließ, eine Anzeige zu unterlassen, drohten ihm selbst empfindliche Strafen[55]. Beliebt waren diese Spitzel wohl zumeist nicht, wie Angriffe auf sie belegen[56]. Inwieweit sie der Herrschaftssicherung dienen konnten, belegen umfangreiche Denunziationen im Rahmen des Schilling-Aufstandes von 1524[57]. Hierbei wurden die der Obrigkeit gefährlich erscheinenden Aussagen der vor dem Rathaus Versammelten zum Teil im Wortlaut hinterbracht, worauf dann entsprechende Verhaftungen erfolgten[58].

Einige Bezirke der Stadt hatten – modern gesprochen – eine erhöhte Sicherheitsstufe. In diesen sogenannten Freiungen um das Rathaus, die Zunfthäuser der Bäcker und Metzger oder die Stadttore und -brücken war jegliche Herausforderung, Beleidigung, Gewaltandrohung oder gar Anwendung von Gewalt unter eine weit höhere Strafe gestellt, als dies sonst der Fall war. Auch wurde ein Täter in diesen Fällen, selbst wenn es sonst aufgrund des Delikts nicht üblich war, im Gefängnis inhaf-

---

[53] Stadtarchiv Augsburg Reichsstadt Ratsbuch Nr.19/I, fol. 12v.

[54] „Wann durch einen khundtschaffter ainer anzaigt, eingezogen vnd in eysen gelegt, auch straffbar befunden vnd gestrafft würdt, zahlt man dem khundtschaffter daruon 2 fl. also auch so der angebne mit ruetten ausgehawen würdt, nit mehr als ordinarj 2 fl., sonsten aber nach gelegenhait" (Stadtarchiv Augsburg Reichsstadt Evangelisches Wesensarchiv Nr. 187: „Instruction für einen herrn burgermeister", S. 10; ohne Datierung, wohl um 1600).

[55] Am 7.9.1570 wurde der Kundschafter Oswald Jeger der Stadt verwiesen, weil er „von den wierten, so wider ains ersamen rats verbot, am freitag fleisch aufgetragen vnd furgesetzt, gelt genomen vnd dieselben nit angetzaigt" hat: Stadtarchiv Augsburg Reichsstadt Strafbuch des Rates 1563–71, fol. 41r.

[56] Vgl. u.a. Stadtarchiv Augsburg Reichsstadt Strafbuch des Rates 1563–71, fol. 10v, Eintrag vom 24.7.1563: An diesem Tag wurde ein Augsburger Bürger zu „gnediger straff" von vier Wochen Turmaufenthalt verurteilt, weil er den Kundschafter Chunlin Mair auf dem Rathaus mit Fäusten „vbel geschlagen vnnd den kopff vmb die maur gestossen" hatte.

[57] Zum Schilling-Aufstand vgl. Wilhelm Vogt: Johann Schilling der Barfüsser-Mönch und der Aufstand in Augsburg im Jahre 1524, in: ZHVS 6 (1879), 1–32; Rogge: Gemeiner Nutzen (wie Anm. 3), 246–283.

[58] Stadtarchiv Augsburg Reichsstadt Urgichten 1524 Nr. 5.

tiert[59]. Von dort wurde er nur entlassen, wenn von seiner „frundtschaft" Fürbitte beim Rat eingelegt wurde[60]. Im Jahre 1546 verordnete der Rat schließlich auch, daß wegen der

> „schweren lauffden" Menschenansammlungen um die Stadt und an den Toren verboten seien. Besonders an Sonntagen hatten sich dort „burger vnnd jnnwoner von manns vnnd weibspildern" getroffen. Die Verordneten zur Torhut sollten nun, „so sich also bey vnd vnder den thorn [Menschen, C.H.] rotten oder samblen, gutlich abweisen vnnd haissen, jren wege geen; vnnd welcher sich des sperren vnnd nit daran keren wolt, den oder dieselben bey jren pflichten den herrn burgermaistern antzaigen, damit geburliche straff mog furgenomen werden."[61]

Besonders in den Zeiten des religiösen Umbruchs des 16. Jahrhunderts erschienen die Veränderungen stets auch als Gefahr für die eigene Stellung der Obrigkeit. Aus dem Gottesgnadentum der Herrschaftsauffassung ergaben sich extreme Reaktionen auf abweichende religiöse Vorstellungen. Das wohl bekannteste Beispiel im ganzen Reichsgebiet waren die Täufer, die am stärksten unter den Verfolgungen des Jahrhunderts litten. Ein Augsburger Mandat aus dem Jahre 1527 erklärt den Zusammenhang folgendermaßen: Die neue Sekte würde „wider Gott / Christenlich ordnung / gut sitten / Erber pollicey / vnnd zu zwayung / spaltung / widerwillen / aufrur / zu abfallung der Oberkait / die von

---

[59] Stadtarchiv Augsburg Reichsstadt Veruff und Anschlag Buch 1512–1620, Bd. 1, Nr. 22: „Verordnung. Wie es mit dem Burg=Frieden an nachbemelten in gemeiner Stadt ausgesezten Plätzen gehalten, und wie gegen die Ubertrettern verfahren werden solle", 23.5.1531: „Auff das von meer zucht, beschaidenhait, fridens vnd bemachs wegen reicher vnd armer burger, inwoner vnd geste, die burgermaister vnd ratgeben allhie, mit sampt des hailigen reichs vogt angesehen, erkennt vnd gesetzt haben, das nun fürohin von disem tag, nyemandt hie zu Augspurg, den andern auff dem platz des perlachs bey dem rathauß zwischen dem perlachthurn, dem beckenhauß, dem metzgerhauß vnd von dannen zwischen des walthers hauß vber den perlach hinumb biß an das manghauß, vnd daselbst vber wider zu dem rathauß, deßgleichen vnder allen diser statt haupt vnd neben thoren, auch derselben thor prucken, vngeuärlich, mit oder on gewaffneter hand, weder mit rauffen, zucken, schlahen, stossen, stechen, werffen, behönen, beschedigen, wunden noch verletzen vnd daselbst am maisten aller auffrur vnd widersetzigen willens müßig steen, soll in all wege, alles bey der straff in diser statt rechten begriffen vnd dartzu das der so also verhandelt vnd gefreuelt hat, betretten werden mag, on alle gnad in diser statt Augspurg gefenngknuß gelegt vnd vber obgemelt diser statt recht straffe, nach gestallt seiner begangen verhanndlung vnd fräuel mit ains ersamen rats ferrer ansehen vnd erkanntnuß noch ernstlicher gestrafft werden soll."

[60] Stadtarchiv Augsburg Reichsstadt Ratsbuch Nr. 15, fol. 81v, Eintrag vom 28.1.1525.

[61] Stadtarchiv Augsburg Reichsstadt Ratsbuch Nr. 20/II, fol. 31v–32r.

Got eingesetzt / auch zerrittung vnd zertrennung bruederlicher liebe" führen. Deshalb dürfe man sich an keinerlei Kontakt zu ihnen beteiligen, niemanden von ihnen beherbergen oder bewirten und müsse jegliches Erscheinen eines solchen Täufers sofort anzeigen. Zuwiderhandlungen könnten mit Vermögens-, Leibes- oder gar Lebensstrafen belegt werden.[62]

Aber auch die konfessionellen Gegensätze zwischen den beiden erlaubten Religionen in der Reichsstadt boten selbst nach dem Religionsfrieden von 1555 ein erhebliches Unruhepotential. Die Konfessionspolitik des Rates war durch eine strikte Beschränkung der Religionsausübung in den Grenzen der beiden zugelassenen Konfessionen bestimmt, die durch eine ständige Aufstandsfurcht genährt wurde. Nichts schien der politischen Führung der Stadt gefährlicher als unabhängige öffentliche Äußerungen aller Art zu Religionsfragen oder Angriffe auf den konfessionellen Gegner, die wiederum zu Unruhen führen konnten. Wenn Roeck bei der Beschäftigung der Bürger mit „ketzerischen" Schriften im privaten Bereich von einer erstaunlichen Toleranz des Rates ausgeht und dies mit der Augsburger „weichen" Linie gegen die Täufer vergleicht[63], so unterstreicht dies ebenfalls den Eindruck einer Prioritätssetzung der reichsstädtischen Führungsschicht bei der zumindest öffentlichen Beruhigung der sich immer wieder aufheizenden Gemüter. Eine einseitige Bevorzugung einer Seite hätte das mühsam erreichte Gleichgewicht sofort wieder gestört. Die Gefährdung der öffentlichen Ordnung wurde ja allgemein deutlich, als sich die „obrigkeitlich erzwungene gegenseitige Duldung der Bekenntnisse seit Beginn der 80er Jahre nicht mehr aufrechterhalten ließ"[64]. Wenn also individuelle Vorlieben und vermutlich auch undiplomatisches Verhalten einzelner Ratsmitglieder der Neutralität der Augsburger Führung widersprochen haben mögen, so kann dem Rat als oberstem politischen Organ als ganzes eine geradezu peinlich genaue Einhaltung der reichsrechtlichen Vorgaben zugestanden werden. Alles andere hätte seinen Führungsanspruch in den Grundfesten erschüttert.

Die ultima ratio der Aufrechterhaltung von öffentlicher Ordnung stellte schließlich der Einsatz von Militär dar. Das einschneidendste Ereignis während des 16. Jahrhunderts war dabei für die Stadt die Aus-

---

[62] Stadtarchiv Augsburg Reichsstadt Anschläge und Dekrete 1490 – 1649, Nr. 1 – 86 Teil I, Nr. 11 vom 9.10.1527.

[63] Bernd Roeck: Eine Stadt in Krieg und Frieden. Studien zu Geschichte der Reichsstadt Augsburg zwischen Kalenderstreit und Parität, 2 Teilbände, Göttingen 1989, I, 121.

[64] Eberhard Naujoks: Vorstufen der Parität in der Verfassungsgeschichte der schwäbischen Reichsstädte (1555–1648). Das Beispiel Augsburgs, in: Jürgen Sydow (Hg.): Bürgerschaft und Kirche, Sigmaringen 1980, 38–66, 45.

einandersetzung um den Gregorianischen Kalender. Während des Kalenderstreits kam es in Augsburg zu einem Aufstand, an dem sich 4.000 Einwohner vor dem Rathaus versammelten sowie 1.000 Handwerker das Zeughaus stürmten und sich bewaffneten. Als bereits im Vorfeld erste Anzeichen innerer Unruhe in der Stadt zu erkennen waren, wurden vom Rat und auf Befehl Erzherzog Ferdinands Söldner angeworben und in die Stadt gelegt. Gerade diese Soldaten hatten jedoch auch zur Verschärfung der Situation beigetragen. Einerseits waren die Kosten für die Truppe den Bürgern viel zu hoch, andererseits sah die protestantische Bevölkerungsmehrheit in den Soldaten den Willen der katholischen Ratsmehrheit, die Reform auch mit Gewalt durchsetzen zu wollen[65]. Das Mittel des Militärs zu Herstellung bzw. zur Aufrechterhaltung von innerer Ordnung und zur Verteidigung der Herrschaftsverhältnisse konnte also auch die Probleme verschärfen. Das Ordnungsinstrument wurde von der Bevölkerung oder zumindest einem oppositionellen Teil als Bedrohung interpretiert und seine Anwesenheit führte zur Eskalation des Widerstandes – ein deutlicher Hinweis auf differierende Interessenlagen. Diese sollen nun abschließend betrachtet werden.

3 Das Wechselverhältnis von Bürger- und Obrigkeitsinteressen

Die Umsetzungs- und Durchsetzungsmöglichkeiten der oben genannten Sicherheitssysteme müssen auch vor unterschiedlichen Interessenlagen zwischen Bürgerschaft und Obrigkeit gesehen werden. Besonders in der täglichen Rechtspraxis lassen sich diese verfolgen. Die aus den Mandaten ablesbaren Rechtsordnungen geben hierfür nur einen unzureichenden Einblick. Die folgende Skizze möchte die oben gewonnenen Konzepte in ihrem Wechselverhältnis beleuchten und die beiden Sicherheitssysteme in Kongruenz und Friktion untersuchen.

Unmittelbar trafen die beiden Konzepte alltäglich in den bereits erwähnten Institutionen des Wachpersonals aufeinander. Scharwächter, Vogtsknechte, Torwächter etc. wurden von der Bevölkerung direkt instrumentalisiert, beispielsweise um Unruhestifter zu inhaftieren, das moralische Empfinden verletzende Personen zu disziplinieren oder

---

[65] Vgl. zu den Ereignissen im Kalenderstreit Leonhard Lenk: Augsburger Bürgertum im Späthumanismus und Frühbarock (1580–1700), Augsburg 1968; Naujoks, Vorstufen (wie Anm. 64); Paul Warmbrunn: Zwei Konfessionen in einer Stadt. Das Zusammenleben von Katholiken und Protestanten in den paritätischen Reichsstädten Augsburg, Biberach, Ravensburg und Dinkelsbühl von 1548 bis 1648, Wiesbaden 1983; Roeck: Krieg und Frieden (wie Anm. 63), I, 125–188.

Gefahrensituationen abwehren zu lassen. Andererseits wurden diese Institutionen auch obrigkeitlich zur Durchsetzung magistratischer Ordnungs- und Herrschaftsvorstellungen genutzt. Gerade in dieser doppelten Aufgabenstellung lagen die Konfliktpotentiale[66].

Für das Nürnberg des 15. und 16. Jahrhunderts haben jüngst Andrea Bendlage und Peter Schuster die Polizeikräfte in einem sehr düsteren Bild sowohl hinsichtlich der Verläßlichkeit dieser Einheiten wie auch ihrer Akzeptanz in der Bevölkerung gezeigt. Die Hauptthese des Aufsatzes erscheint auch für die Augsburger Situation äußerst wichtig: Disziplinlosigkeit, Korruptheit und Brutalität dieses Apparats führten zu einer Ausgrenzung aus der bürgerlichen Gemeinschaft. Die Ablehnung wurde durch den Widerstand gegen den obrigkeitlichen Eingriff in alle Lebensbereiche im Laufe des 16. Jahrhunderts verstärkt. Man beantwortete deshalb die „modernen" Sozialdisziplinierungsmaßnahmen mit einem eigenen traditionalen Wertesystem, sprach diesen Sicherheitsorganen die Ehre ab und betrachtete sie als unehrlich. „Indem das Konzept der Ehre zur Ausgrenzung und Diffamierung der Polizeibediensteten eingesetzt wurde, verhinderten die Bürger die lineare Durchsetzung einer frühen Sozialdisziplinierung in der Stadt. Gleichzeitig zeigten sie damit der Obrigkeit ihre Grenzen auf: Indem die Bürger die Polizeikräfte mit Hilfe des Ehrbegriffs aus der Gesellschaft ausgrenzten, schlugen sie den Hund und meinten den Herrn"[67].

Wenn auch vergleichbar detaillierte Untersuchungen des Polizeiapparats für Augsburg nicht vorliegen, so finden sich doch interessante Parallelen, z.B. der Fall des Metzgermeisters Martin Geiger aus dem Jahre 1580. Er zeigt, wie schnell eine einfache Verhaftung zu einem kleinen Aufstand eskalieren konnte. Geiger hatte in angetrunkenem Zustand einer Magd durch Unachtsamkeit eine Wanne vom Kopf gestoßen. Diese lief schreiend zu einer Rotte der Nachtwache unter einem Rottmeister. Geiger wurde festgenommen und sollte wie üblich in solchen Fällen in das Narrenhäuslein gelegt werden. Er konnte sich jedoch plötzlich durch einige heftige Schläge gegen die Wächter befreien und floh zunächst. Als sie ihn eingeholt hatten, wehrte er sich zunächst so heftig, daß sie ihn mit ihren Spießen schlugen und am Kopf verwundeten. Angesichts dieses Kampfes lief nun die Nachbarschaft zusammen,

---

66 Vgl. Carl A. Hoffmann: Nachbarschaften als Akteure und Instrumente der sozialen Kontrolle in urbanen Gesellschaften des 16. Jahrhundert, in: Heinz Schilling (Hg.): Institutionen, Instrumente und Akteure sozialer Kontrolle und Disziplinierung im frühneuzeitlichen Europa. Institutions, Instruments and Agents of Social Control and Discipline in Early Modern Europe, Frankfurt a. Main 1999, 187–202.

67 Bendlage; Schuster: Hüter der Ordnung (wie Anm. 4), 55.

wollte den Verletzten auf Bürgschaft freibekommen und ihn zum Barbier bringen. Dies verweigerten die Wächter und erklärten, sie würden ihn selbst versorgen lassen. Darauf kam es zur Auseinandersetzung. Der offizielle Bericht beschreibt das letzte Stadium dieses Konflikts folgendermaßen:

> „Darauf sy [gemeint ist die Nachbarschaft] noch vil bößer vngeburlicher redenn tribenn vnnd mit hefftigenn schellt vnd schmachwortenn hörenn lassen vnnd gesagt (mit reuerentz zumeldenn), jr schelmenn, jr morder, mussen wir dann das vonn euch leiden jnn der statt, vnnd also der zue lauff vnnd das geschrey dermassenn so groß wordenn vnnd vber hannd genomen, das sy (grosserm vnrath vnnd vnrhue so darauß het eruolgenn mögenn, zuuerhüeten) ine [den Täter] habenn lassenn vnnd vil böser reden anhörenn müessen."[68]

Instrumentalisierung der Sicherheitskräfte durch die Magd und Opposition gegen die Methoden der öffentlichen Organe liegen hier auf das Engste beisammen. Es finden sich eine Vielzahl von Fällen, in denen die Polizeikräfte – besonders unter Alkoholeinfluß – beschimpft, beleidigt oder auch körperlich angegriffen wurden. Darin jedoch eine generelle Opposition gegen ihre Dienstführung oder gar einen Ausdruck allgemeineren Widerstandes gegen den Regulierungs- und Disziplinierungseifer des Rates zu sehen, geht aus zwei Gründen für Augsburg zu weit.

Zum einen lassen sich genauso leicht wie Konfliktbeispiele auch Exempel für ein vertrauensvolles oder zumindest respektierendes Miteinander von Ordnungskräften und Bevölkerung erkennen. Ob es nun Wirte sind, die bei Streitigkeiten in ihrer Stube nach den Scharwächtern riefen, ob es Nachbarschaften waren, die brutale Ehemänner verhaften ließen, um deren Frauen zu schützen, Anwohner nach Hilfe riefen, wenn Betrunkene die Nachtruhe störten oder Nachbarn durch verdächtige Besuche im gegenüberliegenden Haus sich in ihren moralischen Anschauungen angegriffen sahen und Anzeige erstatteten, in all diesen Fällen muß eine gewisse Form der Akzeptanz oder zumindest eine Art Justiznutzungsstrategie bestanden haben, die nicht allein durch Ablehnung zu definieren ist[69].

Zum anderen läßt sich für Augsburg auch zeigen, daß es bestimmte Zeiten gab, in denen Beleidigungen oder Angriffe gegen die Sicherheitskräfte geradezu an der Tagesordnung waren, während sie in anderen Phasen nur sehr selten in den Strafbüchern erscheinen. Insbesondere in

---

68 Stadtarchiv Augsburg Reichsstadt Urgichten 1580 Nr. 106 (Martin Geiger)
69 Vgl. Hoffmann: Nachbarschaften (wie Anm. 66).

den religiösen und politischen Umbruchzeiten, in denen die Stadtbe-
wohner selbst tief gespalten waren, lassen sich derartige Fälle gehäuft
feststellen[70]. Wir müssen also davon ausgehen, daß sich gerade innenpolitische Konflikte, die ja immer auch einen „Vertrauensverlust" gegenüber der Obrigkeit mit sich brachten, das Verhältnis der Bürgerschaft zu deren Exekutivorganen beeinflußten.

Die Durchsetzung von Normen konnte auch im 16. Jahrhundert
nicht allein repressiv und ohne einen gewissen Konsens der Bevölkerung erfolgen. Die mentale Beeinflussung der Bürgerschaft zugunsten
veränderter Lenkungsmechanismen, neuer Ordnungsvorstellungen,
religiöser Werte oder einer gewissen Toleranz (Augsburg wurde paritäti-
sche Reichsstadt) dürfte eine nicht zu vernachlässigende Größe bei der
Beherrschbarkeit der Stadt gewesen sein[71]. Das Spektrum der Möglichkeiten dafür war recht breit. Einmal setzten weltliche und geistliche
Obrigkeiten bei der Kindererziehung an. Den Eltern wurde die Pflicht
übertragen, ihre Kinder zu christlicher Zucht, Gottesfurcht, Gehorsam
gegen die Obrigkeit und einem tugendsamen Lebenswandel zu erziehen
– so in den großen Zuchtordnungen der Jahre 1537 und 1553[72]. Als eine
Art `Erwachsenenbildung´ in diesem Bereich sind die Predigten zu
sehen. Die Pfarrer und Prädikanten wurden geradezu verpflichtet, die
obrigkeitlichen Vorstellungen den Untertanen in den Kirchen nahezu-
bringen. So soll dort z.B. „taeglich" gegen die Laster des Gottesschwö-
rens, der Völlerei und der Trunksucht gepredigt worden sein[73]. Auch
wußte man sehr gut die Vorstellung vom Zorn Gottes für die Durchsetzung obrigkeitlicher Maßnahmen zu instrumentalisieren. 1526 wird u.a.
folgendermaßen argumentiert:

> „Dardurch zubesorgen ist / das Got der Herre / vber solich vnd
> annder vnnser missethat vnd Sünde / groeßlich erzürnet / vnd
> mit Ernstlichen vnd gantz schwaeren straffen / Als durch den

---

[70] Dies ist das vorläufige Ergebnis einer ersten Durchsicht der Augsburger Strafbücher des Rates. Die genauere quantitative Analyse ist einer späteren Arbeit
vorbehalten.

[71] Vgl. Martin Dinges, Normsetzung als Praxis? Oder: Warum werden die Normen
zur Sachkultur und zum Verhalten so häufig wiederholt und was bedeutet dies
für den Prozeß der „Sozialdisziplinierung"?, in: Gerhard Jaritz (Hg.), Norm und
Praxis im Alltag des Mittelalters und der Frühen Neuzeit, Wien 1997, 39–53.

[72] Stadtarchiv Augsburg Reichsstadt Evangelisches Wesensarchiv Nr. 147 T. I:
Zucht- und Polizeyordnung 1537; Stadt- und Staatsbibliothek Augsburg 2° Aug.
243 (Nr. 9: 8.11.1553).

[73] Stadtarchiv Augsburg Reichsstadt Anschläge und Dekrete 1490–1649, Nr. 1–86,
Teil I, Nr. 10: „Verruf, das fluchen und schwören wie das freventliche zutrinken, unbillig und überflüssige füllen betreffend", 21. Oktober 1526.

grewlichen wueterich den Türcken / vnd in annder wege fürganng".[74]

Neben der Pest, der Inflation und anderen Heimsuchungen war die Türkengefahr über Jahrhunderte von Luther bis Abraham a Sancta Clara ein Topos, die Bevölkerung zu einem gottgefälligen Leben zu erziehen. Die Verbreitung der Kenntnis der neuen Regelungen erfolgte u.a. auch durch öffentliches Verlesen der Mandate oder durch Anschlag an allen Zunfthäusern.

Die „ideologische" Beeinflussung scheint auf eine ähnliche Vorstellungswelt bei den Rezipienten gestoßen zu sein. Zumindest legt dies das Anzeige- bzw. Denunziationsverhalten der Bevölkerung nahe. Ohne die Kooperation der Bevölkerung wäre es kaum denkbar, daß allein für das Delikt des Ehebruchs seit 1575 sogenannte Ehebrecherbücher erhalten sind, die mit Hunderten von Fällen gefüllt sind[75]. Aus den Verhörprotokollen – den Urgichten – der Angeklagten sowie den dazugehörigen Fragstücken lassen sich ebenfalls wichtige Rückschlüsse über Kooperation oder Verweigerung von Zeugen im Beweisverfahren erkennen. Die Bürger kamen ihrer Anzeige- und Denunziationspflicht in einem starken Umfang nach, ja die Vielzahl von Anklagen und Verurteilungen im Bereich der Sexualvergehen legt sogar einen gewissen Eifer in diesem Bereich nahe. Es ist anzunehmen, daß auf dem Gebiet der Bürgersicherheit in der Stadt die Aufmerksamkeit erheblich war, waren doch hier ganz persönliche Interessen damit tangiert. Allerdings konnte eine falsche Beschuldigung auch für den Denunzianten Folgen haben. Zahlreiche solcher falscher Kundschafter landeten selbst in den Eisen und mußten unangenehme Verhöre über sich ergehen lassen.

Auf einer anderen Ebene liegt die Betrachtung der Delikt-Strafen-Proportionalität in der Rechtspraxis gegenüber den zum Teil extremen Höchststrafen der Gesetze. Während das Niedergericht der Strafherren an die durch die Normen festgelegten Strafsätze gebunden war, urteilte der Rat relativ frei. Er konnte Täter- und Tatumstände berücksichtigen, Fürbitten annehmen oder zurückweisen, Gnadenstrafen verhängen oder zu einem späteren Zeitpunkt begnadigen. Hinsichtlich unseres Themas kommt dabei insbesondere dem letzten Aspekt besondere Bedeutung zu. Der Rat hatte nämlich nicht nur zu entscheiden, ob der Täter seine Strafe verbüßt hatte, sondern auch, ob er ein Sicherheitsrisiko für die Gemeinschaft darstellte oder nicht. Wichtigste Voraussetzung für eine

---

[74] Stadtarchiv Augsburg Reichsstadt Anschläge und Dekrete 1490–1649, Nr. 1–86, Teil I, Nr. 10: „Verruf, das fluchen und schwören wie das freventliche zutrinken, unbillig und überflüssige füllen betreffend", 21. Oktober 1526.

[75] Stadtarchiv Augsburg Reichsstadt Ehebrecher-Strafbuch 1575–1591.

Begnadigung bei einem Stadtverweis war deshalb nicht die Ableistung einer bestimmten Zeit außerhalb des Jurisdiktionsbereichs der Stadt, sondern die Frage nach der „Resozialisierbarkeit" des Täters. Ähnliches war auch vielfach bei langwährenden Turmstrafen von Bedeutung. In diesen Fällen hatten die Familie, die Nachbarschaft oder die Berufsgenossen eine nicht unwesentliche Bedeutung für die Ratsentscheidung. Davon abgesehen mußte sich der Täter im Falle von Körperverletzungs-, Tötungs-, Sachbeschädigungs- oder Schulddelikten erst mit den Opfern bzw. deren Angehörigen über Schadensersatzansprüche einigen. Auch auf dieser Ebene fand also eine breite Kooperation von Obrigkeit und Bürgerschaft statt, die wohl kaum ohne eine gewisse Übereinstimmung der Normmaßstäbe zu verstehen wäre.

4 Schlußüberlegung

Der Versuch einer Annäherung an das Wechselverhältnis von Bürgersicherheit und Herrschaftssicherung hat in dem kurzen Überblick ein differenziertes Bild von Systemakzeptanz durch die Bürgerschaft und Friktionen zwischen dieser und ihrer Obrigkeit erbracht. Von außen einwirkende Probleme – Reformation, Bevölkerungswachstum etc. – hatten Wirkungen auf dieses Wechselverhältnis. Bei allen gefährlichen „Rottierungen" des Jahrhunderts aufgrund religiöser, wirtschaftlicher oder sozialer Auseinandersetzungen, denen die Zeitgenossen gerne das Adjektiv „revolutionär" beigaben, läßt sich doch ein Grundkonsens im Rechtsempfinden und im Wunsch nach Rechtsfrieden erkennen, der dieses Herrschaftssystem prägte. Die Bevölkerung war auf den Schutz vor den vielfältigen Gefahren und Gewalttätigkeiten in den frühmodernen Gesellschaften angewiesen und forderte diesen auch ein. Herrschaft legitimierte sich zu einem großen Teil gerade durch die Funktion des Schutzes der Untertanen[76]. Kooperation war deshalb unausweichlich, wenn auch viele obrigkeitliche Neuerungen und Eingriffe in das alltägliche Leben als störend empfunden oder gar mit Widerstand beantwortet wurden. Die Führungsschicht wie das gesamte Rechtssystem waren nicht nur auf die Duldung sondern auf die aktive Mitwirkung der Untertanen angewiesen. Allein als antagonistische Struktur läßt sich die Situation von Herrschenden und Beherrschten in der Reichsstadt also

---

[76] Die begriffsgeschichtlich orientierte Arbeit von Gadi Algazi, Herrengewalt und Gewalt der Herren im späten Mittelalter. Herrschaft, Gegenseitigkeit und Sprachgebrauch, Frankfurt a. Main 1996, versucht das Begriffspaar „Schutz und Schirm" im Spätmittelalter als Ideologie zu enttarnen. Zumindest für die frühmoderne Stadt des 16. Jahrhunderts kann diesen Überlegungen jedoch nicht gefolgt werden.

nicht verstehen. Wir müssen auch davon ausgehen, daß insbesondere in städtischen Gesellschaften das Herrschaftssystem von den Untertanen mitgeprägt wurde und diese dementsprechend ein Interesse an dessen Erhaltung hatten. Für eine gewisse Stabilität spielte auch die religiöse Legitimierung magistratischer Obrigkeiten eine wichtige Rolle. Gottesgnadentum und Zorn Gottes konnten zumindest in der Theorie instrumentalisiert werden und dienten der Pazifizierung wie der Disziplinierung der Untertanen. Ob durch obrigkeitliche Erlasse, Ordnungen, Sanktionen, erzieherische Maßnahmen wie Predigten oder wiederholte Einschärfung von Normen tatsächlich Verhaltensänderungen der Bürger erzielt wurden, konnte nicht weiter untersucht werden. Deutlich wurde aber, daß auch neue obrigkeitliche Normen wohl in größerem Umfang keine Chance auf Umsetzung gehabt hätten, wenn ihnen nicht eine gewisse Akzeptanz durch die Beherrschten entgegen gebracht worden wäre.

Das Wechselverhältnis von Bürgersicherheit und Herrschaftssicherheit wurde von ganz einschneidenden aktuellen politischen, sozialen, religiösen oder wirtschaftlichen Veränderungen bestimmt. Beispielsweise scheint es insbesondere in der ersten Hälfte des 16. Jahrhunderts infolge der Reformation zu erheblichen Differenzen in der Vorstellung von Ordnung und Sicherheit zwischen großen Teilen der Augsburger Bevölkerung und ihrer Führungselite gekommen zu sein. Dies war keineswegs mit einem allgemeinen Anstieg von Kriminalität verbunden – wie erste quantitative Auswertungen ergaben –, vielmehr stand besonders die Sicherheit des Herrschaftssystems stark unter Druck. In der zweiten Hälfte des Jahrhunderts läßt sich eine vergleichbare Situation im Rahmen des Kalenderstreits feststellen. Auf einer anderen Ebene liegen ökonomische Zusammenhänge. Über das Jahrhundert hinweg wuchsen in Augsburg die sozialen Probleme, verursachten einen Anstieg in der Gewaltkriminalität und brachten damit einen Verlust an Sicherheit für die Bürger mit sich.

Unsicherheit als Lebensbedingung

Rom im späten 16. Jahrhundert

Peter Blastenbrei

Kaum eine frühneuzeitliche Stadt in Europa bietet so gute Ausgangsbedingungen für ein vergleichendes Studium der Sicherheitslage mit den Konzepten zu ihrer Verbesserung durch Delinquenzbekämpfung einerseits und der Praxis der Repression andererseits wie das Rom der Gegenreformation. Das überaus frühe Einsetzen (ab 1560) von quantifizierbarem Quellenmaterial in langen, vielfach über Jahre hinweg ungestörten Serien lädt geradezu dazu ein, die hier gewonnenen Ergebnisse mit den Zielen, Methoden und Erfolgen der römischen Justiz und am Bild der zeitgenössischen Öffentlichkeit von den Aufgaben der Justiz angesichts der brennenden Sicherheitsproblematik in den römischen Straßen zu messen. Neben der Darstellung der „objektiven" Sicherheitslage in der Stadt Rom, deren auch quellenspezifische Problematik noch ansatzweise zu diskutieren sein wird, und einem solchen Vergleich müssen weiterhin die Folgen der mit der Gegenreformation einsetzenden neuen obrigkeitlichen Kontrollansprüche an die Stadtbevölkerung ins Auge gefasst werden, die durch ihre Orientierung am metaphysischen und nicht am physischen Heil der Menschen eine überaus charakteristische Sonderproblematik einführte. Dies und dazu die seltene Möglichkeit zur Beobachtung kriminogener Faktoren der Justizarbeit rechtfertigt die Arbeit mit einem so exotischen Untersuchungsgegenstand, wie es die Residenzstadt der Päpste zwischen etwa 1560 und 1585/90 ist.

1 Quellen und Zahlen

Ohne allzu tief in die sehr verwickelte Struktur der verschiedenen frühneuzeitlichen römischen Justizorgane eindringen zu wollen, sind vorab dennoch einige wenige Worte zu den von ihnen hervorgebrachten Quellen notwendig, soweit jedenfalls, wie sich die Darstellung hier auf sie stützt. Zu den Besonderheiten der römischen Justizarbeit im späten 16. Jahrhundert wie noch mehr zur Überlieferungssituation für diese Stadt gehört es, daß die Urteile der Kriminalgerichte, die ansonsten bisher überall das Hauptinstrument historischer Kriminalitätsforschung gewesen sind, in Rom höchstens für die Untersuchung von Einzelfällen, nicht aber für die flächenmäßige Erfassung der Delinquenzlandschaft herangezogen werden können. Dafür entschädigt eine andere Quellengattung, die Serien der Strafanzeigen (investigazioni), die nach dem Brauch der römischen Justiz abgetrennt von den übrigen Prozeßschritten aufbewahrt wurden und damit den Zugang zu Hunderten von Fallbeschreibungen vor ihrem Durchgang durch die Mühlen der Justiz liefern.[1]

Die hier zur Einführung gebotene quantifizierende Darstellung der Sicherheitslage im Rom des späten 16.Jahrhunderts stützt sich auf eine dritte Quellengattung, die wir wiederum einer spezifisch römischen Einrichtung verdanken, der Meldepflicht aller in Heilberufen tätigen Personen, Ärzten, Badern, Barbieren und Pflegern, für verdächtige Verletzungen bei ihren Patienten. Der eingestandene Zweck dieser Meldepflicht, die sich erstmals für das Jahr 1530 nachweisen läßt und dann bis ins 19. Jahrhundert hinein Bestand hatte, war, den Behörden Kenntnisse über Gewaltdelikte zu verschaffen, die sie angesichts der mangelnden Anzeigebereitschaft der römischen Bevölkerung auf einem anderen Weg nicht hätte gewinnen können. Das Vorgehen nach der Meldung einer Gewalttat über einen Barbier oder einen Arzt sah die Einvernahme des Opfers, zur Not auch in dessen Wohnung, und danach die Einleitung einer regulären Kriminaluntersuchung vor.[2] Die Büchlein für die Meldungen verdächtiger Verletzungen auf den Gerichtskanzleien (relazioni dei barbieri) enthalten knappste Eintragungen zur Art der Verletzung selbst, dazu Namen und Adresse des Geschädigten und womöglich des Täters, sind also ohnehin kaum anders als quantifizierende Quelle zu benutzen. Sie bieten Informationen zu wesentlich mehr Gewaltdelikten als die Anzeigeregister[3] und geben damit der der Meldepflicht zugrunde liegenden Vermutung durchaus recht. Dennoch sind auch die aus den relazioni dei barbieri gewonnenen Zahlen nicht identisch mit der Gesamtsumme aller Gewalttaten in Rom, auch wenn man weiß, daß die Römerinnen und Römer des 16. Jahrhunderts für so harmlose Verletzungen wie eine Ohrfeige schon zum Doktor liefen.[4] Die Benutzung der Barbiermeldungen verengt allerdings, das muß deutlich gesagt werden, den Blick auf einen einzigen Aspekt der Sicherheitsproblematik, die Unsicherheit durch Gewalt, immerhin ja den Hauptindikator im Sicherheitsdiskurs bis heute. Die Ausblendung der Eigen-

---

1 Blastenbrei, Peter: Kriminalität in Rom 1560–1585, Tübingen 1995, 26–31.
2 Blastenbrei, Peter: Zur Arbeitsweise der römischen Kriminalgerichte im späteren 16. Jahrhundert, Quellen und Forschungen aus italienischen Archiven und Bibliotheken (QFIAB) 71 (1991), 41 Anm. 214; Blastenbrei (1995), 40–42.
3 Blastenbrei (1991), 440 Anm. 77; Blastenbrei (1995), 41 Anm. 214.
4 Blastenbrei (1995), 40.

tumsdelinquenz bleibt dennoch ein Manko. Für sie gibt es im römischen Kontext keinerlei Quellen, die die Brauchbarkeit der Barbiermeldungen für die Gewalt auch nur entfernt erreichen würde. Die Anzeigeregister enthalten zwar zahlreiche Strafanzeigen wegen Diebstahl, Raub und Einbruch, selten auch wegen Betrug, wir wissen aber nicht annähernd, wie repräsentativ die hier zutage tretenden Fälle für den Gesamtkomplex Eigentumsdelinquenz sind. Gut bekannt ist dagegen die verbreitete Tendenz zur Selbsthilfe, zur Suche und Wiederbeschaffung entwendeter Besitztümer, die zur besonderen Vorsicht im Umgang mit Strafanzeigen auf diesem Gebiet mahnt.[5]

Rechnen wir die Meldungen der römischen Barbiere, Bader und Ärzte aus den überlieferten Jahren auf Zeiteinheiten um, so ergeben sich für die zweite Hälfte des 16.Jahrhunderts Zahlen von 80,4 Gewaltdelikten pro Monat im Jahresdurchschnitt (1569) bis zu 143,3 Gewaltdelikten pro Monat im Jahresdurchschnitt (1584/85). Der Vergleich einzelner Monate ergibt einen Tiefststand von 54 Gewalttaten im November 1568 und einen Höchststand von 223 Gewalttaten im Mai 1572. Wie schon angedeutet, enthalten diese Zahlen alle Abstufungen interpersonaler Gewalt von der Ohrfeige bis zum Mord mit sadistischen Begleitumständen. Damit kommen wir für den genannten Untersuchungszeitraum in einer Stadt, deren Einwohnerzahl zwischen etwa 6.0000 und 1.00000 Personen schwankte, auf durchschnittlich zwei bis vier, in Extremfällen fünf bis sieben Körperverletzungen pro Tag.[6]

Diese Zahlen sind eine eindeutige Aussage im Sinn unserer ersten Fragestellung nach dem Ausmass der Unsicherheit in den Strassen Roms. Sehr deutlich wird hier, daß es im Rom des späten 16. Jahrhunderts für Personen aus allen Bevölkerungsschichten eine große Wahrscheinlichkeit gab, über kurze oder längere Frist Opfer einer Gewalttat zu werden. Nur für sehr wenige soziale Gruppen wie Mönche und Nonnen oder die Spitzen der geistlichen und weltlichen Hierarchie war diese Wahrscheinlichkeit wesentlich geringer,[7] wenn auch wohl kein Römer und keine Römerin in einer gewaltfreien Umwelt gelebt hat.

Unsere Zahlen zeigen aber auch, daß es innerhalb dieses grundsätzlich von Gewalt geprägten Alltages zu recht starken Intensitätsschwankungen gekommen ist, die deutlich in zwei Formen zerfallen, langfristige Schwankungen über mehrere Pontifikate hinweg und kurzfristige Schwankungen innerhalb des Jahreslaufs. So ging die Gewaltdelinquenz nach einem langsamen Anstieg im Pontifikat Pius' IV. (Giovanni An-

---

[5]   Blastenbrei (1991), 450–452.
[6]   Berechnet nach Archivio di Stato Roma, Tribunale criminale del Governatore, Relazioni dei barbieri 9–22.
[7]   Blastenbrei (1995), 295.

gelo Medici, 1499–1560–1565) unter seinem Nachfolger Pius V. (Michele Ghislieri, 1504–1566–1572) stark zurück, um unter dem folgenden Papst Gregor XIII. (Ugo Boncompagni, 1502–1572–1585) wieder kräftig und scheinbar unaufhaltsam anzusteigen. Ein Versuch der Interpretation dieser langfristigen Schwankungen, die mit der jeweiligen kriminalpolitischen Attitüde des regierenden Papstes zu tun hatte, soll weiter unten versucht werden. Vergleichsweise einfach lassen sich dagegen in Anlehnung an Befunde aus der französischen Delinquenzforschung die Schwankungen innerhalb des Jahreslaufs deuten. Die beiden Spitzen der Gewalt fanden sich in Rom immer im Fastnachtsmonat, also im Februar oder im März, und in den Sommermonaten Juni oder Juli, einer Zeit großer psychosozialer Spannungen vor dem Bekanntwerden der jährlichen Ernteergebnisse und eventueller päpstlicher Hilfsmaßnahmen. Die Jahrestiefststände im Herbst, meist in den Monaten September bis November, lassen sich analog mit der Entspannungssituation im Zeichen ausreichender Nahrungsvorräte und niedriger Preise erklären.[8]

Anders als bei der Gewaltdelinquenz generell ist eine Erfassung der Gewaltverbrechen mit tödlichem Ausgang wesentlich schwerer und allein mit Hilfe einer kumulativen Auswertung aller zur Verfügung stehenden Quellengattungen unter Beachtung der Namen der Opfer möglich. Die Barbiermeldungen vermerkten den nachträglich eingetretenen Tod eines Gewaltopfers nur selektiv, bei der Auswertung der Anzeigeregister steht die grobschlächtige zeitgenössische Nomenklatur im Weg, die unter homicidium alle Vorfälle mit Todesfolge bis hin zur fahrlässigen Tötung oder Grenzbereichen des Unfalls subsummiert.[9] Zahlen mit dem Charakter von Mindestzahlen zur Bekräftigung des bereits aus der Betrachtung der Gewalt gewonnenen Eindrucks lassen sich dennoch auch bei Delikten mit Todesfolge für einige ausgewählte Jahre geben. Die höchsten Werte nach der beschriebenen Methode ergaben sich dabei mit jeweils 45 bis 54 Gewalttaten mit Todesfolge für die Jahre 1567, 1572, 1577, 1578 und 1580; in diesen Jahren wurde also wenigstens etwa jede Woche eine Körperverletzung mit tödlichem Ausgang verübt. Aus den angeführten Gründen verbietet sich jeder Versuch einer weiteren Ausdifferenzierung, vor allem nach dem Kriterium des Tötungsvorsatzes.[10]

---

8 Blastenbrei (1995), 67–68.
9 Blastenbrei (1995), 75.
10 Berechnet nach Archivio di Stato Roma, Tribunale criminale del Governatore, Investigazioni 63–66, 102, 110, 143, 151–155 und 179–184; Tribunale criminale del Senatore, Registri 1162–1164, 1167, 1174, 1176 und 1181–1183; Biblioteca Apostolica Vaticana, Codice Urbinate latino 1042–1043, 1045–1048 und 1053.

2 Konzept und Praxis der römischen Justiz

Der Befund eines so überaus unsicheren und von interpersonaler Gewalt geprägten Alltags, wie es der römische im späten 16. Jahrhundert war, hat nun überraschenderweise nur einen sehr geringen Widerhall bei den schreibenden Zeitgenossen, Römern wie Fremden, gefunden. Weder in den Pilgerhandbüchern der Zeit, die in diesen Jahren ihren Charakter generell zu wandeln begannen,[11] noch in den Erinnerungen zeitgenössischer Pilger findet sich ein Hinweis auf oder eine Warnung vor den Gefahren Roms. Dies mag allerdings damit zusammenhängen, daß die Pilger in Rom aus noch ungeklärten Gründen (Unterbringung in Hospizen abseits von der Bevölkerung ?) zu den von der Kriminalität kaum je betroffenen Gruppen gehörten.[12] Noch auffälliger vielleicht ist die fast vollständige Ausblendung der alltäglichen Unsicherheit in den Erzeugnissen des frühen Journalismus, für den Rom ein europaweit bedeutendes Zentrum war. Die sogenannten urbinatischen avvisi, sehr detaillierte, wöchentlich und auch häufiger verfaßte Berichte aus Rom für den Herzog von Urbino, die für fast ein Jahrhundert (1555–1648) komplett vorliegen und damit zu den wertvollsten frühneuzeitlichen Quellen Italiens überhaupt zählen, erwähnen die Alltagsdelinquenz so gut wie nie. Delinquenz ist hier nur präsent als spektakuläres Einzeldelikt mit prominenten Beteiligten oder sensationellen Umständen.[13] Daß die anonymen Schreiber der avvisi dennoch recht klare kriminalpolitische Vorstellungen hatten, wie noch zu zeigen sein wird, darf nicht verwundern.

Tatsächlich stammen die wenigen Äußerungen zur römischen Alltagsdelinquenz nicht von einheimischen Berichterstattern, sondern von Nichtrömern. Besonders herausragend wegen der Art und Intensität seiner Beobachtungen ist dabei der große französische Schriftsteller Michel de Montaigne, der den Winter 1580 auf 1581 in Rom verbrachte. Montaigne, selbst kein Opfer der römischen Gewalttätigkeit, war dennoch der einzige, der die Unsicherheit von Leben, Gesundheit und Eigentum gleichermaßen thematisierte. Diese allgemeine, alle Bereiche umfassende Unsicherheit unterschied für ihn Rom sehr unvorteilhaft von Venedig, das Montaigne kurz zuvor besucht hatte. In einer durch-

---

[11] Erste Hinweise auf den touristischen Wert von Antiken (aus der Feder Andrea Palladios !): Le cose maravigliose dell'Alma Citta di Roma, Venetia 1588 (Nachdruck Rom 1973), S.105ff.

[12] Taschendiebstähle bei großen öffentlichen Zeremonien, auch an Pilgern, sind dagegen gut überliefert: Archivio di Stato Roma, Tribunale criminale del Governatore, Investigazioni 126, f. 105r.

[13] Blastenbrei (1995), 48.

aus philosophischen Denkfigur parallelisiert er dabei die Einbußen an persönlicher Freiheit durch repressive Behörden mit denen durch Unsicherheit und Delinquenzgefährdung im Alltag.[14] Nicht zufällig wohl hatten auch die anderen Beobachter Roms, die die alltägliche Unsicherheit vor allem durch Gewalt thematisierten, wie Montaigne den Erfahrungshintergrund Venedigs zum Vergleich. Gemeint sind dabei die venezianischen Gesandten am Papsthof, die in ihren Abschlussberichten für die beschränkte Öffentlichkeit der heimischen Regierungsgremien regelmäßig die alltäglichen Zustände in der Ewigen Stadt schilderten. Ihre Beobachtungen konnten dabei bis zum Vergleich der römischen Situation mit einem Bürgerkrieg gehen, allerdings nur in einem Extremfall, der blutigen halbjährigen Sedisvakanz des Jahres 1559.[15] Ihre Berichte sind gewöhnlich begleitet von einer mehr oder minder deutlichen Kritik an der päpstlichen Kriminalpolitik und insbesondere an der für stadtvenezianische Verhältnisse tatsächlich ungewöhnlichen Ungleichbehandlung von hoch und niedrig bei der Strafverfolgung.[16]

Trotz des Beharrens auf der Unparteilichkeit der Justiz ist auch bei den venezianischen Botschaftern Strenge das unverkennbare, wenn nicht das einzige Abzeichen einer guten und ihrer Aufgabe gewachsenen Justiz, für die Fähigkeit des Justizsystems, Sicherheit herzustellen und auf Dauer zu gewährleisten. Hier treffen sich die venezianischen Beobachter mit den zahlreichen Römern, die trotz fehlender Beschreibung der missbilligten Ausgangslage durchaus sehr deutliche Vorstellungen vom Ideal einer strengen und unversöhnlichen Justiz, einer Justiz mit blutigem Richtschwert (spada arrosata),[17] hegten. Ein einziges Mal, unter Sixtus V. (Felice Peretti, 1521–1585–1590), hat die päpstliche Eigenpropaganda das Thema der Sicherheit durch unnachsichtige Strenge im Bild bewußt aufgegriffen, besonders deutlich vielleicht am

---

[14] Montaigne, Michel de: Journal de Voyage, a cura di Fausta Garavini, Paris 1983, 190.

[15] Albèri, Eugenio, a cura di: Le relazioni degli ambasciatori veneti al senato durante il secolo decimosesto, volume 10, Florenz 1857, 38–39.

[16] Albèri (1857), 30–31, 88, 172 und 177; die neuere italienische Forschung relativiert mittlerweile allerdings die auch ideologisch verklärte Sicherheit Venedigs besonders in Hinblick auf dessen Landgebiet: Povolo, Claudio: Nella spiraglia della violenza, in: Bande armate, banditi, banditismo e repressione di giustizia negli stati europei di antico regime, a cura di Gherardo Ortalli, Rom 1986 (Atti del convegno, Venezia 3–5 novembre 1985), 37–44.

[17] Biblioteca Apostolica Vaticana, Codice Urbinate latino 1053, f. 232r; Albèri (1857), 277; Il diario di Marcello Alberini (1521–1536), a cura di D. Orano, Archivio della società romana di storia patria 18 (1895), 331; Il primo processo per San Filippo Neri nel codice vaticano 3798, ed. Giovanni Incisa della Rocchetta e Nello Vian, Volume 4, Città del Vaticano 1963 (Studi e testi 224), 187.

Grabmonument dieses Papstes in S.Maria Maggiore, wo Justitia und Roma Soldaten mit abgeschnittenen Banditenköpfen begrüßen.[18]

Die venezianischen Diplomaten kritisierten die Parteilichkeit der römischen Justizpraxis bemerkenswerterweise nicht aus moralischen Gründen, sondern wegen ihrer Kontraproduktivität für die Ziele der Justizarbeit. Anders als in Venedig jedoch war die Kriminalpolitik im päpstlichen Rom Aspekt einer doppelten Grundsatzproblematik, einer strukturellen und einer machtpolitischen. Dabei geht es nicht so sehr um die Spannung zwischen geistlichem und weltlichem Richteramt des Papstes, die immerhin auf dem Höhepunkt der Gegenreformation vereinzelt noch empfunden wurde,[19] sondern um die Bindung des jeweiligen kriminalpolitischen Konzeptes an die Person des in der Regel relativ kurz regierenden Papstes. Strenge wie Milde gehörten zu den möglichen Regierungsentwürfen des geistlichen Fürsten und wechselten im Untersuchungszeitraum mit jedem neuen Pontifikat, wobei hier nicht diskutiert zu werden braucht, wo die Scheidelinie zwischen intentioneller Milde und faktischer Nachlässigkeit auf justiziellem Gebiet wirklich verlief. Die römische Bevölkerung jedenfalls war im späten 16. Jahrhundert aufgrund dieser strukturellen Besonderheit des Kirchenstaates einem Wechselbad von milder und strenger kriminalpolitischer Praxis ausgesetzt. Hatte sich allerdings ein Papst zur Strenge im aufgezeigten Sinn entschlossen, dann konnte die Härte der römischen Justiz, jedenfalls soweit sich das an den Hinrichtungszahlen ablesen läßt, alles bis dahin gewohnte, aber auch Vergleichbares aus anderen europäischen Städten in den Schatten stellen. Dies gilt besonders für die Anfangsjahre von Sixtus V. mit ihren überlieferten 97 (1585) und 88 (1586) Exekutionen (gegenüber einem Durchschnitt von 26 Hinrichtungen pro Jahr im Vierteljahrhundert seit 1560).[20]

Die mangelnde Durchsetzungskraft der päpstlichen Justiz gegenüber der römischen Oberschicht schließlich war ein lebendiger Ausdruck des schwelenden Machtkampfes zwischen geistlichem Monarchen und dem kaum integrierbaren römischen Hochadel. Die so deutlich kritisierte Parteilichkeit zugunsten von Adligen und großen Herren, die sich zumeist in der Aushandlung hoher Geldbußen (composizione) anstelle von einseitig gerichtlich festgesetzten Strafen äußerte, war im übrigen

---

18 Polverini Fosi, Irene: Justice and its Image, The Sixteenth Century Journal 24 (1993), 87–88; Abbildungen in: Polverini Fosi, Irene: La società violenta, Roma 1985, Abb. 1 und 8; Polverini Fosi (1993), 89–90 fig. 4–5.
19 Blastenbrei, Peter: Glücksritter und Heilige, QFIAB 70 (1990), 467.
20 Berechnet nach Archivio di Stato Roma, Inventario 285; es gibt Anzeichen dafür, daß die Justiz unter Gregor XIII. bewußt vermehrten Gebrauch von der Galeerenstrafe machte. Eine zusammenfassende Darstellung der päpstlichen Kriminalpolitik fehlt noch.

wiederum nur ein Teilbereich dieses Machtkampfes, der sich weitgehend auf dem Tätigkeitsfeld der Justiz abspielte. Der offene Widerstand gegen Maßnahmen der Ordnungskräfte, Schutz für gesuchte Delinquenten in Adelspalästen, Gefangenenbefreiung,[21] Sperrzonen um die Paläste, die von den Ordnungskräften nicht betreten werden durften,[22] und schließlich das von jungen Adligen am 27. April 1583 inszenierte Polizistenmassaker[23] waren gezielte Herausforderungen, die über die Lähmung der Justizarbeit die päpstliche Innenpolitik in ihrem Kern treffen sollten. Über der Arbeit der römischen Justiz schwebte damit beständig ein illusorisches Moment.

Unabhängig von solchen wenig beeinflußbaren Rahmenbedingungen, aber auch unabhängig vom Ideal einer strengen und blutigen Justiz haben die päpstlichen Behörden das ganze 16. Jahrhundert hindurch an technischen Mitteln zur Effizienzsteigerung der Justizpraxis gearbeitet, ein Beleg dafür, daß sich die Verantwortlichen hier unter wechselnden Päpsten und unter wechselnden kriminalpolitischen Konzepten über die gleichbleibenden sicherheitspolitischen Mängel der Metropole Rom durchaus im klaren gewesen sind. Die technischen Verbesserungen, wie sie gemeint sind, lassen sich fast nie über normative Texte, Gesetze und Verordnungen, erschließen, sondern allein über die Alltagspraxis an den verschiedenen Gerichtshöfen der Stadt. Ihre strikt pragmatische Orientierung an der Effizienzsteigerung ist in jedem Fall beachtlich. Dazu zählen die bereits ausführlich dargestellte Meldepflicht für verdächtige Verletzungen und Versuche zu ihrer Ausdehnung über den engen Kreise der Heilberufe hinaus bis hin zu den Priestern zu Anfang der 1560er Jahre, was faktisch auf eine Aushebelung des Beichtgeheimnisses hätte hinauslaufen können.[24] Dazu gehören weiter die Förderung der Anzeigebereitschaft in der Bevölkerung (etwa durch die Sonntagsöffnung der Gerichtskanzleien, Sportelbefreiung für Anzeigen oder die Aufnahme der Anzeigen in Italienisch statt Latein),[25] die Aufstockung der Polizeitruppe (1512 25 Mann, 1584 200)[26] und des Büropersonals[27] oder der verstärkte Einsatz von Spitzeln zur Aufklärung von Straftaten.[28] Die

---

[21] Blastenbrei, Peter: La quadratura del cerchio, Dimensioni e problemi della ricerca storica. Rivista del dipartimento di studi storici dal medioevo all'età contemporanea dell'Università „La Sapienza" di Roma, 1994, 1, 18–19.

[22] Solche franchigie wurden seit etwa 1550 eingerichtet: Blastenbrei (1994), 20; Blastenbrei (1995), 12.

[23] Blastenbrei (1994), 6–8.

[24] Blastenbrei (1991), 442 und Anm. 86.

[25] Blastenbrei (1991), 443 und 464–465; Blastenbrei (1995), 34.

[26] Blastenbrei (1994), 14.

[27] Blastenbrei (1991), 467.

[28] Hier allerdings meist auf Initiative der Päpste und gezielt im moralisch-religiösen Bereich: Blastenbrei (1991), 437–438; Blastenbrei (1995), 37–38.

dennoch seit etwa 1578/80 für einige Jahre feststellbare Nachlässigkeit in der Justizarbeit[29] bestätigt durch ihre zeitliche Koinzidenz ein weiteres Mal die Abhängigkeit der Justiz von der Person des amtierenden Pontifex, hier des innenpolitisch schwachen Gregor XIII.

3   Die große Verweigerung

Für die überwiegende Mehrheit der römischen Bevölkerung, die hier abschließend mit ihrer Interaktion mit Gewalt und Justiz in den Blick genommen werden soll, bedeutete die endemische Unsicherheit auf den Strassen und bis in die Wohnhäuser hinein eine Lebensbedingung, zu der es aus ihrer Erfahrung heraus keine denkbare Alternative gab. Die alltägliche Gewalt ließ sich zwar zeitweilig unterdrücken, wie dies offenbar unter Pius V. geschehen war, wirklich auszurotten oder langfristig zu beeinflussen war sie mit den Konzepten und praktischen Mitteln der Zeit aber offensichtlich nicht, auch nicht mit solchen obrigkeitlichen Gewaltorgien wie in den Jahren 1585/86. Soweit wir dies aus den noch sehr unvollständigen Untersuchungen zur stadtrömischen Delinquenz späterer Epochen wissen, hatte sich an dieser Situation bis ins 18. Jahrhundert hinein noch nichts geändert – außer einer jetzt deutlich spürbaren Resignation der Justiz vor der scheinbar unlösbaren Aufgabe.[30]

Bei der Untersuchung der römischen Delinquenz des 16. Jahrhunderts fällt immer wieder die massive Ablehnung, ja, der Haß auf, mit dem zahlreiche Römer und Römerinnen der Justiz und den Ordnungskräften und auch all denjenigen gegenübertraten, die mit den Behörden zusammenarbeiteten. Wagt man eine Gewichtung der Motive, Anlässe und Ursachen der Gewaltdelikte im Untersuchungszeitraum, dann scheint diese tiefsitzende und verbreitete Abneigung gegen alles, was mit der römischen Justiz zu tun hatte, an zweiter Stelle unter den Auslösern von Gewalt, gleich nach den materiellen Konflikten, gekommen zu sein.[31] Überraschenderweise war also, wie es scheint, einem großen Teil, wenn nicht der Mehrheit der römischen Bevölkerung trotz der alles beherrschenden Gewalt in ihrem Alltag, der intentionell friedensstiftende und konfliktbereinigende Aspekt der Justizarbeit fremd und geradezu unwillkommen.

---

[29]   Blastenbrei (1995), 38 Anm. 202, 40 Anm. 213 und 44 Anm. 230; Hinweise auf zeitgenössische Kritik daran: Biblioteca Apostolica Vaticana, Codice Urbinate Latino 1051, f.32r; 1053, f.107v.

[30]   Cajani, Luigi: Giustizia e criminalità nella Roma del Settecento, in: Ricerche sulla città del Settecento, a cura di Vittorio Emanuele Giuntella, Rom 1978, 283; Gross, Hanns: Roma nel Settecento, Roma/Bari 1990, 255–258 und 265–266.

[31]   Blastenbrei (1995), 118–119.

Die Nutzung der Angebote der Justiz im Konfliktfall scheint in der römischen Bevölkerung vielmehr als letztes Mittel angesehen worden zu sein, das ohne das Risiko gesellschaftlicher Ächtung vorzugsweise Leuten offenstand, denen der normale Weg zur Konfliktlösung, eben der gewalttätige, nur bedingt oder gar nicht zugänglich war. Es ist kein Zufall, daß wir diesen Mechanismus nur aus einer einzigen Aussage vor Gericht und diese wiederum aus dem Mund einer Frau kennen. 1580 gab eine Witwe zu Protokoll, daß sie nur deshalb bei den Behörden Hilfe suchte, weil nach dem Tod ihres Bruders nun kein erwachsener Mann mehr in der Familie vorhanden sei, der die Schwängerung ihrer Schwester an einem Cousin rächen konnte.[32]

Alle anderen, und das heißt vor allem die erwachsenen männlichen Römer liefen beim vorzeitigen Rekurs an die Justiz oder bei der Zusammenarbeit mit ihr Gefahr, von ihrer Umgebung ausgegrenzt, beschimpft, bedroht und schließlich tätlich angegriffen zu werden. Angesichts der niedrigen Reizschwelle zur Gewaltanwendung in diesem Kontext, die wir aus zahllosen Fallbeispielen kennen, muß letztlich am ehesten verwundern, daß es im Rom des späten 16. Jahrhunderts überhaupt noch eine nennenswerte Kooperation mit der Justiz gegeben hat. Die Auslösung einer Gewalttat in diesem Bereich war im übrigen keineswegs an eine konkrete Aktion zuungunsten des späteren Angreifers geknüpft, vielfach genügte dazu schon eine Absichtserklärung oder gar die Vermutung eines irgendwie gearteten Kontaktes mit den Behörden. 1560 wurde eine Frau auf der Straße angegriffen, weil sie sich in Begleitung eines Angehörigen der römischen Polizei befand.[33] 1572 reizte ein Kneipengespräch über eine bevorstehende Pfändung einen Unbekannten am Nachbartisch bis zu Faustschlägen gegen die beiden Sprecher.[34] 1585 bewarf ein Römer einen ihm bekannten Pferdeverleiher ohne konkreten Grund mit Steinen, bloß weil dieser beim Betreten der Amtsräume der Straßenbehörde gesehen worden war.[35]

Naheliegenderweise waren die Angehörigen der römischen Ordnungskräfte (sbirri) dem Haß der Normalbevölkerung ganz besonders ausgesetzt. Angriffe auf einzelne sbirri sind wohl vor allem wegen der überlegenen Bewaffnung und Übung der Polizisten nicht überliefert. Als Gruppe waren die sbirri gesellschaftlich scharf ausgegrenzt, und so ist es

---

32 Blastenbrei (1991), 457; Blastenbrei (1995), 35.
33 Archivio di Stato Roma, Tribunale criminale del Governatore, Investigazioni 64, f. 1v.
34 Archivio di Stato Roma, Tribunale criminale del Governatore (Borgo), Investigazioni 110, f. 4r–5r.
35 Archivio di Stato Roma, Tribunale criminale del Governatore, Investigazioni 183, f. 89r.

mehr als eine Kuriosität, daß sich selbst Prostituierte untereinander als Freundin eines sbirro beschimpften.[36] Die politische Instrumentalisierung durch den römischen Adel in seinem Dauermachtkampf mit dem Papst setzte mit großer Leichtigkeit an dieser Rolle der Ordnungskräfte an, die ja als Vollzugsorgane der Justiz mittelbar im Namen des Papstes handelten.

Die große Bedeutung, die dem Studium der römischen Delinquenz im 16. Jahrhundert allgemein für die Interaktion zwischen Bevölkerung und Justiz und speziell für das Verständnis bestimmter kriminogener Aspekte der frühmodernen Justizarbeit zukommt, ergibt sich aus der Tatsache, daß sich hier Vorläufer der aus mafiösen Zusammenhängen des 19. und 20. Jahrhunderts gut bekannten omertà in ihrer formativen Phase ausmachen lassen. Anders als im heutigen Italien, wo omertà ein allumfassendes, von delinquenten Machtzentren erzwungenes Schweigegebot und Kooperationsverbot bezeichnet,[37] lassen sich die omertà-Vorläufer im frühneuzeitlichen Rom noch als lebendige Antworten auf inadäquate Handlungen und Unterlassungen der Justiz und generell des sich entwickelnden Staates begreifen. Herkömmliche Grundhaltungen, auf denen diese Reaktionen unter Umständen aufbauen konnten, lassen sich beim gegenwärtigen Forschungsstand vorerst noch nicht ausmachen, sind aber nicht unwahrscheinlich.

Insgesamt lassen sich drei Felder aufzeigen, auf denen die unvermeidliche Tätigkeit der Justiz diese selbst in die Rolle einer Feindin der unmittelbaren Lebensinteressen der Bevölkerung versetzte, gegen die es Widerstand in Form von Ächtung und Sabotage der Kooperation zu leisten galt und die damit wenigstens indirekt wieder selbst kriminogen wirkte. Das erste Beispiel soll aus der Ziviljustiz genommen werden, deren Hauptaufgabe in Rom wie anderswo das Vorgehen gegen Schuldner, die Durchführung gerichtlich angeordneter Pfändungen und die Inhaftierung säumiger Schuldner, darstellte.[38] Die Beschlagnahme von unentbehrlichem Hausrat in den sensibelsten Zonen des Privatbereichs oder die Aufbürdung neuer finanzieller Lasten durch die Schuldhaft, noch dazu vorgenommen von den verhaßten, für solche Aufgaben kaum qualifizierten und zu Übergriffen neigenden sbirri,[39] stellten sich

---

36 Archivio di Stato Roma, Tribunale criminale del Governatore, Investigazioni 99, f. 124r–125r.

37 Blok, Anton: Die Mafia in einem sizilianischen Dorf 1860–1960, Frankfurt 1981, 259–260 und 341–342.

38 Blastenbrei (1994), 15–16; wie drückend das Schuldenproblem in Rom war, zeigt die Tatsache, daß ständig etwa fünf Prozent der Bevölkerung in Schuldhaft saßen: Delumeau, Jean: Vie économique et sociale de Rome dans la seconde moitié du XVIe siècle, volume 1, Paris 1957, 497–498.

39 Blastenbrei (1994), 15–18.

den Betroffenen als amtlich verordnete, mutwillige Beeinträchtigung ihrer materiellen Lebensgrundlagen dar.

Eine weitere Hauptaufgabe der römischen Polizeikräfte mit ähnlich desaströsen Folgen für das Ansehen der Justiz in der Öffentlichkeit war die Dauerfahndung nach illegalem Waffenbesitz. Die päpstliche Regierung vermutete im sehr verbreiteten Waffenbesitz der römischen Bevölkerung eine Ursache für die endemische Gewalt in der Stadt. Bei einer Waffenbenutzung von über 42 Prozent bei den in Rom im Untersuchungszeitraum verübten Gewalttaten[40] liegt ein solcher Schluß nahe, doch ist die Verwechslung von Ursache und akzessorischen Umständen nur zu deutlich. Soweit Eigenaussagen[41] zu dem auch von auswärtigen Beobachtern konstatierten exzessiven Waffenbesitz der Römer[42] vorliegen, so war dieser für die Einwohner der Stadt kaum der Erwähnung wert und allenfalls als einzig mögliche Antwort auf die allumfassende Lebensbedingung Gewalt zu verstehen. Damit war den Betroffenen der übergeordnete Sicherheitsaspekt der Waffenkonfiskationen nicht vermittelbar, die Justizarbeit schlug für sie in eine willkürliche Beeinträchtigung ihrer Überlebenschancen um.

Auch die neuen obrigkeitliche Kontrollansprüche auf dem Gebiet von Sittlichkeit und Sexualität haben indirekt auf die Verschärfung der römischen Situation hingewirkt. Im Bereich der Kriminaljustiz strenge und konsequente Päpste wie Pius V. und Sixtus V. bemühten sich gleichermaßen um die Durchsetzung der christlich-asketischen Maßstäben verpflichteten neuen Sexualmoral, wie sie seit dem Ende des Trientiner Konzils 1564 auf der Tagesordnung der katholischen Welt stand. Hauptangriffspunkte waren dabei gerade die Formen devianten Sexualverhaltens, wie sie in Rom mit seinem eklatanten Frauenmangel so häufig waren. Vor allem der obrigkeitliche Einbruch in offene heterosexuelle Beziehungen um sogenannte cortigiane herum, die vielfach als eine Art Familienersatz dienten,[43] hat offensichtlich unzählige, wenn auch im Sinn der herrschenden Moral deviante Sozialisierungskeime zerschlagen und damit neue psychosoziale Spannungen in die Stadtgesellschaft hineingetragen.

---

[40] Errechnet auf der Grundlage der Urteile gegen die Täter von 6026 Gewaltdelikten 1560–1584 vgl. Blastenbrei (1995), 86 Tab. 4.

[41] Archivio di Stato Roma, Tribunale criminale del Governatore, Investigazioni 127, f. 109v; Investigazioni 128, f. 33r.

[42] Albèri (1857), 277 (Römer werden praktisch mit der Waffe in der Hand geboren).

[43] Blastenbrei, Peter: Die Einwanderung nach Rom nach dem Sacco von 1527, QFIAB 72(1992), 225; Blastenbrei (1995), 288; Kurzel-Runtscheiner, Monica: Töchter der Venus. Die Kurtisanen Roms im 16.Jahrhundert, München 1995, 19–26.

Römer und Römerinnen haben sich nicht gegen die verschärfte Repression auf diesem Gebiet oder allgemeiner auf sicherheitspolitischem Gebiet zur Wehr gesetzt, will man nicht jeden Angriff auf kooperationsbereite Mitbürger zu intentionellen Widerstandsaktionen stilisieren. Sie haben allerdings unter dem verstärkten obrigkeitlichen Druck auch nicht die erwarteten Anpassungs- und Disziplinierungsleistungen erbracht. Sie sind im Gegenteil solchen Anforderungen in der sicheren Erkenntnis physisch ausgewichen, daß auch die Pontifikate der strengsten Päpste in der Regel nur von sehr begrenzter Dauer sind, und sie haben dazu Strategien zur weiträumigen Sabotage der Justiz selbst entwickelt, die dann auf lange Sicht in die omertà modernen Typs hineinführten. Unter Pius V. war der Tiefstand der Gewaltdelinquenz eben kein echter Erfolg der päpstlichen Repressionsmaßnahmen gewesen, sondern Folge eines Tiefstandes der Stadtbevölkerung.[44] Gut ein Drittel der römischen Einwohnerschaft hatte ebenso wie schon unter Paul IV. (Gian Pietro Carafa, 1476–1555–1559)[45] die Stadt verlassen und die gewaltsame Bereinigung ihrer Konflikte auf die kommende Sedisvakanz aufgeschoben; die Folge davon war der blutige Mai des Jahres 1572.

Damit schließt sich der Kreis zurück zu unserem Ausgangspunkt, den Barbiermeldungen als Quelle zur Gewaltdelinquenz. Die in ihrer Mehrheit jeder Zusammenarbeit mit der Justiz abgeneigte römische Bevölkerung mußte mit einer Einrichtung wie der Meldepflicht für verdächtige Verletzungen über kurz oder lang zusammenstossen, wollte sie nicht auf ärztliche Hilfe generell verzichten. Frühzeitig finden wir hier individuelle Versuche, sich dem Strafverfolgungsmechanismus der Meldepflicht durch Lügen über die Ursachen der erlittenen Verletzung oder durch die Verweigerung des anschließenden Verhörs zu entziehen.[46] Seit Beginn der 1570er Jahre stiegen aber die Ziffern der in den Barbiermeldungen ohnehin immer mitangezeigten Unfälle als Verletzungsursachen schnell an bis auf unglaubliche 20 (1573–1582), 30 (1582–1585) und schließlich über 40 Prozent (1589–1590) aller Meldungen.[47] Damit, mit der standhaften und zuweilen dreisten Behauptung, eine Verletzung sei unabhängig vom Augenschein die Folge eines Unfalls gewesen, hatte die römische Bevölkerung das bis dahin wirksamste Mittel zur Lahmlegung der Barbiermeldepflicht entdeckt. Der Zeitpunkt der Entstehung dieses Massenphänomens gibt einen Anhaltspunkt dafür, daß der endgültige Vertrauensverlust der römischen Bevölkerung in die Justiz weniger mit der außergewöhnlichen Strenge eines einzelnen

---

44 Blastenbrei (1995), 54–56.
45 Albèri (1857), 35.
46 Blastenbrei (1995), 40 Anm. 213, 41–42 und Anm. 216.
47 Blastenbrei (1995), 43–44.

Papstes zu tun hatte als mit dem schwer erträglichen Wechselbad aus Milde und Strenge, aus blutiger Härte und hilfloser Nachgiebigkeit, das diese Jahrzehnte kennzeichnete.

Insel des Friedens oder Brennpunkt der Gewalt?

Die Reichsstadt Köln (ca. 1470–1620)

GERD SCHWERHOFF

Eine Vielzahl kollektiver Ängste und ein allgemeines Gefühl der Unsicherheit kennzeichneten das Bewußtsein der Menschen vom 14. bis zum 18. Jahrhundert: Furcht vor dem Meer und vor der Ferne, vor dem Satan, vor Gespenstern und vor Hexen, vor der Pest und vor Unruhen. Reale Krisenfaktoren, wie sie dem Ancien Régime endemisch waren (etwa Teuerungen, Hungersnöte, Seuchenzüge, Kriege und politische Unruhen), gab einer Angst der Zeitgenossen immer neue Nahrung, die sich zu einer regelrechten Bedrohungsparanoia steigern konnte; periodisch entlud sich diese Paranoia in der Suche nach Sündenböcken, denen die Verantwortung für die allgemeine Unsicherheit zugeschrieben wurde. Dabei steigerte die immer bedrohlichere Existenz dieser imaginierten Sündenböcke das kollektive Gefühl der Furcht nur zu neuen Höhen. Jean Delumeau, aus dessen Feder dieses düstere Zeitpanorama stammt, verdichtete seine Darstellung in der Metapher von der „belagerten Stadt". Auch wenn damit die mentale Lage der gesamten abendländischen Christenheit gemeint war und keine bestimmte Kommune, so war die Wahl dieser Metapher wohl kein Zufall. Und ebensowenig zufällig setzt seine Darstellung mit der Schilderung des französischen Reisenden Michel de Montaigne aus dem Jahr 1580 über die abendlichen Sicherungsmaßnahmen am Augsburger Stadttor ein.[1]

Seit der hochmittelalterlichen Wiedergeburt größerer Städte in Mitteleuropa wurden ihre moralische Qualitäten und damit auch ihre Sicherheit von den Gelehrten kontrovers beurteilt. Gewalttätige und verderbenbringende Gemeinwesen seien sie, so urteilte Kardinal Jacob von Vitry (†1240). Wucher und Betrug blühten dort, Nachbarn betrogen einander und fremde Pilger würden erst recht übers Ohr gehauen. Ein zutiefst verlorener Menschenschlag wohne in diesen Städten. Der Kirchenmann stand mit seinem Urteil nicht allein da. Lange Zeit schien die

---

[1] Delumeau, Jean: Angst im Abendland. Die Geschichte kollektiver Ängste im Europa des 14. bis 18. Jahrhunderts, 2 Bände, Reinbek bei Hamburg 1985 (franz. 1978), 9–10; vgl. für einen präziseren Versuch über spätmittelalterliches Krisenbewußtsein Graus, František: Pest – Geißler – Judenmorde. Das 14. Jahrhundert als Krisenzeit, Göttingen 2. Aufl. 1987.

noch junge und sich entwickelnde Lebensform der Stadt den zeitgenössischen Theologen nur mit der Metapher von der „Hure Babylon" deutbar zu sein. Allmählich aber entwickelte sich ein radikal entgegengesetzter Traditionsstrang, in dessen Mittelpunkt die Himmelsstadt, das „himmlische Jerusalem" der Apokalypse stand. So griff Wilhelm von Auvergne (†1249) bei der Erläuterung der Sakramentenlehre auf das Bild einer Idealstadt zurück: ein wohlgeordnetes Gemeinwesen, scharf vom umgebenden 'wilden' Land geschieden, in dem Frieden herrscht und die Gesetze befolgt würden.[2] So artifiziell und typisierend die dargelegten Positionen auch erscheinen mögen, jede der beiden kann doch ein Stück Lebensnähe für sich reklamieren. Städtisches Leben bedeutete zwangsläufig die Verdichtung sozialer Funktionen, die Zentralisierung vieler, sonst getrennter Tätigkeiten bzw. die Entstehung neuer Bedürfnisse, die durch neue Berufe befriedigt werden mußten, sowie das Zusammentreffen vieler Fremder, mithin: die Lockerung der Mechanismen sozialer Kontrolle, wie sie in kleineren, überschaubaren face-to-face communities vorherrschend waren. Diese Entwicklungslinie ist insbesondere von Hans Peter Duerr skizziert worden; er deutet die statuarischen Ordnungsversuche der städtischen Obrigkeiten lediglich als einen blassen Wiederschein der vormals starken informellen Sozialkontrolle.[3] Zwangsläufig, scheint es, mußten die Städte so auch zu Brennpunkten von Konflikten, Verbrechen und damit von Unsicherheit werden. Im Gegensatz dazu gibt es jedoch gute Gründe dafür, sich die spätmittelalterlichen und frühneuzeitlichen Städte als relativ sicher vorzustellen. Rechtlich als Sonderfriedensbereich und materiell durch mehr oder weniger dicke Mauern vom Umland abgegrenzt, konnten sie in der Regel Schutz vor Räubern und Mordbrennern bieten. Im Konfliktfall stand den Einwohnern ein vergleichsweise ausgefeiltes Angebot an Rechtsmitteln zur Verfügung. Die städtischen Obrigkeiten waren bemüht, ihre herumreisenden Bürger auch in der Fremde zu schützen bzw. wenigstens zu rechtfertigen. Im Inneren der Stadt dagegen war jeder Amtsträger bzw. sogar jeder Bewohner zum Friedegebot, d.h. zum Einschreiten bei gewaltsamen Streitigkeiten eidlich verpflichtet.[4]

---

[2]   Meier, Ulrich: Mensch und Bürger. Die Stadt im Denken spätmittelalterlicher Theologen, Philosophen und Juristen, München 1994, 26, 30–32.

[3]   Duerr, Hans Peter: Intimität, Frankfurt/M. 1990, 20–24; allerdings darf man sich die vormoderne Stadt auch nicht zu anonym und unüberschaubar vorstellen, vgl. Jütte, Robert: Das Stadtviertel als Problem und Gegenstand der frühneuzeitlichen Stadtgeschichtsforschung, in: Blätter für deutsche Landesgeschichte 127 (1991), 235–269.

[4]   Vgl. statt vieler Einzeltitel Isenmann, Eberhard: Die deutsche Stadt im Spätmittelalter, Stuttgart 1988, 74–89.

Gefährlicher Sündenpfuhl oder Insel des Friedens – die widersprüchlichen Bewertungen der vormodernen Stadt fordern eine Analyse der (Un-)Sicherheit am konkreten Beispiel und zum Vergleich mit den Städten der Moderne heraus. Nun war die Reichsstadt Köln auch für die Verhältnisse des 16. Jahrhunderts nicht gerade eine europäische Metropole wie etwa Paris oder die italienischen Weltstädte Venedig und Florenz. Mit 40.000 Einwohnern hielt sich die Stadt jedoch auch in der beginnenden Neuzeit zahlenmäßig in der Spitzengruppe der urbanen Zentren in Deutschland. Die für heutige Begriffe kleinstädtisch wirkende Zahl darf nicht darüber hinwegtäuschen, daß Köln als Wirtschaftsknotenpunkt am Niederrhein und als katholischer Vorposten unter den Reichsstädten eine überragende zentralörtliche Bedeutung besaß. Die Autonomie der Stadt war allerdings ständig vom Erzbischof bedroht, dessen Territorium unmittelbar vor den Stadtmauern begann und das linksrheinische Köln völlig umschloß. Der ehemalige Stadtherr besaß – wie vor – ein Unikum für eine freie Reichsstadt! – die Hoch- und Blutgerichtsbarkeit. Immerhin konnte der Stadtrat aus eigener Machtvollkommenheit kleinere Delikte aburteilen. Durch seine obrigkeitliche Stellung war er außerdem befugt, viele schwerere Vergehen als Bruch des Bürgereides, Ungehorsam oder Aufruhr zu richten. Schließlich hatte er für alle Kriminalfälle das ausschließliche Recht auf die Voruntersuchungen, nahm die Verhaftungen vor und entschied so, welche Delinquenten an das Hochgericht überstellt wurden.

Köln eignet sich aufgrund der guten Quellenlage hervorragend für eine Fallstudie.[5] Gegen Ende des 15. Jahrhunderts wuchs in Köln wie anderswo die Tendenz zur Verschriftlichung von Verwaltungsvorgängen. Der Rat machte den zuständigen Amtsinhabern, die für die Befragung der in den städtischen Stadttürmen sitzenden Gefangenen zuständig waren (deshalb „Turmmeister" genannt), die Anlage von Registern zur Pflicht. Es dauerte einige Zeit, bis derartige „Turmbücher" regelmäßig geführt wurden. In Serie erhalten sind sie erst für die zweite Hälfte des 16. Jahrhunderts. Die Schreiber notierten darin aufgrund ihrer Mitschriften auf dem Turm in Reinschrift die Aussagen der Häftlinge und der Zeugen sowie weitere, damit zusammenhängende Nachrichten wie Gegenüberstellungen, Notizen über Urteile und Ratsentscheidungen etc.

---

5 Der vorliegende Essay knüpft in weiten Teilen an meine monographische Darstellung der Kölner Verhältnisse an, vgl. Schwerhoff, Gerd: Köln im Kreuzverhör. Kriminalität, Herrschaft und Gesellschaft in einer frühneuzeitlichen Stadt, Bonn 1991 (hier 471–475 zur Quellenlage) und gibt deshalb nur sparsame Verweise auf Quellen und Sekundärliteratur. – Zum Profil der Stadt allgemein vgl. jetzt Mölich, Georg/Gerd Schwerhoff (Hg.): Köln als Kommunikationszentrum. Studien zur frühneuzeitlichen Stadtgeschichte, Köln 2000.

Diese Turmbücher und ergänzende Kriminalquellen bilden die Basis der vorliegenden Untersuchung, die das reichhaltige Material einer sowohl qualitativen wie (stichprobenartig) quantitativen Analyse unterwirft.[6] Daß derartige Kriminalakten für eine Untersuchung des subjektiven (Un-)Sicherheitsgefühles in der vormodernen Stadt nur eine begrenzte und durchaus erweiterbare Quellenbasis darstellen, ist dem Schreiber dieser Zeilen wohlbewußt, ohne daß er sich aktuell in der Lage sähe, dem Mangel abzuhelfen.

1   Die Unsicherheit jenseits der Stadtmauern

Für die Bewohner Kölns im 16. Jahrhundert war die Rede von der „belagerten Stadt" durchaus keine Metapher, sondern sie entsprach ihrem Erfahrungshorizont. Außerhalb der Stadtmauern drohten Fehden oder Kriegsgewalt ebenso wie Überfälle organisierter Räuberbanden. Zwar war die Fehde, bis zum Ewigen Reichslandfrieden von 1495 ein – in gewissen Grenzen – durchaus legitimes Mittel des Konfliktaustrages, am Anfang des 16. Jahrhunderts de jure bereits verboten. Dennoch gab es mindestens bis Ende der 1520er Jahre nicht wenige dieser Fehden, die direkt gegen die Stadt Köln gerichtet waren oder zumindest deren Einwohnerschaft in Mitleidenschaft zogen. Männer wie Götz von Berlichingen oder Franz von Sickingen drohten, die Güter durchziehender Kaufleute zu beschlagnahmen, die Bürger gefangenzunehmen oder gar zu ermorden. Gegen Ende des Jahrhunderts, als sich das Gewaltmonopol der frühmodernen Territorialstaaten in dieser Hinsicht durchgesetzt hatte und die Fehden auch de facto der Vergangenheit angehörten, wüteten allerdings Soldaten außerhalb der Stadt noch schlimmer. Der sog. Kölnische Krieg, eine im Kern konfessionelle Auseinandersetzung, die eng mit dem niederländischen Freiheitskampf verwoben war, brachte jahrzehntelange gewaltsame Auseinandersetzungen. Bedrückender noch als die direkten Kriegshandlungen waren für die Landbevölkerung alltägliche Plünderungen und Gewaltexzesse durch die Soldateska aller Parteien, deren Kriegsherren ihre Truppen nicht alimentieren konnten und die deshalb auf Kontributionszahlungen angewiesen waren. Die Grenzen zur Straßenräuberei waren fließend. Im Juli 1586 überfielen 300 kurfürstliche Reiter einen großen Konvoi von ca. 1000 Personen, der von Bergheim nach Köln unterwegs war. Sie raubten

---

[6]   Über die Probleme und Gefahren einer statistischen Auswertung von Quellen aus vorstatistischer Zeit muß hier nicht erneut gehandelt werden, vgl. zuletzt Schnabel-Schüle, Helga: Überwachen und Strafen im Territorialstaat. Bedingungen und Auswirkungen des Systems strafrechtlicher Sanktionen im frühneuzeitlichen Württemberg, Köln 1997, 20–2.

nicht nur Vieh und Handelsgüter, sondern massakrierten ca. 100 Menschen und verwundeten 200 weitere. Das ganze geschah in den Getreidefeldern vor Junkersdorf, nicht weit vor den Toren der Stadt. Anders als die meisten Reichsstädte besaß Köln, wie erwähnt, kein eigenes Landgebiet; direkt vor der Mauer begann damit gefährliches Terrain. Ging die große nachösterliche Prozession (Gottestracht) um die Stadtmauer oder brachte man außerhalb der Mauern einen Missetäter auf das Schafott, dann geschah dies immer unter großer Bedeckung bewaffneter Bürger und Söldner. So war fast die ganze Stadt auf den Beinen, als am 21. August 1587 der kurfürstliche Generalkommissar Hieronimus Michiels auf Drängen des Kölner Magistrats als Straßenräuber dem Henkersschwert zum Opfer fiel. Dieser hohe Amtsträger des Erzbischofs galt als Bedrücker der Bevölkerung im Umland der Stadt und hatte nach eigener, allerdings unter der Folter geleisteter Angabe Dutzende von Menschen ohne Gerichtsverfahren hinrichten lassen.[7]

Auch jenseits organisierter Kriegsgewalt gab es außerhalb der Stadtmauern unkalkulierbare Gefahren. Die Besiedelung war dünn, die Wege unsicher und jeder Fremde, dem man begegnete, ein Risikofaktor. Einen – wenn auch negativ verzerrten – Blick erlauben uns die Aussagen von gefangenen Räubern wie jenes Ludwig Tetz, der 1527 durch den städtischen Scharfrichter gerädert wurde.[8] Innerhalb der letzten vier Jahre, so gestand er, habe er 17 Menschen umgebracht, meist einzelne Reisende oder Händler, aber auch auf dem Feld arbeitende Bauern. Mit wechselnden Kumpanen lauerte er seinen Opfern an einsamer Stelle auf, prügelte sie meist brutal zu Tode, plünderte sie aus und verscharrte die Leiche. In einigen wenigen Fällen war der Überfall genau geplant. So hatte Johann Bruwer, Inhaber eines Wirtshauses in Zülpich, Ludwig und seine Kumpane auf einen wohlhabenden Fuhrmann hingewiesen, der bei ihm übernachtet hatte. Der Wirt zu Bergershausen gab den Anstoß zum Mord an einem Landmann in der Ville zwischen Mödrath und Frechen. Ein weiterer Gast, ein Kesselmacher, der in Köln gute Geschäfte gemacht hatte, wurde lediglich um seine Barschaft erleichtert. Neben den Informanten und Zuträgern lassen sich in einigen Fällen auch Auftraggeber dingfest machen. Einige Tage lagen Ludwig und seine Freunde – allerdings vergeblich – im Busch vor Linnich, um einen

---

7 Schwerhoff (1991), 333–334.
8 Historisches Archiv der Stadt Köln (=HAStK), Verf. und Verw. G 310, fol.109r–116v. Vgl. zur nähren Auswertung Schwerhoff, Gerd: Karrieren im Schatten des Galgens. Räuber, Diebe und Betrüger im ausgehenden Mittelalter, in: Bulst, Neithard; Schuster, Peter (Hg.): Randgruppen in der mittelalterlichen Gesellschaft, Paderborn (im Erscheinen). Eindrücklich für die Gefahren außerhalb der Stadt jüngst Spicker-Beck, Monika: Räuber, Mordbrenner, umschweifendes Gesind. Zur Kriminalität im 16. Jahrhundert, Freiburg i. Br. 1995.

reichen Mann aus dieser Ortschaft abzupassen und umzubringen. Den „Anschlag", d.h. den Hinweis auf das potentielle Opfer, hatten sie von einer Nachbarin, die ihnen in dieser Zeit auch das Essen herausbrachte. Vereinzelt betätigten sich Ludwig und seine Spießgesellen auch als Einbrecher. Als sie abends in das Haus des Pastors in einem Dorf nahe Worringen eindrangen, wurde eine unglückliche Magd als Augenzeugin erstochen.

Vor der Kontrastfolie von derlei Erfahrungen mochte man die Stadt mit ihren Mauern und Waffenverboten, mit nächtlichen Ausgangsbeschränkungen, Wachdiensten und ihrer Friedenspflicht als Insel der Sicherheit empfinden. Die Vorstellung von der ummauerten Stadt als Festung zur Abweisung äußerer und zur Dämpfung innerer Gewalt entsprach durchaus der Wahrnehmung und dem Selbstbewußtsein der Kölner Bürger, wie es ein Lobgedicht aus dem Jahr 1531 zum Ausdruck bringt: „Köln ist gebaut gegen alle Gewalt, zur Beschirmung aller Stände, jung und alt".[9] Lange hatten die Kölner das Glück, von Belagerung, Besetzung und Eroberung frei zu sein. Anders die kleine Nachbarstadt Neuß, die noch 1475 der langen Belagerung durch den scheinbar übermächtigen Burgunderherzog Karl den Kühnen getrotzt hatte: als Alexander von Parma das Städtchen 1586 eroberte, war der Schein des Feuers, das die vornehmste Stadt des Erzstiftes Köln größtenteils vernichtete, bis nach Köln zu sehen.[10] Der Fall von Neuß demonstrierte den Kölnern ebenso wie viele andere Beispiele, daß die städtischen Festungen keineswegs absolute Sicherheit boten. Aber dieses Wissen um die Zerbrechlichkeit der eigenen Sicherheit schärfte umso mehr das Bewußtsein für ihren Wert.

2 Spektakuläre Ausnahmeverbrechen im Inneren

Als eine Insel relativer Sicherheit war Köln im 16. Jahrhundert keinesfalls eine Insel der Seligen. Die frühneuzeitliche Großstadt war eben auch ein krimineller Brennpunkt, ein Tummelplatz von Dieben, Räubern und Mördern. Aber diese professionellen Formen von Kriminalität und Gewalt führten wohl nur in Einzelfällen zu Bedrohungsängsten und Unsicherheitsgefühlen bei den Kölner Einwohnern. 1478 nutzten unbekannte Einbrecher die Kölner Gottestracht, die die Bewohner eines Hauses in der Nähe des Karmeliterklosters umzubringen und auszurau-

---

[9]   Merlo, Johann Jacob: Johann Haselberg und sein Lobgedicht auf die Stadt Köln, in: Annalen des Historischen Vereins für den Niederrhein 44 (1885), 139–175, hier 169.

[10] Lau, Friedrich (Hg.): Das Buch Weinsberg, Kölner Denkwürdigkeiten aus dem 16. Jahrhundert, 3. Band, Bonn 1897, 339–341.

ben. Drei Jahre später wurde der bekannte Goldschmied und Juwelenhändler Nicasius Hackeney auf seinem Abtritt erstochen. Auch rund hundert Jahre später boten die eigenen vier Wände keinen absoluten Schutz gegen Räuber, wie der Raubmord an einem Ehepaar im Jahr 1581 zeigt; man fand es mit durchschnittener Kehle inmitten aufgebrochener Schränke und Kisten. Nach dem Bericht des Kölner Chronisten und Ratsherren Hermann von Weinsberg war die Bluttat tagelang Stadtgespräch: „Weil es ein schrecklicher Mord in einer freien Reichsstadt war, sparte der Rat keine Mühen und Kosten für die Ermittlungen." In diesem wie auch im Falle Hackeney führten die Anstrengungen zum Erfolg. Ähnlich verhielt es sich mit dem Kidnapping eines wohlhabenden Bäckers, der tagelang in einem Kellerloch in einem Weidenkorb gefangengehalten wurde, um ein Lösegeld zu erpressen; auch hier wurden die Täter schließlich gefaßt und gerichtet.[11] Das intensive öffentliche Echo – über das Kidnapping berichtete z.B. ein zeitgenössisches Flugblatt – und die Anstrengungen zur Ergreifung der Mörder erweisen die Taten als spektakuläre Ausnahmeerscheinungen, die gerade aufgrund ihrer Seltenheit Aufsehen erregten und die These von der relativen Sicherheit Kölns eher bestätigen als in Frage stellen.

Natürlich konnte ein Passant im Gewimmel der Kölner Innenstadt leicht das Opfer kleinerer krimineller Handlungen werden. Auf dem Markt und am Rhein waren Beutelschneider aktiv, die lose am Gürtel herabhängende Börsen geschickt abzutrennen verstanden. Warenauslagen, die Wäsche an der Leine oder die nur unvollkommen verschlossenen Buden der Krämer wurden regelmäßig von professionellen Einbrechern oder Gelegenheitsdieben heimgesucht. Das scheinen jedoch für die Betroffenen keine Erfahrungen gewesen zu sein, die ein Gefühl profunder und dauerhafter Unsicherheit zur Folge hatten. Als Sicherheitsrisiko wahrgenommen wurden von den Kölner Bürgern gewöhnlich wohl weniger die professionellen Räuber und Einbrecher als die Fremden und die Vaganten, denen leicht kriminelle Neigungen zugeschrieben wurden – eine in unseren Ohren vertraut klingende Erscheinung. In bestimmten Krisenzeiten (z.B. um 1570) versuchte sich die Obrigkeit durch die Ausschaffung von Bettlern oder durch die Stadtverweisung fremder, vor allem als Protestanten verdächtiger „Elemente" diese Gefahren vom Hals zu schaffen und verschärfte damit noch ein gewisses Bedrohungsgefühl.[12] Aufs Ganze gesehen, überwiegt aber doch der Eindruck einer erstaunlich großen Integrationsfähigkeit der Kölner Gesellschaft sowie einer gewissen Toleranz (oder sollte man sagen:

---

[11] Schwerhoff (1991), 338–339.
[12] Schwerhoff (1991), 186–188.

Resignation?) gegenüber den unvermeidlichen Schattenseiten des großstädtischen Lebens. „Cum comminatione consueta", also mit den üblichen Drohungen, so vermerkt der Turmschreiber lakonisch am Ende
vieler Verhörsprotokolle, sei der entsprechende Delinquent verwarnt
oder aus der Stadt gewiesen worden – eine Formulierung, die das Wissen um die Nutzlosigkeit dieser Drohungen mit künftiger Strafe in sich
birgt.[13]

So war es weder die Abschreckungskraft obrigkeitlicher Sanktionen[14]
noch die Stärke der Kölner 'Polizeikräfte', die die relative Sicherheit im
Inneren der Stadt gewährleisteten. Der Stab von Sicherheitskräften – in
der Regel zwei Gewaltrichter mit ihren vier Dienern – nimmt sich im
Vergleich mit anderen Städten der Zeit eher bescheiden aus. Sicherlich
bedeutete ihre Präsenz in einem relativ kleinen Gebiet schon einen
Fortschritt gegenüber der Situation auf dem Lande, zumal ihre Zahl in
Krisenzeiten vorübergehend erhöht und sie durch andere Personengruppen, z.B. Nachtwächter, unterstützt wurden. Stärker aber sicherte
das Netz der sozialen Kontrolle durch Familie, Nachbarschaft und Be-
rufskollegen das städtische Leben vor allzugroßer Unsicherheit. Natürlich gab es hier finstere Ecken und Winkel, verrufene Kneipen wie die
auf der Schmierstraße oder dünn bzw. gar nicht besiedelte Bereiche
innerhalb der Stadtmauern, etwa die Weingärten, wo man sich unbe-
merkt treffen konnte.[15] Aber auch für die meisten Delinquenten, die wir
der Sphäre professioneller Kriminalität zurechnen können, bildete die
Stadt Köln eher einen Waren- und Nachrichtenumschlagplatz oder ein
Rückzugsgebiet als ein Feld gewaltsamer Aktivitäten, für die man lieber
die ländlichen Gebieten wählte.

3 Die allgegenwärtige Männergewalt
– ein Unsicherheitsfaktor?

Wen beim Lesen der bisherigen Darstellung der Verdacht einer unzuläs-
sigen Idyllisierung beschlichen hat, der wird sich durch die Rekonstruktion der Kölner Kriminalstatistik in ausgewählten Stichprobejahren

---

[13] Vgl. z.B. Deeters, Joachim; Helmrath, Johannes (Hg.): Quellen zur Geschichte
der Stadt Köln, Bd. 2: Spätes Mittelalter und Frühe Neuzeit (1396–1794), Köln
1996, Quelle 18, 190. In der Tat wurden die Drohungen bei einer etwaigen Wie-
derergreifung der Vaganten in der Regel nicht in die Tat umgesetzt.

[14] Zur sehr selektiven Anwendung der normativen 'Regelstrafen' vgl. Schwerhoff
(1991), 123–173, zur Stärke der 'Polizei' ebd. 59–61.

[15] Unübertroffen dazu Irsigler, Franz; Lassotta, Arnold: Bettler und Gaukler,
Dirnen und Henker. Randgruppen und Außenseiter in Köln 1300–1600, Köln
1984.

bestätigt fühlen.[16] Gewalttaten sind in den Turmbüchern ebenso wie in ergänzenden seriellen Quellen stets mit Abstand die umfangreichste Deliktgruppe. Totschläge, Verwundungen und Raufhändel machen immer ca. ein Viertel der Fälle aus. Dabei sind Injurien, die von den Zeitgenossen als Akte verbaler Gewalt qualifiziert wurden, ebenso ausgenommen wie gewaltsame Raubaktionen. Die Dominanz der Gewalt wird noch plastischer vor dem Hintergrund der Überlegung, daß viele, vielleicht sogar die meisten der an Gewalttaten Beteiligten gar nicht in Haft kamen und somit nicht von den Quellen erfaßt sind; die städtischen Statuten schrieben lediglich vor, daß die Gewaltrichter diesen Tätern ein Bußgeld abzufordern hatten. Als ein anderer Indikator für die Gewaltsamkeit eines Gemeinwesens in einer bestimmten Zeit wird in der internationalen Forschung die Totschlagrate (Zahl der Tötungen auf 100.000 Einwohner) gehandelt. Für Köln wurde im Untersuchungszeitraum eine Rate von 10 ermittelt.[17] Die gewichtigen Einwände gegen die Validität des Indikators einmal beiseite gelassen, erscheint der Wert im Vergleich mit anderen Städten der Zeit eher niedrig und entspricht in etwa der Rate in den gefährlichen amerikanischen Großstädten der Gegenwart.[18] Dennoch indiziert sie ein erhebliches Unsicherheitspotential. Muß deshalb unser Bild von der relativen Sicherheit Kölns im 16. Jahrhundert nicht entscheidend revidiert werden?

Für die Beantwortung dieser Frage ist eine eingehendere Analyse der angesprochenen Gewaltdelikte nützlich. Zunächst zum Sozialprofil der Beteiligten. Die Gewalttäter kamen in Köln, kurz gesagt, aus der Mitte der Gesellschaft. Es gab keine gewaltbereite Oberschicht, keine Magnaten oder Patrizier wie in spätmittelalterlichen italienischen Kommunen, die die Straßen unsicher machten. Die Kölner Eliten scheinen ver-

---

[16] Vgl. für das Folgende die Tabellen in Schwerhoff (1991), 458–459, 463, 466. Stichprobenjahre sind 1568–72, 1588–92 und 1608–12.

[17] Zu den Totschlagraten allgemein vgl. Spierenburg, Pieter: Long-Term Trends in Homicide: Theoretical Reflections and Dutch Evidence, Fifteenth to Twentieth Centuries, in: Johnson, Eric A./Eric H. Monkkonen (Hg.): The Civilisation of Crime. Violence in Town and Country since the Middle Ages, Urbana 1996, 63–105. Zu den Kölner Zahlen Schwerhoff (1991), 275–286, mit einer ersten kritischen Diskussion des Indikators. Eine ausführlichere Kritik bald in meinem Beitrag: Rückgang der Gewaltdelinquenz als Zivilisierung der Affekte?, in: Bulst, Neithard/Peter Schuster (Hg.): Gewalt. Ausprägung, Wahrnehmung und Regulierung von Gewalt in der Vormoderne (im Erscheinen).

[18] Allerdings liegt die Rate von „Mord und Totschlag (incl. Versuchen)" inzwischen auch in einigen deutschen Städten bei ähnlichen Werten. Die BKA-Kriminalstatistik 1997 wird in dieser Sparte von Schwerin (10,8), Berlin (9,8) und Bremen (9,1) angeführt, während andere große Städte wie Duisburg (2,8), Dresden (2,6) oder Essen (2,3) noch sehr viel niedrigere Werte aufweisen. Mit 3,6 liegt Köln ebenfalls auf einem der hinteren Plätze (nach: Stern, Heft 24 [1998], 214–215).

gleichsweise eher gewaltarm, wenn man so will, im modernen Sinn „bürgerlich" geprägt gewesen zu sein. Auf der anderen Seite drückten auch Fremde und Außenseiter der Kriminalstatistik nicht entscheidend ihren Stempel auf, wenn sie dort auch leicht überrepräsentiert sein mochten. Vornehmlich in Raufhändel und tätliche Auseinandersetzungen verstrickt waren Handwerker, Gesellen wie Meister; daneben Tagelöhner, städtische Bedienstete und Hausangestellte – kurz diejenigen, die auch in der Sozialstatistik die größten Gruppen ausmachten. Dabei ist nicht zu leugnen, daß es einzelne Milieus gab, die übermäßig gewalttätig waren: Stark vertreten unter den Delinquenten waren phasenweise die von Berufs wegen gewaltbereiten Soldaten, ebenso die Studenten. Als notorisch kann die Gewaltbereitschaft der Schiffer und Fuhrleute bezeichnet werden; auch das stellt gewissermaßen ein berufsqualifizierendes Merkmal dar, wenn man die Gefährlichkeit der Überlandwege bedenkt. Vieles spricht für die These, daß es vorwiegend jüngere Männer waren, die ihre generationsspezifische Machtlosigkeit, ihre Unterordnung unter Väter und Meister, durch rituelle 'Hahnenkämpfe' auf den Straßen zu kompensieren suchten. Interessant ist schließlich das Ergebnis der systematischen Gegenüberstellung der Täter und Opfer in Totschlagsfällen: Es existierte kein großes soziales Gefälle; mit einer gewissen Wahrscheinlichkeit gehörte der Getötete zur selben Sozial- und Berufsgruppe wie der Täter.[19]

Ein nächster Analyseschritt ist die Verortung der Gewalt in Zeit und Raum. Hier steht eine räumliche Diffusion und Allgegenwart einer zeitlichen Konzentration gegenüber. Schauplatz gewaltsamer Auseinandersetzungen in Köln waren die öffentlichen Räume, also die Straßen, Gassen und Plätze der Stadt. Gerieten die Leute im Haus oder im Wirtshaus aneinander, dann verlagerte sich der Streit schnell, nicht zuletzt wegen des hoch geachteten häuslichen Sonderfriedens, auf die Straße. Die retrospektive Kriminalstatistik läßt im Kölner Stadtgebiet keinerlei gewaltfreie Räume erkennen, selbst die Kirchen blieben nicht von Auseinandersetzungen verschont. Als Brennpunkte gewaltsam ausgetragener Konflikte erscheinen die hervorragenden Schauplätze des öffentlichen Lebens überhaupt, die Märkte, die zentralen Plätze, das Rheinufer. Dabei dienten eher die Kneipen, nicht die Werkstätten als Kulissen für tätliche Auseinandersetzungen. Orte der Geselligkeit waren damit gewaltträchtiger als der Arbeitsplatz, wobei allerdings die erkleckliche Zahl von Nachbarschaftskonflikten nicht verschwiegen werden soll. Dazu paßt der Befund, daß die Zahl der Gewaltdelikte an Wochenenden zunahm; auf den Sonntag entfielen über ein Viertel aller Fälle. Eine gänz-

---

[19] Schwerhoff (1991), 310.

lich anderes Bild als der Raum bietet die zeitliche Verteilung. Rund 75% aller Gewalthändel ereigneten sich am Abend bzw. in der Nacht. Vor allem die Dunkelheit verwandelte den städtischen Raum in ein unsicheres Terrain, wobei dem Alkoholkonsum, wenn nicht die Rolle einer Initialzündung, so doch die eines anheizenden Faktors zukam.

Die Verlaufsformen der Gewalthändel in Köln unterscheiden sich wenig von denen, die andere Fallstudien zu vormodernen Gemeinwesen zum Vorschein gebracht haben.[20] Gewaltaktionen stellten zumeist nicht das Ergebnis zielgerichteten, geplanten Handelns dar, sondern sie entsprangen einer Mischung von Affekten und sozialen Interaktionen zwischen den Beteiligten. Der Anlaß konnte so vielfältig sein wie das soziale Leben in der Stadt überhaupt: Konflikte zwischen Nachbarn, zwischen Zunftgenossen oder den Angehörigen verschiedener Handwerke, bisweilen Streitigkeiten zwischen Männern verschiedener Herkunft. Schlägereien konnten der Ausdruck von lange bestehenden Intimfeindschaften sein oder aber plötzlich zwischen Kontrahenten losbrechen, die sich gerade erst begegnet waren. So unterschiedlich der Anlaß, so stereotyp der Verlauf: Gewalthaft zugespitzte Streitereien verliefen mit ihren gegenseitigen Beschimpfungen, Gesten der Verachtung und Aggression und dem jeweiligen Versuch, den Gegner an Stärke zu überbieten, höchst ritualisiert. Gewöhnlich kam eine Konfliktspirale in Gang, aus der die Kontrahenten ohne Gesichtsverlust nicht aussteigen konnten. Die Verteidigung der eigenen Ehre wurde so zum entscheidenden Sekundärmotiv für den Einsatz der Faust oder des Brotmessers.

Trotz der Hochschätzung des städtischen Friedens wurde diese gewalttätige Verteidigung der eigenen Ehre durch die städtische Obrigkeit anerkannt. Das zeigt sich vor allem in der Verhängung vergleichsweise milder und keineswegs ausgrenzender Strafen für Gewalttäter durch den Rat. Mit der Zahlung einer Geldbuße – ggf. zusammen mit dem Schadensersatz und der Erstattung der Arztkosten für den Gegner – war die Verletzung des Stadtfriedens gesühnt. Nur notorische Raufbolde, bei denen die Gewalttätigkeit als Ausdruck einer unverträglichen Gesamtpersönlichkeit gewertet wurde, mußten gelegentlich mit Stadtverweisen rechnen. Eine Toleranz auch gegen extreme Formen der Gewalttätigkeit zeigt sich an den Schwierigkeiten der Obrigkeit, die peinliche Bestrafung des Totschlages durchzusetzen. Bis ins 17. Jahrhundert hinein kamen einzelne Totschläger mit Geldbußen und Sühnewallfahrten davon, obwohl das kaiserliche Recht schon lange unerbittlich ihre Hinrichtung

---

[20] Zuletzt Eibach, Joachim: Städtische Gewaltkriminalität im Ancien Regime. Frankfurt am Main im europäischen Kontext, in: Zeitschrift für Historische Forschung 25 (1998), 359–382.

forderte. Immer wieder beteuerten gefangene Totschläger, sich mit den Verwandten des Opfers auf eine Bußzahlung geeinigt und damit die Sache aus der Welt geschaffen zu haben.[21] Da die Obrigkeit diese Kompositionsmentalität in Sachen Totschlag in der Regel nicht teilte und Totschläger hinrichten ließ, regulierte die Kölner Gesellschaft die Angelegenheit ohne die Justiz. Daß die meisten Totschläger von den Schergen des Rates nicht ergriffen werden konnten, deutet auf die breite Unterstützung der Delinquenten durch ihr soziales Umfeld hin.

Insgesamt unterscheidet sich Köln mit seinem hohen Grad affektiver Gewalt, die sich nicht in bestimmten Randgruppenghettos konzentrierte, sondern im Gegensatz dazu im Mittelpunkt der Gesellschaft lokalisiert werden konnte, grundlegend von modernen Großstädten. Diese endemische 'Normalität' der Gewalt wird durch die Tatsache unterstrichen, daß die zeitgenössische Chronistik die alltäglichen Verwundungen und Raufhändel nicht weiter berichtenswert fand und sie – im Gegensatz zum vorsätzlichen Mord oder zum Kidnapping – nicht skandalisierte. Für ein verbreitetes Unsicherheitsgefühl unter der Einwohnerschaft Kölns aufgrund dieser endemischen Gewaltsamkeit gibt es wenig Anzeichen. Von moderner Warte aus betrachtet könnte man sogar behaupten, in ihrer Perzeption hätten die Kölner die tatsächlich bestehende Unsicherheit durch die affektive Gewalt eher unter- als überschätzt. Vielleicht ließen sich gewaltsame Begegnungen aufgrund ihrer Ritualisierung bis zu einem gewissen Grad besser kalkulieren und somit vermeiden als die Bedrohung etwa durch städtische Straßenräuber. Entscheidend aber dürfte die Tatsache gewesen sein, daß die Gewalt für die Zeitgenossen ein bekanntes Gesicht trug und somit weniger Bedrohungsängste mobilisierte als etwa die „heimliche" Zauberei bzw. Hexerei.

4   Häusliche Unsicherheit für Frauen?

Ebenso wie in der Gegenwart stellte sich im frühmodernen Köln die 'Sicherheitslage' von Frauen ganz anders dar als die von Männern.[22] Entsprechend ihrem relativ guten wirtschaftlichen und rechtlichen Status waren die Frauen in Köln zwar durchaus in der Öffentlichkeit präsent und hatten aktiven Anteil an Konflikten. In der retrospektiven Kriminalstatistik sind sie dennoch stark unterrepräsentiert. Schon im

---

21   Schwerhoff (1991), 279–281.
22   Vgl. zum folgenden ausführlicher Schwerhoff, Gerd: Geschlechtsspezifische Kriminalität im frühneuzeitlichen Köln: Fakten und Fiktionen, in: Ulbricht, Otto (Hg.): Von Huren und Rabenmüttern. Weibliche Kriminalität in der Frühen Neuzeit, Köln 1995, 83–115.

Bereich der verbalen Gewalt, der Schmähreden und Injurien, verzeichnet sie nur rund 25% Täterinnen.[23] In handgreifliche oder gar bewaffnete Auseinandersetzungen waren Frauen erst recht kaum verstrickt. Gelegentlich waren sie Mitglied einer Gruppe, die wegen Gewalthändeln auf den Turm erschien, oder sie wurden als potentielle Mitwisser von Totschlägen eine Zeitlang in Haft gehalten. Weiblich waren in diesen Fällen eher die Opfer als die Täter, wobei sich die manifeste Gewalt auf der Straße, wenn überhaupt, dann nur en passent gegen Frauen richtete. In den stark von männlichen Ehrvorstellungen und rituellem Verhalten geprägten Gewalthändeln wurden Frauen als nicht satisfaktionsfähig angesehen. So mußte sich eine Ehefrau, die ihrem Mann tatkräftig gegen nächtliche Angreifer zur Seite stehen wollte, von diesen Männern sagen lassen, wenn sie „Mannswerk" tue, dann müsse sie auch mit „Mannslohn", mit Prügel nämlich, rechnen. Selbst hier folgten den starken Worten keine Taten.[24] Auch die Totschlagstatistik spricht eine deutliche Sprache: Unter den 165 zwischen 1557 und 1620 registrierten Opfern befanden sich lediglich vier Frauen (=2,4%); drei davon fielen Verwandten (Ehemann, Bruder und Neffen) und eine einem Nachbarn zum Opfer.

In der öffentlichen Sphäre Kölns lassen sich somit spezielle Gefahren für Frauen kaum nachweisen. Dagegen wäre die Hypothese zu prüfen, ob für sie eher das Haus als die Straße ein Feld der Unsicherheit darstellte. Nach zeitgenössischer Vorstellung stand dem Ehemann ein Züchtigungsrecht nicht nur gegenüber Kindern und Knechten, sondern auch gegenüber der Ehefrau zu. Nur wenn er dieses Recht „überzog", hatte die öffentliche Gewalt einzuschreiten. In Köln gelang es durchaus einer ganzen Reihe von Frauen, ihre Männer wegen häuslicher Mißhandlungen auf den Turm zu bringen. Härtere obrigkeitliche Sanktionen gegen das Familienoberhaupt stellten jedoch rare Ausnahmefälle dar. Dabei spielte nicht nur eine gewisse Kumpanei zwischen männerdominierter Obrigkeit und dem jeweiligen Familienoberhaupt eine Rolle; viele der mißhandelten Ehefrauen fühlten sich – sei es aus materiellen Gründen oder zur Bewahrung ihrer Ehre – bemüßigt, selbst für ihre Peiniger um Gnade zu bitten. Welche Faktoren für ein entschiedenes Durchgreifen der Gerichte zusammenkommen mußten, demonstriert der Ausnahmefall des Kalkschlägers Arndt Leutzenkirchen. Er hatte in einem Tobsuchtsanfall und offenbar unter Alkoholeinwirkung sein Bett zerschlagen und dadurch einen Auflauf der gesamten Nachbarschaft vor

---

23 Möglicherweise beruht diese Zahl jedoch auf einer quellenmäßigen Verzerrung, weil wahrscheinlich weniger weibliche als männliche Delinquenten wegen Injurien verhaftet wurden und so in den Turmbüchern erscheinen.

24 HAStK Verf. u. Verw. G 227, fol. 172r.

seiner Tür verursacht. Seine Wut speiste sich aus der Weigerung seiner zwei Töchter, „seine Huren zu sein." Er habe verlangt, daß sie ihm die Hosen auszögen und ihnen mit den Worten an den Leib getastet, er müßte sehen, ob sie „einen dicken Arsch" hätte. Zahlreiche Nachbarn bestätigen durch ihre Aussagen diese Vorwürfe, ebenso wie die Mißhandlung seiner Frau und seinen allgemein verwerflichen Lebenswandel; aufgrund eines Schöffengerichtsurteiles wurde Arndt schließlich aus der Stadt geprügelt. Durch seine Verfehlungen hatte er jegliches soziale Kapital verspielt und fand keine Fürsprecher mehr. Außerdem hatte er einen ungewöhnlichen Grad von Öffentlichkeit hergestellt, so daß ein niemand mehr über sein Verhalten hinwegsehen konnte, auch nicht über die sexuellen Übergriffe gegen die eigenen Töchter.[25] Insgesamt lassen die Turmbücher, anders als Akten von Nieder- oder Kirchengerichten, nur einen gelegentlichen Blick hinter die Fassaden der Kölner Wohnhäuser zu. So ist es kaum zu entscheiden, ob die überlieferten Fälle nur die Spitze eines Eisberges von nicht sanktionierter häuslicher Gewalt darstellen, oder ob sie von der Potenz der Kölner Gerichte Zeugnis ablegen, als Verbündete der Frauen die häusliche Männergewalt zu dämpfen.[26]

Sexueller Mißbrauch, sei es in der eigenen Familie, sei es durch Männer aus der Nachbarschaft oder durch Fremde, wird in den Turmbüchern häufiger beschrieben; viele dort aufscheinende Phänomene – etwa die Strategien und Drohungen der Täter, um Geheimhaltung zu erzwingen – muten den modernen Leser beklemmend vertraut an. Erstaunlich erscheinen diese Geschichten nicht nur vor dem Hintergrund der heutigen Tabuisierung des Mißbrauchsthemas, sondern auch im Vergleich zu den spärlichen Fällen von erwiesener Vergewaltigung 'erwachsener' Frauen.[27] Es könnte sein, daß Kinder vor der Geschlechtsreife – ganz im Gegensatz zu heute! – von den Zeitgenossen als relativ glaubwürdige 'Opfer' betrachtet wurden. Vielleicht existierte ein Image sexueller Unschuld von Kindern, denen man, anders als 'erwachsenen Frauen', kaum eine Eigenverantwortlichkeit für die Tat zuschreiben

---

25 Rublack, Ulinka: „Viehisch, frech vnd onverschämpt". Inzest in Südwestdeutschland, ca. 1530–1700, in: Ulbricht (1995), 171–213.

26 Vgl. die gegensätzlichen Interpretationen bei Hohkamp, Michaela: Häusliche Gewalt. Beispiele aus einer ländlichen Region des mittleren Schwarzwaldes im 18. Jahrhundert, in: Lindenberger, Thomas; Lüdtke, Alf (Hg.): Physische Gewalt. Studien zur Geschichte der Neuzeit, Frankfurt a. M. 1995, 276–302; Schmidt, Heinrich R.: Hausväter vor Gericht. Die konfessionelle Männerrolle als zweischneidiges Schwert, in: Dinges, Martin (Hg.): Hausväter, Priester, Kastraten. Zur Konstruktion von Männlichkeit in Spätmittelalter und Früher Neuzeit, Göttingen 1998.

27 Vgl. Schwerhoff (1991), 394–400.

konnte? Die geringe Zahl von Vergewaltigungen dagegen – will man sich nicht mit der unbefriedigenden Erklärung zufrieden geben, derartige Verfahren spiegelten getreu die reale Geringfügigkeit von sexueller Gewalt – lassen sich mit den hohen Hürden einer erfolgreichen Vergewaltigungsklage erklären. Derartige Klagen drohten immer die Ehre des Opfers zu gefährden und waren nur erfolgversprechend, wenn eine Reihe von normativ geforderten Verhaltensweisen eingehalten worden waren: laute und entschiedene Gegenwehr des Opfers, sofortige Anzeige, Alarmierung von Zeugen und dramatischer öffentlicher Auftritt 'mit weinenden Augen'. Viele Frauen hatten nach Lage der Dinge keine Chance zur Umsetzung dieses Verhaltenskanons. Sie mochten sich zudem scheuen, vor Gericht ihre Ehre vollends aufs Spiel zu setzen, so sehr sie sich auch im Recht fühlen konnten. Das Beispiel der Vergewaltigung deutet auf eine grundsätzliche Chancenasymmetrie zwischen den Geschlechtern bei gerichtlich ausgetragenen Konflikten hin. Frauen wurden sehr schnell mit grundsätzlichen Angriffen auf ihre weibliche Ehre konfrontiert, die im Kern als sexuelle Ehrbarkeit verstanden wurde, während sie ihrerseits den Männern den Mißbrauch einer an sich legitimen und ehrfördernden Verhaltensweise nachweisen mußten. Darin lag ein besonderes Moment der Unsicherheit von Frauen, einer Unsicherheit allerdings, die in Köln geringer gewesen zu sein scheint als in süddeutschen oder gar südeuropäischen Städten.[28]

Als soziale Gruppe in besonderer Weise von Unsicherheit betroffen waren offenbar Dienstmägde, die häufiger gegen ihre Hausherren klagen.[29] Ihre Situation war insofern prekär, als sie in der Regel des Schutzes ihrer Herkunftsfamilie entkleidet waren, ohne eine feste Position, etwa als Schwiegertochter, in der neuen Familie einzunehmen. Übergriffen der „Hausväter" waren sie so am ehesten ausgesetzt. Zugleich stellten Dienstmägde die Objekte der Begierde für das männliche Dienstpersonal oder benachbarte Handwerksgesellen dar, die mit großherzigen, oft allerdings wenig ernstgemeinten, Heiratsversprechen lockten. Es mag allerdings sein, daß auch der Eindruck vom Schutz anderer junger Frauen durch familiäre Netzwerke auf einer quellenbedingten Täuschung beruht und daß die Unsicherheiten innerhalb der Familie noch größer war als von uns wahrgenommen. Der zitierte Fall des

---

[28] Vgl. z.B. Burghartz, Susanna: Geschlecht – Körper – Ehre. Überlegungen zur weiblichen Ehre in der Frühen Neuzeit am Beispiel der Basler Ehegerichtsprozesse, in: Schreiner, Klaus; Schwerhoff, Gerd (Hg.): Verletzte Ehre. Ehrkonflikte in Gesellschaften des Mittelalters und der Frühen Neuzeit, Köln 1995, 214–234.

[29] Vgl. grundlegend Dürr, Renate: Mägde in der Stadt. Das Beispiel Schwäbisch Hall in der Frühen Neuzeit, Frankfurt 1995, hier 259–262.

Arndt Lutzenkirchen kann hier neben wenigen anderen als mahnendes Beispiel dienen, aber gewöhnlich lassen uns die Kölner Quellen hier im Stich.

5 Kontraste

Als Sherman McCoy, wohlhabender Broker an der Wall Street, samt seiner Geliebten Maria in seinem 48000-Dollar- Mercedes-Roadster auf dem Highway die Ausfahrt nach Manhattan verpasst und in der Bronx landet, sieht er sich mit einer anderen Welt konfrontiert, die nichts mehr mit 'seinem' New York zu tun hat: heruntergekommene Straßenzüge mit Müllbergen und leerstehende Abrißhäuser, die von bedrohlichen Gestalten bevölkert werden. In diese Tristesse ragt das imposante Gerichtsgebäude wie der Felsen von Gibraltar; aber keiner der Justizangestellten, die morgens hastig den Weg von der U-Bahn-Haltestelle zum Eingang zurücklegen, würde auf die Idee kommen, seine Mittagspause im gegenüberliegenden Park zu verbringen – zu groß wäre die Gefahr, in dieser No-Go-Area massakriert zu werden. Der Ausgangsplot von Tom Wolfs Roman „The Bonfire of the Vanities" (1987) beleuchtet pointiert die soziale wie geographische Zerrissenheit der westlichen Metropole schlechthin. New York präsentierte sich in den 1980er Jahren geradezu als Kapitale des Gewaltverbrechens, wogegen das Leben auf dem (amerikanischen) Land als nachgerade sichere Idylle erschien. Obwohl diese Darstellung nicht grundsätzlich an Realitätsgehalt eingebüßt hat, macht New York in der Öffentlichkeit wie in der kriminologischen Fachwelt inzwischen eher positive Schlagzeilen. Die städtische Polizei hat sich, dem „broken windows" – Ansatz folgend, nach dem Motto „Wehret den Anfängen" verstärkt der Ahndung von öffentlicher Unordnung und anstößigem Verhalten zugewandt und schreibt erste Erfolge auf ihre Fahnen.[30]

Diese wenigen groben Pinselstriche mögen zur Skizzierung moderner Unsicherheitslagen, oder besser: der öffentlichen Debatte über typische Unsicherheiten, ausreichen, um Differenzen zum vormodernen Köln plastisch hervortreten zu lassen. Unwägbare kriminelle Gefahren erwarteten die Einwohner dieser Stadt im 16. Jahrhundert eher von

---

[30] Vgl. die deutsche Übersetzung des Klassikers von Wilson, James W.; Kelling, George L.: Polizei und Nachbarschaftssicherheit: Zerbrochene Fenster, in: Kriminologisches Journal 28 (1996), 121–137, mit einer kritischen Vorbemerkung von Fritz Sack (ebd. 116–120); als ein erster Einblick in die polizeipraktische Applikation Hess, Henner: New York zieht die Lehren aus den zerbrochenen Fensterscheiben. Eine neue Polizeistrategie zwischen Enthusiasmus und Kritik, in: ebd. 179–190, und sein Beitrag in diesem Band.

einer Reise über Land als vom Gang um die Ecke. Die Stadtmauern markierten, trotz einzelner spektakulärer Gewaltverbrechen, eher eine Zone relativer Sicherheit. Bei der Schaffung und Wahrung dieser Sicherheit spielten die Polizeikräfte im Ensemble aller Instanzen sozialer Kontrolle eine nachrangige Rolle. Vor allem bedeutete relative Sicherheit keineswegs Gewaltlosigkeit. Im Gegenteil: Zugespitzt ließe sich behaupten, daß die affektiv motivierten und von rituellen Verhaltensweisen geprägten Gewalthändel der Männer Teil eines Systems sozialer Kontrolle war, das die notfalls auch gewaltsame Verteidigung der eigenen Ehre nicht nur als legitim, sondern sogar als verpflichtend ansah. Gewalt als 'sozialer Code' besaß insofern für alle Beteiligten ein vertrautes Gesicht und provozierte keine übermäßigen Unsicherheitsgefühle, zumal sie immer wieder durch die ebenfalls allgemein akzeptierte Norm des städtischen Friedens gedämpft, beschränkt und so ausbalanciert wurde.[31] Auch für das frühneuzeitliche Köln gilt mithin, was die moderne Kriminologie immer wieder herausgestellt hat: die Wahrnehmung von Sicherheit und Unsicherheit ist keine starre Funktion objektiv meßbarer Faktoren wie etwa der Häufigkeit von Verwundungen oder Totschlägen, sondern sie wird entscheidend von den den Erscheinungsformen der Gewalt beeinflußt.

Zum Schluß eine Einschränkung: Der vorliegende Essay versuchte bewußt typisierend einige Grundzüge der inneren und äußeren Sicherheit Kölns im 16. Jahrhundert darzustellen. Manche beschriebenen Phänomene lassen sich durchaus, zumindest für die deutschen Städte im Ancien Régime, verallgemeinern. Die Differenzen in Zeit und Raum dürften dennoch erheblich sein, Repräsentativität konnte nicht angestrebt werden. Schon die Kölner Verhältnisse waren variabler, als deutlich gemacht werden konnte. Erst recht liegen Welten zwischen der deutschen Großstadt und dem urbanen Zentrum der Christenheit im 16. Jahrhundert. Rom war eine tatsächliche Metropole, die innerhalb weniger Jahrzehnte dramatische demographische Schwankungen zwischen 50.000 und 140.000 Einwohnern zu verkraften hatte. Die Stadt war nicht nur von einer erschreckend hohen Gewaltdelinquenz geprägt. Als stadtrömische Spezialität erscheint vor allem der Überfall aus dem Hinterhalt oder der Auftragsmord durch gedungene Schergen, Formen der Gewaltsamkeit also, die ein deutlich anderes Profil aufweisen als in Köln.[32] Umgekehrt wäre zu fragen, inwiefern manche der beschriebenen Phänomene nicht den ländlichen ebenso wie den städtischen Lebens-

---

[31] Vgl. zu dieser Balance Burghartz, Susanna: Leib, Ehre und Gut. Delinquenz in Zürich Ende des 14.Jh., Zürich 1990, 200.
[32] Vgl. Blastenbrei, Peter: Kriminalität in Rom 1560–1585, Tübingen 1995, vor allem 75–84.

raum umgreifen. Die Ehrkonflikte im lippischen Dörfchen Heiden im 18. Jahrhundert weisen viele Parallelen zum Kölner Fallbeispiel auf.[33] Und auch die häusliche Unsicherheit von Frauen dürfte sich diesseits und jenseits der Stadtmauer nur wenig unterschieden haben.

---

[33] Frank, Michael: Ehre und Gewalt im Dorf der Frühen Neuzeit. Das Beispiel Heiden (Grafschaft Lippe) im 17. und 18. Jahrhundert, in: Schreiner, Schwerhoff (1995), 320–338.

Die Straßen von Frankfurt am Main: ein gefährliches Pflaster?

Sicherheit und Unsicherheit in Großstädten des 18. Jahrhunderts[1]

JOACHIM EIBACH

1   Großstädte als Orte der Unsicherheit

Großstädte gelten nicht erst im 20. Jahrhundert als Orte der Unsicherheit. Der englische Romancier Henry Fielding (1707–54) vergleicht 1751 in seinem Traktat „An Enquiry into the Causes of the Late Increase of Robbers" die Straßen und Quartiere Londons mit einem ausgedehnten Wald und öden Wüsten, in denen sich Diebe wie wilde Tiere, „as wild Beasts", unbehelligt bewegen könnten.[2] Auch der deutsche Publizist Johann Wilhelm von Archenholtz (1743–1812) berichtet nach seiner Englandreise 1785, daß die Hauptstadt London auf Diebe und Räuber große Anziehungskraft ausübe. Sprachgewaltig stellt der Spätaufklärer fest, daß „die ungeheure Stadt gleichsam der Schlund ist, der alles aufnimmt", und verwendet damit ein Bild, das auf die Großstadtlyrik des Expressionismus vorausweist.[3] Beide Metaphern beschreiben die Lebenswelt der Stadt als unübersehbar, unkontrollierbar. Die Metropole erscheint als Ort der Kriminalität und deren Bekämpfung. In dieses Bild passen weitere Berichte von Zeitgenossen, laut denen die Bürger Londons Mitte des 18. Jahrhunderts ihre Diener bewaffneten, um Einbrü-

---

1   Eine erweiterte Fassung dieses Artikels wurde am 4. Februar 1999 im Bielefelder Kolloquium zur Geschichte des Mittelalters und der Frühen Neuzeit vorgestellt. Allen Teilnehmern sei für die anregende Diskussion gedankt. Ein Eingehen auf Sicherheit und Unsicherheit in der Frankfurter Judengasse muß im folgenden aus Platzgründen unterbleiben. Siehe dazu Eibach, Joachim: Stigma Betrug. Delinquenz im jüdischen Ghetto, in: Berding, Helmut u.a. (Hg.): Kriminalität und abweichendes Verhalten. Deutschland im 18. und 19. Jahrhundert, Göttingen 1999, 15–38.

2   Fielding, Henry: An Enquiry into the Causes of the Late Increase of Robbers and Related Writings, hg. von Zirkler, Malvin R., Oxford 1988, 131; vgl. auch McLynn, Frank: Crime and Punishment in Eighteenth-Century England, London 1989, 3.

3   Archenholtz, Johann Wilhelm von: England und Italien, hg. von Maurer, Michael, Heidelberg 1993, Teil I, 365; vgl. die Gedichte 'Der Gott der Stadt' von Georg Heym und 'Städter' von Alfred Wolfenstein, in: Rühmkorf, Peter (Hg.): 131 expressionistische Gedichte, Berlin 1976, 30 und 108.

che zu verhindern und abends ihrerseits nur bewaffnet auf die Straße traten.[4] Raubüberfälle prägten die Wahrnehmung der Kriminalität in Gazetten und Journalen. Für das vorrevolutionäre Paris hat die Historikerin Arlette Farge aus umgekehrter Perspektive aufgezeigt, wie sehr das Leben der Unterschichten von existentiellen Gefahren geprägt war. Armut, Fremdheit und Nichtseßhaftigkeit ließen kriminelle Übergriffe oft als einzigen Weg erscheinen, um in der Großstadt zu überleben. Die Unsicherheit schuf ein allgegenwärtiges Klima der Gewalt, in Miethäusern und Werkstätten ebenso wie auf Straßen und Plätzen.[5]

Ein Gefühl der Unsicherheit dürfte in den Städten der Frühen Neuzeit bereits die, gemessen an heutigen Standards, unzulängliche Straßenbeleuchtung hervorgerufen haben. Die seit dem Mittelalter an Häuserfassaden befestigten Pechfackeln warfen ein bestenfalls trübe zu nennendes Licht in die Gassen und boten Fußgängern keinen Schutz gegen Diebe und Räuber. Aufgrund hoher Besteuerung wurden die bereits installierten Öllampen Londons während der ersten Hälfte des 18. Jahrhunderts kaum benutzt. Eine Frankfurter Verordnung zur „Sicherheit auf offener Straße bey Nachtzeit" bestimmte 1702, daß „niemand, weder Einheimisch noch Frembder, bey Nacht-Zeiten, und so bald es dunckel worden, ohne Latern oder Fackel auff der Gassen sich betretten lassen solle".[6] Das Edikt lässt vermuten, wie Städter sich nach Ende des Tages, mit einem offenen Licht notdürftig ausgestattet, durch die gleichsam archaische Dunkelheit vortasten mußten. Heute zählt es zum Einmaleins der Kriminalistik, unsichere Orte nachts neonhell auszuleuchten. Im Zeitalter vor der Gaslaterne, d. h. vor dem 19. Jahrhundert, tappten Passanten buchstäblich im Dunkeln.

Nicht nur in Fragen der Infrastruktur, sondern auch rechtlich gesehen unterschied sich die Stadt der Frühen Neuzeit gründlich von der modernen Stadt. Der Raum innerhalb des Mauerrings galt als Sonderfriedensbezirk. Mehr noch als die Gassen wurde das Haus mit seinen Bewohnern in der Stadt durch die Institution des Hausfriedens rechtlich geschützt. Das Eindringen in den Wohnbereich des Hauses wurde von der Justiz schärfer geahndet als etwa eine Konfrontation in der Taverne. Der Vorstellung vom Hausfrieden entsprach der traditionelle Usus des Herausforderns aus dem Haus, um Streitigkeiten mit der Faust auf der

---

4 McLynn (1989), 13; zum folgenden: Beattie, J. M.: Crime and the Courts in England 1660–1800, Oxford 1986, 148 ff.
5 Farge, Arlette: Das brüchige Leben. Verführung und Aufruhr im Paris des 18. Jahrhunderts, Berlin 1989.
6 Beyerbach, Johann Conradin (Hg.): Sammlung der Verordnungen der Reichsstadt Frankfurt, Teil 1, Frankfurt 1798, 5; zur Straßenbeleuchtung in London, McLynn (1989), 13.

Straße auszumachen. Entsprechende Bestimmungen und Prozeßakten legen nahe, daß diese Art des Konfliktaustrags sowohl auf dem Lande als auch in der Stadt verbreitet war.[7] Wurden Angriffe von Außenstehenden auf das Haus also als eine Materie betrachtet, die in die Zuständigkeit der Justiz fiel, hielten sich Richter mit Strafen weitgehend zurück, wenn es um innerhäusliche Auseinandersetzungen ging. Damit stellt sich für Historiker wie für Kriminologen das Problem der selektiven Registrierung von Unsicherheit. In städtischen Gerichtsakten der Frühen Neuzeit finden sich beispielsweise wesentlich mehr gewalttätige Vorfälle, die zwischen Unbekannten auf der Straße oder im Wirtshaus verübt wurden, als solche zwischen Familienangehörigen oder Dienstboten im Raum des Hauses. Kann daraus geschlossen werden, daß der soziale Nahbereich sicherer war als die Straße? Wohl kaum, denn innerhalb des Hauses fungierte der Hausvater als eine quasi-herrschaftliche Schlichtungs- und Züchtigungsinstanz. Er durfte als Mittel der Erziehung moderate körperliche Gewalt einsetzen und wurde von den Obrigkeiten für Unordnung in seinem Haushalt zur Verantwortung gezogen, ohne daß daraus gleich ein 'Fall' werden mußte.[8] Als Grundregel kann gelten, daß Gewalt im Haus nur in einem Bruchteil der Fälle Niederschlag in den Gerichtsakten fand und damit erforschbar wird, während die Justiz Gewalt auf der Straße in sehr viel höherem Maß registrierte. Hier gab es patrouillierende Wachen, und hier war die Sicherheit der Stadt, der Stadtfrieden, gefährdet. Wenn Zeitgenossen des 18. Jahrhunderts von Sicherheit sprachen, meinten sie – kaum anders als heute – vor allem den 'öffentlichen' Raum und den Schutz der Häuser vor Einbruch. In anderen Aspekten weicht die Begriffsverwendung allerdings, wie noch zu zeigen sein wird, durchaus vom heutigen Gebrauch ab.

Die Selektivität der zeitgenössischen Wahrnehmung von Unsicherheit ist für Historiker methodisch kaum zu umgehen. Dunkelfelduntersuchungen, wie sie von Kriminologen angestellt werden, sind unmöglich, da Täter und Opfer naheliegenderweise nicht mehr ex post befragt

---

7   Kramer, Karl-Sigismund: Das Herausfordern aus dem Haus, in: Bayerisches Jahrbuch für Volkskunde, 1956, 121–38; ausführlich zu Praktiken des verbalen und nonverbalen Konfliktaustrags Dinges, Martin: Der Maurermeister und der Finanzrichter. Ehre, Geld und soziale Kontrolle im Paris des 18. Jahrhunderts, Göttingen 1994.

8   Vgl. Schwab, Dieter, Art. Familie, in: Geschichtliche Grundbegriffe, hg. von Brunner, Otto; Conze, Werner; Koselleck, Reinhart, Bd. 2, 1975, 253–301, v.a. 266 ff.; vgl. auch Wunder, Heide: 'Er ist die Sonn', sie ist der Mond'. Frauen in der Frühen Neuzeit, München 1992, 75; zuletzt Schmidt, Heinrich R.: Hausväter vor Gericht. Der Patriarchalismus als zweischneidiges Schwert, in: Dinges, Martin (Hg.): Hausväter, Priester, Kastraten. Zur Konstruktion von Männlichkeit in Spätmittelalter und Früher Neuzeit, Göttingen 1998, 213–36.

werden können. Die Empfindung von (Un-)Sicherheit ist immer relativ, subjektiv und zeitabhängig. Als Perspektive der historischen Subjekte sollte sie jedoch ernstgenommen und nicht kurzerhand als 'falsches Bewußtsein' abgetan werden. Im folgenden werden drei Quellengruppen ausgewertet, die sich aufgrund ihrer Verschiedenheit gut gegeneinander kontrastieren lassen: obrigkeitliche Verordnungen, Gerichtsakten und Reiseberichte. Als Beispiel dient die Reichs- und Messestadt Frankfurt am Main. Trotz einer traditionellen, von Handwerk und Handel dominierten Berufsstruktur zählte Frankfurt mit seinen rund 30–40.000 Einwohnern in der zweiten Hälfte des 18. Jahrhunderts zu den deutschen Großstädten.[9] Charakteristisch für die Stadt im Zentrum des Reichs war der saisonal ausgeprägte Publikumsverkehr, der besonders zu Zeiten der Messen und während der Königswahlen stark anschwoll.

2   Unsicherheit in Frankfurt aus der Perspektive der Ratsverordnungen

Werfen wir zunächst einen Blick auf das Sicherheitspersonal Frankfurts im 18. Jahrhundert. Zu unterscheiden sind hier Nachtwachen aus den Reihen der Bürgerschaft, niedere städtische Bedienstete – Armenknechte und sog. gemeine weltliche Richter – sowie Stadtsoldaten, die an den Stadttoren und an zwei Stützpunkten – Hauptwache und Konstablerwache – postiert waren. Die Aufstellung von Soldaten zu Zwecken der inneren Sicherheit unterschied das kleine reichsunmittelbare Territorium von den zahlreichen Landstädten im Alten Reich. Die Wachtposten konnten jeden Punkt innerhalb der Stadtmauern binnen weniger Minuten erreichen. Das Sicherheitspersonal war engmaschig über Frankfurt verteilt und damit in der alltäglichen Lebenswelt durchaus präsent. Die alte Reichsstadt stand insofern nicht derjenigen Metropole nach, deren Polizei im 18. Jahrhundert für ihre Wirksamkeit gerühmt wurde: dem vorrevolutionären Paris.[10] Daß es trotz der guten Organisation der Pariser Polizei zum Sturm auf die Bastille kam, verdeutlicht, daß die Effizienz des Sicherheitspersonals nur ein Faktor bei der Herstellung von innerer Sicherheit ist.

---

[9]   Zu Frankfurt Roth, Ralf: Stadt und Bürgertum in Frankfurt am Main. Ein besonderer Weg von der ständischen zur modernen Bürgergesellschaft 1760–1914, München 1986; Frankfurt am Main. Die Geschichte der Stadt in neun Beiträgen, hg. von der Frankfurter Historischen Kommission, Frankfurt 1991; zur Einwohnerzahl der Städte Schilling, Heinz: Die Stadt in der frühen Neuzeit, München 1993, 4 ff.

[10]   Grundlegend zur Pariser Polizei Williams, Alan: The Police of Paris 1718–1789, Baton Rouge 1979; aufschlußreich hier v.a. 78: die Karte zur Verteilung der Wachtposten in den Quartieren.

Es entsprach dem Selbstverständnis der Obrigkeiten, möglichst viel und umfassend auf dem Verordnungsweg zu regulieren. Gegen Ende des Alten Reichs ließ der Frankfurter Rat wie auch die Fürsten vieler anderer Territorien die wichtigsten Erlasse drucken und publizieren. Das Ergebnis dieses Bürokratisierungsschubs um 1800 macht die normative Seite von Herrschaft und Verwaltung heute leicht zugänglich. Dabei sind die Erlasse als Ergänzung zu Reichsgesetzen zu verstehen, v.a. der sog. Carolina von 1532, die als grundlegendes Strafgesetz auch in Frankfurt bis ins 19. Jahrhundert hinein gültig war. Kein Zufall dürfte es sein, wenn die „Sammlung der Verordnungen der Reichsstadt Frankfurt" im ersten von elf Teilen mit „Gesetzen, welche Sicherheit der Person und des Eigenthums bezwecken", beginnt.[11] Der Grundwert des Stadtfriedens setzte hier Prioritäten.[12] Einige Verordnungen dokumentieren den nicht vollkommen durchgesetzten Anspruch des Rats auf die alleinige Ahndung von Straftaten, so in der Einschränkung des Stock- und Degentragens, im Verbot des Gebrauchs von Schußwaffen und beim Bann der Selbstjustiz gegen Diebe.[13] Die Edikte skizzieren eine Situation der Unsicherheit in der Stadt und geben aus der Perspektive der Ratsobrigkeit Aufschluß über sensible Orte und Zeiten. Die Untersagung des Stock- und Degentragens erneuerte der Rat nicht von ungefähr 1792, unmittelbar vor Wahl und Krönung Franz II. 1788 wurde bestimmt, in Zeiten der Messe nach Abschluß der Tagesgeschäfte „keine Güter über die Strassen" zu tragen, um die „zu Meßzeiten oftmals, besonders des Abends vorgehenden Verschleppungen und Entwendungen der Meß-Güter" zu verhindern.[14] Damit sind die beiden Ereignisse benannt, die für Frankfurt ökonomisch und politisch von größter Bedeutung waren. Die Sicherheit des Publikums bei den Krönungen und Messen mußte unbedingt gewährleistet sein, nicht zuletzt weil man in Konkurrenz zur Leipziger Messe stand. Unerwartet ist dagegen die große Zahl der städtischen Verordnungen, die auf die „Sicherheit der Feldgüter" und die Einhaltung der Jagdzeiten Bezug nehmen.[15] Bis an die Schwelle zum Zeitalter der beschleunigten Urbanisierung im 19. Jahrhundert waren die Städte wirtschaftlich eng mit ihrem agrarischen Umland verbunden. Die Verordnungskompetenz des Rats erstreckte

---

[11] Beyerbach (1798): Inhaltsverzeichnis; zum Placet des Rats ebd. Vorrede.
[12] Vgl. Rublack, Hans-Christoph: Grundwerte in der Reichsstadt im Spätmittelalter und in der frühen Neuzeit, in: Brunner, Horst: Literatur in der Stadt. Bedingungen und Beispiele städtischer Literatur des 15. bis 17. Jahrhunderts, o. Ort 1982, 9–36.
[13] Beyerbach (1798): Verordnung vom 15.5.1792, 98; Verordnung vom 12.1.1637, 152 f.; Verordnung vom 9.2.1764, 8 f.
[14] Beyerbach (1798): Verordnung vom 4.9.1788, 23.
[15] Beyerbach (1798): 25 ff.

sich auch auf die Felder der Gemarkung vor der Stadtmauer. Frankfurt lebte von den Produkten der Bauern und der Gärtnerfamilien, die im übrigen wie Handwerker und Kaufleute das Bürgerrecht besaßen. Ein großer Teil des Abschnitts 'Sicherheit der Person und des Eigenthums' beschäftigt sich mit einer weiteren Gefahr, die in den Städten des 20. Jahrhunderts fast gebannt ist: der Gefahr durch Feuer.[16] In den alten Fachwerkstädten konnten Feuersbrünste ganze Stadtteile in Asche legen, so in Frankfurt 1711 und 1719. Die Aufgabe der Nachtwächter, Feuer frühzeitig zu entdecken war mindestens ebenso wichtig wie ihr Einsatz gegen Diebe und 'Nachtschwärmer'. Durchaus aktuell erscheinen wiederum die Verordnungen gegen bissige Hunde und zu schnelles Reiten bzw. Fahren in den engen Gassen.[17]

Den Referenzhorizont der Erlasse bildeten die Interessen der privilegierten Bürgerschaft und des sich durch Kooptation rekrutierenden Rats. Gegen wen richteten sich die Verordnungen? In Sachen Eigentum wurden fremde Arme mit großem Abstand als gefährlichste Gruppe eingestuft. Immer wieder, und zwar nicht erst in dem von Bevölkerungswachstum und Reallohnverlust geprägten 18. Jahrhundert, wurde versucht, den Straßenbettel zu unterbinden.[18] Während einheimische Arme mit einer notdürftigen Unterstützung rechnen konnten, sollten fremde Bettler möglichst ganz aus der Bürgerstadt ferngehalten werden. Das christlich-mittelalterliche Prinzip der 'caritas', das die im Evangelium geforderte Armut positiv bewertet hatte, war im 18. Jahrhundert längst durch das Prinzip der Ausgrenzung ersetzt worden.[19] Die Situation der 'Menschen auf der Straße', die gegen Ende des 18. Jahrhunderts immer zahlreicher wurden, war von permanenter Unsicherheit geprägt: von Arbeitslosigkeit, Hunger, Krankheit und Repression.[20] Reiche Bürgerstädte wie Frankfurt schienen den Outcasts der Ständegesellschaft legale oder illegale Einkunftsmöglichkeiten zu bieten. Nicht nur für Händler, auch für Vaganten war die Messestadt ein attraktives Pflaster. In Sachen Körperverletzung und Schlägereien richteten die Oberhäup-

---

16 Beyerbach (1798): 99–166, d.i. nicht weniger als 40 % des Seitenumfangs des ganzen Abschnitts.
17 Beyerbach (1798): 88 ff.
18 Allein zwischen 1698 und 1720 ergingen sieben Bettelverbote: Hess, Martin: Die Geschichte des Frankfurter Armen- Weisen und Arbeitshauses von 1679–1810, Diss. phil., Univ. Frankfurt 1921, 66.
19 Als Überblick geeignet: Hippel, Rudolf von: Armut, Unterschichten, Randgruppen in der Frühen Neuzeit, München 1995; Roeck, Bernd: Außenseiter, Randgruppen, Minderheiten. Fremde im Deutschland der frühen Neuzeit, Göttingen 1993.
20 Vgl. Küther, Carsten: Menschen auf der Straße. Vagierende Unterschichten in Bayern, Franken und Schwaben in der zweiten Hälfte des 18. Jahrhunderts, Göttingen 1983.

ter der Stadt ihr Augenmerk besonders auf die Gruppe der Handwerksgesellen. Eine Verordnung von 1688 beklagte z. B., daß die Gesellen „allerhand Tumult, Schlaghändel, zu Tag- und Nachts-Zeit, so wol auff ihren Herbergen, als in Wirthshäusern, und auff denen Gassen und Strassen" begingen und sogar Nachtwächter und Soldatenpatrouillen tätlich angriffen.[21] Die Gesellen nahmen Sicherheit und Unsicherheit ganz anders wahr als Bürger oder Ratsangehörige. Zur Ehre des Gesellen gehörte es, 'auf der Walz' allen Gefahren zu trotzen und seinen Mann zu stehen, wenn er herausgefordert wurde. Die Schlägereien fungierten als ritualisierte Praktiken, um Anerkennung von den Peers zu erhalten. Die bei den Gesellen in spezifischer Weise ausgeformte männliche Ehre stellte in den Städten der Frühen Neuzeit – nicht nur in Frankfurt – ein kontinuierliches Ordnungsproblem dar.[22]

3 Delinquenz vor Gericht

Die auf Frankfurter Territorium verübte Delinquenz kam, sofern man der Delinquenten habhaft wurde, auf das Verhöramt im Römer. Seit Beginn des 18. Jahrhunderts ließen die Ratsherren parallel zu den anfallenden Untersuchungsakten des Verhöramts ein fortlaufendes Register anlegen.[23] Die Regelmäßigkeit und Vollständigkeit dieser Quellen gestatten einen quantitativen Zugriff auf die Frankfurter Kriminalität. Die Zahl der registrierten Fälle schwoll zur Jahrhundertmitte hin an, um dann wieder abzunehmen. In den 1740er und 1750er Jahren, der Zeit der höchsten Delinquenzrate, untersuchte die Frankfurter Strafjustiz durchschnittlich 130 Fälle pro Jahr, also gerade mal elf Fälle pro Monat, zwei bis drei Fälle pro Woche. Im letzten Jahrzehnt des Säkulums waren es nur noch halb so viele, nämlich 66 Fälle pro Jahr. Die meisten Untersuchungen betrafen dabei Diebe und Einbrecher, also den Sektor der Eigentumsdelinquenz, gefolgt von Körperverletzungen und Schlägereien. Einfache Sittlichkeitsdelikte wurden aufgrund der Zuständigkeit des Konsistoriums nur selten registriert. Bedenkt man den Charakter Frank-

---

[21] Beyerbach (1798): Verordnung vom 5.1.1688, 11; ähnlich die Verordnung vom 1.8.1661, 10 f.

[22] Vgl. Roper, Lyndal: Männlichkeit und männliche Ehre, in: Hausen, Karin; Wunder, Heide (Hg.): Frauengeschichte – Geschlechtergeschichte, Frankfurt 1992, 154–72; zuletzt zum Thema Ehre und Männlichkeit Dinges, Martin: Ehre und Geschlecht in der Frühen Neuzeit, in: Backmann, Sybille; Künast, Hans-Jörg; Ullmann, Sabine; Tlusty, B. Ann (Hg.): Ehrkonzepte in der Frühen Neuzeit. Identitäten und Abgrenzungen, Berlin 1998, 123–47.

[23] Dabei handelt es sich um die sog. Criminalia des Frankfurter Instituts für Stadtgeschichte; näher zu deren Inhalt Eibach, Joachim: Mehr als Mord und Totschlag. 'Verbrechen' und städtische Lebenswelt in den Frankfurter Criminalia, in: Archivbrief des Instituts für Stadtgeschichte 1/1997, 3–15.

furts als mittlere Großstadt mit einer pulsierenden Lebenswelt und großen sozialen Unterschieden, als regionales Zentrum, das sowohl adlige
Gesandte als auch arme Schlucker anzog, so erscheint die Belastung der
Stadt durch Kriminalität relativ gering. Dies gilt nicht nur, aber besonders für das letzte Drittel des 18. Jahrhunderts.[24] Die Messen und Krö-
nungsfeierlichkeiten sorgten zwar für temporär höhere Delinquenzraten,
bewirkten aber keineswegs einen dramatischen Anstieg. Auch zu Zeiten
ausgeprägter Delinquenz geriet die Lage nie außer Kontrolle. Berichte
über 'No-go-Areas', vergleichbar denen aus dem zeitgenössischen London, finden sich nirgendwo in den Gerichtsakten, auch nicht in obrigkeitlichen Darstellungen.

Bemerkenswert ist das Ergebnis eines Vergleichs der Fallzahlen des
18. Jahrhunderts mit der Frankfurter Kriminalstatistik der 1990er Jahre.
Hierfür bietet sich als Parameter die Mord- und Totschlagsdelinquenz
an, die damals wie heute strafrechtlich festgeschrieben war und ein relativ geringes Dunkelfeld aufweist. Obwohl die Städte am Ende des 20.
Jahrhunderts sozioökonomisch und rechtlich nicht viel gemein haben
mit denjenigen des 18. Jahrhunderts und Vergleiche deswegen mit Vorsicht anzustellen sind, gibt es im Fall von Frankfurt auch erstaunliche
Kontinuitäten. Damals wie heute ist die Stadt Messemetropole und
Verkehrsknotenpunkt, der zu allen Jahreszeiten von vielen Fremden
frequentiert wird. Dabei handelt es sich vor allem um regionale Mobilität im Nahbereich. Die Polizeiliche Kriminalstatistik des Landes Hessen
weist für Frankfurt in den Jahren 1990–95 eine Häufigkeitszahl von elf
Mord- und Totschlagsdelikten auf 100.000 Einwohner pro Jahr aus.[25]
Die Registratur des Frankfurter Verhöramts untersuchte 250 Jahre früher, in der ersten Hälfte der 1740er Jahre, 3,4 Fälle von Mord und Totschlag im Jahr. Bei einer Einwohnerzahl von 31.000 Seelen ergibt sich
eine Häufigkeitszahl von ebenfalls genau elf Delikten pro 100.000 Einwohner im Jahr![26] Im letzten Drittel des 18. Jahrhunderts verringerte
sich diese Quote stark, etwa auf ein Viertel bzw. ein Fünftel der Häufigkeit der 1740er Jahre. Neues Zahlenmaterial weist auch für das heutige
Frankfurt nur noch eine Häufigkeitszahl von 6,8 Mord- und Totschlags-

---

24 Zur Abnahme der Gewalt in der zweiten Hälfte des 18. Jahrhunderts Eibach,
Joachim: Städtische Gewaltkriminalität im Ancien Régime. Frankfurt am Main
im europäischen Kontext, in: Zeitschrift für Historische Forschung 25, 1998,
359–82.
25 Für die umstandslose Mitteilung des Zahlenmaterials danke ich dem Hessischen
Landeskriminalamt (Wiesbaden).
26 Errechnet auf der Grundlage aller registrierten Criminalia des Zeitraums; zur
Einwohnerzahl Frankfurts im 18. Jh. Roth (1996), 47.

fällen auf 100.000 Einwohner aus.[27] Die Zahlenvergleiche zeigen zweierlei: Erstens war und ist die Delinquenz nicht statisch, sondern unterliegt auch ohne gesellschaftliche Umbrüche einem starken Auf und Ab; zweitens ist die heutige Gewaltdelinquenz Frankfurts aus Sicht der Frühen Neuzeit nicht so exorbitant, wie manchmal angenommen wird.

Eine Analyse der in den Gerichtsakten vermerkten Tatorte der Gewalt – Körperverletzungen und Schlägereien eingeschlossen – bestätigt, daß Vorfälle im Bereich von Haus und Wohnung relativ selten, nämlich nur in einem Viertel der Fälle, vor Gericht kamen. Unter den registrierten Tatorten dominieren klar Straße, Platz und Wirtshaus. Die Frankfurter 'Criminalia' untermauern zudem die Angaben in den städtischen Verordnungen zur Gewaltneigung der Gesellen. Weit davon entfernt, die einzige gewalttätige Berufsgruppe gewesen zu sein, rangierte das Handwerk unter den Tätern doch klar vor Gärtnern und Soldaten.

Ein Blick auf die Eigentumsdelinquenz zeigt, daß Nicht-Frankfurter am ehesten Gefahr liefen, vor die Justiz zitiert zu werden. Dabei handelte es sich zum einen um Fremde ohne jede Anstellung, zum anderen um solche, die als Dienstboten oder Gesellen auf begrenzte Zeit ihr Brot in der Stadt verdienten. Insgesamt überwogen hier eindeutig Unterschichtsangehörige verschiedenster Provenienz. Bettler wurden viel öfter wegen Diebstahl straffällig als wegen Tätlichkeiten, denn körperliche Auseinandersetzungen mit ihnen galten als hochgradig unehrenhaft. Die Angaben der Beschuldigten zum Beruf sind zwar oft mit einem Fragezeichen zu versehen, da ein Bettler vor den Schranken der Justiz weit weniger Chancen hatte als ein Individuum, das 'in Diensten' stand. Insgesamt lässt sich aber trotz dieser Einschränkung sagen, daß Bettler und Vaganten, die ja im Rat per se als Gefahr für die Stadt galten, in vergleichsweise wenigen Fällen auf dem Verhöramt erschienen. Nur etwa ein Fünftel aller gefaßten Diebe und Einbrecher lebte auch oder ausschließlich vom Bettel bzw. berufsmäßig von kriminellen Praktiken. Das Staccato der Bettelmandate hätte hier eine sehr viel höhere Quote erwarten lassen. Wahrscheinlich liegt ein Resultat der obrigkeitlichen Ausgrenzungspolitik vor, die delinquentes Handeln von vornherein erschwerte.

4 Unsicherheit aus der Perspektive von Reiseberichten

Inhaltlich besteht zwischen Ratsverordnungen und Gerichtsakten ein Konnex, denn beide Quellengruppen stellen obrigkeitliche Überliefe-

---

[27] Frankfurt weiter an der Spitze der Verbrechensstatistik, in: Frankfurter Allgemeine Zeitung, 4.6.1998, 47.

rung dar, und das Gericht handelte auf der Basis der städtischen Statuten. Einen eigenständigen Charakter besitzt demgegenüber die Gattung der Reiseberichte, die im Zeitalter der Aufklärung florierte. Die Autoren der Reisejournale entstammten fast durchweg den gebildeten Ständen. Ein Aufenthalt in der Messe- und Krönungsstadt am Main erfreute sich beim Publikum im Programm enzyklopädischer Bildungsreisen offensichtlich großer Beliebtheit, denn Darstellungen zu Frankfurt sind zahlreich vorhanden, besonders aus den letzten beiden Jahrzehnten des 18. Jahrhunderts.[28] Gefahren aufgrund Kriminalität werden in den Berichten der reisenden Literaten indessen wenn überhaupt, dann höchstens beiläufig erwähnt. Nirgendwo ist von lebensbedrohlicher Unsicherheit in Frankfurt die Rede. Spaziergänge durch die Stadt inspirieren die Autoren bzw. Ich-Erzähler vielmehr zu Bemerkungen über das bunte Treiben des Volks, den Wohlstand des Handels, den Zustand der Straßen und Häuser in Frankfurt. Die Straße erscheint nicht als Schauplatz des Verbrechens, sondern als Bühne des Lustwandelns. So berichtet der Verleger Joachim Heinrich Campe (1746–1818) 1785 über eine abendliche Promenade von Frankfurtern aller Stände auf dem Roßmarkt, ohne irgendeine Art von krimineller Gefährdung zu erwähnen.[29] Eine Bedrohung guter Sitte will der Sprachforscher lediglich in der beleidigenden Kraftsprache der Sachsenhäuser Marktweiber erkennen. Das Gemüt des melancholischen Friedrich Schiller (1759–1805) soll sich, wie dessen Freund, der Klavierbauer Johann Andreas Streicher (1761–1833), vermerkt, beim Gang über die Mainbrücke erheitert haben.[30] Selbst von der Messe, die 'Sackgreifer' nachweislich anzog, geht keine besondere Gefahr aus. Der junge Schriftsteller und Journalist Johann Kaspar Riesbeck (1754–86) notiert 1780: „Das Getümmel der Messen (ist) in einer so schön gelegenen Stadt, verbunden mit einer ganz uneingeschränkten Freyheit der Lebensart, ein reitzendes Schauspiel".[31] Auch der größte Sohn der Stadt, Johann Wolfgang von Goethe (1749–1832), scheint sich bei einer Rückkehr nach Frankfurt 1797 nicht bedroht gefühlt zu haben.

---

[28] Diehl, Robert: Frankfurt am Main im Spiegel alter Reisebeschreibungen vom 15. bis zum 19. Jahrhundert, Neudruck Würzburg 1984; Korenke, Hans-Ulrich (Hg.): Frankfurt in alten und neuen Reisebeschreibungen, Düsseldorf 1990; instruktiv zu Reiseberichten besonders Stagl, Justin: Der wohl unterwiesene Passagier. Reisekunst und Gesellschaftsbeschreibung vom 16. bis zum 18. Jahrhundert, in: Krasnobaev, B. I. u.a. (Hg.): Reisen und Reisebeschreibungen im 18. und 19. Jahrhundert, Essen 1987, 353–84.

[29] Korenke (1990), 70 f.

[30] Korenke (1990), 68.

[31] Korenke (1990), 66; vgl. zur Anziehungskraft von Märkten und Messen auf professionelle Räuber Blauert, Andreas: Sackgreifer und Beutelschneider. Die Diebesbande der Alten Lisel, ihre Streifzüge um den Bodensee und ihr Prozeß 1732, Konstanz 1993.

Bei seinen Rundgängen innerhalb und außerhalb der alten Stadtmauern will der Olympier, der längst über das Treiben in den Gassen seiner Kindheit erhaben ist, „die öffentlichen Anstalten" bedacht haben. Es fällt das Wort von „Mißständen", die Goethe wie auch andere Beobachter am altertümlichen Grundriß Frankfurts festmacht: an krummen Straßen und engen Gassen, dazu an alten, „düstern Kirchen" und „traurigen Klöstern", die einen „düstern Zustand der Gemüter" aus der alten Zeit erkennen ließen.[32] Lobende Worte findet Goethe für die Mainbrücke und die 1730 neu erbaute Hauptwache, doch nicht etwa, weil sie ein dringendes Sicherheitsbedürfnis der Bürger stille, sondern aus ästhetischen Gründen: weil sie „anständig gebaut und gut gelegen" sei.[33]

Bettler gehörten traditionell zum Straßenbild der Stadt. Wenn der Offizier Johann Albrecht Jormann (1636–92) sie zusammen mit Dieben und Kupplern in einem langen Versgedicht auf seine Heimatstadt erwähnt, verbindet er damit keine wirkliche Gefahr. Neben Händlern, Handwerkern, Schiffern, Kutschern, Karrenschiebern etc. gab es eben auch wie selbstverständlich: „Viel Bettel-Klapperleut / ja manche lose Huhr / Der Bettelvogt sie trieb an einer Drecken-Fuhr. (...) Die Beutelschneider selbst die blieben auch nicht aus / Die Dieb und Schelmen sich selbst machten aus dem Hauß / (...) Die Kuppler durch die Meß auch lieffen mit Begier / Den Fremden zu der Lust etwas zu tragen für. Man sah von aller Art der groß und kleinen Leuten / Von Ehr und Gegen-Ehr / vor niemand sie sich scheuten."[34] Ab und zu werden Bettler auch in den Reisejournalen am Ende des 18. Jahrhunderts erwähnt, bezeichnenderweise aber nicht innerhalb der Stadtmauern, sondern auf der Gemarkung.[35] Der russische Schriftsteller Nikolaj Karamsin (1766–1826) begegnet 1799 explizit keinen Bettlern in der Stadt: „Nirgends habe ich Bettler bemerkt."[36] Zum einen spricht dies für sich, zum anderen zeigt es, daß der Reisende Karamsin bzw. sein Publikum die Anwesenheit von Bettlern in einer Zeit zunehmender Armut eigentlich erwartete. Insgesamt gesehen findet die Praxis der städtischen Ausgrenzungspolitik eine Entsprechung in den Darstellungen der Reiseberichte. Außerhalb der Stadtmauern sind Bettler zahlreicher anzutreffen als innerhalb. Nirgendwo werden Bettler als Sicherheitsproblem oder besondere Gefahr vermerkt.

---

[32] Es handelte sich um einen Aufenthalt Goethes während einer seiner Schweizer Reisen, in: Korenke (1990), 94 f.
[33] Korenke (1990), 96.
[34] Korenke (1990), 52 f. Beim Dreckkarrenziehen unter Begleitung des Bettelvogts handelte es sich um eine in Frankfurt gebräuchliche Ehrenstrafe.
[35] Korenke (1990), 73.
[36] Korenke (1990), 106.

Schlägereien unter Gesellen, Gärtnern und Transportarbeitern werden manchmal unbeteiligt erwähnt, ohne darin eine Bedrohung für stadtbürgerliche Eliten oder Reisende zu sehen.[37] Typisch ist die Einordnung solcher Vorfälle als 'rohe' Sitten des niederen Volks. Sehr viel eindringlicher wird von einigen Autoren die Prostitution in Frankfurt geschildert. Als deren Zentrum gilt das vor den Stadttoren gelegene Bornheim. In den 1791 erschienenen 'Briefen über die Galanterien von Frankfurt am Mayn' beschreibt der anonyme Verfasser die weibliche Einwohnerschaft der Stadt als liebestoll und käuflich.[38] Auch Riesbeck berichtet, die Frankfurter Prostituierten sprächen Männer auf den Straßen unvermittelt an und gingen dabei offensiver vor als in anderen Städten.[39] Manche der in den 'Galanterien' erwähnten Etablissements lassen sich zwar auch in den Strafgerichtsakten finden. Liest man die Darstellung vor dem Hintergrund der Criminalia, die nur wenige gravierende Fälle von Prostitution und Kuppelei enthalten, wird man den frivolen Episoden in den 'Galanterien' jedoch trotz der Ortskenntnisse des unbekannten Autors ein gehöriges Maß an Fiktion zuschreiben müssen.

Stichwort Fiktion: Es stellt sich die Frage, ob die Reiseberichte nicht durchgängig von topischen und narrativen Gesichtspunkten bestimmt sind, also über 'reale' Kriminalität nichts aussagen.[40] Auffällig ist z. B., wie übereinstimmend das Frankfurter Volk, die städtischen Unterschichten, von den Gebildeten als zwar rauh, aber doch herzlich geschildert wird. Die Verbindung von städtischer Lebenswelt und Prostitution ist ebenfalls häufig, wenn auch keineswegs durchgängig Thema von Reiseberichten. Wenige Jahre vor dem Erscheinen der Frankfurter 'Galanterien' berichtete Archenholtz ganz ähnlich über die „Freudenmädchen" Londons, man könne behaupten, „daß der größte Theil von den weiblichen Bewohnern dieser Hauptstadt, die sich durch ihre Reize auszeichnen, dies elende Gewerbe treiben. Man rechnet hier ihre Anzahl über 50.000, ohne die Mätressen."[41] Wie Riesbeck bezüglich Frankfurt,

---

37 Gerhard Anton von Halem (1752–1819), 1790, in: Diehl (1984), 94; Georg Friedrich Hartung (1782–1849), 1808, in: Korenke (1990), 115; zur Gegenüberstellung von „Roheit" und „Sittenveredelung" besonders Campe, 1785, in: Korenke (1990), 71.

38 Briefe über die Galanterien von Frankfurt am Mayn, London 1791 (Neudruck Frankfurt 1979); ein Abschnitt daraus auch in: Korenke (1990), 82–88.

39 Korenke (1990), 66; zur Prostitution in Bornheim auch ein Anonymus in: Diehl (1984), 106.

40 Literaturwissenschaftliche Studien zum Genre der Reiseberichte sind zahlreich; interdisziplinär angelegt ist der Sammelband: Ertzdorff, Xenja von und Neukirch, Dieter (Hg.): Reisen und Reiseliteratur im Mittelalter und in der Frühen Neuzeit (Chloe. Beihefte zum Daphnis 13), Amsterdam und Atlanta 1992.

41 Archenholtz (1993), Teil I, 376 f.; folgendes Zitat 384.

führte Archenholtz zu London aus, daß „diese Nymphen" auf den Straßen warteten, die männlichen Passanten ansprächen und sich ihnen anböten. Die Autoren von Reiseberichten waren zweifellos auch Leser von Reiseberichten. Der Verfasser der 'Galanterien', die in London publiziert wurden, kannte vermutlich Archenholtz' Werk. Ein bestimmtes Repertoire an Themen und Stilfiguren wurde vom lesenden Publikum vorausgesetzt, und gerade weniger bekannte Autoren werden sich bemüht haben, den Konventionen zu entsprechen.

Anderseits fallen große inhaltliche und stilistische Unterschiede zwischen den Texten schon bei der ersten Lektüre ins Auge. Goethe beschreibt andere Dinge als Campe, Campe andere als Karamsin etc. Die Perspektive und der Duktus des Autoren sind je nach dessen Status und Intention verschieden. So wird die Präsenz von Bettlern mal hervorgehoben, mal verneint, meistens aber gar nicht thematisiert. Die behandelten Frankfurter Örtlichkeiten sind nicht immer die gleichen, sondern variieren von Bericht zu Bericht. Wiederkehrende Betrachtungen zur topographischen Lage und zum Wohlstand der Stadt wechseln mit der Erzählung unterschiedlicher konkreter Ereignisse.

Kernfrage ist hier, ob kriminelle Phänomene überhaupt zum inhaltlichen Repertoire der Gattung Reisebericht zählten. Grundsätzlich bot die sog. Apodemik, die seit dem 16. Jahrhundert in Traktaten verbreitete Anleitung zur 'Reisekunst', Raum für entsprechende Inhalte. Den Reisenden wurde dabei ein festes Beobachtungsschema empfohlen, das sich auch auf 'Land und Leute' bezog. Im Hinblick auf Städte galten etwa Sitten und Lebensweisen der Einwohnerschaft sowie Verwaltung und Rechtsprechung der Obrigkeit als beobachtungswürdig.[42] Im 18. Jahrhundert hielten sich die Autoren allerdings immer weniger an die tradierten Gliederungsschemata. Die Darstellung der Kriminalität Londons und auch Neapels ist in dem vielgelesenen Opus 'England und Italien', das den Ruf von Archenholtz unter seinen Zeitgenossen begründete, umfang- und facettenreich.[43] Archenholtz' Ausführungen sind um so bemerkenswerter, als der Englandfreund beabsichtigte, dem Ruf der Insel als Land der Straßenräuber entgegenzutreten.[44] Er lobte die „anständigen Ausdrücke" und die „Höflichkeit dieser Räuber", kam aber nicht umhin festzustellen, daß man eine Zone von zwei Meilen um London früh morgens und abends besser nicht betreten solle oder

---

[42] Stagl (1987), 361 f.
[43] Zur Wirkungsgeschichte des Werks Archenholtz' (1993), Teil III, 424 ff.; 445 f. auch zur Ausdifferenzierung und Archenholtz-unabhängigen Inhalten in Englandreiseberichten der 1790er Jahre; zur Kriminalität in London, Prostitution eingeschlossen, Archenholtz (1993), Teil I, 357–92; zu Neapel Teil II, 345–53.
[44] Archenholtz (1993), Teil I, 358.

wenn, dann nur in Begleitung von „bewaffneten Bedienten zu Pferde". Für den Fall des Falles habe er zudem immer einen besonderen Geldbeutel als „Räubertribut" bei sich gehabt.[45] Das Neapel des ausgehenden 18. Jahrhunderts erscheint als Stadt der bezahlten Mörder. „Indessen so häufig die Mordthaten auch hier sind, so ist doch der Diebstahl selten (...). In einer des Nachts unerleuchteten Stadt, bey so vielen Schlupfwinkeln, und einer höchst elenden Polizey, würden die Diebe freyes Spiel haben. Allein ungeachtet der großen Dürftigkeit unterbleibt es."[46] Den Grund sieht der Preuße Archenholtz in der Praxis der italienischen Beichtväter, die Diebe und Räuber zur Ersetzung des Entwendeten anhielten, Mördern dagegen sofort Absolution erteilten. Erfahrungen wie in Neapel oder London können die Frankfurtreisenden offensichtlich nicht vorweisen. Mord und Totschlag wird nirgendwo erwähnt, und die Zufahrtsstraßen gelten trotz der Bettler ebenfalls nicht als Sicherheitsproblem. Für Reisende war das Frankfurt des ausgehenden 18. Jahrhunderts kein Ort der Kriminalität.[47]

5 Frankfurt – London – Paris: Sicherheit und Unsicherheit in Städten des 18. Jahrhunderts

Schon aus Eigeninteresse, um sich selbst vor Gott und der Bürgerschaft zu legitimieren, thematisierte die Ratsobrigkeit in ihren Verordnungen immer wieder Phänomene der Unsicherheit. Mißstände sollten beim Namen genannt und angegangen werden. Viele Erlasse des 18. Jahrhunderts wurden in Frankfurt wie in anderen Territorien fast gleichlautend zweihundert Jahre früher und dann immer wieder verkündet.[48] Die Herausgeber der Verordnungssammlungen an der Schwelle zum 19. Jahrhundert beließen es meistens bei der einmaligen Einreihung und verzichteten auf den überflüssigen Abdruck der Mandatserneuerungen. Aus dem Erlaß einer Verordnung kann deswegen nicht auf akute Sicherheitsprobleme geschlossen werden. Mit dem Hinweis auf die Differenz von Norm und Praxis soll die Ebene der Verordnungen keines-

---

[45] Archenholtz (1993), Teil I, 364–66 (alle Zitate).
[46] Archenholtz (1993), Teil II, 351; zum folgenden 77.
[47] Die Gefahr, die von Straßenräubern für Reisende ausging, wird deutlich in Reiseberichten aus früheren Jahrhunderten: vgl. Gräf, Holger Th. und Pröve, Ralf: Wege ins Ungewisse. Reisen in der Frühen Neuzeit 1500–1800, Frankfurt 1997, 215 ff.
[48] Vgl. dazu am Beispiel Württembergs Dinges, Martin: Normsetzung als Praxis? Oder: Warum werden die Normen zur Sachkultur und zum Verhalten so häufig wiederholt und was bedeutet dies für den Prozeß der 'Sozialdisziplinierung'? in: Norm und Praxis im Alltag des Mittelalters und der Frühen Neuzeit, hg. von Gerhard Jaritz, Wien 1997, 39–53.

wegs als nebensächlich abgetan werden. Vielmehr konstituierten die Erlasse eine wirkungsmächtige Realität, indem sie Kriminalität und Unsicherheit als solche definierten und festschrieben. Der Raum des Hauses mochte für viele Einwohner wesentlich unsicherer sein als derjenige der Straße. Doch nur diejenigen Aspekte der Wirklichkeit, die in das Raster des offiziellen Diskurses paßten, führten zu entsprechendem Handeln durch Vertreter der Obrigkeit. Insofern wurde die Unsicherheit der Straße per Erlaß konstruiert.

Vernehmungsprotokolle wie die Frankfurter Criminalia sind im Vergleich zu Verordnungen insofern aufschlußreich, als sie die Wahrnehmung von Unsicherheit in der Bevölkerung widerspiegeln. Die große Mehrheit der Untersuchungen basierte auf Anzeigen aus der Bevölkerung, die damit ein Einschreiten der Obrigkeit befürwortete. Nicht nur privilegierte Bürger nutzten auf diese Weise die Justiz. Gerichtsakten sind näher dran am Geschehen. Ihr Inhalt ist deswegen sehr viel aussagekräftiger für die soziokulturelle Praxis eines Orts als Verordnungen, das Profil der Delinquenz wesentlich ausgeprägter als im stereotypen Diskurs der Erlasse. Allerdings geht es in Strafgerichtsakten per definitionem ebenfalls immer um Delinquenz, also um normativ fixierte Erfahrung von Unsicherheit. Über die Repräsentativität dieser Erfahrung kann nur der quantitative Vergleich oder die Berücksichtigung weiterer Quellengruppen entscheiden.

Sowohl die Registratur als auch die Reiseberichte lassen die Frankfurter Kriminalität des 18. Jahrhunderts in einem deutlich anderen Licht erscheinen als diejenige der europäischen Super-Stadt London. Der Blickwinkel in Reisejournalen unterscheidet sich stark von Verordnungen und Gerichtsakten, die aus dem Zusammenspiel von Obrigkeit und Untertanen entstanden. Bei allen Topoi und Konventionen lassen die Berichte eine individuelle Handschrift der Autoren erkennen. Der berühmte Reisebericht von Archenholtz über England und Italien zeigt, daß Kriminalität durchaus in diesem Textgenre seinen Platz hatte. Nimmt man die Perspektive der Frankfurt-Reisenden ernst, so war die Messestadt kein Ort besonderer Unsicherheit. Dabei hätte sich etwa das Gedränge der Messe durchaus als Topos für Unsicherheit und Gefährdung angeboten. Wenn einmal über Beleidigungen, Schlägereien oder Prostitution berichtet wird, dann in einem distanziert-amüsierten Ton.

London und Paris, gefolgt von Neapel, waren Mitte des 18. Jahrhunderts mit bereits über einer halben Million Einwohnern die größten Städte des Kontinents.[49] Dort war Unsicherheit mehr als eine individu-

---

[49] Schilling (1993), 7. London zählte, laut Schilling, um 1750 676.000, Paris 560.000, Neapel 324.000 Einwohner.

elle Erfahrung. Das Leben der Bürger in einer mittleren Großstadt wie Frankfurt hatte zwar durchaus einen – saisonal ausgeprägt – schnellen Rhythmus, kannte aber keine alltägliche Unsicherheit, die durch Straftäter hervorgerufen worden wäre. Kriminalität als neuartige, konstante Bedrohung der Obrigkeiten und Oberschichten entstand in den Super-Städten des 18. Jahrhunderts, korrespondierend mit dem enormen Wachstum der Unterschichten. London und Paris zogen aufgrund ihrer überragenden Stellung als Kapitalen von England und Frankreich die Menschenmassen an. Reichtum und Armut konzentrierten sich hier auf engstem Raum. Die schnelle Zuwanderung in die Metropolen und die damit einhergehende ökonomische Unsicherheit ließ sich nicht mehr mit traditionellen Mitteln wie der alten Armenfürsorge oder korporativer Selbstregulierung bewältigen. Arbeiter und Tagelöhner waren nicht mehr in das Netzwerk der Zünfte integriert, sondern auf sich allein gestellt. In den neuen Großstädten bildeten sich zwar Wohnquartiere aus, in denen ein Nachbar das Verhalten des anderen eifersüchtig beäugte.[50] Diese Form der sozialen Kontrolle war jedoch nicht mehr unentrinnbar, wie es noch das omnipräsente 'Dorfauge' gewesen war. Es bedurfte keines besonderen Aufwands, um in einem Stadtteil zu stehlen und in einem anderen ein guter Nachbar zu sein.

Sowohl die gerichtlich registrierte Kriminalität als auch deren außergerichtliche Wahrnehmung änderten sich mit der Entstehung der Metropolen. Generell war das 18. Jahrhundert ein Jahrhundert steigender Eigentumskriminalität. Die weitaus meisten Fälle, die von der Pariser Chambre criminelle du Châtelet untersucht wurden, waren Diebstähle und Betrügereien.[51] Auch im 'rückständigen' Frankfurt stellten Eigentumsvergehen die größte Deliktgruppe. Mit der Struktur der Delinquenz änderte sich das Profil der Täterschaft. Im Spätmittelalter waren oft auch Angehörige städtischer Eliten vor die Justiz getreten. Die Kriminalität des 18. Jahrhunderts war demgegenüber eine Kriminalität der Unterschichten. Patrizier und Kaufmannssöhne hatten sich aus den Händeln auf der Straße zurückgezogen. Mittels Raub und Diebstahl suchte das wachsende Heer der Besitzlosen das Leben zu meistern: Handarbeiter, Tagelöhner, Gesellen und Mägde ohne Stellung.

Die Tatsache, daß Kriminalität als Gefahr gesehen wurde, war keineswegs neu. Neu war der Inhalt dieser Gefahr. Nicht mehr Messerzücken und Totschlag, sondern der Straßenraub war das Vergehen, das in London die Gazetten füllte. Die Kriminalität wurde als Bedrohung der

---

[50] Dinges (1994), pass.

[51] Farge, Arlette; Zysberg, André: Les théâtres de la violence à Paris aux XVIIIe siècles, in: Annales 34, 1979, 984–1015, hier 984 f.; Deyon, Pierre: Le temps des prisons, Paris 1975, 77.

Oberschichten verstanden, was sie wahrscheinlich auch tatsächlich war. Denn bei Besitzenden gab es mehr zu holen als bei Besitzlosen. So bemerkt auch Fielding in den 1750er Jahren, die zunehmende Kriminalität mache es für Gentlemen unmöglich, nach Anbruch der Dunkelheit durch die Straßen Londons zu reiten.[52]

Vor diesem Hintergrund wurden die europäischen Metropolen zum Operationsgebiet einer neuartigen Überwachungsinstitution des Staates: der zentral gelenkten, vor Ort nicht mehr integrierten Polizei.[53] Das Sicherheitspersonal neuen Typs war anders als die alten Büttel, die in Frankfurt ihre Runden drehten, ausgebildet, ausgerüstet und militärisch diszipliniert. Die Pariser Polizei besaß hier Vorläuferfunktion. London und Dublin zogen nach, bevor die neue Organisationsform auch in den deutschen Städten Einzug hielt.[54] Bereits unter Ludwig XIV. eingerichtet, wurde die Polizei von Paris im 18. Jahrhundert sukzessive unter hohen Kosten ausgebaut. Diese Reaktion auf Kriminalität zugunsten von Kontrolle – anstelle von Integration – bewirkte wohl auch, daß Paris bei den schreibenden Zeitgenossen im Ruf weit größerer Sicherheit stand als London.[55]

Der Aufstieg der Polizei als spezifisch moderner Institution korrespondierte mit einer weiteren Wahrnehmung der Kriminalität. Die zunehmende Gefahr sozialer Unruhen ließ die Delinquenz auch als zunehmende Bedrohung der Obrigkeit erscheinen. Dieser Eindruck verdichtete sich mit den Ereignissen von 1789 zu einem neuen Deutungsmuster. Von jetzt ab galt es, nicht mehr nur die Sicherheit der Bürger, sondern auch diejenige des Staates zu schützen.

---

[52] Beattie (1986), 148 ff.; zu Fielding Sharpe, J.A.: Crime in Early Modern England 1550–1750, London 1984, 184.

[53] Zum folgenden Dippel, Horst: Sicherheit des Staates oder Sicherheit des Bürgers? Die Entstehung der modernen Polizei in Paris und London in der ersten Hälfte des 19. Jahrhunderts, in: Jahrbuch für Europäische Verwaltungsgeschichte 8, 1996, 255–84.

[54] Hohkamp, Michaela: Revolutionsangst und die Suche nach 'democratischer Gesinnung'. Zum Aufbau einer Polizeidirektion in Freiburg (Breisgau) während der Jahre 1793–96, in: Denkhorizonte und Handlungsspielräume, Göttingen 1992, 235–52; Eibach, Joachim: Der Staat vor Ort. Amtmänner und Bürger im 19. Jahrhundert am Beispiel Badens, Frankfurt 1994, 149 f.

[55] Reisende scheinen Paris trotz des Elends in den Vorstädten nicht als besonders unsicher empfunden zu haben: Grosser, Thomas: Reiseziel Frankreich. Deutsche Reiseliteratur vom Barock bis zur Französischen Revolution, Opladen 1989, 359 ff.

„Unsittlichkeit" als Kristallisationspunkt von Unsicherheit

Prostitutionspolitik in Berlin (1800–1850)[1]

DIETLIND HÜCHTKER

In der ersten Hälfte des 19. Jahrhunderts waren „Unsittlichkeit"[2], „Liederlichkeit"[3], „Sittenverderbnis"[4] und Prostitution[5] brennende Themen der städtischen Politik in Berlin. Damit waren nicht nur jede Art unsittlicher sexueller Beziehungen gemeint, von „gewerblicher Hurerey" über Ehebruch zu Konkubinaten, von der Mätresse des Adels über die ausgehaltene Näherin bis zur Prostituierten im Bordell, sondern auch Armut und Elend, Kleinkriminalität und das „Milieu", Alkoholismus, Faulheit, Schmutz und ansteckende Krankheiten. Prostitution galt als „notwendiges Übel" zur „Kanalisation des männlichen Sexualdrucks" und hatte ebenso symbolische Bedeutung für den sozialen, moralischen und materiellen „Schmutz" der Gesellschaft.[6] Wie Isabell V. Hull gezeigt hat, wurden durch die Transformationen von Staat und Gesellschaft seit der Aufklärung sexuelle Verhaltensweisen neu geformt und mit neuen Bedeutungen ausgestattet. Umgekehrt konstituierte das „sexual system", wie Hull es nennt, die neue Definition des Staatsbürgers.[7] Im Zuge der Diskussionen um bürgerliche Rechte wurde die strafrecht-

---

1   Für kritische Kommentare danke ich Meinolf Nitsch und Gerhard Sälter.
2   Landesarchiv Berlin (Stadtarchiv) (LAB (STA)), Rep. 03/642, Bl. 16 (1831).
3   Merker, F.K.: Die Hauptquellen der Verbrechen gegen die Eigenthums-Sicherheit in Berlin, mit Hindeutung auf die Möglichkeit der Verminderung derselben, Berlin 1839, 34.
4   LAB (STA), Rep. 03/642, Bl. 34 (1836).
5   Prostitution bürgerte sich zu Beginn des 19. Jahrhunderts als Bezeichnung für gewerbliche sexuelle Dienstleistungen ein. Siehe Schuster, Beate: Die freien Frauen, Dirnen und Frauenhäuser im 15. und 16. Jahrhundert, Frankfurt a.M. 1995, 10.
6   Vgl. z.B. Corbin, Alain: Commercial Sexuality in Nineteenth Century France: A System of Images and Regulations, in: Representations 14 (1986), 209–219. Ein besonders hervorstechendes Beispiel für die Verknüpfung von materiellem und symbolischem Schmutz sind die Arbeiten von Alexandre-Jean Baptiste Parent-Duchâtelet, der als Arzt vergleichende Studien über die städtische Kanalisation und die Prostitution in Paris betrieb: Ders., „De la prostitution dans la ville de Paris", Paris 1836. Er wurde europaweit zu einer Autorität in Fragen der Prostitution und zum Hauptapologeten des Reglementarismus. Siehe Harsin, Jill: Policing Prostitution in Nineteenth-Century Paris, Princeton 1985, 97f.
7   Hull, Isabel V.: Sexuality, State, and Civil Society in Germany, 1700–1815, Ithaca, NY 1996, 1–7.

liche Verfolgung von Handlungen, die Dritte nicht beeinträchtigten, zunehmend in Frage gestellt. Paradigmatisch für die Neukonzeption der Beziehungen zwischen Staat und Bürger oder Staat und Gesellschaft war der Begriff der Sittlichkeit. Sittlichkeit als gesellschaftliche Norm schrieb die Familie als Basis staatlicher Ordnung fest und ermöglichte es gleichzeitig, die „bürgerliche Privatsphäre" dennoch aus dem staatlichen Zugriff zu lösen.[8] Die Konzeptionen der Beziehungen zwischen Staat und Bürger waren nicht nur ideelle Leitgedanken für die Gesetzesreformen. Sie wurden zu Argumenten in den Auseinandersetzungen um die alltägliche Politik in der Stadt und nahmen erst in dieser Praxis Gestalt an.

Meine These ist, daß die Beschäftigung mit Prostitution und Unsittlichkeit dazu beitrug, Definitions- und Verständigungsprobleme bezüglich der Veränderungen im Alltag der Stadt zu klären und daß in den alltäglichen Konflikten der Unsittlichkeits- und Prostitutionspolitik gelernt oder geübt wurde, wie die Beziehungen zwischen Staat und Gesellschaft gestaltet bzw. wie öffentliche Ordnung und private Freiheiten miteinander vereinbart werden konnten.[9] Als Symbol für die großstädtischen Gefahren verkörperte die Prostituierte die Notwendigkeit der öffentlichen Kontrolle. Als eine die soziale und sittliche Ordnung bedrohende Beziehung formte Prostitution eine Vorstellung von öffentlicher Sicherheit als soziale Abgrenzung und von öffentlicher Kontrolle als Geschlechterdifferenz.

Um historischen Wandel anhand eines alltäglichen und gleichzeitig außerordentlich aufgeladenen Konflikts städtischer Politik, wie es der Umgang mit Prostitution und Unsittlichkeit war, zu untersuchen, ist ein Konzept notwendig, das das Reden über und die ergriffenen Maßnah-

---

8 Hull, Isabel V.: Sexualstrafrecht und geschlechtsspezifische Normen in den deutschen Staaten des 17. und 18. Jahrhunderts, in: Gerhard, Ute: Frauen in der Geschichte des Rechts. Von der frühen Neuzeit bis zur Gegenwart, München 1997, 221–234, hier: 225; vgl. auch Harms-Ziegler, Beate: Außereheliche Mutterschaft in Preußen im 18. und 19. Jahrhundert, in: Gerhard (1997), 341.

9 Prostitutionspolitik war immer wieder, nicht nur zu Beginn des 19. Jahrhunderts, ein Katalysator des Wandels. Schon in der Reformation spielte die Verfolgung der Prostitution für die neue Bedeutung, die der Ehe zugesprochen wurde, eine entscheidende Rolle. Vgl. z.B. Roper, Lyndal: Mothers of Debauchery: Procuresses in Reformation Augsburg, in: German History 6 (1988), 1–19. Für die Französische Revolution beispielsweise Hunt, Lynn (ed.): Introduction, Eroticism and the Body Politic, Baltimore u.a. 1991; Cheek, Pamela: Prostitutes of „Political Institution", in: Eighteenth-Century Studies, 28 (1994/95), 193–219. Auch in den Prostitutionsdebatten Ende des 19. Jahrhunderts positionierten sich gesellschaftliche Kräfte. Vgl. z.B. Jusek, Karin J.: Auf der Suche nach der Verlorenen. Die Prostitutionsdebatten im Wien der Jahrhundertwende, Wien 1993, 89–162; Krafft, Sybille: Zucht und Unzucht. Prostitution und Sittenpolizei im München der Jahrhundertwende, München 1996.

men gegen Prostitution weder als konträr, noch als einfache Abbildungen voneinander begreift. Unter Diskurs verstehe ich einen realitätsschaffenden Prozeß im Alltag der Politik, nicht eine Ebene der Gedanken und Ideen, die sich von der Ebene einer Realität abhebt.[10] In der Beschäftigung mit Unsittlichkeit und Prostitution ergänzten sich staatliche Polizei, städtische Verwaltung, die sich ehrenamtlich engagierenden Bürger der Stadt und Literaten, die Berlin zum Thema machten, sei es in Form von Debatten, Maßnahmen und Anordnungen, Petitionen, sozialpolitischen Aktivitäten, Reformentwürfen oder Beschreibungen der städtischen Situation.[11] Die an den Auseinandersetzungen Beteiligten setzten Bilder über Prostitution und Unsittlichkeit als Kollektivsymbole[12] ein, um ihre Interessen zu formulieren und zu illustrieren, es formte sich aber im Verwaltungsalltag wiederum ein Diskurs über Prostitution, der über die Intentionen der Beteiligten hinausgehend die Vorstellungen von der städtischen Gesellschaft gestaltete und der die Politik nicht nur legitimierte, sondern auch bestimmte. Ausgehend von einem Konflikt um das Konkubinat und endend mit einem Konflikt wegen sexuellen Mißbrauchs von Mädchen aus den Berliner Armutsquartieren werde ich den unterschiedlichen Aspekten des Diskurses über Prostitution nachgehen.

1 Verbot oder Überredung: Die Auseinandersetzungen um das Konkubinat

In der ersten Hälfte des 19. Jahrhunderts wurde in Berlin über soziale Probleme, vor allem über Armut, auf eine Art und Weise nachgedacht,

---

[10] Vgl. zu diesem an Foucault angelehnten Diskursbegriff z.B. Schöttler, Peter: Sozialgeschichtliches Paradigma und historische Diskursanalyse, in: Fohrmann, Jürgen; Müller, Harro: Diskurstheorien und Literaturwissenschaft, Frankfurt a.M. 1988, 159–199; Frank, Manfred: Zum Diskursbegriff bei Foucault, in: Fohrmann; Müller (1988), 25–44; allgemein zur Foucaultrezeption in Deutschland Dinges, Martin: The Reception of Michel Foucault's Ideas on Social Discipline, Mental Asylums, Hospitals and the Medical Profession in German Historiography, in: Jones, Colin; Porter, Roy (Hg.): Reassessing Foucault. Power, medicine and the body, London u.a. 1994, 181–212.

[11] Daraus ergibt sich die Quellenbasis: Verwaltungsakten des Berliner Polizei-Präsidiums und der Armen-Direction, gedruckte Literatur aus Verwaltungsperspektive sowie feuilletonistische Berlinbeschreibungen.

[12] Zu Kollektivsymbolen in der Alltagssprache vgl. Drews, Axel; Gerhard, Ute; Link, Jürgen: Moderne Kollektivsymbolik. Eine diskurstheoretisch orientierte Einführung mit Auswahlbibliographie, in: Internationales Archiv für Sozialgeschichte der deutschen Literatur, Sonderheft 1 (1985), 258f., 289; Link, Jürgen: Kollektivsymbolik und Mediendiskurse. Zur aktuellen Frage, wie subjektive Aufrüstung funktioniert, in: kultuRRevolution. Zeitschrift für angewandte Diskurstheorie 1 (1982), 6–21.

die Unsittlichkeit zu ihrem wesentlichen Charakteristikum machte. Anlaß einer jahrzehntelang andauernden Auseinandersetzung zwischen städtischer und staatlicher Verwaltung waren die preußischen Reformen. Im Unterschied zu den meisten deutschen Staaten, in denen Freizügigkeit, das Recht auf Eheschließung und das Recht auf Armenversorgung in der ersten Hälfte des 19. Jahrhunderts eingeschränkt beziehungsweise an strengere Bedingungen geknüpft wurden, waren in der preußischen Reformpolitik Prinzipien handlungsleitend, die auf eine Trennung von Staat und Gesellschaft, auf eine Liberalisierung sozialer Beziehungen und eine Einschränkung staatlicher Eingriffsmöglichkeiten zielten.[13]

Mit der Einführung von Niederlassungsfreiheit und Gewerbefreiheit sowie der Aufhebung der Erbuntertänigkeit verloren die städtischen Behörden die Möglichkeit, den Zuzug nach Berlin zu kontrollieren. Die Städteordnung brachte es mit sich, daß mit der Kommunalisierung der bisher königlichen Verwaltung auch die Finanzierung der Armenversorgung zu einer kommunalen Angelegenheit geworden war, wodurch sich die bisherigen staatlichen Subventionen für das Armenwesen maßgeblich verringerten. Damit waren Konflikte zwischen städtischer und staatlicher Politik vorprogrammiert, in der Praxis oftmals ausgetragen in den Zusammenstößen zwischen der seit 1820 kommunalisierten Armenverwaltung und der in Berlin weiterhin staatlichen Polizei.[14] Brisant war das Thema Armut als größtes, sprich teuerstes Verwaltungsproblem.[15] Gegen die Reformpolitik des Staates brachten die städtischen Behörden mit Regelmäßigkeit und in stereotypen Formulierungen vor, daß die große Zahl der Zuwandernden in Berlin verelenden würde, wodurch die Armut in der Stadt unbewältigbare Ausmaße annähme und massive Probleme für die städtische Ordnung entstünden. Die durch die napoleonischen Kriege und die zu zahlenden Kriegsreparationen hervorgerufenen finanziellen Schwierigkeiten hatten die Situation verschärft und ein Denken begünstigt, das Bevölkerungswachstum, Verarmung und Unsittlichkeit schon zu einem Zeitpunkt zusammenbrachte, als die

---

13 Harms-Ziegler, Beate: Illegitimität und Ehe. Illegitimität als Reflex des Ehediskurses in Preußen im 18. und 19. Jahrhundert, Berlin 1991, 223–274 zu den dominierenden Strömungen im Rechtsdiskurs.

14 Hüchtker, Dietlind: „Elende Mütter" und „liederliche Weibspersonen". Geschlechterverhältnisse und Armenpolitik in Berlin (1770–1850), Münster 1999; Koselleck, Reinhart: Preußen zwischen Reform und Revolution. Allgemeines Landrecht, Verwaltung und soziale Bewegung von 1791 bis 1848, Stuttgart 1967, 588f.

15 Die Armenverwaltung wurde aus dem umstrittenen staatlichen Zuschuß von 75.000 Thalern, seit 1826 nur noch 55.000 Thalern, den Spenden der Einwohner und Einwohnerinnen, aus dem vorhandenen Kapital, den Stiftungen und aus städtischen Steuerzuschüssen finanziert.

Zuwanderungsraten noch kaum den kriegsbedingten Bevölkerungsrückgang in der Stadt ausglichen.[16]

Nicht nur städtische, auch polizeiliche Aufgabenbereiche standen zur Disposition. Paradigmatisch für eine Trennung von Staat und Gesellschaft war der Bereich der „bürgerlichen Privatsphäre", die Regelung der Sittlichkeit. So waren im Allgemeinen Landrecht außereheliche Beziehungen tendenziell entkriminalisiert worden – beispielsweise wurde zwischen „verführten Mädchen" und „gewerbsmäßiger Hurerey" bei der Verfolgung von Unzucht unterschieden. Seit den 1820er Jahren war dagegen der Einfluß des auf den Pietismus gestützten konservativ-königstreuen Flügels in der Politik gewachsen, der sich unter anderem der Sittlichkeitsfragen annahm und versuchte, verschiedene Reformen rückgängig zu machen. Beispielsweise wurden 1845, 1850 und 1851 Strafverschärfungen bei unehelicher Mutterschaft durchgesetzt.[17]

Der Kontext „Unsittlichkeit" erwies sich als ausbaufähiges Interpretationsmuster und Leitmotiv für eine Politik mit dem Elend. Unsittlichkeit und Prostitution eigneten sich für die Armenverwaltung zur Intervention zum einen aufgrund ihrer vielschichtigen Bedeutungsgehalte und der assoziativen Denkweise, die alle „Übel der Zeit" miteinander verknüpfte. Zum zweiten waren diese Themen dauerhaft konfliktbeladen und machten daher Anzweiflungen polizeilicher Kompetenzen glaubhaft. Drittens hielten sie aber auch die Kritik der städtischen Verwaltung an der Reformpolitik permanent im Gespräch, nämlich die Vorstellung, daß durch Gewerbefreiheit und Freizügigkeit Armut und Unsittlichkeit in der Stadt zunehmen würden. So ist es nicht überraschend, daß die Armen-Direction 1842 die Verbindung von Armut und Unsittlichkeit soweit verallgemeinert hatte, daß sie im Unterschied zu 1790, als sie Prostitution explizit nicht als ihren Gegenstand ansah, davon ausging, daß „die Sitten Polizei ... wesentlich in das Gebieth der Armenpflege einreicht".[18]

Eines der umstrittenen Themen, anhand dessen man die Konfliktlinien, Positionen, das praktische Vorgehen und die dadurch implizierten Vorstellungen von der städtischen Gesellschaft beispielhaft aufzeigen kann, ist das Zusammenleben ohne Trauschein, das sogenannte Konkubinat.[19] 1821 eröffnete Oberfinanzrath Semler, Mitglied der Armen-

---

16 Vgl. Hüchtker (1999).
17 Kraus, Antje: „Antizipierter Ehesegen" im 19. Jahrhundert. Zur Beurteilung der Illegitimität unter sozialgeschichtlichen Aspekten, in: Vierteljahrschrift für Sozial- und Wirtschaftsgeschichte 66 (1979), 185, 193; Harms-Ziegler (1997), 342.
18 LAB (STA), Rep. 03/357, Bl. 153–155 (1790); Rep. 03/78, Bl. 46 (1842).
19 Strittig war vor allem, ob das Konkubinat geduldet werden könne, oder ob man polizeilich eingreifen müsse. Vgl. dazu Becker Hans-Jürgen: Die nichteheliche

Direction, eine langanhaltende Debatte um eine „Steuerung des Concubinats". Eine Aufhebung des nichtehelichen Zusammenlebens hielt er für „eine sehr wichtige und wünschenswerthe Sache" und verwies dazu auf die Regierungen Magdeburg, Königsberg und Posen, die angeordnet hatten, das „Zusammenleben von Personen beiderlei Geschlechts ohne priesterliche Copulation durch polizeiliche Maaßregeln" zu verhindern.[20] Um das Berliner Vorgehen, Konkubinate zu dulden, zu desavouieren, stellte Semmler einen Zusammenhang zur ebenfalls geduldeten Prostitution her: Eine strenge Verfolgung des Concubinats wäre inkonsequent, wenn gleichzeitig „unter polizeilicher Aufsicht und Duldung die vielleicht noch größeren Übel der gemeinen Hurerei und der Bordelle nach den Bestimmungen des Allg.L.R. beibehalten werden". Damit spielte er darauf an, daß in Berlin registrierte Bordelle und einige wenige außerhalb von Bordellen registrierte, regelmäßig kontrollierte Prostituierte geduldet wurden.[21] Semler kritisierte mit seinen Ausführungen nicht nur die polizeiliche Politik bezüglich der generellen Duldung unsittlicher Verhältnisse, sondern setzte so auch das Konkubinat mit Prostitution gleich, ja stellte es fast noch als „größeres Übel" dar. Diese rhetorische Figur einer Gleichsetzung verschiedener Laster und Unsittlichkeiten intendierte zwar eine Bemängelung polizeilicher Politik, sie wurde jedoch immer charakteristischer für die Art und Weise, wie die Armenverwaltung Armut, Elend und Unsittlichkeit wahrnahm und darstellte.

Die Armen-Direction erachtete die „wilden Ehen" als „einen HauptQuell der Verarmung der untersten Volksklassen."[22] Sie behauptete beispielsweise, daß sich „liederliche Weibspersonen" mit Invaliden zusammentun würden, um von dessen Bettelerfolgen zu leben. „Indem sie seinen Lüsten fröhnen, ist es ihnen die Erwerbsquelle zu einem faulen und frohen Leben." Auch die Kinder würden zum Betteln angehalten, „(M)an trifft sie selten anders als von Kleidung entblößt, in zerrissenen Lumpen gehüllt und mit Schmutz und in der höchsten Unordnung, ohne Spur von Pflege und Reinlichkeit".[23] Das Konkubinat hatte für die

---

Lebensgemeinschaft (Konkubinat) in der Rechtsgeschichte, in: Landwehr, Götz (Hg.): Die nichteheliche Lebensgemeinschaft, Göttingen 1978.

[20] LAB (STA), Rep. 03/637, Bl. 6 (1821). Ob dieses Schreiben das erste war, ist natürlich nicht sicher, es gehörte aber offenbar zu einer Reihe weiterer Interventionen.

[21] Behrend, Fr. J.: Die Prostitution in Berlin und die gegen sie und die Syphilis zu nehmenden Massregeln. Eine Denkschrift, im Auftrage, auf Grund amtlicher Quellen abgefasst und Sr. Excellenz dem Herrn Minister von Ladenberg überreicht, Erlangen 1850.

[22] LAB (STA), Rep. 03/637, Bl. 55 (1833).

[23] LAB (STA), Rep. 03/637, Bl. 28 (1832).

Armen-Direction den Charakter einer Prostitution, einer sexuellen Dienstleistung gegen materielle Vorteile. Typisch war die Verknüpfung mit weiteren „Lastern". „Wilde Ehen" wurden mit Bettelei, mit Schmutz, Unordnung und mit Kindesverwahrlosung assoziiert.

In Berlin galt jedoch die polizeiliche Regelung, daß „nur das Zusammenleben solcher Personen zu untersagen (sei, DH), denen die Ehe wegen begangenen Ehebruchs verboten worden."[24] 1816 war dieses Verbot auf alle Personen ausgeweitet worden, die gesetzlichen Heiratsbeschränkungen unterlagen. Damit bezog sich das Verbot des Zusammenlebens auf schon anderweitig Verheiratete und auf Verwandte verschiedenen Geschlechts. Ein weiterer Grund, der ein polizeiliches Einschreiten ermöglichte, war die Erregung öffentlichen Ärgernisses. Dies war beispielsweise der Fall, wenn Nachbarn sich beschwerten.[25] In der Praxis scheint die Berliner Polizei Konkubinate zumeist akzeptiert und quasi wie Ehen behandelt zu haben.

Für die Armen waren Konkubinate eine Strategie, zu sparen und den Unterhalt zu meistern, wie die Rechtfertigung der Witwe Bergemann deutlich macht, die bekundete, daß sie „mit den Kindern Hungers … sterben könne, wenn Kurzrock nicht seinen Verdienst brächte."[26] Jedoch sollten Konkubinate nicht nur als Notlösung und ausschließliche Strategie des Mangels jenseits von geltenden Normen angesehen werden. Da Eheversprechungen in weiten Teilen der Gesellschaft noch ebenso anerkannt waren wie standesamtliche beziehungsweise kirchliche Eheschließungen, waren für die Untertanen Konkubinate eine Form einer zumindest faktischen und damit nicht sittenwidrigen Ehe.[27] So wurde von der Armenverwaltung beklagt, daß sich die Paare Aufgebotsatteste vom Geistlichen holen würden und zusammenzögen, ohne sich anschließend trauen zu lassen.[28]

---

[24] LAB (STA), Rep. 03/637, Bl. 9 (1822).

[25] Vgl. beispielsweise LAB (STA), Rep. 03/637, Bl. 75 (1834). Die Armen-Direction nutzte die Anzeige der Nachbarn aus, um das Paar sofort zu trennen. Ob sich die Nachbarn wirklich von dem Zusammenleben der beiden gestört fühlten oder ob nicht ganz andere Gründe eine Rolle spielten, scheint mir bedenkenswert, da die Anzeige das Berliner Armutsquartier betraf, in dem mehr als nur ein Paar im Konkubinat lebte, wie auch aus der unverzüglich erstellten Liste ersichtlich ist. Ebd. Bl. 77. Vgl. zu den differenzierten und vielschichtigen Motiven von Anzeigen beispielsweise sowi 27 (1998), Heft 2: Denunzianten in der Neuzeit.

[26] So gab zumindest ein Mitglied des „Vereins zur Beförderung des Schulbesuchs armer Kinder" ihre Darstellung wieder, das auf die Probleme der Witwe aufmerksam machen wollte. LAB (STA), Rep. 03/637, Bl. 60 (1834).

[27] Vgl. dazu u.a. Kraus (1979), 201f.

[28] LAB (STA), Rep. 03/637, Bl. 19 (1829). Auch in diesem Fall hält das Polizei-Präsidium ein Verbot nicht für möglich.

1832 baten Friederike Dreßler und Carl Stripp die Armenverwaltung um die Übernahme der Traukosten.[29] Friederike Dreßler schrieb: „Ich lebe schon seit neun Jahren in einer wilden Ehe mit meinem Mann, [habe] schon mehrere Kinder gezeugt, und [habe mich] gut vertragen, wie auch vor vier Wochen mit einem Knaben entbunden." Sie deutete an, daß sie nun zu einer rechtlichen Eheschließung gezwungen würden. Wer interveniert hatte, geht weder aus ihrem Brief, noch aus der anschließenden Verwaltungskorrespondenz eindeutig hervor. Die Armen-Direction forderte die Polizei auf, das Konkubinat aufzulösen, und gleichzeitig die zuständige Kirche, eine gebührenfreie Trauung zuzulassen. Der zuständige Polizei-Commissarius gab an, daß sich das Paar schon seit mehreren Jahren „gut als Eheleute" vertragen würde und noch kein öffentliches Ärgernis verursacht hätte. Aufgrund dieser Beurteilung lehnte das Polizei-Präsidium das Ansuchen der Armen-Direction ab. Friederike Dreßler und Carl Stripp wurden zu einer freien Trauung in der zuständigen Kirche zugelassen, sind dort aber offenbar nicht erschienen. Semler empörte sich gegen den Beschluß, daß die Polizei das Paar offenbar „im Laster verharren lasse" und erhielt die Unterstützung des Bischofs Neander, ebenfalls Mitglied der Armen-Direction. Beide wandten sich an den Polizei-Präsidenten Gerlach, der sich jedoch wider ihr Erwarten nicht eindeutig auf ihre Seite schlug. Gerlach bestätigte zwar einerseits, daß „das in jüngster Zeit auffallende Überhandnehmen der Concubinate ... allerdings die ernstlichste Betrachtung" verdiene, andererseits ließen in solchen Fällen seines Erachtens „Überredung und Ermahnung beßere Erfolge erwarten" als ein polizeiliches Eingreifen.[30]

Die Armen-Direction versuchte angesichts des polizeilichen Widerstands vor allem diejenigen Paare unter Druck zu setzen, auf die sie Einfluß hatte. Den der Direction unterstellten Unterbeamten wurde Entlassung angedroht, wenn sie ihre unehelichen Beziehungen nicht aufgaben oder heirateten.[31] 1832 entschied die Direction, daß Müttern, die im Konkubinat lebten, das Waisengeld entzogen werden solle, da sie für ihre Kinder gemeinschaftlich mit ihrem „Buhlen" zu sorgen hätten.[32] Der Entzug der Armenunterstützung funktionierte als regelrechtes Straf- und Belohnungssystem für eine Kontrolle von Untermietsverhältnissen.[33] Darüber hinaus insistierte die Armenverwaltung darauf, daß

---

29 LAB (STA), Rep. 03/637, Bl. 34–40 (1832).
30 LAB (STA), Rep. 03/637, Bl. 40.
31 LAB (STA), Rep. 03/637, Bl. 106, 109 (1836).
32 LAB (STA), Rep. 03/637, Bl. 30 (1832).
33 LAB (STA), Rep. 03/637 Bl. 81 (1835).

Schlafstellen nicht mehr an beide Geschlechter gleichzeitig vermietet werden dürften[34]. In diesem Punkt stimmte die Polizei zu.

Die unterschiedlichen Positionen verweisen auf die Verwobenheit der verschiedenen Motive und Konfliktlinien. Die mit der endgültigen Kommunalisierung der Armenverwaltung einsetzende Auseinandersetzung ist als Teil eines generellen Konflikts zwischen städtischen und staatlichen Behörden zu verstehen. Die Formulierungen der Armen-Direction – der Vergleich mit Prostitution, die Unterstellung, die Polizei lasse die Leute einfach „im Laster" leben – spiegeln die generelle Kritik an der staatlichen Politik wider. Ein Großteil der Intentionen der Armen-Direction waren finanzieller Natur. Ihre Interventionen ebenso wie ihre Maßnahmen, der Entzug der Unterstützungsgelder mit einer Begründung, die das Zusammenleben quasi als Familie akzeptierte, scheinen vor allem dazu gedient zu haben, finanzielle Verpflichtungen abzuwenden. Das Thema Konkubinat verweist darüber hinaus auch darauf, daß sich zumindest ein Teil der Armenverwaltung den pietistischen Bestrebungen in den Auseinandersetzungen um Reformen anschloß. Die ausweichende Reaktion des Polizei-Präsidenten zeigt jedoch, daß eine generelle polizeiliche Trennung von Konkubinaten weiterhin unmöglich blieb. Auch noch 1842 war ein „vertrauter Umgang" zwischen Vermieterin und Untermieter polizeilich nicht strafbar, solange kein gesetzliches Ehehindernis vorlag und kein öffentliches Ärgernis erregt wurde.[35]

2 Prostitution und Verbrechen: die Reformulierung von Armut

Damit blieb zwar bezüglich der Behandlung des Konkubinats das von der Regierung propagierte Prinzip, in das Privatleben seiner Bürger nicht einzugreifen, in der Praxis bestehen. Wie die Ausführungen des Berliner Polizeirats F. K. Merker zeigen, wurde diese liberale Haltung jedoch innerhalb der Polizei nicht in jedem Punkt unterstützt. Nicht nur für die Armenverwaltung machten sich an Unsittlichkeit und besonders „Unzucht" die zentralen Probleme des gesellschaftlichen Wandels fest. Ausgehend von der Beobachtung, daß die Eigentumsdelikte in Berlin außerordentlich zunehmen würden, entwickelte Merker eine Analyse über die sozialen Probleme seiner Zeit.[36] Er setzte bei den Umbrüchen seit der napoleonischen Besetzung an und führte aus, daß zunehmende

---

[34] Siehe z.B. LAB (STA), Rep. 03/641, Bl. 2–8 (1828).
[35] LAB (STA), Rep. 03/637, Bl. 133 (1842).
[36] Merker (1839).

Unsittlichkeit und Unzucht als Hauptursachen der Probleme auszumachen seien.

In der Situation einschneidender Veränderungen seit der napoleonischen Besetzung war die vom Polizeirat konstatierte Zunahme der Eigentumskriminalität ein Indikator für die Auflösung der alten Ordnung sowie ein Aufhänger, die Bedingungen zur Etablierung einer neuen Ordnung zu diskutieren, wobei Merker als Praktiker zu sprechen beabsichtigte. Er führte aus, daß angesichts der neuen persönlichen Freiheiten des Einzelnen, wie sie die Reformen anstrebten, von der „großen Volksmasse" im Unterschied zu den „höheren Volksklassen" eine Unterordnung unter die Erfordernisse des Gemeinwohls nicht zu erwarten sei. Daher sah er in den neuen Freiheiten eine Gefährdung der öffentlichen Sicherheit.[37]

Vor allem behauptete er, daß zwar die registrierte Prostitution in Bordellen zurückgegangen sei und hauptsächlich von Männern der unteren Schichten genutzt würde, daß sich aber eine neue Form von „Unzucht", die unkontrollierte Prostitution, die ausgehaltene Beziehung u.ä. verbreiten würde. Den vielen allein lebenden Frauen, den Putzmacherinnen, Schneiderinnen, Stickerinnen, reiche der geringe Verdienst nicht für ihre Bedürfnisse nach Putz und Vergnügungen, so daß sie leicht Kupplerinnen in die Hände fallen würden. Putz und Vergnügungen signalisieren die Mißachtung der Kleiderordnung wie der Kontrollmöglichkeiten durch die patriarchalische Hausgemeinschaft, also die Auflösung der ständischen Ordnung.[38] Merker zeichnete eine Art „Verbrechermilieu" der städtischen Unterschichten. Die ausführliche Beschreibung der Veränderungen der Zeit als „Unzuchtsproblematik" spitzte Sittlichkeit auf sexuelle Beziehungen zwischen den Geschlechtern zu, insbesondere auf das Verhalten erwerbstätiger, allein lebender Frauen.

Ihre Lebensweise als Form von Prostitution wahrzunehmen, teilte Merker mit vielen weiteren Zeitgenossen. Der bekannte sozialkritische Vormärzautor Ernst Dronke beispielsweise widmete in seiner Berlinbeschreibung der „Grisette" ein ganzes Kapitel unter dem Stichwort „Öffentliches Leben". Als Grisette wurde eine alleinlebende, erwerbstätige junge Frau bezeichnet, die sich mehr oder weniger große Anteile ihres Lebensunterhalts durch Beziehungen mit Männern ermöglichte. Wie bei

---

[37] Merker (1839), 11–13.

[38] 1846 zeigte z.B. eine Armen-Commission Handschuhnäherinnen, Schneiderinnen und Putzmacherinnen als heimliche Prostituierte an. LAB (STA), Rep. 03/78, Bl. 57 (1846) Ledige Frauen zu verdächtigen, ist nicht neu, sondern eher, wie die intensive Beschäftigung mit Prostitution überhaupt, als typisches Krisenphänomen zu bewerten. Vgl. zu früheren Unterstellungen z.B. Rublack, Ulinka: Magd, Metz' oder Mörderin. Frauen vor frühneuzeitlichen Gerichten, Frankfurt a.M. 1998, 222–228.

Merker stellte diese Frauenfigur, sogar als Begriff festgeschrieben, die neuen Unsittlichkeiten der Großstadt dar. Dronke schilderte, wie diese Frauen immer mehr der Unsittlichkeit, also der Prostitution und dem Elend anheimfallen.[39]

In einem längeren Artikel begründete ein Beamter des Arbeitshauses mit dem Zusammenhang von Armut, Kriminalität und Unsittlichkeit eine Reform des Strafrechts, die die Erziehung zur „Reue" zum Ziel hatte und auf einer Isolierung der Insassen beruhte.[40] Prostitution steht bei ihm für die Unsittlichkeit der Frauen, während Diebstahl oder Verbrechen den Männern zugeordnet wird. Auch Dronke untermauerte seine Gesellschaftskritik mit Studien über den Zusammenhang von Armut und Unsittlichkeit. Eines seiner Kapitel über „Das Proletariat" betitelte er mit „Prostitution und Verbrechen", womit, wenn auch nicht explizit, ebenfalls die Vorstellung von einer geschlechtsspezifischen Ordnung der Delinquenz bedient wurde.[41] Delinquenz konnte so den Geschlechtern zugeordnet werden, schien dadurch überschaubarer und es bot sich einen Ansatz für Reformen.

Die Konflikte um die Reformpolitik produzierten und repräsentierten einen Diskurs über Armut und Unsittlichkeit. Unsittlichkeit galt als Ursache der Verarmung und umgekehrt Verarmung als Ursache von Unsittlichkeit.[42] Als größtmögliche Steigerung des sittlichen Verfalls wurden Kriminalität und Prostitution angesehen, als Kumulation verschiedenster Laster, wie Faulheit, Schmutz, Kindesverwahrlosung usw. Die Verknüpfung von Armut und Unsittlichkeit stellte gewissermaßen einen Konsens dar, der anknüpfend an aufklärerische Vorstellungen von mangelnder Erziehung und fehlenden Vorbildern auf ganz unterschiedlichen Ebenen und von ganz unterschiedlichen Beteiligten zur Neugestaltung der Ordnung in der Stadt genutzt wurde.[43] Die Darstellungen von „Verbrechen und Prostitution" legitimierten sowohl pietistisch-

---

[39] Dronke, Ernst: Berlin, (ND 1846), Darmstadt/Neuwied 1987, 43.

[40] Schütze, C.F.: Das Arbeitshaus in Berlin und seine Bewohner, in: Der Publicist. Eine Zeitschrift zur Besprechung criminalistischer und administrativer Gegenstände, gesellschaftlicher und bürgerlicher Verhältnisse, 1 (1845), 145–157, 179–188., 207–219, 337–345, 365–374.

[41] Dronke (1987), Inhaltsverzeichnis, 5; 123f. Für Dronke ging es um Besitzverhältnisse und Ausbeutung. Er machte mit den Prostitutionsgeschichten u.a. auf die niedrigen Frauenlöhne aufmerksam.

[42] Zu „Unsittlichkeit" als Armutsursache Greif, Wolfgang: Wider die gefährlichen Classen. Zum zeitgenössischen Blick auf die plebejische Kultur im Wiener Vormärz, ÖZG. Österreichische Zeitschrift für Geschichtswissenschaft 2 (1991), 59–80, hier: 64.

[43] Vgl. Wehrmann, Volker: Volksaufklärung, in: Herrmann, Ulrich (Hg.): „Das pädagogische Jahrhundert". Volksaufklärung und Erziehung zur Armut im 18. Jahrhundert in Deutschland, Weinheim u.a. 1981, 143–153.

konservative Kritik der herrschenden Moral, als auch Kritik an Lohn-
höhe und Eigentumsverhältnissen, wie Dronke sie formulierte. Gemeinsam war allen Beteiligten, bei den Unterschichten mit ihren Interven-
tions- und Reformvorschlägen anzusetzen.

Die Stadtverwaltung und die Polizei ergriffen spezifische Maßnahmen, wie den Bau neuer Abwassersysteme im Berliner Armutsquartier
oder das Verbot, Schlafgänger verschiedenen Geschlechts zu beherbergen. Die Armenverwaltung benachteiligte Konkubinate. Es wurden
Vorschläge zur Strafrechtsreform oder zur Reform der Armen- und
Polizeipolitik formuliert. Verbote und eine interventionistische Sozialpolitik ergänzten sich in dem Versuch, Sittlichkeit zu befördern, um
Armut zu vermeiden. Eine pietistisch motivierte Sittlichkeitsbewegung
verknüpfte sozialpolitische Maßnahmen mit religiösen Bekehrungsver-
suchen und sollte als „Innere Mission" bekannt werden.[44] Ein Teil der
sich in Vereinen organisierenden Frauen und Männer nahm sich ebenfalls der Unsittlichkeit in den Unterschichten an, so z.B. in dem „Verein
zur Rettung sittlich verwahrloster Kinder", dem „Verein für die Besserung von Strafgefangenen", dem „Verein zur Fürsorge entlassener Ge-
fangener", dem „Verein zur Förderung der Enthaltsamkeit von geistigen
Getränken".[45]

3 Prostitution als Geschlechterbegegnung: die Überschreitung von sozialen Grenzen

Obwohl Prostitution als eine Steigerung der Unsittlichkeiten der Unterschichten galt, lag ihre Gefährlichkeit darin, daß sie gerade nicht auf die
Unterschichten beschränkt war, sondern unsittliche Begegnungen zwischen Männern und Frauen überall stattfinden und soziale Grenzen
überschreiten konnten. In den allgemein zugänglichen Räumen der
Stadt, auf der Straße, in Tanzlokalen und Kneipen, aber auch in der
Bordellgasse oder in den Armutsquartieren begegneten sich nicht nur
beide Geschlechter, sondern auch sozial unterschiedliche Gruppen.[46]
Prostitution wurde als typisches Problem einer Großstadt wahrgenommen, in der die soziale Ordnung permanent in Frage gestellt ist. Ein

---

[44] Geist, Kürvers (1980), 124–169.
[45] Siehe Erster Jahresbericht über die von dem unterzeichneten Verein errichtete
Anstalt zur Erziehung sittlich verwahrloseter Kinder, 1826; Grundsätze des zu
Berlin gestifteten Vereins für die Besserung der Strafgefangenen, Berlin 1828;
Statuten des Berliner Vereins zur Fürsorge für entlassene Gefangene, Berlin
1840; Erster Jahresbericht des Vereins zur Förderung der Enthaltsamkeit von
geistigen Getränken 1838.
[46] Vgl. Stalleybrass, Peter; White, Allon: The Politics and Poetics of Transgression,
London 1986, 125–148.

Topos, in dem sich die Unsicherheit über die soziale Ordnung in der Stadt manifestierte, ist die Verführung.[47]

Ausgelöst durch den Umgang, den das Militär während der napoleonischen Besetzung mit Prostituierten pflegte, geriet die polizeiliche Duldungspolitik in die Diskussion. Als besonders unangenehm wurde die Anwesenheit der Prostituierten in Räumen der öffentlichen Präsentation wahrgenommen, speziell im Theater.[48] War ein Eingreifen der Berliner Behörden während der Besatzungszeit noch schwierig, so verschärfte sich der Widerstand gegen die polizeiliche Duldungspolitik mit dem Abzug der französischen Armee von allen Seiten. Sowohl im Ministerium des Innern als auch in Teilen der Bevölkerung wurden Forderungen nach Abschaffung der Prostitution, vor allem der Sichtbarkeit von Bordellen bzw. der Kunden anwerbenden Frauen laut. Der Vorschlag, Bordelle in die weniger dicht besiedelten Vorstädte zu verlagern, blieb zwar erfolglos, aber seit 1809 wurden keine neuen Bordelle mehr genehmigt; 1844 durften bestehende Bordelle nicht mehr von neuen Betreibern übernommen werden.[49] Die Bordelle konzentrierten sich in einigen wenigen Straßen, bis in die 1840er Jahre hatte sich der Betrieb auf eine Gasse reduziert.

Seit den 1820er Jahren intervenierten die aus ehrenamtlich arbeitenden Stadtbürgern bestehenden Armen-Commissionen[50]. Wiederholt zeigten sie die Verbreitung von Bordellen oder „Winkelhurerei" an, also unregistrierter Prostitution in verschiedenen Gassen und Bezirken. Sie bestanden auf der Auflösung der Bordelle sowie auf einer permanenten polizeilichen Überwachung und Bestrafung der „Winkelhuren".[51]

Auch die Bevölkerung beteiligte sich. Nachbarn schlossen sich zusammen, um in Petitionen die Abschaffung einzelner Bordelle zu fordern und Übernahmen zu verhindern.[52] Sie argumentierten mit der

---

[47] Beispielsweise Merker (1839), 27, 31; Fränkel, Albert; Koeppen, Ludwig: Berliner Skizzen, Bilder und Charakteristiken aus dem Leben der Gesellschaft, Bd. 1, o.J. [1846], 38; Dronke (1987), 41f.

[48] Beispielsweise Brandenburgisches Landeshauptarchiv Potsdam (BLHA), Pr. Br. Rep. 30 Berlin A 40, Bl. 9 (1806).

[49] LAB (STA), Rep. 03/1059, Bl. 5–6 (1809). Darüber hinaus wurde den Bordellwirten das Bürgerrecht entzogen. LAB (STA), Rep. 03/1059, Bl. 166 (1844).

[50] Die Armenverwaltung bestand seit der Kommunalisierung 1819 aus der leitenden Behörde, der Armen-Direction und den für je einen Armenbezirk zuständigen Armen-Commissionen. Auch vor 1819 gab es neben der leitenden Behörde bezirklich organisierte ehrenamtlich arbeitende Armen-Deputierte.

[51] LAB (STA), Rep. 03/78, Bl. 7 (1836), Rep. 03/78, Bl. 8 (1836), Rep. 03/78, Bl. 41 (1842), Rep. 03/78, Bl. 48 (1842).

[52] Vereinzelt waren die Petitionen auch von Witwen, die ein Haus besaßen, unterschrieben worden. Die Masse der Unterzeichnenden waren jedoch Männer, die als Gewerbetreibende, Eigentümer oder in ihrer Funktion ehrenamtlicher Mitarbeit in der städtischen Verwaltung unterschrieben. Vgl. Hüchtker, Dietlind,

Sicherung ihrer Nahrung und führten an, daß das Bordell in der Straße den Wert ihres Hauses mindere oder ihr Gewerbe beeinträchtige, da ehrbare Menschen abgehalten würden. Der Anspruch auf obrigkeitliche Fürsorge war ein Standardargument, mit dem sich die städtische Bevölkerung gegen alles wehrte, was sie als Einbuße und Beeinträchtigung empfand. Die Klagen gegen die Bordelle sind also auch im Kontext der Widerstände gegen die preußische Liberalisierung der Wirtschaft zu sehen.[53]

1846 hatte sich die Debatte so weit zugespitzt, daß alle Bordelle geschlossen wurden. Die Erkenntnis, daß dies nur die unkontrollierte Prostitution vermehrt, sie aber keineswegs abgeschafft hatte, führte wohl dazu, daß sich die polizeiliche Reglementierung ziemlich schnell wieder durchsetzte und 1852 Bordelle bzw. registrierte Prostituierte erneut zugelassen wurden.[54] Die Armen-Direction regte darüber hinaus

---

Prostitution und städtische Öffentlichkeit. Die Debatte über die Präsenz von Bordellen in Berlin 1792–1846, in: Weckel, Ulrike; Opitz, Claudia; Hochstrasser, Olivia; Tolkemitt, Brigitte (Hg.), Ordnung, Politik und Geselligkeit der Geschlechter im 18. Jahrhundert, Göttingen 1998, 345–364, hier: 356.

53 Ganz ähnlich sah die Situation in Hamburg aus, wo Prostitution für den städtischen Mittelstand ebenfalls zu einem Synonym für die Unbill der Zeit geworden war. Hatje, Frank: Prostitution, Staat und Gesellschaft in Hamburg vom Ende des Ancien Régime bis zum Beginn des Kaiserreichs, in: Ibs, Jürgen/Pelc, Ortwin: Arme, Kranke, Außenseiter. Randgruppen in Schleswig-Holstein und Hamburg seit 1500, Neumünster 2000. Proteste gegen Bordelle, zum Teil in wesentlich heftigeren Formen gab es um diese Zeit auch in anderen europäischen und amerikanischen Städten. Vgl. für England Bullough, Vern L.: Prostitution and Reform in Eighteenth-Century England, in: Maccubbin, Robert P. (Hg.): 'Tis Nature's Fault: Unauthorized Sexuality During the Enlightenment, New York 1985, 61–74; für die USA Timothy J. Gilfoyle, City of Eros: New York City, Prostitution, and the Commercialization of Sex, 1790–1920, New York 1992, 76–81; Hobson, Barbara Meil: Uneasy Virtue. The Politics of Prostitution and the American Reform Tradition, New York 1987, 23–30; Corbin, Alain: Les filles de noce. Misère sexuelle et prostitution (19e et 20e siècles), Paris 1978.

54 Zu dem Zeitpunkt wurde schon öfter mit der Zunahme der Geschlechtskrankheiten argumentiert, insgesamt jedoch tauchte diese Befürchtung in der ersten Jahrhunderthälfte zwar gelegentlich auf, nahm aber bei weitem keinen so exponierten Platz ein wie in der zweiten Jahrhunderthälfte. Mit dem Inkrafttreten des Reichsstrafgesetzbuches von 1871 wurde die Duldung zu einer sittenpolizeilichen Reglementierung, das heißt, Prostitution selbst war nicht strafbar, wohl aber die Übertretung der polizeilichen Reglementierungen. Trotz harter Anfeindungen besonders in der zweiten Jahrhunderthälfte durch Frauenbewegung und Sozialreformbewegung, z.B. durch die Gesellschaft zur Bekämpfung von Geschlechtskrankheiten, blieb die polizeiliche Kontrolle bis 1927 bestehen. Erst dann wurde sie dem Gesundheitsamt übergeben. Vgl. dazu Reinke, Herbert: Die Polizei und die „Reinhaltung der Gegend". Prostitution und Sittenpolizei im Wuppertal im 19. und frühen 20. Jahrhundert, in: Reulecke, Jürgen; Gräfin zu Castell Rüdenhausen, Adelheid: Stadt und Gesundheit. Zum Wandel von Volksgesundheit und kommunaler Gesundheitspolitik im 19. und frühen 20. Jahrhundert, Stuttgart 1991, 129–143, bes. 141.

wiederholt an, Branntweinschenken, Tanzlokale und Kneipen polizeilich streng zu überwachen und unbeaufsichtigte junge Leute – genannt wurden Lehrburschen, Spul- und Fabrikmädchen sowie überhaupt alle weiblichen Personen ohne männliche Begleitung und alle unselbständigen männlichen Personen – aus den Lokalen auszuweisen.[55]

Die Klagen von Armenverwaltung und Nachbarn beschränkten sich nicht auf Subsistenzfragen und Fragen der Ehrbarkeit der Commissions-Mitglieder. Mit der Zeit nahmen auch sie den Unsittlichkeitsdiskurs in ihre Petitionen auf. Die Bedrohung lag in den zufälligen Begegnungen auf der Straße, in den unkontrollierten und unkontrollierbaren Menschen, die sich dort bewegten.[56] „Unsere Stadt und nahmentlich unsere Bezirke, wimmeln so voller Winkelhuren".[57] Besonders nach dem Verbot der Bordelle mehrten sich Vorstellungen von unkontrollierten Massen und erhöhter Unübersichtlichkeit. Den Topos der Verführung und Aggressivität aufgreifend, drohte die für die Gasse, in der sich die Bordelle konzentrierten, zuständige Armen-Commission mehrfach mit Arbeitsverweigerung.[58]

Man sprach von der Beeinträchtigung der Sittlichkeit durch die Begegnung mit den anwerbenden Frauen und besonders von der Gefährdung der Männer oder der Jugend. „Diese frechen Weibsbilder treiben öffentlich, so daß jeder Bürger unserer Bezirke darüber Zeugniß ablegen kann, ihr Wesen, wie die Huren hinter der KönigsMauer und entblöden sich nicht, aufgeputzt mit bloßen Brüsten vor ihren Thüren zu stehen oder in ihren Fenstern zu liegen, Männer jeden Standes und ganz vorzüglich die Jugend durch Winken und Worte an sich zu locken und letzere zur Unzucht zu verleiten".[59] Das Bild von an den Türen stehenden oder im Fenster liegenden Prostituierten, die Vorübergehenden anlocken, sie beschimpfen oder sie beschämen, findet sich in Anzeigen der Bürger, in Auslassungen der Armen-Commission wie in feuilletonistischer Literatur. Auch die umgekehrte Geschichte wird präsentiert: Männer verführen Frauen, vor allem junge Mädchen in Tanzlokalen oder Kneipen.[60] Wenn diese sich auf eine sexuelle Beziehung einlassen,

---

55 Beispielsweise LAB (STA), Rep. 03/642, Bl. 34–39 (1836).
56 Vgl. zum Prostitutionsdiskurs als Diskurs über die Gefahren der Großstadt Schulte, Regina: Sperrbezirke. Tugendhaftigkeit und Prostitution in der bürgerlichen Welt, Frankfurt a.M. 1984, 19–67.
57 LAB (STA), Rep. 03/1059, Bl. 58 (1833).
58 LAB (STA), Rep. 03/78, Bl. 59 (1846).
59 LAB (STA), Rep. 03/1059, Bl. 58 (1833).
60 Beispielsweise LAB (STA), Rep. 03/642, Bl. 40 (1836).

werden sie schwanger und fallen der Prostitution anheim, weil ihnen die Schande kein anderes Gewerbe mehr ermöglicht.[61]

Gefürchtet wurde das Eindringen der Gefahren in die bürgerliche Gesellschaft. Daher war mit der Verführung der Männer durch die Prostituierten nicht nur das Nachgeben gegenüber einem unsittlichen Vergnügen gemeint, nicht nur die Verfehlung des einzelnen Mannes oder die Gefahr der Ansteckung mit Geschlechtskrankheiten. Indem die Verbindungen zu anderen Delinquenzen und Unordnungen hergestellt und Laster als unausweichliche Folge gedacht wurden, stand die Verführung für die Durchdringung der gesamten Gesellschaft mit Schmutz, Krankheiten, Sittenverfall und Unordnung.[62] Prostitution gehörte mithin zu dem Komplex der Unsicherheiten, die die gesamte Gesellschaft bedrohten, und repräsentierte gleichzeitig den elendesten Teil der Unterschichten.

Gegen die Unübersichtlichkeit der sozialen und räumlichen Topographie wurden Sicherheitsmaßnahmen ergriffen, z.B. Straßenbeleuchtung und -pflasterung.[63] Von der Verwaltung wie von den Bürgern wurde wiederholt betont, daß für „ehrbare Frauen" der Aufenthalt in Vergnügungslokalen, in bestimmten Straßenzügen oder auf Volksfesten aus Gründen der Sittlichkeit unmöglich sei.[64] Die Politik mit der großstädtischen Unsittlichkeit regelte damit nicht nur die Beziehungen zwischen Prostituierten, Polizei und Kunden, sondern auch die Bewegungsfreiheit ehrbarer Frauen. Deren Beschränkung steckte sozusagen exemplarisch die sozialen Begegnungen und die Topographie in der Stadt neu ab. Die ehrbare Frau verkörperte die von Polizeirat Merker formulierte Notwendigkeit, die persönlichen Freiheiten im Hinblick auf das Gemeinwohl zu beschränken, zwar nicht polizeilich, wohl aber sittlich begründet.

---

61 Schütze (1845), 151f. Auch dies ist nicht nur ein Topos der Literatur. Für die Armen-Direction siehe z.B. LAB (STA), Rep. 03/642, Bl. 40.

62 Vgl. Nead, Lynda: Myths of Sexuality. Representations of Women in Victorian Britain, Oxford u.a. 1988, 85–112.

63 Siehe zu Straßenpflasterung, Beleuchtung und ersten Versuchen zur Verbesserung der Abwasser- und Schmutzbeseitigung Mieck, Ilja: Von der Reformzeit zur Revolution (1806–1847), in: Ribbe, Wolfgang (Hg.): Geschichte Berlins. Erster Band: Von der Frühgeschichte bis zur Industrialisierung, München 1988, 406–602, hier: 506–512.

64 Vgl. Merker (1839) 34f.; K******y (1831), 53, 120. Dieses Argument ist an und für sich nicht neu, es erhält aber eine neue Qualität durch die permanente Wiederholung.

4 Prostitution als Geschäftsbeziehung: die „Privatisierung von Gewalt"

Die Beziehungen, die die gewerbliche Prostitution ausmachten, waren Geschäftsbeziehungen. Allerdings handelte es sich um Geschäftsbeziehungen, die nicht auf der bürgerlichen Rechtsgleichheit zweier Vertragspartner beruhten. Nicht nur die polizeiliche Reglementierung, auch die Unsittlichkeitsdiskurse spiegelten die Vorstellung von einer ungleichen Beziehung zwischen Kunde und Prostituierter. Die Behandlung der Prostitution regelte exemplarisch die Frage, wie gleichzeitig die bürgerliche Privatsphäre und die öffentliche Sicherheit gewahrt werden konnten.

Verschiedentlich mußte geklärt werden, daß bürgerliche Rechte für Prostituierte sowie für Bordellwirte und -wirtinnen nicht galten. So sah sich 1840 der preußische Minister des Innern und der Polizei veranlaßt, dem Berliner Polizei-Präsidium zu erläutern, daß die Formulierung „von der Hurerei ein Gewerbe zu machen" das Vergehen „Winkelhurerey" bezeichne, damit aber keinesfalls gemeint sei, daß „Hurerey" als ein bürgerliches Gewerbe behandelt werden solle.[65] Man unterscheide so nur die „Winkelhure", die ihren Körper aus Gewinnsucht preisgebe, von der nicht strafbaren „gemeinen Hurerey", womit sexuelle Beziehungen außerhalb der Ehe gemeint waren. Bei der Polizei war man davon ausgegangen, daß das längere Zeit betriebene Gewerbe der Prostitution der Frau das Heimatrecht in Berlin und damit z.B. ein Anrecht auf die städtische Armenversorgung verleihen würde. Wie man zu dieser der diskriminierenden Prostitutionspolitik zuwiderlaufenden Ansicht gekommen war, ist nicht überliefert. Möglicherweise hatte die Gewerbefreiheit, die zünftiges Handwerk mit bislang unzünftigem Gewerbe gleichstellte, Unsicherheiten hervorgerufen, möglicherweise wirkte auch die Absicht der Reformer nach, die Privatrechte der Bürger zu stärken. Jedenfalls konnte die Formulierung allein die Verwirrung nicht ausgelöst haben, da von einem „Gewerbe der Winkelhurery"[66] gelegentlich auch schon früher geredet worden war, ohne daß daraus Rechte abgeleitet worden waren.

Auf der anderen Seite mußte eine zu weit gehende Priorität der „öffentlichen Sicherheit" vermieden werden. 1836 wurde aufgedeckt, daß der Konditor Kranzler junge Mädchen aus den Berliner Armutsquartie-

---

65 LAB (STA), Rep. 01/966, Bl. 85 (1840).
66 BLHA, Pr. Br. Rep. 30 Berlin C 19585, Bl. 71 (1812). Vgl. die generelle Festlegung, daß aus unsittlichen Gewerben keine einklagbaren Rechte hervorgehen, durch das Ministerium des Innern: LAB (STA), Rep. 03/78, Bl. 27 (1838). Dabei ging es z.B. um Bordellschließungen und die Frage von Entschädigungen.

ren, den sogenannten Familienhäusern, sexuell mißbraucht und verge-waltigt hatte.[67] Zunächst wurde die Frau, die ihm die Mädchen zuge-führt hatte, wegen Kuppelei verurteilt. Kranzler selbst schaffte es je-doch, durch Bestechung der Eltern der Mädchen einer Bestrafung we-gen Unzucht mit Minderjährigen und Notzucht zu entgehen. Die An-zeigen wurden zurückgezogen.

Die für den Armenbezirk zuständige Armen-Commission versuchte mit der Begründung, Kranzler habe mit seinem Verhalten ein „öffentli-ches Ärgernis" erregt, die Niederschlagung des Prozesses rückgängig zu machen. Dagegen argumentierte die Kriminaldeputation ausgesprochen spitzfindig, daß nicht der Mißbrauch der Mädchen als solcher ein öf-fentliches Ärgernis gewesen sei.[68] Da die jeweiligen Mißbräuche oder Vergewaltigungen nicht selbst bekannt geworden seien, liege auch keine Erregung „öffentlichen Ärgernisses" vor. Erst ein Prozeß würde das Wissen über den Vorfall verbreiten, also ein öffentliches Ärgernis pro-duzieren. Aus der Perspektive der vor Ort arbeitenden Commission war in den Familienhäusern schon längst die Öffentlichkeit, also das öffent-liche Ärgernis, hergestellt und eine Bestrafung Kranzlers daher nötig, um die Gemüter zu beruhigen.

Weder der Kriminaldeputation, noch der Armen-Commission ging es in erster Linie um die Mädchen oder darum, daß der Konditor wegen seiner Handlungen bestraft werde. Beide argumentierten mit der Her-stellung oder Bewahrung von Ruhe und Ordnung in der Öffentlichkeit, ähnlich wie Merker also mit dem Gemeinwohl. Was diese Öffentlichkeit aber ausmachte, stellte sich verschieden dar. Für die vor Ort arbeitende Armen-Commission war die Unruhe in ihrem Bezirk ausschlaggebend, für das Kriminalgericht die städtische Öffentlichkeit, die durch Bericht-erstattungen über den Prozeß hergestellt worden wäre.

Wie die unterschiedliche Behandlung der Kupplerin und ihres Kun-den zeigt, wurde der Begriff „öffentliches Ärgernis" nicht auf Freier, nur auf Prostituierte, Bordellwirte und -wirtinnen, Kuppler und Kupplerin-nen angewandt. Mit den Verschiebungen von den Handlungen Kranz-

---

[67] LAB (STA), Rep. 03/638, Bl. 42–44 (1836). Zur Schwierigkeit mit dem Begriff „sexueller Mißbrauch", der impliziert, es würde einen korrekten sexuellen Ge-brauch der Kinder geben vgl. Lorenz, Maren: Da der anfängliche Schmerz in Liebeshitze übergehen kann. Das Delikt der „Nothzucht" im gerichtsmedizini-schen Diskurs des 18. Jahrhunderts, in: ÖZG. Österreichische Zeitschrift für Geschichtswissenschaften 5 (1994), 333 Anm. 15. Vermutlich handelte es sich um Kinderprostitution, genauere Umstände sind aber den Quellen nicht zu ent-nehmen.

[68] Vgl. zum zeitgenössischen Verständnis Thiele: Was gehört zu dem Begriff eines öffentlichen Aergernisses?, in: Beiträge zur Erleichterung des Gelingens der praktischen Polizei 15 (1837), 34f.

lers zu der Frage nach der Öffentlichkeit des Vorgefallenen gerieten nicht nur seine Gewalttätigkeiten aus dem Blick, sondern überhaupt der männliche Part der Prostitutionsbeziehung. Diese Definition von öffentlichem Ärgernis implizierte das Recht des Kunden auf Privatheit, auf staatlich nicht kontrollierte Bereiche.[69]

Mit der Wahrung von Ruhe und Ordnung sowie mit dem Wohl des Publikums zu argumentieren, rekurrierte auf polizeiliche Ordnungsvorstellungen, die aus dem Ancien Régime bekannt sind. Vor dem Hintergrund der Etablierung ungleicher Rechte für die an Prostitution beteiligten Personen fügte sich die Vorstellung über „öffentliche Ärgernisse" in ein neues Verständnis von gesellschaftlichen Ordnungs- und Machtbeziehungen ein. Dies bestand nicht darin, daß der Kunde vorher in gleicher Weise wie die Prostituierte bestraft worden wäre, obwohl er im 18. Jahrhundert, z.T. auch noch zu Beginn des 19. Jahrhunderts, mehr im Blick war, als später.[70] Neu war es, dem öffentlichen Ärgernis eine zu schützende Privatsphäre gegenüberzustellen und eine soziale Hierarchie der Rechte als Bürger – bei Merker formuliert als Unterscheidung zwischen dem gebildeten Teil der Gesellschaft und den Volksklassen – zu konstatieren. Die Definition der Prostituierten als öffentliche Person und die Definition des Kunden als privater Geschäftsmann legte fest, wo die Maßnahmen zur Wahrung der öffentlichen Sicherheit anzusetzen hatten. Die Definition ergänzte die diskursive Lokalisierung der Unsittlichkeit in den Unterschichten und begründete gleichzeitig ein Macht- in diesem Fall Gewaltverhältnis zwischen den Geschlechtern.[71]

---

[69] Vgl. zu Skandalgeschichten Kerchner, Brigitte: „Unbescholtene Bürger" und „gefährliche Mädchen" um die Jahrhundertwende. Was der Fall Sternberg für die aktuelle Debatte zum sexuellen Mißbrauch an Kindern bedeutet, in: Historische Anthropologie 6 (1998), 1–32; Walkowitz, Judith R., City of Dreadful Delight. Narratives of Sexual Danger in Late-Victorian London, Chicago 1992, 191–228.

[70] Vgl. zur Bestrafung der „Unzucht" bei Männern und Frauen noch zu Beginn des 19. Jahrhunderts in Württemberg, Kienitz, Sabine: Sexualität, Macht und Moral. Prostitution und Geschlechterbeziehungen Anfang des 19. Jahrhunderts in Württemberg. Ein Beitrag zur Mentalitätsgeschichte, Berlin 1995. Die Berliner Bordellordnung von 1792 sah vor, daß auch Männer, die Prostituierte ansteckten, bestraft würden. Hinweise auf eine Umsetzung habe ich allerdings nicht gefunden. Bordellreglement von 1792, § 12, abgedruckt in: Behrend (1850), 263.

[71] Diese Definition drehte die Zuordnung in öffentlich = männlich und privat = weiblich genau um, was darauf verweist, wie wandelbar die Zuordnung ist. Öffentlichkeit und Privatheit sind daher keine Konzepte, die sich zur Analyse der bürgerlichen Gesellschaft eignen. Vgl. zur Kritik an dem Konzept Hausen, Karin: Öffentlichkeit und Privatheit. Gesellschaftspolitische Konstruktionen und die Geschichte der Geschlechterbeziehungen, in: Hausen, Karin; Wunder, Heide (Hg.), Frauengeschichte – Geschlechtergeschichte, Frankfurt a.M. u.a. 1992, 81–88.

5 Unsicherheit und Sicherheit in der Stadt

Die verbreiteten Schilderungen über Prostitution, Elend und Gefahren erklären sich nicht nur aus den Krisenerfahrungen der Zeitgenossen. Die Veränderungen lösten sicherlich Beunruhigungen aus, darüber hinaus ist jedoch auch die Bereitschaft handlungsleitend, sich an einer Neuordnung der Gesellschaft zu beteiligen, sei es als professionelle oder ehrenamtliche Verwaltungsmitglieder, sei es als protestierende oder sozialpolitisch aktiv werdende Bürger/innen der Stadt, sei es als feuilletonistische Autoren.

Prostitution muß als Feld für eine Politik im Schnittpunkt von öffentlicher Sicherheit und privatem Geschäft verstanden werden, das sich vor dem Hintergrund der preußischen Reformpolitik und eines städtischen und staatlichen Interessengegensatzes als ein Verständigungstopos für die unterschiedlichsten Reformvorstellungen eignete. Der Blick auf Armut erlaubte es, die Probleme zu lokalisieren und damit handhabbar zu machen. Die ausgedehnte Wahrnehmung der Unsittlichkeit kreierte ein ganzes Set von unterschiedlichen mehr oder weniger erfolgreichen Ideen und Maßnahmen, die alle auf die Unterschichten zielten und aus einer diffusen städtischen Bevölkerung von verarmten Handwerkerfamilien, Gesellen und Almosenempfängern bis zu Hausiererfamilien, Näherinnen oder Dienstmädchen mit ganz unterschiedlichen Lebensweisen eine Gruppe der Unterschichten machte, unabhängig davon, ob die einzelnen Autoren unter „Pöbel" nur die Bewohner und Bewohnerinnen spezifischer Elendsquartiere oder gleich die „verarmten Volksklassen" verstanden. Obwohl der Tenor solcher Schilderungen differierte, mal eher behördliche Maßnahmen legitimierend, mal gesellschaftskritisch, mal unterhaltend, war die Art der Präsentation ihnen gemeinsam. Die von allen geteilten Ähnlichkeiten in der Darstellung machten die Auflösung der Ständegesellschaft zur allgemein verständlichen Grundlage der jeweiligen Ausführungen. Die Ähnlichkeit der Geschichten über Unsittlichkeit und Elend in der Stadt stellte trotz aller politischen Unterschiede einen Konsens zwischen Polizei und Armenverwaltung, aber auch zwischen den Stimmen des Polizeirats Merker und des sozialkritischen, von der politischen Polizei aus Berlin vertriebenen Gesellschaftskritikers Ernst Dronke[72] her.

Als Kollektivsymbol repräsentierten „Verbrechen und Prostitution" nicht nur Unsicherheiten über die Auflösung der sozialen Ordnung, sondern auch einen Übergang zu neuen Abgrenzungen und Differenzierungen der städtischen Gesellschaft, die für das Stadtbürgertum aus dem

---

[72] Zu Dronkes Nitsche, Reiner: Nachwort, in: Dronke (1987), S. 202–211.

gesellschaftlichen Wandel seit dem Beginn des 19. Jahrhunderts resultierten. Darüber hinaus reflektierte die Relevanz der sexuellen Beziehungen bzw. der Prostitution die Einengung des Begriffs „Sittlichkeit" auf das Geschlechtliche.[73] Diese Wahrnehmung konstatierte Probleme, gestaltete aber auch eine neue interventionistische Perspektive der Sozialpolitik.

Im Kontext von säkularisierten Gesellschaftsvorstellungen und aufklärerischem Erziehungsoptimismus[74] galt Armut nicht mehr als gegeben, sondern als durch gesellschaftliche Reformen und durch Eingriffe in die Lebensweise der Unterschichten vermeidbar. Die Interventionen versprachen mehr Sicherheit in der Stadt, obwohl trotz der leeren Kassen der Armenverwaltung die Strategien der Armutsökonomie, wie z.B. das unverheiratete Zusammenleben oder die Gelegenheitsprostitution untergraben wurden. Indem die öffentliche Sicherheit als Unterschichtsproblem definiert wurde, war der von Merker geforderte Eingriff in die Privatsphäre legitimiert.

Prostitution stellte den Endpunkt der „Verworfenheit" dar, gleichzeitig stand sie auch für die weibliche Form der Unsittlichkeit. Damit konzentrierte sich der Blick auf die Prostituierte, die Prostitution als Geschlechterbeziehung blieb in diesem Zusammenhang unbeachtet.[75] Die Auflösung der Ordnung wurde durch allein lebende und vor allem allein wirtschaftende Frauenfiguren repräsentiert. Sie verkörperten die großstädtischen Gefahren, besonders sexuelle Unsittlichkeiten jeder Art. Dabei ist die Prostituierte nicht nur eine „gemeine Hure" des kriminellen und verelendeten Teils der Gesellschaft, sie ist auch ein Opfer der sie verführenden Männer, Opfer der Kupplerinnen oder Opfer der Armut. Für die konkrete Politik mit Prostitution heißt das, daß sich der Blick auf die Prostituierte festigte, nicht auf Prostitution als gewerbliche Beziehung oder gar auf die Kunden.[76] Die Kontrolle der Prostituierten ist paradigmatisch für die Begründung ungleicher Beziehungen sowohl

---

[73] Bis ins 18. Jahrhundert umfaßte „Sittlichkeit" die gesamte religiös-polizeiliche Ordnung, die neben sexuellen Vergehen auch Trunksucht, Gotteslästerei, Spielen und die Übertretung von Kleider- und Luxusordnung ahndete. Siehe Hull (1997), 223.

[74] Vgl. z.B. zu den Erziehungs- und Vorbildfunktionen des „gebildeten Theils des Publikums" LAB (STA), Rep. 03/78, Bl. 27 (1838).

[75] Vgl. z.B. Mahood, Linda: The Magdalene's Friend. Prostitution and Social Control in Glasgow, 1869–1890, in: Women's Studies International Forum 13 (1990), 49–61.

[76] Vgl. Walkowitz, Judith: The Making of an Outcast Group. Prostitutes and Working Women in Nineteenth-Century Plymouth and Southampton, in: Vicinius, Martha (Hg.): A Widening Sphere. Changing Roles of Victorian Women, Indiana 1980, 74–92; Christine Stansell, Women of the Labouring Poor in New York City, 1820–1860, Phil.Diss. Yale University, 1980.

zwischen Geschlechtern als auch zwischen Klassen im gesamten Bereich der Sittlichkeit.[77] Während die Kontrolle der Konkubinate auf Erziehung und Überredung angewiesen blieb, war die Definition von Prostitution als ein Phänomen der Unterschichtsfrauen eine modellhafte Lösung des Dilemmas zwischen öffentlicher Sicherheit und Wahrung der Privatsphäre. In einer konflikthaften alltäglichen Praxis der Interessenwahrung und Positionsfindung konstituierte die Definition Ordnung durch Differenz nicht nur zwischen den Geschlechtern und Klassen, sondern auch zwischen dem Recht auf Privatsphäre für die einen und der Notwendigkeit der Intervention für die anderen.

---

[77] Vgl. auch Hull (1996), 411; am Beispiel der Wissenschaftsgeschichte Honegger, Claudia: Die Ordnung der Geschlechter. Die Wissenschaft vom Menschen und das Weib, 1750–1850, Frankfurt a.M. 1991, bes. 200–212.

Polizei und sichere Stadt

African-Americans und irische Einwanderer in der Hauptstadt der USA (1860 bis 1870)

NORBERT FINZSCH

1 Vorbemerkungen: Alltäglicher Rassismus

Rassismus ist ein Phänomen, das in Spannungs- oder Krisenzeiten eher sichtbar wird als in ruhigeren Phasen der gesellschaftlichen Veränderungen. Rassismus ist zudem eine Haltung und eine Praxis, d.h. er manifestiert sich nicht nur im Diskurs, sondern auch in nichtdiskursiven Praktiken. Dabei ist der Singular des Wortes Rassismus trügerisch, denn wie David Theo Goldberg festgestellt hat, gibt es keinen „wesentlichen" Rassismus und die Aufgabe von Historikern und Historikerinnen ist es deshalb, die verschiedenen Rassismen zu historisieren.[1] Rassismus nach Goldberg findet sich in den „[…] minutiae that make up the fabric of daily life [...]" und deshalb ist es wichtig, auch abseits der großen Texte und Diskurse nach den Rassismen zu suchen und sie zu benennen.[2]

Rassistische Konstruktionen des „Anderen" sind langlebig und liegen teilweise unter der Oberfläche bewußter Ideologie. Annahmen einer Alterität überdauern unbewußt und können bei Bedarf aktiviert werden, wenn die eigene Position oder Privilegien in Frage gestellt zu werden drohen.[3] In diesem Sinne kann Geschichte des Rassismus sowohl als Teil einer Mentalitäts-, als auch als Teil der Alltagsgeschichte geschrieben werden.[4] Letztere ist von verschiedenen Seiten als einseitig und

---

1 Goldberg, David Theo: Racist Cultures. Philosophy and the Politics of Meaning, Oxford 1993, 90; Goldberg, David Theo (Hg.): Anatomy of Racism, Minneapolis, Mich. 1990.

2 Goldberg, (1993), 90.

3 Die Langlebigkeit und weite Verbreitung von Rassismen hat einige Soziobiologen sogar zur Biologisierung und Naturalisierung des Rassismus geführt. Stein, George J.: The Biological Bases of Ethnocentrism. Racism and Nationalism in National Socialism, in: Reynolds, Vernon; Falger, Vincent; Vine, Ian (Hg.): The Sociobiology of Ethnocentrism. Evolutionary Dimensions of Xenophobia, Discrimination, Racism and Nationalism, Athens, Ga. 1986, 251–267, 251.

4 Es gibt seit einiger Zeit eine paradigmatische Diskussion über die Bedeutung der Alltagsgeschichte. Gerteis, Klaus: Zur Thematik der Alltagsgeschichte im Zeitalter der Aufklärung, in: Aufklärung 5(2) (1990), 3–8; Lipp, Carola: Writing History as Political Culture. Social History versus „Alltagsgeschichte". A German Debate, in: Storia della Storiografia 17 (1990), 66–100; Eley, Geoff: Labor History, Social His-

theoretisch blind attackiert worden. In diesem Artikel gehe ich davon aus, daß Alltagsgeschichte sich ihres theoretischen Standorts versichern kann und muß, denn nur so kann sie kritisches Potential entfalten. Zu einer strukturellen sozialgeschichtlichen Analyse muß eine Untersuchung subjektiver Erfahrung nicht zwangsläufig in Opposition stehen. Vielmehr kann Alltagsgeschichte wertvolle und komplementäre Beiträge zu einer umfassenden Interpretation eines historischen Problems leisten.[5]

Es ist meine Absicht, in diesem Artikel Rassismus als Teil der städtischen Alltagsgeschichte zu beschreiben. Fokus meiner Beobachtungen ist die Polizei der Stadt Washington DC. Die Polizei, deren Funktion es war, die Stadt sicher zu machen, verfolgte tagtäglich Straftaten, verhaftete Räuber, Diebe, und Bettler, verwaltete aber auch den öffentlichen Raum Stadt und praktizierte sehr routiniert Rassismus. Das heißt, Polizeiarbeit war ebensosehr „Schutz" der Bevölkerung vor Kriminalität[6] als auch Teil eines Systems der Diffusion von Macht.[7] Gesellschaftliche Macht ist ein zu historisierender Begriff, denn Macht kann sehr unterschiedliche Formationen annehmen. In den Vereinigten Staaten war Macht im neunzehnten Jahrhundert nicht denkbar ohne Rekurs auf Kategorien wie *race* oder *ethnicity*. Die rassistische Ausgrenzung und der Genozid an der indigenen Bevölkerung wurden in der Sklaverei ergänzt und übertroffen, einer ökonomischen und sozialen Institution, die die Ausbeutung des Menschen durch den Menschen auf die Spitze trieb. Verbrechenskontrolle sowie die Anwendung und Auslegung der Gesetze waren Teil dieses Systems. Sklaverei konnte nur funktionieren, wo sie durch das Gesetz sanktioniert war, denn ohne gesetzlichen Schutz war sie nicht praktikabel. Leon Higginbotham geht so weit, von einer „interrelationship of race and the American legal process" zu sprechen.[8] Ju-

tory, Alltagsgeschichte. Experience, Culture, and the Politics of the Everyday; a New Direction for German Social History?, in: Journal of Modern History 61(2) (1989), 297–343; Lüdtke, Alf (Hg.): Alltagsgeschichte. Zur Rekonstruktion historischer Erfahrungen und Lebensweisen, Frankfurt 1989; Tenfelde, Klaus: Schwierigkeiten mit dem Alltag, in: Geschichte und Gesellschaft 10 (1984), 376–394.

5   Jay, Martin: Force Fields. Songs of Experience. Reflection on the Debate over Alltagsgeschichte, in: Salmagundi 81 (1989), 29–41; Jackson, James H., Jr.: Alltagsgeschichte, Social Science History, and the Study of Migration in Nineteenth-Century Germany, in: Central European History 23(2–3) (1990), 242–263; Jackson, James H., Jr.: Alltagsgeschichte, Social Science History and the Study of Mundane Movements in 19th-Century Germany, in: Historical Social Research 16(1) (1991), 23–47.

6   Langbein, J. H.: Albions Fatal Flaws, in: Past & Present 98 (1983), 96–120, 97.

7   Hay, Douglas: War, Dearth and Theft in the Eighteenth Century. The Record of the English Courts, in: Past & Present 95 (1982), 117–160, 118.

8   Higginbotham, A. Leon, Jr.: In the Matter of Color. Race and the American Legal Process. The Colonial Period, New York 1978, 5.

stitia ist für ihn nicht blind, noch nicht einmal farbenblind: Seit der Kolonialzeit konnten sich Gesetzgeber und Gerichte nicht entscheiden, ob African Americans Menschen waren und wenn dies bejaht wurde, blieb immer noch die Frage zu klären „[…] whether they were a species apart from white humans [...]".[9] Wenn die Gesetze und Urteilssprüche amerikanischer Gerichte in diesem Punkt unklar waren, bewegte sich die Polizei in einem rechtlichen Raum, in dem sie selbst um so mehr Definitionsmacht beanspruchen konnte.

Ziel dieses Beitrags ist es, den täglichen Rassismus von Polizeibeamten in der Stadt Washington DC zu beschreiben und zu analysieren. Es war meine Hypothese, daß dieser Rassismus sich am ehesten im Umgang mit der afro-amerikanischen Bevölkerung der Stadt zeigen würde. Da ich meiner eigenen Hypothese in gewissem Maße mißtraute, führte ich eine weitere Population, die irischen Einwanderer, als Kontrollgruppe ein, die nach 1848 in großer Zahl in die USA gekommen waren und ebenfalls Opfer des Rassismus der weißen Mehrheit waren.[10]

2   Die schwarze Bevölkerung der Hauptstadt

Washington DC gehörte vor 1930 kulturell eher zum Süden der Vereinigten Staaten. Bis zur Emanzipation hat es in der Hauptstadt immer Sklaven gegeben und der Sklavenhandel wurde erst 1850 als Teil des berühmt-berüchtigten „Kompromisses von 1850" de jure verboten. De facto aber florierte er im Verborgenen weiter, von der im Interesse der Sklavenbesitzer agierenden demokratischen Mehrheit des Kongresses geflissentlich übersehen. Washington lag südlich der Mason-Dixon-Line und infolgedessen gab es in der Stadt Gesetze und Verordnungen, die den Besitz von Sklaven regelten. Daneben gab es aber auch freie Schwarze in der Stadt, deren Bewegungsfreiheit und Rechte durch die Black Codes zwar eingeschränkt waren, die sich aber dennoch einer relativ guten Behandlung durch die weiße Mehrheit erfreuten. Dies hatte sicherlich damit zu tun, daß es extensive Plantagensklaverei im weiteren Umkreis um die Stadt nicht mehr gab. Die zur Kontrolle der schwarzen

---

[9]   Higginbotham (1978), 7.

[10]   Wenn die Kategorie „Rasse" eine gesellschaftliche Konstruktion ist, und Label wie „schwarz" nur als gesellschaftliche Zuschreibungen verstanden werden können, so folgt daraus, daß auch „Weißheit" (whiteness) nur als solche verstanden werden kann. Iren wurden bis weit in die siebziger Jahre des 19. Jahrhunderts nicht als „weiß", sondern als „farbig" markiert angesehen. Man vergleiche hier die Karikaturen von Thomas Nast, dem wichtigsten politischen Karikaturisten der *Reconstruction Period,* in denen Iren (und Südstaatler) grundsätzlich wie Primaten aussehen. Ignatiev, Noel: How the Irish Became White, New York 1995.

Bevölkerung erlassenen Gesetze waren milder als die anderer Südstaaten, was sich auch dadurch erklärt, daß der U.S. Congress für die Verwaltung und Regierung der Stadt zuständig war. Die Bildungsmöglichkeiten für die schwarze Bevölkerung der Stadt waren außergewöhnlich gut, wenn man dem offiziellen Stadthistoriker David L. Lewis folgt.[11] Dennoch war auch das Leben freier Schwarzer in Washington geprägt von flagranten Widersprüchen. Die überwiegende Mehrheit der in der Stadt lebenden African Americans waren frei, aber jeden Tag konnten sie den Abtransport von verkauften Sklaven aus der Stadt und dem Umland beobachten.[12] Die Gegenwart der Sklavenhändler bedeutete eine direkte Bedrohung der freien schwarzen Bevölkerung, denn sie „[…] were sometimes kidnapped into bondage and sold South."[13] Während die Sklavenbevölkerung in der Stadt nach 1800 stetig abnahm, verzwölffachte sich der Anteil freier Schwarzer bis 1860. Die meisten von ihnen kamen aus den benachbarten Staaten Maryland und Virginia, auch wenn die Analyse des Mikrozensus von 1860 beweist, daß die Mehrzahl der im District of Columbia ansässigen African Americans in der Hauptstadt geboren waren.[14]

Zwar hatte die schwarze Bevölkerung in Washington DC mehr Rechte als in den meisten Südstaaten und einigen wenigen war es auch gelungen, eine wirtschaftlich unabhängige Position im Dienstleistungsgewerbe zu erringen, doch waren African Americans Regeln unterworfen, die für andere Gruppen nicht galten. Ihre Bewegungsfreiheit war eingeschränkt, und sie konnten nicht alle Arten von Beschäftigungen ergreifen, die Weißen offenstanden.[15] So mußten sie zum Beispiel eine Kaution stellen, die ihr gutes Benehmen und ihre Solvenz sichern sollte, ein Erlaß, der sonst nur für vorbestrafte Kriminelle galt. Nach 1812 wurden sie gezwungen, sich polizeilich zu melden und ihre „freedom papers" immer bei sich zu tragen, um zu beweisen, daß sie keine entlau-

---

11 Lewis, David L.: District of Columbia. A Bicentennial History, New York 1976, 44. Franklin, John Hope: Negro. Die Geschichte der Schwarzen in den USA, Frankfurt am Main 1983, 186.
12 Horton, James Oliver: The Making of Black Washington, in: Cary, Francine C. (Hg.): Urban Odyssey, Washington DC 1994, 10. unveröffentlichtes Manuskript, im Druck.
13 Horton (1994), 12.
14 48,6 Prozent im Vergleich zu 14,8 Prozent aus Maryland und 16,7 Prozent aus Virginia. Die Berechnungen basieren auf einem nach dem Zufallsprinzip ausgewählten Sample von 148 African Americans. SPSS-Systemfile CENS1860.SYS, Variable BIRTHPLA.
15 „Free blacks were forbidden to operate or frequent gambling or drinking establishments, to swear in public or to be found drunk. They could not keep dogs, race horses through the streets [or] carry fire arms." Horton (1994), 14.

fenen Sklaven waren.[16] Gegen African Americans gerichteter Rassismus nahm seit den 1830er Jahren zu, teilweise auf Grund der abolitionistischen Agitation gegen die Sklaverei innerhalb der Stadt, teilweise weil Apologeten des Südens die Sklaverei zunehmend als „positives Gut" ideologisch aggressiv verteidigten.[17] Washington war der einzige Ort im gesamten Süden, an dem der Kongreß die Autorität hatte, in die Sklaverei regulierend einzugreifen, und zögerlich tat er dies auch. Zwei Ereignisse aus der Zeit vor dem Bürgerkrieg zeigen, daß trotz aller scheinbaren Milde der Sklaverei und der relativ guten Position der freien African Americans der offene Rassismus in der Stadt dicht unter der Oberfläche lauerte. Der angebliche Mordversuch eines Sklaven an einer stadtbekannten Witwe führte zu Unruhen, in deren Verlauf der Besitz der wohlhabenden schwarzen Restaurantbesitzerin Beverly Snow vollkommen zerstört wurde.[18] Als Konsequenz aus dem „Snow Riot" von 1835 wurde von der Stadtverwaltung eine Verordnung erlassen, die es freien Schwarzen untersagte, Geschäfte zu eröffnen.[19] Ein weiterer rassistischer Ausbruch erfolgte 1848, nachdem der Fluchtversuch von 77 Sklaven an Bord des Schiffes „Pearl" gescheitert war. Weiße Rassisten attackierten daraufhin das Gebäude der Zeitung „National Era". Nach jeder dieser Unruhen reagierten Polizei, Richter und Geschworene dadurch, daß sie in den folgenden Monaten mehr freie Schwarze verhafteten, anklagten und verurteilten als in den Monaten vor den riots.[20]

Der Bürgerkrieg veränderte Washington dramatisch: Die bisher eher schläfrige Kleinstadt am Potomac barst nach 1860 vor Aktivität. Die Bevölkerungszahlen stiegen rasch an: 1860 hatten noch 75.000 Menschen, davon ein Fünftel African Americans hier gelebt. Vier Jahre später wurde die Bevölkerung auf 150.000 Menschen geschätzt. Dies war nicht einfach das kriegsbedingte und vorübergehende Anschwellen der Bevölkerung, sondern die meisten Neuzugänge blieben auch nach Kriegsende in der Stadt. Der Zensus von 1870 erfaßte 132.000 permanente Einwohnerinnen und Einwohner. Die Veränderungen aber waren nicht nur numerischer Natur: Die Stadt wurde zu einem der wichtigsten

---

16 Horton (1994), 14.
17 Finzsch, Norbert: „To Punish as Well as to Reform". Das Gefängnis in Washington DC, 1831–1862, in: Finzsch, Norbert; Wellenreuther, Hermann (Hg.), Liberalitas. Festschrift für Erich Angermann, Stuttgart 1992, 434 f.
18 Zum Kontext dieser Unruhen siehe Price, Carl E.: The Great „Riot Year". Jacksonian Democracy and Patterns of Violence in 1834, in: Journal of the Early Republic 5(1) (1985), 1–19; Runcie, John: „Hunting the Nigs" in Philadelphia. The Race Riot of August 1834, in: Pennsylvania History 39 (2) (1972), 187–218; Grimsted, David: Rioting in Its Jacksonian Setting, in: American Historical Review 77(2) (1972), 361–397.
19 Lewis (1976), 48.
20 Finzsch (1992), 435 f.

Schauplätze des Krieges, entscheidende Schlachten des Bürgerkrieges wurden im Weichbild der Stadt geschlagen. Aus einer Stadt des Südens, deren wichtigste politische Verbindungen nach Maryland und Virginia reichten, wurde eine Stadt, die politisch, ökonomisch und sozial nach Norden blickte. Die alten Verbindungslinien nach Süden waren durch den Krieg gekappt worden, die alte politische Elite hatte die Stadt nach dem Wahlsieg des Republikaners Abraham Lincoln verlassen und war nach Süden gegangen. An ihre Stelle waren Politiker aus dem Norden und Soldaten der Nordstaatenarmee getreten, begleitet von Geschäftsleuten, die die Armee beliefern und das Geschäft ihres Lebens machen wollten. Neue Arbeitsplätze wurden geschaffen und die Stadt füllte sich mit entlaufenen Sklaven von den Plantagen in Virginia.[21]

Im April 1862 verfügte der Kongreß die Emanzipation der über 3.000 Sklaven der Stadt, wobei die Besitzer entschädigt werden sollten. Die aus dem Umland in die Stadt geflohenen Sklaven wurden 1861 als „Contraband" der Rechtsprechung und Überwachung durch die US-Armee unterstellt. Die Armee errichtete zunächst zu ihrer Unterbringung Zeltlager und Baracken, in denen fragwürdige sanitäre Bedingungen herrschten. Im Juli 1862 wurden auch diese geflohenen Sklaven de facto freigelassen, wenn auch die Armee weiterhin eine begrenzte Kontrolle über sie ausübte. Mehr ehemalige Sklaven strömten in die Stadt, in der sie sich Schutz vor den Sklavenfängern und den Kampfhandlungen erhofften.[22] Im Gegensatz zum Zensus von 1860, der die Mehrheit der African Americans in der Stadt als geborene Washingtoner ausgewiesen hatte, zeigt die Volkszählung des Jahres 1870, daß inzwischen weniger als ein Drittel aus dem District of Columbia stammte. Mehr als 40 Prozent waren in Virginia geboren und mehr als ein Viertel war aus Maryland in die Stadt gekommen.[23]

Nicht nur die demographischen Verhältnisse hatten sich in Washington während und nach dem Bürgerkriegs verändert, sondern auch

---

[21] Horton, Lois E.: The Days of Jubilee. Black Migration during the Civil War and Reconstruction, unveröffentlichtes Manuskript, in Cary (1994), 1–3.

[22] Horton (1994), 3–7.

[23] SPSS-Systemfile CENS1870.SYS, Variable PLCBIRTH. Die Berechnungen basieren auf einem nach dem Zufallsprinzip gezogenen Sample von 2621 Fällen, die aus den Manuskripten der Census-Erhebung von 1870 stammen. Von diesen erfassen 873 Fälle Afro-Amerikaner und Afro-Amerikanerinnen. Mein Dank gilt James O. Horton und Lois E. Horton für die Überlassung der Daten. Meine Ergebnisse bestätigen die Untersuchung von Williams, Melvin R.: Blacks in Washington, DC, 1860–1870, Ph.D. Thesis, Johns Hopkins University, 1975; Williams, Melvin R.: A Blueprint for Change. The Black Community in Washington DC, 1860–1870, in: Records of the Columbia Historical Society 84 (1971–1972), 359–393.

die Zusammensetzung der afro-amerikanischen Bevölkerung der Stadt.[24] In Washington lebten nicht nur mehr African Americans, ihre wirtschaftliche und soziale Situation hatte sich auch verschlechtert. Die Zahl der ungelernten Arbeiterinnen und Arbeiter hatte zugenommen, Arbeitslosigkeit war ein Dauerthema und als Folge dieser Lage war das durchschnittliche Vermögen der African Americans stark zurückgegangen. Die Wohnbedingungen waren unerträglich.[25] Fünf Jahre nach dem Ende des Bürgerkrieges und der Sklaverei war die schwarze Bevölkerung der Stadt ärmer und schlechter (aus)gebildet als vor dem Krieg. Der Zuzug armer und arbeitsloser schwarzer Familien vom Land verschärfte die rassistischen Einstellungen der weißen Bewohner Washingtons.[26] Die Folge waren starke soziale Spannungen, nicht zuletzt, weil den zugezogenen African Americans die steigende Kriminalitätsrate zur Last gelegt wurde.[27]

3 Die irischen Einwanderer

Zwischen 1830 und 1860 verließen mehr als 1,8 Millionen Iren die grüne Insel und migrierten in die USA. Sie nahmen in den Städten des Ostens zusammen mit den freien Schwarzen die unterste Sprosse der gesellschaftlichen Leiter ein, vermochten es aber, trotz allen Rassismus und aller Diskriminierung, sich innerhalb von 30 Jahren sozial und politisch zu emanzipieren. Dabei kam ihnen zugute, daß irische Männer von Anfang an das Wahlrecht hatten, ein Recht, das African Americans bis in die Mitte des Zwanzigsten Jahrhunderts verwehrt blieb. Damit wurden Iren zu einem politischen Kapital, mit dem sich Wahlen entscheiden ließen. Die Demokratische Partei, die die Interessen der Sklavenbesitzer des Südens vertrat, vermochte es besser als die Whigs und später die Republikaner, die irischen Wähler an sich zu binden und kontrollierte damit auch die städtische Politik in Städten wie Boston und New

---

24 U.S. Department of Commerce. Bureau of the Census (Hg.): Historical Statistics of the United States. Colonial Times to 1970, 2 vols. New York 1975, vol. 1, Series A 195–209, 26. Stichproben, erhoben von James Oliver Horton und Lois E. Horton; Der Erhebungsprozeß ist beschrieben in Horton, James Oliver; Horton, Lois E.: Race, Occupation, and Literacy in Reconstruction Washington DC, in: Horton, James Oliver: Free People of Color: Inside the African American Community, Washington DC, London 1993, 185–197, 191 f.

25 Green, Constance McLaughlin: The Secret City. A History of Race Relations in the Nation's Capital, Princeton N. J. 1967, 81 f.

26 „[White] and black citizens alike were increasingly apprehensive of the migration of thousands of plantation blacks, destitute, ignorant of urban ways, and swamping the meager relief provisions provided by the federal government and private charity organizations." Lewis (1976), 58.

27 Williams (1975); Williams (1971–1972).

York. 1860 bildeten Iren in Städten wie Boston, New York, Philadelphia, Pittsburgh, Charleston und New Orleans die größte Einwanderergruppe, dicht gefolgt von den deutschen Migranten und Migrantinnen. Auch in Washington stellten sie mehr als zehn Prozent der Gesamtbevölkerung.[28] Da sie wirtschaftlich wie gesellschaftlich eine marginale Position einnahmen, wurden ihnen die typischen Probleme der raschen Urbanisierung amerikanischer Städte angelastet: Slums, Krankheiten, Trunksucht, Kriminalität waren in den Augen der besorgten Zeitgenossen „typisch irische" Probleme.[29] In einem Bericht des Massachusetts Bureau of Statistics and Labor aus dem Jahre 1869 heißt es über die Wohnbedingungen der irischen Minderheit: „A three-foot passage-way led into the yard, thirty-two feet long by twelve wide, wherein lived fourteen families. There was one privy, too horrible to be described, for the whole tenantry. Some small places partitioned off in the yard, and intended for fuel, were covered with human excrement."[30] In Chicago druckte die Presse einen rassistischen Ausfall nach dem anderen; Diskriminierung und offener Rassismus hinderten Iren bis in die 1880er Jahre in Chicago an der Beteiligung an der politischen Macht, die sie in Städten wie New York schon in den 1860er Jahren durchgesetzt hatten.[31] Zu ihrer Ausgrenzung als „rassisch" minderwertig kam hinzu, daß die Iren als Katholiken mit der starken antikatholischen Strömung der USA in den vierziger und fünfziger Jahren des 19. Jahrhunderts fertigzuwerden hatten.[32]

In einer Zusammenfassung der Forschung über irische Migranten und African Americans heißt es „[...] Irish immigrants shared with [...] blacks a position at the economic bottom of American society, and they

---

[28] Still, Bayrd: Urban America. A History with Documents, Boston 1974, 118 f; Finzsch, Norbert: Police, African Americans, and Irish Immigrants in the Nation's Capital. A History of Everyday Racism in Civil War Washington, in Finzsch, Norbert; Schirmer, Dietmar: Identity and Intolerance, Nationalism, Racism, and Xenophobia in Germany and the United States, Washington DC (1998), 175–208, 200, Tabelle 8.2., 8.3.

[29] Still (1974), 117; Zur Cholera als „typisch irischer Krankheit" siehe Kraut, Alan M.: Silent Travelers. Germs, Genes, and the 'Immigrant Menace', New York 1994, 31–49.

[30] Still (1974), 120.

[31] Green, Paul Michael: Irish Chicago. The Multiethnic Road to Machine Success, in: Holl, Melvin G; Jones, Peter d'A. (Hg.): Ethnic Chicago, Grand Rapids, Mich. 1984, 412–459, 414. Glazer, Nathan; Moynihan, Daniel P.: Beyond the Meltingpot: The Negroes, Puerto Ricans, Jews, Italians, and Irish of New York City, Cambridge, Mass. 1970, 217.

[32] Funchion, Michael F.: Irish Chicago. Church, Homeland, Politics, and Class. The Shaping of an Ethnic Group, 1870–1900, in: Holl; Jones (1984), 35.

were blacks' most notorious adversaries."[33] Obwohl das Zentrum irischen Zuzugs mit New York und Boston im Nordosten lag, waren
irische Einwanderinnen und Einwanderer auch südlich der Mason-
Dixon-Line gelandet und hatten sich hier, im Gegensatz zum Osten,
sehr schnell in der lokalen Politik verankern können.[34] Freie Schwarze,
die vor 1830 in den Städten des Nordens aber auch in Baltimore Stellen
als gelernte und ungelernte Arbeiter innehatten, mußten erfahren, wie
Iren sie aus diesen Stellen herausdrängten.[35] Die Folge waren Spannungen, die oft in gewaltsame Konflikte und Unruhen mündeten. Schon in
den 1830er Jahren gab es anti-irische Ausschreitungen, während des
Bürgerkriegs und danach kam es zu Unruhen in New York City und
Memphis, Tennessee, bei denen Iren kollektiv Jagd **A?** auf Schwarze
machten.[36]

4   Die Polizei der Bundeshauptstadt

Der republikanisch kontrollierte US-Kongreß gründete das Washington
Metropolitan Police Department (MPD) im Jahre 1861.[37] Dies hatte
zum einen politische Gründe, da die alte Polizeitruppe mit der Bundes-
politik der bis dahin regierenden demokratischen Administration sehr
eng verbunden gewesen war. Darüber hinaus hatte die alte Truppe einen

---

[33] Horton, James Oliver; Keil, Hartmut: African Americans and Germans in Mid-
Nineteenth Century Buffalo, in: Horton (1993), 170–183, 170.

[34] Berkeley, Kathleen C.: Ethnicity and Its Implications for Southern Urban History.
The Saga of Memphis, Tennessee, 1850–1880, in: Tennessee Historical Quarterly
50(4) (1991), 193–202; Miller, Randall M.: The Enemy Within. Some Effects of
Foreign Immigrants on Antebellum Southern Cities, in: Southern Studies 24 (1)
(1985), 30–53; Cornacchia, Eugene C.; Nelson, Dale C.: Historical Differences in
the Political Experiences of American Blacks and White Ethnics. Revisiting an Un-
resolved Controversy, in: Ethnic and Racial Studies 15(1) (1992), 102–124.

[35] Beirne, D. Randall: The Impact of Black Labor on European Immigration into
Baltimore's Oldtown, 1790–1910, in: Maryland Historical Magazine 83(4) (1988),
331–345; Murray, Frank: The Irish and Afro-Americans in U.S. History, in: Free-
domways 22(1) (1982), 21–31; Schreuder, Yda: Wilmington's Immigrant Settlement,
1880–1920, in: Delaware History 23(2) (1988), 140–166.

[36] Waller, Altina L.: Community, Class and Race in the Memphis Riot of 1866, in:
Journal of Social History 18(2) (1984), 233–246; Rubin, Jay: Black Nativism. The
European Immigrant in Negro Thought, 1830–1860, in: Phylon 39(3) (1978), 193–
202; Hellwig, David J.: Black Attitudes toward Irish Immigrants, in: Mid-America
59(1) (1977), 39–49; Die Stimmung bei den Draft Riots in New York von 1863,
aber auch die vorherrschende rassistische Ablehnung der Iren und Irinnen gibt das
Tagebuch Josiah Templeton Strongs wieder. Da heißt es: „How is one to deal with
[Irish] women who assemble around the lamp post to which a Negro had been
hanged and cut off certain parts of his body to keep as souvenirs?" Strong, Josiah
Templeton: Diary, Band 3, 334–342, New York 1952, abgedruckt in Glazer; Moynihan (1970), 233.

[37] U.S. Congressional Globe, 37th Cong., 1st Sess., 1861, 288 (August 3, 1861).

schlechten Ruf.[38] Vor 1861 hatte die Polizei im wesentlichen aus der Nachtwache und dem Konstabler bestanden, denen gelegentlich Amtshilfe von der Marineinfanterie geleistet wurde. Diese drei Institutionen teilten sich die Polizeiaufgaben, fahndeten nach Verbrechern, verhafteten Verdächtige und assistierten dem Gericht bei der Ausübung hoheitlicher Gewalt.[39] Vor dem Ausbruch des Bürgerkriegs, unter den Bedingungen der Sklaverei und der minderen· Rechtsstellung freier Schwarzer, konnte man davon ausgehen, daß Polizei, Richter und Juries nicht vorurteilsfrei und unparteiisch mit afro-amerikanischen Angeklagten umgingen. Die meisten Konstabler, Richter und Mitglieder der Juries stammten von anglo-amerikanischen weißen Einwanderern ab, so daß man davon ausgehen kann, daß die rassistischen Überzeugungen der typischen Bewohner des Südens hier unvermindert zum Tragen kamen. Auch nach 1861 änderte sich daran nicht viel.[40]

Als Hypothese kann man also formulieren, daß die tägliche Polizeiarbeit diesen Rassismus reflektieren wird. Es wird zu untersuchen sein, inwieweit der Zuzug der befreiten oder weggelaufenen Sklaven und die Anwesenheit einer großen Zahl von Soldaten nach 1861 die Sicherheitsprobleme der Stadt eher vergrößerten als verminderten, und wieweit sich dies im Alltag der Polizei niederschlug. Dafür wurden als Quelle die zwischen 1861 und 1878 gesammelten Einsatzprotokolle („daily returns of the precincts") des MPD herangezogen, die heute in den National Archives der Vereinigten Staaten lagern. Sie umfassen mehr als 100.000 Einzelprotokolle, in denen die Personaldaten der verhafteten oder erfaßten Person verzeichnet wurden, also ihr Name, ihr Beruf, ihre „Rasse", ihr Alter, ihr Geschlecht, ihr Familienstand und ihr Alphabetisierungsgrad. Daneben verzeichnete das Protokollbuch die Gründe für ihre Verhaftung oder Verwahrung, den Namen der Person, die Anzeige erstattet hatte, was mit dem Betreffenden geschehen war, wie sie eventuell bestraft worden waren und wer der zuständige Richter gewesen war. Rund 50 Verhaftungen dieser Art geschahen jeden Tag in Washington DC. Über das Jahr verteilt kamen rund 18.000 Bewohner der Stadt in direkten Kontakt mit der Polizei. Für den Zeitraum 1861

---

[38] Alfers, Keneth G.: Law and Order in the Capital City: A History of the Washington Police, 1800–1886, Washington DC 1976, 12–23.

[39] Bijleveld, Catrien C.J.H.; Monkkonen, Eric H.: Cross-Sectional and Dynamic Analyses of the Concomitants of Police Behavior, [Los Angeles] 1989,1.

[40] Die Protokolle der zehn Wachgebiete von 1861 bis 1878 lassen vermuten, daß die Polizisten aus den unteren sozialen Schichten rekrutiert wurden. Die Fluktuation unter den *patrolmen* war außergewöhnlich hoch. Nach dem Bürgerkrieg stammten die meisten Polizisten aus den Reihen der demobilisierten Nordstaatenarmee. Eine Liste von 452 Polizeibeamten wurde aus der Stichprobe des Arrest Records erhoben. NARA, RG 351, Records of the Government of the District of Columbia.

bis 1865 waren das rund 90.000 Menschen, die entweder verhaftet, mit
auf die Wache genommen oder über Nacht auf der Wache eingeschlossen blieben, bevor sie entweder freigelassen, zu einer Geldbuße verurteilt oder dem Richter überstellt wurden.[41] Diese große Zahl suggeriert?
eine Allgegenwart der Polizei in der Stadt und eine hohe Frequenz, mit
der die Polizei in den Alltag der Menschen eingriff.

Methodisch wichtig in diesem Zusammenhang ist, daß derartige
Protokolle nicht ein „Abbild" krimineller oder devianter Aktivitäten von
Verdächtigen bieten, sondern durch die Wahrnehmung des einzelnen
Polizeibeamten vor Ort, sowie durch die strukturellen Vorgaben der
Institutionen Polizei und Justiz gefiltert sind. In diesem Sinne sagen die
Protokolle weniger über die „reale" Häufigkeit von Verbrechen oder
Ordnungswidrigkeiten und mehr über die Perzeption und Konstruktion
städtischer (Un-)Sicherheit durch die Polizei. Darüber hinaus wurde
die Polizei in vielen Fällen erst aktiv, nachdem Dritte eine Anzeige erstattet oder sich bei den Behörden beschwert hatten, was darüber Aufschluß geben kann, wie sicher die Stadt von ihren Bewohnern erfahren
wurde. Zwar mußte eine Verordnung oder ein Gesetz übertreten worden sein, damit die Polizei einschritt, aber hier gab es doch für diejenigen, die Anzeige erstatteten und für die agierenden Polizisten einen
großen Ermessensspielraum, der auch genutzt wurde, und in dem alltäglicher Rassismus eine Rolle spielte. Das Gefühl, die Stadt sei sicher
oder unsicher konnte zudem noch von der Berichterstattung in den
Crime Sections der Tageszeitungen verstärkt werden, in der in mitunter
sensationellem Stil ausführlich über die Vorkommnisse des Vortages
berichtet wurde, was wiederum Auswirkungen auf die Lokalpolitik zeiti-
gen konnte.[42]

Die Polizei der Hauptstadt hatte zwar für die öffentliche Sicherheit
zu sorgen, aber diese Sicherheit schloß ebenso das Einfangen streunen-
der Hunde wie die Überbringung entlaufener Kinder zu ihren Eltern
oder die Kontrolle der Kanäle der Stadt ein, wie die Fahndung nach
vermeintlichen Verbrechern. Soziale Kontrolle und Verbrechensvor-
beugung waren wesentlich wichtiger als die Aufklärungsarbeit oder der
Kampf gegen Gewaltverbrechen.[43] Brandstiftungen in Tateinheit mit

---

41 Zur Wahl der Stichprobe und dem weiteren methodischen Vorgehen in der
    statistischen Auswertung der Daten siehe Finzsch (1998), 192–194.
42 Hindus, Michael Stephen: Prison and Plantation. Crime, Justice, and Authority in
    Massachusetts and South Carolina, 1767–1878, Chapel Hill, N.C. 1980, 61.
43 In den seltensten Fällen führten Verhaftungen der Polizei zu rechtskräftigen
    Verurteilungen mit Zeitstrafen über sechs Monaten Gefängnis, was der Defini-
    tion von „felonies" im Gegensatz zu den „misdemeanors" entsprach. 21st Con-
    gress, Sess. II, chapter 37, Statutes II, March 2, 1831. Vergleiche Finzsch, (1998),
    200, Tabelle 8.5.

Einbrüchen und Totschlag waren so selten, daß die Einsatzprotokolle der Polizei derartige Vorkommnisse besonders vermerkten und ausführlich kommentierten.[44]

Tabelle 1: Census der Jahre 1860 und 1870 (Stichprobe)		
Erhebungsjahr	**1860**	**1870**
N	2348	2621
AFRICAN AMERICANS	419	873
Entspricht Prozent der Stichprobe	17.8	33.3
IREN	204	173
Entspricht Prozent der Stichprobe	8.7	6.6
WEIßE US-BÜRGERINNEN	1564	1434
Entspricht Prozent der Stichprobe	66.6	54.7
Verhältnis männlich : weiblich	47 : 53	47 : 53
Altersmedian in Jahren	20	22

---

[44] „In 1864 police officer George B. Harrison owned a house, situated on [sic!] L Street between fourth and Fifth Street East, that he had rented out to a black family. On March 15, an unknown party set the dwelling on fire, probably in order to drive its inmates out, before entering and stealing their property. Fortunately the fire was noticed and extinguished before the building was damaged and its inhabitants suffered major injuries." Metropolitan Police Department (MPD), Daily Return of Precincts (DRP), March 15, 1864. National Archives, Washington DC (NARA), Record Group 48. „Rachel Smith, age 30, working as a servant, was found guilty of intentionally killing a black boy child in the home of Mary Parker in Chestnut Alley (7th precinct) on November 5, 1865. Rachel Smith was jailed until the court had reached a final decision." MPD, DRP, November 5, 1865, in: NARA, RG 351, Records of the government of the District of Columbia. „A fire occurred in a frame house owned by Emanuel Brickert situated on B Street South, between 3rd and 4th Street West. The alarm was given by Patrolman Weeden from Box Nr. 19, the engines were soon on the spot and extinguished the fire before the flames broke out. The interior was considerably damaged, loss about $ 300. Eliza Johnson (colored) was arrested by roundsman Vernon charged with having robbed and set fire to the house. The prisoner confessed to the crime this morning before Justice Handy, who sent her to jail for court." MPD, DRP, July 2, 1865, 10th precinct, in: NARA, RG 351, Records of the government of the District of Columbia.

Dieser Mikrozensus wird in Tabelle 3 noch einmal unterteilt in weiße US-BürgerInnen, African Americans und irische MigrantInnen.

Tabelle 2: Mikrozensus für 1860 und 1870 unterteilt in weiße US-BürgerInnen, African Americans und irische MigrantInnen		
Erhebungsjahr	**1860**	**1870**
WEIßE US-BÜRGERINNEN		
N	1564	1434
Verhältnis Männer : Frauen	49 : 51	49 : 51
Median Alter in Jahren	16	18
AFRICAN AMERICANS		
N	419	873
Verhältnis Männer : Frauen	41 : 59	43 : 47
Median Alter in Jahren	20	22
IRISCHE MIGRANTINNEN		
N	204	173
Verhältnis Männer : Frauen	38 : 62	46 : 54
Median Alter in Jahren	30	33

In der Untersuchung fiel weiter auf, daß Altersstruktur und Geschlechterverhältnisse unter verhafteten African Americans, irischen Einwanderern und weißen US-Bürgern auffällig disproportional waren, besonders unter Iren: die irischen Einwanderer waren im Schnitt weitaus älter, als die bereits in Washington geborenen Einwohner und nur jeder dritte Migrant des Jahres 1860 war männlich.[1]

---

[1] Finzsch (1998), 194, Tabelle 8.2 und 8.3.

Kriminalitäts- und Devianzforschung legt großen Wert auf die Alters- und Geschlechtsstruktur der untersuchten Populationen. Daß die meisten kriminellen Handlungen von Männern unter 25 Jahren begangen werden, wird unter Kriminologen meist wie ein allgemeines Gesetz gehandelt, das sich auf verschieden Gesellschaften in verschiedenen Epochen anwenden läßt. Erklärungen für die scheinbar geringere kriminelle Energie von Frauen reichen vom richterlichen Paternalismus bis zur Theorie der „maskierten" weiblichen Kriminalität.[46] Eine aufschlußreiche zeitgenössische Erklärung von 1841 stammt von Samuel Young, dem damaligen New Yorker Innenminister: „This [...] remarkable disproportion [...] may be accounted for partly by the reluctance to prosecute females, partly by their domestic life and habits, leaving them less exposed to temptation, and partly by the unavoidable inference that they are superior to men in moral honesty."[47] Durch die Konstruktion der Wirklichkeit in „zwei getrennten Sphären" fanden sich weiße Mittelklassefrauen des viktorianischen Zeitalters zunehmend eingesperrt und ausgeschlossen. Der „cult of true womanhood" verwehrte den Umgang mit der äußeren Welt und ihren Versuchungen, wies ihnen aber andererseits eine erhabene Position auf dem moralischen Podest zu, weshalb sie zumindest in den Augen ihrer männlichen Zeitgenossen auch weniger Gründe hatten, moralische Verfehlungen zu begehen oder kriminellen Aktivitäten nachzugehen.[48] Sollten sie die Grenzen des Anstands oder

---

[46] Gottfredson, Michael R.; Hirschi, Travis: A General Theory of Crime, Stanford, Cal. 1990, 123–153; Zur Diskussion über Frauenkriminalität Klein, Dorie: The Etiology of Female Crime. A Review of the Literature, in: Issues in Criminology 8(2) (1973), 3f.; Scutt, Jocelynne A.: Debunking the Theory of the Female „Masked Criminal", in: Australian and New Zealand Journal of Criminology 11(1) (1978), 23–42; Chesney-Lind, Meda: Judicial Paternalism and the Female Status Offender. Training Women to Know Their Place, in: Crime and Delinquency (1977), 121–130; Zedner, Lucia: Women, Crime, and Custody in Victorian England, Oxford 1991, 11–90.

[47] Zitat bei Freedman, Estelle B.: Their Sister's Keepers. Women's Prison Reform in America, 1830–1930, Ann Arbor 1981, 12.

[48] Bardoglio, Peter W.: Separate Spheres and Sisterhood in Victorian America, in: Reviews in American History 18(2) (1990), 202–207; Hansen, Karen V.: „Helped Put in a Quilt". Men's Work and Male Intimacy in Nineteenth-Century New England, in: Gender & Society 3(3) (1989), 334–354; Hansen, Karen V.: Challenging Separate Spheres in Antebellum New Hampshire. The Case of Brigham Nims, in: Historical New Hampshire 43(2) (1988), 120–135; Kerber, Linda K.: Separate Spheres, Female Worlds, Woman's Place. The Rhetoric of Women's History, in: Journal of American History 75(1) (1988), 9–39; Todd, Barbara: Separate Spheres. Woman's Place in Nineteenth-Century America, in: Canadian Review of American Studies 16(3) (1985), 329–337; Kremer, Gary R.: Strangers to Domestic Virtues. Nineteenth-Century Women in the Missouri Prison, Missouri Historical Review 84 (2) (1990), 293–310, 293 f. Die Podestmetapher wurde vor allem für weiße Mittelschichtsfrauen im Süden häufig verwendet. Scott, Anne Firor: The Southern Lady, From Pedestal to Politics, 1830–1930, Chicago 1970.

des Gesetzes trotzdem übertreten, so war ihnen der Zorn der Justiz und eine harte Bestrafung gewiß. Die moralischen Standards, die für respektable weiße Frauen der Mittelschicht galten, galten nicht für afroamerikanische Frauen, die stereotyp entweder als Mammies oder als Jezebels konstruiert wurden. Mammies verkörperten das Bild der älteren, mütterlichen und emotionalen, aber entsexualisierten afroamerikanischen Frauen, die oft als Ammen oder Zugehfrauen in den weißen Haushalten arbeiteten, während Jezebels ihr dichotomes Korrelat darstellten: Hypersexuelle, leidenschaftliche Frauen, die ihre Moralität jederzeit ihren Trieben unterordneten und für die deshalb andere Standards gelten mußten.[49] Afro-amerikanische Männer repräsentierten den Typ des „geborenen Kriminellen", wovon man sich auch jederzeit statistisch überzeugen konnte, denn schließlich waren sie nach 1830 in den Gefängnissen der USA deutlich überrepräsentiert.[50]

5 Statistik der Diskriminierung

Die Einsatzprotokolle der Polizei in Washington DC führten über 130 Übertretungen, Vergehen und Verbrechen auf, für die die Einwohner der Stadt belangt werden konnten. Diese reichten vom Mord bis zur Ordnungswidrigkeit oder dem bloßen „Verdacht", für den so mancher Fremde in der Stadt eingesperrt wurde. Die große Zahl der Vergehen hätte eine eingehende Behandlung unmöglich gemacht, weshalb ich diese Gesetzesübertretungen in acht Kategorien zusammengefaßt habe, nämlich Eigentumsdelikte, Gewaltdelikte, Kriminalfälle, Verletzungen der gängigen Moralvorstellungen, Störung der öffentlichen Ordnung, andere Delikte, „Verdacht" und Obdachlosigkeit. Die beiden letzteren stellen streng genommen keine Verletzung eines Gesetzes oder einer Verordnung dar, sind aber insofern von der Polizei sanktioniert worden, als diese hier einschritt und den „Verdächtigen" entweder verhaftete oder den oder die Obdachlose für eine Nacht in Gewahrsam nahm. Die meisten „Verdächtigen" waren Bürger eines der Staaten der Südstaatenkonföderation und standen pauschal unter dem Verdacht der Spionage für den Süden. Eigentumsdelikte schlossen Straftaten ein wie Betrugs-

---

[49] Finzsch (1992); Zum stereotypischen Gegenstück des Sambo siehe Williamson, Joel: The Crucible of Race. Black-White Relations in the American South since Emancipation, New York 1984, 22 f.; Das Mammy-Stereotyp ist analysiert in Gladney, Margaret Rose: Lillian Smith's Hope for Southern Women, in: Southern Studies 1983, 22(3), 274–284; Zur Jezebel siehe Jeter, Ida: Jezebel and the Emergence of the Hollywood Tradition of a Decadent South, in: Southern Quarterly 19(3–4) (1981), 31–46.

[50] Adamson, Christopher R.: Punishment after Slavery. Southern State Penal Systems, 1865–1890, in: Social Problems 30(5) (1983), 555–569.

versuch, Einbruch, Pferdediebstahl, schwerer Diebstahl, Hehlerei und andere.[51] Die Kategorie Gewaltverbrechen beinhaltete Raub, Körperverletzung, (versuchte) Vergewaltigung, Straßenraub oder Angriffe mit Vitriol. Kriminalfälle waren Verbrechen, die mit mindestens sechs Monaten Gefängnis bestraft wurden (*felonies*), aber weder zu Eigentumsdelikten noch zu Gewaltverbrechen zu zählen waren. Dazu gehörten Brandstiftung, Fahnenflucht, Landfriedensbruch und Fälschung, aber auch das kriegsbedingte „Blockadebrechen", Hochstapelei oder Amtsanmaßung. Moralische Vergehen waren Ehebruch, Bigamie, gotteslästerliches Fluchen, Travestie, Exhibitionismus, Zuhälterei, Homosexualität (sodomy) und andere. Die am wenigsten präzise Gruppe war die der Störungen der öffentlichen Ordnung, die von Erregung öffentlichen Ärgernisses bis zum Schlafen auf offener Straße oder am Arbeitsplatz alles enthalten konnte, was die Vorstellungen der Polizisten von Ordnung verletzen konnte, auch Trunkenheit oder Übertretungen der Verkehrsregeln.[52] Letztere Kategorie ließ der Polizei den größten Ermessensspielraum.

Die erste und allgemeinste Beobachtung, die man nach Auswertung der Einsatzprotokolle machen kann, ist, daß die hier erfaßten Bewohner der Stadt sich vom Profil der „typischen" Bewohnerin und des typischen Bewohners der Stadt unterschieden. Die Protokolle enthalten einen erwarteten überproportionalen Anteil von unverheirateten männlichen Verhafteten, die im Mikrozensus sowohl von 1860 als auch von 1870 die Minderheit darstellten.[53] Soweit wurde also die kriminologische Binsenweisheit bestätigt, die von der Erwartung höherer Delinquenz bei Männern ausgeht. Entgegen den Erwartungen ist das Durchschnittsalter bei den verhafteten Männern mit 29 Jahren relativ hoch und entspricht in etwa dem Durchschnittsalter des Mikrozensus, wenn man bei letzterem alle Kinder unter 11 Jahren wegen fehlender Strafmündigkeit ausschließt.[54] Soziologisch entfallen die meisten Verhafteten auf die Gruppe der ungelernten oder angelernten Arbeiter oder Kleinhändler, entstammten also den unteren Einkommensschichten. Mehr als zwanzig Prozent waren ungelernte Arbeiter (laborers). Die vier häufigsten Berufsnennungen (laborer, soldier, prostitute, servant) machen mehr als 50 Prozent des Sample aus. Analphabetismus war unter der Gruppe der

---

[51] Alle Delikte aufgeführt in NARA, RG 351.
[52] Alle Zitate aus NARA, RG 351.
[53] Alle folgenden Daten siehe: Finzsch (1998), 198–205: Tabellen 8.4–8.7.
[54] Census 1860. Median des Alters 29, Durchschnittsalter 31,76, Standardabweichung 15,92, Kurtosis .759, 1648 valide Beobachtungen. Census 1870: Median des Alters 29, Durchschnittsalter 31,51, Standardabweichung 14,99, Kurtosis .545, 1934 valide Beobachtungen.

Verhafteten relativ hoch – jedenfalls gemessen an amerikanischen Standards der Zeit – wird aber erklärbar durch den hohen Anteil von African Americans, denen als Sklaven verboten war, Lesen und Schreiben zu lernen. Entgegen den Erwartungen waren Afroamerikaner unter den Verdächtigten jedoch nicht überrepräsentiert. Dies ist die eigentliche Überraschung. In den beiden Mikrozensen von 1860 und 1870 waren sie mit 17,8 beziehungsweise 33,3 Prozent an der Gesamtbevölkerung vertreten. Der Wert von 20,7 Prozent in den Einsatzprotokollen liegt zwischen den beiden Werten und belegt, daß Afroamerikaner von der Polizei bei Verhaftungen und der Unterstellung von Straftaten nicht diskriminiert wurden. Auf der anderen Seite waren irische Migrantinnen und Migranten in den Augen der Polizisten offensichtlich die Hauptübeltäter, denn obwohl ihr Anteil an der städtischen Bevölkerung von 8,7 (1860) auf 6,6 Prozent (1870) zurückging, wurden in einem Drittel aller Fälle irische Frauen und Männer von der Polizei verhaftet oder sonst in Gewahrsam genommen. Damit waren Iren und Irinnen in den Einsatzprotokollen drei- bis viermal überrepräsentiert. Weiße Amerikaner wurden am häufigsten wegen „Disorderly Conduct" verhaftet, einem nicht genauer definierten Vergehen, das angeblich den öffentlichen Frieden störte und im Deutschen wohl am besten mit „Erregung öffentlichen Ärgernisses" übersetzt werden sollte.[55] Irische Einwanderer hatten offenbar, entgegen allen Vorurteilen gegen die „Fighting Irish" mit dem öffentlichen Frieden am wenigsten Probleme, dafür verstießen sie immer wieder gegen Ordnungsgebote.[56] Die typischen Vergehen, für das African Americans immer wieder verhaftet wurden, waren Eigentumsdelikte wie Diebstahl oder schwerer Diebstahl. Schwarze Amerikanerinnen und Amerikaner hatten eine dreimal höhere Verhaftungsrate als Iren und wurden doppelt so oft wegen Diebstahls verhaftet wie weiße Amerikanerinnen und Amerikaner. Auf der anderen Seite waren sie deutlich weniger häufig in Gewaltverbrechen verwickelt als die anderen Bevölkerungsgruppen. Stereotypen und rassistischen Einschätzungen entsprach dann wieder die hohe Delinquentenrate der ehemaligen Sklaven bei Beschwerden und Vergehen im Bereich der Sexualmoral.

Die Ahndung der Vergehen variierte stark. In einem Viertel aller Fälle wurden die Beschuldigten entlassen, ohne vor Gericht gestellt zu werden oder eine Geldbuße zu entrichten. Wenn Strafen verhängt wurden, erfuhren Afro-Amerikanerinnen und Afro-Amerikaner die härteste Bestrafung. Sie mußten nicht nur in 46,70 Prozent der Fälle eine Geld-

---

[55] Black, Henry Campbell (Hg.): Black's Law Dictionary, Centennial Edition, St. Paul, Mich. 1990, 469.
[56] 67,30 Prozent für weiße Amerikaner, 60,80 Prozent für Afro-Amerikaner und 73,30 Prozent für Iren. Finzsch (1998), 200–205: Tabellen 8.5–8.7.

strafe entrichten, mehr als sieben Prozent wurden auch vor Gericht gestellt. Die Geldstrafen waren exorbitant hoch im Vergleich zu denen, die von irischen Migrantinnen und Migranten oder weißen US-Bürgern bezahlt werden mußten: Die Durchschnittsstrafe lag bei African Americans um 40 Prozent höher. Eine weitere Abweichung ergab sich bei der Unterstellung unter Militärgerichtsbarkeit. Weiße US-Bürger und Iren wurden, da sie in der Armee dienten oder von der Armee beschäftigt waren, häufig dem Provost Marshall (Kommandeur der Feldgendarmerie) übergeben. Obwohl geflohene Sklaven anfangs als „Konterbande" dem Militär unterstellt waren und schwarze Rekruten in der Nordstaatenarmee dienten, schaltete sich in fast keinem der Fälle die Feldgendarmerie in die Verfolgung von Delikten ein, wenn African Americans die Beschuldigten waren.[57]

Eine letzte Bemerkung soll dem Verhältnis der Privatverfahren gegenüber den Offizialverfahren gewidmet sein. Zwei Drittel der hier untersuchten Verfahren waren Offizialverfahren, d.h. sie wurden von Polizisten im Dienst angestrengt. Privatpersonen erstatteten nur in einem Drittel der Fälle Anzeige.[58] Dies ist ein Hinweis auf den hohen Grad der Professionalisierung der Polizeitruppe, aber es hat auch damit zu tun, daß die Bereitschaft der Bevölkerung, mit der Polizei zusammenzuarbeiten, eher gering war. Diese Bereitschaft war jedoch weit ausgeprägter, wenn es um African Americans ging. In der Regel ging die Polizei gegen schwarze Bürgerinnen und Bürger vor, nachdem sie Hinweise aus der Bevölkerung erhalten hatte oder nachdem ein African American von Nachbarn oder Geschädigten angeklagt wurde. Dies hat zum Teil sicher mit der Häufigkeit zu tun, mit der Schwarzen Eigentumsdelikte vorgeworfen wurden, die in der Regel weiblichen, schwarzen Hausangestellten zu Last gelegt wurden.[59]

Eine Untersuchung, die nach sozialer Kontrolle einerseits und dem von der Polizei alltäglich praktizierten Rassismus fragt, bleibt unvollständig, wenn sie nicht auch die Frage nach der Kategorie „Geschlecht" stellt. Männer wurden in Washington DC sozial über Sicherheitsbelange definiert und kontrolliert, d.h. vor allem in der Verbrechensbekämpfung. Frauen, auf der anderen Seite, wurden weniger als Sicherheitsrisiko, sondern in erster Linie als moralisches Risiko verstanden. Die Aus-

---

57 US-Bürger 16,50 Prozent; Iren 16,00 Prozent; Schwarze 1,00 Prozent. Finzsch (1998), 200–205: Tabellen 8.5–8.7.

58 61:39 für weiße US-Bürgerinnen und -Bürger, 65:35 für Iren und Irinnen. Finzsch (1998), 200–205: Tabellen 8.5–8.7.

59 Geschlechterverhältnis unter African Americans 68:32; 21,50 Prozent aller verhafteten African Americans waren Hausbedienstete oder Diener. Finzsch (1998), 202–203: Tabelle 8.6.

nahme bilden hier Eigentumsdelikte und Gewaltverbrechen, die sowohl Frauen wie Männern vorgeworfen wurden.[60] Männer wurden vor allem der Kriminalvergehen bezichtigt, während Frauen fast ausschließlich bei Vergehen gegen die (Sexual-)Moral belangt wurden.[61] Man könnte einwenden, dies sei offensichtlich, da Männer nicht wegen Prostitution verhaftet worden seien, aber dies verkennt die Tatsache, daß Frauen in die Mühlen der Polizei und Justiz geraten konnten, ohne sich zu prostituieren.[62] Als weitgehend auf das Haus und die Haushaltung beschränkte Menschen ohne politische Rechte bedeutete jedes Ausbrechen aus der für die Frauen reservierten „Sphäre" einen Verstoß gegen den „cult of true womanhood" und wurde als moralisch verwerflich sanktioniert.[63] Diese Ergebnisse widersprechen nicht der sexistischen und rassistischen Ausgrenzung von irischen und schwarzen Frauen, die auf Grund ihrer Zugehörigkeit zu einer diskriminierten „Rasse" von vornherein als moralisch minderwertig imaginiert wurden: Nur 12,60 Prozent aller schwarzen Frauen wurden wegen moralischer Verstöße angezeigt.[64] Dies gilt analog auch für Irinnen.[65]

---

[60] Eigentumsdelikte wurden zu 11,30 Prozent Männern, zu 11,60 Prozent Frauen zur Last gelegt, gewaltsame Verbrechen zu 7,30 Prozent Männern und zu 8,50 Prozent Frauen. Finzsch (1998), 207.

[61] Kriminalvergehen: Männer 3,60 Prozent; Frauen 0,90 Prozent. Moraldelikte Männer 1,80 Prozent, Frauen 17,50 Prozent. Finzsch (1998), 207.

[62] 41,10 Prozent der verhafteten Frauen waren nach Angaben der Polizei Prostituierte, aber die meisten von ihnen wurden anderer Delikte als der Prostitution beschuldigt. 19,30 Prozent der Beschuldigten arbeiteten als Haushilfen, 16,80 Prozent als Hausbedienstete, d.h. sie verstießen als arbeitende Frauen per definitionem gegen das Gebot der Beschränkung auf das (eigene) Haus. Finzsch (1998), 207.

[63] Stansell, Christine: Women, Children, and the Uses of the Streets: Class and Gender Conflict in New York City, 1850–1860, in: DuBois, Ellen Carol; Ruiz, Vicki L. (Hg.): Unequal Sisters: A Multi-Cultural Reader in U.S. Women's History, New York 1990, 92–108; Epstein, Barbara Leslie: The Politics of Domesticity. Women, Evangelism, and Temperance in Nineteenth-Century America, Middletown, Conn. 1981.

[64] Die Zahlen für schwarze Frauen sind folgende: Anzeigen wegen Eigentumsdelikten 19,00 Prozent; Gewaltdelikte 5,80 Prozent, Kriminalfälle 0,70 Prozent; moralische Vergehen 12,60 Prozent, Ordnungsvergehen 60,50 Prozent. Die Stichprobe enthielt 294 valide Fälle. Finzsch (1998), 207.

[65] Irinnen wurden folgende Vergehen vorgeworfen: Eigentumsdelikte 7,80 Prozent; Gewaltdelikte 7,80 Prozent; Kriminalvergehen 2,30 Prozent; Moralverstöße 12,90 Prozent; Ordnungsvergehen 66,40 Prozent. Die Stichprobe enthielt 256 valide Fälle. Irinnen waren stark überrepräsentiert, denn sie wurden für 30,30 Prozent aller von Frauen begangenen Vergehen belangt. Dies gilt analog auch für schwarze Frauen, denen 34,80 Prozent aller von Frauen begangenen Straftaten oder Gesetzesübertretungen zur Last gelegt wurden. Finzsch (1998), 207.

6   Schlußfolgerungen

Die Anfangshypothese, daß vor allem African Americans das Ziel rassistischer Polizeiaktionen gewesen seien, konnte nicht belegt werden. Afroamerikanerinnen und Afroamerikaner waren in den Stichproben generell nicht überrepräsentiert. Ein klareres Bild gewinnt man erst, wenn man nach Geschlechterrollen differenziert. Iren und Irinnen waren genauso Zielscheibe besonderer Aufmerksamkeit der Polizei wie African Americans. Allerdings wurden diese vor Gericht selten belangt, was wohl zeigt, daß die Polizei auch dann irische Einwanderer verhaftete, wenn wenig Beweismaterial vorlag. Die Tatsache, daß afroamerikanische Männer selten verurteilt wurden, kann durch die Fortexistenz der sogenannten Black Codes erklärt werden, die die Bewegungsfreiheit und die wirtschaftlichen und politischen Rechte der ehemaligen Sklaven auch nach der Emanzipation noch einschränkten, um so die „einwandfreie Führung" der African Americans sicherzustellen.

„Großstadtpolizei"

Städtische Ordnung und Sicherheit und die Polizei in der Zeit des Deutschen Kaiserreiches (1871–1918)

HERBERT REINKE

1 Einleitung: Polizei zwischen 'Ordnung' und 'Sicherheit' in den Großstädten des Kaiserreiches

„Der ruhende Pol in der Erscheinungen Flucht ist im Berliner Straßenleben der Schutzmann. Untrennbar ist er vom Straßenbilde, ein Mädchen für Alles, eine lebendige, vielbenutzte Auskunftsstelle. Alle Straßen muß er der Lage nach wissen, die schnellsten Verbindungslinien nach allen Richtungen hin angeben können, den Fremden den Weg weisen nach den öffentlichen Palästen und Sehenswürdigkeiten, alten Damen als Beschützer und Begleiter dienen beim Passieren der Straßen, auf die Kleinen aufpassen, dabei den Verkehr regulieren, Hindernisse beseitigen, bei Unfällen die erste rasche Hilfe leisten – und dies und vieles andere noch muß der Schutzmann leisten können, er, der Beherrscher der Straße."[1]

Dieses knappe Schilderung des Schutzmannes auf der Straße, die aus der Zeit nach der Jahrhundertwende stammt, findet sich in einer kleinen, als Reportage aufgemachten Broschüre über die Berliner Polizei. Der hinter dem Pseudonym „Assessor" steckende Autor ist unerkannt geblieben, deshalb weiß man auch nicht, wer dieses prägnante (Selbst-) Bild des Berliner Schutzmannes gezeichnet hat. Der Autor scheint nicht unbegabt gewesen zu sein, denn ein ähnliches Bild vermittelt ein anderer Autor fast ein Jahrzehnt später in einem umfänglichen Handbuch über die „Großstadtpolizei"[2]. Gustav Roscher, der Autor dieses Kompendiums, damals Polizeipräsident von Hamburg, verstand seine „Großstadtpolizei" ausdrücklich als beispielhaft, empfahl er doch „jüngeren Fach-

---

1   Assessor, Die Berliner Polizei, 5. Aufl., Berlin o.J. (vermutlich 1901/02).
2   Roscher, Gustav: Großstadtpolizei. Ein praktisches Handbuch der deutschen Polizei, Hamburg 1912.

kollegen ... mittlerer und kleinerer Orte" dieses Buch als „praktische[n] Ratgeber".[3]

Die kleine Broschüre über die Berliner Polizei wiederum war Teil einer umfangreicheren Reihe, in der unter dem Titel „Großstadt-Dokumente" versucht wurde, in einer eigentümlichen Mischung aus Sozialkritik und Voyeurismus die Großstadt vor allem am Beispiel Berlins zu porträtieren.[4] Die Großstadt war zu diesem Zeitpunkt nicht unbedingt ein neues Phänomen in Deutschland, aber zumindest doch so neu, daß der Terminus „Großstadt" immer noch die mediale Aufmerksamkeit steigern konnte.[5]

Das Bild, das in den „Großstadt-Dokumenten" vom Berliner Schutzmann gezeichnet wurde, war sicherlich in vielerlei Hinsicht propagandistisch überhöht, aber es war damit nicht unbedingt falsch: Der Schutzmann war in der Zeit des Kaiserreiches, nicht nur in Berlin, in der Tat als „Mädchen für Alles" gedacht. Sein Blick sollte alles sehen – entsprechend einer ausgeprägt umfassenden Zuständigkeit der Polizei in der Zeit des Kaiserreiches, die, so Gustav Roscher, von der „Natur ihrer Aufgaben" her auf „fast allen Gebieten des Staatslebens" tätig werden sollte.[6] Der Schutzmann, der sich gegenüber „alten Damen als Beschützer" verhielt und gleichzeitig den „Verkehr regulieren" sollte, war mehr als nur „der Beherrscher der Straße": Seine Kompetenzen zu „regulieren" reichten weit über den Straßenverkehr hinaus und zielten auf das großstädtische Ordnungsgefüge insgesamt ab, für das der Schutzmann in einem umfassenden Sinne zuständig sein sollte.

Diese umfassende Zuständigkeit, die, wie die Zeitgenossen meinten, Teil der „sociale[n] Aufgabe der Polizei" sein sollte[7], war seit der Mitte

---

3   Roscher (1912), IV.
4   Großstadt-Dokumente, herausgegeben von Hans Ostwald. Geboren 1873, hatte er den Beruf des Goldschmiedes gelernt, bevor er ab 1905 seine Erlebnisse als vagabundierender und verarmter Handwerker in einer von ihm als „Großstadt-Dokumente" konzipierten Reihe niederzuschreiben begann, in der dann auch Schriften anderer Autoren erschienen sind. Die avisierte Zahl von Publikationen (50 Bände) des Projektes „Großstadt-Dokumente" konnte nicht vollständig realisiert werden, später widmete sich Ostwald der Herausgabe der Werke von Heinrich Zille, siehe auch Fritzsche, Peter: Vagabond in the Fugitive City. Hans Ostwald, Fugitive Berlin and the „Großstadtdokumente", in: Journal of Contemporary History, 29 (1994), 385–402, und auch Evans, Richard: Szenen aus der deutschen Unterwelt. Verbrechen und Strafe, 1800–1914, Hamburg 1997, 240–302, der vor allem auf die Kenntnis und Beschreibung der Prostitution in Berlin durch Hans Ostwald abstellt.
5   Reulecke, Jürgen: Geschichte der Urbanisierung in Deutschland, Frankfurt 1985, 139–146.
6   Roscher (1912), 31.
7   So die Überschrift eines anonym gebliebenen Artikels in der Deutschen Vierteljahresschrift, Jahrgang 20/1857, zitiert nach Jessen, Ralph: Polizei im Industrie-

des 19. Jahrhunderts um so wichtiger geworden, je mehr mit dem Wachstum der Städte und mit dem Nachlassen stadtbürgerlicher Bindungen und Verpflichtungen die herkömmlichen Muster städtischer sozialer Kontrolle unwirksam wurden, die bis weit in die erste Hälfte des 19. Jahrhunderts das Leben in den Städten bestimmt hatten.[8] Mit dem Schutzmann als Instanz sozialer Kontrolle ist jedoch nur eine Seite des Aufgaben- und Rollengeflechtes der großstädtischen Polizei wiedergegeben. Zugleich waren der Polizei Funktionen im Rahmen städtischer Infrastrukturaufgaben zugeordnet; diese kommunalen Aufgaben mit ihren entsprechenden Einrichtungen galten seinerzeit als 'modern' und entsprachen dem Entwicklungsstand, den die Großstadt in der Zeit des Kaiserreiches erreicht hatte.[9] Es war für die Zeitgenossen deshalb auch nicht außergewöhnlich, wenn der Hamburger Polizeipräsident in seinem Buch die Gesundheitspolizei als „Verwaltungstätigkeit ... pol[izeilicher] Natur" rubrizierte[10] und das Buch z.B. die Abbildung einer „Zimmerdesinfektion mittels Karbol" enthielt[11], oder wenn die Leser sich den „Trichinenschausaal im Beschauamt" per Photo vergegenwärtigen konnten, wo unter der Aufsicht eines Polizei-Tierarztes – wie auf dem Bild zu sehen – „100 ständige Trichinenschauer" und „nach Bedarf Hilfstrichinenschauer" vor ihren Mikroskopen im Einsatz waren.

Die spezifische Ausprägung von 'Modernität' bei der Polizei, die sich in einem umfassenden Funktionsverständnis ausdrückte, war aber in sich widersprüchlich und deshalb bei den Zeitgenossen nicht unumstritten, drücke sich darin doch auch ein Polizeiverständnis aus, das eher an die 'Policey' des Ancien Régime, denn an eine Institution des ausgehenden 19. Jahrhunderts erinnerte.[12]

---

revier. Modernisierung und Herrschaftspraxis im westfälischen Ruhrgebiet, Göttingen 1991, 49.

[8] Vgl. dazu auch Jessen (1991), 28–56.

[9] Diese spezifische zeitgenössische 'Modernität' der Polizei dokumentiert auch Jessen, Ralph: Polizei, Wohlfahrt und die Anfänge des modernen Sozialstaats in Preußen während des Kaiserreichs, in: Geschichte und Gesellschaft, 20 (1994), 157–180. Neuere rechtshistorische Ansätze, die die Rolle der Polizei bei der Kriminalitätsbekämpfung in den Vordergrund rücken, stellen m.E. die Funktionen und die Wirkungsweisen der Polizei in der Zeit des Kaiserreiches in verkürzter Weise dar, so z.B. bei Roth, Andreas: Kriminalitätsbekämpfung in deutschen Großstädten 1850–1914, Ein Beitrag zur Geschichte des strafrechtlichen Ermittlungsverfahrens, Berlin 1997.

[10] Roscher (1912), 327.

[11] Roscher (1912), 340

[12] S.a. Lüdtke, Alf; Reinke, Herbert: Crime, Police, and the „Good Order": Germany, in: Emsley, Clive; Knafla, Louis, A. (Hg.): Crime History and Histories of Crime. Studies in the Historiography of Crime and Criminal Justice in Modern History, Westport 1996, 109–137.

Parallel zu dieser auf ein umfassendes Ordnungsverständnis gerichteten 'Modernität' der Polizei kristallisierte sich gegen Endes des 19. Jahrhunderts eine andere 'Modernität' der Polizei heraus, die sich vor allem in der sich herausbildenden Kriminalpolizei manifestierte und weniger auf 'Ordnung' sondern auf 'Sicherheit', auf die Bekämpfung der Kriminalität gerichtet war. Die Kriminalpolizei gewann im Zuge der Urbanisierung Deutschlands in der zweiten Hälfte des 19. Jahrhunderts in dem Maße Bedeutung, in dem die Entwicklung von Großstädten nicht mehr nur als Problem der Implementierung und Durchsetzung von Ordnungsstrukturen, sondern vor allem auch als Sicherheitsproblem begriffen wurde.[13] Die spezifische Modernität der Kriminalpolizei wurde nicht nur daran sichtbar, daß sich innerhalb der Polizei ein spezialisierter Zweig herausbildete, sondern auch darin, daß die Kriminalpolizei sich naturwissenschaftlich-technischer Instrumente und empirischer Vorgehensweisen bediente, um Sicherheit 'herzustellen'. Dieser Übergang von einer vorrangig auf 'Ordnung' ausgerichteten Polizeivariante zu einer Polizei, die sich mehr und mehr mit (inneren) Sicherheitsproblemen befaßt und dabei einen eigenen Apparat für diese Probleme herausbildet, war kein spezifisch deutsches Phänomen, sondern fand in ähnlicher Weise bei vielem europäischen und bei den Polizeien einzelner Großstädte in Nordamerika statt.[14]

2 Sozial Wandel, Verstädterung und wachsende Unsicherheiten in der Zeit des Kaiserreiches, 1870/71 – 1918

Wie kaum eine andere Periode hat die Zeit des Kaiserreichs vom deutsch-französischen Krieg 1870/71 bis zum Ende des Ersten Weltkrieges Deutschland und seine weitere Entwicklung im 20. Jahrhundert geprägt. Die wirtschaftlichen und sozialen Veränderungen, die das Kaiserreich in diesen Jahren erfuhr, waren für die Zeitgenossen beispiellos. Im Deutschen Reich beschleunigte sich auf fast allen Ebenen das Tempo der Veränderungen in geradezu dramatischer Weise. Dieses galt in besonderem Maße für den Wandel der demographischen, sozialen und wirtschaftlichen Strukturen. Nicht nur, daß die Bevölkerung des Deut-

---

[13] Vgl. auch Funk, Albrecht: Polizei und Rechtsstaat. Die Entwicklung des staatlichen Gewaltmonopols in Preußen 1848–1918, Frankfurt 1986, 245.

[14] S.a. Emsley, Clive: The English Police. A Social and Political History, Hemel Hempstead 1991; Berlière, Jean-Marc: Le monde des polices en France XIXe–XXe siècles, Brüssel 1996; Monkkonen, Eric H., The Urban Police in the United States, in: Emsley, Clive; Knafla, Louis A. (Hg.): Crime History and Histories of Crime. Studies in the Historiography of Crime and Criminal Justice in Modern History, Westport 1996, 201–228.

schen Reiches von etwas über 41 Millionen im Jahr 1871 auf fast 65 Millionen im Jahr 1910 wuchs, was einem Zuwachs von knapp über 58 Prozent entsprach[15], auch andere Indikatoren geben die Dramatik des Wandels und des Wachstums wider, der die deutsche Gesellschaft in dieser Periode ausgesetzt war: In diesen Jahren vollzog sich im Deutschen Reich der Übergang von der Industrialisierung zur Hochindustrialisierung, die bis kurz vor dem Ersten Weltkrieg durch eine Abfolge konjunktureller Aufschwungs- und Depressionsphasen geprägt war.[16] Ein weiteres signifikantes Merkmal für diese Periode war die Verstädterung, d.h. das Anwachsen der Bevölkerungszahlen der Städte und die Zunahme der Zahl der Städte insgesamt: Während es 1871 in Deutschland nur acht Städte mit mehr als 100.000 Einwohnern gegeben hatte, so waren es 1910 bereits 48 Städte, die mehr als 100.000 Einwohner vorweisen konnten.[17] Nicht nur die absolute Zahl größerer Städte und Großstädte war bemerkenswert, das Wachstum der Einwohnerschaft der Städte selbst ging über den Erfahrungshorizont der Zeitgenossen hinaus. Dies traf vor allem auf die Städte in Preußen zu: So wuchs die Bevölkerung Berlins von 826.000 Menschen im Jahr 1870/71 auf 2.071.000 im Jahr 1910, wobei das exorbitante Wachstum der damals noch nicht eingemeindeten Städte am Rande Berlins (u.a. Charlottenburg, Schöneberg, Rixdorf) noch nicht einbezogen war; in Breslau lebten 1870/71 208.000 Menschen, 40 Jahre später waren es bereits 512.000.[18] Handelte es sich hierbei bereits um außerordentlich hohe Wachstumsraten, so waren die Zahlenverhältnisse einiger Städte im preußischen Westen, dem vermeintlichen 'Wilden Westen' des Deutschen Reiches, besonders außergewöhnlich: Düsseldorf, 1870/71 eine mittlere Stadt mit 69.000 Einwohnern, die gerade wenige Jahrzehnte dem beschaulichen Flair entwachsen war, das Heinrich Heine noch erlebt hatte, verzeichnete 40 Jahre später, kurz vor dem ersten Weltkrieg, 359.000 Einwohner; Gelsenkirchen, 1870/71 noch ein kleinerer westfälischer Ort mit ca. 8.000 Einwohnern, war 1910 zu einer Großstadt geworden, in der 170.000 Menschen lebten. Aber nicht allein preußische Städte waren von diesem Wachstum betroffen, in Sachsen, in Baden, in Bayern oder in Württemberg verlief die Bevölkerungsentwicklung in den Städten in ähnlich eindrucksvollen Bahnen. Die Bei-

---

[15] Statistisches Bundesamt (Hg.): Bevölkerung und Wirtschaft 1872–1972, Stuttgart 1972, 90.
[16] Wehler, Hans-Ulrich: Deutsche Gesellschaftsgeschichte. Bd. 3: Von der „Deutschen Doppelrevolution" bis zum Beginn des Ersten Weltkrieges, München 1995, 547–610.
[17] Wehler (1995), 312.
[18] Für diese und die folgenden Zahlen s.a. Reulecke (1985), 203

spiellosigkeit dieser Veränderungen wurde durch spezifische Faktoren noch zusätzlich gesteigert: Neben dem Nettowachstum der Städte, das die Zeitgenossen faszinierte und ängstigte, waren auch die permanenten Umschichtungen städtischer Bevölkerungen etwas, was die Menschen bis dato noch nicht erlebt hatten: Gegen Ende des 19. Jahrhunderts schätzte man, daß die Zahl der Zu- und Abwanderungen und der Umzüge innerhalb der Städte durchschnittlich ein Viertel bis ein Drittel der jeweiligen Stadtbevölkerung pro Jahr erfaßte.[19]

Die Folgen derartiger Veränderungen blieben nicht aus. Auf die großen Städte, vor allem auf die Großstädte metropolitanen Charakters, wurden Ängste, Unsicherheiten und (Vor-)Urteile projiziert, die die Zeitgenossen mit dem rapiden Wandel dieser Zeit assoziierten. Deutschland war in diesem Kontext in doppelter Hinsicht eine „verspätete Nation": In seinen westlichen Nachbarländern hatten diese Projektionen bereits in der ersten Hälfte des 19. Jahrhunderts eingesetzt, parallel zu dem an Metropolen wie Paris oder London oder an den städtischen Agglomerationen Mittelenglands sichtbar werdenden Städtewachstum. So meinten französische Verwaltungsbeamte, in den großen Städten die vermeintlichen „gefährlichen Klassen" ausmachen zu können[20], die von einem Abgeordneten der damaligen französischen Nationalversammlung auch als aus den Vorstädten stammende „Barbaren" etikettiert und als eine Bedrohung der Gesellschaft denunziert wurden.[21] Unter zeitgenössischen englischen Publizisten führte die Entdeckung der „gefährlichen Klassen" zu einem publizistisch-sportiven Wettbewerb darüber, in welcher der beiden Metropolen, in London oder in Paris, die meisten Angehörigen der gefährlichen Klassen zu finden seien.[22] Daß sich derartige Projektionen zu regelrechten Paniken auswachsen konnten, bewies die Londoner „Garotting Panic" Mitte des 19. Jahrhunderts, als London durch Verbrecher bedroht schien, die in den dunklen und nebligen Nächten der Metropole lauernd, ihre Opfer

---

[19] Reulecke (1985), 72. Derartige Mobilitätsraten waren vergleichbar mit denen nordamerikanischer Großstädte, s.a. Thernstrom, Stephan: The Other Bostonians. Poverty and Progress in the American Metropolis, 1880–1970, Cambridge, Ma. 1973, 9–28.

[20] Frégier, H.A., Des classes dangereuses de la population des grandes villes et des moyens de les rendre meilleurs, 2 Bde. Paris 1840. Frégier war „chef de bureau" an der „Préfecture de la Seine" in Paris.

[21] Zitiert nach Barbin, A.; Marec, Y.: Les recherches sur la probabilité de Jugements de Simon-Denis Poisson, in: Histoire & Mesure 2 (1987), 43.

[22] S.a. Radzinowicz, Leon; Hood, Roger: The Emergence of Penal Policy in Victorian and Edwardian England, Oxford 1990, 77, Fn. 73.

angeblich zu erwürgen versuchten, um sie anschließend ausrauben zu können.[23]

Im Vergleich dazu waren die Sicherheitspaniken in Deutschland weitaus weniger dramatisch: Zwar war Berlin um die Jahrhundertmitte, glaubt man der zeitgenössischen Publizistik, eine Stadt, in der angeblich das Diebstahlsgewerbe blühte[24], aber Berlin war zu diesem Zeitpunkt eine im europäischen Vergleich eher immer noch mittelgroße Residenzstadt, weshalb die Unsicherheitspaniken der großen westeuropäischen Kapitalen in Berlin auch noch weitgehend unbekannt waren. Das änderte sich erst zu Beginn der 1870er Jahre im Gefolge des Gründerzeit-Booms und der darauf folgenden Depressionsphase. Damals begann die Publizistik Berlin als eine Stadt wachsender Kriminalität und Unsicherheit darzustellen, in der sich angeblich der „Jahnhagel", die „russisch-polnisch-jüdischen Schnorrer", die „arbeitsscheuen Subjekte", die „Damen der Demimonde, Pennbrüder, Louis, Bauernfänger" konzentrierten.[25] Auch Berlin wurde Teil des Unsicherheitswettbewerbs der europäischen Kapitalen, wenn behauptet wurde, daß „in den verruchtesten und entlegensten Winkeln von London eine größere Sicherheit oder mehr Schutz für die Stadtbevölkerung als in der Berliner Friedrichstraße" bestünde.[26] Berlin schien nicht allein von diesen 'Unsicherheiten' betroffen zu sein. So hatte das Ruhrgebiet im Westen Preußens den Ruf einer Gegend, in der „das Messer besonders locker sitze". In beiden Fällen, in Berlin wie auch im Ruhrgebiet, vermischten sich diffuse Wahrnehmungen eines immens großen, vermeintlich kriminellen Subproletariats mit 'realen' Phänomenen, so z.B. im Ruhrgebiet die Befürchtungen gegenüber der Gewaltbereitschaft der in großer Zahl in das Ruhrgebiet eingewanderten jungen Männer.[27]

---

23 Davis, Jennifer: The London Garotting Panic of 1862. A Moral Panic and the Creation of a Criminal Class in Mid-Victorian England, in: Gatrell, V.A.C.; Lenman, Bruce; Parker, Geoffrey (Hg.): Crime and The Law. The History of Crime in Western Europe since 1500, London 1980, 190–213.

24 Zimmermann, C.W.: Die Diebe in Berlin oder Darstellung ihres Entstehens, ihrer Organisation, ihrer Verbindungen, ihrer Taktik , ihrer Gewohnheiten und ihrer Sprache: Zur Belehrung für Polizeibeamte und zur Warnung für das Publikum, Berlin 1847 (Nachdruck Berlin 1979).

25 Jahnhagel: Zeitgenössischer Ausdruck für den sogenannten Pöbel, Louis = Zuhälter, Bauernfänger = im damaligen Berlin Betrüger, deren Opfer mit Lohn heimreisende polnische Landarbeiter wurden, vor allem an den Berliner Bahnhöfen, s.a. Niceforo, A.; Landau, H.: Die Kriminalpolizei und ihre Hilfswissenschaften, Groß-Lichterfelde-Ost, o.J. (1908), XVI–XVII.

26 Zitiert nach Funk, A., Polizei und Rechtsstaat. Die Entwicklung des staatlichen Gewaltmonopols in Preußen 1848–1914, Frankfurt 1986, 207–209.

27 Jessen, Ralph: Gewaltkriminalität im Ruhrgebiet zwischen bürgerlicher Panik und proletarischer Subkultur (1870–1914), in: Kift, Dagmar: Kirmes, Kneipe,

In einem derartigen Klima wachsender Sicherheitspaniken waren nüchtern-abwägende Stimmen eher eine Seltenheit und konnten sich zudem kaum durchsetzen. Im November 1877 stellte eine Berliner Tageszeitung, die Berliner Freie Presse, die Forderung auf, über die Sicherheitslage in Berlin „wie das der englische Zeugeneid fordert, 'die Wahrheit, die ganze Wahrheit und nichts als die Wahrheit'" zu erfahren. Die Zeitung hatte auch gleich das Mittel parat, mit dem dieser Wahrheitsbeweis erbracht werden sollte: „Wir wissen, daß die Wahrheit für uns ist und erblicken daher in der Statistik unsere beste Bundesgenossin."[28] Aber fundierte kriminalstatistische Äußerungen, die in die Debatte eingebracht wurden, hatten kaum eine Chance, zur Kenntnis genommen zu werden: Ein Vertreter der preußischen Justizverwaltung, der den virulenten Sicherheitspaniken die Spitze zu nehmen versuchte, indem er auf seit Mitte der 1850er Jahre fallende Kriminalitätsraten verwies, blieb ohne Resonanz in der Öffentlichkeit.[29]

Ab 1882 stand die von der Berliner Freien Presse bereits Ende 1877 verlangte „Bundesgenossin" Statistik für das gesamte Reich einheitlich zur Verfügung. In seiner Sitzung vom 15. Dezember 1881 hatte der Bundesrat des Deutschen Reiches „die Herstellung einer Statistik der rechtskräftig erledigten Verbrechen und Vergehen gegen Reichsgesetze" beschlossen, deren Voraussetzung eine umfassende Rechtsvereinheitlichung gewesen war. Diese bestand aus der Einführung des Reichsstrafgesetzbuches, des Gerichtsverfassungsgesetzes und der Strafprozeßordnung.[30] Als eine Urteilsstatistik war die Aussagekraft der Reichskriminalstatistik auf einen spezifischen Ausschnitt erfaßbarer Kriminalität reduziert.

Die vorhandenen Kriminalitätsziffern lassen sich, zumindest auf den ersten Blick, unter diejenigen Indikatoren subsumieren, die die Folgen des sozialen Wandels und der Wachstumsprozesse dieses Zeitabschnitts widerspiegeln. Vor allem die Zahl derjenigen Personen, die wegen Verstößen gegen das Reichsstrafgesetzbuch verurteilt worden waren, wuchs

---

Kino. Arbeiterkultur im Ruhrgebiet zwischen Kommerz und Kontrolle (1850–1914), Paderborn 1992, 226–255.

[28] Geheimes Staatsarchiv/Stiftung Preußischer Kulturbesitz, Rep. 84a, Nr. 8194.

[29] Es handelt sich um den Geheimen Oberjustizrat W. Starke, einem der letzten der zu diesem Zeitpunkt im preußischen Justizministerium noch verbliebenen liberalen Beamten, der diese Argumentation in der Kriminalitätsdebatte des preußischen Abgeordnetenhauses vom 13. und 18. Dezember 1884 vortrug. Starke war im Ministerium zuständig für die Kriminalstatistik; zu Starke s.a. Funk (1986), 250–251, s.a. Starke, W.: Verbrechen und Verbrecher 1854–1878. Eine kulturgeschichtliche Studie, Berlin 1884.

[30] Eine Einführung in die Geschichte kriminalstatistischer Zählungen in Deutschland bietet Graff, Helmut, Die deutsche Kriminalstatistik. Geschichte und Gegenwart, Stuttgart 1975.

beträchtlich. Bei einem Vergleich der kriminalstatistischen Daten der Jahre 1882 bis 1891 mit denen der Jahre von 1902 bis 1911, wird sichtbar, daß die Gesamtzahl der Verurteilten pro 100.000 der strafmündigen Bevölkerung über 18 Prozent wuchs.[31]

Durch einen zweiten, genaueren Blick läßt sich jedoch schnell erkennen, daß durch den ersten Eindruck zwar ein plausibles Gesamtbild vermittelt wird, daß aber dadurch ausgeprägte lokale und regionale Unterschiede eher verdeckt werden. Eine genauere Betrachtung des vorhandenen kriminalstatistischen Materials im Hinblick auf die Kriminalitätsentwicklung in den Großstädten des Deutschen Reiches macht deutlich, daß ein eindeutiges geographisches Muster der Kriminalitätsbelastung nur begrenzt identifizierbar ist. Städte mit überdurchschnittlich hohen Verurteiltenzahlen pro Kopf der strafmündigen Bevölkerung standen neben Städten mit unterdurchschnittlichen Ziffern, ländliche Regionen hatten demgegenüber teilweise überdurchschnittlich hohe Kriminalitäts- bzw. Verurteilungsraten aufzuweisen, die die vieler Städte weit übertrafen.[32]

Derartige kriminalstatistische Zustandsbeschreibungen, die in den jeweiligen strafrechtlichen Fachorganen publiziert worden waren, stellten aber nur eine Seite einer Dramatisierungsstrategie dar, in deren Kontext Kriminalität als Folgeerscheinung des sozialen Wandels im Deutschen Reich propagiert wurde. Eine weitere Dramatisierung resultierte aus einer antiurbanen Polemik, die Kriminalität als Teil einer diffusen Gemengelage von ideologischen Vorbehalten, sozialen Ängsten und Aversionen gegenüber der Stadt thematisierte; einer Ideologie, in der die Stadt für den Verlust sozialer Bindungen, für die Abwertung sozialer Hierarchien und für den Verfall moralischer Wertvorstellungen verantwortlich gemacht wurde.[33]

---

[31] Für diesen beiden Jahrzehnte liegen aufgearbeitete Vergleichsdaten vor, s.a. Johnson, Eric A.: Urbanization and Crime. Germany 1871–1914, Cambridge, Ma. 1995, 152–153.

[32] Johnson (1995), 154–155, hat auf der Grundlage der Ergebnisse der Kriminalstatistik des Deutschen Reiches die Zahl der Verurteilten pro 100.000 der strafmündigen Bevölkerung in den 57 größten Städten des Deutschen Reiches zusammengestellt. Die Uneinheitlichkeit der von ihm eruierten statistischen Ergebnisse veranlaßt ihn zu weitergehenden Hypothesen; Johnson meint nachweisen zu können, daß überall dort, wo im Kaiserreich zunehmende Kriminalitätsraten beobachtbar sind, es sich vor allem um die Kriminalisierung von Minderheiten handelt, in diesem Fall die der polnischen Minderheit des Deutschen Reiches.

[33] S.a. Bergmann, Claus, Agrarromantik und Großstadtfeindschaft; Maisenheim am Glan 1970; Lees, Andrew: Critics of Urban Society in Germany 1854–1914, in: Journal of the History of Ideas, 40 (1979), 61–83.

3 Die Polizei und die alltägliche Ordnungssicherung in den Großstädten des Kaiserreiches

Den Bildern von Großstädten als Hort allen Übels standen andere Wahrnehmungen gegenüber, die in weitaus geringerem Maße von ideologischen Vorbehalten geprägt und von Angst besetzt waren, darunter die von Besuchern aus den anglo-amerikanischen Ländern, die zumeist aus journalistischem Interesse oder zu Studienzwecken in das Deutsche Reich gekommen waren. Hinter diesen Reisen stand oft das Ziel, sich ein anschauliches Bild davon zu machen, wie die Folgen der dramatischen Wandlungsprozesse dieser Zeit im Deutschen Reich bewältigt worden waren. Speziell die Großstädte wurden von den meisten dieser Besucher als vergleichsweise saubere und sichere Orte wahrgenommen, zumindest im Vergleich zu den Städten, die ihnen vertraut waren: denen des nordamerikanischen Kontinents.[34] Diese amerikanischen Polizeiexperten 'auf Europatour' fanden es oft besonders bemerkenswert, daß die Polizei in den von ihnen besuchten Großstädten über die Verhinderung oder Verfolgung krimineller Akte hinaus sich buchstäblich um alles zu kümmern versuchte und in die infrastrukturellen und sozialpolitischen Aufgabenstellungen der Städte einbezogen war.[35] Dies mußte vor allem amerikanischen Besuchern aus den Metropolen an der amerikanischen bis zu einem gewissen Grade bekannt vorkommen, weil die Polizei auch dort bis weit nach der Jahrhundertwende fürsorgerisch ausgerichtete Aufgaben wahrnahm; allerdings geschah dieses dort in einem, im Vergleich zur Situation in den Städten des Deutschen Kaiserreiches, weitaus geringeren Umfang.[36]

Die Einbeziehung der Polizei in städtische Infrastruktur- und Sozialpolitiken wurde durch die institutionellen Rahmenbedingungen der Polizeiorganisation in den einzelnen Bundesstaaten des Deutschen Reiches erleichtert. In Preußen, wie auch in den anderen Bundesstaaten des Deutschen Reiches, die hier nur kursorisch gestreift werden können, existierte eine eigentümliche Zweiteilung der städtischen Polizeiorganisation. In Preußen z.B. fiel die Polizei, darunter auch die Polizei in den Städten, zwar grundsätzlich unter die staatliche Polizei-Prärogative, die sich in Preußen und in den anderen Bundesstaaten in Teilen auch in staatlichen Polizeiverwaltungen in einzelnen Städten niederschlug. Aber in den meisten Fällen – zumindest in Preußen – war die Polizei faktisch

---

[34] Johnson (1996), 160–161.
[35] Fosdick, Raymond B.: European Police Systems, Montclair 1972 (Reprint der Ausgabe von 1915), 109–118.
[36] S.a. Monkkonen, Eric H.: Police in Urban America, 1860–1920, Cambridge 1981 und Monkkonen (1996).

den Städten überlassen worden.[37] Diese Überlassung änderte in Preußen zwar nichts an der staatlichen Polizei-Prärogative, dadurch wurde es allerdings den Städten, die die Polizei im kommunalen Rahmen betrieben, ermöglicht, innerhalb bestimmter Grenzen die Prioritäten der Polizeiarbeit und -organisation selbst zu definieren. Legitimiert war diese Praxis in Preußen durch das Polizeiverwaltungsgesetz vom 11.3.1850, das in Paragraph 5 bestimmte: „Die mit der örtlichen Polizeiverwaltung beauftragten Behörden sind befugt, nach Beratung mit dem Gemeindevorstande, ortspolizeiliche, für den Umfang der Gemeinde gültige Vorschriften zu erlassen und gegen die Nichtbefolgung derselben Geldstrafen bis zum Betrage von drei Talern anzudrohen." Diese Befugnis, in Kombination mit der Blankovollmacht des Paragraphen 6, aufgrund derer die „Sorge für Leben und Gesundheit" und „alles, was im besonderen Interesse der Gemeinden und ihrer Angehörigen polizeilich geordnet werden muß" durch lokale Polizeiverordnungen geregelt werden sollte, wies der Polizei eine weitreichende Rolle im städtischen Gefüge dieser Zeit zu.[38]

Indikatoren für die umfassenden Zuständigkeiten städtischer Polizeien lassen sich in den sogenannten Bürgerbüchern vieler Städte aus der Zeit des Kaiserreiches finden.[39] Die letzte vor Beginn des Ersten Weltkrieges erschienene Ausgabe des Bürgerbuches der Stadt Elberfeld z.B., die im Jahr 1910 veröffentlicht wurde, führte in den Überschriften zu den einzelnen Abschnitten des Inhaltsverzeichnisses die folgenden 'Polizeien' auf:

---

[37] Die Verrechtlichung der Polizei in Preußen im 19. Jahrhundert, die von einer wachsenden Verstaatlichung begleitet wird, ist eines der Leitmotive der wichtigen und wegweisenden Studie von A. Funk (1986), allerdings ist demgegenüber darauf hinzuweisen, daß die staatliche Prärogative zwar das zentrale Element der staatsrechtlich-institutionellen Einbindung der Polizei war, daß in der alltäglichen Praxis der Polizeiarbeit diese Einbindung durch die kommunale Praxis vor Ort nur von begrenzter Relevanz war. Das Gewicht dieser kommunalen Praxis kommt auch in zeitgenössischen Polizeihandbüchern zum Ausdruck, in denen ohne Umschweife von „Gemeindepolizei" die Rede ist, s.a. Weiß, Max: Die Polizeischule. Ein Lehrbuch und Leitfaden zum Unterricht an Polizeischulen und in kriminalistischen Unterrichtskursen, ferner ein Buch zum Selbstunterrichte für Polizeianwärter und ein Nachschlagwerk für Beamte der Sicherheits-, Kriminal- und Wohlfahrtspolizei, bearbeitet für Preußen und Sachsen, Bd.1, Dresden 1910, 15.

[38] Gesetz über die Polizeiverwaltung vom 11.3.1850, zitiert nach Eiben, H.: Die Ortspolizei. Handbuch für Beamte und Privatpersonen bei der Lösung der in den Geschäftskreis der Ortspolizeibehörden fallenden Aufgaben, Köln 2. Auflage 1909, 216–217.

[39] Fast jede Großstadt des Deutschen Reiches hatte seinerzeit ihr „Bürgerbuch", in dem die einschlägigen, die jeweilige Kommunalverfassung und -verwaltung betreffenden Gesetzes- und Verordnungstexte, Satzungen, Erlasse, Statuten, Beschlüsse usw. abgedruckt waren.

„Ordnungs- und Sittenpolizei, Paß-, Fremden- und Meldepolizei, Gesindepolizei, Schulpolizei, Wege- und Straßenpolizei, Eisenbahnpolizei, Post- und Telegraphenpolizei, Deich- und Vorflutpolizei, Fischereipolizei, Feld-, Forst- und Jagdpolizei, Baupolizei, Feuerpolizei, Sicherheits- und Unfallpolizei, sowie Arbeiterschutz, Gesundheits- und Wohnungspolizei, Gewerbe – und Handelspolizei, Verkehr mit Nahrungs- und Genußmitteln, sowie mit sonstigen Gebrauchsgegenständen, Leichen- und Begräbnispolizei, Veterinärpolizei."[40]

Um Mißverständnisse zu vermeiden, muß deutlich herausgestellt werden, daß es sich bei den in diesem Inhaltsverzeichnis aufgeführten Polizeien nicht um separate Polizeibehörden oder -abteilungen handelte; diese Auflistung verdeutlicht vielmehr, daß kommunale Aufgabenbereiche in weiten Teilen als 'Polizei' rubriziert wurden.

Die Bürgerbücher, die es in den meisten mittleren und größeren Städten des Kaiserreiches gab, vermitteln den Eindruck, daß sich eine Fokussierung des Polizeibegriffs auf Gefahrenabwehr und Strafverfolgung nur begrenzt durchgesetzt hatte und die Städte vielfach weiterhin einem umfassenden 'Polizey'-Begriff verpflichtet waren.[41] Aber auch die von Polizisten für Polizisten geschriebenen zeitgenössischen Anleitungsbücher für die Polizeiarbeit lassen ein Polizeimodell erkennen, das über die Bewahrung von 'Sicherheit' im engeren Sinne hinausging.[42] Die Aufgabenvielfalt, die aus diesem Polizeiverständnis resultierte, wies den großstädtischen Polizeibeamten die Rolle von 'Generalisten' auf der

---

40 Elberfelder Bürgerbuch. Sammlung der Ortstatuten, Polizeiverordnungen, Regulative und sonstigen die Gemeindeanstalten und Einrichtungen der Stadt Elberfeld betreffenden Bestimmungen, einschl. der in Betracht kommenden wichtigeren Gesetze, Elberfeld 1910. Daß es sich hier um „ein polizeiliches Tätigkeitsfeld von verwirrender Vielfalt" handelt, dokumentiert auch Jessen (1994), 157–180 (Zitat: 160).

41 Dieses traf in Preußen in begrenztem Umfang auch auf Großstädte wie z.B. Köln zu, wo es keine kommunale Polizei gab, sondern eine Königliche Schutzmannschaft als eine originär staatliche Polizeibehörde eingerichtet worden war. Als Mitte der 1890er Jahre im Rahmen der Neuverteilung der Polizeikosten zwischen preußischem Staat und Kommunen wohlfahrtspolizeiliche Aufgaben der Kölner Stadtverwaltung zur Durchführung überlassen wurden, reinstallierte die Stadt diesen Aufgabenbereich in der Form einer kommunalen Polizeibehörde. S.a. Lauing, P.: Die Geschichte der Kölner Polizei vom Mittelalter bis zur Gegenwart, Köln 1926, 59.

42 Retzlaff, F.: Polizei-Handbuch zum praktischen Gebrauch für Polizeibeamte (Bürgermeister, Amtmänner, Amtsvorsteher, Polizei-Inspektoren, Polizeikommissarien, Polizeiwachtmeister usw.), Mönchengladbach und Leipzig 1892. Dieses Kompendium erschien 1930 in seiner 35. Auflage.

untersten hierarchischen Ebene der städtischen Verwaltung zu.[43] Das weitgesteckte Aufgabenspektrum der kommunalen Ortspolizeibehörden läßt zudem die Vermutung zu, daß die Entscheidungen des preußischen Oberverwaltungsgerichts, die als Versuche der Einengung der polizeilichen Praxis auf 'Sicherheit' interpretiert worden sind, noch genügend Spielraum für eine Interpretation zugunsten weit gefaßter Polizeikompetenzen zuließen.[44]

Die große Zahl von Polizeiverordnungen, Ausdruck dieser umfassenden Kompetenz, wurde jedoch nicht immer positiv gesehen. Über die Auswüchse des Polizeiverordnungswesens klagte 1906 sogar die konservative Kreuzzeitung: „In der Tat erfaßt die Polizei ... so ziemlich alle Gebiete des öffentlichen und selbst des privaten Lebens. Die Zahl der Gesetze, Verordnungen und Anordnungen polizeilicher Art ist riesengroß geworden. Die Kenntnis all dieser Vorschriften, ihre stete Beobachtung durch das Publikum und die genannte Kontrolle dieser Beobachtung durch die Polizei ist vielfach unmöglich."[45]

Die Vielfalt polizeilicher Funktionen vor dem Ersten Weltkrieg wird auch an einer Reihe spezifischer Zuständigkeiten deutlich, wie z.B. der Inanspruchnahme der Polizei für die „Zustellung der Steuerzettel, Verfügungen aller möglichen Art, Impfscheine; Personenstands-, Adreßbuch-, Viehaufnahme, Zählung leerstehender Wohnungen u.a. statistische Aufnahmen."[46] Damit war aber das Aufgabenspektrum der städtischen Polizeien noch längst nicht erschöpft: Seit den 1880er Jahren war die Polizei in Preußen auch in die Umsetzung der Bismarckschen Sozialversicherungsgesetzgebung einbezogen. Bei der 1883 eingerichteten Krankenkasse nahmen die Ortspolizeibehörden vor allem Kontrollaufgaben gegenüber gewerkschaftsnahen Hilfskassen wahr, indem sie deren Mitgliederbewegungen kontrollierten, deren Jahresberichte entgegennahmen und zugleich auch befugt waren, die laufenden Tätigkeiten dieser Kassen zu überwachen. Während es in diesem Fall offensichtlich um die Kontrolle von Einrichtungen der organisierten Arbeiterschaft ging, war die Zuständigkeit der Polizei bei der Unfallversicherung von

---

43 Spencer, Elaine Glovka: State Power and Local Interests in Prussian Cities. Police in the Düsseldorf District, 1848–1914, in: Central European History 19 (1986), 293–313. 303: „Civic leaders continued to regard policemen largely as a covenient personnel for carrying out a multiplicity of tasks ..."
44 S.a. Funk (1986), 188–190 und 218, der darauf hinweist, daß das sogenannte Kreuzbergurteil wohlfahrtspolizeiliche Tätigkeiten der Polizei nicht grundsätzlich in Frage stellte, sondern nur verbot, diese durch die Generalklausel des Allgemeinen Preußischen Landrechts zu legitimieren.
45 Zitiert nach Funk (1986), 337, Anmerkung 643.
46 Stadtarchiv Wuppertal, DV 450, Elberfeld, Stadtverordneten-Versammlung vom 7.12.1909; Stadtarchiv Düsseldorf, Stadtverordneten-Versammlung vom 13.10.1910.

1884 noch sehr viel weiter gefaßt. Arbeitsunfälle, die zu Entschädigungsansprüchen der betroffenen Arbeiter führen konnten, mußten bei der Polizei angezeigt und von dieser dann auch untersucht werden. Bei der Invaliden- und Altersversicherung schließlich war die Polizei in Preußen ab 1889 für die Ausstellung und den Umtausch der Quittungsvordrucke für geleistete Beitragszahlungen zuständig. Damit verbunden war auch die Überprüfung der Eintragungen, das Festhalten von Ausfallzeiten etc..[47] Die u.a. durch diese Aufgaben bedingte zunehmende Verschriftlichung und Bürokratisierung der Polizeiarbeit zeigte deshalb auch bald negative Folgen: „Das Schreibwerk hat sich bei der Polizei in einer Weise gehäuft, daß das vorhandene Bureaupersonal zur Bewältigung derselben nicht ausreicht. Hierunter leidet aber der Exekutivdienst empfindlich, da nicht nur die Aufsichtsbeamten, sondern auch die Polizeisergeanten über Gebühr mit schriftlichen Arbeiten beschäftigt werden müssen, wobei sie namentlich dem so wichtigen Straßendienst entzogen werden."[48] In einer vergleichbaren Situation beklagte im Jahr 1905 der für die Polizei zuständige Beigeordnete der Verwaltung der Stadt Elberfeld, daß nur ein Bruchteil der etwa 170 Polizeisergeanten, dem untersten Dienstgrad in der Elberfelder Ortspolizeibehörde, kontinuierlich für die Aufrechterhaltung der öffentlichen Sicherheit zur Verfügung stünde.

Auch innerhalb der Polizei selbst waren die weitgefaßten Polizeizuständigkeiten nicht unumstritten. Dies macht die Äußerung eines Polizeiinspektors einer preußischen Mittelstadt deutlich, der um die Jahrhundertwende monierte, daß „alles, was die Polizeibehörden verordnen und verfügen, überall wann und wo die Polizeibeamten einzuschreiten Veranlassung haben, es geschieht stets im Interesse 'der Erhaltung der öffentlichen Ruhe, Ordnung und Sicherheit'. Eine bestimmte und klare Definition dieses in der Theorie wie insbesondere in der Praxis unbestimmten, dehnbaren und unklaren Ausdrucks … ist bislang nicht gegeben."[49] Daß diese Unbestimmtheit und mangelnde Eingrenzung durchaus auch als zweckgerichtetes und gewolltes Merkmal der Polizeiarbeit verstanden werden konnte, verriet – eher unbeabsichtigt – der bereits zitierte Elberfelder Beigeordnete, als er in einer Stadtverordneten-Debatte darauf hinwies, daß die Polizei gehalten sei, sich „über das

---

[47] Jessen (1994), 165–166, der auch darauf hinweist, daß die Polizei in ländlichen Gegenden „für die Entgegennahme der Anträge auf Rentenzahlung oder Beitragsrückerstattung" zuständig war.

[48] Bericht über die Verwaltung und den Stand der Gemeindeangelegenheiten der Stadt Duisburg für das Rechnungsjahr 1901, Duisburg 1902.

[49] Lemke, Rudolf: Die preussische Exekutiv-Polizei. Wie sie war, wie sie ist und wie sie sein müßte, Osnabrück 1904, 196.

gesamte politische und soziale Leben der Stadt auf dem Laufenden zu halten" und „feste Grenzen" in dieser Beziehung nicht gezogen werden könnten.[50]

Dieses Bestreben, sich „über das gesamte politische und soziale Leben der Stadt auf dem Laufenden zu halten", fand seinen Niederschlag in verschiedenen Formen der 'Buchführung'. Neben den Polizeiberichten war es vor allem die polizeiliche Kriminalstatistik, die von fast allen Großstädten des Kaiserreiches in der einen oder anderen Form geführt wurde. In diesen Statistiken gab es zwei Hauptrubriken: einmal die „zur Anzeige gekommenen Verbrechen und Vergehen" bzw. als Pendant dazu die polizeilichen Festnahmen, zum anderen die von der Polizei verhängten Strafverfügungen. Vereinfacht ausgedrückt entsprach diese Aufgliederung der Unterscheidung des Strafgesetzbuches nach Verbrechen und Vergehen einerseits und Übertretungen andererseits. Diese kommunale Statistik war ein wichtiges Mittel der empirischen Dauerbeobachtung, die von den statistischen Ämtern der Großstädte zusammen mit der Polizei erstellt wurde.

Eine Analyse der statistischen Unterlagen verschiedener rheinischer und westfälischer Groß- und Mittelstädte macht deutlich, daß Kriminalität als Sicherheitsproblem – soweit dieses statistisch erfaß- und meßbar war – zumindest quantitativ oft nicht im Vordergrund stand: Die per Anzeige erfaßten strafbaren Handlungen, d.h. Verbrechen und Vergehen in der Definition des Reichsstrafgesetzbuchs, stellten den geringeren Teil derjenigen Probleme dar, die die Polizei in ihrem Arbeitsalltag beschäftigte.[51] Stärker ins Gewicht fielen demgegenüber Ordnungsprobleme. Dabei verbarg sich hinter dem Terminus 'Ordnung' ein vielschichtiges und kompliziertes Muster von spezifischen Sachverhalten. Die polizeilichen Strafverfügungen, die die Abwesenheit von 'Ordnung' erfassen sollten, sanktionierten z.B. Störungen der Sonntagsruhe und die Übertretung von gesundheitspolizeilichen Vorschriften, sie wandten sich gegen Verletzungen der Bestimmungen über das Kost- und Quartiergängerwesen, und sie bestraften Gastwirte, deren sog. Bierdruckapparate nicht vorschriftsmäßig arbeiteten. Die Strafverfügungen sanktio-

---

50 Stadtarchiv Wuppertal, DV 446, Elberfeld, Stadtverordneten-Versammlung vom 3.3.1903. Zu den Voraussetzungen der Polizeiarbeit ohne „feste Grenzen" siehe auch Lüdtke, A.: Polizeiverständnis preußischer Polizeihandbücher im 19. Jahrhundert. Zur Folgenlosigkeit akademischer Diskurse, in: Heyen, E.V. (Hg.): Wissenschaft und Recht der Verwaltung seit dem Ancien Régime. Europäische Ansichten, Frankfurt am Main 1984, 308–346.

51 Dies konzidiert auch Roth (1997), 130, der im Hinblick auf Duisburg im ausgehenden 19. Jahrhundert davon spricht, daß es bei der Vermehrung des Personals der Polizei „nicht in erster Linie um die Bekämpfung oder Verhütung schwerer Kriminalität" gegangen sei.

nierten auch Eltern, deren Kinder unentschuldigt der Schule ferngeblieben waren. Solche Maßnahmen machten in einigen Großstädten der nördlichen Rheinprovinz in den Jahren vor dem Ersten Weltkrieg mehr als ein Drittel der Gesamtzahl der Strafverfügungen aus.[52] Hinzu kam, daß diese Sanktionen Bestandteil von Mehrfach-Kontrollen waren, d.h. es waren in der Regel mehrere Instanzen daran beteiligt: Die Veranlassung derartiger Strafverfügungen geschah in der Regel durch die Schulen. Die Regelungen sahen in einem ersten Schritt die Verwarnung der Eltern durch die Schule vor. Bei einer eventuellen Erfolglosigkeit einer derartigen Verwarnung schritt die Polizei durch eine Strafverfügung ein; der nächste Schritt war dann die zwangsweise Schulzuführung durch die Polizei.[53] In Dortmund z.B., dessen katholische und evangelische Volksschulen im Jahr 1880 von 10.981 Schülern besucht wurden, erteilte die Polizei 1.624 polizeiliche Strafmandate wegen dieses Deliktes, zehn Jahre später waren es bei 22.047 Schülern bereits 2.512 Strafverfügungen. Ab 1894 waren Polizeibeamte in Dortmund damit befaßt, Schulschwänzer zur Schule zu eskortieren.[54] Diese Maßnahmen waren Teil dessen, was die Polizei in Elberfeld als ihr „Interesse an der heranwachsenden Jugend" bezeichnete.

In Elberfeld enthielt die Statistik über den „Umfang der polizeilichen Strafverfügungen", die die Stadtverwaltung 1914 in ihrem Jahrbuch abdruckte, insgesamt 49 Kategorien.[55] Die Zahl der von der Polizei erlassenen Strafverfügungen lag dort in den Jahren 1903 bis 1911 bei etwa 14.000 bis 16.000 Verfügungen pro Jahr, während die per Anzeige erfaßten strafbaren Handlungen pro Jahr zwischen 4.000 und 7.000 ausmachten, durchschnittlich aber nur 3.500 Festnahmen pro Jahr erfolgten.[56] Allerdings sank die Zahl der Strafverfügungen und der Festnahmen in Elberfeld bis zur Mitte des Ersten Weltkrieges drastisch, um sich dann – nach erneuten Höhepunkten in der zweiten Kriegshälfte

---

52 So z.B. in Düsseldorf und Elberfeld. In Krefeld wurden ähnliche Resultate erzielt. S.a. in: Stadt Crefeld, Bericht über die Verwaltung und den Stand der Gemeindeangelegenheiten für das Rechnungsjahr 1914. In Duisburg lag dieser Anteil in früheren Jahren bei fast zwei Dritteln aller erlassenen Strafverfügungen, s.a.: Bericht über die Verwaltung und den Stand der Gemeindeangelegenheiten der Stadt Duisburg für das Rechnungsjahr 1901, Duisburg 1902.

53 Auf eine Anfrage von Stadtverordneten hin erläuterte das in Elberfeld für die Polizei zuständige Amt der Stadtverwaltung diese Verfahren, in: Stadtarchiv Wuppertal, DV 446, Elberfeld, Stadtverordneten-Versammlung vom 3.3.1903.

54 Zu diesen Zahlen aus Dortmund, s.a. Jessen (1994), 192.

55 Jahrbuch der Stadt Elberfeld 12 (1914), 186–187.

56 Ähnliche Relationen zwischen der Zahl von Anzeigen von Verbrechen und Vergehen und der wegen Übertretungen erlassenen Strafverfügungen sind auch für andere Städte der Rheinprovinz feststellbar. Jessen argumentiert ähnlich, ohne jedoch seine Argumentation zu quantifizieren, s.a. Jessen (1991), 261.

und bis zum Ende des Jahres 1923 – in den Jahren 1924 bis 1928 auf relativ niedrigem Niveau einzupendeln.[57]

Bei der Aufgabenvielfalt der Polizei nimmt es nicht wunder, daß die Personaldecke des Apparats häufig als zu dünn moniert wurde, daß die Präsenz der Polizei in den Straßen der Städte oft als nicht ausreichend kritisiert wurde. Um derartigen Kritiken zu begegnen, nahmen viele Städte in regelmäßigen Abständen Aufstockungen des Personalbestandes ihrer Polizeiverwaltungen vor. Vergrößerungen des Personalbestandes bedurften auch schon damals besonderer Begründungen. Als im Frühjahr 1903 die Polizei in Elberfeld eine Aufstockung ihres Personalbestandes durchzusetzen versuchte, war 'Sicherheit' ein Argument, mit dem die Polizei die beantragten Stellen zu akquirieren hoffte: Fünf Polizeisergeanten sollten neu eingestellt werden, die unzureichende polizeiliche Präsenz in bestimmten Stadtvierteln zu verstärken. Zu diesen Vierteln wurden verschiedene Stadtrand- und Villengebiete gezählt, in denen – so die Elberfelder Polizei – bei der gegebenen Personalsituation Sicherheit „höchstens vorübergehend für ein paar Stunden" garantiert werden könne. Der Antrag wurde in der Elberfelder Stadtverordneten-Versammlung lebhaft diskutiert.[58] In der Debatte wurde der Ruf „nach polizeilichem Schutz" zwar als „Mode geworden beim Deutschen" abqualifiziert, aber zugleich auch die Notwendigkeit erhöhter polizeilicher Präsenz bestätigt. Im Hinblick auf das fragliche Stadtviertel wurde konstatiert, daß „die Unsicherheit dortselbst eine große" sei und daß „wiederholt Damen mitten in diesem in den letzten Jahren sehr ausgebauten Stadtviertel belästigt und angefallen" worden seien, „in mehreren Fällen sogar bei Tage." Derartigen Klagen wurde aber lapidar entgegengehalten, daß, „wenn jemand sich so weit in die Außenbezirke" begebe oder dort wohne, er „kleine Unbequemlichkeiten in Kauf nehmen" müsse.

4 Die Kriminalpolizei als Polizei der Großstadt

„Nicht jeder Polizeibeamte eignet sich zum Kriminaldienste, da dieser Dienst eigenartig ist und an den Beamten besondere An-

---

[57] Zu 'Sicherheit und 'Ordnung' im Ersten Weltkrieg, s.a. Reinke, Herbert: „...hat sich ein politischer und wirtschaftlicher Polizeistaat entwickelt". Polizei und Großstadt im Rheinland vom Vorabend des Ersten Weltkrieges bis zum Beginn der zwanziger Jahre, in: Lüdtke, Alf (Hg.): 'Sicherheit' und 'Wohlfahrt'. Polizei, Gesellschaft und Herrschaft im 19. und 20. Jahrhundert, Frankfurt 1992, 219–242.

[58] Stadtarchiv Wuppertal, DV 448, Elberfeld, Stadtverordneten-Versammlung vom 3.3.1903.

forderungen stellt, weil er ein rastloser Kampf gegen das Verbrechen ist."[59]

Dieser 'eigenartige Dienst' war – im Vergleich zu den übrigen Zweigen der Polizei – zum Zeitpunkt der Veröffentlichung der „Polizeischule" von Max Weiß im Jahr 1910 immer noch relativ neu. Von Ausnahmen abgesehen, gab es innerhalb Deutschlands erst zum Ende des 19. Jahrhunderts nur wenige eigenständige kriminalpolizeiliche Abteilungen bei größeren städtischen Polizeibehörden. Während des gesamten 19. Jahrhunderts wurden kriminalpolizeiliche Aufgaben, vor allem die Ermittlung von Straftätern, zumeist von Polizisten 'miterledigt', die für diese Aufgaben weder ausgebildet noch speziell abgestellt waren. Zwar wurde der Berliner Polizei bereits 1830 per Kabinettsorder die Aufgabe zugewiesen, „sich mit allen Gegenständen" zu befassen, „welche sich auf Verhütung und Ermittlung verübter Verbrechen und Habhaftwerdung von Verbrechern" beziehen[60], aber diese erste kriminalpolizeiliche Abteilung der Berliner Polizei verfügte nur über insgesamt vier Beamte.[61] Auch in den Jahren danach erhöhte sich diese Zahl nicht wesentlich. Erst im Gefolge der revolutionären Unruhen des Jahres 1848 wurde in Berlin eine Reorganisation der mit kriminalpolizeilichen Aufgaben befaßten Abteilung vorgenommen. Ziel dieser Maßnahmen sollte es u.a. sein, die Effizienz und die Schlagkräftigkeit der Polizei gegenüber vermeintlichen Revolutionären zu erhöhen.[62] Allerdings war die Realisierung dieser Absichten durch eine Reihe von Problemen behindert: So erschütterte in den 1850er und zu Beginn der 1860er Jahre(n) eine Reihe von Affären die Arbeit der Kriminalpolizei in Berlin, deren Leiter Eigenmächtigkeiten und deren Beamten von Seiten der Staatsanwaltschaft Gesetzesübertretungen vorgeworfen wurden.[63] Die nicht unbegründeten Vorwürfe lassen Schlüsse auf die zu diesem Zeitpunkt noch eher gering ausgeprägte Professionalisierung der Kriminalpolizei zu, zugleich werfen sie aber auch ein Schlaglicht auf die Konflikte zwischen der Kriminalpolizei und der Staatsanwaltschaft, deren Verhältnis zu diesem Zeitpunkt noch weitgehend ungeklärt war.[64]

Die weitere Entwicklung der Berliner Kriminalpolizei zu einem personalintensiven Apparat, der kurz vor dem ersten Weltkrieg fast 14

---

[59] Weiß (1910), 491.
[60] Kabinettsorder vom 16.5.1830, zitiert nach Ullrich, Wolfgang: Verbrechensbekämpfung, Neuwied 1961, 41.
[61] Roth (1997), 39.
[62] Vgl. auch Siemann, Wolfram: „Deutschlands Ruhe, Sicherheit und Ordnung". Die Anfänge der politischen Polizei 1806–1866, Tübingen 1985, 371–386.
[63] Roth (1997), 40–46.
[64] Funk (1986), 173–176.

Prozent des Gesamtpersonalbestandes der Berliner Polizei ausmachte, war eher der Situation Berlins als Metropole und als Hauptstadt Preußens sowie des Deutschen Reiches geschuldet.[65] Nur wenige der größeren Städte des Deutschen Reiches hatten einen ähnlich großen kriminalpolizeilichen Apparat – viele Städte legten auch keinen besonderen Wert auf eine entsprechende kriminalpolizeiliche Abteilung. Die Entwicklung der Kriminalpolizei in Hamburg kommt der in Berlin noch am nächsten, denn Hamburg als zweitgrößter Stadt des Deutschen Reiches – und als Stadtstaat – richtete bereits Mitte der 1870er Jahre eine eigene kriminalpolizeiliche Abteilung ein. Die mangelnde Effizienz dieser Abteilung war aber auch hier bis Mitte der 1890er Jahre immer wieder Gegenstand der Kritik, so daß ab 1893 eine grundlegende Neustrukturierung der Hamburger Kriminalpolizei vorgenommen wurde. Diese Neustrukturierung war aber nicht allein durch eine vorgeblich unzulängliche Alltagsarbeit der Kriminalpolizei verursacht, auch die Nicht-Verlängerung der sogenannten Sozialistengesetze und die dadurch entstandene 'Sicherheitslücke' muß als Grund für diese Umstrukturierung angeführt werden. In der Begründung, die die Hamburger Polizeibehörde für diese Maßnahme anführte, wurde argumentiert, daß „... aus dem rapiden Anwachsen der Bevölkerung, dem verstärkten Zuströmen bedenklicher Elemente, dem relativen Anwachsen der verbrecherischen Neigungen und der Fluth der politischen Bewegung" zusätzliche polizeiliche Aufgaben erwüchsen.[66]

Wenn auch in Hamburg die Einrichtung einer eigenständigen kriminalpolizeilichen Abteilung bereits in den 1870er Jahren vollzogen wurde, so war dies in vielen anderen Städten oft ein Vorgang, der erst um die Jahrhundertwende zum Abschluß gebracht wurde.[67] In den meisten Städten war die Zahl der Kriminalbeamten nicht sehr groß, die in den Etats der jeweiligen städtischen Polizeiverwaltungen aufgeführt waren, oder die auf den Gehaltslisten der einzelnen staatlichen Polizeiverwaltungen standen. In Köln z.B., kurz vor dem Ersten Weltkrieg eine Stadt mit über 500.000 Einwohnern, bestand die Kriminalpolizei aus 87 Beamten, darunter in der Mehrzahl (79) Sergeanten und Schutzleute. Da-

---

[65] Badtke, W.: Polizei im Jahr 1911, in: Statistisches Jahrbuch deutscher Städte 20 (1914), 283–292, zur Berliner Polizei: 286–287

[66] Zitiert nach Roth (1997), 66.

[67] Ullrich (1961), 120, weist darauf hin, daß erst 1899 ein Organisationsstatut zwecks Einrichtung einer Kriminalabteilung bei der Polizeidirektion München erlassen wurde. Zu den Anfängen der Kriminalpolizei in München vgl. auch die Beiträge in Farin, Michael (Hg.): Polizeireport München 1799–1999, München 1999.

mit waren in Köln weniger als 10 Prozent des Gesamtbestandes des Personals der Polizei in der Kripo tätig.[68]

Die in vielen Großstädten eher zögerlich getroffenen Entscheidungen zum Aufbau eines kriminalpolizeilichen Personalstammes und zur Einrichtung eigenständiger kriminalpolizeilicher Abteilungen in der Zeit des Kaiserreiches reflektierten nicht unwesentlich die oft als nachrangig wahrgenommenen sicherheitspolizeilichen Problemlagen. In den Kriminalstatistiken vieler städtischer Kommunen übertraf die Zahl der wegen Bettelei, Landstreicherei oder Obdachlosigkeit aufgegriffenen Personen häufig um ein Vielfaches die Zahl der wegen Diebstahlshandlungen in Haft genommenen Personen[69], desgleichen war die Zahl der von der Polizei wegen Ordnungsstörungen verhängten Strafverfügungen oft deutlich höher als die Zahl der per Anzeigen erfaßten strafbaren Handlungen.[70] Wenn Kriminalität trotzdem in vielen Großstädten als Problem begriffen wurde, so lag dies nicht zuletzt daran, daß die anscheinend permanent zunehmende Eigentumskriminalität als besonders bedrohlich wahrgenommen wurde.[71] Vor diesem Hintergrund entstanden in vielen größeren Städten Datensammlungen über vermeintliche Kriminelle und über kriminelles Verhalten, zugleich wurden Verfahren wie die Anthropometrie und die Daktyloskopie eingeführt. Ein derartiger kriminalpolizeilicher Empirismus diente dem Zweck, die Identifizierung und Verfolgung möglicher Straftäter zu erleichtern. Während kriminalpolizeiliche Tätigkeiten Mitte des 19. Jahrhunderts zumeist noch aus einer Mischung „intuitive[r] Beobachtung und Aufklärung" einerseits und einem – allerdings begrenztem – Erfahrungswissen auf der anderen Seite bestand, entwickelten sich in der Zeit des Kaiserreiches „erste Ansätze einer systematischen und schematisierten Erfassung bestimmter Verbrechens- und Verbrechergruppen".[72]

---

[68] Badtke (1914), 284–285. Im Vergleich dazu: zum Stichtag 1.1.1997 waren laut einer Auskunft des Kölner Polizeipräsidiums dort 3501 Polizeiangehörige (inkl. 74 Verwaltungsangestellte) tätig, darunter 602 Angehörige der Kriminalpolizei, was einem Anteil von 17 Prozent des Gesamtpersonalbestandes entspricht.

[69] Vgl. dazu z.B. Büttner, Winfried: Mainzer Polizeigeschichte. Von den Anfängen bis zur Gegenwart, Alzey 1996, 271.

[70] Reinke (1992), 225.

[71] Entsprechende kriminalstatistische Hinweise für einzelne Großstädte in der Rheinprovinz z.B. bei Spencer, Elaine Glovka: Police and the Social order in German cities. The Düsseldorf District, 1848–1914, DeKalb 1992, 112. Vgl. auch die quellenkundlichen Überlegungen zur Interpretation derartiger kriminalstatistischer Zählungen bei Reinke (1992).

[72] Roth, Thomas: Die Kölner Kriminalpolizei im Dritten Reich, vornehmlich unter dem Gesichtspunkt der vorbeugenden Verbrechensbekämpfung, Bonn 1997 (unveröffentlichte Magisterarbeit), 21, vgl. auch Wagner, Patrick: Volksgemeinschaft ohne Verbrecher. Konzeptionen und Praxis der Kriminalpolizei in der Zeit der Weimarer Republik, Hamburg 1996, 80–82, zu den Anfängen dieser

Die kriminalpolizeilichen Datensammlungen korrespondierten in bemerkenswerter Weise mit den spezifischen Merkmalen der Großstadtentwicklung in dieser Periode. In einer Vielzahl der Großstädte des Deutschen Reiches vollzog sich in den Jahren seit der Jahrhundertwende eine ausgeprägte Differenzierung der stadträumlichen Entwicklung, die im Stadtinnern zur City-Bildung führte, d.h. zur Konzentration von Handels- und Gewerbeeinrichtungen bei gleichzeitiger Abnahme der Wohnbevölkerung. Die City-Bildung führte vor allem zu einem ausgeprägten Personen- und Warenverkehr in diesem Bereich der Stadt.

Vorbildhaft wurden die Sammlungen des Berliner Polizeipräsidiums, darunter die „Diebstahlsammlung" der Kriminalpolizei, in der Diebstahlsanzeigen „nach Spezialitäten geordnet" in verschiedenen Fächern aufbewahrt wurden. Diese Sortierung sollte dazu dienen, bei vermeintlichen Wiederholungstätern einen schnellen Zugriff zu ermöglichen. In dieser Sammlung wurden die folgenden Diebstahlsvarianten aufbewahrt:

„1. Einbruchsdiebstähle in Wohnungen, 2. Einbruchsdiebstähle in Kontoren und Schanklokalen, 3. Einbruchsdiebstähle in Läden, 4. Boden- und Kellerdiebstähle, 5. Einbruchsdiebstähle in Neubauten, Buden und Kirchen, 6. Handwagen- und Fahrraddiebstähle, 7. Kollidiebstähle, 8. Schaukastendiebstähle, 9. Paletotdiebstähle, 10. Marktdiebstähle, Diebstähle aus Fleischerwagen; 11. Korridordiebstähle; 12. Schlafstellendiebstähle; 13. Diebstähle beim Beischlaf; 14. Diebstähle auf Bahnhöfen, 15. Diebstähle gegen Kinder auf der Straße; 16. Taschendiebstähle; 17. Ladendiebstähle; 18. Abhängediebstähle und Fledderei."

Diese von der Kriminalabteilung der Berliner Polizei zusammengestellten Diebstahlsvarianten reflektieren nicht nur den Erfahrungshorizont der mit der praktischen Ermittlungsarbeit betrauten Kriminalpolizisten, sie sind zugleich auch ein Echo der Gelegenheitsstrukturen, die in der zur Handelsmetropole mutierten Großstadt bestimmte Formen der Eigentumsdelinquenz begünstigten. Die von den Beamten der Kriminalpolizei als „Kolli-, oder Schaukastendiebstähle verzeichneten Delinquenzformen waren ohne spezifische öffentliche Verkehrsformen nicht denkbar; Güter und Waren mußten innerhalb der Großstadt ausgestellt und dort auch transportiert werden. Der deutsche Bearbeiter von Niceforos Kompendium beschreibt die Art und Weise, in der Angestellte in den großen Warenhäusern diese schädigten, indem sie dort Waren ent-

---

Erfassung vgl. auch Becker, Peter: Vom „Haltlosen" zur „Bestie". Das polizeiliche Bild des Verbrechers, in: Lüdtke, Alf: „Sicherheit" und „Wohlfahrt". Polizei, Gesellschaft und Herrschaft im 19. Und 20. Jahrhundert, Frankfurt 1992, 97–132.

wendeten und Waren dann an die Adressen von Helfershelfern durch den Zustelldienst des 'eigenen' Warenhauses bringen ließen.

Definitiv auf die Verkehrsformen der zeitgenössischen Großstadt waren spezifische Deliktformen abgestellt, die darüber hinaus auch zu weitergehenden Besonderheiten führten: Die Berliner „Diebstahlsammlung" war z.B. im Falle der Erfassung von Fahrraddiebstählen nicht nur auf 'einfache' Fahrraddiebstähle beschränkt, sondern versuchte auch die Spezialisten zu dokumentieren. So existierte bei der Berliner Kriminalpolizei ein Sonderband der „Diebstahlssammlung", in der diejenigen Fahrraddiebe verzeichnet waren, die verschiedene gestohlene Fahrräder auseinandernahmen und daraus neue, aus einzelnen Teilen der verschiedenen gestohlenen Fahrräder zusammengesetzte Fahrgeräte machten.

5   Schlußbemerkung

Die Polizei war in den Städten des Kaiserreiches in eigentümlicher Weise in die 'Modernität' der Periode eingebunden. Die sich entwickelnden Infrastruktureinrichtungen und -institutionen der wachsenden Städte und Großstädte, deren Zweck es war, die Folgen des rapiden und vor allem auch umfassenden sozialen Wandels zu bewältigen und ggfs. auch zu steuern, waren in vielfacher Hinsicht auf einen polizeilichen 'Unterbau' angewiesen. Die Polizei stellte im Rahmen ihrer – über Sicherheit im engeren Sinne hinausweisenden – Funktionen nicht nur eine personelle Ressource für die 'moderne' städtische Infrastruktur dar. Der polizeiliche 'Zugriff' als kommunales Infrastrukturinstrument war auch gewollt, entsprach er doch der „socialen Aufgabe" der Polizei, im umfassenden Sinne – und eventuell auch mit Zwangsmitteln – 'Ordnung' zu schaffen. Obwohl umfassende Polizeizuständigkeiten eher an die Vorläuferin der Polizei des 19. Jahrhunderts, an die 'Policey' des Ancien Régime gemahnten, war die Allzuständigkeit der Polizei in der Zeit des Kaiserreiches doch durchaus modern.

Eine andere Form von Modernität repräsentierte die Kriminalpolizei, deren quantitativer Umfang während des gesamten 19. Jahrhunderts eher bescheiden blieb, sieht man von den Kriminalpolizeien in Metropolen wie Berlin oder Hamburg ab. Anders als bei den 'einfachen' Polizeisergeanten oder Schutzleuten, deren Hauptaufgabe in der Aufrechterhaltung von Ordnung bestand, war die Kriminalpolizei primär für 'Sicherheit' zuständig. Allerdings war Sicherheit in den meisten Großstädten des Deutschen Reiches (noch) kein vorrangiges Problem. Der dennoch vorhandenen Unsicherheit versuchte die Kriminalpolizei mit den 'modernen' Methoden der Periode zu begegnen: Mit Datensammlungen, die teilweise auf der Grundlage von naturwissenschaftlich-technischen Erfassungen von Delinquenten und von Straftaten erstellt worden waren. Die Modernität der Herstellung von 'Sicherheit' hatte zwar ausgeprägte werbewirksame Konsequenzen, aber die Herstellung von 'Ordnung' war bis zum Ende des Weltkrieges die weitaus wichtigere Aufgabe.

Gewalt und Gewaltmonopole

Parameter der „Inneren Sicherheit" in der Weimarer Republik

PETER LEßMANN-FAUST

1 Revolution und Gegenrevolution

Harry Graf Kessler überlieferte in Tagebüchern sein Erleben der Novemberrevolution 1918 in Berlin:

> „(...) Währenddessen hörte und sah man aus dem Hinterzimmer die Schießerei beim Schloß. Langsames Infanteriefeuer, einzelne Schüsse am Himmel aufleuchtend wie in einer stillen Nacht an der Front.(...) Bemerkenswert übrigens, daß während der Revolutionstage trotz der Straßengefechte die Elektrischen regelmäßig gefahren sind. Auch das elektrische Licht, Wasserleitung, Telephon haben keinen Augenblick ausgesetzt. Die Revolution hat nie mehr als kleine Strudel im gewöhnlichen Leben der Stadt gebildet, das ruhig in seinen gewohnten Bahnen drum herumfloß".

Zur Eroberung des von der „Volksmarinedivision" besetzten Berliner Stadtschlosses und des Marstalls durch Regierungstruppen am 24. Dezember 1918 resümiert Kessler:

> „Gewiß brennen in Tausenden von Häusern Christbäume, und Kinder spielen drum herum mit Geschenken von Papa, Mama und der lieben Tante. Daneben liegen im Marstall die Toten, und in der Weihnachtsnacht klaffen frisch gerissen die Wunden des Schlosses und des deutschen Staates."[1]

Die Impressionen und Schlüsse des Grafen Kessler aus seiner Wahrnehmung der Revolution 1918/19 geben den Urteilen anderer zeitgenössischer Beobachter der Revolution und der in der Historiographie zur Novemberrevolution vorherrschenden Beurteilung der Revolution von 1918/19 als „steckengebliebener" Revolution knapp und anschaulich Kolorit: Der in Deutschland erreichte Grad der Industrialisierung und des Ausbaus der „Daseinsvorsorge" durch die Leistungsverwaltung

---

[1] Kessler, Harry Graf: Tagebücher 1918–1937, hg. von Pfeiffer-Belli, Wolfgang: Frankfurt am Main 1961, 23, 28, 82.

erwies sich als „Fessel" für eine radikale Umbildung des Staates, das Bürgertum hielt Distanz zu den revolutionären Kräften oder lehnte die Revolution entschieden ab.[2]

Darüber hinaus vermitteln Kesslers Aufzeichnungen deutlich, daß in der Phase der Revolution Gewalt zum Ausbruch kam, daß geschossen, getötet und Krieg geführt wurde.

Das Phänomen der nicht nur rhetorischen Gewaltsamkeit politischer Auseinandersetzungen in der Weimarer Republik, das zu den zentralen Ursachen des Scheiterns des ersten demokratischen Gemeinwesens in Deutschland gezählt wird, begleitete die Republik von Anbeginn an. Bereits während des Weltkriegs waren die Protestbereitschaft und die Radikalisierung besonders in der Arbeiterbevölkerung enorm angewachsen.[3]

Der verhängnisvollen Eskalation der Gewalt wurde freie Bahn gegeben, als die Regierung der Volksbeauftragten unter dem Mehrheitssozialdemokraten Friedrich Ebert zur Sicherung der Macht und der Arbeitsfähigkeit der jungen Revolutionsregierung und um, wie Ebert sagte, „in das plötzlich entstandene Chaos übersichtliche Koordination zu bringen"[4] in Ergänzung und Ersetzung staatlicher Machtmittel nichtstaatliche Organisationen mit der Herstellung und Gewährleistung der „Inneren Sicherheit" beauftragte.

Infolge der Politik der Regierung der Volksbeauftragten war ein staatliches Gewalt-Monopol, „nach Max Weber Grundbedingung jeder Staatlichkeit"[5], in der Folge des abrupten Endes des wilhelminischen Herrschaftssystems für einige Zeit nicht mehr zu lokalisieren. Die „Erhaltung der öffentlichen Ruhe, Sicherheit und Ordnung", dieses der deutschen Innenpolitik durch den berühmten § 10 II 17 des Allgemeinen Preußischen Landrechts seit 1794 aufgegebene Leitmotiv wurde in der Konkurrenz der seit der Revolution von 1918/19 aufeinandertref-

---

[2] Rosenberg, Arthur: Geschichte der Weimarer Republik, Frankfurt am Main 1975, 20, 48; Kluge, Ulrich : Die deutsche Revolution 1918/1919. Staat, Politik und Gesellschaft zwischen Weltkrieg und Kapp-Putsch, Frankfurt am Main 1985, 11f., 83; Winkler, Heinrich August: Von der Revolution zur Stabilisierung. Arbeiter und Arbeiterbewegung in der Weimarer Republik 1918 bis 1924, Berlin 1984, 23–26; Mommsen, Hans: Die verspielte Freiheit. Der Weg der Republik von Weimar in den Untergang 1918 bis 1933, Berlin 1989, 83; Kolb, Eberhard: Die Weimarer Republik, München 1993, 12, 22.

[3] Ullrich, Volker: Kriegsalltag und deutsche Arbeiterschaft 1914–1918, in: Geschichte in Wissenschaft und Unterricht (=GWU) 43 (1992), 200–220; Kruse, Wolfgang: Sozialismus, Antikriegsbewegungen, Revolutionen, in: Ders., Eine Welt von Feinden. Der Große Krieg 1914–1918, Frankfurt am Main 1997, 196–226, hier: 217–219.

[4] Zitat nach Kluge (1985), 141.

[5] Weisbrod, Bernd: Gewalt in der Politik. Zur politischen Kultur in Deutschland zwischen den beiden Weltkriegen, in: GWU 43 (1992), 391–404, hier: 392f.

fenden Machtgruppen, vor allem der Arbeiterbewegung und der Herr-
schaftseliten in Armee und staatlicher Bürokratie neu formuliert.

Erster Markstein dieser Entwicklung war die als „Ebert-Groener-
Bündnis" in die deutsche Geschichte eingegangene Absprache zwischen
der Regierung der Volksbeauftragten und der „Obersten Heeresleitung"
(OHL) unter General Wilhelm Groener vom 10. November 1918. Die
OHL besaß Mitte November 1918 noch weitgehend die Kontrolle über
die von der Revolution vergleichsweise wenig erfaßten Fronttruppen
und konnte in der ungefestigten innenpolitischen Situation „als zweites
Zentrum der Macht im Reich"[6] zu einer Bedrohung für die Revolutionsregierung werden.

So förderte die OHL seit Dezember 1918 die Aufstellung von Frei-
willigen-Formationen, Vorläufern der späteren „Freikorps", weil diese
im Unterschied zum regulären Heer von den Demokratisierungsbestre-
bungen der Räte und der Regierung Ebert ausgenommen waren.[7] Der
Verzicht der Regierung Ebert auf eine Einrichtung verläßlicher republi-
kanischer Verbände erwies sich zugleich als eine nicht wieder rückgängig
zu machende Restituierung der Heeresgewalt auch in der Innenpolitik
mit bleibenden Folgen.[8]

Eine zweite wichtige Etappe bei der Auflösung des Gewaltmonopols
im Innern und der Paralysierung eines Begriffs von „Innerer Sicherheit"
waren die Entscheidungen des Rates der Volksbeauftragten zur Niederschlagung des „Spartakus-Aufstands". Gustav Noske, Mitglied der nach
dem Ausscheiden der USPD-Vertreter am 29. Dezember 1918 nur noch
mit MSPD-Angehörigen besetzten Rates der Volksbeauftragten, wurde
am 5. Januar 1919 von der Reichsregierung und der preußischen Regierung zum „Oberbefehlshaber" der Truppen im Berlin ernannt und erhielt den Auftrag, so rasch als möglich den Regierungen des Reichs und
Preußens ergebene Heeresverbände zu sammeln und aufzustellen.
Noske, der entschlossen war, mit „allen Mitteln Ordnung zu schaffen"[9],
ließ in den folgenden Wochen in ganz Preußen Offiziere auf Truppenübungsplätzen und Bahnhofskommandanturen „Freikorps" aus entlassenen Soldaten, Arbeitslosen und Studenten bilden.

In den darauffolgenden Monaten wurden die Freikorps in weder polizeilich noch politisch inspirierten und geleiteten „Befriedungs"-

---

6   Witt, Peter-Christian: Friedrich Ebert. Parteiführer, Reichskanzler, Volksbeauf-
     tragter, Reichspräsident, Bonn 1987, 100.
7   Kluge (1985), 141f; Witt (1987), 101.
8   Mommsen, Hans: Militär und zivile Militarisierung in Deutschland 1914 bis
     1938, in: Frevert, Ute (Hg.): , Militär und Gesellschaft im 19. und 20. Jahrhun-
     dert, Stuttgart 1997, 265–276, hier: 266.
9   Noske, Gustav: Aufstieg und Niedergang der deutschen Sozialdemokratie,
     Zürich 1947, 82

Aktionen im Reichsgebiet eingesetzt, um revolutionäre Arbeiter- und Soldatenräte und Hochburgen der radikalsozialistischen Bewegung zu unterwerfen. Allein die Zerschlagung der Münchner Räterepublik kostete 650 Menschen das Leben. Die 324 politischen Morde, die zwischen 1919 und 1923 von Seiten der politischen Rechten begangen wurden (gegenüber 22 seitens der extremen Linken), hatten nahezu ausschließlich Freikorpsangehörige zum Täter.[10]

Neben den Freikorps wurden gleichsam als Instrumente des bürgerlichen Selbstschutzes „Einwohnerwehren" aufgestellt und von den revolutionären Regierungen im Reich und Preußen tatkräftig gefördert. Mitte 1919 waren 400.000 Mann in diesen Verbänden unter Waffen.[11] Kennzeichen all dieser Gewaltformationen war die Horrifizierung des politischen Gegners im Innern und die Legitimierung ihrer Gewaltbereitschaft mit blutrünstiger Greuelpropaganda, deren erste prominente Opfer die am 15. Januar 1919 ermordeten Rosa Luxemburg und Karl Liebknecht waren.

2   „Das einzige, zuverlässige Machtmittel des Staates"[12]: Die Reichswehr

Die Einsatzleitung, logistische Unterstützung und vielfältige Protektion der Wehrverbände oblag der von Gustav Noske politisch verantwortlich geführten „Reichswehr", wie die Militärmacht der jungen Republik seit dem „Gesetz über die Bildung einer vorläufigen Reichswehr" vom 6. März 1919 hieß.

Von dritter Seite wurde Dynamik in die Entwicklung hineingetragen, als die Alliierten der deutschen Delegation in Versailles am 10. Mai 1919 ihre Friedensbedingungen bekanntgaben und diese als „Versailler Vertrag" schließlich am 28. Juni 1919 von deutschen Regierungsvertretern unterzeichnet wurden. Zum einen wurde die deutsche Militärmacht

---

[10]   Mosse, George L.: Der Erste Weltkrieg und die Brutalisierung der Politik, in: Funke, Manfred ; Jacobsen, Hans-Adolf; Knütter, Helmuth; Schwarz, Hans-Peter (Hg.): Demokratie und Diktatur, Fs. Für Karl Dietrich Bracher, Düsseldorf 1987, 127–139, hier: 131; Bessel, Richard: Militarismus im innenpolitischen Leben der Weimarer Republik: Von den Freikorps zur SA, in: Müller, Klaus-Jürgen; Opitz, Eckart (Hg.): Militär und Militarismus in der Weimarer Republik, Düsseldorf 1978, 193–222, hier: 199.

[11]   Bucher, Peter : Zur Geschichte der Einwohnerwehren in Preußen, in: Militärgeschichtliche Mitteilungen (= MGM) 10 (1971), 15–59; Flemming, Jens: Die Bewaffnung des „Landvolks". Ländliche Schutzwehren und agrarischer Konservatismus in der Anfangsphase der Weimarer Republik, in: MGM 18 (1979), 7–36.

[12]   Der Chef der Heeresleitung, General Hans von Seeckt, in einem Schreiben an Reichskanzler Joseph Wirth vom 10. Juni 1922, zitiert nach: Carsten, Francis L.: Reichswehr und Politik 1918 – 1933, Köln 1964, 162.

durch die Vertragsbestimmungen personell auf 100.000 Mann begrenzt, zum anderen wurde bestimmt, daß „das Heer ausschließlich zur Aufrechterhaltung der Ordnung innerhalb des deutschen Gebietes und als Grenzschutz verwandt werden" soll.[13] Das Problem der Auflösung der Wehren und Freikorps gedachte man durch die Unterbringung und Versorgung der Angehörigen der Wehrverbände in den als „Heimatbünden" getarnt weitergeführten Einwohnerwehren, in zahlreichen „Arbeitskommandos", „Erfassungsabteilungen" und „Landesschutzverbänden" zu lösen.[14]

Eine präzise Trennung zwischen dem Heer und den Kampfbünden kam bis zur Jahreswende 1923/24 nicht zustande und wurde auch von der Heeresleitung nicht mit Konsequenz angestrebt, da man sich mit der Heeresverkleinerung und der Beschränkung auf Sicherungsaufgaben im Inneren nicht abfinden wollte und Reserven für eine Wiederverstärkung der Militärmacht im Geheimen vorzuhalten gedachte.

Dem nahezu geschlossen von der Monarchie in die Republik übernommenen Führungspersonal des Heeres gelang es von Beginn der Weimarer Demokratie an, sich in der Militärpolitik, beim Aufbau und bei der geistigen Ausrichtung der bewaffneten Macht des Reiches, der Reichswehr,[15] ein Sanktuarium zu schaffen, in das Parlament und Regierung kaum Einblick und Eingriffsmöglichkeiten erhielten. Die Reichswehr lange Zeit prägender Militär war General Hans von Seeckt, Chef der Heeresleitung vom 2. April 1920 bis zum 8. Oktober 1926. Unter dem Deckmantel einer Politik der „Staatsorientierung" und der „Überparteilichkeit", die seine Distanz zur Weimarer Verfassung, seine Verachtung der Parlamentarier und Politiker der Republik kaschierte,[16] führte Seeckt die Reichswehr in eine Position „abwartender Exklusivität"[17] und des „Attentismus".[18]

13 Sauer, Wolfgang: Die Reichswehr, in: Bracher, Karl Dietrich: Die Auflösung der Weimarer Republik, Königstein 1978, 205–253, hier: 206f.; Leßmann, Peter: Die preußische Schutzpolizei in der Weimarer Republik. Streifendienst und Straßenkampf, Düsseldorf 1989, 52–54.
14 Vogelsang, Thilo: Reichswehr, Staat und NSDAP, Stuttgart 1962, 16–41; Wohlfeil, Rainer: Heer und Republik, in: Militärgeschichtliches Forschungsamt (Hg.), Handbuch zur deutschen Militärgeschichte 1648–1939, Bd. III, Abschnitt VI: Reichswehr und Republik (1918–1933), Frankfurt am Main 1970, 11–301, hier: 205; Mommsen (1997), 266f.
15 Art. 79 WRV bestimmte die Landesverteidigung zur Aufgabe des Reiches, Wohlfeil (1970), 101.
16 Sauer (1978), 218f., 235ff.; Wohlfeil (1970), 125f., 136.
17 Vogelsang, Thilo: Neue Dokumente zur Geschichte der Reichswehr 1920–1933, in: Vierteljahreshefte für Zeitgeschichte (= VfZ) 2 (1954), 337–436, hier: 399.
18 Sauer (1978), 219; vgl. Kolb (1993), 40.

Die Vorbehalte, die alle politischen Lager und besonders die über-
kommenen Eliten in staatlicher Bürokratie und Justiz gegen die Republik rasch fanden, deckten die Arbeit der antirepublikanisch geführten
Reichswehr, zumal die Parteien der „Weimarer Koalition" nach dem
frühen Verzicht auf Installierung einer republikanischen Wehrmacht
konzeptionslos agierten und der Reichstag seine Kontrollfunktionen
gegenüber der Reichswehr nicht wahrnahm.[19]

In dem Klima einer Flucht aus der politischen Verantwortung für
die neue Staatsordnung besetzte die Reichswehr weitgehend ungehindert politisches Terrain im Bereich der „Inneren Sicherheit". Am 5. Mai
1919 sagte General Wilhelm Groener in einer Kommandeursbespre-
chung der Reichswehr: „Wir haben drei Aufgaben: Aufrechterhaltung
von Ruhe und Ordnung, Wiederherstellung der Staatsautorität... und
Maßnahmen gegen den Zusammenbruch des Wirtschaftslebens".[20] In
den „Richtlinien für unsere [sic!] Politik", die Groener Ende Juni 1919
dem Reichspräsidenten Friedrich Ebert vorlegte, wurde die „restlose
Wiederherstellung der Staatsautorität" als erste Aufgabe der Reichswehr
genannt. Groeners späterer Nachfolger General Hans von Seeckt
(Oberst Walther Reinhardt war von Oktober 1919 bis März 1920 erster
„Chef der Heeresleitung" der neuen Reichswehr) wehrte sich zwar wiederholt in Denkschriften und Demarchen an die Reichsregierungen
gegen eine Verwendung der Reichswehr zu polizeilichen und grenz-
schützenden Aufgaben, die ihr durch den Versailler Vertrag aufgegeben
waren,[21] doch hat die Heeresleitung während der Weimarer Republik in
internen Diskussionen nie einen Zweifel daran gelassen, daß sie die
Aufrechterhaltung des inneren Friedens zu ihren ureigensten Kompetenzen zählte.[22]

Das vom Reichspräsidenten Ebert praktizierte Verfahren im Ausnahmezustand nach Art. 48 der Weimarer Reichsverfassung (WRV)
vom 11. August 1919 hat diese Selbst-Gewißheit der Reichswehr über
ihre Prärogative in Fragen der Inneren Sicherheit unterstützt. Nach dem
preußischen Gesetz über den Belagerungszustand vom 4. Juni 1851
wurde den regionalen Militärbefehlshabern die „vollziehende Gewalt"
übertragen, wenn „dringende Gefahr für die öffentliche Sicherheit"
gegeben schien.[23] Die Weimarer Reichsverfassung erwähnte den Belage-

---

[19] Wohlfeil (1970), 106, 132.
[20] Zit. nach Carsten (1964), 40.
[21] Carsten (1964), 138.
[22] Hürten, Heinz: Reichswehr und Ausnahmezustand. Ein Beitrag zur Verfas-
sungsproblematik der Weimarer Republik in ihrem ersten Jahrfünft, Opladen
1977, 24f.
[23] Hürten (1977), 6–7; vgl. Leßmann (1989), 14–15.

rungszustand und den Kriegszustand nicht mehr. Auch von einem Übergang der vollziehenden Gewalt an militärische Befehlshaber war in der Verfassung nicht die Rede. Die Reichswehr besaß nach dem Wortlaut des Art. 48,2 WRV nicht mehr jene Funktion, die dem Militär früher im Belagerungszustand zugewiesen war.

Weil es dem Reichspräsidenten vollständig überlassen war, in welcher Weise und in welchem Umfang er von den Möglichkeiten des Art. 48,2 WRV Gebrauch machen wollte, hing es von seinem freien Ermessen ab, welche Rolle der in Art. 48,2 WRV erwähnten „bewaffneten Macht", der Reichswehr, zufallen sollte. Es stand dem Reichspräsidenten frei, seine Befugnisse durch zivile Kommissare ausüben zu lassen, die den Ländern zugeordnete Polizeigewalt in Anspruch zu nehmen oder andere Länderorgane heranzuziehen.

Die im Jahre 1920 verhängten Ausnahmezustände zeigten jedoch, daß der Reichspräsident Friedrich Ebert im Rahmen des Art. 48 WRV den „alten" Belagerungszustand mit der Beauftragung eines Militärbefehlshabers bis hin zu den angedrohten Strafmaßen und zugelassenen Rechtsmitteln weiterhin anwandte.[24]

Einige hohe Offiziere der Reichswehr gedachten ihre durch die Politik der Reichsregierung beförderte Privilegierung gleichsam zur letzten Instanz bei Krisen der Innenpolitik zur Jahreswende 1919/20 in gewisser Weise zu vervollständigen, indem sie sich dem Reichskabinett als Politikberater andienten und für von ihnen beobachtete Fehlentwicklungen der politischen und sozialen Verhältnisse im Reich eigene Lösungen vorschlugen.[25]

Hatte der Reichspräsident im Jahr 1919 fünfmal von seinen Vollmachten nach Art. 48,2 WRV Gebrauch gemacht, so mußte sich das öffentliche Leben im Jahr 1920 siebenunddreißig Mal unter dem Notstandsrecht des Art. 48,2 WRV vollziehen.[26] Bereits im Januar 1920

---

[24] Hürten (1977), 16–17.
[25] Das Bayrische Reichswehrgruppenkommando gab der Reichsregierung in seinem Monatsbericht über die politische Lage vom 9. März 1920 eine Belehrung über die „Aufrichtung und Besserung unserer Verhältnisse". Große Teile des Volkes, so wurde in dem Bericht beklagt, seien im Begriff, „durch maßlose Ansprüche, Zuchtlosigkeit und Pflichtvergessenheit unsere Wirtschaft zu zerstören. Hier muß die Besserung einsetzen. Ganz ohne Zwang" sei dies nicht möglich. Es müßten „die gesamten Exekutivbefugnisse, nicht nur das Einschreiten mit der Waffe dem Militärbefehlshaber übertragen werden", Hürten (1977), 26, Zitate dort. Ähnlich der Oberbefehlshaber des Reichswehrgruppenkommandos 2 in Kassel, Generalleutnant Roderich von Schoeler in einer Denkschrift an Noske vom 6. November 1919, Hürten (1977), 26.
[26] Hürten (1977), 15. Die Zahlenangabe für 1919 gilt nur für den „neuen" Ausnahmezustand nach Art. 48 WRV vom 11. August 1919. Der „alte" Belagerungszustand nach dem Gesetz von 1851 war von der preußischen Regierung

waren weite Teile des Reiches von Ausnahmeverordnungen des Reichspräsidenten erfaßt und das Militär dort mit der vollziehenden Gewalt
betraut. Reichswehrminister Noske gab den Militärbefehlshabern die
Direktive, soweit wie möglich präventiv einzuschreiten. Es sollten
„Streikleiter" festgenommen und die Erwerbslosenfürsorge so gehandhabt werden, daß die vorhandenen Arbeitskräfte zweckmäßig gelenkt
werden können. „Wenn die vollziehende Gewalt im Sinne vorstehender
Richtlinien vertrauensvoll gehandhabt" werde, so kommentierte die
Anweisung, als deren Autor Major Kurt von Schleicher, der spätere
letzte Reichskanzler der Weimarer Republik vor Adolf Hitler anzusehen
ist, werde der „Ausnahmezustand zum Segen des Vaterlandes ausschla-
gen".[27]

Damit war eine veritable Militärdiktatur inauguriert, die nur deshalb
nicht vollständig zum Zuge kam, weil unter dem militärischen Regime
am 13. März 1920 der Kapp-Lüttwitz-Putsch ausbrach. Unter General
Walther von Lüttwitz wandten sich Teile der Reichswehr, die mit ihren
außerordentlichen Vollmachten die Republik vor Umsturz und Putsch
schützen sollte, gegen die Republik. Das System der Militärdiktatur, wie
es sich unter der bis dahin praktizierten Anwendung des Art. 48 WRV
entwickelt hatte, war diskreditiert.

Nach dem Kapp-Lüttwitz-Putsch vom 13. bis 17. März 1920[28] ent-
schloß sich die Reichsregierung zu tiefgreifenden Umorientierungen in
ihrer Politik der Inneren Sicherheit. Nach den Erfahrungen des März
1920 wurde das Verfahren im Ausnahmezustand zuungunsten der
Reichswehr geändert. Die Reichsregierung beschloß am 6. April 1920
mit der Begründung, die „militärischen Behörden" in Zukunft von der
„politischen Verantwortung" fernhalten zu wollen, die Reichswehr nur
noch dann für Aufgaben der vollziehenden Gewalt in Betracht zu ziehen, wenn die Anwendung militärischer Gewalt unerläßlich schien.
Ansonsten ging die vollziehende Gewalt von den Militärbefehlshabern
auf die vom Reichsinnenminister ernannten Regierungskommissare
über. Die Betonung des zivilen Instanzenzuges wertete die Länder-
Polizeien als Exekutiv-Organe auf.[29]

---

im Jahr 1919 mehr als fünfzigmal in Teilen Preußens verhängt worden, Hürten (1977), 16.

[27] Zit. nach Hürten (1977), 30.

[28] Zuletzt zusammenfassend: Reichhardt, Hans J.: Kapp-Putsch und Generalstreik März 1920 in Berlin. Tage der Torheit, Tage der Not, Berlin 1990.

[29] Quellen zur Geschichte des Parlamentarismus und der politischen Parteien, Zweite Reihe: Militär und Politik, hg. von Matthias, Erich und Meier-Welcker, Hans, Bd. 3: Die Anfänge der Ära Seeckt. Militär und Innenpolitik 1920–1922, bearb. von Heinz Hürten, Düsseldorf 1979, XIV–XVII; Hürten (1977), 31.

Die Umbildung der preußischen Regierung nach dem Scheitern des Kapp-Lüttwitz-Putsches war, in langfristiger Perspektive, noch bedeutsamer für das Verhältnis von Reichswehr und Republik als die Änderung des Verfahrens im Ausnahmezustand. Der bisherige preußische Landwirtschaftsminister Otto Braun löste am 29. März 1920 Paul Hirsch im Amt des Ministerpräsidenten ab. Carl Severing, der seit dem 7. April 1919 als Regierungskommissar der Reichsregierung und der preußischen Regierung im Ruhrgebiet tätig gewesen war, wurde am 29. März 1920 als Nachfolger Wolfgang Heines zum preußischen Minister des Innern ernannt.[30] Braun und Severing verfolgten eine aktivere und konsequenter republikanische Verwaltungs- und Personalpolitik als ihre Vorgänger Hirsch und Heine. Die rasch mit den Schlagworten „System Braun-Severing"[31] bezeichnete Politik der beiden führenden preußischen Regierungsmitglieder zeitigte in der Zusammenarbeit Preußens mit der bewaffneten Macht des Reiches bald erste Konsequenzen.

Die Ende 1919 zwischen den Reichs- und preußischen Ressorts getroffene Vereinbarung, die Reichswehr in den angestrebten Neuverhandlungen mit der Entente vorrangig zu behandeln, wurde von der preußischen Regierung nicht mehr akzeptiert. Am 17. Juni 1920 forderte Severing das Auswärtige Amt auf, sich mit der Beschränkung des Heeres auf 100.000 Mann abzufinden, um die Sicherheitspolizei in der geforderten Stärke aufrechtzuerhalten.[32]

In der Reichswehr fand man sich nicht mit dem Statusverlust gegenüber der preußischen Polizeimacht ab. Bei jeder sich bietenden Gelegenheit in den folgenden Jahren – beim mitteldeutschen Aufstand 1921, 1922 bei der geheimen Lenkung nationaler Verbände durch Reichswehrstellen – versuchte die Reichswehr ihre Möglichkeiten, in die Sicherheitspolitik des Reichs und der Länder einzugreifen, auszubauen.

Über das Problem der getarnt und verborgen weiterbestehenden Wehrverbände verschärften sich die Spannungen im Verhältnis zwischen Reichswehr und preußischer Schutzpolizei im Frühjahr 1923 bei einigen Zwischenfällen. Als die preußische Schutzpolizei bei ihren Ermittlungen gegen die nationalistischen Verbände auch gegen Reichswehr-Offiziere vorging, bestand die Reichswehr auf ihrer privilegierten, den Polizei-Organen der Länder entzogenen Stellung und drohte zu-

---

30 Orlow, Dietrich: Weimar Prussia 1918–1925. The Unlikely Rock of Democracy, Pittsburgh 1986, 74f., 122. Alexander, Thomas: Carl Severing. Sozialdemokrat aus Westfalen mit preußischen Tugenden, Bielefeld 1992, 108ff.
31 Schulze, Hagen: Otto Braun oder Preußens demokratische Sendung, Frankfurt am Main 1977, 303.
32 Salewski, Michael: Entwaffnung und Militärkontrolle in Deutschland 1919–1927, München 1966, 127.

künftig zur „Abwehr solchen Zugriffs" Waffengebrauch an.[33] In der Heeresleitung wurden Überlegungen angestellt, sich mit Hilfe des Art. 48 WRV eine Einwirkungsmöglichkeit auf die Länderpolizeien zu verschaffen.[34] Diese Vorhaben kam der Realisierung näher, als der Reichspräsident nach dem Abbruch des passiven Widerstands gegen die Ruhrbesetzung am 26. September 1923 den Ausnahmezustand gemäß Art. 48, Abs. 2 WRV verkündete und dem Reichswehrminister die vollziehende Gewalt übertrug. Die katastrophalen Auswirkungen, die der passive Widerstand im besetzten Gebiet auf die deutsche Innenpolitik hatte, je länger er dauerte, hatten schon vor der Verkündung des Ausnahmezustandes in Kreisen der Rechten, aber auch in der Regierung der großen Koalition unter Gustav Stresemann zu Diskussionen über eine „nationale Diktatur" geführt.

Zentrale Figur in derartigen Überlegungen war Seeckt, der Interesse an einer „Direktoriums"-Regierung unter seiner Führung zu erkennen gegeben hatte. Seeckt war als Chef des Heeres faktisch Inhaber der vollziehenden Gewalt. Am 9. November 1923 wurde Seeckt vom Reichspräsidenten in dieser Funktion offiziell als Nachfolger des Reichswehrministers Otto Geßler bestätigt.[35] Indem Reichspräsident Ebert die vollziehende Gewalt nicht dem Reichswehrminister Geßler, sondern dem Chef der Heeresleitung von Seeckt übertrug – gegen den massiven Protest des preußischen Ministerpräsidenten Otto Braun, der vergeblich gefordert hatte, die nach dem Kapp-Lüttwitz-Putsch durchgesetzte Unterordnung der militärischen Gewalt unter die zivile Gewalt beizubehalten – wurde Seeckt in die Verfassungsordnung eingebunden. „Seeckt fand rasch in die den Militärs gewohnte Rolle hinein, in weitem Umfang öffentliche Verwaltungsfunktionen an sich zu ziehen, und ließ schließlich, sehr zur Enttäuschung der DNVP, die Direktoriumspläne fallen" und beendete im Frühjahr 1924 die Herrschaft des militärischen Ausnahmezustands, die keinerlei innere Berechtigung mehr besaß, aus eigener Initiative.[36]

Den Kampf gegen die preußische Regierung hatte Seeckt bereits am 29. Dezember 1923 aufgegeben, als er in einem Schreiben an seinen Gegenspieler Severing versuchte, diesen durch einen Appell an dessen

---

[33] Quellen zur Geschichte des Parlamentarismus und der politischen Parteien, Zweite Reihe: Militär und Politik, hg. von Matthias, Erich und Meier-Welcker, Hans, Bd. 4: Das Krisenjahr 1923. Militär und Innenpolitik 1922–1924, bearb. von Heinz Hürten, Düsseldorf 1980, XII, 10 (Dokument Nr. 3), 33 (Dokument Nr. 15), Anm. 3.

[34] Matthias und Meier-Welcker (1980), XII.

[35] Wohlfeil (1970), 262–79; Guske, Claus: Das politische Denken des Generals von Seeckt, Lübeck 1971, 228–33.

[36] Mommsen (1989), 180

patriotische Gesinnung für das Ziel der Stärkung der Reichsgewalt zu gewinnen.[37] Der preußischen Regierung zollte Seeckt in einer Denkschrift über „Preußen und Reich" vom 4. Februar 1924 sogar indirekt Bewunderung, indem er unterstellte, daß die Unruhen in den Ländern Thüringen und Sachsen im Oktober und November 1923 nie gefährliche Ausmaße angenommen hätten, wenn beide Länder preußische Provinzen gewesen wären.[38]

Noch bestehende polizeiliche Befugnisse der Reichswehr wurden in Zukunft restriktiv interpretiert. Die auch in späteren Jahren von der Reichswehr gepflegten Kontakte zu den bewaffneten Verbänden der Rechten ließen indes die Beziehungen zwischen der Reichswehr und Preußen gespannt bleiben.[39]

3 Die Besatzung des „Bollwerks Preußen": Die preußische Schutzpolizei

Die von der Reichswehr offensichtlich sowohl mit heftiger Abneigung als auch mit Respekt betrachtete preußische Schutzpolizei war im Frühjahr 1919 von der Reichswehr gleichsam als eine ihrer Hilfstruppen eingerichtet worden. Nach den „Befriedungs"-Feldzügen seiner „Freikorps" und Freiwilligentruppen vor allem im Großraum Berlin im März 1919 wollte Reichswehrminister Gustav Noske diese Wehrverbände zum großen Teil in die gerade im Aufbau befindliche, neue Reichswehr integrieren. Noske forderte bereits im März 1919 vom preußischen Innenministerium die Bildung einer „neuen Polizei". Nach der Bildung der aus den Wahlen zur verfassunggebenden Landesversammlung hervorgegangenen preußischen Landesregierung am 25. März 1919 führte der Mehrheitssozialdemokrat Wolfgang Heine das preußische Innenministerium. Eine ungebrochene Restitution des auf dem einzelnen Schutzmann basierenden Polizeisystems des Kaiserreichs strebte Heine nicht an, so daß Reichs- und preußische Regierung seit März 1919 gemeinsam an die Bildung einer „neuen Polizei" gingen.

Am 31. Mai 1919 veröffentlichte das preußische Innenministerium Organisationsrichtlinien für die Berliner Sicherheitspolizei, die maßgeblich von Hauptmann Waldemar Pabst, Stabsoffizier der Garde-Kavallerie-Schützendivision, einer der „Kern"-Truppen Noskes, ausgearbeitet worden waren. Pabst war unmittelbar in die Ermordung Rosa Luxemburgs und Karl Liebknechts verwickelt gewesen.[40]. Im wesentli-

---

[37] Hürten (1977), 47.
[38] Meier-Welcker, Hans: Seeckt, Frankfurt am Main 1967, 431.
[39] Schulze (1977), 610ff.
[40] Leßmann (1989), 44–50.

chen sahen diese Organisationsrichtlinien die Umbildung der Schutzmannschaft zu einer uniformierten „Ordnungspolizei" und einer davon
getrennten, militärisch strukturierten „Sicherheitspolizei" vor. Der Sicherheitspolizei wurden im Vergleich zur Ordnungspolizei die wichtigeren Aufgaben zugeteilt, denn ihr sollten die „Sicherheit von Leben und
Eigentum gegen gewaltsame Angriffe und die Sicherung der Staatsordnung obliegen". Noske befand, in der Polizeifrage müsse „gehandelt"
werden, die „Notlage" verlange das „gebieterisch" und stellte dem preußischen Innenminister zur Aufstellung der Berliner Sicherheitspolizei
ein Bataillon seiner Berliner Truppen, wahrscheinlich der Garde-
Kavallerie-Schützen, „in grünes Tuch" – der neuen Uniformfarbe der
Sicherheitspolizei – eingekleidet zur Verfügung.

Für den preußischen Innenminister Wolfgang Heine war nicht nur
die vom Reichswehrminister Gustav Noske vorgegebene Eile bei der
Schaffung der Sicherheitspolizei bestimmend, sondern auch eine Sicht
der Dinge, die dem Problem der zivilverwaltungsmäßigen Einbindung
eines militärisch gegliederten Verbands wenig Aufmerksamkeit schenk-
te. Die Erfahrung der revolutionären Unruhen im zurückliegenden
Halbjahr, aber auch das Vertrauen auf die vermeintliche Fähigkeit in-
fanteristisch gerüsteter Truppenverbände, Ordnung und Sicherheit im
Innern des Reiches herzustellen und zu bewahren, hatten den Polizei-
Begriff Heines geprägt und wurden konzeptionell fortgeschrieben.

Dem Berliner Vorbild folgend, wurden im Laufe des Jahres 1919 in
fast allen preußischen Provinzen „Kommandostäbe" zum landesweiten
Aufbau der Sicherheitspolizei eingerichtet.

Nach dem Kapp-Lüttwitz-Putsch vom 13. bis 17. März 1920, in dessen Verlauf die überwiegende Mehrheit der Sicherheitspolizei die Put-
schisten unterstützt oder sich zumindest indifferent gegenüber der demokratischen Verfassungsordnung verhalten hatte, erhielt der Mehrheitssozialdemokrat Carl Severing das preußische Innenressort. Er entließ zwar als unzuverlässig aufgefallene Angehörige der Sicherheitspolizei, doch die Sicherheitspolizei als Ganzes stand für Severing nicht zur
Disposition.[41]

Von gleichsam dritter Seite wurde Severing zu weiteren Reform-
schritten beim Neuaufbau der preußischen Polizei gezwungen. Die der
deutschen Seite am 10. Mai 1919 in Versailles bekanntgegebenen Friedensbedingungen ermöglichten den Alliierten Einflußnahmen auf die
Gestaltung und Stärke der deutschen Landespolizeien. Nach dem Anfang 1920 erreichten Stand des Polizeiaufbaus in Preußen erschien den
Alliierten die Sicherheitspolizei als Verstärkung des Heeres, als „zweite

---

[41]   Leßmann (1989), 78–88.

Reichswehr". In einer Note vom 22. Juni 1920, der sogenannten „Boulogner Note", verboten die Alliierten die Beibehaltung der Sicherheitspolizei. Die deutschen Länder mußten ihre Sicherheitspolizeien auflösen. Die an ihrer Stelle aufzubauende, dezentral zu organisierende und nichtmilitärische „Ordnungspolizei" durfte von 92.000 auf 150.000 Mann, davon 85.000 Mann für Preußen verstärkt werden. Severing wollte vom grundlegenden Charakteristikum der Sicherheitspolizei, der verbandsmäßigen Zusammenfassung von Polizeikräften möglichst viel in die neue Firma „Ordnungspolizei" hinüberretten. Sein Ziel war es auch, nach den Erfahrungen mit rätekontrollierten Kommunalpolizeien und dem Bekanntwerden des weitgehenden Einflusses bürgerlichkonservativer Kreise auf die kommunalen Polizeiverwaltungen des preußischen Ostens, alle Polizeizweige zu verstaatlichen.[42]

Am 20. November 1920 veröffentlichte das preußische Innenministerium „Richtlinien für die Organisation der Schutzpolizei", die dem neuen Polizeiapparat den Namen gaben. Mit diesem Ministerialerlaß hatten die wesentlich 1919/20 realisierten Schritte des Polizeiaufbaus in Preußen ihren Abschluß gefunden. Das Prinzip der Einheitspolizei war bestimmend geworden. Ca. 55.000 Angehörige der 85.000 der preußischen Polizei zugestandenen Stellen gehörten zur Schutzpolizei, von denen ca. 25.000 auf 650 Polizeirevieren Einzeldienst versahen und weitere 25.000 den 200 kasernierten Polizei-Bereitschaften, die in Hundertschaften, Abteilungen und Gruppen zusammengefaßt wurden, zugeordnet waren. Dazu kamen ca. 8.000 Landjäger in gering bevölkerten ländlichen Regionen Preußens, 8.000 Verwaltungspolizisten und 2.800 Kriminalpolizisten vor allem in den Polizeipräsidien der größeren Kommunen.

Am deutlichsten wurde der Bruch mit der vorhergehenden Zeit durch die Einführung kasernierter Polizeiverbände, die vor allem von jungen, am Beginn ihrer Berufslaufbahn befindlichen Polizisten gebildet wurden. Die preußische Regierung sah sich nicht zuletzt durch die für die Frühzeit der Weimarer Republik prägenden, bürgerkriegsähnliche Formen annehmenden Putsche und Aufstandsversuche der extremen Linken und der äußersten Rechten gegen die demokratische Verfassungsordnung zu dieser Neuerung in der Polizeiorganisation bewogen.[43]

Die erfolgreiche Bekämpfung eines von der KPD beeinflußten Aufstandsversuchs in der preußischen Provinz Sachsen im März 1921 durch den militärähnlichen Einsatz einer großen Zahl von Schutzpolizei-Hundertschaften ohne eine wesentliche Unterstützung durch die

---

[42] Leßmann (1989), 89–91.
[43] Leßmann (1989), 91–103.

Reichswehr bestätigte in den Augen Severings und Abeggs die Notwendigkeit der in der preußischen uniformierten Polizei eingeleiteten Reformen.[44] Das Lob, das Severing der Schutzpolizei noch in seinen Memoiren für das „glänzende" Bestehen der „schweren Belastungsprobe" spendete,[45] schloß die Genugtuung darüber ein, daß die Reichswehr trotz des Drängens von Seeckts nicht, wie schon 1919 und im Frühjahr 1920, in die Rolle eines innenpolitischen Krisenregulators versetzt worden war, sondern der Konflikt in Sachsen im Rahmen der preußischen Landeshoheit und mit Mitteln der „zivilen" Landespolizeigewalt gelöst werden konnte.[46]

Die unter republikanischen Vorzeichen nach 1918 neugeschaffene preußische Polizeimacht erlangte nunmehr in der bürgerlich-linksliberalen politischen Öffentlichkeit, die dem Spektrum der Parteien der „Weimarer Koalition" nahestand, zusehends das Ansehen, ein Ausweis erfolgreicher Arbeit der preußischen Regierung zu sein, wurde geradezu zum Sinnbild der auch von der Rechten zähneknirschend anerkannten Regierungskunst und Autorität des „roten Zaren" Preußens, Otto Braun, in der Innenpolitik des Reiches. Mehrere Ursachen sind dafür zu nennen, daß gerade die preußische Polizei und die Schutzpolizei im besonderen in diese exponierte Position gerieten.

Die Politik der „Demokratisierung der Verwaltung", die der preußische Innenminister Carl Severing seit seinem Amtsantritt am 29. März 1920 unmittelbar nach dem Scheitern des Kapp-Lüttwitz-Putsches in Angriff nahm, beschränkte sich zwar neben disziplinarischen Maßnahmen gegen Polizeioffiziere, die während des Kapp-Lüttwitz-Putsches sich gegenüber der rechtmäßigen preußischen Regierung illoyal verhalten hatten, vor allem auf ein großes Revirement unter den disponiblen, „politischen Beamten" in hohen Verwaltungspositionen, doch erschien sie der demokratischen Öffentlichkeit vor dem Hintergrund der Tatenlosigkeit der Reichsregierung nach dem Putschunternehmen in hellem Licht.[47] Die Schnelligkeit und Energie, mit der das preußische Innenministerium unter Severings Ägide die neue preußische Schutzpolizei aufbaute, galt in der Staatsrechtslehre als einzige gelungene Realisierung des seit der Jahrhundertwende diskutierten Gedankens der Verwaltungsre-

---

[44] Knatz, Christian: Ein Sieg über Aufrührer und Reformer. Der Mitteldeutsche Aufstand von 1921 als verpaßte Chance der preußischen Schutzpolizei, in: Zeitschrift für Geschichtswissenschaft 46 (1998), 28–39, bes.: 36–39.

[45] Severing, Carl: Mein Lebensweg, Bd. 1, Köln 1950, 324.

[46] Leßmann (1989), 103–114.

[47] Leßmann (1989), 85; Schulze (1977), 303.

form.[48] In der öffentlichen und veröffentlichten Meinung wurde die Politik der preußischen Regierung im Vergleich zur unstetigen und von komplizierten Koalitionsabsprachen beeinträchtigten Politik der Reichsregierungen und vor dem Hintergrund der unwägbaren Haltung der Reichswehr bald mit dem Synonym „System Braun-Severing" bedacht.

Im Jahr 1932 waren von den 44 Polizeipräsidenten und Polizeidirektoren der staatlichen Polizeiverwaltungen 24 von Sozialdemokraten geführt. Gerade über die Amtsführung und die Persönlichkeit der Polizeipräsidenten war es Severing und seinem zeitweiligen Amtsnachfolger Albert Grzesinski möglich, der Öffentlichkeit auf lokaler Ebene zu demonstrieren, was „Innere Sicherheit" unter republikanischen Vorzeichen zu bedeuten hatte, waren die Polizeipräsidenten doch die im mehrfachen Sinne greifbarsten Repräsentanten der preußischen Regierung und gleichzeitig der Zwangsgewalt des preußischen Staates.

Die Verwaltungs- und Polizeipolitik Brauns und Severings konnte Dauerhaftigkeit entfalten, weil die von Otto Braun geführte Regierung der Weimarer Koalition in Preußen vom November 1921 bis zum Staatsstreich des Reichskanzlers Franz von Papen gegen Preußen am 20. Juli 1932 im Amt war, unterbrochen nur durch die sechs Wochen der kurzlebigen Regierung Wilhelm Marx (Zentrum). Das „System Braun-Severing" konnte insbesondere im Bereich der „Inneren Sicherheit" Wirkung zeigen, weil „der Verwaltungsstaat der Weimarer Republik Preußen hieß".[49] Preußen umfaßte ungefähr drei Fünftel der deutschen Gesamtbevölkerung, Bayern und Sachsen zusammen ein weiteres Fünftel und die übrigen vierzehn Länder das letzte Fünftel. Trotz der Hoheitsverluste, die Preußen nach dem Untergang der Monarchie und dem Inkrafttreten der Weimarer Verfassung hinzunehmen gehabt hatte – Abgabe der Legislativ- und Verwaltungskompetenz im Militär-, Finanz-, Verkehrs- und Außenressort – war ihm innenpolitisch eine Vormachtstellung im Reich erhalten geblieben. In den Bereichen Ordnung und Sicherheit trug Preußen die größte Verantwortung, zumal sich Reichstag und Reichsministerien in der preußischen Stadt Berlin befanden.

Mit welchem Selbstbewußtsein Braun seine Exekutivmacht gegenüber der Reichsgewalt in Anschlag brachte, verdeutlicht ein 1927 zwi-

---

[48] Köttgen, Arnold: Die Entwicklung des öffentlichen Rechts in Preußen vom 1. März 1926 bis zum 1. Mai 1930, in: Jahrbuch des öffentlichen Rechts 18 (1930), 1–129, hier: 49.

[49] Rebentisch, Dieter: Verfassungswandel und Verwaltungsstaat vor der nationalsozialistischen Machtergreifung, in: Heideking, Jürgen, Hufnagel, Gerhard und Knipping, Franz (Hg.): Wege in die Zeitgeschichte. Fs. Zum 65. Geburtstag von Gerhard Schulz, Berlin 1989, 123–150, hier: 129.

schen preußischer Regierung und Reichsregierung und Reichswehr ausgetragener Streit über den Umfang der polizeilichen Befugnisse auf Truppenübungsplätzen und militärischem Gelände. Der Reichswehrminister lehnte jedes Eingreifen und jede Zugriffsmöglichkeit der Landespolizeien auf militärischem Gelände ab. Der preußische Ministerpräsident bestand hingegen gegenüber dem Reichskanzler auf pünktlicher Einhaltung der polizeilichen Meldepflicht für jeden Soldaten an seinem jeweiligen Aufenthaltsort, ob in Kasernen oder auf Übungsplätzen und dem Recht der Aufsicht der Polizeibehörden über jede Bewegung einzelner Soldaten und militärischer Verbände.[50] Die staatsrechtlich ausführlich gestützte Argumentation Brauns[51] ließ auch Reichsinnenminister Walther von Keudell (DNVP)[52] konstatieren, daß „nach geltendem Recht" der Reichswehr „allgemeine polizeiliche Befugnisse" nicht zustehen. Im weiteren Austausch der Argumente zwischen den beteiligten Ressorts des Reichs und Preußens wurde die Diskussion von Braun bis zu dem Punkt geführt, daß das Land Preußen bei der Wahrnehmung seiner Hoheitsrechte wie der Polizeigewalt einschränkungslos souverän war, hier nicht mehr als Glied des Reiches angesehen werden und behandelt werden konnte, sondern eine Herrschaft eigenen Rechts ausübte, die nach der Reichsverfassung der Weimarer Republik mitnichten einem bestimmten Verhältnis zu den Zuständigkeiten des Reiches unterlag. Der Reichsinnenminister versuchte schließlich, den Streit zu entschärfen und der staatsrechtlichen Argumentation Brauns, deren Logik man sich in den Reichsressorts nicht entziehen konnte, die Spitze zu nehmen, indem er den Reichswehrminister Wilhelm Groener bat, „einen Ausgleich der kollidierenden öffentlichen Interessen nach Gesichtspunkten des allgemeinen Staatswohls" zu finden.[53] Diese Erwartung erfüllte sich indes nicht. Der Streit wurde weitergeführt, was Braun weiterhin den „in Reichswehrkreisen bestgehaßten Mann" bleiben ließ.[54]

Auch in einem anderen Bereich der Inneren Sicherheit, den man in der heutigen Begrifflichkeit wahrscheinlich dem „subjektiven Sicherheitsgefühl der Bürger" zuschlagen würde, gelang es der preußischen Schutzpolizei, erfolgreich Terrain zu besetzen. Im Laufe der zwanziger Jahre wurde immer deutlicher, daß das in der Öffentlichkeit und vor

---

[50] Schulz, Gerhard: Zwischen Demokratie und Diktatur. Verfassungspolitik und Reichsreform in der Weimarer Republik, Band II: Deutschland am Vorabend der Großen Krise, Berlin 1987, 356–361.

[51] Schulz (1987), 357f.

[52] Severing hatte von Keudell aus seiner Funktion als preußischer Landrat von Königsberg in der Neumark wegen dessen offener Parteinahme für Kapp-Lüttwitz im April 1920 entlassen, Schulze (1977), 516.

[53] Schulz (1987), 361. Zum vorhergehenden Schulz (1987), 358–360.

[54] Mommsen (1989), 258.

allem im konservativen Bürgertum der Weimarer Republik durchaus noch vorhandene und zu befriedigende Bedürfnis nach einer schneidig und soldatisch auftretenden, gleichsam „Preußens Gloria" darstellenden Militärmacht zunehmend von der preußischen Schutzpolizei, und nicht von der Reichswehr abgedeckt wurde. Paraden der Schutzpolizei anläßlich des jährlichen Verfassungsfeiertages und in Anwesenheit des Reichspräsidenten anläßlich des Abzugs der Franzosen aus dem Ruhrgebiet im Sommer 1925 führten der Öffentlichkeit sowohl die Exekutivmacht Preußens, als auch die Fähigkeit der preußischen Schutzpolizei zur Entfaltung militärischen Gepränges vor Augen.

Preußen und seine Polizei standen zum Ende der zwanziger Jahre in dem Ansehen, das „Machtzentrum Deutschlands",[55] „die preußische Festung für Demokratie und Volksrechte"[56] und „das letzte große Bollwerk, die Zitadelle der Demokratie und der Republik in Deutschland"[57] zu sein. Severing, dem persönliche Eitelkeit nicht fremd war,[58] und viele hohe Ministerialbeamte der preußischen Ressorts gaben sich ob der tatsächlichen Erfolge der preußischen Regierungspolitik, der erwiesenen Bedeutung der preußischen Exekutive und angesichts des von allen politischen Lagern geäußerten Lobes über die preußische Regierungspolitik zur Mitte der zwanziger Jahre selbstsicher und machtbewußt.[59] Es wurde indes nur zu bald erkennbar, daß man sich in den Spitzen der preußischen Regierung und Verwaltung gelegentlich zu sicher fühlte und Wunschbildern nachhing, die in einer Periode der Scheinstabilisierung entstanden waren. Wie im Brennspiegel wurde dies deutlich durch den gewalttätigen Zusammenstoß von Kommunisten und Nationalsozialisten am Berliner Bahnhof Lichterfelde-Ost vom 20. März 1927 und die Reaktion der preußischen Regierung auf diesen Zwischenfall. In einem Berliner Vorortzug war eine Gruppe von Nationalsozialisten, die vom sogenannten „Märker-Treffen" der „Sturmabteilung" (SA) der NSDAP zurückkehrten, einer Schalmeien-Kapelle des „Roten Frontkämpfer-Bundes" (RFB) der KPD begegnet. Die gewalttätigen Auseinandersetzungen steigerten sich bei der Ankunft des Zuges im Bahnhof

---

[55] MdL Reinhold Quaatz (DNVP) 1930, zit. nach Hömig, Herbert: Das preußische Zentrum in der Weimarer Republik, Mainz 1979, 113.

[56] MdL Ernst Heilmann (SPD) 1930, zit. nach Ehni, Hans-Peter: Bollwerk Preußen? Preußen-Regierung, Reich-Länder-Problem und Sozialdemokratie 1928–1932, Bonn 1975, 191.

[57] Aufruf der preußischen Regierung anläßlich des Volksentscheids zur Auflösung des preußischen Landtags vom 6. August 1931, zit. nach Ehni (1975), 198.

[58] Schulze (1977), 303.

[59] Brecht, Arnold: Mit der Kraft des Geistes. Lebenserinnerungen. Zweite Hälfte 1927–1967, Stuttgart 1967, 19. Brecht war seit April 1927 preußischer Ministerialdirektor und Bevollmächtigter Preußens im Reichsrat, Schulze (1977), 522f.

Lichterfelde-Ost, wo die Nazis von mehreren hundert Gesinnungsgenossen erwartet wurden. Zurück blieb schließlich ein völlig zertrümmerter Eisenbahnwaggon mit 12 Einschußlöchern, sechs Schwer- und zehn Leichtverletzte waren zu verzeichnen. Die Nationalsozialisten zogen anschließend unter der Führung des Berliner NSDAP-Gauleiters Joseph Goebbels zum Wittenbergplatz im Zentrum Berlins. Während des Marsches in das Stadtzentrum mißhandelten die Nazis Passanten, die ihrer Meinung nach jüdisch „aussahen".[60] Die Schutzpolizei war bei den schweren Krawallen auf dem Bahnhof Lichterfeld-Ost und beim anschließenden Zug zum Berliner Wittenbergplatz nicht in Erscheinung getreten. Innenminister Albert Grzesinski zeigte sich in einer Stellungnahme zu den Vorfällen vor dem preußischen Landtag wenig beeindruckt. Die Vorgänge waren nach seiner Ansicht nicht mit den Angriffen rechter Gruppen aus vergangenen Zeiten zu vergleichen, da der Staat und Preußen inzwischen gefestigt seien und solche Angriffe abwehren könnten. Er versprach, den Nationalsozialisten in Zukunft große Aufmerksamkeit zu widmen.[61]

Diese Aufmerksamkeit wurde der NSDAP in den Berichten der politischen Abteilungen der Kriminalpolizeien der großstädtischen Polizeipräsidien Preußens zum Ende der Weimarer Republik hin in wachsendem Maße zuteil,[62] doch deuten Äußerungen des preußischen Innenministers Carl Severing zur SA aus dem Jahr 1931, also nach dem „Erdrutsch"-Sieg der NSDAP bei den Reichstagswahlen vom 14. September 1930, daraufhin, daß die preußische Regierung in der Einschätzung des politischen Gewichts der nationalsozialistischen Bewegung lange Zeit sehr unsicher war. In einer Besprechung mit den preußischen Ober-, Regierungs- und Polizeipräsidenten vom 19. Februar 1931 hielt Severing die „nationalsozialistischen Organisationen" für „militärisch bedeutungslos". Ihr militärisches „Getue" sei derart „lächerlich", daß eine Auflösung der SA verfehlt und überflüssig sei. Es würde dadurch höchstens der Anschein erweckt werden, daß die Polizei nervös geworden sei. Dagegen forderte Severing am 14. Oktober 1931 im preußischen Landtag alle Fraktionen zu einer Entschließung gegen die Selbstschutzorganisationen der radikalen Parteien einschließlich der SA der NSDAP auf, nachdem er noch wenige Wochen zuvor, am 23. September 1931,

---

[60] Ehls, Marie-Luise: Protest und Propaganda. Demonstrationen in Berlin zur Zeit der Weimarer Republik, Berlin, New York 1997, 124.

[61] Sitzungsberichte des Preußischen Landtags, 13. Band, 23. März 1927, Spalten 18347–18350.

[62] Leßmann (1989), 311; Gusy, Christoph: Weimar – die wehrlose Republik? Verfassungsschutzrecht und Verfassungsschutz in der Weimarer Republik, Tübingen 1991, 281.

auf einer Besprechung mit den preußischen Ober- und Regierungspräsidenten festgestellt hatte, daß ein Verbot der SA „im Augenblick durchaus unzweckmäßig" sei.[63]

Die preußische Polizei hatte jedoch allen Grund, „nervös" zu sein. In der nicht mehr von gewaltsamen Umsturzversuchen und polizeilichen Pazifizierungsfeldzügen geprägten Periode der „relativen Stabilisierung" der Weimarer Republik von 1924 bis 1928 vollzogen sich bei den militanten Verbänden der Gegner der Weimarer Republik Wandlungen, die der Konzeption der Schupo, wie sie zwischen 1919 und 1921 entwickelt worden war, das „Feindbild" entzogen. Unter den mitgliederstärksten[64] paramilitärischen Verbänden seit der Freikorps-Ära unterschieden sich vor allem die SA und der RFB von dem 1919 bis 1923 gültigen Erscheinungsbild eines Wehrverbands und bildeten als sich heftig bekämpfende Partei-Armeen neue Formen der politisch motivierten Gewaltanwendung heraus.

So umschrieb Hitler 1926 in einem Brief an den „Obersten SA-Führer" Franz Pfeffer von Salomon den Auftrag der SA folgendermaßen: „Wir müssen dem Marxismus klarmachen, daß der Nationalsozialismus der nächste Beherrscher der Straße, ebenso wie eines Tages der Herrscher über den deutschen Staat sein wird".[65] Die „Eroberung" und schließliche „Beherrschung der Straße" – in dieser Schwerpunktbildung war angesprochen, was die Ende 1925 6.000, Ende 1930 77.000 SA-Männer in SA-"Scharen", -"Trupps", -"Stürmen", -"Standarten" und „Gaustürmen" in ihrer politischen „Arbeit" von den Freikorps und den Wehrverbänden der „nationalen" Rechten unterschied. Die Aufgabe der SA lag der Absicht Hitlers zufolge nicht in der Vorbereitung eines gewaltsamen Umsturzes, sondern in der symbolischen Eroberung der Straße, der effektvollen Durchführung von Wahl- und Propagandakampagnen und der Besetzung von städtischen Wohngebieten, Straßenzügen und Wahlkreisen, die zu den Hochburgen der Sozialdemokraten und Kommunisten gehörten.[66] Die SA-Männer trafen bei ihren Kontra-

---

[63] Zit. nach Leßmann (1989), 331f.

[64] Nach den Angaben bei Diehl, James M.: Paramilitary Politics in Weimar Germany, Totowa 1977, 293ff., lag die Mitgliedszahl des Stahlhelms im Durchschnitt über 500.000, die des Reichsbanners bei 1.000.000, die der SA Ende 1930 bei 77.000 und die des RFB bei 85.000.

[65] Zit. nach Bennecke, Heinrich: Hitler und die SA, München 1962, 238. Vgl. Bessel, Richard: Political Violence and the Rise of Nazism. The Storm Troopers in Eastern Germany 1925–1934, New Haven 1984, 26ff.; Longerich, Peter: Die braunen Bataillone. Geschichte der SA, München 1989, 25–115.

[66] Rosenhaft, Eve: Gewalt und Politik: Zum Problem des „Sozialen Militarismus", in: Müller und Opitz (1978), 237–59, hier: 246; Longerich (1989), 116–151.

henten im kommunistischen „Roten Frontkämpfer-Bund" auf eine ähnliche Disposition zu propagandistischen Gewaltaktionen.

Der RFB wurde im Sommer 1924 von der KPD nach den gescheiterten Revolutionsversuchen des Jahres 1923 in Sachsen, Thüringen und Hamburg gegründet.[67] Als Revolutionsarmee für den gewaltsamen Umsturz sollte der RFB nach Ansicht der KPD-Zentrale, die noch unter dem Eindruck der Niederlage von 1923 stand, nicht dienen, sondern zur Vorbereitung politischer Massenkämpfe im Rahmen der Verfassung der Weimarer Republik.[68] Der von Goebbels ausgerufene „Kampf um Berlin" traf die Kommunisten in ihren angestammten Hochburgen. Die SA-Männer zogen von ihren „Sturmlokalen" und SA-Heimen, „befestigten Stützpunkten in der Kampfzone, die Frieden und Sicherheit vor dem Feind boten"[69] und möglichst nahe bei RFB- beziehungsweise KPD-Stützpunkten eingerichtet wurden, in „feindliches" Gebiet in der Stadt.

Gewalttätigkeiten beschränkten sich nicht auf angemeldete Demonstrationen oder auf „beherrschte Straßen". Potentiell überall, in Wirtshäusern, Seitenstraßen, Hinterhöfen, Bahnhöfen und Zügen trafen die verfeindeten Lager aufeinander. Kennzeichnend blieb, zumindest bis 1930, die Fixiertheit der SA und des RFB aufeinander. Direkte Angriffe auf die Staatsgewalt, auf Polizei- und Reichswehreinrichtungen gehörten, abgesehen von individuellem Terror gegen einzelne Polizeibeamte, zu den Ausnahmen.[70] Sie unterblieben nicht zuletzt deshalb, weil beide Organisationen ein Verbot vermeiden wollten.

Den Raufhändeln der verfeindeten politischen Lager konnte die preußische Schutzpolizei bereits vor dem Radikalisierungsschub der Reichstagswahl vom 14. September 1930 kaum angemessen begegnen. Die vom Leiter der Höheren Polizeischule, Polizei-Oberst Hardt, am 6. Mai 1927 auf der preußischen Polizeiwoche in Essen als Lehrbeispiel für die Polizeiverwendung vorgestellte Schlacht von Cannae[71] konnte für die Bewältigung des von Goebbels ausgerufenen „Kampfs um Berlin" und die Zusammenstöße in anderen Regionen und Städten Preußens wenig Anknüpfungspunkte bieten. Die Kluft zwischen den sich aus massiven Polizei-Aufgeboten rasch entwickelnden Schußgefechten und

---

[67] Schuster, Kurt G.: Der Rote Frontkämpfer-Bund 1924–29, Düsseldorf 1975, 19f., 25ff.

[68] Schuster (1975), 21ff., 57ff., 68ff.; Rosenhaft (1978), 243, 251ff.

[69] von Engelbrechten, Julek. K.: Eine braune Armee entsteht, München 1937, S. 85. Vgl. Böhnke, Wilfried: Die NSDAP im Ruhrgebiet 1920–1933, Bonn 1974, 127.

[70] Bessel (1984), 77, 79, 80f., 96. Vgl. Liang, Hsi-Huey: Die Berliner Polizei in der Weimarer Republik, Berlin 1977, 110, 116; Schuster (1975), 197.

[71] Rheinisch-Westfälische Zeitung, Nr. 318 vom 6. Mai 1927.

völliger Untätigkeit der Schupo, die an Berliner Beispielen der Jahre 1925 bis 1928 deutlich wird,[72] zeigt die Schwierigkeiten der Schutzpolizei bei der Bewältigung von Einsatzsituationen, die nicht mit der gedrillten „Entfaltung" einer Polizei-Aktion übereinstimmten.[73] Die hohe Zahl der Todesopfer bei politischen Zusammenstößen zwischen 1924 und 1929 unterstreicht, wie weit die politisch motivierte Gewalttätigkeit bereits in der sogenannten „Stabilisierungsphase" der Weimarer Republik eskalierte: Getötet wurden 13 Reichsbanner-Mitglieder, 26 Stahlhelmer, 30 Nationalsozialisten und 92 Kommunisten.[74]

Vor dem Hintergrund des fortschreitenden Funktionsverlusts der demokratisch gewählten Legislative im Reich – seit dem 30. März 1930 amtierte unter Heinrich Brüning das erste der vier von Reichspräsident Paul von Hindenburg eingesetzten Präsidialkabinette – des politischen Patts im Reichstag trotz des Wahlerfolgs der radikalen Parteien und der absehbar werdenden Schleifung der „preußischen Festung" verlagerten sich die politischen Auseinandersetzungen auf die Straßen. Hier wurde den parlamentarischen „Gesäßparteien", so die Nationalsozialisten in ihrer Propaganda,[75] von den Parteiarmeen und den politischen Kampfbünden in immer stärkerem Maße die Legitimation streitig gemacht. Allein von Ende Januar bis Ende Juli 1932 kamen in Preußen bei politisch motivierten Gewalttätigkeiten 147 Personen ums Leben.[76] Nicht nur, daß die preußische Schutzpolizei den von den Wehrverbänden vorgetragenen Akten der Gewaltkriminalität einsatztaktisch wenig entgegenzusetzen hatte und personell durch die immer häufigeren Großeinsätze bei Versammlungen, Kundgebungen und Aufmärschen überfordert war[77] – der von den Parteiarmeen reklamierte und von der SA offensiv vertretene Gedanke des Selbstschutzes stellten die Autorität und das Gewaltmonopol der Polizei in Frage.[78]

In der zum Nationalsozialismus abdriftenden Lage im Reich wurde der preußischen Regierung in zunehmendem Maße vor Augen geführt, daß die republikanische Staatsordnung mit polizeilichen Mitteln nicht zu stabilisieren war.[79] Zum Aufweichen der Fundamente des „Bollwerks

[72] Liang (1977), 114–20.
[73] Liang (1977) 115.
[74] Rosenhaft, Eve: Beating the Fascists? The German Communists and Political Violence 1929–1933, Cambridge 1983, 6; Bessel (1984), 76.
[75] Bracher (1978), 341.
[76] Rosenhaft (1978), 239.
[77] Der amtlichen preußischen Polizeistatistik zufolge mußte die Schutzpolizei 1928 bei 196 Versammlungen und Umzügen unter freiem Himmel einschreiten, 1929 bei 333 und 1930 bereits bei 1.579 Veranstaltungen dieser Art, Leßmann (1989), 288.
[78] Mommsen (1989), 444–449.
[79] Siehe hierzu Leßmann (1989), 331–378.

Preußen" trug besonders die Justiz bei. Eine Denkschrift des preußischen Innenministeriums, die auf die verfassungsfeindlichen Ziele der NSDAP hinwies und dem Reichsgericht während eines Prozesses gegen nationalsozialistische Reichswehroffiziere im September 1930 vorgelegt worden war, wurde vom Oberreichsanwalt ignoriert. In ähnlicher Wiese wurde mit dem im November 1931 an die Öffentlichkeit gelangten und von der preußischen Regierung beim Reichsgericht eingebrachten „Boxheimer Dokument", einer Handlungsanweisung der hessischen NSDAP für den Fall der Machtergreifung, verfahren. Das Reichsgericht berücksichtigte ebensowenig das eindeutig auf einen Staatsumsturz hinweisende Material, das während einer Razzia vom 13. März 1932 in Geschäftsstellen der NSDAP in Preußen gefunden worden war.[80] Es kam hinzu, daß sich die preußische Polizei nicht mehr sicher sein konnte, bei der lokalen Gerichtsbarkeit Rückendeckung in ihrem Einschreiten gegen gewalttätige Nationalsozialisten zu finden. So führte ein rechtmäßiges Durchgreifen der Dortmunder Schutzpolizei gegen die SA im April 1932 dazu, daß einige Polizeiwachtmeister vom Dienst suspendiert und zu Haftstrafen verurteilt wurden, während die für die entfachten Krawalle verantwortlichen Mitglieder der Dortmunder SA straffrei ausgingen.[81] Nazis, die Polizeibedienstete beleidigt oder zu Unrecht der Begehung von Straftaten bezichtigt hatten, wurde des öfteren die „Wahrnehmung von berechtigten Interessen" zugebilligt.[82] Die Amnestie vom 20. Dezember 1932 für Straftaten, die aus politischen Beweggründen begangen worden waren, machte schließlich die polizeiliche Sicherungs- und Ermittlungstätigkeit des Jahres 1932 im Nachhinein wertlos.[83]

Als der preußische Innenminister Carl Severing und der Berliner Polizeipräsident Albert Grzesinski sich während der vom Reichspräsidenten Paul von Hindenburg angeordneten Reichsexekution gegen Preußen, dem „Preußenschlag" vom 20. Juli 1932, anfangs weigerten, ihre Diensträume zu verlassen, ließ Reichskanzler Franz von Papen eine zweite vom Reichspräsidenten unterzeichnete Verordnung „betreffend die Wiederherstellung der öffentlichen Sicherheit und Ordnung in Groß-Berlin und der Provinz Brandenburg" verkünden, die dem

---

[80] Maurer, Ilse und Wengst, Udo (Bearb.): Staat und NSDAP 1930–1932. Quellen zur Ära Brüning, Düsseldorf 1977, XXXVII–XXXIX und 195–196 (Dokument Nr. 13), Bracher (1978), 381ff., 424; Jasper, Gotthard: Die gescheiterte Zähmung. Wege zur Machtergreifung Hitlers 1930–1934, Frankfurt am Main 1986, 68; Ders.; Justiz und Politik in der Weimarer Republik, in: VfZ 30 (1982), 167–205.

[81] Leßmann (1989), 343–348; Mommsen (1989), 447.

[82] Leßmann (1989), 342, 375.

[83] Leßmann (1989), 374f.; Mommsen (1989), 447.

Reichswehrminister die Schutzpolizei in Berlin und der Mark Brandenburg unterstellte. Reichswehrminister Kurt von Schleicher übertrug die vollziehende Gewalt dem Befehlshaber des Wehrkreises III, Generalleutnant Gerd von Rundstedt.[84]

Die historische Reminiszenz zum 5. Januar 1919, als Gustav Noske von der Reichsregierung zum Oberbefehlshaber der Truppen im Großraum Berlin ernannt worden war, ist auf den ersten Blick augenfällig.[85] Nach diesem Höhepunkt ihrer Machtentfaltung zu Beginn der Weimarer Republik hatte die Reichswehr ständig Kompetenzen und Prestige an die sich zur stärksten unter den Länderpolizeien herausbildende preußische Schutzpolizei verloren, war das von ihr beanspruchte Gewaltmonopol in der Inneren Sicherheit der Weimarer Republik weitgehend von der preußischen Polizei erkämpft worden. Die hartnäckig angestrebte Wende schien nun erreicht.

Indes, es gab keinen Neubeginn zu gleichen Konditionen, die Karten wurden sehr bald neu gemischt. Am 28. Februar 1933 wurde der „Reichsführer" des „SS" der NSDAP, Heinrich Himmler, von dem von Reichskanzler Adolf Hitler als „Reichskommissar" nach Bayern entsandten Franz Xaver Ritter von Epp zum kommissarischen Polizeipräsidenten von München ernannt.[86] Ein neues Kapitel in der Geschichte der Inneren Sicherheit in Deutschland begann.

---

[84] Huber, Ernst Rudolf : Deutsche Verfassungsgeschichte seit 1789, Bd. VII: Ausbau, Schutz und Untergang der Weimarer Republik, Stuttgart 1984, 1027.

[85] Jung, Otmar: „Da gelten Paragraphen nichts, sondern da gilt der Erfolg..." Noskes Erschießungsbefehl während des Märzaufstandes in Berlin 1919 – rechtshistorisch betrachtet, in: MGM 28 (1989), 51–79, hier: 51.

[86] Browder, George C.: Foundations of the Nazi Police State. The Formation of Sipo and SD, Lexington 1990, 63.

Tatarenblut und Immertreu

Wilde Cliquen und Ringvereine um 1930 – Ordnungsfaktoren und Krisensymbole in unsicheren Zeiten

Patrick Wagner und Klaus Weinhauer

Von Sicherheit bzw. Unsicherheit in der Stadt zu sprechen, bedeutet in aller Regel, über Kriminalität, über das konfliktreiche Aufeinandertreffen von Dominanz- und Subkulturen sowie über Ängste angesichts der Unübersichtlichkeit des städtischen Raums nachzudenken. Im Rückblick auf die erste Hälfte des 20. Jahrhunderts mag es jedoch als unangemessen erscheinen, unter solcher Akzentsetzung zu diskutieren. Denn diese Jahrzehnte waren in Europa aufgrund ganz anderer Faktoren eine Epoche tiefgreifender individueller und kollektiver Unsicherheit.

Von 'sicheren' Verhältnissen, die auch nur mittelfristige Lebensplanung erlaubten und die nächste Zukunft als vorhersehbar erscheinen ließen, konnte für einen Großteil der Deutschen in diesen Jahrzehnten nicht die Rede sein. Wer um 1900 geboren worden war, durchlebte den Ersten Weltkrieg (1914–1918), Revolution und nachrevolutionäre Wirren (1918–1923), die Hyperinflation von 1923, die Weltwirtschaftskrise und den Zerfall der Weimarer Republik (1929–1933), die nationalsozialistische Diktatur samt Zweitem Weltkrieg, Judenverfolgung und Bombenkrieg (1933–1945), die Schwarzmarktzeit (1945–1948) und die Massenarbeitslosigkeit und politische Instabilität der frühen Bundesrepublik (1948–1953). Der folgende Aufschwung fand statt vor dem Hintergrund der latenten Drohung, der Kalte Krieg könnte ein heißer werden und die Atombombe allem ein Ende setzen.

Obwohl angesichts all dieser Turbulenzen die Bedrohung der Menschen durch klassische Unsicherheitsfaktoren wie Kriminalität im Rückblick eher marginal erscheinen mag, ist zu konstatieren, daß dies viele Zeitgenossen anders empfunden haben – gleichgültig, ob sie individuell durch Kriminalität geschädigt wurden oder nicht. Vor allem die vermeintliche oder reale Unsicherheit auf den Straßen der Großstädte, die als latente Bedrohung der 'ordentlichen' Passanten durch rohe Gewaltakte 'verwahrloster' Jugendlicher, politischer Paramilitärs oder finsterer Unterweltsgestalten wahrgenommen oder fantasiert wurde, besaß für viele Menschen Symbolcharakter für das Universum der Unsicherheit insgesamt. Die Konflikte um politische, soziale und kulturelle Macht gewannen im öffentlichen Raum der Großstädte Sichtbarkeit, sei es als Straßen- oder Saalschlacht, im Demonstrationszug, als anonyme Masse Arbeitsloser vor den Stempelstellen oder auch nur in der öffentlichen Zurschaustellung neuer Kulturstile vom Bubikopf über die Uniformen der politischen Verbände bis zu den wechselnden Provokationsstilen der Großstadtjugend.

In besonderem Maße trifft dies für die Weimarer Republik zu. Bis heute ist die Zerstörung der ersten deutschen Demokratie im öffentlichen Bewußtsein ja auch untrennbar mit Bildern von Straßengewalt zwischen den politischen Lagern verbunden, obwohl diese Auseinandersetzungen ganz sicher nicht zu den primären Faktoren für das Scheitern der Republik zählen. Daneben galten der Öffentlichkeit um 1930 vor allem in 'Wilden Cliquen' herumziehende Jugendliche und in den 'Ringvereinen' organisierte Berufsdelinquenten als Faktoren, gegenüber deren Herrschaftsansprüchen in großstädtischen Straßenrevieren der demokratische Staat sich als ohnmächtig erwies. Beide Phänomene waren ihren professionellen Gegenübern (Jugendfürsorgern, Polizisten und Richtern) und der Öffentlichkeit zwar bereits im Kaiserreich durchaus bekannt gewesen, aber während der Weimarer Republik wurden sie wesentlich intensiver diskutiert und sowohl für die Gesellschaft als auch für den einzelnen Bürger als bedrohlich empfunden. Unser Beitrag soll plausibel machen, daß es hierfür im wesentlichen zwei Gründe gab, die jeder für sich verdeutlichen, wie unterschiedlich ein Thema wie die Sicherheit auf den Straßen der Großstädte um 1930 gedeutet wurde:

Erstens waren proletarische Jugendcliquen und als organisierte Kraft erkennbare Ganoven in den citynahen Randgruppenquartieren nach 1918 tatsächlich wesentlich sichtbarer präsent als noch im Kaiserreich. Die Zahl solcher Gruppen und der in ihnen Organisierten stieg kräftig an. Zugleich wuchs in den genannten Vierteln ihre Bedeutung für jene Mikrostrukturen der Macht, die das Alltagsleben der Bewohner bestimmten. Gerade hier, wo die Menschen schon in gesellschaftlich ruhigen Zeiten am Rande der Existenzchancen lebten, produzierten die Krisen der Weimarer Republik die Voraussetzungen dafür, daß Gruppen, die dem einzelnen die Erfahrung sozialer Integration ermöglichten, einen festen Status, ein Gefühl der Absicherung und eine durch Normen fixierte, dabei durchaus hierarchische Ordnung boten, attraktiv und mächtig werden konnten. Diese Gruppen erstarkten dort, wo die Bindungs- und Normierungskräfte der großen Sozialmilieus (vor allem des Proletariates) oder des Staates dramatisch nachließen.

Zweitens wurden gerade Wilde Cliquen und Ringvereine zu Objekten breiter und teilweise marktschreierischer Berichterstattung, weil sich an ihrem Beispiel das Unbehagen und die Kritik an komplexen gesellschaftlichen Phänomenen anschaulich machen ließen. So unterschiedliche Probleme wie etwa die als 'Amerikanisierung' beschriebene wirtschaftliche und kulturelle Modernisierung, die Auflösung tradierter Normensysteme, Klassen und Hierarchien, die Ausweitung des Lebensbereiches 'Freizeit' durch Arbeitszeitverkürzung (aber auch durch Massenarbeitslosigkeit) sowie der reale oder vermeintliche Autoritätsverlust der Älteren gegenüber der jüngeren Generation fanden in der Usurpation öffentlicher Räume durch diese Gruppen Symbole. In der öffentlichen Erörterung über die Unsicherheit und Unordnung, die Ringvereine und Cliquen auf den Straßen der Großstädte aus Sicht der 'ordentlichen' Bürger schufen, wurden viel weitergehende Verunsicherungen zur Sprache gebracht, die wenig mit real erlittener Kriminalität und viel mit dem allgemeinen Bewußtsein, in „Krisenjahren der Klassischen Moderne" zu leben, zu tun hatten.[1]

1 Verkehrte Welt: Der Zuhälter im Smoking oder: „Immertreu" – die Ordnungsmacht am Schlesischen Bahnhof

In Fritz Langs Film 'M – Eine Stadt sucht einen Mörder' versuchen zwei Institutionen parallel und unabhängig voneinander, die Sicherheit auf den Straßen durch Ergreifen eines Kindermörders wiederherzustellen: die Polizei als Vertreterin des Staates und ein Ganovenverein als Vertreterin der 'Unterwelt'. Der Mörder bedroht nicht nur die körperliche Unversehrtheit des einzelnen Staatsbürgers, zu deren Sicherung sich der Staat für verpflichtet erachtet, er gefährdet auch die ungestörte Abwicklung der Geschäfte von Einbrechern, Zuhältern und Prostituierten, die für ihr Gewerbe auf ein gewisses Maß an Ruhe im öffentlichen Raum und zumindest partielle Abwesenheit der Polizei in ihm angewiesen sind. Der Sicherheit dieser Gewerbetreibenden nimmt sich der Ganovenverein an, indem er den Mörder sucht und in einer Art Gerichtsverhandlung aburteilen will. Er konkurriert mit dem Staat der 'Oberwelt' um das Gewaltmonopol und damit um die Herrschaft in Teilen des öffentlichen Raums.

Als der Film 1931 in die Kinos kam, knüpfte er mit dieser Darstellung an weit verbreitete Vorstellungen an, nach denen ein Teil der großstädtischen Quartiere der Kontrolle des Staates entglitten sei und von Institutionen der organisierten Kriminalität, den Ringvereinen, beherrscht würde. Zwar gab es diese Clubs in allen deutschen Großstäd-

---

[1] So der programmatische Untertitel von Peukert, Detlev J.K.: Die Weimarer Republik. Krisenjahre der Klassischen Moderne, Frankfurt am Main 1987.

ten, ihr Bild in der Öffentlichkeit wurde jedoch durch die Verhältnisse in Berlin bestimmt, wo damals nach Angaben des preußischen Innenministeriums etwa 40 Vereine existierten, in denen mehrere Tausend Vorbestrafter organisiert gewesen sein sollen und die in drei Dachorganisationen – den 'Ringen' (daher: 'Ringverein') – vernetzt waren. Besonders jene Ringvereine, in denen sich Zuhälter organisierten, erregten das Interesse der Öffentlichkeit: Sie waren im öffentlichen Raum wesentlich präsenter als etwa die Clubs von Einbrechern oder Taschendieben, da das Gewerbe des Zuhälters auf die stetige Kontrolle über ein Territorium angewiesen ist. Zuhältervereine teilten untereinander die Straßenstrichreviere auf und wiesen den für ihre Mitglieder arbeitenden Frauen bestimmte Stellen dort zu. Sie konkurrierten in diesen Räumen in der Tat nicht nur miteinander, sondern auch mit dem Gewaltmonopol des Staates und bemühten sich dort, wo sie nicht die unbestrittene Herrschaft über ein Revier erringen konnten, zumindest um allseitig (d.h. zeitweise auch vom Staat) akzeptierte Abgrenzungen der Interessensphären.

Der erste Berliner Zuhälterverein, der „Geselligkeitsverein Königstadt", war bereits 1889 gegründet worden, weitere Clubs folgten noch im Kaiserreich. Ein wahrer Gründungsboom setzte jedoch erst um 1920 ein, was mit einer allgemeinen Expansion des hauptstädtischen Rotlicht- und Vergnügungsgewerbes zusammenhängen mag, vor allem aber mit der vom Berliner Kriminalisten Max Hagemann konstatierten „Verbürgerlichung des Verbrechens" nach dem Ersten Weltkrieg.[2] Selbst die Angehörigen illegaler Milieus suchten angesichts der krisenhaften, flüssigen Zeiten Halt in festen, ja institutionalisierten Zusammenschlüssen – sie suchten kleinbürgerliche Normalität. Dementsprechend unterschied sich das interne Leben der Ringvereine in vieler Hinsicht wenig von demjenigen der Vereine 'ordentlicher Bürger', es wurde vielmehr geprägt durch Stammtische samt Tischbanner, das alljährliche Stiftungsfest sowie „Herrenpartien und Weihnachtsbescherungen".[3] Im berühmtesten Ringverein, dem Berliner „Spar- und Geselligkeitsverein Immertreu 1921", war nach Ansicht seines Anwaltes Max Alsberg „die kleinbürgerliche Romantik zu Hause",[4] und die Vossische Zeitung attestierte dem Immertreu-Vorsitzenden, er sei „ein jovialer Mann", der „über die wichtigste Eigenschaft eines Vereinsvorsitzenden verfügt, über die Ge-

---

2 Hagemann, Max: Der Berufsverbrecher und seine Bekämpfung, in: Mitteilungen der Kriminalistischen Vereinigung, Neue Folge 5 (1931), 2–33, hier 24.

3 Aussage des Adolf L. vor dem Schöffengericht Berlin Mitte am 4.2.1929 laut Protokoll in Landesarchiv Berlin, Repertorium 58 (im folgenden: LAB, Rep. 58), Nr. 2220, Band 3, Bl. 149f.

4 Zit. nach Rote Fahne 8.2.1929.

mütlichkeit".[5] Natürlich hatten die Ringvereine einige milieubedingte Besonderheiten, indem sie sich um die Versorgung inhaftierter Vereinsbrüder kümmerten und auf Schweigedisziplin gegenüber der Polizei dann drangen, wenn sich deren Ermittlungen gegen Vereinskollegen oder Mitglieder befreundeter Clubs richteten.

In das Blickfeld des Medieninteresses rückten die Ringvereine erst am Ende der Weimarer Republik. Der Kampf um die Kontrolle des Prostitutionsmilieus und seiner Räume wurde vor allem in Berlin um 1930 gewalttätig ausgetragen, wobei das Ausmaß dieser Gewalt je nach Standpunkt des Beobachters ganz unterschiedlich beurteilt wurde. Während Kenner der Szenerie aus den Reihen der Polizei eher abwiegelten – „Ist halb so schlimm. Geht alles ganz gemütlich zu", zitierte die Vossische Zeitung 1929 einen Streifenpolizisten aus dem Strichrevier um den Schlesischen Bahnhof in Bezug auf die Herrschaft des Vereins Immertreu dort –,[6] schilderte die Boulevardpresse des deutschnationalen Pressezaren Alfred Hugenberg ihren Lesern das Treiben der Zuhälterclubs unter Überschriften wie „Im Schreckensbann der Ringvereine" in den grellsten Tönen.[7]

Das Interesse der Öffentlichkeit für die Ringvereine wurde erstmalig Ende 1928 geweckt. Damals lebte eine Gruppe Hamburger Zimmerleute in Berlin, die beim U-Bahnbau beschäftigt waren. Als ihr Verkehrslokal hatten sie eine Gaststätte in der Breslauer Straße gewählt, mithin im Straßenstrich-Viertel rund um den Schlesischen Bahnhof Quartier bezogen. Hier gerieten sie in Konflikt mit dem dieses Revier dominierenden Verein Immertreu, der am 29. Dezember 1928 in einer Massenschlägerei auf offener Straße kulminierte, an der etwa 200 Menschen teilnahmen und die einen Toten zurückließ.[8] Diese Straßenschlacht fiel in eine Zeit, in der die Berliner Öffentlichkeit für gewalttätige Straßenkonflikte hochgradig sensibilisiert war: Am 13. Dezember 1928 hatte Polizeipräsident Zörgiebel in Reaktion auf Zusammenstöße von SA und Kommunisten ein allgemeines Demonstrationsverbot verhängt. Entsprechend kräftig reagierte die Presse. Am 31. Dezember 1928 bzw. 1. Januar 1929 machten die Berliner Zeitungen von rechts bis links in seltener Einmütigkeit mit Schlagzeilen wie z.B. „Verbrecherschlacht am Schlesischen Bahnhof" auf.[9] Die Presse entwarf das Szenario einer „Schreckensherrschaft" der Ringvereine im Quartier um den

---

5 Vossische Zeitung 5.2.1929 und 8.2.1929.
6 Vossische Zeitung 8.2.1929.
7 Berliner Lokal-Anzeiger 9.10.1930 (M).
8 Vgl. das Urteil des Schöffengerichts Berlin Mitte vom 9.2.1929 in LAB, Rep. 58, Nr. 2220, Band 4, Bl. 78–83 sowie Vossische Zeitung 5.2.1929.
9 Vossische Zeitung 1.1.1929.

Schlesischen Bahnhof und forderte einmütig: „Polizei muß durchgreifen".[10]

Die Polizeiführung reagierte auf das Begehren der Öffentlichkeit mit einer staatlichen Machtdemonstration: In der Nacht vom 15. auf den 16. Januar 1929 fand am Schlesischen Bahnhof eine Razzia durch 1.000 Schutz- und 300 Kriminalpolizisten statt. Zwar wurden 200 Menschen festgenommen, aber nur gegen zwölf von ihnen bestanden ausreichende Haftgründe.[11] Dieses Schema sollte sich bis 1933 noch mehrmals wiederholen. Wenn die Berliner Presseöffentlichkeit Sensationsfälle aus dem Ringvereinsmilieu erörterte, fühlte sich die Polizeiführung bemüßigt, demonstrativ repressive Strohfeuer zu entfachen. Nachdem z.B. ein Mitglied von Immertreu 1931 bei einer Auseinandersetzung mit der Polizei erschossen worden war, sprengte wenige Tage später ein Großaufgebot von Schutz- und Kriminalpolizisten das Stiftungsfest des Vereins im Saalbau Friedrichshain. Der Lokal-Anzeiger meldete am nächsten Tag, die Polizei habe die Razzia unternommen, „um nach außen hin darzutun, daß man gegen die Ringvereine, sobald es notwendig sei, mit aller erforderlichen Schärfe vorgehen werde".[12] Tatsächlich legt das Ergebnis der Razzia den Gedanken nahe, es habe sich um ein propagandistisches Unternehmen zur Beruhigung der Öffentlichkeit gehandelt. Fast 3.000 Festteilnehmer waren überprüft worden – ein einziger wurde als zu Straftaten verdächtig in Haft behalten.

Im Fall der Massenschlägerei vom 29. Dezember 1928 gelang es den staatlichen Ermittlern zwar, Material für eine Anklage gegen neun Mitglieder von Ringvereinen zu sammeln. Der vor einem Massenandrang von Pressevertretern zwischen dem 4. und 9. Februar 1929 stattfindende Prozeß am Schöffengericht in Moabit machte jedoch deutlich, daß die Clubs dem Staat seinen Herrschaftsanspruch in den Straßen um den Schlesischen Bahnhof erfolgreich streitig machen konnten. Obwohl über 100 Zeugen gehört wurden, blieb das Ergebnis der Beweisaufnahme mager: „Sie wissen nichts, sie haben nichts gesehen, sie waren nicht dabei, sie können sich nicht erinnern",[13] faßte die Vossische Zeitung die Aussagen der Zeugen, die „vergebens ausgequetscht" wurden „wie trockene Zitronen",[14] zusammen. Sogar die Zimmerleute schonten ihre Gegner, nachdem sie in diplomatischen Verhandlungen mit dem Vorstand von Immertreu ein Ende der Feindseligkeiten ausgehandelt hatten. Der Hauptangeklagte L. sowie der Vorsitzende von Immertreu F.

---

[10] Vorwärts 31.12.1928 (A).
[11] Vgl. Vossische Zeitung 17.1.1929.
[12] Berliner Lokal-Anzeiger 28.4.1931 (A).
[13] Vossische Zeitung 6.2.1929.
[14] Vossische Zeitung 7.2.1929.

vermochten durch ihre Aussagen Gericht und Öffentlichkeit davon zu überzeugen, daß die Vereinsmitglieder „das ordnungserhaltende Element" am Schlesischen Bahnhof seien,[15] wo sie nach Feststellung des Gerichtes „eine gewisse Machtstellung durch ihren festen Zusammenhalt und ihren geschlossenen Willen" besaßen.[16] Immertreu war nach Aussage seines Vorsitzenden gerade zu dem Zweck gegründet worden, das Straßenstrichquartier am Schlesischen Bahnhof „von zugereisten Banditen reinzuhalten".[17] Die Vossische Zeitung glaubte anerkennen zu müssen, „daß ein Sportverein Immertreu, der (…) das Gewimmel halbwegs in Ordnung hält, seine Verdienste hat".[18]

Am Ende wurden nur zwei der neun Angeklagten zu 10 bzw. 5 Monaten Gefängnis verurteilt. Die Polizei hatte sich als unfähig erwiesen, gerichtsverwertbare Beweise zu liefern und den Kampf mit den Ringvereinen um die Kontrolle des Territoriums und der Menschen am Schlesischen Bahnhof sichtbar verloren. Die Vossische Zeitung resümierte:

> „Es gibt Polizei und Gerichte (…), aber diese hier machen ihre Streitigkeiten lieber unter sich ab. Und der Staat wird gut tun, darüber nachzudenken, was es bedeutet, daß er da und vorhanden ist und daß es Schichten und Gruppen von Untertanen gibt, die von ihm keinen Gebrauch zu machen wünschen".[19]

Aus Sicht zumindest von Teilen der Bewohnerschaft der Randgruppenquartiere boten ihnen die Ringvereine etwas, was der Staat nicht anzubieten vermochte: berechenbare Machtstrukturen im Alltag mit allgemein bekannten Regeln, ein Minimum an Ordnung, die Regulierung vom Staate nicht regulierbarer, weil in Grauzonen der Illegalität abgedrängten Erwerbstätigkeiten wie der Straßenprostitution und die Regulierung von Alltagskonflikten. In der Vergnügungsbranche der Berliner Citybezirke hatten sich die Ringvereine z.B. um 1930 als Quasi-Gewerkschaften etabliert. Als der Geschäftsführer eines dortigen Nachtlokals eine Tänzerin fristlos kündigte, erschienen an den nächsten Tagen weder Kellnerinnen noch Toilettenfrau zur Arbeit. Statt ihrer erschienen Vertreter des zuständigen Vereins und setzten die Wiedereinstellung und Entschädigung der Entlassenen durch. Anfang 1933 reagierten zwei Ringvereine mit der Verwüstung eines Rummelplatzes

---

[15] Der Abend 9.2.1929.
[16] Urteil vom 9.2.29 in LAB, Rep. 58, Nr. 2220, Band 4, Bl. 84.
[17] Zit. nach dem Prozeßbericht in Der Abend 4.2.1929.
[18] Vossische Zeitung 8.2.1929.
[19] Vossische Zeitung 10.2.1929.

auf Lohnsenkungen und Kündigungen für dort beschäftigte Vereinsmitglieder.[20]

Für Sozialromantik bietet die Praxis der Zuhältervereine keinerlei
Anlaß; sie setzten ihren Herrschaftsanspruch gegenüber den Bewohnern
und Nutzern ihrer Quartiere mittels glaubhafter Gewaltandrohung
durch. Einen beklemmenden Einblick in die Verhältnisse auf dem Stra-
ßenstrich am Schlesischen Bahnhof vermittelt der Fall der dort arbeitenden Prostituierten K. Diese wußte sich im März 1926 angesichts
vielfältiger Mißhandlungen durch den Zuhälter H. nicht anders denn
durch eine Anzeige gegen diesen zu helfen. Bereits zwei Tage nach An-
zeigenerstattung erschien sie erneut bei der Kripo und berichtete, am
Vortage habe sie der B. auf der Straße angesprochen und erklärt, „daß er
dem Zuhälterverein Immertreu angehöre und drohte, daß dieser ganze
Verein 'bei mir antreten' würde, falls ich nicht die Anzeige (...) zurück-
nehmen würde – das ist ja gerade, daß die Mädchen aus reiner Angst
und nur mit Widerwillen irgendeinen solchen Kerl als Zuhälter anerkennen müssen; er (...) drängt sich mit Gewalt (...) auf, und die übrigen
Zuhälter, meistens Mitglieder eines der zahlreichen Zuhältervereine sind
jede Nacht in unserer Nähe und erpressen uns gemeinschaftlich".[21] Die
Drohungen des Vereins gegenüber K. wurden in den folgenden Tagen
weiter unterstrichen durch Besuche des B. „in drohenster Weise mit
Hund und Hundepeitsche".[22]

Daß die Ringvereine sich nicht mit der Kontrolle der Prostituierten
begnügten, sondern auf ihren Territorien einen Herrschaftsanspruch
gegen jedermann erhoben, verdeutlicht eine Fülle von Überfällen in
diesen Revieren. Der Arbeiter Karl B. erstattete am 8. Januar 1929 Anzeige: er habe am 17. Dezember 1928 in einem Lokal am Schlesischen
Bahnhof eine „harmlose Differenz mit einem mir unbekannten Manne"
gehabt, „der sich mit einer Vereinsnadel als Mitglied des Vereins Immertreu zu erkennen gab. Plötzlich kamen 2 Autodroschken vor dem
Lokal vorgefahren, aus welchen 6 Mann (...) ausstiegen. 4 Mann betra-
ten das Lokal und 2 Mann bewachten die Tür. Sie wiesen sich mit Ver-
einsnadeln als Leute des Vereins Immertreu aus und sagten 'wer uns
angreift, schlagen wir den Laden in Klump', und verprügelten B.[23]

Trotz solcher Vorkommnisse hielten mit dem Milieu vertraute Polizeibeamte die Wirkung der Ringvereine für eher deeskalierend und fanden sich damit ab, daß die Clubs in einigen Randgruppenquartieren ein
Minimum an Ordnung aufrechterhielten, zu dessen Erzwingung der

---

20 Vgl. Vossische Zeitung 5.1.1929 und Berliner Lokal-Anzeiger 23.6.1933 (M).
21 Aussage der K. vor der Kripo am 15.3.1926 in LAB, Rep. 58, Nr. 1010, Bl. 5.
22 Aussage der K. vom 17.3.1926 in LAB, Rep. 58, Nr. 1010, Bl. 2.
23 Strafanzeige vom 8.1.1929 in LAB, Rep. 58, Nr. 2220, Band 3, Bl. 47f.

Staat sich nicht in der Lage sah. Tatsächlich versuchten die Berliner Zuhältervereine, die in ihrer Branche stets latenten Konflikte durch institutionelle Regelungen zu entschärfen. Streitigkeiten von Mitgliedern eines Vereins wurde durch interne Schiedsgerichte geschlichtet, Fehlverhalten durch Geldstrafen oder Vereinsausschlüsse (die einem Berufsverbot gleichkamen) sanktioniert;[24] Konflikte zwischen zwei Vereinen wurden häufig durch quasi diplomatische Verhandlungen beigelegt. Auf demselben Territorium agierende Vereine schufen sogar kontinuierliche Formen der Interessenabstimmung, so z.B. Immertreu und der „Geselligkeitsverein Felsenfest", deren Reviere gleichermaßen am Schlesischen Bahnhof lagen. Ein Spitzel berichtete der Kripo 1929, daß „das Sportrestaurant Madaistr. 11 ein Tagungslokal des Vereins Felsenfest sei. Die Vereinsmitglieder versammeln sich dort an vorher zu bestimmenden Wochentagen in der Zeit zwischen 2 und 1/2 6 Uhr. An diesen Versammlungen nähmen auch regelmäßig 1 bis 2 Mitglieder des Vereins Immertreu teil. Ebenso besuchen Mitglieder von Felsenfest die Versammlung von Immertreu".[25]

Zur Deeskalation trugen die Ringvereine nicht zuletzt dadurch bei, daß sie ein festes Gefüge subkultureller Normen, einen „eigenen Ehrenkodex"[26], an ihre Mitglieder vermittelten und durch Sanktionsdrohungen weitgehend durchsetzten. Sexualdelinquenten wurden gar nicht erst aufgenommen für die Anwendung physischer Gewalt galten gewisse Grenzen, zumindest sollte nicht getötet werden. Ein Zeuge, der sich nach der Massenschlägerei vom Dezember 1928 in einer Immertreu-Kneipe aufgehalten hatte wußte immerhin zu berichten:

> „Alle im Lokal anwesenden Vereinsmitglieder bedauerten die Tatsache, daß bei der Schlägerei einer der Gegner zu Tode gekommen war."[27]

Teile der liberalen bürgerlichen Öffentlichkeit waren vor diesem Hintergrund bereit, die Rolle der Ringvereine in ihren Quartieren zu akzeptieren. Die Menschen in den Straßen um den Schlesischen und den Stettiner Bahnhof sowie im Scheunenviertel galten den Bewohnern gutbürgerlicher Viertel als gesichtsloses „Gewimmel", wie es die liberale Vossi-

---

24 Vgl. Anonymus: Die Aufklärung der durch Mitglieder des früheren Unterweltvereins 'Rosenthaler Vorstadt' bandenmäßig begangenen Münzverbrechen, in: Mitteilungsblatt des Preußischen Landeskriminalpolizeiamtes, Nr. 2 vom 1.11.1935, 31–47, hier 41ff.

25 Vermerk des Kommissars Berndorf vom 2.1.1929 in LAB, Rep. 58, Nr. 2220, Band 2, Bl. 64.

26 Urteil vom 9.2.1929 in LAB, Rep. 58, Nr. 2220, Band 4, Bl. 84.

27 Aussage des Paul W. vom 8.1.1929 in LAB, Rep. 58, Nr. 2220, Band 2, Bl. 113.

sche Zeitung ausdrückte.[28] In den genannten Quartieren lebten Arme, Bettler, Prostituierte, jüdische und polnische Immigranten dicht an dicht in Häusern niedrigsten Standards an eng bebauten Straßen und bildeten den Bürgern fremde Subkulturen. Wer dort für Ordnung sorgte, war vielen Bürgern letztlich egal, sofern die 'Wilden' in ihren Revieren blieben. Auch innerhalb der Polizei dominierten bis zum Ende der Weimarer Republik jene Beamten, die gegenüber den Ringvereinen für eine „Politik der Toleranz"[29] plädierten, da der Zusammenschluß von Straftätern in ordentlich eingetragenen Vereinen deren Kontrolle vereinfache. Außerdem galt die Solidarität des Schweigens auf Seiten der Ringvereinler nur den ebenso Organisierten; bei spektakulären Straftaten unorganisierter Einzelgänger erhielt die Kripo aus den Vereinen häufig entscheidende Hinweise, da diese für die eigenen Geschäfte an Ruhe im jeweiligen Revier interessiert waren. Die Strategie der kalkulierten Toleranz verdankte sich jedoch nicht allein aufgeklärter Rechtstaatlichkeit und kriminaltaktischer Finesse, sondern bei einigen ihrer Vertreter auch einer Geringschätzung der Rechte jener Menschen, die in erster Linie Angriffsziele der physischen Gewaltakte der Ringvereinsbrüder waren: der Bewohner der Randgruppenquartiere allgemein und der Prostituierten im besonderen. Im tradierten Wahrnehmungs- und Wertungsraster der Kriminalisten rangierten Verbrechen gegen das Privateigentum weit vor auf Gewalt beruhenden Ausbeutungsverhältnissen zwischen Zuhältern und Prostituierten, die als den Staat nur in Extremfällen berührende Privatprobleme von Randgruppenangehörigen galten. Der Berliner Polizei-Vizepräsident Bernhard Weiß warnte daher 1930 davor, Zuhälter intensiver zu kriminalisieren, denn der einem schärferen Druck ausgesetzten Zuhälter werde „zwangsläufig (...) Einbrecher, Betrüger, Falschmünzer usw. werden. Sein früheres passives Verhalten hat niemand geschadet, die (...) Aktivität hätte aber zur Folge, daß eine Anzahl von Menschen mehr als bisher durch das gewerbsmäßige Verbrechertum geschädigt wird". Die von Publizisten behauptete Gemeingefährlichkeit der Zuhälter galt Weiß als „Legende", denn:

> „Das Zuhältertum ist lediglich eine Angelegenheit der Prostituierten (...). Die Allgemeinheit braucht sich für dieses Gebiet gar nicht zu interessieren".[30]

---

28 Vossische Zeitung 8.2.1929.
29 Liang, Hsi-Huey: Die Berliner Polizei in der Weimarer Republik, Berlin 1977, 165.
30 Schreiben von Weiß an den Wiener Polizeipräsidenten Schober vom 8.12.1930 in Brandenburgisches Landeshauptarchiv Potsdam, Provisorisches Brandenbur-

Auf der politischen Rechten nutzten deutschnationale Boulevardblätter wie der Berliner Lokal-Anzeiger die zweifache Chance, durch blutige Sensationsberichte sowohl Leser anzulocken, als auch gegen die vermeintliche Schwäche des demokratischen Staates zu polemisieren. Immer wieder verglichen sie dabei die Ringvereine mit den Gangstersyndikaten der USA, die gerade in jenen Jahren der Prohibition ihre große Zeit erlebten und in der Person Al Capones schnell auch in Deutschland zum Inbegriff von Gangsterherrschaft als modernster, trustmäßiger Form der Kriminalität geworden waren. „Wie in Chicago",[31] gehe es im Ringvereinsquartier um den Schlesischen Bahnhof zu, behauptete der Berliner Lokal-Anzeiger, was der Polizeipräsident zwar zu Recht dementierte, aber nicht mehr aus den Köpfen vieler Leser der rechten Blätter vertreiben konnte. Die Ringvereine mit Al Capones Banden zu vergleichen, weckte aber im kulturellen Klima dieser Zeit über das Thema Kriminalität weit hinausgehende Assoziationen. „'Amerikanismus'", so der Historiker Deltev Peukert, „avancierte in den zwanziger Jahren zur Chiffre für vorbehaltlose und bedingungslose Modernität" – und damit auch zum Symbol der Ambivalenz der Modernisierungserfahrungen.[32] In diesem Sinne stand die Interpretation der Ringvereine als eines 'amerikanischen' Phänomens für weitverbreitete Ängste vor der Gefährlichkeit des Modernisierungsprozesses schlechthin.

Auch das rechtsnationale (Klein-)Bürgertum interessierte sich letztlich wenig dafür, wie gewaltsam es innerhalb von Randgruppenmilieus zuging, solange man in den eigenen städtischen Territorien vom sichtbaren Auftreten der 'Unterwelt' verschont blieb. Als eigentlichen Skandal und Symbol für die gesamtgesellschaftliche Verkehrung sozialer Hierarchien und Normen prangerte die rechte Propaganda daher an, daß die Ringvereine die Grenzen ihrer Quartiere überschritten und in der Form ihres Auftretens vermeintlich dem Bürgertum vorbehaltene Stile usurpierten. Als die Zuhälter von Immertreu sich am 29. Dezember 1928 mit den Hamburger Zimmerleuten geprügelt hatten, waren sie mit Autos zum Tatort gelangt und in Frack und Zylinder gewandet gewesen, weil sie gerade von der stilvollen Beerdigung eines Vereinsbruders gekommen waren. Die Figur des Verbrechers in bürgerlicher Festkleidung bildete seitdem einen Topos in der Berichterstattung der Presse quer durch alle politischen Lager. Sozialdemokratische und kommunistische Zeitungen sahen in ihm die von Marx postulierte Hinneigung des 'Lumpenproletariates' zur Bourgeoisie symbolisiert; die Straßenschlacht von

---

gisches Repertorium (im folgenden: BLHAP, Pr.Br. Rep.) 30 Berlin C, Tit. 240, Nr. 21336, fol. 4f.

[31] Der Montag 31.12.1928.
[32] Peukert (1987), 179.

1928 hatte der Vorwärts z.B. auf die Formel „befracktes und Automobil fahrendes Verbrechergesindel gegen organisierte Proletarier" gebracht.[33] Die Presse der bürgerlichen Rechten sah im Auftritt des Ganoven im Habit des Bürgers demgegenüber ein Symbol für die Verkehrung aller gesellschaftlichen Hierarchien und Normen durch die verhaßte Republik. Die Nutzung des modernen und noch exklusiven Fortbewegungsmittels Auto stand hier für die Drohung der Ganoven, jederzeit auch außerhalb ihrer Quartiere – also in den 'ordentlichen' Vierteln – auftreten zu können. Seine ultimative Steigerung fand der Topos bei dem Ständestaatspropagandisten Heinrich Berl, der in einem Buch über die angebliche „Unterwelts-Residenz" Berlin („Berlin ist ein Chicago") die Mitglieder von Immertreu mit „gestohlenen Smokings" zu einer Beerdigung gehen ließ.[34]

Der eigentliche Skandal lag aus dieser Perspektive darin, daß die Ringvereine in bürgerliche Räume eindrangen. Großen Widerhall fanden denn auch im Berliner Lokal-Anzeiger und der Agitation rechter Politiker nicht nur Gewaltakte der Ringvereine in ihrem eigenen Milieu, sondern auch die gewaltfreie Eroberung öffentlicher Räume, die bis dahin als Reservate bürgerlicher Kultur angesehen worden waren: der großen Ballsäle. So deklamierte der deutschnationale Abgeordnete Kaufmann am 5. März 1929 im preußischen Landtag:

> „Aber nie war dieses Berufsverbrechertum so frech, so schamlos (...) – und niemals hat dieses Verbrechertum es gewagt, in öffentlichen, riesigen Festen sich zu prostituieren und zu zeigen, was es sich leisten kann. Wir haben Feste gehabt, auf denen 4.000 notwendig als Delinquenten Verurteilte zusammenkamen, im Smoking, in Lackschuhen, wahrscheinlich auch im Zylinder. (...) Da wird man wohl sagen müssen: da ist es Zeit, daß fest zugepackt wird".[35]

Tatsächlich bildeten die jährlichen Stiftungsfeste und Bälle der Ringvereine die Höhepunkte im Streben ihrer Mitglieder nach einem Platz in der bürgerlichen Gesellschaft. Ein Bericht des preußischen Innenministeriums vom Januar 1929 vermerkte, diese Feste würden in bekannten Berliner Vergnügungsstätten wie „z.B. im Saalbau Friedrichshain, in den Prachtsälen am Märchenbrunnen, im 'Rheingold' am Potsdamer Platz, in den Germania-Sälen in der Chausseestraße, im Lehrervereinshaus am

---

33 Vorwärts 31.12.1928 (A).
34 Berl, Heinrich: Der Kampf gegen das rote Berlin oder Berlin eine Unterwelts-Residenz, Karlsruhe 1932, 23 und 44.
35 Sitzungsberichte des Preußischen Landtages, 3. Wahlperiode, Band 3 Berlin 1929, 4689.

Alexanderplatz" stattfinden. Was konnte Reputation besser demonstrieren als ein öffentlicher Ball an jenen Orten, an denen auch das bürgerliche Berlin seine Ballsaison feierte oder wo, wie im Fall des 'Rheingold', 1931 eine kriminalistische Fachtagung des Verbandes preußischer Polizeibeamter stattfand? Zum Ablauf der Feste berichtete das Innenministerium: „Während in der Vorkriegszeit die Vergnügungen in sittlicher Beziehung zu polizeilichem Einschreiten Anlaß gaben, sind die Veranstaltungen nach dem Kriege von den Festen anderer bürgerlicher Vereine nicht zu unterscheiden. Für die Mitglieder ist Gesellschaftsanzug vorgeschrieben. Die zu den Brüdern gehörenden 'Damen' müssen durchaus angemessen in der Kleidung auftreten. Jede Ausschreitung eines Bruders oder einer 'Schwester' wird von der amtierenden 'Saalpolizei' streng unterdrückt und später durch Strafe geahndet."[36] Über den Verlauf des von mehreren Delegationen anderer Klubs besuchten Stiftungsfestes des Ringvereins Königstadt, das seine Beamten observiert hatten, vermerkte Polizeivizepräsident Bernhard Weiß ebenfalls 1929:

> „Wie es auf diesen Festen üblich ist, fand zunächst ein Aufmarsch der Vereine nach 'Art der Gepflogenheit von Sportvereinen' statt, dann begann der eigentliche Festakt. Ein Quartett sang: 'Das ist der Tag des Herrn'. Es folgten Festreden, in denen man sich gegenseitig 'Treue' gelobte und die Gefühle der 'Zusammengehörigkeit' und der Brüderlichkeit' zum Ausdruck brachte. Schließlich wurden Fahnenbänder und Fahnennägel überreicht".[37]

Die rechte Publizistik hielt gerade dieses öffentliche Zelebrieren bürgerlicher Rituale durch die 'Unterwelt' für unerträglich, weil es pointiert jene Umkehrung tradierter gesellschaftlicher Hierarchien symbolisierte, die man in der Rechten der Republik allgemein zum Vorwurf machte und unter der viele Menschen litten, weil sie die Bestimmung der eigenen Position im sozialen Gefüge so unsicher zu machen schien.

2 Macht auf der Straße und Revolution aus dem Hinterhalt: Arbeiterjugendliche und Wilde Cliquen zwischen Weltkrieg und Wirtschaftskrise

Arbeiterjugendliche galten bereits Ende des 19. Jahrhunderts häufig als Bedrohung öffentlicher Sicherheit und Ordnung. Sowohl auf Seiten

---

[36] Stenographische Berichte des Hauptausschusses des Preußischen Landtages, 3. Wahlperiode, Berlin 1929, 43.

[37] Schreiben von Weiß an den Rechtsanwalt Max Alsberg vom 23.3.1929 in BLHAP, Pr.Br.Rep. 30 Berlin C, Tit. 240, Nr. 21309, fol. 71f.

staatlicher Herrschaftsträger als auch bei bürgerlichen Beobachtern lösten sie oft eine Assoziationskette aus, deren Hauptbestandteile sich mit den Schlagwörtern moralisch-sittlicher Verfall, Gewalt und Kriminalität umschreiben lassen.[38] Vor allem in unsicheren Zeiten zeigte sich zum einen, was der Historiker Detlev J.K. Peukert treffend umschrieb: „Das 'Jugendproblem' blieb ein Kontrollproblem".[39] Zum anderen besaß das 'Jugendproblem' aber auch eine politische Komponente, die Eve Rosenhaft pointiert zusammenfaßte, „the principal fear of German officialdom was the political radicalisation of the young".[40] Der Erste Weltkrieg sowie die Weltwirtschaftskrise bildeten Konstellationen, in denen beide Befürchtungen zusammentrafen.

Mußte die politische Gefahr, die von der Masse Arbeiterjugendlicher im Ersten Weltkrieg ausging, nicht erst nachgewiesen werden, so wurde z.B. die Reichskriminalstatistik von zeitgenössischen Autoren als Spiegel der Verwahrlosung interpretiert, die vor allem junge Menschen im Ersten Weltkrieg durchliefen. Diese Interpretation lag damals auf der Hand, weil die Verurteiltenstatistik in den Kriegsjahren einen steigenden Anteil Jugendlicher an der Diebstahlskriminalität erkennen ließ. Beim einfachen Diebstahl wuchs der Anteil der 12-18jährigen an den Verurteilten von 27,7 Prozent im Durchschnitt der Jahre 1910/13 auf 44,0 Prozent im Durchschnitt der Jahre 1915/18. Beim schweren Diebstahl stieg dieser Anteil von 36,0 Prozent (1910/13) auf 59,6 Prozent (1915/18). 1917 war mit 62,2 Prozent der Höchststand erreicht.[41] Angesichts dieser Entwicklungen war von offizieller Seite denn auch ein vielstimmiges Klagelied über den Verfall des Anstands und der guten Sitten zu vernehmen. Vor allem das Agieren von Arbeiterjugendlichen erschien im höchsten Maße verwerflich.[42]

Auch wenn das zeitgenössische Urteil recht eindeutig ausfiel, sollten diese Diebstähle nicht nur als pure Notdelikte, sondern auch als Ausdruck eines durch die gute Arbeitsmarktlage gestiegenen Selbstvertrauens angesehen werden; auch wenn der erzielte Verdienst wahrlich nicht zum Anhäufen von Reichtümern geeignet war. Dieses starke Selbstbewußtsein hatte auch die Berliner Polizei erkannt. In deren Augen zogen die „Jugendlichen beiderlei Geschlechts gemeinsam durch Kinos und Kaffees und zeigen in ihrem Verkehr miteinander eine den sittenstren-

---

[38] Vgl. zusammenfassend Peukert (1987), 94–100.

[39] Peukert (1987), 95.

[40] Rosenhaft, Eve : Organising the 'Lumpenproletariat'. Cliques and Communists in Berlin during the Weimar Republic, in: Evans, Richard J. (Hg.): The German Working Class, 1888–1933. The Politics of Everyday Life, London 1982, 174–219, 177.

[41] Berechnet nach: Statistik des Deutschen Reiches, Bd. 370, Berlin 1930, 49 f.

[42] Bessel, Richard: Germany after the First World War, Oxford 1995, 241.

gen Beobachter verletzende Ungebundenheit. Indem sie auf ihren hohen Arbeitsverdienst pochen, glauben sie im Gefühl der Unersetzlichkeit, unbedingten Anspruch auf Selbständigkeit und Gleichberechtigung mit den Erwachsenen erheben zu dürfen ... und ihre Persönlichkeit in unangemessener Weise zur Geltung zu bringen."[43] Der Rechtswissenschaftler Moritz Liepmann fügte hinzu:

> „So entgleiten diese Jugendlichen nicht bloß jeder erzieherischen Beaufsichtigung, sie kennen keinerlei Autorität und Unterordnung und steigern sich in immer ungebundenere Lebensführung und Hemmungslosigkeit."

Ernüchtert glaubte er feststellen zu können: „15-17jährige beherrschen die Straßen der Großstadt".[44]

Auch in der Weltwirtschaftskrise boten kriminalstatistische Erhebungen Argumentationshilfen, um die Jugendverwahrlosung während dieser Depressionsjahre zu erklären.[45] Dabei standen nach wie vor Eigentumsdelikte (speziell Diebstahl) an er Spitze, der von Jugendlichen verübten Delikte. Vor allem Fahrrad- und Autodiebstahl hatten Konjunktur. Resümees der frühen 1930er Jahre betonten jedoch mit Blick auf den Ersten Weltkrieg, die Jugendkriminalität sei „nicht so stark angewachsen, wie man es auf Grund der ungeheuren Massennot befürchten mußte".[46] Ein Vergleich mit den eingangs für den Ersten Weltkrieg genannten Zahlen verdeutlicht dies. Wie eine Analyse der Reichskriminalstatistik zeigt, stellten die 14 bis 18jährigen im Durchschnitt der Jahre 1931/32 beim einfachen Diebstahl nur 10,6 Prozent und beim schweren Diebstahl 12,1 Prozent der Verurteilten.[47]

Jedoch ging es Ende der 1920er Jahre nicht nur um die von einzelnen Jugendlichen begangenen Delikte. Vielmehr beschäftigten nun einige bandenmäßig verübte Diebstähle die Öffentlichkeit.[48] Noch Anfang 1926 hatte der Hamburger Psychologe Curt Bondy konstatiert, über die „kriminelle Bande" wisse man nur recht wenig, da „sich bisher meist

---

43 Scholz, Robert: Ein unruhiges Jahrzehnt: Lebensmittelunruhen, Massenstreiks und Arbeitslosenkrawalle in Berlin 1914–1923, in: Gailus, Manfred (Hg.): Pöbelexzesse und Volkstumulte in Berlin. Zur Sozialgeschichte der Straße (1830–1980), Berlin 1984, 79–123, 89.

44 Liepmann, Moritz: Krieg und Kriminalität in Deutschland, Stuttgart 1930, 95.

45 Vgl. zusammenfassend Harvey, Elizabeth: Youth and the Welfare State in Weimar Germany, Oxford 1993, 195–203.

46 Jacoby, Heinz: Kriminalität der Jugendlichen in den Jahren 1930 und 1931, in: Zeitschrift für die gesamte Strafrechtswissenschaft 54 (1934/35), 85–117, 92. Die Strafmündigkeit war inzwischen auf 14 Jahre heraufgesetzt worden.

47 Berechnet nach: Kriminalstatistik des Deutschen Reiches Bd. 433, Berlin 1934, 21 und Bd. 448, Berlin 1935, 19.

48 Harvey (1993), 196 f.

nur Polizei, Jugendamt, Vormundschafts- und Jugendrichter" damit beschäftigt hätten.[49] Dies änderte sich jedoch einige Jahre später. 1930 erschien „die Bedrohung der Gesellschaft offensichtlicher"[50] geworden zu sein. Waren es im Ersten Weltkrieg nur vereinzelt „Wanderflegel", die am Rande großer Städte „meistens betrunken, grellfarbig bekleidet, lärmend durch die Straßen zogen",[51] so rückten nun – zumindest zeitweise – vermehrt bandenartige Zusammenschlüsse Großstadtjugendlicher ins Blickfeld der Öffentlichkeit: die sogenannten Wilden Cliquen.[52] Sie bestanden zumeist aus männlichen Arbeiterjugendlichen zwischen 16 und 25 Jahren.[53] In Berlin gab es je nach Schätzung zwischen 250 und 600 Cliquen mit 3.000 bis 15.000 Mitgliedern.[54] Die Namen der Cliquen waren oft an Filme oder Romanfiguren angelehnt: Apachenblut, Santa Fe, Todesverächter oder Tartarenblut.

Zum einen boten die Wilden Cliquen den Jugendlichen die Möglichkeit, ihre Freizeit gemeinsam zu gestalten, eine Freizeit, die vor allem durch die Arbeitslosigkeit der Wirtschaftskrise erzwungenermaßen erweitert wurde. In diesen Cliquen konnten sie auch den familiären Spannungen – wie z.B. dem „Gerede über den unnützen Esser" – zeitweise entkommen.[55] Zum anderen waren diese Zusammenschlüsse nicht nur eine Art Familienersatz,[56] sondern auch Selbsthilfegruppen, mit denen Jugendliche versuchten, ihr Überleben in der Krise abzusichern. So berichtete ein ehemaliger Cliquen-Jugendlicher: „Vor allen Dingen half einer dem anderen. Es waren ja immer welche dabei, die … Geld hatten… . Da war man mal ein Bier trinken oder 'ne Brause und das hat einer für den anderen bezahlt. Det war auch irgendwie ein Stück Heimat …".[57] Vor allem Wochenendwanderungen sorgten immer wieder für

---

49 Bondy, Curt: Die jugendliche Verbrecherbande als psychologisches und sozialpädagogisches Problem, in: Erziehung 1 (1926), 146–159, 147.
50 Ehrhardt, Justus: Cliquenwesen und Jugendverwahrlosung, in: Zentralblatt für Jugendrecht und Jugendwohlfahrt 21 (1930), 413–418, 413.
51 Fournier, Christine: Ringvereine der Jugend, in: Die Weltbühne 27 (1931) H. 3, 89–95, abgedruckt bei Lessing, Hellmut; Liebel, Manfred: Wilde Cliquen. Szenen einer anderen Arbeiterjugendbewegung, Bensheim 1981, 87–93, 87.
52 Vgl. dazu neuerdings Kenkmann, Alfons: Wilde Jugend. Lebenswelt großstädtischer Jugendlicher zwischen Wirtschaftskrise, Nationalsozialismus und Währungsreform, Essen 1996.
53 Ehrhardt (1930), 413.
54 Lindner, Rolf: Die Wilden Cliquen in Berlin. Ein Beitrag zur historischen Kulturanalyse, in: Historische Anthropologie 1 (1993), 451–467, 453.
55 Vorwärts 22.3.1931 (Morgenausgabe). Vgl. auch Peukert, Detlev J.K.: Jugend zwischen Krieg und Krise. Lebenswelten von Arbeiterjungen in der Weimarer Republik, Köln 1987, 92–94.
56 Ehrhardt (1930), 414.
57 Interview mit einem Mitglied der Clique „Ostpiraten", abgedruckt bei Mischok, Andreas, 'Wild und frei'. Wilde Cliquen im Berlin der Weimarer Zeit, in: Berli-

„das große gemeinsame Erlebnis".[58] Die Wilden Cliquen gaben ihren Mitgliedern „trotz aller Misere noch Mut und Selbstbewußtsein",[59] vermittelten Sicherheit und sozialen Rückhalt in Zeiten weitverbreiteter Unsicherheitsgefühle.

Die Öffentlichkeit jedoch sah das anders. Hier waren die Wilden Cliquen mehrfach stigmatisiert. So arbeiteten diese Jugendlichen, wie Berliner Beispiele zeigen, oft als Gelegenheitsarbeiter. Diese Tätigkeiten galten sowohl im Bürgertum als auch in weiten Teilen der sozialdemokratischen Arbeiterschaft als minderwertig. Denn der erzieherische Wert regelmäßiger Arbeit – vor allem gelernter Tätigkeit – stand außer Frage. Wie neuere sozialgeschichtliche Forschungen nachgewiesen haben, waren jedoch Gelegenheitsarbeiter nicht allein Opfer ihrer Situation. Vielmehr bot ihnen ihr Job auch Freiräume für ein relativ selbstbestimmtes Leben.[60] Bei aller Skepsis konnten Sozialfürsorger denn auch eine gewisse Bewunderung für das ungebundene, augenblicksbezogene Leben und Treiben der Cliquen-Jugendlichen nicht völlig verhehlen. So lobte ein Berliner Fürsorger anerkennend ihre „geistige(n) Beweglichkeit" und „körperlich hohe Geschicklichkeit", aber auch ihre augenblicksbezogene Spontaneität:

„Oft kam es wie ein Rausch … über sie, dem das Glück einer wunschlosen Ruhe folgte".[61]

Ähnlich urteilte der Berliner Pfarrer Günter Dehn: Diese Jugendlichen seien oft „schnoddrig-witzig, gelegentlich geradezu humoristisch, jedenfalls aber sind sie bewegt und lebendig. (…) Es ist auch erstaunlich, wie lebensklug sie sein können, bisweilen fast weise…".[62]

Die Wilden Cliquen waren Außenstehenden nicht nur deshalb ein Dorn im Auge, weil sie ein relativ ungebundenes Leben führten und dies zudem offen zur Schau stellten, sondern auch, weil sie sich roh und disziplinlos benahmen. In den proletarischen Vierteln eroberten sich die Cliquen, mit dem „Cliquenbullen" als Anführer, ihre Territorien wie Rummelplätze, Straßenecken und in Kinos. Hier kam es wie bei den

---

ner Geschichtswerkstatt e.V. (Hg.), Vom Lagerfeuer zur Musikbox. Jugendkulturen 1900–1960, Berlin 1985, 47–75, 63.

58 Ehrhardt (1930), 415.
59 Peukert, Arbeiterjungen (1987), 256.
60 Vgl. Grüttner, Michael: Die Kultur der Armut. Mobile Arbeiter während der Industrialisierung, in: Jahrbuch Soziale Bewegungen Bd. 3: Armut und Ausgrenzung, Frankfurt/M. 1987, 12–32.
61 Lamm, Albert: Betrogene Jugend. Aus einem Erwerbslosenheim, Berlin 1932, 153.
62 Dehn, Günther: Proletarische Jugend. Lebensgestaltung und Gedankenwelt der großstädtischen Proletarierjugend, Berlin 1929, 83 f.

Wochenendwanderungen oft zu Kämpfen mit konkurrierenden Cliquen.[63] Zudem würden häufig „Gruppen von friedlichen jungen Wanderern, selbst Schulkinder … überfallen, verprügelt und ihnen gelegentlich auch Ausrüstungsstücke, fast immer aber die Vereinsabzeichen und Wimpel gestohlen".[64] Es sollte jedoch bedacht werden, daß Gewalt hier nicht als Selbstzweck fungierte. Auch wenn Menschen durchaus gezielt eingeschüchtert wurden, diente körperliche Gewalt oft in ritualisierter Form der Selbstrepräsentation und der Unterhaltung oder als Sanktionsmittel gegenüber anderen Cliquen oder Einzelpersonen, die gegen gemeinsame Normen verstoßen hatten.[65]

Auch ließen exzessive Eintrittsriten und angeblich sexuelle Ausschweifungen Außenstehende erschaudern. Im Mittelpunkt der Neuaufnahmerituale stehe oft eine „onanistische Handlung", oft werde der Neue „nackt festgebunden und mit Kot und Urin beschmutzt".[66] Berichte über Mutproben, Taufrituale und über den „Cliquenfraß" für Neuaufgenommene regten die Phantasie von bürgerlichen Beobachten ebenso an wie die Behauptung, daß eine „Cliquenkuh" oder das „Cliquenliebsche" oftmals den „sexuellen Bedürfnissen der Clique 'entgegenkommt' ".[67] Insgesamt gehöre schon „eine gewisse Stumpfheit oder …. Verwahrlosung dazu, diese Voraussetzungen über sich ergehen zu lassen".[68]

Zudem waren die Cliquenmitglieder aus der Sicht sozial engagierter Personen oder der Polizei stets vom endgültigen Absinken in die „Asozialität" (Kriminalität, Prostitution usw.) bedroht. Die Cliquen wurden oft herablassend als „Vorschule für das große Verbrechertum"[69] oder als „Organisationen … der asozialen Jugendlichen" bezeichnet. Mit solchen pauschalen Verurteilungen befand man sich zwar auch international in guter Gesellschaft. Denn der bereits genannte Artikel über Jugendbanden in den USA resümierte: Die Banden befänden sich „mehr unter dem Einfluß antisozialer Elemente, wie Prostituierter, Falschspieler und anderer Verbrecher … als unter dem sozial fördernder Kräfte"[70]. Jedoch machte eine solche Bestätigung von jenseits des „großen

63 Vgl. Kenkmann (1996), 86 f.; Lindner (1993), 466; Interview mit einem Cliquenmitglied, abgedruckt bei Lessing; Liebel (1981), 37.
64 Ehrhardt (1930), 415.
65 Rosenhaft (1982), 186.
66 Voß, Otto; Schön, Herbert: Die Cliquen Jugendlicher verwahrloster als sozialpädagogisches Problem, in: Mennicke, Carl (Hg.): Erfahrungen der Jungen, Potsdam 1930, teilweise abgedruckt bei: Lessing; Liebel (1981), 57–69, 62.
67 Ehrhardt (1930), 415.
68 Ehrhardt (1930), 415.
69 Fournier (1931), 91.
70 Gierlichs (1937), 3.

Teichs" solche Aussagen nicht richtiger. Angesichts der etwa 1927 gegründeten Dachverbände für Berliner Cliquen (wie Nordring, Südring usw.)[71] wurde bisweilen sogar über Kontakte zum Berliner Unterweltverein Immertreu berichtet. Doch auch diese Vermutungen blieben nur dürftig belegt und somit umstritten.[72]

Ein genauer Blick hinter die rauhe Fassade der Wilden Cliquen relativiert manch vorschnelles Urteil. So gestand ein Cliquenmitglied:

> „Wir waren natürlich ein bißchen rüpelhaft; ... wir waren ein roher Haufen. Im Grunde genommen hab' ich genausoviel Schiß gehabt wie die anderen auch, da ging mir die Muffe genauso. Aber wir waren natürlich in der Gruppe unheimlich stark. ... Wir waren nicht mutiger (als andere Cliquen, K.W.), wir waren genauso kleine Feiglinge. Wenn wir alleine waren, sind wir schnell nach Hause geflitzt".[73]

Auch gab es, wie sich ein ehemaliges Cliquenmitglied erinnert, bei ihren Ausflügen durchaus Ordnungsnormen, denn „Zeltplanen wurden schön eingerollt, militärisch so ein bißchen, daß das zackig aussah, ... Liederlichkeit gab es eigentlich nicht".[74] Zudem soll es vereinzelte Ansätze von Vereinsmeierei auch in den Wilden Cliquen gegeben haben, davon zeugen Berichte über Kassenwarte, Schriftführer und feste Stammlokale, aber auch Hinweise auf veruntreute Gelder.[75] Darüber hinaus sollten Cliquenbullen „in Frack und Zylinder", auf den Sitzungen ihrer Vereinigung „Bergadler" erschienen sein.[76]

Angesichts dieser nicht gerade neuartigen „Gefahren", die von den Wilden Cliquen ausgehen sollten, bleibt die Frage offen, warum sie in der Endphase der Weimarer Republik, so Eve Rosenhaft, zum „focus of anxieties about the potential, both criminal and political, of working-class youth"[77] wurden? Hierbei spielte die Arbeitslosigkeit eine wichtige Rolle. Überall war nun „der öffentliche Raum überfüllt mit untätigen Männern und Jugendlichen. Sie quollen aus den überfüllten Arbeitsäm-

---

71 Voß; Schön (1930), 57.
72 Vgl. Fournier (1931), 91 (Zitat); Lessing; Liebel (1982) 19; sowie die Gegenthese von Lindner (1993), 466; und Rosenhaft (1983), 134.
73 Interview mit einem Mitglied der Clique „Ostpiraten", abgedruckt bei Mischok (1985), 61.
74 Interview mit einem Mitglied der Clique „Edelhirsch", abgedruckt bei Mischok (1985), 55.
75 Vgl. Interview mit einem Mitglied der Clique „Edelhirsch", abgedruckt bei Mischok (1985), 50; Staewen-Ordemann, Gertrud: Menschen in Unordnung. Die proletarische Wirklichkeit im Arbeitsschicksal der ungelernten Großstadtjugend, Berlin 1933, 136.
76 Fournier (1931), 90.
77 Rosenhaft (1982), 176.

tern hervor und blockierten die umliegenden Straßen. Sie dösten in öffentlichen Büchereien. Sie standen an Straßenecken herum und besetzten die lokalen Parks".[78] Spätestens seit etwa 1930 waren die Arbeitsnachweise, Arbeits- oder Wohlfahrtsämter zu Aufenthaltsorten vieler Menschen geworden, die nicht mehr hinter den Türen der Betriebe beschäftigt, sondern auf Straßen und Plätzen der Stadtviertel präsent waren. All dies konnte bedrohlich und verunsichernd wirken. Wie der Presse zu entnehmen war, seien teilweise „Verhältnisse unter der Jugend heran(ge)wachsen ..., die für die Ordnung gefährlich werden können".[79]

Zudem trugen die gegenüber dem Ersten Weltkrieg anscheinend effektiveren Aufsichts- und Kontrolltätigkeiten von Polizei, von staatlichen und kommunalen Jugendeinrichtungen dazu bei, das Verhalten der Jugendlichen genauer zu registrieren. Im Gegensatz zum Ersten Weltkrieg, als die Pressezensur eine Berichterstattung unterband, gelang es den Zeitungen in den letzten Jahren der Weimarer Republik zudem, die Cliquen – ähnlich wie die Vereine der Berliner Unterwelt – zunehmend in das Licht der Öffentlichkeit zu rücken.[80] Die Cliquen waren also nicht nur zahlreicher, sondern auch sichtbarer. Insgesamt erreichte die Aufmerksamkeit, die den Cliquen zuteil wurde, jedoch anscheinend nicht alle Teile der Gesellschaft und war wohl zudem zeitlich begrenzt . Denn Anfang 1937 hieß es in einem kriminalistischen Artikel über Banden in den USA:

„Leider herrscht über die Wichtigkeit und Wirkweise des 'gang' ... noch keineswegs überall die wünschenswerte Kenntnis und Klarheit".[81]

Auch die Kleidung der Cliquen, die sich hiermit bewußt von bürgerlichen und sozialdemokratisch organisierten Jugendverbänden abgrenzten, dürfte bei Außenstehenden für nicht zu unterschätzende Irritationen geführt haben. Phantasievoll geschmückte Mützen, Nietengürtel, Lederhosen mit Hosenträgern, karierte Hemden oder Blusen sowie schwere Lederstiefel mit wadenlangen oder oft auch umgekrempelten Strümpfen waren wie das Edelweiß ihre Erkennungszeichen.[82] Häufig waren „überall am Körper, wo gerade noch Platz war, ... bunte Bänder

[78] Rosenhaft, Eve: Links gleich rechts? Militante Straßengewalt um 1930, in: Lindenberger, Thomas; Lüdtke, Alf (Hg.): Physische Gewalt. Studien zur Geschichte der Neuzeit, Frankfurt/Main 1995, 238–275, 274.
[79] Vorwärts 9.7.1931, (Morgenausgabe).
[80] Vgl. Rosenhaft (1982), 182.
[81] Gierlichs, Willy: Zur Natur- und Sozialgeschichte des 'gang', in: Kriminalistische Monatshefte 11 (1937), 1–5 u.145–150, 2.
[82] Vgl. Kenkmann (1996), 92 f., 95–97 und 356 f.; Lindner (1993), 454 f.

angebracht. Ohrringe, Tätowierungen vervollständigten das Bild".[83] Um es im Musikjargon der 90er Jahre zu umschreiben: die Kleidung war ein „crossover" aus mehreren, bis dahin als unvereinbar angesehenen Stilrichtungen.

Viele sozial Engagierte sahen zudem zwischen verwahrlosten Halbstarken und politischem Radikalismus eine große Nähe.[84] So unterstellte Günter Dehn diesen Jugendlichen verdeckte politische Absichten:

> „Sie stehen umher an den Straßenecken und in den Hausfluren, die Sportmütze auf dem Kopf, die Zigarette im Mundwinkel, die Hände in den Hosentaschen vergraben, um den Hals hat man ein Tuch zum 'Revolverknoten' verschlungen, der Kragen und Krawatte vertritt. Ist irgendwo etwas los, ein Krawall oder ein Auflauf, dann sind sie da. Wie die Pilze aus der Erde schießen sie da auf. In der Tasche haben sie Steine, gelegentlich auch ein Schießwerkzeug, mit den Fingern bringen sie die gellenden, durch Mark und Bein dringenden Pfiffe hervor, vom Hinterhalt her wird so Revolution gemacht, mit Geschrei und Gejohle".[85]

Von der Polizei und in der sozialdemokratischen Presse wurden die Wilden Cliquen in die Nähe des Kommunismus gerückt.[86] In der hochpolitisierten Endphase der Weimarer Republik mußte die altbekannte Zuschreibung des politischen Radikalismus jedoch für Staat und Öffentlichkeit weit bedrohlicher erscheinen als in politisch ruhigeren Zeiten. Denn die öffentlichen Räume und somit die straßenpolitischen Aktivitäten waren in der Endphase der Weimarer Republik ohnehin gegenüber den Jahren nach dem Ersten Weltkrieg stärker von politischen Organisationen beherrscht.[87] So waren die Arbeiterstadtteile seit Ende der 1920er Jahre vermehrt Schauplatz gewaltsamer Streiks geworden, die nun stärker als zuvor auf der Straße ausgetragen wurden.[88] Hierbei hatte es sich die KPD seit 1929 zum Ziel erhoben, die Straßen zu erobern. Zudem lieferten sich vor allem KPD-nahe Organisationen und die nationalsozialistische SA in den frühen 1930er Jahren häufig blutige Straßenschlachten. Die früher oft nur abstrakt konstruierte poli-

---

[83] Peukert, Arbeiterjungen (1987), 252.
[84] Harvey (1993), 208.
[85] Dehn (1929), 97.
[86] Rosenhaft (1982), 189.
[87] Vgl. zum Begriff Straßenpolitik Lindenberger, Thomas: Straßenpolitik. Zur Sozialgeschichte der öffentlichen Ordnung in Berlin 1900 bis 1914, Bonn 1995.
[88] Vgl. zum Beispiel Weinhauer, Klaus: Alltag und Arbeitskampf im Hamburger Hafen. Sozialgeschichte der Hamburger Hafenarbeiter 1914–1933, Paderborn 1994, 316–335.

tische Bedrohung durch Arbeiterjugendliche konnte nun weit drohender, weil greifbarer erscheinen.

Viele Cliquen waren zwar diffus links orientiert, aber nur sehr schwer parteipolitisch oder ideologisch zu binden.[89] Für die Berliner KPD-Führung galten sie als potentielle Verbündete im politischen Kampf. Sie wurden jedoch nicht als das angesehen, was sie waren: ein Teil der sozialen Basis der Partei.[90] Zwar bot die defensive Kultur der Cliquen in der Tat keine Ansatzpunkte für politische Systemveränderungen.[91] Wie zahlreiche Beispiele zeigen, war es jedoch durchaus möglich, daß sie sich in politische Straßenaktivitäten im Quartier einmischten und oft kommunistische Selbstschutzorganisationen (Roter Frontkämpferbund, Kampfbund gegen den Faschismus, Roter Massenselbstschutz) unterstützen. Denn, auch wenn die obigen Schilderungen dagegen zu sprechen scheinen, so waren die wilden Cliquen doch in ihre Stadtviertel integriert und dort akzeptiert, sie operierten also nicht in Feindesland. Unter anderem halfen ihre Mitglieder bei der Organisation von Widerstand gegen Exmittierungen oder gaben abendliche Musikdarbietungen.[92] Jedoch sei davor gewarnt, die Wilden Cliquen zu verklären und darin eine politisch bewußte Opposition zu sehen. So zeigte sich in den Wilden Cliquen nicht nur ein rauher Machismo, der Frauen offensiv ausgrenzte.[93] Auch wenn es angesichts der „bandenähnlichen Mentalität der SA"[94] nicht verwundern mag, sympathisierten manche Cliquen durchaus offen mit nationalsozialistischen Organisationen.[95]

In den Arbeiterstadtteilen Berlins und der rheinisch-westfälischen Großstädte gab es einige Berührungspunkte zwischen Wilden Cliquen und den paramilitärischen Selbstschutzorganisation der KPD. Für Berlin hat Eve Rosenhaft diese gemeinsamen Bezugspunkte zusammengefaßt:

„The cliques and defence formations ... shared a social code and an organisational culture in which the gang-style of organisation was closely associated with toughness, masculinity, a solidarity based on mutual aid and affection, a strong tie with the local

---

[89] Rosenhaft, Eve: Beating the Fascists? The German Communists and Political Violence 1929–1933, Cambridge 1983, 134.

[90] Rosenhaft (1982), 193.

[91] Vgl. Rosenhaft (1982), 208.

[92] Voß; Schön (1930), 61, Interview mit einem Mitglied der Clique „Weißer Hirsch", abgedruckt bei Lessing; Liebel (1981), 29.

[93] Peukert, Arbeiterjungen (1987), 253.

[94] Longerich, Peter: Die braunen Bataillone. Geschichte der SA, München 1989, 137.

[95] Vgl. Kenkmann,(1996), 60 f.

neighbourhood and violent competition with or resistance to outsiders".[96]

Einen dieser Außenseiter und Eindringlinge verkörperte die Polizei. Damit ist eine weitere Gemeinsamkeit zwischen den meisten Cliquen und den KPD-Selbstschutzorganisationen angesprochen: die Abneigung, teilweise sogar der Haß auf staatliche Institutionen, vor allem auf die Polizei.

Bei zahlreichen Konfrontationen zwischen Kommunisten und Nationalsozialisten, aber auch im Straßenalltag der Cliquenjugendlichen, trugen Polizeieinsätze nicht eben dazu bei, die Gemüter zu beschwichtigen. Vielmehr verschärfte deren überzogen hartes Eingreifen die Spannungen.[97] Die Jugendlichen reagierten mit Gegengewalt. Ein Cliquenmitglied berichtet, nach der Beerdigung des Nationalsozialisten Horst Wessel im Jahre 1930 hätten die Nazis nahe der KPD-Zentrale am Berliner Bülowplatz demonstriert:

„Wir haben sie da nicht durch gelassen, das war eine Provokation. Wir wurden von der Polizei die Straße 'runtergejagt. Einem Schupo habe ich den Knüppel aus der Hand gerissen und ihm eine übergezekt. Die Kumpels haben mich gleich in einen Hausflur geschoben, haben die Tür abgeschlossen, und kam dann hinten auf 'ner ganz anderen Straße wieder raus".[98]

Vor allem seit Frühjahr 1930 waren es also neben der Polizei weitere Eindringlinge, mit denen KPD-Organisationen und Cliquenjugendliche konfrontiert waren: die Nationalsozialisten. Die SA legte es seit Frühjahr 1930 verstärkt darauf an, vor allem in proletarischen Stadtvierteln neue Hauptquartiere zu schaffen, d.h. in Kneipen Versammlungslokale zu eröffnen.[99] Dies gelang oft, weil in der Wirtschaftskrise die Kaufkraft der Kunden, sprich: die Fähigkeit, Geld für Getränke und Speisen auszugeben, stark eingeschränkt war. Neben dieser Aneignung eines vom politischen Gegner besetzten Raumes, wollte die SA Ordnung schaffen in den proletarischen Stadtteilen, in denen die Polizei zulange untätig dem Treiben des „rechtswidrig bewaffneten Gesindel der Großstädte" – also der Kommunisten – zugesehen habe.[100] Die damit verbundenen Konfrontationen, die oft mit Schießereien einhergingen und mit Toten endeten, spielten sich in einem Sektor der Öffentlichkeit ab, in dem

---

[96] Rosenhaft (1982), 208.
[97] Vgl. Rosenhaft (1995), 239; Kenkmann (1996), 103.
[98] Interview mit einem Mitglied der Clique „Weißer Hirsch", abgedruckt bei Lessing; Liebel (1981), 36.
[99] Vgl. Rosenhaft (1983), 111–127.
[100] So Adolf Hitler (1931), zitiert nach: Longerich (1989), 121.

zahlreiche Gruppen Jugendlicher agierten. Diese Konflikte entstanden nicht so sehr in den Arbeiterstadtteilen, sondern in citynahen Vierteln mit relativ armer und sozial gemischter Bevölkerung.[101] Diese Kämpfe führten politische Organisationen und Wilde Cliquen zeitweise zusammen.

Die ärmeren großstädtischen Nachbarschaften der Depressionsjahre waren aber nicht nur Schauplatz politisierter Straßenaktionen. Vielmehr hatten sich dort auch das Alltagsleben und seine Wahrnehmung verändert. Zum einen war hier das Leben gewalttätiger geworden, oft als Reaktion auf die Veränderung bis dahin effektiv arbeitender Formen der Schlichtung lokaler Konflikte. Zudem entwickelte sich in diesen Vierteln eine massive „Erosion allgemein anerkannter Regeln von Respekt und Toleranz". Gleichzeitig wurden öffentliche Räume stark politisiert und polarisiert. Wie der Kampf um die Kneipen in den Stadtvierteln andeutete, wurden zudem Vorstellungen über den alltäglichen Gebrauch öffentlicher Räume und dabei auch über die Trennung von privater und öffentlichen Sphäre „herausgefordert und zerstört".[102] Die damit verbundenen Verunsicherungen ließen vermutlich das Bedrohungspotential der Wilden Cliquen noch bedrohlicher erscheinen.

Zusammenfassend betrachtet flossen im Bild der Wilden Cliquen die traditionellen Potentiale der Großstadtjugend wie Verwahrlosung und Kriminalität, aber auch die Furcht vor deren politischem Radikalismus zusammen. In der Wirtschaftskrise kamen zeittypische Komponenten hinzu. Presse, Polizei und Einrichtungen der Jugendfürsorge widmeten den Cliquen jetzt mehr Aufmerksamkeit. Dieses gestiegene öffentliche Interesse könnte dazu beigetragen haben, diese Jugendlichen noch bedrohlicher erscheinen zu lassen. Darüber hinaus wurde die Furcht vor einer politischen Radikalisierung der Arbeiterjugendlichen durch die Massen arbeitsloser Jugendlicher verstärkt. Die Erosion allgemein anerkannter Regeln des Zusammenlebens und der Schlichtung lokaler Konflikte in ärmeren großstädtischen Vierteln konnte die ohnehin vorhandenen Verunsicherungen der Krisenjahre der Moderne nochmals verschärfen. Vor diesem Hintergrund verkörperten – im wahrsten Sinne des Wortes – die Wilden Cliquen für Außenstehende auf dreifache Weise Unsicherheit: sie inszenierten ihre „kriminellen" Regelverstöße und Machtkämpfe gut sichtbar im öffentlichen Raum, sie bewegten sich dort in Gruppen und sie bestanden aus relativ ungebundenen und mobilen Jugendlichen. Zudem spielten sie, ähnlich wie die Berliner Unterweltvereine, mit Kleidungsnormen. Die Cliquenmitglieder durchbrachen

---

[101] Rosenhaft (1995), 271.
[102] Beide Zitate aus Rosenhaft (1995), 272 f.

Kleidungsgewohnheiten, indem sie scheinbar unvereinbare Stile miteinander vermischten und damit Außenstehende vielleicht noch mehr verunsicherten.

3 Das sichere Reich

Daß die Wilden Cliquen zum Teil der kommunistischen Bewegung und die Ringvereine zu Symbolen für Amerikanisierung und Umkehr tradierter Hierarchien stilisiert worden waren, hatte nach dem 30. Januar 1933 schlimme Konsequenzen: Da der Nationalsozialismus mit dem Versprechen auftrat, den Kommunismus zu zerschlagen und vermeintlich naturgegebene Ordnungen und Hierarchien als feste Orientierungspunkte für den verunsicherten 'ordentlichen' Bürger wiederherzustellen, interpretierte das NS-Regime jugendliche Renitenz und organisierte Kriminalität als Erscheinungsformen politischer Opposition. Demonstrativ ging das nationalsozialistische Regime daher noch im Frühjahr 1933 daran, die Straßen der großen Städte zu 'säubern'. Begleitet von Rundfunk- und Zeitungsreportern veranstaltete die Berliner Polizei Razzia um Razzia in den citynahen Randgruppenquartieren und terrorisierte mit Hilfe der zur Hilfspolizei avancierten SA Ringvereinler, polnische Immigranten, jüdische Berliner und Wilde Cliquen gleichermaßen. Den politischen Gegnern des Regimes folgten schon sehr bald als 'Berufsverbrecher' kategorisierte Menschen in die Konzentrationslager.[103] Die gleichgeschalteten Medien begleiteten dies mit einem wahren Hagel von Artikeln und Reportagen, die das Gefühl verbreiten sollten, nun werde 'aufgeräumt' und 'Sicherheit' hergestellt. Wie erfolgreich der Nationalsozialismus mit dieser Propaganda war, zeigt sich noch heute regelmäßig in Gesprächen mit Zeitzeugen, wenn diese als bemerkenswertes 'Plus' des NS-Regimes hervorheben, damals habe man (angeblich im Gegensatz zu heute) nach Einbruch der Dunkelheit unbehelligt durch Straßen und Parks gehen können.

Polizeiberichte aus der Zeit des Nationalsozialismus belegen allerdings, daß auch im vermeintlich 'sauberen Reich' Adolf Hitlers die 'Unterwelt' ihre Netzwerke und Strukturen aufrechtzuerhalten verstand und daß Serienmörder nicht häufiger oder seltener ihr Unheil trieben als in der Weimarer Republik – nur berichtet wurde über sie seltener und weniger ausführlich. Solche Berichte zeigen auch, daß nach den großflächigen Zerstörungen deutscher Städte durch alliierte Bombenangriffe ab

---

[103] Vgl. Wagner, Patrick: Volksgemeinschaft ohne Verbrecher. Konzeptionen und Praxis der Kriminalpolizei in der Zeit der Weimarer Republik und des Nationalsozialismus, Hamburg 1996, 193–205.

etwa Sommer 1943 eine gesellschaftliche Desintegration entstand, die Gewalt- und Eigentumskriminalität in einem extremen Ausmaß produzierte. Die Polizei gestand sich intern ihre Ohnmacht zwar ein, schlug aber nichtsdestotrotz nach außen hin immer terroristischer um sich.[104] Die staatlich organisierten Serienmörder hatten zu diesem Zeitpunkt ohnehin in ganz Europa bereits Millionen von Menschen getötet und Begriffe wie 'Kriminalität' und 'Sicherheit' ihres tradierten Sinns beraubt.

---

[104] Vgl. Wagner (1996), 214–225 und 316–329.

Kriminologie der Unternehmer-Gesellschaft

SUSANNE KRASMANN

1 Zwei neue Kriminologien

Lange Zeit sprach man von zwei Kriminologien, zwei divergierenden Auffassungen über das Selbstverständnis der Kriminologie als wissenschaftlicher Disziplin und deren Aufgaben, den Gegenstand, Ausgangspunkt und das Ziel ihrer theoretischen Bemühungen. Die eine paradigmatische Variante bezeichnete sich als die kritische. Sie verband damit den Anspruch, sich von der traditionellen Orientierung am Strafrecht abzusetzen, insbesondere von der daran geknüpften Vorgabe, sich auf die Figur des Täters einzuschwören, als Brennpunkt, in dem soziale Probleme fokussiert werden. Die kritische Kriminologie sträubte sich dagegen, die Suche nach den Ursachen von Kriminalität und Abweichung auf die Persönlichkeit des Täters zu reduzieren und das Ergebnis hieraus als Grundlage zu nehmen, um geeignete Strategien und Maßnahmen der Behandlung, der Besserung und Reintegration des Delinquenten zu entwickeln. Dagegen setzte sie die De-Konstruktion, die Analyse und Kritik gesellschaftlicher Prozesse der Definition, der Zuschreibung von Kriminalität und Abweichung und der damit einhergehenden Herstellung und Verteilung entsprechender sozialer Ungleichheiten.

Diese beiden Pole der Kriminologie haben sich nunmehr, so will es scheinen, aufgelöst. An ihre Stelle sind zwei neue getreten: nach David Garland eine Kriminologie „of the self" und eine Kriminologie „of the alien other".[1] Die eine handelt von der alltäglichen, der „Routine"-Kriminalität (beispielsweise Ladendiebstahl oder Steuerhinterziehung) und geht davon aus, daß der durchschnittliche Mensch Straftaten in einer Situation begeht, in der sich das anbietet, etwa weil die Gelegenheit günstig ist oder sich der Aufwand im Verhältnis zum lukrativen Ergebnis lohnt. Die andere Kriminologie beschäftigt sich mit der befremdlichen, der bedrohlichen, entsetzlichen Kriminalität, die außerhalb des gewöhnlichen Alltags steht. Seltsam: die einstigen Gewohnheitsver-

---

[1] Garland, David: The Limits of the Sovereign State: Strategies of Crime Control in Contemporary Society, in: British Journal of Criminology 36 (1996), 445–471.

brecher[2] sind wieder da, als Wiederholungstäter oder: neuerdings werden die Jugendlichen oder gar Kinder Serientäter genannt. Ihr Sündenregister steigert sich offenbar in unaufhaltsamer Serie, die in eine Spirale der Gewalttätigkeit zu münden scheint. Die Verschiebung der populärkulturellen Figur des Serienkillers in das kriminalpolitische Vokabular mag nicht zufällig sein. Denn einen weiteren Mittelpunkt der öffentlichen Diskussion – nicht nur der populistischen, sondern auch innerhalb der seriösen kriminalpolitischen Debatte[3] – bilden die Sexualtäter. Ob nun suchtartig, entfesselt, ungebändigt – sie wiederholen die Greueltaten. Eingeschlossen werden sollen sie deshalb, weggesperrt. Denn unverbesserlich sind sie, unheilbar, vor allem aber nicht reintegrierbar. Das Böse wird nicht mehr, wie in der therapeutischen Kriminologie, über Krankheit pathologisiert und so in gewisser Weise wegdefiniert: normiert.[4] Der Täter wird zum Risiko für die Gesellschaft, das diese offensichtlich nicht mehr bereit ist einzugehen. Als Gegensatz dazu wird das Grundrecht auf Sicherheit angenommen – so jedenfalls die Rhetorik in öffentlichen Diskursen, die in einer Symbolik von Strafe und Strafverschärfung auch kriminalpolitisch Erfolg verbucht. – Was ist passiert? Nehmen wir einmal an, die gegenwärtige Weise der Thematisierung von Kriminalität ließe sich mit dieser Aufspaltung in eine Normalisierung und eine Dämonisierung angemessen beschreiben – was ist der Hintergrund dafür?

2 Von der Disziplinierung zu aktiver Selbstkontrolle: Die unternehmerische Gesellschaft

Wir sind Zeugen eines einschneidenden Wechsels, der, öffentlich wie wissenschaftlich, als das Ende oder die Grenzen des Wohlfahrtsstaates etikettiert und vor dem Hintergrund von Prozessen der Globalisierung oder der Durchsetzung der politischen Rationalität des Neoliberalismus interpretiert wird. Treibender Motor dieses Wechsels ist eine *Ökonomisierung des Sozialen*. Damit ist nicht das Ende (Baudrillard) oder das Verschwinden (Virilio) des Sozialen gemeint. Vielmehr wird das Soziale auf das Ökonomische *umcodiert*.[5] Probleme des Regierens werden in öko-

---

2   Zur Genealogie dieses Begriffs in den britischen kriminalpolitischen Diskursen vgl. Pratt, John; Dickson, Marny: Dangerous, inadequate, invisible, out. Episodes in the criminal career of habitual criminals, in: Theoretical Criminology 1(1997), 363–384.
3   Man denke nur an die Diskussion um die jüngste, die sechste, Strafrechtsreform.
4   Strasser, Peter: Verbrechermenschen, Frankfurt a.M. 1984.
5   Vgl. Lemke, Thomas: Eine Kritik der politischen Vernunft. Foucaults Analyse der modernen Gouvernementalität, Berlin 1997, 253; Rose, Nikolas: The death of the social? Re-figuring the territory of government, in: Economy and Society

nomische Kategorien gefaßt und darin gemessen, quantifiziert im statistischen Kalkül und berechnet nach Kriterien von Effizienz und Effektivität, insbesondere unter Verweis auf knappe öffentliche Kassen. Der Erfolg institutionellen Wirkens wird nach dieser Logik nicht in Qualitäten, in inhaltlich bestimmten Ergebnissen ausgewiesen, die sich auf entsprechende Legitimationsfolien beziehen, wie z.b. der Behandlungserfolg einer therapeutischen Maßnahme. Statt um *outcome* in diesem Sinne geht es jetzt um *output*:[6] die Anzahl der Fälle, von Anfragen oder Überführungen bilden die Bezugsgröße. Der Wert leitet sich ab, nicht aus einem sinnbezogenen Inhalt, sondern aus einer meßbaren Zahl.

Was vielfach unter Formeln wie „Rückzug des Staates" oder „Prozesse der Deregulation" debattiert wird, zeigt sich im Fokus der Kriminologie als Aufgabe des staatlichen Anspruchs, Probleme der Kriminalität zu lösen. Dies kann geschehen mit Hilfe von Strategien der Redefinition von Problemen und Zielen: so will man und kann, unter Verweis auf die übergeordnete Bundesgesetzeslage, ein Drogenproblem vor Ort nicht mehr lösen; kann sich dadurch darauf beschränken oder konzentrieren, Drogenkonsumenten und insbesondere -dealer unter Standortgesichtspunkten von bestimmten öffentlich oder wirtschaftlich wichtigen Plätzen zu vertreiben.[7]

In gleichem Maße, in dem sich die Legitimationsfigur „Sozialstaat" verliert, schwindet die Möglichkeit, den Staat als Adressaten entsprechender Verantwortlichkeit in Anspruch zu nehmen. Diese wird delegiert, an soziale Institutionen beispielsweise, denen mit einem bestimmten Budget auch die Verantwortung für die jeweils zugewiesene Aufgabe übertragen wird. Dieses Prinzip der Delegation und die damit verbundene Strategie der Responsibilisierung sind Bestandteile einer Technik des *Regierens aus der Distanz*.[8] Im Effekt sieht es aus wie ein ausgeklügelter Mechanismus, in dem Machtausübung dadurch effektiver wird, daß Probleme, von der Mühe der Durchführung bis hin zur Verantwortung für die Lösung, ausgelagert werden.

---

25 (1996), 327–356; Donzelot, Jacques: Die Förderung des Sozialen, in: Schwarz, Richard (Hg.): Zur Genealogie der Regulation. Anschlüsse an Michel Foucault, Mainz 1994, 109–160.

[6] Garland (1996), 458.

[7] So die offizielle Legitimation eines „Handlungskonzeptes St. Georg" in Hamburg (Bürgerschaftsdrucksache 13/5196); ausführlicher dazu vgl. Krasmann, Susanne; de Marinis, Pablo: Machtinterventionen im urbanen Raum, in: Kriminologisches Journal 29 (1997), 162–185.

[8] Vgl. Rose (1996); Rose, Nikolas: Governing the enterprising self, in: Heelas, Paul; Morris, Paul (Hg.): The Values of the Enterprise Culture. The Moral Debate, London 1992, 141–164; Rose, Nikolas; Miller, Peter: Political power beyond the State: problematics of government, The British Journal of Sociology 43 (1992), 173–205.

Dieses Prinzip kann man sich vorgegenwärtigen am Beispiel des Globalhaushalts. Es setzt sich zusehends durch bei der Verwaltung öffentlicher Gelder: zugewiesen wird ein Gesamtbetrag, einzeln aufgeschlüsselte Posten hingegen werden nicht vorbestimmt. Mit der Möglichkeit freier Disposition ist die Rechenschaftspflicht für die jeweils konkreten Ausgaben entbehrlich. Allein das Ergebnis, der Endbetrag muß stimmen. Der freilich darf nicht überschritten werden. So richten sich alle Entscheidungen gleichsam von selbst an dieser Zielvorgabe aus.

Analog gestalten sich die bekannten Methoden der Mitarbeiterführung in Unternehmen. Vorgabe ist ein bestimmtes Arbeitsergebnis, ein zu präsentierendes Produkt zu einem festgesetzten Termin. Wie diese Vorgabe zu erreichen ist, ist Sache der Auftrag- bzw. ArbeitnehmerInnnen, nicht selten eines Teams. Detaillierte Anweisungen sind nicht erforderlich. Die Reihenfolge der einzelnen Schritte, die in Gang zu setzen sind, und die Entscheidung, wer welche konkreten Einzelaufgaben übernimmt, richten sich aus nach dem gesetzten Ziel. Die Kapazitäten werden selbständig aktiviert, Kräfte mobilisiert, je nach Verantwortlichkeit. Diese liegt nicht mehr bei einem Vorgesetzten, dem Chef. Der wird zum Trainer der Mannschaft. Während seine Aufgabe darin besteht, mit dem Erfolg als Anreiz zu motivieren, steht Mißerfolg für zu wenig Einsatzbereitschaft des einzelnen.[9]

Doch die Technik des Regierens aus der Distanz wirkt noch subtiler. Die Raffinesse besteht gerade darin, daß selbst globale Vorgaben erläßlich sind. Vergegenwärtigen wir uns das durch einen weiteren Blick auf die Arbeitswelt. Der Kampf um die auch langfristig knapp bleibende Zahl von Arbeitsplätzen und eine entsprechende Konkurrenz in globalem Maßstab verlangt vom einzelnen gebündelte Flexibilität, nicht nur im Sinne räumlicher Mobilität, sondern auch geistig und kräftemäßig. Der Fitneß-Typ wird langfristig durchhalten können, der Nimmermüde, der das Maß der Leistung nicht mehr kennen kann, weil er bereit sein muß, sich Maß-los einzusetzen.[10] Autodidaktik, Erfindergeist und Selbstdarstellungskompetenzen (der Zwang, sich selbst anzupreisen gegenüber der Vielzahl und Vielfalt der Konkurrenz) sind in einem Maße, nämlich dauerhaft und umfassend gefordert, so daß der einzelne seine gesamte Lebensführung darauf einstellen muß und dies, angesichts seiner Lebenslage, gewissermaßen *von sich aus* tut. Ein neuer Typus, der selbständige unternehmerische Geist, betritt die Bühne des Alltagslebens.

---

9   Vgl. Sennett, Richard: Der flexible Mensch. Die Kultur des neuen Kapitalismus, Berlin 1998, 153.

10 Vgl. Bauman, Zygmunt: Philosophie der Fitneß, in: die tageszeitung, vom 25.3.1995, 19–21.

Der *Unternehmer seiner selbst* (bzw. die Unternehmerin) bildet die Leit-figur des zu regierenden Subjekts in einem politisch-ökonomischen Kontext, in dem sich die legitimatorische Leitlinie von Wohlfahrt und Sozialstaat verabschiedet. Auch in einer korporatistisch geprägte Gesell-schaft der Bundesrepublik, die nicht in gleicher Weise wie die anglo-amerikanischen Staaten durch die politische Rationalität des Neolibera-lismus geprägt ist,[11] setzen sich Vorschläge in der öffentlichen Diskussi-on durch, um den „Übergang von der »arbeitnehmerzentrierten Indu-striegesellschaft« zur »unternehmerischen Wissensgesellschaft« aktiv zu gestalten", während „das Leitbild der Zukunft der Mensch als Unter-nehmer seiner Arbeitskraft und Daseinsvorsorge" sein soll.[12] Auch wenn dieser neue Typus des Arbeitskraftunternehmers[13] nicht über die Ressourcen der klassischen Figur des Unternehmers als Kapitaleigner und Entscheidungsträger verfügt,[14] wird das aktive, eigenverantwortli-che Selbst in der Lage gesehen, sich selbst, gleichsam von sich aus zu regieren, scheinbar ohne Anleitung von außen.[15] Doch *wird* es auch regiert – aus der Distanz: über die Freiheit, selbst zu entscheiden, und dafür verantwortlich zu sein. Dies sind zugleich die beiden Momente, die die neoliberale Technik des Regierens kennzeichnen und die in der Figur des Unternehmers in typischer Weise repräsentiert sind – ohne mit dieser Pointierung ein singuläres Problem moderner Regierungs-kunst ausweisen zu wollen.

Gleichwohl stellt das begriffliche Feld des Unternehmers ein beson-ders geeignetes Vokabular zur Verfügung, um politische Rhetorik und entsprechende Regelungsansprüche mit den Selbstlenkungsfähigkeiten der Subjekte optimal zu verknüpfen.[16] Dabei ist die Strategie der Re-sponsibilisierung, des Verantwortlich-Machens, zugleich Funktionsprin-zip für das *Regieren über die Freiheit der Wahl und der Entscheidung*:

---

[11] Zur Erörterung dieser Differenz vgl. Lash, Scott: Reflexivität und ihre Doppe-lungen: Struktur, Ästhetik und Gemeinschaft, in: Beck, Ulrich; Giddens, Antho-ny; Lash, Scott: Reflexive Modernisierung. Eine Kontroverse, Frankfurt a.M. 1996, 212ff.; Lash, Scott; Urry, John: Economies of Signs & Space, London 1994; sowie auch Sennett (1998).

[12] Kommission für Zukunftsfragen der Freistaaten Bayern und Sachsen: Doku-mente zum Zeitgeschehen. Maßnahmen zur Verbesserung der Beschäftigungs-lage (Dritter und letzter Teilbericht, Auszüge), Blätter für deutsche und interna-tionale Politik (1998), 247–256, 247.

[13] Voß, Günter G.; Pongratz, Hans J.: Der Arbeitskraftunternehmer. Eine neue Grundform der Ware Arbeitskraft?, in: Kölner Zeitschrift für Soziologie und Sozialpsychologie 50 (1998), 131–158.

[14] Vgl. Zielcke, Andreas: Der neue Doppelgänger. Die Wandlung des Arbeitneh-mers zum Unternehmer – Eine zeitgemäße Physiognomie, Frankfurter Allge-meine Zeitung Nr. 167, vom 20.7.1996.

[15] Vgl. Rose (1996), 330.

[16] Vgl. Rose (1992), 145f.

„We can now be governed by the choices that we ourselves will make, under the guidance of cultural and cognitive authorities, in the space of regulated freedom, in our individual search for happiness and the fulfilment of our autonomous selves."[17]

Was bedeutet nun die Figur des Unternehmers für das Denken in der Kriminologie? Ist es die Aufforderung, diese Figur als analytisches Konzept zu verwenden, um die Eigenarten einer aktuell sich durchsetzenden politischen Rationalität des Neoliberalismus kritisch zu beleuchten, indem die ihr eigene Grammatik auf sie selbst rückbezogen wird, um so die Macht-Effekte herauszuarbeiten, gleichsam vorzuführen? Vielleicht zeigt sich so der ideologische Gehalt, dieser altmodische Begriff, des Unternehmer-Konzeptes, wenn man es konsequent fortdenkt, die Absurdität, die in der Propagierung von Eigeninitiative, Unternehmergeist, Mut, Durchsetzungsfähigkeit und Selbstverwirklichung liegt. Wäre dann nicht der, der sich erfolgreich in der illegalen Ökonomie betätigt und dort die Chance auf hohen Profit zu nutzen weiß,[18] eine zeitgemäße Erscheinung, eben weil er jene Fähigkeiten beweist? Ist das die Umkehr der Perspektive, die Wiederaufnahme eines alten Motivs kritischer Kriminologie, für die der Kriminelle der Held der Befreiung aus den Zwängen gesellschaftlicher Regeln war? Liegt darin zugleich das Moment der Befreiung vom Moralisieren,[19] vom moralischen Verurteilen und der Gewissensproduktion, die, wie Nietzsche einst beklagte, eine Verinnerlichung von Gesellschaftlichkeit ist, ein Ersticken des „Instinktes der Freiheit"? Läßt die Ironisierung der politischen Rationalität des Neoliberalismus es zu, noch einmal die Hoffnung zu hegen auf Befreiung vom Zwang zur Strafe, die doch keinen anderen Zweck hat als den Willen zur Macht?[20] Denn wozu Strafen, wenn die Individuen von sich aus funktionieren?

Oder müssen wir verzweifeln, weil eben jener Wille zur Macht uns ein Schnippchen geschlagen hat, ohne uns die Möglichkeit jeglichen

---

17 Rose (1992), 160.
18 Vgl. Krasmann, Susanne; Lehne, Werner: „Organisierte Kriminalität" im Windschatten der Globalisierung legaler und illegaler Märkte, in: Vorgänge 36 (1997), 106–119.
19 Hier verstanden im Sinne von Luhmann, Niklas: Die Moral des Risikos und das Risiko der Moral, in: Bechmann, Gotthard (Hg.): Risiko und Gesellschaft. Grundlagen und Ergebnisse interdisziplinärer Risikoforschung, 2. Aufl., Opladen 1997, 327–338, 331: „Eine Kommunikation tritt als moralisch auf, wenn sie suggeriert oder explizit macht, daß Selbstachtung und Achtung anderer von der Erfüllung bestimmter Bedingungen abhängen".
20 Nietzsche, Friedrich: Zur Genealogie der Moral, Bd. 5 der Kritischen Studienausgabe, hrsg. v. Colli, Giorgio; Montinari, Mazzino, 2., durchges. Auflage, München 1988.

Widerstands zu lassen? Denn in subtiler Perfektionierung scheint sich die Macht der Freiheit selbst überboten und damit zur vollständigen Durchsetzung ökonomischer Beherrschung beigetragen zu haben, wie dieser Graffiti-Slogan an einer Mauer in San Francisco uns nahelegt:

> „»Self-Management is the last hope of capitalism.« Ein schönes Paradox. Der Mensch regiert sich selbst – und trägt damit zur Reproduktion der herrschenden Ordnung bei. Gedacht war das eigentlich anders. Die Befreiung aus selbst verschuldeter Unmündigkeit oder fremd bestimmter Abhängigkeit sollte doch vom Reich der Notwendigkeit in das der Freiheit führen. Irgendwo, das wird langsam klar, müssen wir auf diesem Weg eine Abzweigung verpaßt haben."[21]

„Macht ist unhintergehbar", behauptete einst Foucault,[22] was ihm manche übel genommen haben und ihm den Vorwurf einer Ontologisierung von Macht eingebracht hat.[23] Gemeint war jedoch die nietzscheanische Perspektive auf die Möglichkeit der Umkehr des Willens zur Macht. Macht ist überall, auch als Gegenmacht. Darin liegt die Aufforderung, sich bei der Analyse der Moderne nicht in einer Blickrichtung zu verfangen, auch nicht im Sinne eines Abwägens von Freiheitsgewinnen und -verlusten, das in ein Hin- und Herpendeln abdriften muß, solange nur immer jeweils die eine Seite isoliert betrachtet wird, um Vorzüge oder Nachteile jeweils zu erörtern und schließlich doch die neu gewonnenen Freiheitschancen intentionalistisch zu verkürzen, als Modernisierungsgewinne zu verbuchen, jenseits jeglicher strukturellen Einbindung.[24]

Vielleicht kann eine differenzierte Analyse nur vollzogen werden in dem Blick auf das aktive Selbst, auf Möglichkeiten der Gestaltung. Insofern mögen sich die späten Bemühungen Foucaults um eine Ästhetik der Existenz treffen mit dem frühen Anliegen der kritischen Kriminologie, das in ethnomethodologisch geprägten Arbeiten beispielhaft bei H.S. Becker vorgeführt war.[25] Die mikroanalytische Ausrichtung auf das den Phänomenen „eigene Milieu", in dem sich die Geschehnisse ereig-

---

21   Kreissl, Reinhard: Männergruppen der Macht, Süddeutsche Zeitung, vom 8. Juli 1998.
22   Vgl. Foucault, Michel: Wie wird Macht ausgeübt?, in: Dreyfus, Hubert L.; Rabinow, Paul: Michel Foucault. Jenseits von Strukturalismus und Hermeneutik, Frankfurt a.M. 1987, 251–251.
23   Vgl. z.B. Habermas, Jürgen: Der philosophische Diskurs der Moderne. Zwölf Vorlesungen, 2. Aufl., Frankfurt a.M. 1988.
24   Vgl. die Kritik an den Erörterungen von Ulrich Beck durch Lash (1996, 196), der auch in der Perspektive der Reflexiven Moderne „ein neues Muster struktureller Bedingungen der Reflexivität" erkennt.
25   Vgl. Becker, Howard S.: Außenseiter. Zur Soziologie abweichenden Verhaltens, Frankfurt a.M. 1973.

nen,[26] erfordert es, das Handeln des einzelnen zu betrachten, ohne der Versuchung erlegen zu sein, in dem Bemühen um Erklärung die eigene Suche vorschnell zu fixieren und zu begrenzen durch zuvor festgelegte theoretische Kategorien. Aber wie ist das möglich? Zunächst bedeutet das, determinierende Momente kriminologischer Theorieproduktion und instrumentelle Effekte ihres kriminalpolitischen Einsatzes kritisch zu reflektieren. Um dies zu ermöglichen, sei zuvor, in der hier gebotenen Kürze, ein Blick auf das analytische Konzept der „Gouvernementalität" von Foucault geworfen.[27]

3   Die Kunst, über Freiheit zu regieren

Auch in seinen späteren Arbeiten suchte Foucault eine Analytik der Macht fortzusetzen und präzisierte sein theoretisches Instrumentarium.[28] Er ging damit über die noch in *Überwachen und Strafen* vorherrschende Konzentration auf die Mechanismen der Macht als „passive" Disziplinierung hinaus, bei der das Individuum als Subjekt/Objekt, als Adressat und Produkt der Macht in den Blick gerät.[29] Mit der Frage, „was das Individuum an es selber fesselt und dadurch anderen unterwirft",[30] fokussierte Foucault seine Analysen auf die Möglichkeit des Widerstandes, auch des einzelnen zur Gegenwehr, zu dem, was sich der Macht „entgegenstellt".[31] Dabei nahm Foucault mit dem Begriff der *Gouvernementalität* zwei perspektivische Korrekturen vor. Macht konzipierte er als eine „Kunst des Regierens", des „Anführens anderer und sich selbst", so daß das Individuum als *aktives* Subjekt in den Blick gerät.

---

26   Foucault suchte „Fragen der Macht gewissermaßen in ihrem eigenen Milieu zu stellen, dort, wo sie ausgeübt wird": Foucault, Michel: Der Mensch ist ein Erfahrungstier. Gespräch mit Ducio Tombadori, Frankfurt a.M. 1996, 110.

27   Dieses von Foucault in seinen späteren Arbeiten entwickelte Konzept wurde zunächst überwiegend im anglo-amerikanischen Sprachraum diskutiert und fortgeführt, vgl. insbesondere die Sammelbände von Burchell, Graham; Gordon, Colin; Miller, Peter (Hg.): The Foucault Effect: Studies in Governmentality, Hemel Hempstead 1991; Barry, Andrew; Osborne, Thomas; Rose, Nikolas (Hg.): Foucault and political reason. Liberalism, neo-liberalism and rationalities of government, London 1996; das Konzept für die Kriminologie fruchtbar zu machen versucht hat Garland (1996) und Garland, David: 'Governmentality' and the problem of crime: Foucault, criminology, sociology, in: Theoretical Criminology 1 (1997), 173–214. Die meines Wissens nach bisher einzige, umfassende Ausarbeitung im deutschsprachigen Raum findet sich bei Lemke (1997).

28   Zu dieser Interpretation, daß es sich hierbei keineswegs um eine Umorientierung, sondern die Fortsetzung der Foucaultschen Machtanalytik durch Korrektur und Präzisierung des theoretischen Instrumentariums handelt, vgl. Lemke (1997), 259.

29   Vgl. Lemke (1997), 259.

30   Foucault (1987), 247.

31   Foucault (1987), 256.

Diese Kunst des „Führens von Führungen" bezieht sich darauf, das Möglichkeitsfeld anderer zu strukturieren, auf ihre Handlungsweise einzuwirken. Das bedeutet zugleich, daß *Macht* nicht ohne *Freiheit* zu begreifen ist. Was auf den ersten Blick paradox anmuten mag, nimmt sich bei genauerem Hinsehen geradezu tautologisch aus: Macht kann nur dort existieren, nur dort ausgeübt werden, wo es überhaupt etwas zu gestalten gibt, wo Handlungsfelder strukturiert werden können und wo Subjekte insofern, und das ist entscheidend, *frei* sind: weil Möglichkeiten des „anders Handelns" und der Gegenwehr bestehen; dies allerdings nur mit Bezug auf die gesellschaftlichen Regeln: mit dem Wissen um sie und auf dieser Basis erst gegen sie.

Die *Kunst des Regierens* bezieht sich auf die Art und Weise des Regierens und des regiert Werdens. Der „intermediäre",[32] jenseits von Macht und Herrschaft angesiedelte Begriff der Gouvernementalität ist insofern als eine Art Knoten oder „Kontaktpunkt" zu begreifen, an dem Techniken der Machtausübung in beiderlei Sinne sich treffen: als Weise, gewissermaßen „beherrscht" zu werden und sich selbst zu „beherrschen", sich selbst führen zu können und seiner Existenz eine bestimmte Form zu geben.

> „Government … is a »contact point« where techniques of domination – or power – and techniques of the self »interact«".[33]

Die Art und Weise, in der Individuen regiert werden, geht einher mit der Art und Weise, wie sie zu Subjekten gemacht werden. Entscheidend ist deshalb nicht die Frage, wie Individuen von außen gesteuert werden, wie Macht auf sie ausgeübt wird, sondern wie sie regiert werden *über die Konstituierung von Subjektivität,* die durch die jeweilige Mentalität des Regierens hervorgebracht wird.

> „Subjektivität markiert also keine äußerliche Grenze der Machtbeziehungen oder ein Anwendungsfeld für Machttechnologien; vielmehr funktionieren moderne Machtmechanismen gerade »mittels« spezifischer Subjektivierungsformen."[34]

In der konzeptionellen Gegenüberstellung von Macht und Freiheit im Begriff der Gouvernementalität liegt der Verbindungspunkt zur politischen Rationalität des Neoliberalismus und der mit ihr verbundenen Technik des *Regierens über Freiheit*, die sich typischerweise in der Figur des Unternehmers artikuliert:

---

[32] Lemke (1997), 308.
[33] Burchell, Graham: Liberal government and techniques of the self, in: Barry et al. (1996), 19–36, 20.
[34] Lemke (1997), 260.

„concepts such as 'governing-at-a-distance', 'governing through freedom' and 'the active subject of power' are particularly apposite for the analysis of neo-liberal policies which are explicitly designed to maximize entrepreneurial activity, to empower the consumer and to replace state or professional governance with market mechanisms."[35]

Der Begriff der *Gouvernementalität* setzt sich daher aus zwei Bedeutungen zusammen: aus dem Begriff der Regierungskunst, also den Praktiken oder Technologien des Regierens, und aus dem der Rationalität oder Mentalität, die diese Weise des Anführens anleitet und begründet. Beides ist nicht getrennt voneinander zu begreifen. Eine politische Rationalität beinhaltet eine bestimmte Art und Weise, Probleme zu stellen und Problemlösungen dafür bereitzustellen. Sie ist eine Weise des Denkens, die die Wahrnehmung von Problemen entsprechend strukturiert:[36]

„… Subjektivierung und Staatsformierung (werden) nicht als zwei voneinander unabhängige Prozesse betrachtet, sondern .. unter einer einheitlichen analytischen Perspektive untersucht".[37]

Für die analytische Arbeit hat diese theoretische Sichtweise einige Konsequenzen. Es bedeutet beispielsweise, daß die Art und Weise von Problemstellungen uns umgekehrt Aufschluß geben kann über die jeweilige politische Rationalität. Denn mit ihr werden spezifische Konzeptionen und eine entsprechende Wahrnehmung von Problemen und dazu passende Bearbeitungsstrategien generiert. Die daraus hervorgehenden Konzepte unseres Denkens bestimmen unsere Wahrnehmung der Realität – und auf diese Weise „die" Realität. Die Art und Weise, wie Kriminalität und Verbrechen in den Blick genommen werden, in welcher Weise beispielsweise nach den Gründen und Ursachen ihres Entstehens gesucht wird und welche Strategien zu ihrer Verhinderung anvisiert werden, ist zu lesen als Ausdruck – nicht jedoch als unmittelbares Abbild – für eine bestimmte politische Rationalität.

---

[35]   Garland (1997), 183f.
[36]   Gordon, Colin: Afterword, in: ders. (Hg.): Power/Knowledge. Michel Foucault: Selected Interviews and Other Writings 1972–1977, New York 1980, 229–259, 248: „it renders reality in the form of an object which is *programmable*".
[37]   Lemke (1997), 151; vgl. auch Rose (1992), 145; 159.

4 Neoliberale Kriminologie und Kriminalpolitik?

4.1 Zwei Paradigmen und die Folgen ...

Die aktuelle Diskussion in der Kriminologie wird von zwei Paradigmen gespeist: der Kommunitarismus und der Rational Choice-Ansatz. Diese verstehen sich als Antwort auf das, was sie als das Verschwinden oder den Verlust des Sozialen betrachten, sei dies aus ihrer Sicht nun bedauerlich oder überfällig. Tatsächlich aber fügen sie sich ein in den herrschenden Geist der „Ökonomisierung des Sozialen".[38] Als zwei auf den ersten Blick konkurrierende Orientierungen finden sich darin ihre Gemeinsamkeiten; denn elementar sind auch hier die beiden Momente der Responsibilisierung und des rationalen Wahlhandelns.

Mit einer Rhetorik der Verantwortlichkeit, der Aktivierung durch Mithilfe, der „Bürgermobilisierung" findet der Kommunitarismus seinen Niederschlag in der kriminalpolitischen Diskussion, etwa im Rahmen des Community Policing oder der sogenannten Sicherheitspartnerschaften. Die Mobilisierung von Bürgerbeteiligung soll sich durch aktive Teil- und die Übernahme von Verantwortung zeigen, beispielsweise durch die Entscheidung, in Notfällen und Gefahrensituationen helfend einzugreifen.[39] Wenn der Kommunitarismus auf der Notwendigkeit neuer Formen der Solidarität besteht, sich für eine Neu-Konstituierung des Sozialen einsetzt über gemeinschaftsstiftende Wertbezüge, wird schließlich Engagement generiert und Zugehörigkeit hergestellt auf der Basis reflexiver Entscheidung;[40] denn anders als bei den traditionalen wird man in diese Community nicht hineingeboren.

---

[38] Ich erlaube mir im folgenden, diese beiden Paradigmen in aller Kürze und ohne Ansehen positioneller Differenzierungen zu diskutieren. Für einen Überblick über die Bedeutung des Rational Choice-Ansatzes für die Kriminologie vgl. Karstedt, Susanne; Greve, Werner: Die Vernunft des Verbrechens: Rational, irrational oder banal?, in: Bussmann, Kai-D.; Kreissl, Reinhard (Hg.): Kritische Kriminologie in der Diskussion. Theorien, Analysen Positionen, Opladen 1996, 171–211; für den Kommunitarismus vgl. z.B. die kritische Würdigung unter der Perspektive von „'Community' in Crime Control" bei Crawford, Adam: The Local Governance of Crime. Appeals to Community and Partnerships, Oxford 1997; für die Relevanz beider Perspektiven in der Diskussion um Community Policing vgl. Feltes, Thomas: Alltagskriminalität, Verbrechensfurcht und Polizei. Bemerkungen zur aktuellen kriminal- und polizeipolitischen Lage in Deutschland, Kriminalistik 51 (1997), 538–547.

[39] So initiierte die Hamburger Polizei eine Kampagne unter dem Motto: „wer nichts tut, macht mit", mit der sie versuchte, die Bürger zum Einschreiten in bedrohlichen oder gewalthaften Konfliktsituationen zu bewegen.

[40] Vgl. Lash; Urry (1994), 50.

Das zweite Paradigma, das die kriminologische Diskussion einschneidend geprägt hat, der Rational Choice-Ansatz, verabschiedet sich von der soziologischen Erfindung des Sozialen und setzt auf Individuen als atomisierte einzelne und ihre Fähigkeit, rational zu handeln auf der Basis von Kosten-Nutzen-Abwägungen:

> „Der hier gewählte Ansatz folgt der üblichen ökonomischen Analyse von Wahlhandlungen und unterstellt, daß eine Person eine Straftat begeht, wenn der für sie erwartete Nutzen größer ist als der Nutzen, den sie realisieren könnte, wenn sie ihre Zeit und sonstigen Ressourcen für andere Aktivitäten einsetzen würde".[41]

Die „neuen Kriminologien des Alltagslebens" stellen nach Garland die eine Variante kriminalpolitischer Strategien dar, die im Gegensatz zur punitiven auf die Verhinderung oder Einschränkung von *Routine-Kriminalität* zielt.[42] Auf jener Vorstellung des rational abwägenden Akteurs aufbauend, nehmen sie typischerweise *Situationen* in den Blick und suchen „kriminogenes" Verhalten durch simple, bauliche und raumbezogene Maßnahmen zu regulieren:[43] Beispielsweise indem die Fahrgastsitze in öffentlichen Verkehrsmitteln mit buntem Stoff bezogen werden, der dem Graffitisprühen den Anreiz nimmt; oder über Absperrungen und Zäune, die einen Aufenthalt unwirtlich oder den Zugang zu bestimmten Zonen nicht durch Verbote, sondern rein technisch und praktisch nahezu unmöglich machen. Anders als noch im klassischen Liberalismus des 19. Jahrhunderts, für den das Individuum „eine äußere Grenze und den unantastbaren Kern des Regierungshandelns" bildete, wird dieses im neoliberalen Denken nun

> „zu einem behavioristisch-manipulierbaren Wesen und Korrelativ einer Gouvernementalität, die systematisch die Variablen des 'Milieus' verändert und mit der 'rationalen Wahl' der Individuen rechnen darf."[44]

Wenn jetzt nicht mehr der einzelne Täter, sondern Täter*typen*, gefährliche oder störende Gruppen im Fokus von Sicherheits- und Ordnungspolitik stehen und wenn sich entsprechende Maßnahmen der Kriminalprävention auf „gefährliche Orte" und Gefahrenzonen räumlich und

---

[41] Becker, Gary S.: Ökonomische Erklärung menschlichen Verhaltens, Tübingen 1982, 47f.
[42] Garland (1996), 461.
[43] Vgl. Clarke, Ronald V.: Situational Crime Prevention, in: Tonry, Michael; Farrington, David P. (Hg.): Building a Safer Society. Strategic Approaches to Crime Prevention. Crime and Justice, Vol. 19, Chicago, London 1995, 91–150.
[44] Lemke (1997), 251.

zeitlich geradezu zu beschränken scheinen, dann könnte man meinen, die kritische Kriminologie habe ihr Ziel nunmehr erreicht. Denn mit der Konzentration auf die *Situation* wurde endlich der Täter abgeschafft.[45] Dieser Eindruck ist jedoch trügerisch, in zweierlei Hinsicht – und hier möchte ich noch einmal auf die eingangs vorgestellten Thesen zurückkommen.

4.2 ... die wiederholte Rationalisierung des Bösen in der Kriminologie

Während das Soziale sich als Legitimationsfolie verliert und mit dem sozialstaatlichen Anspruch auch die „therapeutische Kriminologie" (Strasser 1978) in den Hintergrund tritt, dividiert sich das kriminalpolitische Feld in zwei Stränge, so die Argumentation nach Garland. Thema seines Aufsatzes ist zugleich zu zeigen, inwiefern staatliche Souveränität gleichwohl erhalten bleibt und in gewisser Hinsicht gerade durch den symbolischen Rückzug aus dem wohlfahrtsstaatlichen Legitimationsmuster gestärkt wird. Mit dem Abstreifen von Ansprüchen erschließen sich Möglichkeiten punktuell gezielter Einflußnahme:

> „the responsibilization strategy leaves the centralized state machine more powerful than before, with an extended capacity for action and influence".[46]

Die nietzscheanische Interpretation, daß Punitivität als ein *Symbol* der Stärke zugleich als *Symptom* von Schwäche zu lesen ist,[47] erweist sich als irreführend. Denn der Legitimationsverlust von Staat und Politik verbindet sich mit Effektivitätsgewinnen, die sich von Fall zu Fall deutlich machen und politisch-symbolisch verkaufen lassen und die sich für die von Maßnahmen Betroffenen – oder Ausgeschlossenen – in spürbaren Wirkungen niederschlagen. Symbolischer Gewinn mit realen Effekten. In der Folge zeigt sich, daß es sich im Hinblick auf die beiden Stränge des kriminalpolitischen Feldes nur scheinbar um divergierende Strategi-

---

[45] Sessar, Klaus: Zu einer Kriminologie ohne Täter. Oder auch: die kriminogene Tat, Monatsschrift für Kriminologie und Strafrechtsreform 80 (1997), 1–24; in den „10 Thesen für eine Kriminalpolitik mit Augenmaß" beispielsweise wird die Orientierung an der Situation aus der Perspektive i.w.S. kritischer Kriminologie begrüßt: vgl. Neue Kriminalpolitik 10 (1998), 23–37; zur Kritik vgl. Lehne, Werner: Kommunale Prävention als Alternative?, in: Neue Kriminalpolitik 10 (1998), 6–8.

[46] Garland (1996), 454.

[47] „Wächst die Macht und das Selbstbewusstsein eines Gemeinwesens, so mildert sich immer auch das Strafrecht; jede Schwächung und tiefere Gefährdung von jenem bringt dessen härtere Formen wieder an's Licht" (Nietzsche 1988, 308).

en handelt. Vielmehr sind der Bereich der alltäglichen und der der außergewöhnlichen Kriminalität als Komplement zu begreifen

Und es läßt sich behaupten, daß mit der Normalisierung von Kriminalität zugleich schärfere Grenzen gezogen werden: deutliche Markie-
rungen von Eingriffsschwellen, die teilweise auch niedriger angesetzt
werden, und explizit härteres Vorgehen: eine größere Punitivität, die
symbolisch demonstriert und auch faktisch umgesetzt wird. War der
kritischen Kriminologie zuvor das zu große, strafrechtlich geprägte
Interesse an der Persönlichkeit des Delinquenten ein Dorn im Auge,
müßte dies jetzt in dem Desinteresse am Wohl des einzelnen liegen. So
sind etwa dessen Aktivitäten außerhalb der ins ordnungs- und sicher-
heitspolitische Visier genommenen Zonen nicht von Belang: Rauchen,
Drogen konsumieren darf er – aber bitte nicht hier.[48] Auch ist sein
Verbleib gleichgültig. Ausschluß durch Vertreibung wird so zu einem
Bestandteil von Prozessen der Ausgliederung.[49]

Dabei bleiben die Interventionen staatlich präventiv und repressiv.
Insbesondere jene Ansätze, die die *Situation* fokussieren, implizieren
eine Vorverlagerung der polizeilichen Eingriffsschwelle. Denn eine
gefährliche Situation und die Ansammlung störender Individuen werden
nach dem äußeren Erscheinungsbild identifiziert. Die bloße Anwesenheit und vermeintliche Zugehörigkeit zu einer Szene (von Drogenkonsumenten, jugendlichen Gewalttätern etc.) kann so schon den Anlaß für
einen Eingriff bilden, nicht erst die Tat, die tatsächlich passiert ist, auch
nicht erst eine Situation der Eskalation.

Das Prinzip, den Anreiz für strafbewehrtes Verhalten zu verringern
beziehungsweise die Kosten zu erhöhen, ist eingebunden in eine ökonomische Logik und entsprechendes Vokabular, das ein gewisses Kri-
minalitätsaufkommen als gegeben zunächst noch hinnimmt. Daß Jugendliche sich nicht nur abweichend verhalten, sondern in gewissem
Ausmaß auch kriminell werden, gesteht man ihrem Status im Übergang
zu. Ist ihr „Budget" jedoch ausgeschöpft, das Maß überschritten, dann
greift die neue, vermeintlich zweite Linie der Kriminalprävention.
Schnell haben wir es dann mit den fünf Prozent der Unverbesserlichen
zu tun, deren nicht zu stoppende „kriminelle Energie" (auch ein Wort,

---

[48] Lindenberg, Michael; Schmidt-Semisch, Henning: „Aber bitte nicht hier!". Zur
Zukunft des Umgangs mit riskanten Substanzen, in: Hengartner, Thomas; Mer-
ki, Christoph M. (Hg.): Tabakfragen. Rauchen aus kulturwissenschaftlicher
Sicht, Zürich 1996, 185–202.

[49] „Die soziale Frage reduziert sich nicht auf die Frage des »Ausschlusses«, sondern Ausgliederung oder Ausstoßung sind Effekte einer allgemeinen Erschütte-
rung, deren Ursachen in der Arbeit und ihrer gegenwärtigen Organisationsweise
liegen", Castel, Robert: Nicht Exklusion, sondern Desaffiliation. Ein Gespräch
mit Francois Ewald, Das Argument 217, 38 (1996), 775–780, 775.

das wieder hoffähig geworden ist) bedrohlich ist, ins Gewalthafte, Gewalttätige gerät. In der Grammatik eines unterstellten rationalen Akteurs gedacht, kann diese Art des Kriminalitätsaufkommens als Anzeichen gelesen werden für zu geringe Hürden, die die Straftat hätten verhindern können. Forderungen nach hartem und konsequentem Durchgreifen bilden insofern den anderen, den punitiven Pol derselben Linie einer Kriminalpolitik, deren Ende sich hier markiert, durch „schlicht verdiente" Strafe,[50] geschlossene Heime oder verordneten Kurzbesuch im Knast, der zur Warnung gereichen soll.[51]

Die entsprechenden Reaktionen auf Kriminalität, die aus der Strategie der Responsibilisierung folgen und sich in neuen „Therapie"-Formen wie „Anti-Aggressions-Training" oder den militaristisch geprägten „boot camp"-Methoden zeigen,[52] konzentrieren sich nicht mehr in gleicher Weise wie früher auf die Persönlichkeit eines Täters, seine Biographie und individuelle Prägungen durch wie auch immer geartete Erfahrungen. Sie setzen an dem Prinzip an, die Regeln aufzuzeigen, nach denen das Leben in der Gesellschaft funktioniert. Das Verhalten wird über seine Konsequenzen regiert, nicht über Werte, Tugenden und Moral. Dem einzelnen bleibt die Entscheidung selbst überlassen, welche Wahl er treffen will. Das aber heißt nichts anderes, als ihm auch die alleinige Verantwortung für sein Scheitern zu geben. Denn die Entscheidung ist nicht frei; freigegeben ist das Wissen um die Folgen und die heißen: mitmachen, sich anstrengen; den Rat annehmen, sich anschreien und niedermachen lassen, um sich anschließend selbst aufzurichten. „Was draus zu machen": sich motivieren lassen, um sich selbst zu motivieren – oder rausfliegen beziehungsweise weggesperrt werden.

---

50 Von Hirsch, Andrew: The Future of the Proportionate Sentence, in: Blomberg, Thomas G.; Cohen, Stanley (Hg.): Punishment and Social Control: Essays in Honor of Sheldon L. Messinger, New York 1995, 123–143.

51 Solche Schlußfolgerungen gehen nicht gleich einem Automatismus hervor aus der Theorie. Sie sind nicht das Ergebnis einer zwangsläufigen Logik, sondern generieren sich nach einer Grammatik des Denkens, die sich einfügt in den Kontext einer Regierungsmentalität und die es ermöglicht, eine bestimmte Kriminalpolitik auszubuchstabieren. Ebenso wie der Rational Choice-Ansatzes in der Konsequenz seines Denkens eine punitive Ausrichtung, Kriminalprävention durch Abschreckung, zuläßt, lassen sich mit ihm auch Ideen generieren, die, wie gezeigt, darauf zielen, strafbewehrtes Verhalten durch Anreize zu verhindern und auf diese Weise harte oder hohe Strafen zu vermeiden.

52 Vgl. Weidner, Jens; Kilb, Rainer; Kreft, Dieter (Hg.): Gewalt im Griff. Neue Formen des Anti-Aggressivitäts-Trainings, Weinheim 1997; Simon, Jonathan: They Died with Their Boots On: The Boot Camp and the Limits of Modern Penalty, in: Social Justice 22 (1995), 25–48; Gescher, Norbert: Bestandsaufnahme eines paramilitärischen Sanktionskonzepts, in: Neue Kriminalpolitik 10 (1998), 18–21.

Normativität verschwindet auf diese Weise nicht. Auch sie wird umcodiert. Sie wird nicht mehr aufgezeigt über die Norm mit Blick auf die Abweichung von ihr, nicht erreicht über Disziplinierung und Selbstdisziplin, sondern über *aktive* Selbstkontrolle durch „Einsicht" im Angesicht der aufgewiesenen Konsequenzen. Die alten Strategien wirken nicht mehr, denn wir wissen inzwischen: abweichen tut jeder. Jetzt, wo die Präventivwirkung des Nichtwissens, auf die Popitz uns einst aufmerksam machte,[53] ausgesetzt hat, müssen wir zwar nicht alles wissen, aber alles kalkulieren können. Und man beweist uns statistisch: Alkohol am Steuer führt zu hohen Unfallraten. Nicht die Trunksucht selbst ist verwerflich. Der Verweis auf die Fakten ist Bestandteil einer moralischen Technologie,[54] die sich subtil durchsetzt, weil sie die Moral versteckt und Wertorientierungen in Sicherheitsvorkehrungen verwandelt: „Consensual norms are displaced by security wants".[55] Verhaltensvorschriften werden zu Verhaltensanleitungen, die nicht weniger zwingend sein müssen. In das Risikowissen eingebettet, lassen sie sich aus diesem ableiten. Umgesetzt werden müssen sie dann selbständig. Die Entscheidung, sich hinreichend zu informieren und entsprechende Verhaltenskonsequenzen daraus zu ziehen, bleibt auch hier der Freiheit und der Verantwortung des einzelnen überlassen.

Über die Strategie der Responsibilisierung werden ehemals staatliche Verantwortlichkeiten „privatisiert". Dieses Prinzip verlängert sich bis in die Mikrostruktur der Gesellschaft hinein: zum Beispiel als Anforderung an den einzelnen, für seine eigene Sicherheit selbst zu sorgen, sich „klug" zu verhalten[56] und selbst mit Hilfe entsprechender zur Verfügung stehender Technologien vor Kriminalität zu schützen;[57] sich innerlich zu rüsten und privat auszurüsten. In den Mittelpunkt mancher Diskussionen gerät in diesem Zuge das (potentielle) Opfer. Für dieses

---

[53] Popitz, Heinrich: Über die Präventivwirkung des Nichtwissens, Tübingen 1968.

[54] Vgl. O'Malley, Pat; Mugford, Stephen: Moral Technology: The Political Agenda of Random Drug Testing, Social Justice 18 (1992), 122–146; vgl. auch Lindenberg, Michael; Schmidt-Semisch: Moralische Technologien. Eine Skizze der Wahlverwandtschaft von Moral und Kommerz in der Kriminalstrafe, in: Hammerschick, Walter; Pilgram, Arno (Hg.): Arbeitsmarkt, Strafvollzug und Gefangenenarbeit (Jahrbuch für Rechts- und Kriminalsoziologie), Baden-Baden 1997, 141–151.

[55] Ericson, Richard V.; Haggerty, Kevin D.: Policing the Risk Society, Toronto 1997, 439, vgl. auch 124.

[56] Vgl. O'Malley, Pat: Risk and responsibility, in: Barry et al. (1996), 189–207.

[57] von Sicherheitsschlössern, die zusätzlich an der Haustür angebracht werden, über das Abwehrspray, das speziell Frauen mit sich führen, bis hin zu Techniken der Selbstverteidigung u.a.m.

selbst muß das keineswegs Entlastung oder Obhut bedeuten.[58] Dabei hält man sich nicht mit moralischer Schuldzuweisung auf, denn sie behindert den Blick, der auf die Zukunft gerichtet sein soll, in der die kommenden Aufgaben liegen. Mobilisiert wird zur Schadensbegrenzung und für aktives Kümmern um das eigene Wohl.

Eben so, wie die sogenannte normale Kriminalität nur scheinbar normalisiert wurde, im Grunde aber eine Verschärfung staatlicher Intervention und von Kontroll-Effekten beinhaltet, ist die Kehrseite der „dämonisierten" Kriminalität als Antwort zu lesen auf die fehlenden Sensationen:[59] die Figuren, auf die sich die Lust am Bösen konzentrieren, der Bereich, in dem staatlicherseits Handlungsfähigkeit signalisiert werden kann.[60] Beide Formen der Thematisierung von Kriminalität gehören insofern zusammen. Sie bilden jeweils die symbolische Kehrseite – und die praktische Hinwendung zueinander. Denn auf die vermeintlich böse Kriminalität wird faktisch höchst rationalisiert reagiert – im doppelten Sinne des Wortes: Ausgliedern in Form von Wegschließen (Sexualtäter, jugendliche Gewalttäter) oder Ausweisen (ausländische Kriminelle) und Konsequenzen aufzeigen, das erscheint als vernünftig simpel und praktisch effektiv. Gefährlichkeitsprognosen, die den Präventionsgedanken legitimieren,[61] transformieren sich zum Risikokalkül, mit dem im Gegensatz zum Begriff der abstrakten Gefahr der Anspruch von Machbarkeit verbunden ist: Beherrschbarkeit durch das Wissen um Gefahren und die Aufforderung zu ihrer Berechnung und Bekämpfung mit Hilfe entsprechender Technologien und Techniken.[62]

Ein weiterer Anhaltspunkt dafür, inwiefern sich die beiden Ausprägungen in der Kriminalpolitik nicht nur berühren, sondern eng miteinander verknüpft sind und in dieser Verbindung gleichsam ein gestärktes Band bilden, findet sich in dem Tätertypus des Hooligans. Hier treffen sich beide Momente: die Normalität ihrer Erscheinung im Alltag, ihr

---

[58] Vgl. O'Malley, Pat: Post-Social Criminologies. Some Implications of Current Political Trends for Criminological Theory and Practice, in: Current Issues in Criminal Justice 8 (1996), 26–39, 29f.

[59] Vgl. auch Günther, Klaus: Kampf gegen das Böse? Zehn Thesen wider die ethische Aufrüstung der Kriminalpolitik, in: Kritische Justiz 27 (1994), 135–157.

[60] Vgl. Simon, Jonathan: Gewalt, Rache und Risiko. Die Todesstrafe im neoliberalen Staat, in: Trotha, Trutz von (Hg.): Soziologie der Gewalt, Sonderheft 37 der Kölner Zeitschrift für Soziologie und Sozialpsychologie, Opladen 1997, 279–301; Simon, Jonathan; Feeley, Malcolm M.: True Crime: The New Penology and Public Discourse on Crime, in: Blomberg, Thomas G.; Cohen, Stanley (Hg.): Punishment and Social Control: Essays in Honor of Sheldon L. Messinger, New York 1995, 147–179.

[61] Vgl. Strasser, Peter: Unschädlichmachen. Ein Beitrag zur therapeutischen Kriminologie, in: Kriminalsoziologische Bibliographie 5 (1978), 33–57.

[62] Vgl. Luhmann, Niklas: Soziologie des Risikos, Berlin 1991.

Alltagsleben kollidiert mit den Exzessen der Gewalt, die ihren Freizeit-spaß bilden. Es ist ihre Gewohnheit, ihr Vergnügen in dieser Form des Außergewöhnlichen zu finden, das ihnen vertraut ist. Dadurch sind sie ungewöhnlich und gewöhnlich zugleich. Insofern können sie das Böse nicht repräsentieren. Mit Sondermaßnahmen, verpackt in ein Anti-Hooligan-Konzept,[63] soll ihnen gleichwohl begegnet werden, weil eben die Gewöhnlichkeit ihrer Außergewöhnlichkeit unsere Ordnung be-droht und nicht erscheinen darf als Ausdruck für die Ordnung selbst – während sie uns, medial vermittelt, durchaus präsent sein sollen.

Eine Macht des Strafens, die, dem Legitimationszwang entbunden,[64] gleichermaßen sprachlos und verräterischer wird, wird nicht indifferen-ter gegenüber dem zu bestimmenden Delikt, sondern rationalisiert und effizienter einsetzbar.

5   Was hat Foucault mit der Macht gemacht?

Mit dem Begriff der „Positivität" suchte Foucault einst die Wirkung von Macht als eine zu beschreiben, die nicht in erster Linie auf Verbot und Unterdrückung, auf Repression beruht, sondern auf konstituierenden Effekten durch Wissen und auf Anreizen durch Diskurse und Diskursi-vierung.[65] Bekanntlich bestand sein Anliegen darin, unseren Blick auf die subtilen Mechanismen und Effekte von Macht zu lenken. In dem Panopticon von Bentham fand er nicht nur einen realen Entwurf, wie er für Institutionen der Disziplinargesellschaft vorgesehen war, sondern auch ein Sinnbild, wie die Mechanismen der Disziplinierung funktio-nierten. Das Beispiel ist hinreichend bekannt und viel zitiert: ein Über-wachungsturm ist in der Mitte des Gefängnisses plaziert, um ihn herum ringförmig angeordnet die Zellen für die Insassen. Vom Zentrum aus sind ihre Bewegungen jederzeit beobachtbar, weil sich ihre Silhouette in den Fenstern der Zellen abzeichnet. Sie wissen das und können sich beobachtet fühlen; sie *sollen* sich beobachtet fühlen – auch wenn das nicht der Fall ist. Denn sie ihrerseits können nicht sehen, ob sich je-mand im Turm aufhält. Sie müssen damit rechnen und, wollen sie nicht entsprechende Disziplinarmaßnahmen erleiden, sich entsprechend ver-halten. Man kann dieses Beispiel des Panopticons als Metapher für den

---

63   in der Wahlkampfphase des Sommers 1998 vom deutschen Innenminister vorerst nur populistisch ins Spiel gebracht.

64   „Power without Narrative", vgl. Simon, Jonathan: Poor Discipline: Parole and the Social Control of the Underclass, 1890–1990, Chicago 1993, 230.

65   Foucault, Michel: Überwachen und Strafen. Die Geburt des Gefängnisses, Frankfurt a.M. 1976; Foucault, Michel: Sexualität und Wahrheit, Bd. 1: Der Wille zum Wissen, Frankfurt a.M. 1977.

Foucaultschen Machtbegriff in *Überwachen und Strafen* lesen: eine relationale Macht, die sich aus der Position, die man einnimmt (oder zugewiesen bekommt), ergibt, die aber austauschbar, nicht an die konkrete Person gebunden ist, also nicht substantiell, nicht festhalt- und besitzbar, sondern auszuübende. Zugleich ist das Panopticon eine Metapher dafür, wie Internalisierung sich vollzieht: die Einpflanzung externer Kontrolle in die Individuen selbst. Nicht nur ihr konformes Verhalten ist das Produkt dieses immanenten Transformationsprozesses, der in gewisser Weise auch eine Technik des Regierens aus der Distanz ist – betrachtet man allein das Ergebnis: Die Seele ist das Gefängnis des Körpers,[66] die Instanz der Selbstbeherrschung, der Macht über den Körper und die Vorstellungen von richtigem und falschem Verhalten, das der einzelne jetzt selbst beurteilen kann.

Mit der politischen Rationalität des Neoliberalismus und der Konzeption des Subjekts als aktives Selbst, als UnternehmerIn seiner/ihrer selbst, setzt sich „die produktive Effizienz, de[r] strategische[n] Reichtum und die Positivität der Macht"[67] offenbar umfassend durch: Die Kunst des Regierens als Produktivität, als Hervorbringung von Aktivität; die Individuen als aktives Selbst, die nicht mehr regiert werden wie Marionetten, sondern die sich selbst regieren wie aufgezogene Puppen.

Und was passiert mit dem Panopticon der Disziplinar- nun in der Kontrollgesellschaft? Die Mauern verschwinden, die Einschließungsmilieus[68] verlieren ihre Bedeutung? Gewiß nicht, wie zu beobachten an den steigenden Zahlen von Insassen in den überfüllten Gefängnissen der westlichen Industriegesellschaften,[69] in die die „neuen gefährlichen Klassen" dirigiert werden.[70] Mauern und Zäune dienen noch immer der Grenzziehung, etwa um die neuen geschlossenen Gesellschaften der gated communities in Nordamerika in ihrer eigenen Welt der Sicherheit zu wägen. Darüber hinaus gibt es neue Formen räumlicher Grenzzie-

---

[66] Foucault (1976), 42.

[67] Foucault (1977), 106.

[68] Vgl. Deleuze, Gilles: Postskriptum über die Kontrollgesellschaften, in: ders.: Unterhandlungen 1972–1990, Frankfurt a.M. 1990, 254–262.

[69] Vgl. Wacquant, Loïc: In den USA wird die Armut bekämpft, indem man sie kriminalisiert. Niedergang des Sozialstaats, Aufrüstung des Strafstaats, in: Le Monde diplomatique Nr. 5578, vom 10.7.1998, 9; Christie, Nils: Crime control as industry. Towards GULAGS, western style?, London 1993; speziell zur Frage der Vereinbarkeit der beiden Tendenzen einer Auflösung der Einschließungsmilieus und dem Anstieg der Gefangenenzahlen in den westlichen Industrienationen vgl. Scheerer, Sebastian: Zehn Thesen über die Zukunft des Gefängnisses – und acht über die Zukunft der sozialen Kontrolle, in: Trutz von Trotha (Hg.): Politischer Wandel, Gesellschaft und Kriminalitätsdiskurse. Beiträge zur interdisziplinären wissenschaftlichen Kriminologie. Festschrift für Fritz Sack zum 65. Geburtstag, Baden-Baden 1996, 321–334.

[70] Vgl. Simon (1993).

hung: als politische Strategien und Programme, nach denen sich Zonen der Stadt sozial segregieren, auch wenn das im „umkämpften Terrain" derselben nicht funktioniert;[71] oder durch Technologien der Information, zum Beispiel der Videoüberwachung oder der Chipcarts, die den Zugang zum privilegierten Territorium in scheinbar sanfter und zuweilen kaum sichtbarer Weise abgrenzen.[72]

Schließlich spricht man auch von der „viewer-society", der synoptischen Welt, in der sich der panoptische Blickwinkel umkehrt, von den Vielen auf das – medial vermittelte – Eine, und in der die Produktion des Gewissens (conscience) von der Kontrolle des Bewußtseins (consciousness), unserer Vorstellungsweisen und -welt abgelöst wird.[73] Insofern verschwinden die Mauern der Einschließungsmilieus. Der Platz des Wächters im Turm bleibt leer. Die Drohung einer Instanz erübrigt sich ebenso wie die direkten Anweisungen, die der Disziplinarform eigen waren. Der einzelne wird nicht mehr beurteilt nach richtig und falsch; beobachtet werden allenfalls Gruppen, aggregierte Typen von Individuen nach ihrer Erscheinungsform, die allerdings korrekt sein muß. Zur Instanz wird das Individuum selbst erhoben, jedoch durch niemanden. Es kann in den Turm gehen, selbst den Thron besteigen. Dieser ist nicht der der Herrschaft oder der Macht, sondern der der Leistung, des Anreizes, der Fitness und des Erfolges in schwindelnder Höhe. Der einzelne kontrolliert sich selbst, indem er sich aktiviert. Die kraftvolle Macht ist in das Individuum eingewandert. „Herrschaft" als Vorstellung von einem monolithischen Block und strukturellem Zwang „von oben" hatte sich schon mit der Disziplinargesellschaft zerstreut in eine Mikrophysik. Jetzt hat sie sich verteilt auf eine Vielheit der Individuen. Als beherrschende Macht ist sie zugleich vielfältig, vielschichtig und kaum greifbar, subtil; als die, die das Individuum selbst beherrscht, zeigt sie sich als zwanghafte Entspannung, die im Alltag zum Kampf des Überlebens gerät.

6 In Bewegung bleiben

„Nicht wie die Menschen sich bewegen, sondern was sie bewegt", dafür interessierte sich Pina Bausch.[74] Für eine Künstlerin des Tanzes, deren

---

71 Vgl. Sassen, Saskia: Metropolen des Weltmarkts. Die neue Rolle der Global Cities, Frankfurt a.M. 1996

72 Vgl. beispielhaft die Darstellung bei Davis, Mike: Cities of Quartz. Ausgrabungen der Zukunft in Los Angeles und neuere Aufsätze, Berlin 1994.

73 Vgl. Mathiesen, Thomas: The viewer society: Michel Foucault's 'Panopticon' revisited, in: Theoretical Criminology 1 (1997), 215–233.

74 Zit. n. einem Artikel aus der Süddeutschen Zeitung Nr. 192, vom 22./23.8.1998 über Pina Bausch.

Arbeit in der Inszenierung von Bewegung besteht, also darin, sichtbar zu machen, wie Menschen sich bewegen, mag diese Äußerung erstaunen. Vielleicht artikuliert sich in ihr das Anliegen, nicht auf das Oberflächliche zu setzen, eine äußerliche Ästhetik, sondern das zum Erscheinen zu bringen, was die Menschen antreibt. Nun verbindet Pina Bausch und die Kriminologie sicherlich nicht viel. Gleichwohl kann man jenen Satz auch für eine Differenzierung auf diesem Gebiet heranziehen. Darauf zu schauen, was Menschen bewegt, soll nicht heißen, was die moderne Kriminologie als Motive oder Motivation, als entfremdete innere Zwänge dort hineinlegen würde; ebensowenig, worum ihre neoliberale und in diesem Sinne vielleicht post-moderne Variante bemüht ist: die Menschen in Bewegung zu setzen durch Regulation. Es geht um den Blick auf das aktive Selbst, der das Augenmerk für Kreativität ist, für das, was die Menschen bewegt – und was sie dadurch bewegen.

Die revanchistische Stadt

Überwachen und Strafen
im Zeitalter des Neoliberalismus

KLAUS RONNEBERGER

Mit der verstärkten Ausrichtung der Städte zu Konsumtionslandschaften intensiviert sich die ordnungspolitische Administration zentraler Orte und Plätze, die sich vor allem gegen die sichtbare Anwesenheit von marginalen Gruppen richtet. Aber nicht nur Behörden und Geschäftsleute nehmen die Submilieus als Gefährdung der Inneren Sicherheit wahr, sondern auch innerhalb der Bevölkerung verstärken sich mit der strukturellen Krise und der Durchsetzung neoliberaler Deregulierungs- und Flexibilisierungsprogramme gesellschaftliche Strömungen, die auf Repression und Ausgrenzung setzen.

1 Orte der kontrollierten Zerstreuung: Malls und Themenparks

Auch wenn die Großstädte in den letzten Jahrzehnten einen Bedeutungsverlust zugunsten des Umlands hinnehmen mußten, bilden viele Metropolen weiterhin einen Schwerpunkt für ökonomische Aktivitäten. Die sogenannte Globalisierung der Ökonomie trägt nicht nur zu einer Zerstreuung von Produktionsstätten und Dienstleistungen bei, sondern bewirkt zugleich eine verstärkte Konzentration von Kontroll- und Steuerfunktionen. Auch legen die Banken, Versicherungsfonds und transnationale Konzerne einen Teil ihres überschüssigen Kapitals in global gestreuten Immobilienbesitz an. Die Grundstücksmärkte verwandeln sich in eine Anlagesphäre, in der Grund und Boden wie Aktien gehandelt werden. Damit geraten die Metropolen in den spekulativen Sog eines hochmobilen Geldkapitals, das mit Hilfe einer spektakulären Investorenarchitektur den städtischen Raum hierarchisch neu ordnet.

Zwar sind im historischen Stadtkern weiterhin unterschiedliche Funktionen und Nutzergruppen anzutreffen, dennoch verstärkt sich dort die Dominanz des Finanz- und Handelskapitals. Für die Entwicklungsdynamik der City spielt vor allem der Einzelhandel eine herausragende Rolle. Mit der weitgehenden Vorherrschaft der Filialisten und der Homogenisierung des Waren- und Dienstleistungsangebots nähert sich die bauliche und kommerzielle Ausrichtung der City dem Modell von

Malls an, die in der Peripherie mit großem ökonomischem Erfolg betrieben werden. Der Siegeszug dieses multifunktionalen Einkaufs- und Freizeitkomplexes liegt vor allem in dem Marketingkonzept begründet, nicht nur ausreichend Parkräume zur Verfügung zu stellen, sondern auch atmosphärische Arrangements und soziale Aktivitäten in den Vorgang der Konsumtion miteinzubinden. Durch die ‚Attraktivität des Nebeneinanders' soll die Wirkung der einzelnen Warenobjekte gesteigert und die Kunden zu einer längeren Verweildauer animiert werden.[1]

In den USA läßt sich die Entwicklung von Shopping Malls bis in die fünfziger Jahre zurückverfolgen. Es handelte sich ursprünglich um eine Anordnung von Geschäften, die zunächst um einen offenen Fußgängerbereich und später als vollständig überdachte und klimatisierte Gebäudeanlage errichtet wurden. Seit Anfang der siebziger Jahre hat sich dieser Typus von Einkaufszentren in den USA zur sogenannten Super-Mall weiterentwickelt. In diesen Komplexen, deren bauliche Umwelt städtischen Agglomerationsformen nahekommt, konzentrieren sich die unterschiedlichsten Konsumfunktionen: Kaufhäuser und Einzelhandelsgeschäfte, Kinos, gastronomische Einrichtungen und Vergnügungsparks, Hotels und Büroflächen. Die Grenzen zwischen Einkaufen und Freizeit sind somit völlig verwischt, auch wenn der Verkauf von Waren und Dienstleistungen vorrangig bleibt.[2] Solche Archipele eines kontrollierten Erlebens versuchen die Atmosphäre und das Image eines traditionellen Stadtplatzes zu erzeugen, der gemeinhin mit Kommunikation, Öffentlichkeit und Spektakel gleichgesetzt wird. Die klassischen Orte der Öffentlichkeit – Straße, Platz und Park – sind inzwischen, zumindest in den USA, durch die großen Einkaufs- und Freizeitkomplexe ersetzt.

Zwar hat sich die Disney-Kultur in Deutschland noch nicht als dominantes Konsum- und Freizeitmodell durchgesetzt, der Boom von Unterhaltungskomplexen signalisiert jedoch auch hierzulande eine wachsende Akzeptanz. Ungefähr 25 Millionen Bundesbürger suchen gegenwärtig jährlich Freizeitparks oder Malls auf. Während ältere Generationen gegenüber solchen artifiziellen Welten noch große Vorbehalte haben, stellt für die meisten jüngeren Menschen diese Form des Erlebniskonsums bereits eine selbstverständliche Form der Alltagspraxis dar.[3]

Gerade die Bahn entwickelt sich in dieser Hinsicht zu einem Vorreiter. Diesem nun privaten Kapitalunternehmen gehören in allen Städten

1 Grawford, Margaret: The World in a Shopping Mall. In: Michael Sorkin (Hg.): Variations On A Theme Park, New York 1992, S. 3–30.
2 Rowe, Peter: Making a Middle Landscape, Cambridge/London 1991.
3 Vgl. Immobilien Zeitung 22.10.1998.

der Bundesrepublik enorme Flächen in überwiegend zentralen Lagen. Mit der kommerziellen Vermarktung von Betriebsflächen auf denen Büro- und Unterhaltungskomplexe projektiert sind, und dem Umbau der Großbahnhöfe zu „Einkaufszentren mit Gleisanschluß", entstehen neue exklusive Tertiär- und Konsumarchipele. Am weitesten ist das sogenannte Projekt 21 der Deutschen Bahn AG in Stuttgart fortgeschritten. Durch die Umwandlung des Kopfbahnhofs in eine unterirdische Durchgangsstation werden inklusive der nicht mehr benötigten Rangierflächen und Schienenwege mehr als 100 Hektar frei. Nach Vollendung des Vorhabens würde sich die Innenstadt von Stuttgart um vierzig Prozent vergrößern. Ähnliche Vorhaben sind auch für München oder Frankfurt geplant. In der Main-Metropole soll auf dem freiwerdenden Gelände sowohl ein komplettes neues Stadtviertel mit einem dichten Hochhauspulk als auch ein Dienstleistungs- und Unterhaltungskomplex mit Musical-Theater, Großkino, Hotel- und Tagungshochhaus sowie Shopping Mall entstehen.

Zugleich verfolgt die Bahn AG ein neues Marketingkonzept bei den Bahnhöfen. Diese sollen zwar weiterhin Verkehrsstationen bleiben, sich aber gleichzeitig in Hybridräume mit Geschäften, Restaurants und Business-Einrichtungen verwandeln. Vorbild für diese Kommerzialisierungsstrategie sind die großen Flughäfen, bei denen die Vermietung oder Verpachtung von Betriebsflächen eine wichtige ökonomische Rolle spielen. Das Immobiliengeschäft und der Ausbau von 'Freizeit- und Erlebniswelten' erweist sich für die Betreiber von Flughäfen oder Bahnhöfen als eine profitable Einnahmequelle. Mit dem Shopping-Mall-Konzept sollen nicht nur Bahnreisende, sondern auch die Bewohner des Umlandes bzw. der Stadt als potentielle Konsumenten angesprochen werden.

2 Der touristische Blick

Die neueste Entwicklung stellen sogenannte Urban Entertainment Center dar, in denen Konsum und Freizeit sich noch stärker gegenseitig ergänzen und stützen. Während die Immobilienbranche und die Betreiber darin eine neue profitable Verwertungsmöglichkeit sehen, erhoffen sich Stadtverwaltungen und die Kommunalpolitiker von solchen artifiziellen Unterhaltungskomplexen eine Belebung der City. Diese Art der Dienstleistungsindustrie soll auch dazu beitragen die Stadtregionen ökonomisch retten. Nachdem die Bedeutung der gewerblichen Produktion in den Städten weiter zurückgeht, erwartet man sich von dem Konsum- und Freizeitsektor neue Beschäftigungseffekte und zusätzliche Steuereinnahmen. Ähnlich wie zu Beginn der siebziger Jahre, als sich

Selbstbedienungs-Warenhäuser und Verbrauchermärkte flächendeckend durchsetzten, bilden sich starke Allianzen aus Stadtkämmerern, Lokalpolitikern Architekten und Planern heraus, die für eine Expansion der Erlebnisindustrie eintreten.[4] Standen im letzten Jahrzehnt der Ausbau von Museumslandschaften, Kulturzentren und Bürgerhäusern im Vordergrund, so subventionieren heute die Kommunen vor allem Mega-Malls, multifunktionale Arenen oder Großaquarien. Diese Umorientierung der Lokalpolitik führt allerdings zu einer nachhaltigen Reduzierung der öffentlichen Infrastrukturleistungen und bindet die knappen finanziellen Ressourcen fast vollständig an wenige kommerzielle Großprojekte. Die Kommunen legitimieren ihr Engagement und die eingegangenen Verpflichtungen mit der sogenannten Umwegerentabilität, die sich angeblich auf lange Sicht einstellen werde.[5]

Ganz im Sinne der neuen Event-Kultur präsentiert sich etwa das Ruhrgebiet als „magische Erlebnislandschaft" mit den Warner Bros. Movie World in Bottrop oder Musical-Theater-Programmen in verschiedenen Revierstädten. Die nachhaltige finanzielle und administrative Unterstützung der Freizeitindustrie durch die Landesregierung und die Kommunen gilt als wichtiger Bestandteil eines Revitalisierungsprogramms, mit dessen Hilfe die alte Industrieregion den Anschluß an das Tertiärzeitalter schaffen soll. Dafür steht auch das neue Super-Mall „CentrO" in Oberhausen mit Mehrzweckhalle, Multiplex-Kino und angeschlossenem Freizeitpark. Dieses Projekt, an dem sich die Öffentliche Hand mit 500 Millionen Mark beteiligte, gilt als gelungenes Beispiel des Strukturwandels und als neue touristische Attraktionen des Ruhrgebiets.[6]

Auch wenn die Redeweise von der ‚postindustriellen Gesellschaft' in unzulässiger Weise die grundsätzliche Bedeutung der Produktion unterschlägt, scheint für die wirtschaftlichen und sozialen Strukturen der Gesellschaft die Organisierung der Konsumtion immer wichtiger zu werden. Diese Dynamik zeichnete sich in der Bundesrepublik bereits mit der Durchsetzung des Wohlfahrtsstaates ab. Auf der Basis eines expandierenden Massenkonsums begann sich allmählich ein neuer Sektor von Dienstleistungen zu entwickeln, der auf die Ausdifferenzierung

---

[4] Hatzfeld, Ulrich: Die Produktion von Erlebnis, Vergnügen und Träumen. Freizeitgroßanlagen als wachsendes Planungsproblem. In: Archiv für Kommunalwissenschaften, II. Halbjahresband 1997, S. 282–307.

[5] Bomheuer, Andreas: „Man hält auf Fassade". Freizeit, Kunst und Kultur am Beispiel der Musicals. In: AKP Fachzeitschrift für Alternative Kommunal Politik, Heft 5/1997, S. 40–41.

[6] Scholz, Carola: Überall ist Mega Mall. Stadtentwicklung, Strukturwandel und der Wettlauf der Erlebniswelten. In: AKP Fachzeitschrift für Alternative Kommunal Politik, Heft 5/1997, S. 32–35.

vormals standardisierter Verbrauchsmuster reagierte.[7] Es ist offensichtlich, daß heute die soziale Position der Individuen nicht nur von der Stellung im Produktions- und Arbeitsprozeß abhängt, sondern zunehmend auch von symbolischen Formen der Distinktion, die vor allem auf ästhetischen Erfahrungen beruhen. Zur Wahrung der gesellschaftlichen Stellung der Subjekte sind bestimmte Konsummuster inzwischen unerläßlich geworden. Die Unterhaltungsindustrie und der Einzelhandel versuchen wiederum für diese Formen der Identitätsbildung die notwendigen Symbole und Zeichen mitzuliefern, indem sie die Waren und Dienstleistungsprodukte als ‚Erlebnis' oder ‚Lifestyle' anbieten. Mit den veränderten Alltagspraktiken kommt es auch zu einer stärkeren Vermischung von Einkaufs- und Freizeitaktivitäten. Überall entstehen neue kommerzielle Einrichtungen, die die Bereiche Konsum, Freizeit und Entertainment miteinander verbinden. Die systematische Funktionalisierung der Raumgestaltung, die Berechenbarkeit der Abläufe und ein hohes Kontrollniveau stellen dabei die charakteristischen Merkmale solcher Anlagen dar. Postmoderne Intellektuelle wie Jean Baudrillard[8] haben die künstlichen Erlebniswelten als ‚Orte des Nichtauthentischen' gefeiert. Andere Kritiker dagegen klagen in kulturpessimistischer Wendung gegen die Simulakren des Konsums authentische Formen der Bedürfnisbefriedigung und der urbanen Erfahrung ein. Diese angeblichen „Nicht-Orte", wie sie Marc Augé[9] bezeichnet, entsprechen zwar nicht dem Bild des öffentlichen Raums in der europäischen Stadt, aber wer den Transformationsprozeß nur in den Kategorien des Verlusts definiert, verschließt sich gegenüber neuen Formen der Alltagspraxis und verklärt städtische Formen der bürgerlichen Öffentlichkeit, deren soziale und ökonomische Voraussetzungen zudem nicht mehr gegeben sind. Eine Kritik an der Instrumentalisierung des Erlebnisses für die Ziele der Kulturindustrie ist zwar angebracht, aber die Denunziation der Malls und Themenparks als ‚Amerikanisierung' der europäischen Städte lenkt völlig von der entscheidenden Fragestellung ab – nämlich der von Gewalt- und Machtverhältnissen.

So ist das Betreibermanagement bemüht, bereits durch den Einsatz bestimmter architektonischer Mittel unerwünschten Personen den Aufenthalt in den Gebäudekomplexen zu erschweren. In einem Servicekonzept für Einkaufszentren findet man dazu etwa folgende Vorschläge: „Es hat sich z.B. herausgestellt, daß helle, freundliche und saubere An-

---

7   Kind, Christoph/Ronneberger, Klaus: Zur Durchsetzung des Fordismus in Deutschland, Literaturstudie für die Stiftung Bauhaus Dessau 1996.

8   Baudrillard, Jean: Amerika, München 1987.

9   Augé, Marc: Orte und Nicht-Orte. Vorüberlegungen zu einer Ethnologie der Einsamkeit, Frankfurt a. M. 1994.

lagen ein bestimmtes Publikum abschrecken. So hat sich der dunkle Marmor in Einkaufspassagen nicht bewährt, der helle Naturstein in Verbindung mit einem Beleuchtungskonzept ist demgegenüber sehr geeignet, nicht willkommene Gäste und störende Besucher fernzuhalten."[10] Ebenso kann auch durch Reinigungsaktivitäten ein Verdrängungsdruck ausgelöst werden. „Dies erfolgte in erster Linie dadurch, daß Wachleute entsprechend eingekleidet und mit Reinigungsgeräten versehen wurden. Diese haben sich alsdann stets in unmittelbarer Nähe unerwünschter Personen zu schaffen gemacht und deren ungestörten Verbleib behindert. Nach relativ kurzer Zeit hatte sich das Störpotential wesentlich vermindert, weil für diese Personengruppe ein Verbleib in dem Objekt nicht mehr so „behaglich" war wie zu früheren Zeiten."[11] Auch das Recht auf Meinungsäußerung oder das Sammeln von Unterschriften ist in Malls, Einkaufszentren oder Urban Entertainment Centern unerwünscht bzw. verboten. So wurde etwa der Gewerkschaft HBV in der Einkaufspassage der neuen ‚Daimler-City' am Potsdamer Platz das Verteilen von Flugblättern vom Management mit Verweis auf das Hausrecht untersagt.[12] Es ist absehbar, daß mit der Expansion solcher Zentren und der wachsenden Akzeptanz der Mall-Kultur in der Bevölkerung sich die Bedeutung öffentlicher städtischer Räume nachhaltig verändern wird. Die gesicherten Archipele des Konsums fungieren als Vorbild und Verstärker für gesellschaftliche Bestrebungen, die urbanen Territorien stärker nach selektiven Vorgaben zu ordnen., die u.a. auch auf die Beseitigung der sichtbaren Erscheinungsformen von städtischer Armut und nicht-konforme Verhaltensweisen abzielt.

Viele Menschen suchen zudem die Kernstadt nur noch als Konsumenten oder Urlauber auf. Unter dem „touristischen Blick" und einer auf Erlebnis und Entspannung ausgerichteten Konsumpraxis verwandeln sich die Orte in Kulissenlandschaften und Freizeitanlagen, in denen soziale Heterogenität eher als irritierend und störend empfunden wird. Denn der touristisch-konsumtive Erlebnisraum ist vor allem ein Raum der sicheren Distanz vor unerwarteten Ereignissen und Situationen, die die erwünschte Atmosphäre in Frage stellen könnten.[13]

Parallel dazu läßt sich eine Verschiebung in der Wahrnehmung städtischer Räume feststellen. Noch in den achtziger Jahren betonte der urbane Diskurs die Rolle der Stadt als anonymen Ort, der unterschiedliche Lebensformen, die Erfahrung von Differenz und Andersartigkeit

---

[10] Immobilien Zeitung 10.9.1998.
[11] a. a. O.
[12] Tageszeitung 21/22.11.1998.
[13] Hasse, Jürgen: Vom Spaß zur Erfahrung, Wien 1994.

ermögliche. Insbesondere der distanzierte, gleichwohl aber interessierte Kontakt mit dem ‚Fremden' im öffentlichen Raum galt als wesentliche Voraussetzung für urbane Zivilisiertheit und eine funktionierende städtische Kultur. Diese Vorstellung erfährt gegenwärtig dahingehend eine Einschränkung, daß damit vor allem ein ‚ziviles', sprich ‚anständiges', Benehmen gemeint ist. Nicht mehr das Zusammentreffen mit dem ‚Fremden' in der Öffentlichkeit scheint erwünscht zu sein, sondern gesittete Verhaltensweisen honoriger Bürger.[14]

3 Politik der räumlichen Streuung: Zur Dialektik zwischen Eigentum und Ghetto

Die Betonung einer neuen ‚Bürgerlichkeit' steht auch im Zusammenhang mit veränderten Wohnsitzstrategien. Seit Beginn der achtziger Jahre sind Teile der Mittelklassen bestrebt, sich die urbane Kultur zentrumsnaher Altbauquartiere anzueignen und als Bestandteil einer distinktiven Lebensführung zu integrieren. Mit der wachsenden Nachfrage nach innerstädtischem Wohnraum geraten entsprechende Quartiere verstärkt ins Blickfeld des Urban Managements. Diese Räume erhalten nun eine strategische Bedeutung bei dem Bemühen, einkommensstarke Bevölkerungsgruppen wieder in die Stadt zu locken.

Das in letzter Zeit meistdiskutierte Beispiel einer solchen Aufwertungspolitik ist das Berliner „Planwerk Innenstadt". Dieses städtebauliche Planungskonzept, strebt die Verknüpfung und Restrukturierung des Ost- und des Westberliner Innenstadtbereiches an. Die Bedeutung und der Ansatz des Projekts gehen weit über eine rein stadtplanerische Dimension hinaus. Es handelt sich mit den Worten des Staatssekretärs Stimmann „nicht nur um die Erhöhung der Dichte, sondern um einen Wechsel der Strategie, die wieder mehr auf Eigeninitiative setzt."[15] Wesentlicher Bestandteil des Planwerks ist die Subventionierung des städtischen Bodens für eine mittelklassenorientierte Eigenheimbildung. Damit zeichnet sich ein Orientierungswechsel der Wohnungsbaupolitik von der Mieter- zur Eigentümerstadt ab. „Erstmals seit der Ausweitung von Bürgerrechten im 19. Jahrhundert", so der Architektursoziologe Werner Sewing, „wird der Bürgerbegriff wieder exklusiv an Eigentum

---

[14] Kirchberg, Volker: Stadtkultur in der Urban Political Economy. In: Volker Kirchberg/Albrecht Göschel (Hg.): Kultur in der Stadt. Soziologische Analysen zur Kultur, Opladen 1998, S. 41–54.
[15] Stimmann, Hans: Planwerk Berliner Innenstadt. Identität, Permanenz und Modernisierung. In: Stadtforum 23/1996, S. 14–17.

gebunden."[16] Im Kern zielt das Vorhaben auf eine Aufwertung zentraler Bereiche der Stadt durch eigentumsfähige Bevölkerungsgruppen, die bewußt als staatliches Projekt in Gang gesetzt werden soll. Die Orientierung der Politik an einkommensstarken Schichten hat für die alteingesessene Quartiersbevölkerung, die solchen Aufwertungsstrategien im Wege stehen, entsprechende Folgen. Der französischen Soziologe Alain Touraine[17] hat deshalb die Wiederkehr der Bürgerstadt als eine reaktionäre Stadtideologie bezeichnet, mit deren Hilfe eine Politik der Verdrängung und Ausschließung geradezu geadelt werde.

Parallel zur Wiederkehr des Stadtbürgers beschwören die Medien, daß die Großstädte in ‚amerikanische Verhältnisse' hineinschlittern. In vielen Berichten über die soziale Situation in den ‚Ghettos' läßt sich eine diskursive Verschränkung von Verwahrlosung, Drogensucht, hohem Ausländeranteil und Armut mit bestimmten Stadtvierteln feststellen. Diese Bildermelange folgt ähnlichen Zuschreibungen wie man sie hinlänglich von amerikanischen Ghettos zu kennen glaubt.

Betrachtet man zunächst die normativen Vorgaben der Stadtplanung und des Wohnhilfesystems, so scheint die ‚sozial durchmischte Stadt' ein bundesdeutsches Ideal darzustellen. In verschiedenen gesetzlichen Bestimmungen finden sich Vorgaben zur Herstellung ‚ausgewogener' Bewohnerstrukturen in Stadtteilen. Allerdings bleibt es im Ermessen der jeweiligen Akteure, wie sie die angestrebte soziale Durchmischung von Wohnquartieren konkret definieren und umzusetzen gedenken. Tatsächlich legen die einschlägigen Institutionen das Ideal der Ausgewogenheit sehr selektiv aus. So sind die zuständigen Behörden und Instanzen bemüht, eine räumliche Konzentration von Migranten und Beziehern von Sozialtransfers durch die Festlegung von Belegungsquoten im sozial gebundenen Wohnungsbestand zu vermeiden. Solche kommunalen Vergaberichtlinien stehen in der Tradition des deutschen Sozialwohnungsbaus, der für die ‚breiten Schichten des deutschen Volkes' und nicht für die Ärmsten der Gesellschaft ausgerichtet war. Für den gegenwärtigen Alltag in den Städten bedeutet diese Vergabepraxis aber, daß man die Konzentration der im Sozialwohnungsbestand unerwünschten Gruppen in heruntergekommen Altbauquartieren oder Notunterkünften billigend in Kauf nimmt.[18] Diese Praxis wird von den zuständigen Institutionen häufig mit Hinweis auf eine ‚ausgewogene' soziale Mischung

---

16 Sewing, Werner: Planwerk Innenstadt Berlin. Ein Frontbericht aus der Europäischen Stadt. In: Centrum Jahrbuch Architektur und Stadt 1998, S. 47.

17 Touraine, Alain: Die Stadt – ein überholter Entwurf? In: ARCH+, Nr. 132/1996, S. 68–70.

18 Lanz, Stephan/Ronneberger, Klaus: Auf dem weg zur neofeudalen Stadt? Vortrag für den 29. Kongreß der deutschen Gesellschaft für Soziologie, 16.9.1998.

legitimiert. Eine stärkere Nutzung des öffentlich gebundenen Wohnungsbestandes zur Versorgung von Sozialhilfebeziehern und behördlich untergebrachten Personen ghettoisiere die Hilfebezieher und lasse die Bestände der Wohnungsunternehmen ‚umkippen'. So kommt denn auch einer der Autoren des Frankfurter Sozialberichts zu dem Ergebnis, daß die Entwicklung sozialer Disparitäten durch die „Mechanismen des Wohnungsmarkts verstärkt wird, während die wohnungspolitisch Verantwortlichen ihre Hauptaufgabe darin sehen, die ungleichen sozialen Gruppen im städtischen Raum zu verteilen."[19]

Die massenmedial produzierte Etikettierung von Quartieren als ‚Ausländerghettos' bildet zugleich die Grundlage für eine restriktivere lokalpolitische Interventionsstrategie. So gab etwa – im Vorfeld anstehende Bürgerschaftswahlen – der damalige Hamburger Bürgermeister Voscherau in zahlreichen Zeitungsinterviews kund, daß gefährdete Stadtteile vor einem „ungesteuerten Zuzug von Ausländern" bewahrt werden müßten. Denn sei es erst einmal zu einer dauerhaften Ghettoisierung gekommen, würde die Großstadt ihre wirtschaftliche Potenz verlieren und sei nicht mehr regierbar.[20] ‚Verslumung' meint in der Sprache solcher Bilder, daß sich ein ‚sozialer Konfliktstoff' ansammelt, der sich irgendwann ‚entlädt' und unregierbare Verhältnisse produziert.

Daß die Polarisierung in den deutschen Metropolen zu einer Verschärfung sozialräumlicher Marginalisierung führt, soll damit überhaupt nicht geleugnet werden. Immer deutlicher zeigt sich beispielsweise in den Kernstädten ein kleinräumiges Nebeneinander von Aufwertung und Niedergang. Mit der Ausgrenzung von Bevölkerungsschichten aus den Arbeitsmärkten ist in der Nachbarschaft von Wohlstandsinseln eine Verarmung jener Stadtteile zu beobachten, in denen sich schon seit langem ärmere Gruppen konzentrieren und die der Aufwertungswelle bisher nicht zum Opfer gefallen sind. Allerdings belegen die bislang in Deutschland durchgeführten Studien[21], daß trotz deutlicher Polarisierungserscheinungen keineswegs von großflächiger Segregation oder gar

---

[19] Bartelheimer, Peter: Durchmischen oder stabilisieren? Plädoyer für eine Wohnungspolitik diesseits der „sozialen Durchmischung", Unveröffentlichtes Manuskript 1998, S. 6.

[20] Vgl. Ronneberger, Klaus: Urban Sprawl und Ghetto. Einige Fallstricke des Amerikanisierungsdiskurses. In: Walter Prigge (Hg.): Peripherie ist überall, Frankfurt/New York 1998, S. 84–90.

[21] Vgl. u.a. Bartelheimer, Peter: Risiken für die soziale Stadt. Erster Frankfurter Sozialbericht, Frankfurt a. M. 1997; Häußermann, Hartmut/Kazepow, Yuri: Urban Poverty in Germany: a Comparative Analysis of the Profile of the Poor in Stuttgart and Berlin. In: Mingione, Enzo (Hg.): Urban Poverty and the Underclass. Oxford/Cambridge 1996, S. 343–369.

einer Ghettoisierung nach amerikanischem Muster gesprochen werden kann.

Die Redeweise von der Ghettobildung dient im Kern nicht der Bekämpfung der zunehmenden Verarmung und damit verbundener Begleiterscheinungen. Es handelt sich vielmehr um eine Ideologie, die sich an einer deutschstämmigen Mittelschicht orientiert und die Konstituierung homogener Gruppen auf räumlicher Basis fördert. Die Vorstellung, eine Politik der Streuung ermögliche eine bessere Integration von Migranten, beziehungsweise trage zur Konfliktvermeidung bei, ist nicht nur empirisch widerlegt worden[22], sondern gehört selbst einem Diskurs an, der die Immigration aus der Perspektive der sozialen Kontrolle behandelt und rassistische Kategorisierungen stützt. Auch die Beschwörung von der drohenden ‚Amerikanisierung' deutscher Städte – wie sie gegenwärtig aus den Reihen der sozialwissenschaftlichen Disziplinen prognostiziert wird – mobilisiert weniger sozialpolitische Reformbestrebungen, sondern stärkt die dominierende Rhetorik der ‚gefährlichen Orte'. Diese wird häufig von der Kommunalpolitik und den Medien zur Kennzeichnung sogenannter sozialer Brennpunkte oder Ghettos ins Spiel gebracht, um damit eine repressivere Ordnungspolitik zu begründen und durchzusetzen.

4 Exemplarische Verdrängungs- und Vertreibungsstrategien

Die Politik der räumlichen Zerstreuung sogenannter Problemgruppen in bestimmten Stadtbezirken oder Wohnanlagen stellt nur eine Variante der gegenwärtigen urbanen Kontrollszenarien dar. Mit der Ausrichtung der Kernstädte zu Konsum- und Erlebnislandschaften intensiviert sich zugleich die ordnungspolitische Administration des öffentlichen Raums. Durch eine spezifische Gestaltung der baulichen Umwelt, der Installierung von Überwachungstechnologien und dem verstärkten Einsatz von Ordnungskräften und Sicherheitsdiensten sollen unerwünschte Gruppen ferngehalten werden.

Angesichts der verschärften Standortkonkurrenz und sinkender Umsätze sind die Betreiber von Kaufhäusern und Ladenketten in der City bestrebt, die Einkaufsmeilen dem suburbanen Mall-Modell anzupassen. Da dessen Erfolg nicht zuletzt auf der Garantie des gesicherten und ungestörten Konsums basiert, möchte man deshalb die verschiedenen Submilieus aus den Innenstädten verdrängen. „Für die Geschäftsleute in

---

22 Keim, Karl-Dieter: Vom Zerfall des Urbanen. In: Wilhelm Heitmeyer (Hg.): Was treibt die Gesellschaft auseinander?, Frankfurt a. M. 1997, S. 245–286.

den betroffenen Innenstädten", so etwa der Hauptverband des deutschen Einzelhandels, „stellt die Massierung solcher (sozial unerwünschter, d. Verf.) Verhaltensweisen eine wirtschaftliche Bedrohung dar. (…) Es bedarf daher einer klaren Beschreibung derartiger Verhaltensweisen in einer sogenannten Gefahrenabwehrverordnung."[23] Um „Sauberkeit, Sicherheit und Ordnung" durchzusetzen, gehörten nach der Ansicht eines Vertreters des Düsseldorfers Wirtschaftslobbyverbandes „Forum Stadt-Marketing", Obdachlose „weggeräumt." Sie seinen „ebenso wie Graffitis und Taubenkot kein Anblick, der zur Steigerung von Attraktivität und Kaufkraft beiträgt."[24] Da sich die Präventionsstrategie der Geschäftsleute vor allem an der Optimierung von Betriebssicherheit und Umsatzzahlen orientiert, operieren gerade die privaten Sicherheitskonzepte mit einer Vorstellung von abweichendem Verhalten, bei dem bereits ‚devianzbegünstigende' Gelegenheitsstrukturen und Handlungsweisen ins Blickfeld geraten.[25] Gegenwärtig gehen die lokalen Gewerbevereinigungen auch dazu über, flächendeckende Raumverbote für marginalisierte Gruppen zu verlangen. Stellvertretend für solche Bestrebungen steht die Forderung von Frankfurter Geschäftsleuten, das gesamte Bahnhofsviertel als „Sperrbezirk" für Drogen- und Alkoholkonsumenten sowie Obdachlose auszuweisen.[26]

Als neuer Akteur in der sicherheitspolitischen Landschaft der Städte spielt auch die Bahn AG eine wichtige Rolle. Um ihr vorgebliches Schmuddelimage als Transportmittel für ärmere Bevölkerungsschichten loszuwerden, ist die Bahn seit ihrer Privatisierung bestrebt, auch das soziale Umfeld der Bahnhöfe aufzuwerten. Die derzeit als „Krebsgeschwür der Stadt" oder „soziale Pestbeule" bezeichneten Räume sollen sich jetzt „zum Nukleus und Modell für die Stadtplätze des 21. Jahrhunderts" mausern – so der ehemalige Vorstandsvorsitzende der Bahn AG Dürr.[27] Komplementiert wird diese Strategie durch gezielte Vertreibungsaktionen, gestützt auf das sogenannte 3-S-Konzept (Service, Sicherheit, Sauberkeit). So sprach allein im Januar 1997 die Bahn AG an den drei großen Berli-

---

[23] Zit. nach Lindner, Werner: Die „sichere" Stadt zwischen urban control und urbaner Kompetenz. In: Wilfried Breyvogel (Hg.): Stadt, Jugendkulturen und Kriminalität, Bonn 1998, S. 37–61.

[24] Neue Ruhr Zeitung, 14.3.1997.

[25] Voß, Michael: Private Sicherheitsdienste im öffentlichen Bereich. In: Widersprüche Nr.63/1997, S. 37–49.

[26] Frankfurter Rundschau 29.10.1998.

[27] Dürr, Heinz: Bahn frei für eine neue Stadt. In: Bund Deutscher Architekten BDA/Deutsche Bahn AG/Förderverein Deutsches Architekturzentrum DAZ (Hg.): Renaissance der Bahnhöfe, Braunschweig/Wiesbaden 1996, S. 12–15.

ner Bahnhöfen 181 Hausverbote und 7.400 Platzverweise aus.[28] In gewisser Weise versucht das Unternehmen das Disney-Modell zu kopieren. Entgegen der Behauptung der Bahn AG, die Bahnhöfe zu „urbanen Marktplätzen und Kommunikationsorten" gestalten zu wollen[29], geht es damit im Kern um die Durchsetzung von Normen, die eher für Vororte oder Kleinstädte typisch sind: konforme Verhaltensstandards, hohe soziale Kontrolle und vor allem keine Unordnung.

Gleichzeitig wird die Zusammenarbeit in Sicherheitsfragen im Bahnhofsbereich mit den Kommunen und Ländern intensiviert. So beschloß beispielsweise im Herbst 1997 das NRW-Innenministerium, das Kontrollniveau auf Bahnhöfen zu intensivieren. Die Landespolizei, Bundesgrenzschutz (BGS), Deutsche Bahn AG, Verkehrsverbünde, Großstädte und Präventionsräte vereinbarten eine verstärkte Zusammenarbeit, die vor allem Synergieeffekte bei der Überwachung erhöhen soll.[30] Insbesondere der BGS, dem seit Anfang der 1990er Jahre auch bahnpolizeiliche Aufgaben unterstehen, spielt bei der sozialen Kontrolle der Bahnhöfe und dem Aufspüren von Illegalisierten eine herausragende Rolle.

Generell kann man in Deutschland von einer Renaissance der öffentlichen Ordnung sprechen. Aussagen wie „Man muß die Ängste der Bürger ernst nehmen" signalisieren, daß nicht mehr konkrete Straftaten, sondern subjektive Befindlichkeiten zum Gegenstand politischer Interventionen werden. Populäres Vorbild für dieses präventive Sicherheitskonzept ist die „Null-Toleranz"-Strategie der New Yorker Polizei. Auch wenn in den deutschen Großstädten das New Yorker Law-and-order-Modell nicht durchgängig praktiziert wird, setzt sich auch hierzulande eine restriktive Ordnungspolitik durch. Unter direkter Bezugnahme auf die New Yorker „Null-Toleranz"-Strategie kamen. Anfang 1998 die Innenminister dahin, die öffentliche Ordnung als ein besonders „schützenswertes Gut" zu behandeln.[31] Auch die Kommunen versuchen durch Straßensatzungen oder ordnungsamtliche Erlasse all diejenigen sozialen Aktivitäten zu verdrängen, die dem Klischee von der „sauberen und sicheren Stadt" widersprechen. Exemplarisch für diese Entwicklung

---

28 Eick, Volker: Schluß mit den Problembürgern – eine Tochtergesellschaft der deutschen Bahn AG schafft „öffentliche Räume". In: Mieterecho, Nr. 265/1997, S. 8–9.

29 Vgl. Deutsche Bahn AG (Geschäftsbereich Bahnhöfe): Die Marke Bahnhof, Selbstverlag, Frankfurt a. M. 1996.

30 Rodemers, Jakob: Sicherheit in Bussen und Bahnen, an Haltestellen und in Bahnhöfen. In: Verkehr aktuell: Sicherheit im öffentlichen Raum, Grüne Reihe Nr. 41, Kaiserslautern 1998, S. 17–40.

31 Berendes, Udo: Kooperation zwischen Polizei und Sozialarbeit in Sicherheits- und Ordnungspartnerschaften? In: Wohnungslos, Nr. 2/1998, S. 41–48.

sind etwa Überlegungen aus dem Umfeld der Hamburger Stadtregierung. In dem Senatsdrucksachenentwurf „Maßnahmen gegen die Unwirtlichkeit der Stadt" geht es erklärtermaßen um die Beseitigung der sichtbaren Erscheinungsformen von städtischer Armut, die Verhinderung von „Konzentration und Verfestigung" sogenannter Randgruppen sowie das „Sauberhalten repräsentativer Räume und Visitenkarten der Stadt". In Berlin wiederum sind von der Polizei mittlerweile 30 „gefährliche Orte" festgelegt worden, an denen wesentliche Persönlichkeitsrechte außer Kraft gesetzt sind. Insbesondere innenstadtnahe Plätze und große Einkaufsstraßen fallen unter diese Klassifikation. An solchen Orten können ohne Begründung Personalienüberprüfungen oder Leibesvisitationen vorgenommen und Platzverweise ausgesprochen werden.[32] In Bremen schließlich sprechen die Behörden auf der Grundlage des Polizeigesetzes gegen vermutete Dealer und Drogenkonsumenten Betretungsverbote für bestimmte Stadtteile aus. Bei Mißachtung können die Betroffenen inhaftiert und am Stadtrand ausgesetzt werden. Zudem erteilt die Betreibergesellschaft der Bremer Straßenbahnen gegenüber Personen, die des Drogenbesitzes verdächtigt werden, ein Beförderungsverbot auf allen Bahn- und Buslinien. Durch die Sanktionierung von Verstößen können sich die Aufenthaltsverbote für den Betroffenen zu mehrjährigen ‚Verbannungen' anhäufen.[33]

Auffallend an den verschiedenen Kontrollpraktiken ist die Expansion von substrafrechtlichen Partikularnormen, die auf eine Art von Lokal-Justiz hinauslaufen und zugleich für die wachsende Rekommunalisierung der staatlichen Ordnungspolitik stehen. Strukturell lassen sich dabei zwei Varianten ausmachen. Zum einen definieren die städtischen Behörden Betteln, Alkoholtrinken oder Lagern im öffentlichen Raum als Ordnungswidrigkeit. Zum anderen findet mit Hilfe des Hausrechts eine Umwidmung von öffentlich zugänglichen Orten statt. Diese Kontrollpraxis kommt gegenwärtig verstärkt in Bahnhofsanlagen, Flughäfen und dem öffentlichen Nahverkehr zum Einsatz.[34] Dabei wird insbesondere die im Jahre 1974 vollzogene Entkriminalisierung von „Bettelei" und „Landstreichertum" von den Kommunen faktisch unterlaufen. Manche lokale Ordnungsämter untersagen bereits das sogenannte passive Betteln – also das Aufstellen eines Hutes oder das Ausstrecken der

---

32. Eick, Volker: „Mein ist die Stadt…" Das Berliner Sicherheitssystem und die Zugangsbedingungen der Stadt für ihre BewohnerInnen, Diplomarbeit, Berlin 1996.
33. Lesting, Wolfgang: Polizeirecht und offene Drogenszene. In: Kritische Justiz, Heft 2/1997, S. 214–223.
34. Beste, Hubert: State Control, Political Order, Policing the Poor Anmerkungen zur Kommodifizierung innerer Sicherheit. In: Klaus Lenk u. a. (Hg.): Eingriffsstaat und öffentliche Sicherheit, Baden-Baden 1998, S. 53–66.

Hand. Symptomatisch für dieses Praxis ist etwa die Stadt Stuttgart, die gegen das ‚stille Betteln' mit Bußgeldbescheiden vorgeht. Nach der Vorstellung der Stadtverwaltung handelt es sich bei diesem Vorgang um ein Verhalten, „das zur Anbahnung und Abwicklung von Geschäften erfolgt", dessen Ziel darin bestehe, „andere Verkehrsteilnehmer zu Schenkungen zu veranlassen", d. h. von einer Gewinnerzielungsabsicht geprägt sei. Darüber hinaus würde in der Öffentlichkeit auch der Eindruck entstehen, daß die Kommune nicht im ausreichenden Maße für Mittellose sorge und damit Zweifel an der Wirksamkeit des Sozialstaates aufkommen könnten.[35]

Die aktuellen Formen der Ausschließung weisen gewisse Parallelen zum 19. Jahrhundert auf. Mit der Durchsetzung der industriellen Produktion erfuhr auch das urbane System einen tiefgreifenden Wandel. Insbesondere das Anwachsen eines städtischen Proletariats und die Zunahme pauperisierter Massen veränderten das Gesicht der Städte. Die Mehrheit des Bürgertums nahm die Formen der Armut jedoch nicht als soziales Problem, sondern vor allem als sittlich-moralische Verfehlung der Armen wahr. Nachdem der Typus der „gefährlichen Klassen" im Laufe des zwanzigsten Jahrhunderts zugunsten sozialstaatlicher Normalisierungsstrategien zurückgedrängt wurde, erfährt er gegenwärtig eine erneute Aufwertung. Allerdings mit dem großen Unterschied, daß diese Gruppen nicht mehr als ein subversives oder rebellisches Potential eingeschätzt werden.[36] Auch wenn weiterhin dem philanthropisch-karitativen Sozialkomplex in Deutschland eine wichtige integrative und zugleich disziplinierende Rolle zukommt, erfolgt die Verteilung und Plazierung der ‚Unerwünschten' und ‚Überflüssigen' im städtischen Raum nicht mehr aus einer normalisierenden, produktivistischen Logik. Der gegenwärtige Urbanismus strebt keine sozialreformerischen Ziele an, sondern versucht „Gefährlichkeiten zu managen und Risiken zu reduzieren."[37]

Das Ende des wohlfahrtsstaatlichen Kompromisses verstärkt Bestrebungen, die Krise mit ordnungspolitischen Mitteln zu bearbeiten. Zu den bevorzugten Objekten der Diskriminierungskampagne zählen neben Flüchtlingen und Migranten jene soziale Klassen, die aus dem vorherrschenden Produktivitäts- und Leistungsmodell herausfallen. Das strategische Moment solcher Moralisierungs- und Bedrohungsszenarien

---

[35] Zit. nach Hammel, Manfred: Ist Betteln illegal? Anmerkungen zum Urteil des Amtsgerichts Stuttgart vom 16. April 1997. In: Wohnungslos, Nr.2/1998, S. 51–55.

[36] Krasmann, Susanne/de Marinis, Pablo: Machtinterventionen im urbanen Raum. In: Kriminologisches Journal, Heft 3/1997, S. 177.

[37] a. a. O.: S. 181.

besteht darin, Zugehörigkeit und Nichtzugehörigkeit zu definieren, Einschränkungen des bürgerlichen Gleichheitspostulats zu legitimieren, Grenzen des Anspruchs auf Anerkennung von sozialen Rechten zu bestimmen und den Zugang zu materiellen Ressourcen zu begrenzen.[38] Die Moral- und Sicherheitsdiskurse zielen jedoch nicht auf die Exklusion der ‚Unproduktiven' und ‚Unerwünschten', sondern fungieren auch als Teil einer Integrationsstrategie, die die Ausschließung auserwählter sozialer Gruppen voraussetzt, da ohne diese Grenzziehung keine Normalitätsstandards gebildet und durchgesetzt werden könnten.[39]

Daß viele Menschen auf solche Kampagnen ansprechen, muß auch im Zusammenhang mit der strukturellen Krise der auf Lohnarbeit gegründeten Gesellschaft und der Durchsetzung des neoliberalen Modells gesehen werden. Der wachsende Widerspruch zwischen dem realen gesellschaftlichen Konfliktpotential und dem Rückgang sozialstaatlicher Formen der Problemlösung kollidiert mit vertrauten Vorstellungen von sozialer Sicherheit und löst Denormalisierungsschübe aus. Als Reaktion auf die Wirkungen neoliberaler Deregulierungs- und Flexibilisierungsprogramme verstärken sich autoritär-populistische Strömungen, die den befürchteten Verlust bestimmter Normalitätsstandards durch harte Grenzziehung und rigide Normativität zu bearbeiten versuchen. An die Stelle von Einschluß und sozialer Gerechtigkeit treten deshalb in der gesellschaftlichen Auseinandersetzung zunehmend Exklusion und Bestrafung.

5 Raumpatrouillen und Regierungstaschen

Von Gilles Deleuze[40] stammt die These, daß sich gegenwärtig der Übergang von der Disziplinargesellschaft zur Kontrollgesellschaft vollziehe. Die herkömmlichen Einschließungsmilieus wie Gefängnis, Familie oder Schule befinden sich ihm zufolge in einer Krise, die ihre jeweilige gesellschaftliche Bedeutung verändert. Die Transformation der Disziplinar- und Normalisierungskonzepte sollte jedoch nicht mit der Durchsetzung einer ‚reinen' Kontrollgesellschaft gleichgesetzt werden. Die Macht-Dispositive des Neoliberalismus operieren keinesfalls nur mit dem Zwang zur selbstregulierten Eigenverantwortung und dem Einsatz entmoralisierter Überwachungstechnologien. Die Rückkehr des ‚strafenden

---

[38] Cremer-Schäfer, Helga: Was sichert Sicherheitspolitik? In: Eva Kampfmeyer/Jürgen Neumeyer (Hg.): Innere UnSicherheit, München 1993, S. 13–40.

[39] Link, Jürgen: Versuch über den Normalismus. Wie Normalität produziert wird., Opladen 1996.

[40] Deleuze, Gilles: Postskriptum zu den Kontrollgesellschaften. In: Ders.: Unterhandlungen, Frankfurt a. M. 1993, S. 254–262.

Staates', und die gegenwärtigen Law-and-order-Kampagnen sind eindeutige Indikatoren dafür, daß die klassischen Modelle von ‚Überwachen und Strafen' nicht verschwunden sind. Diesen Macht- und Herrschaftsmechanismen kommt vielmehr bei der Durchsetzung des Neoliberalismus eine wichtige Rolle zu. Indem die ökonomische und soziale Krise auch als eine Krise der Werte und Normen verhandelt wird, ergeben sich spezifische gesellschaftspolitische und staatliche Interventionsmöglichkeiten.

Durch die Errichtung einer neuen ‚moralischen Ordnung' soll nicht nur den Kern der Gesellschaft konsensual zusammengehalten, sondern auch der wachsende Abstand zwischen den verschiedenen Klassen und sozialen Milieus legitimiert und durchgesetzt werden. Ein übergeordnetes Ziel der gegenwärtigen Kontrollpolitiken besteht darin, die Hierarchisierung und Fragmentierung des sozialen Raums territorial zu fixieren und segregierte Zonen abzusichern, die sich jeweils durch eine spezifische soziale Homogenität auszeichnen sollen. Bei der Herrschaft über den Raum handelt es sich zweifellos um eine der privilegiertesten Formen der Machtausübung, da die Manipulation der räumlichen Verteilung von Gruppen sich als Instrument der Manipulation und Kontrolle der Gruppen selbst durchsetzen läßt. Die Fähigkeit, den angeeigneten Raum zu dominieren – sowohl materiell wie symbolisch – ermöglicht es, unerwünschte Personen und Ereignisse auf Distanz zu halten und umgekehrt subalternen Gruppen stigmatisierte und entwertete Territorien zuzuweisen. Die Struktur der räumlichen Verteilung sozialer Klassen und Nutzungsweisen läßt sich somit als Resultat sozialer Auseinandersetzungen um „Raumprofite" (Pierre Bourdieu) auffassen.[41]

Gegenwärtig nehmen Bestrebungen innerhalb der Mittelklassen zu, die auf eine Minimierung der Kontakte und räumliche Distanzierung zu den ‚unteren' Klassen hinauslaufen. Viele Angehörige der Mittelklassen meiden bestimmte städtische Räume, aus Angst überfallen zu werden oder aus Ekel und Abscheu vor bestimmten Submilieus.[42] Die wachsende Präsens der Marginalisierten in den Zentren und bestimmten Wohnvierteln wird von den Eliten und der Mehrheit der Quartiersbevölkerung als Kontrollverlust über die Stadt wahrgenommen. Aus deren Sicht geht es um die Wiedereroberung des öffentlichen Raums und um die

---

[41] Bourdieu, Pierre: Physischer, sozialer und angeeigneter Raum. In: Martin Wentz (Hg.): Stadt-Räume, Frankfurt/ New York 1991, S. 25–34.

[42] Vgl. Grimm, Sabine/Ronneberger, Klaus: Städtische Professionelle zwischen Weltstadt und Nationalstaat. In: Peter Noller/Klaus Ronneberger: Die neue Dienstleistungsstadt. Frankfurt/New York 1995, S. 221–248; Böhnisch, Tomke: Populismus, Leistungsideologie und Überlegenheit: Über verschiedene Formen, Erfahrungen im öffentlichen Raum zu thematisieren. In: Kriminologisches Journal, Heft 2/1998, S. 82–99.

Durchsetzung bestimmter Normalitätsstandards, für die auch Grundrechtseinschränkungen für bestimmte Personengruppen bewußt in Kauf genommen werden. Der amerikanische Stadtforscher Neil Smith[43] hat exemplarisch für New York gezeigt, daß die gegenwärtige Hierarchisierung der Metropolen nicht nur durch die Kapitallogik einer Vermarktung von Grund und Boden erfolgt, sondern auch an eine „revanchistische Politik" – was sowohl Rückeroberung wie auch Rache meint – gekoppelt ist, die aus der Mitte der Gesellschaft kommt. Die repressive Ausgrenzung von nicht normenkonform definierten Menschen läßt sich erfolgreich damit legitimieren, daß es dabei um die Rettung der räumlichen Kontrolle und die sozial-kulturelle Hegemonie der Gemeinschaft der Wohlanständigen gehe.

Solche ‚Sicherheitsgemeinschaften', deren Ziel vor allem darin besteht, bestimmte Situationen und Territorien zu kontrollieren, spielen im Zeitalter des Neoliberalismus eine zunehmend wichtigere Rolle. Es handelt sich nach Clifford Shearing[44] vorwiegend um zivilgesellschaftliche Korporationen, die sich neben staatlich-administrativen Institutionen als private Organisationsweise des ‚Regierens' und des Herrschens etabliert haben. Der Begriff des Regierens meint hier im Sinne von Foucault das effektive Arrangement von ‚Dingen', die vor allem die Sicherheit fördern und risikoträchtige Verhaltensweisen vermeiden sollen. Als solche Vertragsgemeinschaften können etwa die Bahn AG und die Bahnkunden oder die ‚gated communities' (privat bewachte und abgesicherte Wohnquartiere) gelten. All diesen Vereinigungen ist gemeinsam, daß sie ihren Mitgliedern bzw. Nutzern bestimmte Verhaltensmuster und Pflichten abverlangen. Zunehmend bewegen sich die Individuen in einer feudalähnlichen Inselwelt der Kontrolle, bei der man von einer ‚Regierungstasche' zur nächsten gelangt. Jeder dieser Taschen hat seine eigenen Regeln, die die jeweiligen Zugangsweisen und den Kreis der Nutzungsberechtigten in diesen Räumen festlegen. Natürlich werden gerade arme Menschen den größten Teil ihrer Zeit außerhalb solcher Taschen verbringen.[45]

Die Durchsetzung des revanchistischen Stadtmodells, das in den USA bereits vollständig den urbanen Alltag bestimmt, erfolgt sowohl in den Zentren der Dienstleistungsökonomie und wichtigen Infrastruktureinrichtungen wie Flughäfen oder Bahnhöfe als auch in bestimmten

---

[43] Smith, Neil: The New Urban Frontier. Gentrification and the Revanchist City, London/New York 1996.

[44] Shearing, Clifford: Gewalt und die neue Kunst des Regierens und Herrschens. Privatisierung und ihre Implikationen. In: Trutz von Trotha (Hg.): Soziologie der Gewalt, Opladen/ Wiesbaden 1997, S. 263–278.

[45] a. a. O.: S. 272.

Wohnvierteln und Konsumzonen. Schematisch betrachtet zeichnen sich in den Metropolen vier unterschiedliche Kontrollszenarien ab:

Erstens geht es um die präventive Abschirmung abgeschlossener Archipele wie Bürotürme oder Malls von der ‚feindlichen' Außenwelt. Durch entsprechende Absicherungen und Wachmannschaften können bereits im Vorfeld unerwünschte Gruppen und Ereignisse ferngehalten werden. Innerhalb des privat organisierten Territoriums findet die Kontrolle der Besucherströme eher unaufdringlich durch Techno-Prävention und eine spezifische Raumgestaltung statt. Diese Form des Kontrollanspruchs richtet sich weniger sanktionierend an die Moral der Subjekte, sondern sichert primär Räume und reguliert Situationen. In der Terminologie von Michel Foucault[46] könnte man von einem panoptischen Kontrollsystem sprechen, das sich allerdings in der Regel auf die Akzeptanz der Betroffenen stützen kann. Zweitens gibt es umkämpfte Territorien wie etwa die innerstädtischen Einkaufsmeilen oder Bahnhöfe, in denen mit Hilfe einer repressiven Verdrängungspraxis eine selektive soziale Homogenität hergestellt werden soll. Ein wichtiges Instrument der Aufwertungsstrategie bilden dabei Raumverbote für mißliebige Personen. Durch Moral- und Sicherheitskampagnen versucht man zudem die Verhaltensweisen bestimmter sozialer Gruppen im öffentlichen Raum stärker normativ zu regulieren. Drittens bilden sich in bestimmten Wohnvierteln Nachbarschaftshilfen heraus, die durch Quartiers-Patroullien und Bürgerwehren eine hohe soziale Kontrolle nach ‚innen' und eine starke Abwehrbereitschaft nach ‚außen' zu demonstrieren versuchen. Zudem soll mit einer selektiven räumlichen Verteilungspolitik sogenannter Problemgruppen in bestimmten Wohnquartieren und einem ausgrenzenden Ghetto-Diskurs die territoriale und kulturelle Vorherrschaft der neuen ‚Urbaniten' oder der deutschen Quartiersbevölkerung gesichert werden. Viertens geht es um die ordnungspolitische Absicherung und Überwachung von Ausschließungs- und Internierungsräumen für die Klasse der ‚Entbehrlichen', wie etwa Junkies, Dealer, Flüchtlinge oder Illegalisierte. Es handelt sich dabei um einen Macht- und Kontrolltypus, der entweder die dauerhafte Verbannung bestimmter Menschengruppen aus der Stadt anstrebt oder die Ausschließung mit differenzierten Einschließungs- oder Internierungsmodellen zu kombinieren versucht.

Daß Revanchismus und neoliberale Stadtentwicklung miteinander korrespondieren, ist offensichtlich. Dennoch handelt es sich um zwei unterschiedliche Projekte oder Dispositive, die jeweils ihren eigenen Ort

---

46 Foucault, Michel: Überwachen und Strafen. Die Geburt des Gefängnisses, Frankfurt a. M. 1976.

der Entstehung haben, jedoch gegenwärtig eine Symbiose eingehen und nun den sozialen Raum entscheidend mitstrukturieren.

Schon in den siebziger Jahren und nach der sogenannten Wende versuchten die politischen Eliten, die sich abzeichnende Krise des Wohlfahrtsstaates durch einen diskriminierenden Migrationsdiskurs und Anti-Asyl-Kampagnen zu bearbeiten. Damit wurde bereits im letzten Jahrzehnt ein wichtiger ‚Baustein' für das Erstarken revanchistischer Strömungen gelegt. Während der Neoliberalismus in Ländern wie den USA oder Großbritannien schon gegen Ende der 1970er Jahren dominant wurde, gab es im Fall von der Bundesrepublik bestimmte Umstände, die für eine zeitliche Verzögerung sorgten. So fiel in Deutschland die relativ späte, vollständige Durchsetzung des keynesianischen Wohlfahrtsstaates mit der säkularen Krise dieses Entwicklungsmodells zusammen. Das gesellschaftspolitische Klima und viele Alltagspraktiken waren hierzulande – material und ideologisch – weiterhin von korporatistischen, sozialstaatlich vermittelten Kompromißstrukturen geprägt. Erst in den letzten Jahren deutet sich ein Durchbruch des Neoliberalismus an, der das Soziale antagonistisch zum wohlfahrtsstaatlichen Modell artikuliert. Während etwa noch in den 1980er Jahren das Hilfesystem für Wohnungslose expandierte[47], versuchen die Kommunen gegenwärtig, Nichtseßhaftigkeit vor allem als ein Problem der öffentlichen Ordnung und als Imagefrage zu verhandeln. Das heißt, das neoliberale Projekt kann auf bereits bestehende revanchistische Strukturen und Ideologeme zurückgreifen, weitet nun aber das Feld der Diskriminierung und Ausgrenzung erheblich aus.

Die wachsende Zahl von marginalisierten Gruppen in den Metropolen bei gleichzeitigem Anstieg der Ausgaben für die Innere Sicherheit legen den Schluß nahe, daß die westlichen Industriegesellschaften dabei sind, sich Einschließungsmodellen anzunähern, wie sie bis ins 19. Jahrhundert praktiziert wurden. Wiederholt sich etwa das, was für die am Beginn der Neuzeit entstehende Sozialpolitik charakteristisch war, nämlich der „Primat des Galgens und des Gefängnisses gegenüber der Barmherzigkeit."[48]? Ein Blick über den Atlantik zeigt, um welche mögliche Entwicklungen es geht. In den USA stehen die exorbitanten Inhaftierungsraten ebenso wie die Rückkehr der Internierungslager und Gefangenenfarmen als Belege für die neue Ideologie des strafenden Staates, der nicht mehr Rehabilitierung und Einbindung, sondern Kon-

---

47 Sambale, Jens/Veith, Dominik: Der Raum als Beute, Unveröffentlichtes Manuskript 1998.
48 Geremek, Bronislaw: Geschichte der Armut. Elend und Barmherzigkeit in Europa, München 1991, S. 297.

trolle und Ausschluß anstrebt.[49] Der sogenannte Krieg gegen die Drogen ist in diesem Sinne ein Krieg gegen die arme Ghettobevölkerung. Zu Recht fragt sich deshalb der Kriminologe Nils Christie[50], ob man gegenwärtig nicht von einem „GULAG Western Style" sprechen müsse.

Während die Kriminalisierungsdiskurse und -strategien in den USA vor allem auf das Verschwinden der Armen aus der Gesellschaft gerichtet sind – also in der Terminologie von Foucault Analogien mit dem Lepramodell mittelalterlicher Städte aufweisen – liegt der Schwerpunkt der Kontrollpolitik in Deutschland gegenwärtig darin, einerseits in den zentralen Bereichen der Stadt die städtische Armut unsichtbar zu machen und andererseits einen tief gestaffelten Sicherungsraum gegen Flüchtlinge und Migrationsbewegungen zu installieren.

Es schält sich ein Typus von ständischer Bürgerstadt heraus, in der die Hierarchie unterschiedlicher Rechts- und Subjektpositionen nicht mehr als vorübergehendes und damit prinzipiell aufhebares Ungleichgewicht, sondern als natürliche und legitime Voraussetzung der gesellschaftlichen Ordnung gelten soll. Allerdings bedeutet dies nicht die schlichte Rückkehr zum Liberalismus des 19. Jahrhunderts, sondern eine grundlegende Neubestimmung der Topographie des Sozialen.

---

[49] Vgl. Ortner, Helmut/Pilgram, Arno/Steinert, Heinz (Hg.): Die Null-Lösung, Zero-Tolerance-Politik in New York. Das Ende der urbanen Toleranz?, Baden-Baden 1998; Dreher, Gunther/Feltes, Thomas: Das Modell New York: Kriminalprävention durch ‚Zero Tolerance‘?, Holzkirchen 1998.

[50] Christie, Nils: Kriminalitätskontrolle als Industrie. Auf dem Weg zu Gulags westlicher Art, Pfaffenweiler 1995.

Zonale Raumkontrolle in Frankfurt am Main im ausgehenden 20. Jahrhundert

HUBERT BESTE

1 Privatisierung, Umgestaltung des Gewaltmonopols, präventive Kontrollstrategien und symbolische Ordnungssicherung

> „Vorrangiges Ziel der Entwicklungsplanung ist, die Stellung des Finanzplatzes Frankfurt am Main gegenüber der europäischen Konkurrenz auch zukünftig zu sichern".[1]

Nicht nur die kommunale Finanzkrise forciert neue Sicherheits- und Ordnungskonzepte, sondern es scheint sich in durchaus grundsätzlicher Weise ein Perspektivenwechsel kommunalen Selbstverständnisses zu vollziehen. Während bis in die 80er Jahre hinein ein bürokratisch-wohlfahrtsstaatlich organisiertes Politikmodell vorherrschte, gewinnen nun zunehmend neoliberale Strategiekonzeptionen an Bedeutung, die das „Unternehmen Stadt" favorisieren. Damit ist aber keineswegs ein Schwächung oder ein Souveränitätsverlust des Faktors „Stadt" angesprochen. Vielmehr ändern sich die politischen Prioritäten in der Stadt, die jetzt einhergehen mit veränderten politisch-sozialen Ausgrenzungsmustern, neuartigen Feindbildern und gewandelten Legitimationsformen. Insoweit wirkt sich die Restrukturierung im ökonomischen Sektor unmittelbar auf die kontrollpolitischen Strategien urbanen Konfliktmanagements aus. Gerade in der „Global City" haben die ökonomischen wie sozialen Umbauprozesse sowohl Struktur als auch Funktion des bürokratisch-administrativen Steuerungsinstrumentariums nachhaltig verändert.[2] Die vielbeschworenen „Standortvorteile", die sich zuallererst auf möglichst günstige Ausgangs- und Zirkulationsbedingungen des international operierenden Kapitalverkehrs beziehen, sollen im Zusammenspiel mit einer als leistungsfähig definierten „lean administration" jenen Vorsprung sichern, der im Rahmen der internationalen Standortkonkurrenz das entscheidende Element darstellt. Auch wenn der öffentliche Sektor, wie etwa in Frankfurt am Main, mit 5 Prozent der Be-

---

[1] So der ehemalige sozialdemokratische Planungsdezernent der Stadt Frankfurt, Martin Wentz, in: Frankfurter Rundschau (= FR) v. 2.2.1996, 16.

[2] Vgl. Hirsch, Joachim: Vom Sicherheitsstaat zum nationalen Wettbewerbsstaat, Berlin 1998, 8 f.

schäftigten nur eine geringe Rolle spielt,[3] ziehen unterschiedlichste Privatisierungskonzepte, die mitunter deutlich in den Bereich der öffentlichen Sicherheit und Ordnung hineinreichen, große Aufmerksamkeit auf sich. Die Privatisierung öffentlicher Kontroll-Leistungen wirft indes die Frage auf, welche Konsequenzen für welche gesellschaftlichen Gruppen in welchen städtischen Räumen damit verbunden sind und in welcher Weise sich dieser Prozeß auf das Gesamtgefüge urban organisierter Macht und Kontrolle auswirkt.

Die Frage, ob durch die zunehmende Privatisierung und Kommerzialisierung öffentlicher Kontrollfunktionen das staatliche Monopol legitimer physischer Gewaltsamkeit gefährdet wird, läßt sich dabei nicht ohne weiteres eindeutig klären.[4] Wenngleich etwa Trutz von Trotha in diesem Kontext die Entwicklung einer Privatisierung staatlicher Sozialkontrolle als „oligopolistisch-proaktive Ordnung der Gewalt" bezeichnet und zutreffend von einer „Transformation des Gewaltmonopols" spricht,[5] bleibt der gesamte Bereich der zunehmenden „Durchstaatlichung" der Gesellschaft ausgeblendet.[6] Insoweit droht den bürgerlichen

[3] Vgl. Hennig, Eicke; Lohde-Reiff, Robert; Schmeling, Anke; Völker, Bernd: Fragmentierung in Amsterdam, Frankfurt/Main und Los Angeles: Bemerkungen zur Diskussion geteilter Städte, in: Hradil, Stefan (Hg.): Differenz und Integration. Die Zukunft moderner Gesellschaften. Verhandlungen des 28. Kongresses der Deutschen Gesellschaft für Soziologie in Dresden 1996, Frankfurt 1997, 813.

[4] Vgl. Funk, Albrecht: Die Fragmentierung öffentlicher Sicherheit. Das Verhältnis von staatlicher und privater Sozialkontrolle in der politikwissenschaftlichen Diskussion, in: Sack, Fritz; Voß, Michael; Frehsee, Detlev; Ders.; Reinke, Herbert (Hg.): Privatisierung staatlicher Kontrolle: Befunde, Konzepte, Tendenzen. Interdisziplinäre Studien zu Recht und Staat, Bd. 3, Baden-Baden 1995, 47 ff.

[5] Von Trotha, Trutz: Staatliches Gewaltmonopol und Privatisierung. Notizen über gesamtstaatliche Ordnungsformen der Gewalt, in: Sack u.a. (1995), 31.

[6] Damit ist speziell die kontinuierliche Befugnis- und Zugriffserweiterung der Kontrollexekutive in den vergangenen 30 Jahren gemeint, die etwa in der zwischenzeitlich erfolgten Legalisierung der Zusammenarbeit von Polizei und Geheimdiensten ihren vorläufigen Höhepunkt findet. Im übrigen sind die Polizeibehörden jetzt ebenfalls befugt, geheimdienstliche Ermittlungsmethoden einzusetzen. Einen hervorragenden Überblick hierzu liefert Frehsee, Detlev: Fehlfunktionen des Strafrechts und der Verfall rechtsstaatlicher Freiheitsschutzes, in: Ders.; Löschper, Gabi; Smaus, Gerlinda (Hg.): Konstruktion der Wirklichkeit durch Kriminalität und Strafe. Interdisziplinäre Studien zu Recht und Staat, Bd. 5, Baden-Baden 1997, 14 ff. Doch auch dieser Stand ist Mitte 1998 längst überholt. Durch entsprechende Novellierungen des „Zollverwaltungsgesetzes" wie des „BGS-Gesetzes" wird den bundespolizeilichen Behörden das Recht zur „Schleierfahndung", das etwa im Polizeigesetz des Landes Bayern bereits verankert ist, eingeräumt. Danach können an jedem Ort der Bundesrepublik ohne weitere Voraussetzungen BürgerInnen kontrolliert und befragt werden. Im Zweifelsfall können sie durchsucht und erkennungsdienstlich behandelt werden. Damit macht der 35.000 BeamtInnen umfassende Bundesgrenzschutz einen entscheidenden Schritt in Richtung Bundespolizei. Der Ausbau zu einer solchen

Partizipations- und Freiheitsrechten von zwei Seiten Gefahr: durch die privatwirtschaftliche Anmaßung hoheitlicher Kontroll- und Ordnungsfunktionen und durch das expandierende staatliche Kontrollarsenal. In diesem Zusammenhang wird denn auch zu Recht vom „moralischen Verschleiß des Strafrechts" gesprochen.[7] Wesentlich naheliegender scheint daher die These, daß gegenwärtig eine Verlagerung, Verschiebung, Umschichtung im Funktionsgefüge staatlicher Macht und Gewalt stattfindet. Einerseits werden die Eingriffsbefugnisse und Interventionsrechte aller staatlichen Kontrollorgane ausgeweitet, andererseits entledigt sich der innerstaatliche Kontrollapparat in verstärktem Maße spezifischer Aufgabenfelder, die jetzt als „polizeifremde Tätigkeitsbereiche" ausgewiesen werden. Hier liegt zumindest der Verdacht nahe, daß jene zunehmend als lästig, unangenehm, unpopulär eingestuften Funktionen an Private abgetreten werden sollen. Das deckt sich im übrigen auch mit der immer wieder behaupteten Überqualifikation von Polizeibeamten im Hinblick auf bestimmte Tätigkeitsfelder.[8]

Darüber hinaus wird hervorgehoben, daß das Gewaltmonopol des Staates gegenüber seinen Bürgern in entwickelten demokratischen Gesellschaften unumstritten ist. Aus dieser Perspektive betrachtet ist eine Privatisierung des Gewaltmonopols, und sei es auch nur „an den Rändern", grundsätzlich abzulehnen. Denn „die normierte Rückbindung sozialen Handelns an Recht und Gesetz, das Problem der Legitimation" bilden das entscheidende Prüfkriterium.[9] Insoweit geht es eben nicht um eine grundlegende Änderung der „Einstellung zu staatlichen Monopolen", wie uns neoliberale Privatisierungstheoretiker Glauben machen wollen.[10] Zwischen den Ordnungs- und Kontrollfunktionen von Polizei und Privaten sollte gerade in rechtsstaatlicher Hinsicht eine klare Trennungslinie bestehen, die einer unreflektierten „Police-Private-Partnership" entgegensteht.

Trotz aller Privatisierungsforderungen, die an das „Unternehmen Stadt" herangetragen werden, kann in bezug auf den öffentlich auszumachenden Kontrollsektor von einem Rückzug des Staates keine Rede sein. Im Gegenteil: Es werden gerade jene Kontrollkonzepte favorisiert,

---

mit den Länderpolizeien konkurrierenden Behörde wurde vom Bundesverfassungsgericht im Februar 1998 ausdrücklich untersagt.

7 Sack, Fritz: Der moralische Verschleiß des Strafrechts, in: Kritische Vierteljahresschrift für Gesetzgebung und Rechtswissenschaft, 1990, 327 ff.

8 Vgl. dazu die Beiträge in: Weiß, Rüdiger; Plate, Monika: Privatisierung von polizeilichen Aufgaben. BKA-Forschungsreihe, Bd. 41, Wiesbaden 1996.

9 Mutz, Reinhard: Wie ein Bündnis umgewidmet wird: Vom Konzern zum Kartell, in: FR v. 18.6.1997, 10.

10 Stober, Rolf: Staatliches Gewaltmonopol und privates Sicherheitsgewerbe, in: Neue Juristische Wochenschrift (= NJW), 1997, 891.

die von einem verstärkten Ausmaß uniformierter Kontrollpräsenz in den öffentlichen und öffentlich zugänglich Räumen der Stadt ausgehen. Im Vordergrund stehen dabei ein zu förderndes Sicherheitsgefühl der Bevölkerung sowie jene präventiven Effekte, die von einem omnipräsenten Kontrollagieren ausgehen sollen. Zunehmend wird auch auf die technisch-apparativen Möglichkeiten etwa mittels Videoüberwachung zurückgegriffen. Zielsetzung dieser Kontrollstrategien ist in der Regel die „sichere und saubere Stadt", die sich im Rahmen des Wettstreits der Metropolen einen Imagevorsprung verschafft. Die Stadt gilt als „Erlebnispark", der vorrangig nach kommerziellen Aspekten zu organisieren und auszustatten ist. Es geht in diesem Kontext um die Belebung von Einkaufsstraßen, Fußgängerzonen, Repräsentationsplätzen oder Parkanlagen sowie die „Festivalisierung" der Innenstädte durch Veranstaltungen, Feste und öffentliche Darbietungen. Auf diese Weise sollen die öffentlich verfügbaren Räumlichkeiten genutzt werden, um weitere kommerziell verwertbare Aktivitäten anzudocken. Sicherheit und Ordnung erfüllen in diesem Rahmen sowohl instrumentelle Funktionen als auch symbolische Kontroll-Leistungen: Einerseits werden die Bedingungen für einen erfolgreichen geschäftlichen Ablauf geschaffen, andererseits wird das Bild der lebendigen, aufgeschlossenen, toleranten Metropole kultiviert.

1.1 Polizei und Private: von der „Ergänzungshypothese" zum „Bindeglied" zwischen Polizei und Bevölkerung

Eine institutionalisierte Zusammenarbeit zwischen Polizei und privaten Sicherheitsdiensten ist bisher in der Bundesrepublik zwar noch nicht zu beobachten, der gegenwärtige Trend dürfte jedoch die Entwicklung einer solchen Zusammenarbeit beschleunigen. Es existieren bereits heute Kooperationsformen, die man als situationsbedingt bzw. operativ (etwa bei Großveranstaltungen, Personenkontrollen, Festnahmen) oder personenbezogen (aufgrund persönlicher Bekanntschaften und informeller Kontakte) kennzeichnen kann. Darüber hinaus können sich in der alltäglichen Überwachungs- und Kontrollarbeit eine Vielzahl von Funktionen ergeben, in denen sich die Tätigkeiten von Polizei und privaten Sicherheitsdiensten überschneiden. Während das private Sicherheitsgewerbe ganz gezielt die polizeiliche Nähe sucht und damit immer neue Möglichkeiten privatpolizeilichen Agierens auslotet, ist das Verhältnis der Polizei gegenüber der Sicherheitsindustrie eher gespalten. Auf der einen Seite bietet sich private Sicherheitsdienstleistung für lästige, unpopuläre und zeitraubende Tätigkeiten an, wie etwa die Kontrolle der Alarmmeldungen in Notrufzentralen, das Vertreiben von störenden

Personengruppen, das Registrieren auffälliger Personen, Kraftfahrzeuge, Situationen, die Rückendeckung bei Personenkontrollen und Razzien (sog. „dirty work"), auf der anderen Seite sieht sich die Polizei aufgrund ihrer Ausbildung und technisch-apparativen Ausstattung privater Sicherheitsarbeit haushoch überlegen, so daß Private weder als Konkurrenten noch als Partner wahrgenommen werden. Dabei gilt die im Gegensatz zum aufgewerteten Beamtenstatus der Polizei[11] deutlich schlechtere Bezahlung privater Sicherheitsbediensteter noch als stärkster Beweis. Außerdem werden sog. „einfache hoheitliche Aufgaben", wie z.B. die Entstempelung von Kraftfahrzeugen, die Überwachung des ruhenden Verkehrs oder die Verkehrsunfallaufnahme zunehmend von der Polizei in die allgemeine Ordnungsverwaltung verlagert oder via „beliehener Hilfspolizei" privatisiert.

Innerhalb des Sicherheitsgewerbes existieren vielfältige Überlegungen, die sich mit polizeilicher Kooperation und der Übernahme von bisherigen polizeilichen Aufgabenfeldern befassen. Daß dabei ein möglichst gut funktionierendes und reibungsloses Verhältnis im Vordergrund steht, ist nur zu verständlich, da die Polizei im Politikfeld „innere Sicherheit" eine Art Monopolstellung besitzt, die aufgrund der rechtlichen Vorgaben und Bedingungen nur schwer zu durchbrechen ist. Andererseits ist es jedoch immer wieder erstaunlich, in welch flexibler und variantenreicher Weise das private Sicherheitsgewerbe „hoheitliche Aufgaben" definiert und eingrenzt. Dies reicht bis zu der doch recht kühnen Behauptung, der Strafvollzug stelle keine hoheitliche Aufgabe mehr dar, weil die Insassen von der Strafjustiz als hoheitlicher Institution ja bereits rechtskräftig verurteilt worden seien und insoweit der staatlichen Zuständigkeit Genüge getan sei.[12] Damit ist sodann die Bahn frei für eine Privatisierung des Strafvollzugs, die ungeahnte Expansionsmöglichkeiten und gute Profite verspricht.[13] Aufschlußreich war in diesem Zusammenhang auch der Hinweis, daß der private Sicherheitsdienst einem Polizeirevier untergeordnet werden könne. Die Privaten

---

[11] In Hessen etwa wird der mittlere Dienst im Polizeibereich durch schrittweise Überführung der Beamten und Beamtinnen in den gehobenen Dienst abgeschafft.

[12] In diese Richtung äußerte sich z.B. der juristisch ausgewiesene Geschäftsführer eines nicht gerade unbekannten bundesdeutschen Sicherheitsunternehmens im Rahmen unserer von der Deutschen Forschungsgemeinschaft geförderten Projektrecherchen zum Komplex „Private Sicherheitsdienste".

[13] In den USA sind in der Zeit von 1984 bis 1997 insgesamt 140 private Haftanstalten entstanden. Die beiden führenden Gefängnis-Aktiengesellschaften, die Wackenhut Corrections Corp sowie die Corrections Corporation of America, konnten an der Börse für einige Euphorie sorgen, da die Anzahl privat betriebener Haftanstalten in den Jahren 1995 bis 1997 um 60 bis 70 Prozent anwuchs (Frankfurter Allgemeine Zeitung (= FAZ) v. 17.7.1998, 41).

unterlägen somit der Kontrolle dieses Reviers und wären „der verlängerte Arm bzw. das vergrößerte Auge" der Polizei. Durch die Streifentätigkeit wäre dann zum einen Präsenz – Stärkung des subjektiven Sicherheitsempfindens – und damit Abschreckung gewährleistet und zum anderen eine genaue Kenntnis des Revierbezirks sichergestellt: „(...) de facto ist es schon so im Bahnhofsviertel (...)".[14]

Die private Sicherheitsarbeit wird vom Gewerbe bisweilen als Ergänzung – und eben nicht als Ersatz – polizeilicher Kontrolle nach dem Motto „... wir stellen nur fest, die Arbeit macht die Polizei" eingestuft. Private Sicherheitsdienstleistung ist hier eine besondere Art untergeordneter, hilfspolizeilicher Tätigkeit, die sich gerade durch ihre deutlich niedrigeren Anforderungen und Fertigkeiten auszeichnet. Im Kontext des Gewaltmonopols werden private Sicherheitsdienste als „Bindeglied" zwischen Polizei und Bevölkerung gekennzeichnet. Kollisionen werden insoweit ausgeschlossen, da die Polizei keine weiteren Kapazitäten mehr frei habe. Offensichtlich ist man sich in der Sicherheitsbranche darüber im klaren, daß eine qualifizierte Sicherheitsdienstleistung auch in näherer Zukunft eher die Ausnahme denn die Regel sein wird. Als Hauptgrund für diese Einschätzung wird immer wieder der Preis angeführt, der von Auftraggeberseite weitgehend diktiert wird. Eine polizeiadäquate Ausbildung gilt insoweit schlicht als nicht finanzierbar, da Brutto-Stundenlöhne von deutlich mehr als 20 DM in der Sicherheitsbranche die absolute Ausnahme darstellen. Überdies wird, wie oben bereits angedeutet, häufig darauf verwiesen, daß eine besondere Qualifikation auch nicht erforderlich sei, da es um bloße polizeiliche Hilfsfunktionen („Präsenz") gehe. Dessen ungeachtet wird jedoch regelmäßig verkannt, daß von privater Kontrollseite nicht unbedingt selten in Bürgerrechte eingegriffen wird und daß sich Private bisweilen hoheitliche Kontrollbefugnisse anmaßen. Außerdem erwecken sie aufgrund ihres uniformierten öffentlichen Auftretens den Anschein, als seien sie gleichsam funktionales Äquivalent zur staatlichen Polizei, das sich aber gleichwohl an den Marktgesetzlichkeiten zu orientieren hat. Der gestiegene Sicherheitsbedarf innerhalb der Bevölkerung hat in dieser Sicht – fast automatisch – eine verstärkte Nachfrage zur Folge, die vor allem von den gutsituierten Schichten, etwa in Form von privat-finanzierten Sicherheitsstreifen in Villenvierteln, ausgelöst wird: Wer ein Mehr an Sicherheit

---

14 So der Geschäftsführer eines im Frankfurter Bahnhofsviertel agierenden Sicherheitsunternehmens in einem Experteninterview, das im Rahmen eines von der Volkswagen-Stiftung geförderten, breiter angelegten empirischen Projekts über den „Strukturwandel sozialer Kontrolle in der 'Global City' Frankfurt am Main" durchgeführt wurde.

anmahne, der solle auch im wohlverstandenen Eigeninteresse dafür bezahlen.

1.2 „Zwischen Rambo und Nachtwächter" – Image und Erscheinungsbild privater Sicherheitsdiener

Die Aufmachung und das Erscheinungsbild privater Sicherheitsbediensteter folgen nicht, wie etwa in bezug auf die staatliche Polizei, einheitlichen und standardisierten Vorgaben, sondern sind zunächst als auftrags- bzw. auftraggeberbezogen zu kennzeichnen. Während Kaufhausdetektive oder Privatschnüffler in Zivilkleidung möglichst unauffällig agieren sollen, fungieren die uniformierten Türsteher mit Walkie-Talkie als deutlich sichtbare und das Image aufpolierende Einlaßkontrolle. Darüber hinaus fällt die Uniformierung höchst flexibel aus. Der private Sicherheitsdienst, der im Auftrag der Frankfurter Stadtwerke den ÖPNV-Bereich kontrollierte, gab sich betont seriös in weinroten Hemden, Windjacken und grauen Hosen.[15] Dagegen treten die im Auftrag der Geschäftsanrainer agierenden Sicherheitskräfte im Bahnhofsviertel nach dem Vorbild der „schwarzen Sheriffs" in Springerstiefel, Overall oder Lederjacke und Barett auf.[16] Die weitere Ausstattung umfaßt bei beiden Diensten Schlagstock und/oder Stabtaschenlampe, Handschellen, Handschuhe, Reizgas sowie bei Bedarf Walkie-talkie. Mitunter füh-

---

[15] Diesen Auftrag erfüllte zum Zeitpunkt der Datenerhebung 1994/95 die Sicherheitsfirma „Markus & Partner". Die Vorgängerfirma „IHS" sorgte dagegen für ganz andere Pressemeldungen: Unter der Schlagzeile „Auftrag für Wachdienst: Wisser war nur der viertbeste Bieter. CDU spricht von 'Begünstigung'/Stadtrat Wentz machte 1987 Urlaub in Wissers Schweizer Ferienhaus – 'gegen Miete'" druckte die FR v. 19.3.1992: „Der Frankfurter Unternehmer Klaus Wisser, dessen private Wachmänner die Stadt seit 1. April 1991 beschäftigt, hatte bei der städtischen Ausschreibung des Auftrages nicht das günstigste Angebot abgegeben. Unter neun Bewerbern lag die Wisser-Firma 'Industrie und Handelsschutz' (IHS) an vierter Stelle. Ihr Stundenpreis für einen Wachmann betrug 32 Mark. Der günstigste Mitanbieter verlangte 28,05 Mark, der teuerste 38,50 Mark. (...) Sozialdemokrat Wisser gilt als Freund von Oberbürgermeister Andreas von Schöler und Planungsdezernent Martin Wentz (SPD). (...) Die CDU behauptet ohne Beweis, der Auftrag, die knapp 50 Wachmänner zu beschäftigen, sei direkt vom damaligen Personaldezernenten und heutigen OB von Schöler an die Stadtwerke ergangen. Vom Magistrat wird jeder Einfluß des SPD-Politikers bestritten. Den Ausschlag, Wisser zu beauftragen, obwohl er nicht das günstigste Angebot abgegeben habe; gab dieser Darstellung zufolge die Frankfurter Polizeiführung: Wissers Wachleute arbeiten schon mit gutem Erfolg in Berlin und Ludwigshafen. (...)".

[16] Diesen Auftrag erfüllte zumindest bis Mitte 1998 die Firma „S.O.S. Sicherheitsdienst", dessen Geschäftsführer die hauseigene Firmenphilosophie folgendermaßen auf den Punkt bringt: „Wenn einer unserer Männer so desinteressiert rumliefe wie mancher Polizist, stünde dieser Mann sofort bei mir auf der Matte ..." (Experteninterview v. 22.7.1996).

ren Doppelstreifen zusätzlich einen Hund bei sich, der häufig jedoch nicht für diese Funktion gesondert abgerichtet ist. Die Auftragsfixierung wird an den genannten zwei Beispielen besonders deutlich: Die Stadtwerke folgen dem Image eines verstärkten Kundenservice durch Sicherheit, Verbindlichkeit und Seriosität. Der Ordnungsdienst soll danach auch Aufgaben der Fahrgästebetreuung wie z.B. durch die Erteilung von Auskünften hinsichtlich des Fahrplans oder des Fahrkartenerwerbs übernehmen. Die uniformierten Kontrollen im Bahnhofsviertel haben ganz klar das Ziel, bestimmte soziale Gruppen, vorwiegend Drogenabhängige und Obdachlose, zu vertreiben, abzuschrecken oder einzuschüchtern, um einen reibungslosen Kundenverkehr sicherzustellen. Diese Ordnungskräfte sind nach ihrem Selbstverständnis vor allem auch auf körperliche Angriffe eingestellt. Danach soll der Schlagstock allein dazu dienen, „Angriffe mit Spritzen" abzuwehren. In einem solchen Fall „(...) geht es voll drauf".[17] Die Handschellen sollen gebraucht werden, um berauschte Junkies, die aggressiv zu werden drohen, ruhig zu stellen, oder Beschuldigte, die dem BGS entflohen sind, festzunehmen. Eine Ausrüstung mit Schußwaffen wird durchgängig abgelehnt, da sie als nicht erforderlich und im „Ernstfall" eher als kontraproduktiv angesehen wird.

Das Sicherheitsgewerbe ist in seiner Außendarstellung sehr daran interessiert, das bis heute nicht verschwundene Mitarbeiter-Image zwischen senilem Nachtwächter und schwarzem Sheriff loszuwerden. Die unterschiedlichen Professionalisierungsstrategien, die immer wieder darauf abstellen, daß die Branche heute eine breite Palette qualifizierter Sicherheitsdienstleistungen anbietet, erweisen sich bei genauerem Hinsehen weitestgehend als cleveres Marketing. Denn angesichts des akuten Preisdumpings auf dem Sicherheitsmarkt ist es in vielen Fällen für die Firmen geradezu unmöglich, eine qualifizierte Dienstleistung anzubieten. Im übrigen weisen selbst die Firmenvertreter auch oftmals darauf hin, daß Qualität auf Seiten der Auftraggeber selten die dominierende Rolle spiele, sondern in erster Linie der Preis ausschlaggebend sei. Dieser Trend ist nur folgerichtig, da die Zuwächse der Branche ganz wesentlich auf das Outsourcing von Sicherheitsdienstleistungen und die Privatisierung bisheriger öffentlicher Sicherheitsdienstleistungen zurückgehen. Daß diese Prozesse vor allem mit Kostenüberlegungen gerechtfertigt werden, ist weiter oben bereits angedeutet worden. Interessant ist in diesem Zusammenhang auch der Befund, daß Sicherheitsfirmen mitunter eine Art „Gewinnbeteiligung" für Mitarbeiter ab der mittleren Führungsebene wie z.B. Objektleiter vorsehen. Diese Bedien-

---

[17] Siehe Fn. 16.

steten sind natürlich bestrebt, die betriebsinternen Kosten für die Bewachung des Objekts möglichst niedrig zu halten oder gar zu senken, damit ihre persönliche Rendite entsprechend hoch ausfällt.

Aus der Perspektive der von privater Sicherheitsdienstleistung Betroffenen sieht das Erscheinungsbild allerdings deutlich anders aus. Allein durch die Präsenz, aber auch durch das massive Auftreten privater Sicherheitsdiener werden Randgruppen wie Migranten ohne Aufenthaltserlaubnis, Prostituierte und Drogenabhängige verunsichert, die Angst vor staatlicher Repression wird zusätzlich geschürt. Darüber hinaus hat sich der Einsatz von Privaten als besonders geschäftsschädigend für die Straßenprostitution erwiesen: „... die stören bloß das Geschäft und das Straßenbild".[18] Durch die allein schon optisch erkennbare verstärkte Uniformierung im gesamten Frankfurter Bahnhofsbereich wird eine Abschreckung der Freier befürchtet, da diese um die Wahrung ihrer Anonymität besorgt seien. Aufgrund ihrer mangelnden Befugnisse könnten Private ihrer Funktion als zusätzlicher Sicherheitsgarant nicht gerecht werden. Da die Polizei wesentlich mehr Erfahrung habe, mit der gesamten Situation besser vertraut sei und auf weiterreichende Kompetenzen zurückgreifen könne, sei diese wesentlich eher in der Lage, sinnvolle Arbeit zu leisten: „... die privaten Sicherheitsdienste kann man nicht ernst nehmen (...) die brauchen das martialische Aussehen, um sich zu behaupten, geben sich in ihrer Kostümierung jedoch der Lächerlichkeit preis".[19] Es wird berichtet, daß private Sicherheitsdienste des öfteren ihre Kompetenzen überschritten, um Macht zu demonstrieren, die sie nicht hätten – etwa durch Ausweiskontrollen im Bahnhofsviertel. Ganz allgemein wird festgestellt, daß sie dort einschritten, wo sie nicht einschreiten sollten, aber untätig blieben, wo ein Einschreiten erforderlich wäre. Klienten der Drogenhilfe berichteten nach Auskunft der MitarbeiterInnen dieser Einrichtungen häufig vom massiven, ruppigen oder gewalttätigen Auftreten privater Sicherheitsbediensteter. Danach wurden Vorfälle bekannt, in denen private Wachmänner ihre Hunde auf die Junkies gehetzt und sie darüber hinaus übel – teilweise mit rassistischen Äußerungen – beschimpft hätten: „(...) meiner Meinung nach überschreiten die permanent ihre Kompetenzen".[20]

---

[18] So die Geschäftsführerin der Frankfurter Selbsthilfe-Einrichtung HWG („Huren wehren sich gemeinsam") in einem Expertinneninterview v. 19.7.1995.

[19] Siehe Fn. 18.

[20] So der Mitarbeiter einer im Frankfurter Bahnhofsviertel ansässigen Einrichtung der Drogenhilfe in einem Experteninterview v. 18.8.1995.

2 Neue Sicherheit für die Stadt: strategische Raumkontrolle

„Frankfurt a.M. ist eine 'business service city' mit 'slow decline'. Bei leichtem Bevölkerungsrückgang kompensieren Migranten die Abnahme von Deutschen. Der Gegensatz von Zitadelle und Ghetto wird bemüht. Wie in Los Angeles findet sich eine Problemzone in direkter Nähe des zentralen Geschäftsbereichs, der in Frankfurt auch der zentrale innerstädtische Konsumbereich ist".[21]

Um die neuen Formen metropolitaner Raumkontrolle hinreichend begreifen zu können, ist zunächst eine Funktionsanalyse urbaner Räumlichkeit vonnöten. Eine politische Ökonomie des städtischen Bodenmarktes bildet den analytischen Ausgangspunkt. Danach hat die Grundstücksverwertung in den Metropolen mittlerweile eine Stufe erreicht, auf der Grund und Boden als reine Finanzanlage behandelt und als „fiktives" Kapital verwertet werden. Eigentumstitel über Grundstücke werden so zu einer Kapitalform, die sich prinzipiell nicht mehr von Aktien oder Wertpapieren unterscheidet. Spekulatives Ziel ist dabei die Neuschaffung von baulich-räumlichen Arrangements, die ein höchstmögliches Grundrentenpotential in Aussicht stellen. Hauptträger dieser Entwicklung ist das internationale Finanzkapital, das sich aus den Bereichen der Banken, Versicherungen, Investment- und Pensionsfonds zusammensetzt. Daneben existiert eine höchst heterogene Gruppe von Großunternehmen und Kleininvestoren aller Art, die die Integration von Kapital- und Grundstücksverwertung vorwärtstreiben. Ergebnis dieser Ausweitung des Immobiliengeschäfts ist zunächst, daß der Anreiz zu einer „produktiven" Investitionstätigkeit untergraben wird. Zum zweiten wird eine räumlich selektive Konzentration von Investitionen forciert, die das gesamte Städtesystem verändert. In den benachteiligten Gebieten werden funktionsfähige Raumstrukturen entwertet, während die Schaffung privilegierter Standorte, etwa in Form des sog. „Wolkenkratzer-Booms",[22] zu einer maximalen Grundstücksverwertung führt. Insoweit hat diese neue „Produktion des Raumes" nicht nur unberechenbare Preisschwankungen im Immobiliensektor zur Folge, sie befördert auch eine sozialräumliche Polarisierung, die zur Zerstörung integrativer Sozialmilieus beiträgt.[23]

---

[21] Hennig u.a. (1997), 808.
[22] Auch in bezug auf dieses Phänomen bildet die Mainmetropole ein Musterbeispiel (vgl. „Wildwest am Main", in: Der Spiegel 38/1997, 226 ff.).
[23] Vgl. Krätke, Stefan: Stadt, Raum, Ökonomie. Einführung in aktuelle Problemfelder der Stadtökonomie und Wirtschaftsgeographie, Basel 1995, 222 ff.

Seit dem Ende der 80er Jahre werden neue Kontrollstrategien sichtbar, die, wie oben bereits angesprochen, auf eine ganz grundsätzliche Umstrukturierung im Gefüge des staatlich organisierten Kontrollarsenals verweisen. Der staatliche Sicherheitsgarant zieht sich zwar nicht zurück, er ordnet aber sein Kontrollinstrumentarium neu und nimmt eine veränderte Aufgabenbündelung und Prioritätensetzung vor.[24] Gleichzeitig treten kommerzielle Sicherheitsgaranten auf den Plan, die partikulare Kontrollinteressen als öffentliche Sicherheits- und Ordnungsvorstellungen ausgeben. Lokale Sicherheitspolitik bildet heute ein Forum für die unterschiedlichsten Kontrollinteressen. Dabei scheint die Agenda gegenwärtig eher von Exklusionsstrategien dominiert zu sein, die mittel- bis langfristig zu einer Verschärfung der urbanen Sicherheitslage führen dürften.

In diesem Rahmen kann der Frankfurter Innenstadtbereich auch als ein kontrollpolitisches Koordinatensystem dargestellt werden, in dem sich die unterschiedlichen Kontrollräume gemäß ihrer funktionalen Bedeutung verorten lassen. Daß gerade die Innenstädte in diesem Prozeß eine ganz zentrale Position einnehmen, hat vor allem zwei Gründe: (1.) In Zeiten des metropolitanen Wettstreits um sogenannte „Standortvorteile" gelten sie mehr denn je als „Schaufenster" und „Visitenkarte" der Gesamtstadt. Das dort herrschende „Ambiente", zusätzlich angereichert durch historisch-historisierende Bauwerke oder modernistische Architektur, strahlt auf die Stadt als ganzes. Innenstädte weisen in aller Regel ein hohes identifikatorisches Potential auf, sie sind Anziehungspunkte für Touristen und Besucher aus aller Welt. (2.) Innenstädtischer Raum ist von seiner spezifischen funktionalen Eigenart her betrachtet als multi-funktionaler Raum zu kennzeichnen. Er ist daher nicht nur öffentlich-kommerzieller Raum, dem eine äußerst hohe ökonomische Bedeutung innewohnt, etwa im Sinne sog. „Filet-Stücke" städtischer Immobilien, er ist gleichzeitig (sub-)kultureller, historischer, identitätsstiftender Raum, Präsentationsraum vielfältigster Art sowie Arbeits-, Lebens-, Freizeit- und Erlebnisraum. Insoweit ist der innerstädtische Bereich als strategischer Aktionsraum zu begreifen, was ihn für die unterschiedlichsten Interessen so lukrativ macht. Konflikte um die funktional-materiale Nutzung dieser Räume sind infolgedessen geradezu vorprogrammiert.

---

[24] Vgl. Nogala, Detlef: Was ist eigentlich so privat an der Privatisierung sozialer Kontrolle, in: Sack u.a. (1995), 234 ff.; von Trotha (1995), 14 ff.; Ders.: Ordnungsformen der Gewalt oder Aussichten auf das Ende des staatlichen Gewaltmonopols, in: Nedelmann, Birgitta (Hg.): Politische Institutionen im Wandel. Sonderheft 35 der Kölner Zeitschrift für Soziologie und Sozialpsychologie (= KZfSS), Opladen 1995a, 129 ff.

Dieses kontrollpolitische Koordinatensystem für den Frankfurter Innenstadtraum läßt sich dabei wie folgt darstellen: Die West-Ost-Achse erstreckt sich von der Alten Oper über Freßgass und Hauptwache bis zur Konstablerwache. Die Nord-Süd-Achse verläuft vom Eschenheimer-Tor über Schillerstraße, Hauptwache und Römer bis zum Mainufer. Dieses Achsenkreuz modelliert vier Quadranten: 1. Quadrant im Nordosten, 2. Quadrant im Südosten, 3. Quadrant im Südwesten und 4. Quadrant im Nordwesten. Gekreuzt wird dieses Koordinatensystem durch einen wichtigen strategischen Kontrollraum, der diagonal von Südwest noch Nordost verläuft, d.h. den 3. und 1. Quadranten durchzieht. Dieser urbane Kontrollraum wiederum erstreckt sich vom Hauptbahnhof über Bahnhofsviertel, Bankenviertel und Taunusanlage bis zur Hauptwache; sodann dehnt er sich weiter nach Nordosten aus über Konstablerwache, Merianplatz und Höhenstraße bis etwa Bornheim-Mitte, erfaßt also insbesondere den unteren und mittleren Teil der Berger-Straße. In diesen städtischen Zonen, die öffentliche Personen-Nahverkehrssysteme mit einschließen, ist insgesamt eine überproportional hohe Kontrolldichte zu verzeichnen, die nur partiell durchbrochen wird. Folgerichtig gelten bestimmte Bereiche dieser Kontrollzonen als „gefährliche Orte", an denen in verstärktem Maße „gefährliche Gruppen" anzutreffen sind. Gleichzeitig sind diese Orte jedoch alles andere als „abandoned places",[25] die den Ausgestoßenen überlassen würden. Im Gegenteil: Es handelt sich in erster Linie um Repräsentations- und Erlebnisräume, die für die Darstellung der grundlegenden urbanen Machtverhältnisse von großer Bedeutung sind. Gleichzeitig treten aber auch kontrollpolitische Diskrepanzen und Widersprüche auf, die den städtischen Raum als permanent umkämpftes Feld kennzeichnen: Es gibt zwar Alltagsleben, Alltäglichkeit wird aber dennoch aufgehoben.[26]

Die sich entwickelnden neuen Auschließungsformen gehen mit einer Aktualisierung der „gefährlichen Klassen" einher, die sich allerdings nicht mehr an der klassischen Marx-Version orientiert, sondern mit einem abstrakten, räumlich-situativen Gefährlichkeitsbegriff arbeitet. Ganz konkret wird eine Gefährdung der öffentlichen Ordnung daran festgemacht, wo und wann sich welche Personen oder Personengruppen aufhalten. Es findet eine Entkoppelung von Intention und Handlung statt. Losgelöst vom tatsächlichen Verhalten rücken bestimmte Absichten, Geisteshaltungen, Einstellungen in den Vordergrund, die mit den

---

[25] Marcuse, Peter: Not Chaos, but Walls: Postmodernism and the Partitioned City, in: Watson; Gibson (Hg.): Postmodern Cities and Spaces, Oxford 1995, 246.

[26] Vgl. Ronneberger, Klaus: Schutzräume gegen Ungeschützte, in: Spex Nr. 6/1997, 49, der in diesem Zusammenhang Henri Lefebvre zitiert: „Im Städtischen gibt es Alltagsleben, und dennoch wird Alltäglichkeit aufgehoben".

Kontrollierten und Überwachten unmittelbar verbunden werden. Für die ökonomische Sphäre sind diese Gruppen in aller Regel völlig uninteressant. Von ihnen wird nichts erwartet, sie werden in absehbarer Zukunft nicht gebraucht. Auch in politischer Hinsicht kann von einem „Klassenbewußtsein" oder zu erwartenden organisierten Widerstandsformen kaum die Rede sein. Die spontanen, punktuellen Gewaltausbrüche verweisen viel eher auf die Machtlosigkeit dieser Gruppen im Zuge sich zuspitzender gesellschaftlicher Auseinandersetzungen. In diesen Kontext gebracht, repräsentiert die Metropole nun jedoch eine „urbane Machtlandschaft", in der die entsprechenden sozialen Gruppen den in zeitlicher, situativer und funktionaler Hinsicht eigens präparierten Räumen zugeordnet werden.[27]

Dieses urbane Machtfeld gestaltet sich allerdings höchst vielseitig und heterogen. Während sich etwa das Bahnhofsviertel durch eine extrem hohe Kontrolldichte auszeichnet, die weitgehend über 24 Stunden aufrechterhalten wird, bilden Bankenviertel und Taunusanlage nach Geschäftsschluß eher totes Gelände, das nur noch punktuell durchleuchtet wird. Ausschlaggebend für die Sicherheitsstufe, die ein Stadtviertel genießt, ist also die Attraktivität, die es für die entsprechenden Konkurrenzgruppen besitzt. Das gilt sowohl für die staatlichen Kontrollagenten als auch für die kontrollunterworfenen Zielgruppen. Beide Akteursseiten brauchen einander, der Aktionsraum beider Handlungsmuster bedingt sich gegenseitig. Was aus einer staatlichen Kontrollperspektive als Kriminalität oder Ordnungsstörung definiert wird, erscheint aus Milieuperspektive als Schattenökonomie oder überlebensnotwendige Untergrundstrategie. Beide Handlungsfelder sind dabei keineswegs derart strikt getrennt, wie von staatlicher Verfolgungsseite regelmäßig dargestellt. In erster Linie sind damit nicht etwa Korruptionsfälle angesprochen, in denen sich Polizeibeamte für ihre „Dienste" oder besser „Nicht-Dienste" Schmiergelder zahlen lassen. Denn häufig kooperieren die staatlichen Kontrollagenten mit den Kontrollunterworfenen, um überhaupt einen Zugang zum Delinquenz-Milieu zu erhalten. Damit ist vor allem die Vielzahl alltäglicher persönlicher Kontakte gemeint, die

---

[27] Vgl. Krasmann, Susanne/de Marinis, Pablo: Machtinterventionen im urbanen Raum, in: Kriminologisches Journal, Heft 3/1997, 175, 180; Ruddick, Sue: Sub-Liminal Los Angeles: The Case Rodney King and the Socio-Spatial Re-Construction of the Dangerous Classes, in: Lange, Bernd-Peter; Rodenberg, Hans-Peter (Hg.): Die neue Metropole. Los Angeles – London (Gulliver 35), Hamburg/Berlin 1994, 44 ff.; Dies.: Young and Homeless in Hollywood. Mapping Social Identities, New York 1996; Stanley, Christopher: Urban Excess and the Law: Capital, Culture and Desire, London 1996.

zwischen Polizisten und etwa Akteuren aus Drogenszene oder Prostitutionsmilieu bestehen.[28]

Die neuen raum- und situationsbezogenen Kontrollformen, die sich in den innerstädtischen Arealen jetzt zunehmend entwickeln, können auch als Zirkulationskontrolle[29] bezeichnet werden. Diese zirkulierende Kontrolle entwickelt sich in arbeitsteiligem Organisationskontext: staatliche uniformierte Polizei sowohl bundespolizeilicher als auch landespolizeilicher Herkunft, Zivilfahnder, verdeckte Ermittler, kommunale Ordnungskräfte, „beliehene" Hilfspolizisten, betriebseigenes Kontrollpersonal, profitorientierte Sicherheitsarbeiter und beauftragte Privatschnüffler. Das Zusammenwirken weist gegenwärtig noch einige Reibungspunkte auf, da sich die Überwachungs- und Kontrollaufträge überschneiden und die situativen Eingriffskompetenzen nicht immer eindeutig geregelt sind. Angesichts der zunehmenden Kontrollinteressen, die sich in ihrer Gesamtheit im Bild der „geordneten Stadt" bündeln lassen, dürfte zukünftig ein koordinierteres Kontrollagieren zu erwarten sein. Die Hauptziele des kontrollpolitischen Zugriffs lassen sich sodann mit Konsum und Bewegung umschreiben. Antikommerzielle Geselligkeitsformen, bloßes Herumhängen, einfaches Flanieren werden zu unerwünschten Verhaltensweisen deklariert und je nach Bedarf mit Aufenthaltsverbot und Platzverweis belegt. Bereits heute läßt sich in den metropolitanen Repräsentationsräumen eine Strategie beobachten, die von einem Sicherheits- und Ordnungsbegriff ausgeht, der sich in stärker werdendem Maße den verfassungsrechtlich vorgegebenen Freiheitssphären zu widersetzen scheint.

---

[28] Auf welch gravierende Weise die Polizei dabei als „Konstrukteur der Wirklichkeit" auftreten kann, belegt etwa eine aktuelle Untersuchung über die statistische Aufbereitung der Drogenkriminalität sowie die „politische Ökonomie" der Drogenfahndung (vgl. Kreuzer, Arthur; Stock, Jürgen: Verfolgung nach Belieben, in: Die Zeit v. 12.11.1998, 88 mit Hinweis auf: Dies.: Drogen und Polizei, Godesberg 1996).

[29] Dieser Begriff gründet sich auf Marx' Analysen zum Umlauf des Kapitals: Zirkulationsprozeß, Produktionsprozeß, Umschlag, zirkulierendes Kapital, fixiertes Kapital, Zirkulationskosten, Zirkulationszeit und Arbeitszeit (vgl. Marx, Karl: Grundrisse der Kritik der politischen Ökonomie, Berlin 1974, 512 ff.; Kreissl, Reinhard: Strategien der Zirkulationskontrolle, in: Freibeuter 78, Nov. 1998, 86 ff.).

3 The show must go on:
Gefahrenabwehrverordnung und kein Ende

„Es ist nun einmal so, daß dort, wo Müll ist, Ratten sind und daß dort, wo Verwahrlosung herrscht, Gesindel ist. Das muß in der Stadt beseitigt werden".[30]

Im Sommer 1996 taucht erstmals, quasi als Vorhut-Issue zur drohenden Kommunalwahl im März 1997, der Entwurf einer sogenannten „Gefahrenabwehrverordnung" auf, der eine ganze Reihe neuer definitorischer Fassungen von Ordnungswidrigkeiten enthält.[31] Besonders aufschlußreich sind in diesem Zusammenhang folgende Bestimmungen:[32]

§ 6   Kraftfahrzeuge und Wohnwagen

(...)

(2)   Kraftfahrzeuge, Wohnwagen und sonstige Anhänger dürfen außerhalb von Zelt- oder sonst hierfür ausgewiesenen Plätzen nicht als Unterkünfte genutzt werden. Eine einzelne Übernachtung als notwendige Ruhepause zum Zwecke der Erhaltung der Verkehrstauglichkeit oder der

---

[30] So der Berliner CDU-Politiker Klaus-Rüdiger Landowsky, zit.n. Korell, Jürgen; Liebel, Urban: Wie mit der Angst vor Kriminalität Politik gemacht wird, in: FR v. 30.10.1997, 20.

[31] Die Debatte wurde zunächst vom Ordnungsdezernenten Udo Corts (CDU) angestoßen, der dem Magistrat der Stadt Frankfurt einen entsprechenden Entwurf vorlegte. Die SPD versuchte mit einer verschärften Fassung zu kontern, bevor sie von Teilen der eigenen Partei wieder gebremst wurde. Bereits in den 80er Jahren kam es unter OB Wallmann zu Initiativen, eine sogenannte „Penner-Verordnung" zu erlassen. Im übrigen ist darauf hinzuweisen, daß das rechtliche und kontrollpolitische Vorgehen – gerade in wirtschaftlichen Krisenzeiten – gegen „Asoziale" auf eine lange Tradition zurückblickt. So wurde etwa 1899 in München ein „Zigeunernachrichtendienst" eingerichtet, der systematisch Personalien und seit 1911 auch Fingerabdrücke von Zigeunern dokumentierte. Im nationalsozialistischen Staat kam es bereits 1933 zu zahlreichen Bettler-Razzien, wobei die größte Razzia Zehntausende von Menschen erfaßte. Vermeintliche Bettler und Landstreicher wurden in Arbeitshäuser oder Konzentrationslager eingeliefert, in denen man sie „zu geregelter Arbeit" anhalten wollte. Bei der Vorbereitung und Durchführung dieser noch unorganisierten Aktionsformen arbeiteten Polizei, Wohlfahrtsämter und die Institutionen der freien Wohlfahrtspflege zusammen (vgl. Jäger, Michael: „Gemeinschaftsfremd" im Nationalsozialismus: „Zigeuner" und „Asoziale", in: Jahr, Christoph (Hg.): Feindbilder in der deutschen Geschichte. Studien zur Vorurteilsgeschichte im 19. und 20. Jahrhundert, Berlin 1994, 173 ff.).

[32] Der Wortlaut entspricht dem 2. Entwurf einer Gefahrenabwehrverordnung in modifizierter Fassung ('Fassung II'), der bereits im September 1996 aktuell war. Nach deutlicher Kritik von institutioneller öffentlicher Seite (Wohlfahrtsverbände, Kirchen, Lobby für Wohnsitzlose und Arme e.V.) verschwand auch dieser Entwurf nach der Kommunalwahl im März 1997 zunächst in den Schubladen der Amtsstuben.

Wiederherstellung der Verkehrstauglichkeit wird vom Verbot nicht berührt.

(…)

§ 7   Betteln und sonstiges gefährdendes Verhalten

(1)   Das aggressive Betteln, insbesondere durch nachdrückliches oder hartnäckiges Ansprechen von Personen zum Zwecke der Bettelei ist verboten.

(2)   Das Betteln von oder mit Kindern oder mittels Kinder ist verboten.

(3)   Die Gefährdung anderer Personen durch
  1.   das Lagern oder dauerhafte Verweilen auf Flächen, auf denen typischerweise starker Fußgängerverkehr stattfindet oder die ihrem Zweck nach hierfür bestimmt sind,
  2.   das Nächtigen im Freien auf Straßen, in Grün- und Spielanlagen sowie in unterirdischen Anlagen, insbesondere auf Bänken und Stühlen sowie das Auf- und Umstellen von Bänken und Stühlen zu diesem Zweck,
  3.   den Verzehr alkoholischer Getränke, Trunkenheit oder sonstiges rauschbedingtes Verhalten, ist verboten.

(4)   Das Lagern oder das dauerhafte Verweilen von Personen im Geltungsbereich dieser Gefahrenabwehrverordnung in einer für Dritte beeinträchtigenden Art zum Zwecke des Konsums von Betäubungsmitteln nach dem Betäubungsmittelgesetz ist verboten.

(5)   Auf Kinderspielplätzen ist es verboten, alkoholische Getränke zu verzehren oder anderen zum Verzehr zu überlassen.

Im Rahmen dieser 'Gefährdungsdebatte' wird denn auch ganz offen eingeräumt, daß es nicht um das Schicksal der Verelendeten geht, sondern um den „streßfreien" Aufenthalt der konsumfreudigen City-Besucher. Die Bürger sollen „wieder fröhlicher Einkaufen können". Der „harmlose Obdachlose, der mit seinem Schild brav in der Ecke sitzt, hat nichts zu befürchten". Die Kontrollen richten sich vielmehr gegen „aggressives Betteln, gegen Drogendealer und gegen Personen, die Kinder als Werkzeug benutzen und zum Betteln vorschicken".[33]

Auch wenn sich Gefahrenabwehrverordnungen gemäß § 71 HSOG mit Geboten und Verboten nicht auf bestimmte Personen oder Perso-

---

[33]   So Ordnungsdezernent Corts, zit. n. FR v. 15.6.1996, 19.

nengruppen beziehen dürfen,[34] so ist doch unübersehbar, daß die Zielgruppen der Sonderregelungen klar auszumachen sind. Im Fall des obigen § 6 Abs. 2 sind dies etwa Arbeitsmigranten aus den osteuropäischen Staaten, die sich als Billiglöhner auf dem Frankfurter Arbeitsstrich verdingen.[35] In verfassungsrechtlicher Sicht sind Verbote des Bettelns und des Alkoholkonsums im öffentlichen Raum sowie Aufenthaltsverbote und längerfristige Platzverweise äußerst umstritten, da sie in die Grundrechte der allgemeinen Handlungsfreiheit und Freizügigkeit eingreifen. Darüber hinaus besitzt der kommunale Satzungsgeber keine Kompetenz, den Aufenthalt von Personen aufgrund spezieller Nutzungszwecke wie Betteln oder Alkoholkonsum einzuschränken,[36] so daß die Kritiker nun ein „neu erfundenes Frankfurter Landrecht" im Anmarsch wähnen.[37] Tatsächlich handelt es sich bei dieser vierten Variante einer Ge-

---

34 Meixner, Kurt: Hessisches Gesetz über die öffentliche Sicherheit und Ordnung (HSOG). 7. Aufl., Stuttgart 1995, 405.

35 Nach Schätzungen der IG Bau, Steine, Erden, arbeiten auf den Baustellen in und um Frankfurt mindestens 10.000 sogenannte „Illegale". Seit 1991 ging die Zahl der legal vermittelten Tagelöhner um knapp 75 Prozent zurück (FR v. 22.8.1998, 22). Vgl. dazu auch die Auflistung bei Behr, Rafael: Eine deutsche Variante des New Yorker Polizeimodells: Zur (Re-)Kommunalisierung von Sicherheit und Ordnung, in: Ortner, Helmut; Pilgram, Arno; Steinert, Heinz (Hg.): New Yorker „Zero-Tolerance"-Politik. Jahrbuch für Rechts- und Kriminalsoziologie 1998, Baden-Baden 1998, 185.

36 Tangiert sind insbesondere Art. 2 I, Art. 3 I sowie Art. 11 I GG. Gemäß Art. 11 II, Art. 73 Nr. 3 und 71 GG ist die Kompetenz zur Regelung von Aufenthaltsverboten und längeren Platzverweisen dem Bundesgesetzgeber vorbehalten. Im übrigen, und dies ist hier ganz entscheidend, handelt es sich beim Betteln und beim Alkoholkonsum eben nicht um Verhaltensweisen, von denen typischerweise Gefahren für die öffentliche Sicherheit und Ordnung ausgehen. Insoweit mangelt es aber an der für Gefahrenabwehrverordnungen erforderlichen abstrakten Gefahr (vgl. dazu Hecker, Wolfgang: Die Regelung des Aufenthalts von Personen im innerstädtischen Raum, unv. Ms., Darmstadt Jan. 1997, 55 ff.; sehr einschlägig auch Stolleis, Michael; Kohl, Wolfgang: Rechtsgutachten über die Zulässigkeit ordnungsrechtlicher Maßnahmen gegen Nichtseßhafte in den Städten, insbesondere durch Alkoholverbote auf Grund straßenrechtlicher Sondernutzungssatzungen, in: Gefährdetenhilfe Nr. 2/1990, 55 ff.; Beschluß des VGH Mannheim v. 29.4.1983 – 1 S 1/83, NJW 1984, S. 507; Entscheidung des VG Hannover – 10 A 5588 und 5589 / 96, in: FR v. 9.7.1997, 1; Entscheidung des baden-württembergischen VGH, in: FR v. 1.8.1998, 20). Auch gegenwärtig werden vom Ordnungsamt der Stadt Frankfurt/M. massenhaft Verwarnungsgelder gegen Personen erhoben, die sich – etwa am Abgang zur B-Ebene an der Hauptwache – niederlassen und Alkohol außerhalb der genehmigten Freischankflächen verzehren (§§ 56, 57 OWiG).

37 Diese Rubrizierung bezieht sich auf die bislang vierte und mit Abstand schärfste Version einer Gefahrenabwehrverordnung, die am 1.7.1998 als geheimes Papier von Ordnungsdezernent Corts (CDU) den Kirchen zu vertraulicher Vorberatung übergeben wurde. Aus Kirchenkreisen wurde dieser Entwurf sodann dem Geschäftsführer der Grünen im Römer, Lutz Sikorski, zugespielt, der ihn postwendend der Öffentlichkeit präsentierte (FR v. 7.7.1998, 23: Oberschlagzeile „Das ist neu erfundenes Frankfurter Landrecht").

fahrenabwehrverordnung um einen Verbotskatalog, der bemerkenswert ist.

Danach ist der Alkoholkonsum im gesamten Stadtgebiet grundsätzlich tabu, wenn aus diesem Umstand eine Gefährdung entsteht (§ 7 Abs. 3 Nr. 3). Ob ein solcherart gefährdender Sachverhalt gegeben ist, haben insoweit Polizeibeamte oder die städtischen Ordnungskräfte zu entscheiden. Besonders instruktiv ist auch der neu hinzugefügte § 11 („Ansprechen von Prostituierten in Sperrgebieten"), der sich gegen potentielle Freier im Bereich des Straßenstrichs wendet:

> „Das Ansprechen von Prostituierten zum Zwecke der Vereinbarung sexueller Handlungen ist in Gebieten, in denen das Nachgehen der Prostitution durch Rechtsverordnung untersagt ist, verboten".

Ganz offensichtlich besteht hier das Interesse, im Wege des Erlasses einer sogenannten „Gefahrenabwehrverordnung" ein spezielles städtisches Sicherheits- und Ordnungsrecht zu installieren, das jenseits der verfassungsrechtlichen Schranken eine geeignete Handhabe gegen „störende" Personen und Personengruppen bildet. Obwohl die Vorlage vom Plattform-Partner SPD zunächst verworfen wurde, bleibt abzuwarten, welche Ordnungsvorstellungen der Öffentlichkeit als nächstes präsentiert werden: „Da wir die Polizeiverordnung von 1981 nach 30 Jahren sowieso novellieren müssen, möchte ich einen den heutigen Bedürfnissen der Menschen in dieser Stadt entsprechenden Vorschlag unterbreiten".[38]

Welches Ziel steht hinter diesen moralischen Kreuzzügen, die sich sogenannter „Gefahrenabwehrverordnungen" bedienen? Geht es tatsächlich darum, die Situation in den Innenstädten zu verändern, um eine neue Säuberung durchzuführen? Oder geht es nicht vielmehr um Dramaturgie und Inszenierung einer „wehrhaften Stadt", die sich auf einen relativ breiten Konsens innerhalb der Bevölkerung zu berufen versucht?[39] Danach folgt die sozialräumliche Spaltung der Metropolen

---

[38] So Ordnungsdezernent Corts (CDU) in einem Interview mit der FR v. 11.7.1998, 22: Oberschlagzeile „Eine Hochzeitsgesellschaft vor dem Römer darf trinken". Siehe auch die Berichte in der FR v. 8.7.1998, 19 und 20 sowie FAZ v. 8.7.1998, 49: Oberschlagzeile „SPD gibt Gefahrenabwehrverordnung keine Chance". Unterschlagzeile „Streb-Hesse: Frankfurt ist nicht Singapur / Grüne: CDU will soziale Randgruppen ausgrenzen".

[39] So äußert etwa Uwe Günzler, leitender Mitarbeiter des Hessischen Rundfunks, in einem Gespräch mit zwei VertreterInnen der Lobby e.V. den Verdacht, daß es bei der neuen Gefahrenabwehrverordnung gar nicht um saubere Verhältnisse in der Innenstadt gehe, sondern um die Demonstration von politischer Handlungsfähigkeit: „(...) Dann wählt uns aber auch, denn wir sind die, die etwas tun.

nicht nur einer Kapitallogik, die aus der Vermarktung von Grund und Boden besteht. Vielmehr könnte die „revanchistische Stadt" den Versuch darstellen, sowohl die räumliche Kontrolle als auch die kulturelle Hegemonie der absturzgefährdeten Mittelschichten in der Stadt zu retten. Denn die neue Ausgrenzungspolitik wird mit einem „defensible space"-Ansatz legitimiert, der von der Verteidigungsfähigkeit oder Rückeroberung städtischer Räume ausgeht, die man keineswegs den sozialen Randgruppen überlassen darf. Der unterstellte rassistische Grundkonsens innerhalb der gesellschaftlichen Mehrheit, gepaart mit einer auf Migranten bezogenen Diskriminierungshaltung der sozial deklassierten Stadtteilbevölkerung, scheinen den Nährstoff für diese Form lokaler Sicherheitsstrategie zu bilden.[40]

4 Zurück zur städtischen Armenpolizei

Obwohl in Hessen die kommunale Vollzugspolizei zu Beginn der 70er Jahre in zwei Stufen vollständig verstaatlicht wurde,[41] entwickelt sich unterderhand gleichsam eine neue Stadtpolizei, die auf die Erfüllung spezieller Kontrollfunktionen ausgerichtet ist. Gesetzliche Grundlage dafür ist § 99 HSOG, der die Bestellung von sogenannten „Hilfspolizeibeamtinnen und Hilfspolizeibeamten" regelt. Diese Angehörigen des Ordnungsamtes, die in dienstrechtlicher Hinsicht übrigens deutlich schlechter gestellt sind als ihre im Landesdienst beschäftigten KollegInnen,[42] verfügen im Rahmen ihrer originären Aufgaben in vorbezeichneten Gebieten der Stadt Frankfurt am Main grundsätzlich über die gleichen Befugnisse wie die Vollzugspolizei. Nichtsdestotrotz ist die in Mehrzweckanzügen auftretende paramilitärische Ordnungstruppe vor allem auf Verstöße in den sachlichen Bereichen des Ausländerrechts sowie des Gefahrenabwehrverordnungsrechts und des kommunalen

---

Das ist Popularitätsheischerei. Es geht um Wählerstimmen" (in: Lobster 9/98, 8; Zeitschrift der „Lobby für Wohnsitzlose und Arme e.V.").

40 Lanz, Stephan; Ronneberger, Klaus; Veith, Dominik; Jahn, Walther: Alles unter Kontrolle?, in: StadtRat (Hg.): Umkämpfte Räume, Hamburg 1998, 150; vgl. insbesondere auch Smith, Neil: The New Urban Frontier. Gentrification and the Revanchist City, London 1996; Ronneberger, Klaus: Urban Sprawl und Ghetto, in: Prigge, Walter (Hg.): Peripherie ist überall, Frankfurt 1998, 84 ff.

41 Vgl. Meixner (1995), 37 f.

42 Sie beginnen ihre Ausbildung grundsätzlich als Angestellte und können frühestens nach einem Jahr in das Beamtenverhältnis übernommen werden, wobei der mittlere Dienst in aller Regel bereits die Endstation darstellt. Gemessen an der dreijährigen Fachhochschul-Ausbildung der Landespolizei muß von einer absoluten Schmalspur-Schulung ausgegangen werden, die sich lediglich auf eine mindestens sechswöchige Unterrichtszeit von 25 bis 30 Stunden pro Woche erstreckt (Ausbildungs-VO vom 11.1.1992, in: Hessisches Gesetz- und Verordnungsblatt I, 71).

Satzungsrechts fixiert.[43] Insoweit läßt sich von einer städtischen Ausländer- und Armenpolizei sprechen, die vor allem durch die tägliche Vielzahl von Personenkontrollen in den repräsentativen Räumen der Stadt auffällt.

Der Sicherheitsdienst des Ordnungsamtes, der eine tatsächliche Personalstärke von ca. 70 Mitarbeitern aufweist, ist zunächst für jene Kontrollaufgaben zuständig, in deren Zentrum ein sauberes Erscheinungsbild der Stadt steht.[44] In jüngster Zeit scheint sich die städtische Raumpolizei auf die Verbannung bestimmter Personen spezialisiert zu haben.[45] So wurden allein zwischen dem 1. Dezember 1996 und 31. Dezember 1997 auf der Zeil gegen 1671 Personen sogenannte „Platzverweise" erteilt – meist wegen „aggressiven Alkoholmißbrauchs". Im ersten Vierteljahr 1998 wurden 146 Platzverweise ausgesprochen. Im Bedarfsfall werden die Betroffenen aus der Fußgängerzone „verbracht", d.h. zur Obdachlosenunterkunft in den Ostpark transportiert. Hinter der hohen Zahl der Platzverweise verbirgt sich nach Meinung des Ordnungsamts-Leiters „nur eine kleine Gruppe von 30 bis 50 Betroffenen".[46]

---

[43] Nach der „Verwaltungsvorschrift Hipo" vom 12.3.1992 (Hessischer Staatsanzeiger, 818) müssen die Zuständigkeitsbereiche der städtischen Sicherheitskräfte definiert sein. Eine entsprechende Auflistung der Kontrollaufgaben findet sich in der Bestellungsurkunde.

[44] Unter der Schlagzeile „Für die Sicherheit darf der Etat überzogen werden. Personalaufstockung und Anlaufstelle am Kaisersack geplant / Grünen-Protest gegen Magistratsbeschluß" berichtet die FR v. 8.12.1997, 14: „Die Stadt stockt den Sicherheitsdienst des Ordnungsamtes von 70 auf 90 Mitarbeiter auf. Im Kaisersack am Hauptbahnhof soll ein zweiter 'Stützpunkt' nach dem Vorbild des Zeil-Pavillons geschaffen werden. (...) Menzer zog eine positive Bilanz der 'Sicherheitsoffensive' 1997 auf der Zeil und in der Innenstadt. Von Januar bis Juni leisteten drei Doppelstreifen insgesamt 12000 Streifen-Stunden, davon entfielen 1500 auf die Präsenz im Zeil-Pavillon. Sie arbeiteten täglich in zwei Schichten zwischen 7 und 23.30 Uhr. Zwischen Januar und Juni wurden in 1300 Fällen städtische Sondernutzungs-Erlaubnisse kontrolliert. Der Ordnungsdienst erteilte 800 Platzverweise. Bürger, die sich weigerten, wurden in 'Verbringungs-Gewahrsam' genommen – das geschah in sechs Monaten 90mal. In nicht weniger als 31000 Fällen leisteten die Mitarbeiter Hilfe oder gaben Auskünfte, nicht zuletzt im Pavillon. 300 Strafverfahren wurden eingeleitet: 280 nach dem Ausländerrecht, 20 nach dem Betäubungsmittelgesetz (...)". Allerdings klagt das Ordnungsamt über Rekrutierungsprobleme, da die verbleibenden knapp 20 Planstellen offenbar nicht besetzt werden können. SPD-Fraktionschef Frey moniert, daß es im ersten Vierteljahr 1998 auf der Zeil eine zu geringe Anzahl von Platzverweisen gegeben habe: „Die 1997 groß angekündigten Kontrollen" hätten insoweit „längst nachgelassen" (FR v. 18.8.1998, 18).

[45] Vgl. Hetzer, Wolfgang: Gefahrenabwehr durch Verbannung, in: Kriminalistik, Heft 2/1998, 133 ff.

[46] Zitat und Zahlenmaterial in FR v. 24.6.1998, 24: „Nach der bisherigen städtischen Dienstanweisung muß der Sicherheitsdienst mindestens 30 Minuten abwarten, bis er einschreiten kann. (...) Jochen Meurers, Sprecher der Lobby für

Über Fragen der Zulässigkeit im Tätigkeitsspektrum kommunaler Sicherheitsdienste soll hier nicht gestritten werden. Immerhin werden zahlreiche Aufgaben der Gefahrenabwehr – vom Paß-, Personalausweis- und Ausländerwesen bis zur Bekämpfung der verbotenen Prostitution – von den allgemeinen Ordnungsbehörden wahrgenommen.[47] Aufschlußreich dürften indes Überlegungen sein, die sich mit den neuen Sicherheits- und Ordnungsstrategien im Rahmen der Globalisierung ökonomischer Prozesse befassen. Hier scheint sich jedenfalls eine Dezentralisierung ordnungspolitischer Aktionsfelder bei gleichzeitiger Lokalisierung polizeilicher Handlungsmuster herauszubilden. Aufgrund der Schmalspurausbildung und des martialischen öffentlichen Auftretens scheint sich der städtische Sicherheitsdienst gleichsam als „Ordnungsmacht für öffentliche Räumlichkeit" profilieren zu wollen, die sich offenbar auf die Befriedigung von spezifischen Frankfurter Bedürfnissen hinsichtlich des neuen „Polizierens" eingerichtet hat. Auf diese Aufwertung lokaler Kontrollpolitik scheint sich eine Stadt eingelassen zu haben, in der die Zeil in einem Atemzug mit der Fifth Avenue oder den Champs-Elysées präsentiert wird.[48] Insoweit könnte die Wiederbelebung lokaler Kontrollpolitik durchaus in den Kontext einer „Global City" funktional verortet werden.[49]

Wohnsitzlose und Arme, nannte das Vorgehen der Kommune 'grundgesetzwidrig'. Erst recht verbiete sich eine Verschärfung. Wenn tatsächlich Betrunkene auf der Zeil Passanten attackierten, genüge das normale Polizeirecht, um gegen sie vorzugehen: 'Es werden Gefahren definiert, die gar keine sind'. (...)"

[47] Vgl. Meixner (1995), 484 f.
[48] Siehe dazu den Artikel in FR v. 4.8.1998, 17: „(...) Auf der Zeil, zwischen Haupt- und Konstablerwache, flanieren mehr Menschen als an vergleichbaren Tagen auf der Fifth Avenue oder den Champs-Elysées. (...)".
[49] Siehe auch den Hinweis bei Behr (1998), 183 f.

Neue Sicherheitspolitik in New York City

HENNER HESS

In den 1990er Jahren hat New York City einen beispiellosen Rückgang der Kriminalität erlebt, einen regelrechten crime crash. Über die Ursachen dieser Entwicklung herrscht zwar keine Einigkeit, doch deutet alles darauf hin, daß eine neue Sicherheitspolitik bzw. eine neue Polizeistrategie, gekennzeichnet durch die Schlagworte „Broken Windows", „Quality-of-Life Policing" oder „Zero Tolerance", dabei eine wichtige, wenn nicht die entscheidende Rolle gespielt hat. Ich möchte zunächst die Ausgangslage bis Anfang der 1990er Jahre skizzieren, bevor ich auf die neue Polizeistrategie und die Kriminalitätsentwicklung im Laufe der 1990er Jahre sowie auf deren kritische Diskussion in der kriminologischen Literatur eingehe.

1 New York als unsichere Stadt

Ende der 1980er, Anfang der 1990er Jahre hatte die Kriminalitätsentwicklung in New York, die seit den 1960er Jahren – in Wellen, aber insgesamt stetig – angestiegen war, einen Höhepunkt erreicht. Die Rate von Mord und Totschlag (ohne Versuche) lag 1990 bei 31 pro 100.000 der Bevölkerung, während der amerikanische Durchschnitt in der Regel bei rund 10, der deutsche (Versuche inklusive) etwas über 1 liegt. Über 100.000 Raubdelikte wurden 1990 polizeilich erfaßt, das sind – umgerechnet auf die Bevölkerung – etwa zehnmal soviel wie in Frankfurt.

Die Kriminalität war am höchsten in den sog. Ghettos, den schwarzen Wohnvierteln Brooklyns, der südlichen Bronx und des nördlichen Manhattan. Diese Gegenden hatten seit den sechziger Jahren einen Großteil ihrer Bevölkerung verloren: ein Teil der Arbeiterschicht und die schwarze Mittelschicht hatten von den Aufstiegschancen und von der affirmative action profitiert und waren fortgezogen. Ihr Erfolg verschlechterte die Lage für die Verbliebenen, die immer mehr in eine polarisierte Armutssituation gerieten. Die geringere Bevölkerungsdichte führte dazu, daß Gebäude verfielen und an Wert verloren und für die Eigentümer uninteressant wurden. Viele ließen ihre Häuser verfallen oder abbrennen, um Versicherungssummen zu kassieren. Auch die soziale Struktur der Nachbarschaften zerfiel, weil die aktiveren Elemente, die Kirchen und andere Assoziationen getragen hatten, fehlten. Sie fehlten auch als Rollenmodelle. Die nachbarschaftliche Zusammenarbeit und die informelle Kontrolle schwanden. Zudem verlor New York City von 1967 bis 1987 58% der einfachen Arbeitsplätze in der Industrie, wovon vor allem Personen mit geringer Schulbildung betroffen waren, die die in der Dienstleistungsbranche neugeschaffenen Jobs den besser Ausgebildeten, vor allem weißen Frauen, überlassen mußten. Die Schädigungen der Ghetto-Sozialisation führten aber auch dazu, daß sich viele überhaupt nicht mehr um Arbeitsplätze bemühten bzw. sich ganz rational von vornehrein für die Sozialhilfe entschieden, die in New York City seit den sechziger Jahren besonders großzügig vergeben wurde.[1] Als unbeabsichtigte Konsequenz förderten die Bedingungen der verschiedenen welfare-Programme – ebenso wie die Arbeitslosigkeit – den Zerfall der inner-city family, uneheliche Geburten und Haushalte mit alleinerziehenden Müttern.[2] In den baulich und sozial verlotterten Ghettos breitete sich die informelle Drogenökonomie aus. Für viele Jugendliche schien sie die einzige Chance, sich den amerikanischen Traum vielleicht doch noch zu erfüllen. Die Folgen waren, insbesondere seit 1985 Crack auf dem Markt erschien, verheerend. Der Kampf um Marktanteile, Straßenecken oder verfallene Crack Houses führte zur epidemieartigen Verbreitung von Schußwaffen, und die Zahl der Mordopfer bei schwarzen Männern stieg von 80/100.000 im Jahre 1984 auf 180/100.000 im Jahre 1992.[3]

In den besseren Stadtvierteln war die Lage zwar bei weitem nicht so dramatisch, aber dennoch waren Kriminalität und Kriminalitätsangst überall das beherrschende Thema, das Alltagsleben war geprägt von praktischen Sicherheitsmaßnahmen, die räumliche und zeitliche Bewegungsfreiheit der Bürger eingeschränkt. Bemerkenswert an den Verhältnissen in Manhattan ist ja, daß sie im Prinzip eigentlich denen im Paris, Rom oder Palermo vergangener Jahrhunderte ähnlicher sind als den heutigen in den meisten anderen amerikanischen Städten: Die Wohlha-

---

[1] Vgl. Wilson, William Julius: When Work Disappears. The World of the New Urban Poor, New York 1997, 79–83. Noch unter den reduzierten Verhältnissen von 1996 lebten rund 14% der Bevölkerung von welfare, während es in Frankfurt 7,3% waren (vgl. Nissen, Silke: Arme New Yorker. Kontrolle und Marginalisierung in der New Yorker Sozialpolitik, in Ortner, Helmut/Pilgram, Arno/Steinert, Heinz (Hg.): Die Null-Lösung. New Yorker 'Zero-Tolerance'-Politik – das Ende der urbanen Toleranz?, Baden-Baden 1998, 149–169; Dezernat für Soziales und Jugend: Sozialhilfe in Frankfurt am Main. Entwicklung und interkommunaler Kennzahlenvergleich für die Hilfe zum Lebensunterhalt, Frankfurt 1998, 7). Für die sog. welfare explosion schon in den sechziger Jahren, als die Arbeitslosenrate der schwarzen Bevölkerung nur bei 4% lag, sowie ihre ideologischen Hintergründe vgl. Siegel, Fred: The Future Once Happened Here. New York, D.C., L.A., and the Fate of America's Big Cities, New York 1997, 46–61.

[2] Vgl. Wilson (1997), 87–110.

[3] Vgl. Wilson (1997), 59–61.

benden leben buntgemischt mitten unter dem popolo minuto und den classes dangereuses und schließen sich nur punktuell ab. Es gibt keine abgeriegelten und ummauerten Quartiere der Reichen, sondern direkt neben dem Condominium mit der prachtvollen Lobby kann sich ein slumartiger Block befinden, und die baumbestandene Straße gediegener alter Häuser geht nahtlos in Armenquartiere über. Zudem wird die Kriminalitätsfurcht nicht nur von der Kriminalität selbst genährt, sondern ebenso von disorder und incivilities, von Verlotterung der Umwelt und rücksichtslosem, aggressivem Verhalten, und beides hatte in New York auch ein für viele unerträgliches Ausmaß angenommen.

Verlotterung, Verstöße gegen informelle Verhaltensnormen und Kriminalität hängen übrigens zusammen (worauf unter dem Stichwort broken windows gleich zurückzukommen ist), und sie sind keineswegs nur auf die genannten strukturellen Ursachen zurückzuführen, sondern sicherlich auch Folge bestimmter politischer Entscheidungen im Bereich der sozialen Kontrolle. So gab es z.B. zwischen 1950 und 1990 eine antipsychiatrische Bewegung , die man auch aus Europa kennt und die Caplow und Simon in Anlehnung an die Einsperrungsmanie der letzten Zeit „a decarceration mania" nennen: 1960 befanden sich noch 400 von 100.000 Erwachsenen in psychiatrischen Anstalten, 1990 nur noch 50.[4] Die ehemaligen Patienten tauchten dann großenteils als die obdachlosen Straßenbettler wieder auf, die gerade die liberalen Stadtbezirke wie die Upper West Side oder Greenwich Village in „open-air mental institutions" verwandelten und den Anwohnern z.T. das Leben erheblich erschwerten.[5] Die Gesetze und Verordnungen gegen öffentliche Trunkenheit wurden zurückgenommen. 1966 wurden vom Supreme Court die sog. „loitering laws" aufgehoben, Gesetze, die der Polizei die Möglichkeit gaben, 'herumhängende' Personen oder Gruppen zu kontrollieren und festzunehmen. Die Begründung für die Aufhebung war typisch für die Zeitstimmung: Sie wurden aufgehoben, weil sie „poor people, nonconformists, dissenters, and idlers" ungerechtfertigterweise zwangen, sich einem middle-class lifestyle anzupassen. Das paßte zu der Forderung, subkulturelle Lebensstile zu tolerieren, auch wenn sie von anderen als störend wahrgenommen wurden und gegen die guten Sitten verstießen.[6] Es paßte zur vorherrschenden Strömung der Kriminologie

---

4 Caplow, Theodore/Simon, Jonathan: The Incarceration Mania. A Preliminary Diagnosis. Manuskript, Yale Law School 1998, 3.

5 Auch wenn das homeless-Problem natürlich nicht nur so erklärt werden kann, bleibt doch festzuhalten, daß New York City in den achtziger Jahren mehr Sozialwohnungen schuf als alle anderen Großstädte der USA zusammen. „The problem is not housing per se ... the problem is disaffiliated, dysfunctional people." Vgl. Siegel (1997), 179–196, Zitat S. 182.

6 Siegel (1997), 169–178 nennt das „the moral deregulation of public space".

der 1970er und 1980er Jahre, die Kontrolle vor allem als konflikteskalie-
rendes labeling von Abweichung verstand und radical non-intervention
als Strategie empfahl. Die Polizei als wichtigste Institution formeller
Sozialkontrolle hatte übrigens mit dieser Zeitstimmung keine Probleme.
Sie kam sogar ihrer Tendenz entgegen, sich von der präventiven Aufrechterhaltung der öffentlichen Ordnung zurückzuziehen und sich nur
noch auf die reaktive Verbrechensbekämpfung zu konzentrieren.[7]

Unordnung, Kriminalität und die aus beiden gespeiste Kriminalitätsangst wurden zu einem wichtigen wirtschaftlichen Faktor. Zunächst
wirkten sie sich in den besonders kriminalitätsbelasteten Vierteln dahingehend aus, daß die Bereitschaft zu Investitionen in Immobilien, Pro-
duktions- oder Serviceunternehmen immer mehr schrumpfte – und „it's
disinvestment, not gentrification, which threatens poorer neighborhoods"[8]. Von einer möglichen Folge der Armut und der Desintegration
eines Stadtgebiets wurde eine hohe Verbrechensrate schließlich ihrerseits zur Ursache dieser Erscheinungen. Für das gesamte Stadtgebiet hat
man ausgerechnet, daß ein Unternehmen des Einzelhandels im Jahr
durchschnittlich 4.200 $ durch Diebstahl verliert und 7.300 $ für Ein-
bruchssicherung aufwendet – sozusagen als Kriminalitätssteuer.[9] Die
fünf New Yorker Mafia-Familien schöpften pro Jahr eine „mob tax"
von schätzungsweise einer Milliarde Dollar aus der New Yorker Wirtschaft ab durch gewaltsamen Ausschluß der Konkurrenz und Monopolisierung der Erwerbschancen insbesondere auf dem Fulton Fish Market, dem Hunts Point Produce Market (dem mit 7 Milliarden $ umsatz-
stärksten Nahrungsmittelgroßmarkt der USA), im Gütertransportwesen,
in der Bauindustrie, der Bekleidungsindustrie und der Abfallbeseitigung.
Allein bei der Abfallbeseitigung zahlten New Yorker Firmen wegen der
mob tax von 40% doppelt soviel wie Firmen in Chicago und dreimal

---

7   Die Polizei neigt auch zur Konfliktvermeidung, eine Tendenz, die die Durchset-
    zung der aktivierenden Reformen Brattons erschwerte: „The mythology of law
    enforcement, reenacted again and again by Clint Eastwood's Dirty Harry, de-
    picts the police as eager to bust heads and clear out the streets at any cost if only
    they weren't held back by liberals and bureaucrats. But the reality, as discovered
    in the seventies and eighties, is that the police (and especially the brass) have not
    only managed to live amicably with the civil libertarians but learned to use them
    for their own purposes. In 1980s N.Y., when the police were hit with often jus-
    tified criticisms about corruption, inefficiency, and laziness, they wrapped them-
    selves in something very new to them – high-minded principles. 'We'd like to
    move the drug dealers off the corner,' they'd say, 'but the law doesn't permit us
    to hassle people who are loitering.'" (Siegel 1997, 186)
8   Skogan, Wesley G.: Disorder and Decline. Crime and the Spiral of Decay in
    American Neighborhoods, Berkeley ²1992, 176.
9   Siegel (1997), 191.

soviel wie Firmen in Los Angeles.[10] Der typische New Yorker kokettierte zwar gerne damit, wie gefährlich seine Umwelt ist (und wie bewundernswert dann natürlich er, da er sie doch noch meistens meistert). Aber in den 1970er Jahren wanderten zahlreiche Unternehmen aus der Stadt ab, weil sie woanders geringere Kosten und weniger strikte Vorschriften suchten, aber auch weil sie ihren Angestellten und deren Familien die hohen Mietpreise und vor allem die ständige Bedrohung durch die Kriminalität nicht mehr zumuten wollten. Damit geriet die Stadt in eine Schere zwischen sinkendem Steueraufkommen und weiterhin hohen und sogar noch wachsenden Kosten für Sozialprogramme und stand für eine Weile kurz vor dem Bankrott. Die Abwanderung der Mittelschicht setzt sich übrigens bis heute fort.[11]

Und natürlich wurden räumliche und soziale Verlotterung, Kriminalität und Kriminalitätsangst zu einem politischen Faktor. Das Thema Sicherheit spielte im Bürgermeister-Wahlkampf 1989 eine große Rolle. Aber Sieger wurde dann doch nicht Giuliani, der als ehemaliger Staatsanwalt seine Kampagne ganz darauf aufgebaut hatte, sondern David Dinkins. Diesen Sieg hatte der African American Dinkins – das war damals allgemeine Meinung – zu einem sicherlich beachtlichen Teil der Hoffnung der weißen Wähler zu verdanken, damit die Schwarzen zu befriedigen und vielleicht zu befrieden. Diese Hoffnung erfüllte sich aber nicht, und bei der nächsten Wahl, 1993, hatte Rudolph Giuliani mit seiner erneuten Law-and-order-Kampagne schließlich Erfolg und wurde zum (republikanischen) Bürgermeister der (traditionell demokratisch eingestellten) Stadt gewählt.

2   Die Reform des New York Police Department (NYPD)

Giulianis umfangreiches Programm sah eine Einschränkung der wohlfahrtsstaatlichen Leistungen[12]und einen Abbau der aufgeblähten Bürokratien, dagegen die Schaffung neuer Arbeitsplätze durch bessere Bedingungen für Investitionen seitens privater Wirtschaftsunternehmen vor. Wichtig dabei, aber durchaus auch eigengewichtig und ganz zentral in der Selbstdarstellung seiner Politik, waren Maßnahmen zur Verbesserung der inneren Sicherheit. Symptomatisch für die Linie, die er dabei

---

[10] Vgl. Siegel (1997), 220, sowie Giuliani, Rudolph: Freeing the Economy from Organized Crime and Restoring Open, Competitive Markets, 1997, http://www.ci.nyc.ny.us/html/om/html/org.crime.html.

[11] Vgl. McMahon, Thomas L./Angelo, Larian/Mollenkopf, John: Hollow in the Middle. The Rise and Fall of New York City's Middle Class. New York City Council Finance Division 1997.

[12] Vgl. Nissen (1998).

verfolgen wollte, war die Berufung William Brattons, des Polizeipräsidenten von Boston, zum Police Commissioner. Bratton stand für eine neue Polizeigeneration und eine neue Polizeistrategie, deren Effektivität er 1990 bis 1992 als Chef der New Yorker U-Bahn-Polizei (Transit Police) bereits bewiesen hatte.

2.1 Polizeistrategien im Wandel

Die traditionelle Polizei des 19. Jahrhunderts hatte relativ engen Kontakt zur Bevölkerung, war auf viele kleine Polizeiwachen dezentralisiert, kümmerte sich auf den regelmäßigen Fußstreifen keineswegs nur um Kriminalität, sondern um alle möglichen Probleme, vor allem um Ordnungsstörungen auch sub-strafrechtlicher Art, und ihre Arbeit hatte durchaus auch sozialarbeiterische Aspekte. Der Polizist war relativ unspezialisierter Generalist, Hauptziel seiner Tätigkeit war die Prävention von Unruhe und Kriminalität. Allerdings darf man das Bild nicht zur Idylle verzeichnen, und die Professionalisierung der Polizei, die zu Beginn dieses Jahrhunderts einsetzte, schöpfte nicht nur technische Möglichkeiten aus, sondern schien auch notwendig, um Nachteile des alten Systems zu beseitigen (z.B. die Korrumpierbarkeit durch die enge Verbundenheit mit der Bevölkerung, besonders aber mit Lokalpolitikern). In der sog. professional era, von den ersten Jahrzehnten unseres Jahrhunderts bis in die 1980er Jahre und z.T. bis heute, waren und sind dann Organisationsweisen und Ziele der amerikanischen (aber durchaus auch der europäischen) Polizei von folgenden Merkmalen bestimmt: Die Polizei wird motorisiert und technisiert; Streifenwagen und Funkverbindung ermöglichen eine Zentralisierung der Befehlsstrukturen und Überwachung der Beamten durch die Zentrale; gleichzeitig werden, durch diese Entwicklung gefördert, die engen Kontakte zur Bevölkerung bewußt eingeschränkt; die Tätigkeit der Polizei wird reaktiv, sie reagiert auf Notrufe, wenn Verbrechen geschehen sind, wobei sie ihre Effizienz an den Reaktionszeiten mißt; die Polizei reduziert ihre Dienstleistungstätigkeiten zugunsten der Konzentration auf „law enforcement"; vom Generalisten in bezug auf die öffentliche Ordnung wird der Polizist zum professionellen Spezialisten für Verbrechensbekämpfung oder besser Verbrecherbekämpfung.[13] Diese Funktionsbestimmung der Polizei paßte – wie oben erwähnt – durchaus zur kriminologischen Orthodoxie der 1960er, 1970er und auch noch 1980er

---

13 Vgl. Moore, Mark/Kelling, George L.: To Serve and Protect. Learning from Police History, in: Public Interest 70 (1983), 265–281; Kelling, George/Coles, Catherine M.: Fixing Broken Windows. Restoring Order and Reducing Crime in Our Communities, New York 1996, 70–107.

Jahre, die davon ausging, daß Kriminalität auf die tieferen Ursachen Armut und Arbeitslosigkeit, soziale Ungleichheit und Rassismus, Desorganisation der Gemeinden und Familien und daraus resultierende Sozialisationsmängel zurückzuführen sei und daß man, um das Verbrechen erfolgreich zu konfrontieren, mit sozialen Reformen an diesen Wurzeln ansetzen müsse.[14] Das stand nicht etwa nur für die linksliberale Kriminologie fest, sondern auch für viele Politiker (weshalb unter Johnson z.B. der War on Crime nicht als solcher, sondern als War on Poverty geführt wurde) – und eben auch für die Polizei. Der Rückzug der Polizei in die strafverfolgende Reaktion entsprach der Überzeugung, mit Maßnahmen der präventiven Kontrolle nicht wirklich etwas gegen die Kriminalität unternehmen zu können. Die einzige Funktion, die der Polizei offenbar blieb, war der „Krieg" gegen den „wirklichen" Kriminellen als „Feind".

Obwohl diese sog. professionelle Ära der Organisation und Strategie der Polizei noch keineswegs überall beendet ist, so wächst doch seit den 1970er Jahren die Kritik daran. Es zeigte sich, daß die Bürger im allgemeinen von der Polizei mehr erwarten als nur Verbrechensbekämpfung, vor allem eben auch Maßnahmen zur Sicherung eines zivilen, ordentlichen öffentlichen Alltagslebens. Die radikale Versachlichung der Beziehungen zwischen Polizisten und Bürgern, die Entfremdung durch Motorisierung und Technisierung erschienen vielen als sehr unbefriedigend, die konfrontative Kriegshaltung insbesondere in Minderheitenvierteln sogar direkt kontraproduktiv. Verschiedene wissenschaftliche Untersuchungen erwiesen, daß motorisierte Patrouillen viel weniger positiven Einfluß auf die Kriminalitätsangst hatten als Fußstreifen und daß sie auch kaum dazu führten, Kriminelle auf frischer Tat zu ertappen, ja daß auch die Reaktionen auf Notrufe nur äußerst selten (nach einer Untersuchung des National Institute of Justice nur in 3%) zu Festnahmen führten. Wenn die Polizei Erfolg hat, verdankt sie das ganz überwiegend Anzeigen und Hinweisen aus der Bevölkerung.[15] Die schwerwiegendste Kritik aber war und ist, daß die Polizei, die ausschließlich auf Verbrechensverfolgung konzentriert ist und die öffentliche Ordnung nicht mehr als ihre Aufgabe ansieht, den Anfängen nicht mehr wehrt und zum Anstieg der Kriminalität seit den 1960er Jahren erheblich beigetragen hat.

---

[14] Vgl. etwa die Berichte in The President's Commission on Law Enforcement and Administration of Justice: The Challenge of Crime in a Free Society, Washington 1967, bis zu Currie, Elliott: Confronting Crime. An American Challenge, New York 1985.

[15] Vgl. Kelling/Coles (1996), 85–94.

Die Ideen, die nun für eine Neu-Orientierung der Polizei vorgetragen wurden, griffen Aspekte wieder auf, die die Polizeiarbeit vor der Professionalisierung bestimmt hatten – und die übrigens aus der alltäglichen Praxis auch in unserem Jahrhundert nie vollständig verdrängt worden waren. Die neuen strategischen Konzepte sind unter den Schlagworten „Problem-Oriented Policing" bzw. „Community Policing" bekannt geworden.[16]

Bratton war mit der polizeilichen Praxis und mit den theoretischen Diskussionen bestens vertraut. Er hatte in Boston sein Handwerk von der Pieke auf gelernt, dabei auch einige Community Policing Experimente initiiert, und dort hatte er auch die auf die Polizeiarbeit bezogenen Theorien von zwei Wortführern einer eher konservativen kriminalpolitischen Richtung, der sog. New Realists, kennengelernt: die Theorien von James Q. Wilson und von George L. Kelling, beide damals noch an der Harvard University tätig. Wilsons Betonung der policy measures gegen die Kriminalität im Gegensatz zur lähmenden Fixierung auf die root causes sowie Kellings (und Wilsons) broken windows-Konzept, eine spezifische Form des Community Policing, beeindruckten ihn besonders. Als Bratton nach New York kam (schon 1990 als Transit Police Commissioner, Anfang 1994 als Chef des NYPD), kam er mit zwei Leitideen. Erstens: Eine aktive Polizei kann Kriminalität erfolgreich reduzieren. Zweitens: Konsequentes Vorgehen gegen Kleinkriminalität und Ordnungswidrigkeiten, Maßnahmen gegen räumliche und soziale Unordnung sind die Basis für eine erfolgreiche Verbrechensprävention.

2.2 Where the action is: Die Aktivierung der Polizei

Die New Realists vertreten eine sog. ökonomische Theorie der Kriminalität. Sie postulieren einen Akteur, der von grundlegenden sozialen Bedingungen nicht determiniert ist – auch wenn diese seine Motivationen, Wertmaßstäbe und Ressourcen beeinflussen –, sondern der in der jeweiligen Situation jeweils Kosten und Nutzen rational kalkuliert und sich danach zu einer Handlung oder einer Unterlassung entscheidet.[17]

---

[16] Vgl. Goldstein, Herman: Improving Policing. A Problem-Oriented Approach, in: Crime and Delinquency 25 (1979), 236–258, sowie Ders.: Problem-Oriented Policing, Philadelphia 1990, weiterhin Moore, Mark H.: Problem-solving and Community Policing, in Tonry, Michael/Morris, Norval (Hg.): Modern Policing, Chicago 1992, 99–158; Bässmann, Jörg/Vogt, Sabine: Community Policing. Projektbericht des Bundeskriminalamts zu den Erfahrungen in den USA, Wiesbaden 1997; Bundeskriminalamt (Hg.): Community Policing. Ergebnisse eines Workshops im Bundeskriminalamt, Wiesbaden 1997.

[17] Vgl. für eine am Ansatz der rationalen Wahl orientierte Kriminologie neben vielen anderen etwa Wilson, James Q.: Thinking About Crime, New York ²1985,

Für Wilson heißt das, daß man durchaus Kriminalpolitik betreiben kann, ohne immer gleich auf die tieferen Ursachen der Kriminalität einwirken zu müssen, daß man die root causes auch zunächst mal ignorieren und davon unabhängige policy measures lancieren kann, die trotzdem effektiv auf die Überlegungen potentieller Täter und schließlich auf Kriminalitätsraten einwirken. Dazu muß die Polizei allerdings ihre passive Haltung aufgeben und muß attackieren, statt nur zu reagieren. Und damit sie attackieren kann, muß sie in ein schlagkräftiges Instrument umgeformt werden.

Um die Organisation der bis dahin stark zentralisierten Mammut-Institution des New York Police Department effektiver zu machen und das mittlere Management dazu zu bringen, sich stärker zu engagieren, dezentralisierte Bratton die Kommandostrukturen. Die Leiter der 76 Reviere der Stadt (Precinct Commanders) erhielten mehr Selbständigkeit und größere Befugnisse, über taktische Planung und Einsatz der Ressourcen wurde nun auf Revierebene entschieden, zugleich wurde aber auch die Verantwortlichkeit für Erfolg und Mißerfolg der Polizeiarbeit auf diese Ebene verlagert. Bratton wählte dabei ganz bewußt eine mittlere Linie zwischen hierarchisch zentralisierter Bürokratie und reinem Community Policing mit großem Entscheidungsspielraum beim einzelnen Polizeibeamten auf der Straße; er setzt auf den erfahrenen Polizeiführer, dessen Befehlsbereich ihm aber noch leicht überschaubar und mit seinen jeweils spezifischen Problemen gut bekannt ist, so daß er flexibel darauf reagieren kann.[18] Auch das Personal bisher direkt an die Zentrale gebundener Spezialeinheiten, z.B. des Rauschgiftdezernats, wurden nun den jeweiligen Precinct Commanders unterstellt. Das in New York gültige Dienstrecht gab Bratton die Chance, nicht nur gleich bei seinem Amtsantritt die Spitze des NYPD fast völlig zu erneuern, sondern auch im Laufe seiner relativ kurzen Amtszeit (bis 1997) zwei Drittel der Precinct Commanders auszuwechseln.[19] Dabei hatte er durchaus auch die Möglichkeit, besonders erfolgreiche und energievolle Personen über mehrere Karriereschritte hinweg zu berufen und sich

---

für die referierte Argumentation bes. S. 41–57; weiterhin Cornish, Derek B./Clarke, Ronald V.: The Reasoning Criminal. Rational Choice Perspectives on Offending, New York 1986, sowie für die auf diesem Ansatz aufbauende situative Kriminalprävention Clark, Ronald V.(Hg.): Situational Crime Prevention. Successful Case Studies, Albany 1992.

[18] Vgl. Bratton, William: Crime is Down in New York City – Blame the Police, in: Dennis, Norman (Hg.): Zero Tolerance. Policing a Free Society, London ²1998b, 29–43.

[19] Dabei wurde niemand entlassen, sondern weniger fähige bzw. reformbereite Precinct Commanders nahmen eine drohende Versetzung oder Degradierung (mit Pensionsminderung) vorweg und ihren Abschied.

damit von seiner Politik begeisterte Mitarbeiter auf allen Ebenen zu schaffen. Ganz im Stil modernen Wirtschaftsmanagements war auch die Berufung von zwölf sogenannten Reengineering Teams, die Anfang 1994 ihre Arbeit aufnahmen. Insgesamt 500 Experten aus der Polizei, der Wirtschaft, den Gewerkschaften und von den Universitäten begutachteten alle möglichen Bereiche von der technischen Ausrüstung bis zu Organisations- und Ausbildungsfragen. Im Dezember 1996 legten sie einen Aktionsplan mit 600 Empfehlungen vor. In der Folge gab es flottere Uniformen, höhere Standards bei der Rekrutierung neuen Personals, Ausbildung in Interaktionstechniken, eine verbesserte Ausstattung mit mobilen Computern usw. Sechs problembezogene Strategien wurden entwickelt, die konkrete Ziele für die polizeiliche Arbeit formulierten und Anregungen für die jeweilige Vorgehensweise gaben: dabei ging es um Schußwaffengebrauch, Jugendgewalt in den Schulen und auf der Straße, Drogendealer, häusliche Gewalt, Unsicherheit im öffentlichen Raum und Kfz-bezogene Kriminalität.[20] In allen Bereichen wurden scheinbar utopische Ziele in bezug auf die Senkung der Kriminalitätsraten vorgegeben. Die Tatsache, daß diese Ziele dann erreicht oder übertroffen wurden, hob das Selbstbewußtsein der Polizei und ihr Gefühl, etwas bewirken zu können.[21]

Kernstück der gesamten organisatorischen Reform und Motor der Aktivierung und ständigen Reaktivierung waren – und sind bis heute – die Crime Control Strategy Meetings, besser bekannt unter dem Namen Compstat (Computerized Statistics) Meetings. Diese Treffen, begonnen im April 1994, finden heute jeweils mittwochs und freitags von 7–10 Uhr im Polizeipräsidium statt. Etwa 100 bis 120 Personen nehmen daran teil, neben der Polizeiführung die führenden Vertreter jener Pre-

---

[20] Vgl. Silverman, Eli B./O'Connell, Paul E.: Revolutionizing the Police – Fighting Crime in New York City, in: Security Journal 9 (1997), 101–104.

[21] „I began by stating my goals: a 10 percent reduction in crime in the first year … Jaws dropped … I was asking for the moon. To many in that room 10 percent did not seem obtainable. It had never been done. In fact, to my knowledge no commissioner had even set a number before. In policing, you don't set crime reduction goals. My strategic intent was to set a seemingly impossible goal and then achieve it. Bob Johnson referred to them as 'stretch goals', a common practice in the private business sector." (Bratton 1998a, 252f.) Tatsächlich wurden die index crimes 1994 um 12% gesenkt. Bezeichnend ist, daß die Reduktion der Kriminalität als Ziel gesetzt wird und nicht die Erhöhung der Aufklärungsquote (wie bei uns, wo hohe Kriminalitätsraten eher die Bedeutung der Polizei unterstreichen). Übrigens sind aber auch die Aufklärungsquoten in New York ebenfalls gestiegen: von 1990 bis 1995 insgesamt von 18 auf 25%, bei Mord von 62 auf 73%, bei Raub von 22 auf 29% (vgl. Citizens Budget Commission 1997, 30f.; für Frankfurt lauten die Zahlen 1997 folgendermaßen: insgesamt 46%, Tötungsdelikte 96%, Raub 31%, vgl. Polizeipräsidium Frankfurt: Polizeiliche Kriminalstatistik 1997, Frankfurt 1998, 37, 70, 88).

cincts, deren Stadtbezirk (Borough) gerade Gegenstand der Besprechung ist[22], außerdem Vertreter der Staatsanwaltschaft, der Schulbehör-
de usw.; und natürlich sind auch immer einige Gäste anwesend, denn
diese Meetings haben ja mittlerweile einen internationalen Ruf erlangt.
Die Compstat Meetings haben vor allem drei Funktionen. Erstens dienen sie der Informationsverarbeitung. Während die fünf bis sechs Vertreter eines Precincts an einem Podium gegenüber dem Präsidiumstisch
Aufstellung genommen haben, erscheinen an der Wand hinter ihnen die
neuesten statistischen Daten über die Kriminalitätsentwicklung sowie
Zahlen über Festnahmen und ausgestellte Vorladungen in ihrem Precinct (jeweils mit Vergleichsdaten zu vergangenen Wochen, Monaten
und Jahren) sowie farbige Landkarten, auf denen alle kriminellen Vorfälle mit Symbolen je nach Deliktsart markiert sind und auf denen sich
Ausschnitte wie bestimmte Straßenblocks, Parks, U-Bahn-Stationen etc.
in Sekundenschnelle vergrößern lassen. Diese Daten werden dann diskutiert, und man versucht, lokale Entwicklungstendenzen, Brennpunkte,
Ablaufmuster herauszufinden sowie effektive Gegenmaßnahmen zu
planen.

Zweitens sollen die Meetings die Kommunikation innerhalb der gesamten Organisation verbessern. Sie garantieren einen regelmäßigen
Kontakt und Meinungsaustausch zwischen der Führungsspitze und den
wichtigsten Beamten eines Reviers (d.h. die Führungsspitze lernt nicht
nur die Revierleiter, sondern das gesamte mittlere Management sehr gut
kennen). Sie garantieren auch den Kontakt zwischen den Precincts eines
Boroughs sowie mit den Housing und Transit Police-Abteilungen der
Gegend. Sie ermöglichen die gemeinsame Entwicklung und schnellste
Verbreitung neuer erfolgreicher Taktiken bzw. die Kritik erfolgloser.
Und drittens schließlich dienen die Compstat Meetings der Kontrolle
der Precinct Commanders durch die Zentrale, sie wiegen sozusagen die
möglichen Nachteile der Dezentralisierung wieder auf. Die Zahlen an
der Wand hinter sich, müssen die Revierleiter Rede und Antwort bezüglich ihrer Arbeit stehen, und die Fragen gehen ins Detail, sind nicht
selten aggressiv. Wer Fehler gemacht hat oder keine innovativen Ideen
angesichts irgendwelcher Problemhäufungen anbieten kann, muß Tadel
vor seinen versammelten Kollegen einstecken; wer andererseits Erfolge
vorweisen oder Führungsqualitäten beweisen kann, erfährt öffentliches

---

[22] Da New York City polizeiverwaltungsmäßig in acht Boroughs aufgeteilt ist,
kann jeder Precinct erwarten, einmal im Monat zur Rechnungslegung im
Compstat Meeting vorgeladen zu werden. Man erfährt jedoch nur sehr kurzfri-
stig, wann das sein wird, so daß man ständig vorbereitet sein muß.

Lob. Im Präsidium werden sog. Commander Profiles geführt, und Karrieren sind leistungsabhängig.[23]

2.3 Broken Windows: Ordnungssicherung als Kriminalprävention

Wenn eine zerbrochene Scheibe nicht schnell repariert wird, sind in dem betroffenen Haus bald alle Scheiben zerbrochen – so argumentierten Wilson und Kelling in ihrem berühmten Aufsatz.[24] Wenn in einer Straße oder einem Stadtviertel nichts unternommen wird gegen Verfall und Unordnung, Vandalismus, Graffiti, aggressives Betteln, herumliegenden Müll, öffentliches Urinieren, dröhnende Musik, Prostitution, Penner, die ihren Rausch ausschlafen, Junkies, die sich Spritzen setzen, trinkende und aggressiv-pöbelnde Gangs von Jugendlichen an Straßenecken, Drogenverkauf und dergleichen, wird das zum Zeichen dafür, daß sich niemand um diese Straße oder dieses Stadtviertel kümmert, daß es außer Kontrolle geraten ist. Die Menschen ziehen sich auf sich selbst und ihren engsten Kreis zurück, das Territorium, für das sie sich verantwortlich fühlen, schrumpft auf die eigene Wohnung zusammen. Der öffentliche Raum unterliegt nicht mehr einer informellen nachbarschaftlichen Überwachung von Kindern und Jugendlichen, verdächtigen Fremden usw. Wer kann, zieht weg; wechselnde Mieter, deren Miete vom Sozialamt bezahlt wird, ziehen zu; der Drogenhandel etabliert sich. Unter den Nachbarn herrscht Mißtrauen und vor allem die Überzeugung, daß in einer bedrohlichen Situation niemand zu Hilfe käme. Die Irritation durch die Verlotterung wird zur Angst vor Verbrechen, weil die räumli-

---

[23] Vgl. für eine sehr lebendige Darstellung der Reformgeschichte Bratton, William (with Peter Knobler): Turnaround. How America's Top Cop Reversed the Crime Epidemic, New York 1998a, 196–313; vgl. außerdem Citizens Budget Commission 1997; die Reform unter Management-Gesichtspunkten sieht Smith, Dennis C.: What Can Public Managers Learn from Police Reform in New York? COMPSTAT and the Promise of Performance Management, Manuskript, New York University Graduate School of Public Service, New York 1997 (Smith beschreibt darin auch TEAMS und PARKSTAT, nach dem Vorbild von Compstat eingerichtete Systeme im Department of Corrections und im Department of Parks and Recreation); eine materialreiche deutsche Zusammenfassung findet man bei Binninger, Clemens/Dreher, Gunther: Der Erfolg des New York City Police Departments in der Kriminalitätsbekämpfung – Von New York lernen?, in Dreher, Gunther/Feltes, Thomas (Hg.): Das Modell New York – Kriminalprävention durch 'Zero Tolerance'?. Beiträge zur aktuellen kriminalpolitischen Diskussion, Holzkirchen 1997, 16–42; ebd., 3–15, auch die interessante kritische Reflexion des polizeipolitischen Hintergrunds von Feltes, Thomas: Zur Einführung. New York als Modell für eine moderne und effektive Polizeipolitik?.

[24] Vgl. Wilson, James Q./Kelling, George L.: The Police and Neighborhood Safety, in The Atlantic Monthly, March 1982, 29–38 (dt. in Kriminologisches Journal 28 (1996), 121–137).

che und soziale Verwahrlosung Symptome für den Zusammenbruch grundlegender Standards im zwischenmenschlichen Verhalten sind. [25]Was für Nachbarschaften gilt, gilt natürlich auch für öffentliche Räume wie die U-Bahn.

Als kriminalpolitisches Fazit folgt aus dieser Analyse, daß sich die Polizei auf ihre ursprüngliche Hauptfunktion der Garantie öffentlicher Sicherheit und Ordnung besinnen und ihre zweite Funktion der Verbrechensbekämpfung mit der Bekämpfung der nicht-kriminellen Devianz, Belästigung, Unordnung beginnen muß. Zumindest dann, wenn diese ein bestimmtes, Bürgerarbeit lähmendes Ausmaß überschritten haben, ist es Aufgabe der Polizei, sie soweit zurückzudrängen, daß andere, zivilgesellschaftliche Maßnahmen wieder greifen können.

Die U-Bahn war der Ort, an dem die Bevölkerung besonders massiv mit Verlotterungserscheinungen konfrontiert wurde. Über die graffitibedeckten Wagen konnte man noch geteilter Meinung sein, aber die überall herumliegenden, in Kartons kampierenden homeless, die aggressiven, ekelerregend aufgemachten und mit Ansteckung drohenden Bettler in allen Zügen, Dreck und Gestank, schließlich die häufigen Raubüberfälle schreckten mehr und mehr Fahrgäste ab. Schwarzfahren war epidemisch; immer wieder verstopften gefährlich aussehende Jugendliche die Token-Schlitze, sperrten damit die normalen Zugänge zu den Bahnsteigen, öffneten gewaltsam danebenliegende Türen, um die Fahrgäste durchzuschleusen und ihre Tokens zu erpressen. Die Transit Authority machte große Verluste. Nachdem polizeiliche Verfolgung der Graffiti-Maler sich als zwecklos erwiesen hatte, wurde 1984 der Versuch gestartet, die Wagen so schnell wie möglich zu reinigen und neubemalte Wagen sofort aus dem Verkehr zu ziehen, so daß die Künstler ihre Botschaft nie mehr zu sehen bekamen und die Lust daran verloren; 1989 war die U-Bahn weitgehend graffiti-frei. Verschiedene Maßnahmen, Obdachlose, Bettler, Musikanten usw. aus dem U-Bahn-Gelände zu vertreiben, scheiterten aber zunächst an Protestdemonstrationen der New York Civil Liberties Union auf den U-Bahnhöfen und an den Entscheidungen der von der NYCLU angerufenen Gerichte, die u.a. Betteln als free speech und damit als vom Ersten Verfassungszusatz geschützt erklärten. Diese Gerichtsentscheidungen wurden später revidiert, so daß ein Eingreifen wieder möglich war, als 1990 Bratton zum Chef der Transit Police ernannt wurde. Natürlich war es Brattons Anliegen, die Kriminalität in der Subway zu senken, aber sein Ansatz richtete sich

---

[25] Wilsons und Kellings These wurde aufgrund umfangreicher empirischer Untersuchungen bestätigt von Skogan 1990; für den entscheidenden Zusammenhang von schwindender informeller sozialer Kontrolle und wachsender Kriminalität vgl. bes. 65–84.

charakteristischerweise fast ausschließlich gegen Ordnungsstörer, deren Verhalten bestimmte devianzbegrenzende Regeln überschritt (z.B. gegen Obdachlose, die herumlagen statt herumstanden und somit ein Hindernis für Passanten bildeten) und gegen Schwarzfahrer. Seine konzentrierten Maßnahmen gegen Schwarzfahrer, angesichts der Schwerkriminalität in der U-Bahn zunächst als lächerlich angesehen, erwiesen sich als guter Beleg für die Broken Windows-Theorie. Tag und Nacht über das ganze Netz eingesetzte Zivilstreifen nahmen jeden fest, der den Bahnsteig ohne zu zahlen betrat. Teilweise wurden die Festgenommenen aneinandergefesselt, in langer Schlange aus der Subway zu einem Bus geführt, der als Behelfspolizeistation eingerichtet war, und dort einer erkennungsdienstlichen Behandlung unterzogen. Dabei stellte sich heraus, daß zu Beginn der Aktion jeder siebte Festgenommene wegen irgendwelcher Verbrechen zur Fahndung ausgeschrieben, aber bisher noch nicht gefaßt worden war. Einer von 21 trug ein feststehendes Messer oder eine Schußwaffe bei sich. Die polizeilichen Kontrollen wirkten abschreckend. Die Zahl der Schwarzfahrer ging rapide zurück – und zugleich die Anzahl der Waffen, der Raubüberfälle, der Morde. Ohne spezielle Maßnahmen gegen Schwerkriminalität und natürlich ohne einen Wandel irgendwelcher struktureller Bedingungen, nur durch eine „aggressive order maintenance strategy" wurden bisher nicht für möglich gehaltene Erfolge erzielt: von 1990 bis 1994 sank die Zahl der Raubüberfälle um 64%, die Zahl aller Verbrechen um 75%. [26]

Das Prinzip wurde ab Anfang 1994 auf die Arbeit der gesamten New Yorker Polizei übertragen. Natürlich führt diese ihre bisherige Verbrechensverfolgung, Reaktion auf Notrufe usw. fort, aber hinzu kommt das sog. Quality-of-Life-Policing, die Ordnungspolitik gemäß der Broken-Windows-Theorie. Auf diese Weise erreicht die Polizei zunächst einmal eine Reduktion der unangenehmen Zustände auf den Straßen, zeigt der Bevölkerung, daß jemand da ist, der die Ärgernisse und Probleme, mit denen man sich bisher an niemand wenden konnte, bearbeitet. Kinderspielplätze und Parks werden nachts geschlossen, tagsüber patrouilliert,

---

[26] Vgl. generell Kelling/Coles (1996), 108–137, und Bratton (1998a), 130–176; wie sich vor allem bei Kelling/Coles nachlesen läßt, waren die rechtlichen Auseinandersetzungen dabei weit differenzierter als bei uns allgemein angenommen. – Das Beispiel der New Yorker U-Bahn widerlegt auch ganz deutlich die kriminalpolitischen Schlüsse, die Heinrich Popitz in seinem gefeierten Essay „Über die Präventivwirkung des Nichtwissens. Dunkelziffer, Norm und Strafe", Tübingen 1968, zieht: Würden alle Straftaten bekannt, verlöre die Norm jegliche Geltung, würden alle Straftaten verfolgt, bräche das Verfolgungssystem zusammen. Indem man den massenhaften Bruch der Norm öffentlich anerkannte und dann konsequent verfolgte, sank die Zahl der Normbrecher rapide, so daß – nach einer kurzen angespannten Übergangszeit – sehr bald und bis heute deren geringe Zahl leicht handhabbar ist.

Drogendealer verdrängt. Man zeigt der Bevölkerung, daß man sich kümmert, daß nicht alles möglich ist, daß Grenzen der Zivilität eingehalten werden müssen. Das erhöht direkt die Lebensqualität aller Bürger und senkt die Kriminalitätsangst, die ja hauptsächlich auch durch räumliche Verlotterung und unzivilisiertes Benehmen hervorgerufen wird. Die Bürger gewinnen die Subway, die Straßen, die Parks zurück, wie der Slogan heißt. Tatsächlich gibt die Polizei damit den Anstoß zu einer Entwicklung, die sich dann selbst verstärken kann: Bei höherem Sicherheitsgefühl trauen sich nachts mehr Leute auf die Straße, und je mehr Leute nachts auf der Straße sind, desto sicherer ist diese. Die informelle Kontrolle wird wieder erhöht.

Weiterhin dient das Quality of Life Policing aber auch, ohne daß das im Namen aufscheint, der Erhöhung der Kontrolldichte. Viele besonders ordnungsstörende Verhaltensweisen sind Ordnungswidrigkeiten oder Vergehen, verstoßen gegen städtische Hygienevorschriften etc. und berechtigen die Polizei mindestens dazu, die Personalien des Täters festzustellen. Ist die Identität festgestellt, wird überprüft, ob etwas gegen ihn vorliegt, ob er z.B. zur Fahndung ausgeschrieben ist.[27] Außerdem kann man ihn mehr oder weniger offiziell durchsuchen. Wenn er sich nicht ausweisen kann, wird er mit auf die Wache genommen. Dort wird er nicht nur zur eigenen Person und zum eigenen Tun ausführlich vernommen; man fragt ihn auch, wo und von wem man Waffen oder Drogen bekommen könnte usw. usf. Kenntnisse über dritte Personen, Waffenhändler, Crack Houses, die bei den Verhören anfallen, werden in den Computer gefüttert und erhöhen den Informationsstand der Polizei. Kontrollen oder Festnahmen aufgrund von Verhaltensweisen, die relativ offen stattfinden (wie etwa Trinken aus der Bierdose, Urinieren, Graffiti-Malen, Betteln in der Nähe eines Bankautomaten usw.) sind viel einfacher als solche aufgrund schwerwiegenderen, aber heimlichen Tuns (wie Waffenbesitz, Drogenbesitz, Einbruch, Raub, Hehlerei usw.), führen aber eben manchmal direkt oder indirekt zur Ermittlung solcher schwerer Taten weiter. Von allen Festgenommenen werden Fingerabdrücke genommen, die gegebenenfalls später die Aufklärung von Verbrechen erleichtern können. Die massenhafte Verfolgung von Ordnungswidrigkeiten ist also einerseits Selbstzweck, andererseits das Schleppnetz, in dem sich schwerere Kriminelle fangen.

Und sie ist schließlich Ausdruck der ältesten kriminalpolitischen Weisheit der Welt: principiis obsta – wehre den Anfängen! Die Verfol-

---

[27] Da es in den USA kein Melderegister gibt, ist es schwer, Fahndungsbefehle zuzustellen oder ausgeschriebene Personen zu finden; z. Zt. gibt es etwa 40.000 nicht vollziehbare Fahndungsbefehle.

gung von im Einzelfall eher harmlosen Verhaltensweisen[28]setzt Grenzen und führt zum Abbruch von Eskalationen in devianten Sequenzen. Wenn man Schulschwänzer von der Straße aufgreift und in die Schule bringt, fördert man ihre konforme Karriere und behindert eine mögliche abweichende. Wenn man Betteln ungehindert in aggressives Betteln übergehen läßt, kann sich aggressives Betteln zum Raub entwickeln; wenn man aggressive Bettler in die Schranken weist, muß man sie später nicht als Räuber bestrafen. Das Verbot, mit dem Fahrrad auf Gehwegen zu fahren, macht diese Gehwege für Fußgänger sicherer nicht nur im verkehrstechnischen Sinne, denn das Fahrrad wurde auch häufig als Hilfsmittel beim schnellen Handtaschenraub gebraucht. Das Verbot des Alkoholkonsums auf Straßen und Plätzen, in Parks und Verkehrsmitteln reduziert die Belästigung der Bevölkerung durch Betrunkene, es reduziert aber auch das Hochschaukeln von Konflikten. Wenn man bedenkt, daß etwa ein Drittel der Tötungsdelikte in Streitereien Alkoholisierter zustande kam, kann man die Bedeutung dieser für uns Europäer doch sehr ungewöhnlichen Regelung ermessen.

So gibt es also mindestens drei Mechanismen, über die sich Quality-of-Life-Policing in eine Abnahme der Kriminalität übersetzen kann.[29]Das durchgehende Prinzip ist eine Hinwendung von der Verbrechensverfolgung zur Kriminalprävention. Am eindrucksvollsten läßt sich das demonstrieren an der wichtigsten Folge, die die erhöhten Kontrollen aufgrund von Ordnungswidrigkeiten und Vergehen haben: Potentielle Straftäter kalkulieren rational den möglichen Verlust ihrer Waffen und lassen diese lieber zu Hause, wodurch die Zahl der Schußwechsel und Tötungsdelikte rapide absank. Die Betonung der Prävention bedeutet aber auch, daß die New Yorker Sicherheitspolitik im Prinzip nicht im Rahmen einer allgemeinen Repressions- und Einsperrungswelle gesehen werden darf. Wer Vergehen verfolgt, muß geringer strafen, wer erfolgreich vorbeugt, muß weniger strafen. Auch die Bezeichnung

---

[28] Auch Kelling gibt zu, daß die Quality-of-Life-Verstöße an sich kein großes Problem sind, daß wir alle schon solche Verhaltensweisen gezeigt haben, betont aber, daß es eine kritische Masse gibt, ab der das Gemeinschaftsleben untergraben wird.

[29] Bei all meinen Interviews in New York hatte ich immer wieder die Frage nach diesem Zusammenhang gestellt, der ja auf den ersten Blick keineswegs selbstverständlich ist – und der wohl auch nur unter bestimmten Bedingungen hergestellt werden kann, die z.B. in Deutschland in geringerem Maße vorhanden sind. Der Zusammenhang wurde aber auch nachgewiesen von Sampson, Robert/Cohen, Jacqueline: Deterrent Effects of the Police on Crime – A Replication and Theoretical Extension, in: Law and Society Review 22 (1988), 163–190. In ihrer statistischen Studie zeigte sich, daß dort, wo die Polizei mehr Festnahmen für disorderly conduct und Fahren unter Alkoholeinfluß vornahm, auch die Raub- und Einbruchsraten sanken.

„Zero Tolerance", die bei uns hin und wieder zustimmend, meist aber sehr kritisch gebraucht wird, ist unangebracht. Bratton selbst hat den Begriff abgelehnt, weil er die Komplexität der Polizeiarbeit negiere und die Polizisten als Eiferer hinstelle, die sich Unerreichbares vorgenommen hätten; gegenüber der Öffentlichkeit verspräche er zuviel, und gegenüber den trouble-makers wirke er nur lächerlich.[30] In der Tat wird jeder Besucher New Yorks sofort feststellen, daß von Zero Tolerance keine Rede sein kann, denn es gibt überall Graffiti, Bettler, Straßenverkäufer etc. und mehr Ordnungswidrigkeiten als in deutschen Städten; und wer die Polizeiarbeit aus der Nähe beobachtet, kann feststellen, daß die Beamten durchaus weiterhin Ermessensspielräume haben und nutzen. Das „Große Aufräumen", das hierzulande unterstellt wird, war kein Aufräumen im deutschen Sinne, sondern brachte die Zustände nur auf ein Maß zurück, das in Deutschland immer noch besorgniserregend scheinen würde.[31]

---

[30] Vgl. Bratton (1998b), 42f.

[31] Die brutalen Übergriffe der Polizei, die in den letzten Jahren die Öffentlichkeit erregt und einiges zur negativen Einschätzung der New Yorker Polizeistrategie beigetragen haben, sind keineswegs eine neue Erscheinung oder eine Erscheinung, die für diese Polizeistrategie typisch wäre. Sie haben ihre Ursachen in den gleichen Mißständen, die man auch anderswo findet: schlechte Ausbildung, paramilitärische Subkultur der Reviere, zu oberflächliche Aussiebung aggressiver Persönlichkeiten, Kriegshaltung gegen einen allerdings auch bewaffneten und oft rücksichtslosen Gegner, wobei aus Angst Brutalität entstehen kann, Besonderheiten des heute als „Häuserkampf" ablaufenden War on Drugs usw. (vgl. für die augenblickliche New Yorker Situation generell Mitchell, Chris: The Brutal Truth, in: City Limits, December 1997, 16–21; in Bezug auf den Drogenkrieg Cooper, Michael: Raids, and Complaints, Rise as City Draws on Drug Tips, in: The New York Times vom 26. Mai 1998, Section A, 1, und B,5). Typisch für aggressive order maintenance bzw. quality-of-life policing ist dagegen, daß Begegnungen mit Bürgern, die sich um Kleinigkeiten willen von der Polizei bedrängt sehen, zu Konflikten eskalieren und zu Beschwerden führen. Für diese Beschwerden gibt es seit Dinkins ein von der Polizei unabhängiges Civilian Complaints Review Board, bei dem Beschwerden wegen „unnecessary force, abuse of authority, discourtesy, offensive language" eingebracht werden können. Schon vor 1993 begann die Zahl dieser Beschwerden zu steigen, vor allem wohl, weil rund 5.000 unerfahrene Beamte neu eingestellt worden waren („The good news is: We got 5.000 new police officers". The bad news is: We got 5.000 new police officers", so Chief John Laffey in einem Interview. Mangel an Respekt gegenüber Angehörigen von Minoritäten vor allem seitens junger Polizisten bestätigten auch andere Interviewpartner). 1994 stieg die Zahl nochmals, nunmehr wohl auch aufgrund des quality of life policing, von 16,1 auf 21,4 Beschwerden pro 1.000 Festnahmen, sank aber dann bis 1997 um 41% auf 12,6 (vgl. Citizens Budget Commission 1997, 32–35). Der einfache Polizeibeamte fürchtet solche Beschwerden, denn sie sind karriereschädlich (wie er überhaupt mit seiner Verpflichtung, gegen Ordnungswidrigkeiten strenger vorzugehen, in der Regel keineswegs glücklich ist, weil das Arbeit und Konflikte schafft). Außerdem werden seit Lancierung der CPR-Strategie (Courtesy Professionalism Respect als Wahlspruch des NYPD) im Juni 1996 bei den Compstat Meetings auch die gegen das

3   Die Kriminalitätsentwicklung

Die folgenden Tafeln zeigen die Gesamtentwicklung der Kriminalität
von 1970 bis 1997 sowie die Entwicklung von Mord und nicht-
fahrlässigem Totschlag für die Jahre 1967 bis 1997.

Kriminalitätsentwicklung in New York City

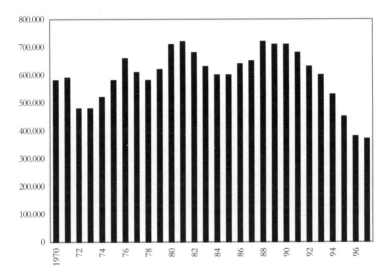

Personal eines Precincts aufgelaufenen Beschwerden abgehandelt, die Revierleiter müssen sich dafür verantworten und beschreiben, wie sie mit besonders
belasteten Beamten umgehen. Die Stadt hat nicht nur aus image-, sondern wegen der außerordentlich hohen Schadenersatzforderungen auch aus finanziellen
Gründen ein Interesse daran, gegen Polizeibrutalität vorzugehen.

Mord und Totschlag (ohne Versuche) in New York City

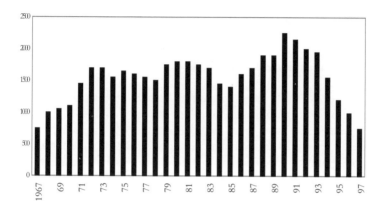

Die Zahlen zeigen über die neunziger Jahre hin eine kontinuierliche Abnahme der Kriminalität, die sich auch 1998 fortgesetzt hat. Gegenüber den ersten sechs Monaten 1993 haben Mord und Totschlag in den ersten sechs Monaten 1998 um 69,3% und hat die gesamte Index-Kriminalität um 49,3% abgenommen, Schußwechsel sind um 67,4% und die Zahl der Opfer von Schußwechseln ist um 66,3% zurückgegangen.[32] Bemerkenswert ist, daß das Kriminalitätsniveau in New York City früher stets über dem nationalen gelegen hatte, in den neunziger Jahren aber immer weiter darunter liegt, wobei das sinkende nationale Niveau zum Teil auch noch auf den Rückgang in New York zurückzuführen ist. Im Vergleich zu allen anderen Großstädten Amerikas hat die Kriminalität in New York schneller und dauerhafter abgenommen, und die Stadt, die einst als Symbol für Unordnung und Kriminalität stand, rangierte 1997 unter 189 Großstädten mit über 100.000 Einwohnern an 150. Stelle.[33] Zudem ist die Kriminalität in allen fünf Boroughs (bzw. acht Police Boroughs) relativ gleichmäßig gesunken. Es kann also nicht von einem Verdrängungseffekt von einer Gegend in die andere geredet werden und auch nicht davon, daß die Polizeimaßnahmen nur den Wohlhabenden zugute kämen. Wenn die reiche Upper East Side vier

---

[32] Für die Tafeln danke ich Deputy Commissioner Mike Farrell vom NYPD, in dessen Büro sie zusammengestellt wurden; für die Angaben zu 1998 vgl. Mayor's Press Office Release #310–98, http://www.ci.nyc.ny.us/html/om/html/98b/pr310–98.html.

[33] Vgl. Mayor's Press Office Release #006–98, http://www.ci.nyc.ny.us/html/om/html/97/pr006-98.html.

Tote weniger hat, bedeutet das für das Ghetto von East New York bei gleichem Prozentsatz 51 Opfer weniger. Durch besseren Schutz der Reichen allein könnte man die Kriminalitätsraten gar nicht in dem Maße senken, weil die Masse der Straßenkriminalität nicht nur von den, sondern auch gegen die unteren Schichten begangen wird.

4   Die kriminologische Diskussion

Kann man den Zahlen trauen? Zunächst ist festzuhalten, daß hier nur die vom FBI in den Uniform Crime Reports erfaßten acht sog. Index Crimes gezählt sind, also Mord und Totschlag, Vergewaltigung, Raub, Schwere Körperverletzung, Einbruch, Schwerer Diebstahl, Autodiebstahl und Brandstiftung. Die große Zahl der reinen Drogendelikte ist nicht einbezogen, außerdem keine Wirtschaftskriminalität oder organisierte Kriminalität. Das ändert allerdings nichts an der großen Linie, denn auch in diesen anderen Bereichen sind Erfolge erzielt worden.[34] Könnte es sein, daß die Zahlen nicht Veränderungen der Kriminalität, sondern nur Veränderungen bei der Erstellung der Statistik widerspiegeln? Werden weniger Taten angezeigt, oder definiert die Polizei angezeigte Taten runter? Beides ist unwahrscheinlich. Je aktiver und aggressiver die Polizei vorgeht, desto mehr Taten müßten aus dem Dunkelfeld zum Vorschein kommen, bei Mord ist das Dunkelfeld von vorneherein gering, ebenso beim Autodiebstahl wegen der Versicherungsmeldungen. Und obwohl ein Fall dokumentiert ist, in dem ein Precinct Commander aus der Bronx seine Leute angewiesen hatte, bei der Definition von Körperverletzung sehr restriktiv vorzugehen, spricht die Bekanntheit und Verurteilung dieses einen Falles eher gegen eine allgemeine Praxis, die in bezug auf Tötungen, Schußwechsel, Autodiebstahl sowieso nur schwer durchzuhalten wäre.

Die meisten Kriminologen akzeptieren also auch die Zahlen, bleiben aber skeptisch gegenüber der monokausalen Erklärung, die Bürgermeister und New York Police Department diesen Zahlen geben. Sie weisen darauf hin, daß der Rückgang der Kriminalität schon vor 1993 begonnen habe und schon deshalb nicht nur auf die neue Sicherheitspolitik zurückzuführen sei. Da es sich außerdem um ein nationales Phänomen

---

[34] Polizeiquellen geben einen Anstieg der Arrests for Narcotics Offenses von 65.043 im Jahre 1993 auf gegen Ende des Jahres 1997 geschätzte 107.000 an. Die organisierte Kriminalität ist ein besonderes Steckenpferd Giulianis, und der Erfolg seiner polizeilichen, straf- und vor allem verwaltungsrechtlichen Maßnahmen gegen die fünf New Yorker Mafia-Familien übertrifft eher noch die Erfolge gegen die Straßenkriminalität; vgl. Giuliani 1997 und Jacobs, James B. (with Coleen Friel and Robert Radick): Gotham Unbound. How New York City was Liberated from the Grip of Organized Crime, New York/London 1999.

handelt, greife die Erklärung durch eine lokale Politik zu kurz. Als Alternativerklärungen werden vor allem die folgenden angeboten:

- Demographische Veränderungen. Am höchsten belastet insbesondere mit Tötungsdelikten ist die Bevölkerungsgruppe der 15–29jährigen Männer, wobei hier wiederum schwarze etwa acht- bis neunmal soviel Tötungsdelikte begehen wie weiße. Wenn diese Bevölkerungsgruppe schrumpft, ist zu erwarten, daß Tötungsdelikte zurückgehen. Tatsächlich ist in den USA, während die Bevölkerung insgesamt gewachsen ist, ein Rückgang dieser Altersgruppe zu verzeichnen, und in New York City ist dieser Rückgang besonders ausgeprägt. Von 1985 bis 1995 sank die absolute Zahl der weißen Männer zwischen 15 und 29 um fast 40%, die der schwarzen um 17%. Allerdings hat der weitaus größte Rückgang bei den schwarzen schon vor 1991 stattgefunden, also in einer Zeit, als die Mordrate steil nach oben ging; zudem ist die Zahl der hispanischen Männer dieses Alters während des ganzen Jahrzehnts stetig und insgesamt um etwa 20% nach oben gegangen. Das spricht eher nicht für eine kausale Beziehung zwischen diesen beiden Variablen.[35]
- Veränderungen auf dem Arbeitsmarkt. Die Arbeitslosenquote ist in den USA im letzten Jahrzehnt ziemlich stark zurückgegangen und lag im Juni 1998 bei 4,5%. In New York City lag und liegt sie jedoch weit höher als im übrigen Land: sie lag im Januar 1991 bei 7,5%, stieg zwischenzeitlich an, lag z.B. im Januar 1997 bei 9,9% und erreichte den Stand von 1991 erst wieder im Juni 1998 (nach starker Zunahme der Arbeitsplätze in der privaten Wirtschaft).[36] Diese Zahlen können nicht erklären, warum die Kriminalität in den 1990er Jahren in New York City gefallen ist, und vor allem nicht, warum sie dort stärker gefallen ist als im übrigen Land. Erschwerend kommt auch noch hinzu, daß die Arbeitslosenquote der besonders kriminalitätsbelasteten jungen schwarzen Männer erheblich über dem städtischen Durchschnitt liegt; in Harlem soll sie mindestens 60% betragen.[37]
- Veränderungen auf dem Drogenmarkt. Die Crack-Epidemie, die um 1985 in einigen Großstädten, vor allem auch in New York City, voll eingesetzt hatte, brachte einen steilen Anstieg der Gewalt, der

[35] Vgl. Fagan, Jeffrey/Zimring, Franklin E./Kim, June: Declining Homicide in New York City. „A Tale of Two Trends" in: Journal of Criminal Law and Criminology 88 (1998), S. 1277-1323, hier 1306-1312.

[36] Mayor's Press Office Release #351–98, http://www.ci.nyc.ny.us/html/om/html/98b/pr351-98.html; Nissen 1998, 154.

[37] Persönliche Mitteilung, Interview mit dem ehemaligem Black Panther und heutigen Direktor des Community Justice Center in Harlem, Eddie Ellis.

Schießereien und Tötungsdelikte mit sich, weniger als Folge des Drogenkonsums, sondern vielmehr als Ausdruck heftiger Auseinandersetzungen der zahlreichen Händler um Marktanteile.[38] Seit 1990 ging die große Crack-Welle zurück. Nach der sogenannten younger-brother-theory wurde die jüngere Generation abgeschreckt von dem hohen Gewaltniveau, das auch für Unbeteiligte das Straßenleben unerträglich machte, und von der verheerenden Wirkung, die die Droge auf die Gebraucher hatte. Crack-heads waren nicht mehr cool (dagegen stieg die Popularität von Heroin wieder). Zudem hatte sich im Laufe der Zeit – wie Ethnographen berichten – der Crack-Markt stabilisiert, aus der offenen Konkurrenz waren besser abgesteckte Reviere hervorgegangen, die Zahl der Dealer war gesunken, und ebenso die Zahl der gewalttätigen Auseinandersetzungen. Unter dem Druck der Polizei zogen sich die Dealer von der Straße in Wohnungen zurück, und der Wohnungshandel ist weniger gewaltbelastet als der Straßenhandel.[39] Diese Erklärung ist ziemlich überzeugend. Allerdings muß man sehen, daß die Polizei an dieser „strukturellen" Ursache ihren Anteil hat und daß der Rückgang eigentlich nur insoweit erklärt wird, als der Anstieg auf die Crack-Epidemie zurückzuführen war. Da die Mordrate aber mittlerweile weit unter den Stand von 1985 gesunken ist, müssen andere Faktoren im Spiel sein. (Übrigens verbietet dieses Faktum auch, etwa von normalen Wellenbewegungen der Kriminalität zu sprechen und den Rückgang als eine erwartbare Regression auf ein vorheriges Niveau anzusehen.) Zudem gilt die Erklärung für eine bestimmte Form von Gewaltkriminalität, nämlich für Auseinandersetzungen mit Schußwaffen, nicht für andere Kriminalitätsformen, z.B. Autodiebstahl, und sagt nichts über deren Rückgang aus.

- Hohe Einsperrungsrate. Die Zahl der Gefängnisinsassen in jails und prisons von Bund, Bundesstaaten und Gemeinden der USA ist, nachdem sie von 1960 bis 1975 gefallen war, seit 1980 in Riesenschritten gestiegen und betrug im Juni 1997 über 1,7 Millionen, 645 auf 100.000 der Bevölkerung im Vergleich zu den deutschen 85.[40]

[38] Vgl. Goldstein, Paul G./Brownstein, Henry H./Ryan, Patrick J./Bellucci, Patricia A.: Crack and Homicide in New York City, 1988. A Conceptually Based Event Analysis, in: Contemporary Drug Problems 17 (1990), 651–687.

[39] Vgl. Curtis, Richard: The Improbable Transformation of Inner-City Neighborhoods. Crime, Violence, Drugs and Youth in the 1990s", in: Journal of Criminal Law and Criminology 88 (1998), 1233-1276; sowie Golub, Andrew L./Johnson, Bruce D.: Crack's Decline. Some Surprises Across U.S. Cities (National Institute of Justice Research in Brief, 1997), http://ncjrs.org/txtfiles/165707.txt.

[40] Vgl. Walmsley, Roy: Prison Populations in Europe and North America. Some Background Information, Helsinki 1997 (HEUNI Paper No. 10); Ca-

Im Staate New York verdoppelte sich die Zahl der Gefangenen, von denen etwa 70% aus New York City kommen, zwischen 1985 und 1991, während die Kriminalität und besonders die Mordrate parallel dazu steil anstiegen. Danach sanken die Kriminalitätszahlen, während die Einsperrungsrate weiterhin nach oben ging. Daraus schließen manche Autoren, daß kein Zusammenhang anzunehmen ist, und daß vor allem eine einfache incapacitation, das Unschädlichmachen durch Einsperren, nicht zum unmittelbaren Erfolg in Hinblick auf Kriminalitätsraten führt.[41] Andere sehen die Sache differenzierter, sehen längerfristige Wirkungen und vor allem einen Zusammenhang von Kriminalitätsrate und Straferwartung, in die neben der Strafhöhe die Festnahmewahrscheinlichkeit, Anklage-, Verurteilungs- und Einsperrungswahrscheinlichkeit eingehen.[42] Das scheint mir ziemlich schlüssig; dabei wird aber auch sofort deutlich, daß die entscheidende Rolle bei der Kriminalitätsbekämpfung bzw. -vorbeugung der Polizei zukommt, denn die Festnahmewahrscheinlichkeit, d. h. die Kontrolldichte auf der Straße, ist bei der Berechnung der Straferwartung derjenige Faktor, der am meisten ins Gewicht fällt: Ist er niedrig, nützen die höchsten Strafen nichts (– und ist er hoch, können die Strafen entsprechend niedriger sein!).

- Private Sicherheitsmaßnahmen. Die Verbrechenswelle der 1980er und frühen 1990er Jahre führte dazu, daß private Bürger mehr Vorsichts- und Schutzmaßnahmen ergriffen, u.a. ihre Wohnungen einbruchsicherer machten – so daß sozusagen die Kriminellen die braven Bürger nunmehr hinter Gitter gesetzt haben. Die privaten Sicherheitsdienste boomten, zu den doormen in den großen Wohnhäusern kamen die kräftigen Wächter in den Einzelhandelsgeschäften. Von besonderer Bedeutung waren und sind die Business Improvement Districts (BIDs), Zusammenschlüsse privater Unternehmer eines bestimmten Stadtbezirks, die von allen dort ansässigen Firmen einen finanziellen Beitrag erheben und davon Sicherheits- und Reinigungsdienste bezahlen, Suppenküchen für die homeless unterhalten, die touristische Infrastruktur verbessern usw., im Grunde also eine Quality-of-Life-Politik im Sinne der Broken-Windows-Theorie betreiben – und zwar mittlerweile durchaus

---

plow/Simon (1998); Weitekamp, Elmar G.M.: And the Band Played On oder Wahnsinn und kein Ende. Amerikanische Strafrechtspolitik, in: Ortner/Pilgram/Steinert (1998), 67–86.

[41] Z.B. Fagan/Zimring/Kim (1998), 1316f.

[42] Vgl. Reynolds, Morgan O.: Crime and Punishment in America. 1997 Update, Dallas 1997.

in enger Zusammenarbeit mit der Polizei.[43] Ein Pendant dazu waren in der ersten Hälfte der 1990er Jahre – und sind z.T. noch heute – ganz neuartige Gangs, die Latin Kings und die Ñetas, in denen sich puertoricanische Jugendliche in den Armenvierteln und Gefängnissen organisierten. In den Gefängnissen sind sie vor allem Selbsthilfegruppen gegen Gefahren, die von ethnisch anderen ausgehen. Aber sie versuchen auch, eine selbstbewußte „lateinische" Identität und eine positive Einstellung zu Familie und Nachbarschaft zu vermitteln und als Schutz gegen die Versuchungen von Gewalt und Drogen aufzubauen.[44] Natürlich sind sie, wie die Nation of Islam, ideologisch erklärte Feinde der weißen Gesellschaftsordnung und erst recht der Polizei, wirken aber ebenso wie die Polizei auf eine Senkung des Gewaltniveaus hin.

Überblickt man diese Thesen, so zeigt sich, daß keine einzige eine wirkliche Erklärungsalternative zur neuen Polizeistrategie darstellt. Was die Maßnahmen sozialer Kontrolle von anderer Seite als der Polizei betrifft, so haben diese wahrscheinlich die polizeilichen Maßnahmen verstärkt, aber eben nur verstärkt, keineswegs alleine den Rückgang bewirkt. Von den als mögliche Ursachen aufgeführten strukturellen Faktoren ist offensichtlich nur die Entwicklung auf dem Drogenmarkt bedeutsam, und auch hier hat die Polizei ja eine maßgebliche Rolle gespielt.[45] Andere Faktoren, z.B. die Entwicklung auf dem Arbeitsmarkt, können vielleicht einiges zur Erklärung der geringeren Kriminalität in den gesamten USA beitragen, waren aber gerade in New York weniger ausgeprägt als anderswo. Der Rückgang in New York übertrifft andererseits bei weitem denjenigen in der Gesamtnation, den er zudem noch zu einem erheblichen Teil bedingt. Zu der Frage, ob man nicht in anderen Städten mit anderen, weniger aggressiven Polizeistrategien auch Erfolge errungen hat, gibt es noch sehr wenig Information; die Erfolge sind jedenfalls nirgends größer und die Strategien wohl häufig auch nicht so sehr unterschiedlich.[46] Die hohe Einsperrungsquote, das Abebben der Crack-

---

[43] Im Bereich der Grand Central Partnership in Manhattan sank, während Maßnahmen dieser Art durchgeführt wurden, zwischen 1989 und 1992 die Kriminalität um 42%; vgl. Kelling/Coles (1996), 113f.

[44] Vgl. Curtis (1998), 1263-1267.

[45] Das Beispiel Subway hatte ja sowieso schon gezeigt, daß Veränderungen in der Kriminalitätsbelastung ohne jegliche Veränderung in den strukturellen Bedingungen zustande kommen können.

[46] Vgl. etwa für Boston, wo die Polizei mit einer punktuellen Zero-Tolerance-Methode, der sog. Hebel-Methode (entwickelt von einer Wissenschaftlergruppe der Kennedy School of Government an der Harvard University), sehr erfolgreich vorgeht, Kennedy, David M.: Pulling Levers. Chronic Offenders, High-Crime Settings, and a Theory of Prevention, in: Valparaiso University Law Review 31(1997), 449–484.

Epidemie und auch erste Veränderungen bei der Polizei (mehr Polizisten und mehr Fußstreifen noch unter Dinkins) könnten erklären, warum die Kriminalität schon vor 1994 zurückging; die rapide Non-Linearität der Bewegung wird aber erst nach 1993 richtig deutlich, und der Abfall bis unter die Niveaus der drei vorhergehenden Jahrzehnte sowie die Dauerhaftigkeit dieser Entwicklung erfordern eine andere Erklärung.[47] Je steiler die fallende Kurve ist und je länger sie anhält, desto bedeutsamer wird die Polizeistrategie als ursächlicher Faktor.

Es sieht also alles danach aus, daß die Erfahrungen des „Experiments New York" mindestens zwei kriminologische Dogmen in die Krise bringen. Erstens sind es offenbar keineswegs nur die tieferen, strukturellen Ursachen, die Umfang und Entwicklungstendenzen der Kriminalität bestimmen, sondern auch und vielleicht vorrangig kriminalpolitische Maßnahmen.[48] Zweitens wird es nun noch schwieriger, die sowieso erstaunliche, aber nichtsdestotrotz oft dogmatisch vertretene Meinung aufrechtzuerhalten, es gäbe keine generalpräventive Wirkung solcher kriminalpolitischer Maßnahmen. Hinzu kommt noch, daß die

---

[47] In der ersten Hälfte der Periode 1990–1996 sank die Kriminalität im Jahr um durchschnittlich 6%, in der zweiten Hälfte um durchschnittlich 14% (vgl. Citizens Budget Commission 1997, 20). – Die sogenannte Tipping-Point-Theorie (in der Soziologie spricht man auch von critical mass-Modellen, Schwellenmodellen oder Ansteckungsmodellen) nutzt Erkenntnisse aus der Epidemiologie von Krankheiten zur Erklärung nicht-linearer, explosionsartiger Entwicklungen. Eine Krankheit bleibt endemisch, solange sich nicht mehr Leute anstecken als auch wieder gesund werden; wenn aber z.B. bei schlechtem Wetter mehr Leute die U-Bahn benutzen und enger zusammenstehen, kann der Virus einige Leute mehr erreichen, die dann wiederum einige Leute mehr erreichen und eine kritische Masse bzw. den tipping point überschreiten, so daß in kurzer Zeit eine Epidemie entsteht. Gewalt bei Drogenhändlern und Jugendgangs kann man auch als ansteckend ansehen; denn sie hat reziproken Charakter: Gewalttaten führen zu vergeltenden Gewalttaten, Schießereien lösen Racheakte gleicher Art aus, wenn einer bewaffnet ist, muß sich der andere besser bewaffnen, ein Rüstungswettlauf beginnt usw. Wenn es gelingt, hier erfolgreich zu intervenieren, kann man meist mehr als Einzelereignisse unterbinden, und wenn man die Zahl der Schießereien unter eine kritische Masse drücken kann, fallen ganze Reaktionsketten in sich zusammen. (Vgl. Crane, Jonathan: The Epidemic Theory of Ghettos and Neighborhood Effects on Dropping Out and Teenage Childbearing, in: American Journal of Sociology 96 (1991), 1226–1259; Gladwell, Malcolm: The Tipping Point, in: The New Yorker, 3. Juni 1996, 32–38)

[48] Natürlich sind politische Maßnahmen und strukturelle Bedingungen sowieso nicht strikt auseinanderzuhalten, bedingen sich vielmehr gegenseitig. So wurden z.B. in New York City auch durch mehr Ordnung und Sicherheit die Voraussetzungen geschaffen, nun auch die root causes anzugehen, d.h. in die wirtschaftliche Entwicklung von Ghettos zu investieren, deren Infrastruktur zu verbessern, Familien zu stärken, regelmäßigen Schulbesuch zu fördern usw. Ein Symptom für die wirtschaftliche Auswirkung des legendären crime crash ist die Zahl der amerikanischen und internationalen Touristen, die 1997 mit 33 Millionen eine Rekordmarke erreichte.

Art der kriminalpolitischen Maßnahmen entsprechend der Broken Windows-Theorie in der Linken zumindest umstritten ist.[49] Jedenfalls findet man unter Kriminologen und Sozialwissenschaftlern (und in Deutschland noch mehr als in Amerika) viele kritische Stimmen und viele Versuche, die Rolle der Polizei zu minimieren und die ganze Politik Giulianis als Repression darzustellen. Die Mehrheit der New Yorker Bevölkerung scheint nicht dieser Ansicht zu sein: 1997 wurde der als Person unbeliebte Giuliani in einer Stadt, in der die weiße Bevölkerung nur noch 40% beträgt und zu einem guten Teil traditionell demokratisch-liberal orientiert ist, mit 58% der Stimmen wiedergewählt, was noch keinem Republikaner gelungen war.

---

[49] Vgl. für eine Kritik an der Linken, die aus ideologischen Gründen die Vorteile der Polizeistrategie – auch und vor allem für die Unterschicht – nicht sehen will, Tomasky, Michael: The Left and Crime, in: Dissent, Fall 1997, 85–90, sowie die Antworten von Elliot Currie, Esther R. Fuchs und Randall Kennedy nebst Tomaskys Erwiderung ebd. 90–96.

Abstracts

MARTIN DINGES UND FRITZ SACK: Unsichere Großstädte?

After a conceptual and historical reconstruction of the problem of public safety the authors concentrate on the present discourse of the topic. They develop a line of argument that is diametrically opposed to the mainstream public, political and even - though to a lesser extent - criminological discussion. Instead of complying with the ordinary „democracy-at- work-hypothesis" which holds that the political and public concern about public safety and the increasing punitivity in all advanced industrialized societies originates in the amount and rise of crime the authors suggest a partially reversed causal model. Following a pattern of reasoning that has been developed during the last few years, notably by American and English scientists, the authors pull together a lot of empirical evidence and theoretical arguments which support the idea that the concern about crime and public safety is essentially, though not exclusively, based on factors and sources outside the area of crime and related issues. A major role in the social construction of the safety issue is played by state and political actors who focus on this topic in compensation for the loss of importance and relevancy on the traditional fields of state activities like welfare and social issues. The obvious return of more penal repression and social punitivity corresponds and has ultimately to be related to the transformation of most of the modern states into neo-liberal „market" societies.

PETER SCHUSTER: Hinter den Mauern das Paradies?
Sicherheit und Unsicherheit in den Städten
des späten Mittelalters

The English word security as well as the French word sécurité became more popular in the fifteenth century. Obviously just at this time a necessity to talk about security emerged. In so far we may conclude that we move in a time where the feeling of insecurity increased. This essay examines one aspect of security in late medieval cities. Did the people feel concerned about an increasing criminality? Three main results can be stressed. The citizens of late medieval towns did not feel more threatened by criminality than the villagers. In opposite they showed a certain pride to have established an effective legal system. Certainly there was an endemic violence in late medieval cities. But it is rarely emphasized as a problem in contemporary sources. The fear was not to become a victim of an assault but to die suddenly by accident or mysterious disease. The legal practice suggests all in all that the citizens were mostly concerned about the security of their property. The death penalty affected first of all thieves. Leading them to the gallow, the city demonstrated the will to ascertain the security of the citizen's property. But those did not really feel secure: among the insults the word thief was most common.

ANDREA BENDLAGE: Städtische Polizeidiener in der Reichsstadt Nürnberg im 15. und 16. Jahrhundert

Due to its detailed police ordinances and its important security apparatus, the Imperial town of Nuremberg is generally regarded as an outstanding example of a severely ruled municipality, especially for the period running from the 14th to the 16th century. Despite the important research that has been done on legal texts, there is little known about the reality of Nuremberg's *Sicherheitspolitik*, i.e. about the conditions and the ways of applying the criminal law. This paper on the Nuremberg town-beadles (*Stadtknechte*) deals therefore with the duties, the working-conditions, and the every-day-life of the low ranks of the administration. It focuses on conflicts between citizens and beadles in order to show how differently the notion of 'security' was conceived on either of both sides. Conflict lines were not always separating clearly one group from the other, because beadles would often intervene in favour of the delinquent citizen, protecting him for example by preventing him from being arrested. These 'professional faults' and the loose sense of duty (high absence rates) of the beadles were nevertheless only mildly punished by the town council. Was this reserve a sign of impuissance and can it therefore be taken as an indicator of a structural weakness of the criminal law enforcement? By considering the fact that the law enforcement in Nuremberg was less a repressive attempt of perfect control than a reliable method of preserving the city's security by means of compensation and appeasement between the victim and the perpetrator, this question has to be denied. Whereas the system of appeasement is especially well established in the 14th and 15th centuries, a change to a more severe attitude of the town council during the 16th century has to be noticed. This turn to a policy of coercion had an immediate effect on the town-beadles who, as being the visible representatives of these, had to deal with the often violent reactions of exasperated citizens.

CARL A. HOFFMANN: Bürgersicherheit und Herrschafts-sicherung im 16. Jahrhundert – Das Wechselverhältnis zweier frühmoderner Sicherheitskonzepte

Security of citizens and security of political power were linked closely together. Early modern magistrates had to protect the physical well-being and material interests of their citizens. The „state" maintained institutions from guards in the streets up to the inner circle of govern-ment partly in order to provide this function and partly to secure power. Popular demand for protection from dangers and violence in early modern societies legitimated political authority as well as the divine right of rulers and magistrates. Co-operation between state and populace became unavoidable even if many saw the new norms and ordinances, as intervention in daily life and reacted with resistance. Leading groups, as well as the whole legal system, depended not only on toleration, but also on active participation of the subjects. This is the reason why we can not simply understand the relations between rulers and subjects as purely and necessarily antagonistic in structure. We also have to assume that the ruling system, especially in urban societies, was influenced by the citizens who therefore had an interest to preserve it. Actual political, social, religious and economic developments greatly influenced the rela-tionship between citizens and magistrates. For example, great conflicts between ruling classes and subjects can be linked to the religious changes of the 16th century, and the increase of population caused social problems often related to a rise in criminality. These phenomena and their effects on the correlation under investigation still needed to be examined.

PETER BLASTENBREI: Unsicherheit als Lebensbedingung: Rom im späten 16. Jahrhundert

The daily life in the city of Rome in the late 16th century was marked by an extremely high degree of interpersonal violence, a fact whose dimen-sions are even sufficiently proven by quantitative standards. The likeli-hood to fall a victim of violence was high, so it is not too surprising that contemporaries frequently stressed the necessity of a severe, if not bloody administration of the law. The Papal justice however could an-swer those expectations only partially, not at least because of the delicate balance of power within the city of Rome. Frequent fluctuations be-tween severity and indulgence as principles of justice administration in the late 16th century once more impaired the readiness of the Romans to cooperate and caused more and more repugnance against its activities.

GERD SCHWERHOFF: Insel des Friedens oder Brennpunkt der Gewalt? Die Reichsstadt Köln (ca. 1470–1620.)

The essay analyses the actual factors of insecurity and their contemporary perception in the free city of Cologne at the beginning of the early modern period. This is accomplished on the basis of criminal historical data. The source material used for this purpose only allows a very limited view on the use of violence in families and households, to which women were exposed. Besides, in comparison to the dangers with which the population outside the city boundaries had to come to terms, the inhabitants of the lower Rhinish metropolis could feel fairly secure within the limits of their city walls. Sensational crimes such as murders combined with robbery or kidnappings were the exception within the city and did not provoke a general feeling of threat. A very real danger for life and limb were the omnipresent violent rituals among men, which served the purpose of definding one's honour. Due to the fact that these rituals were widely accepted this endemic form of violence was not preceived as threatening. Thus, real danger and the public perception of violence tended to be diametrically opposed to their relationship as conceived in modern cities.

JOACHIM EIBACH: Die Straßen von Frankfurt am Main: Ein gefährliches Pflaster? Sicherheit und Unsicherheit in Großstädten des 18. Jahrhunderts

Regulations of the authorities drew a picture of insecurity in 18th-century Frankfurt am Main. In contrast to this self-reflective discourse the contents of criminal archives as well as journey reports lead to a different conclusion. Frankfurt was neither a place of high crime rates nor was it by the contemporaries perceived to be a dangerous town. The situation was quite different in the new metropolitan areas of London and Paris, where property grew rapidly and property crimes were feared by the upper classes. After 1789 crime was also perceived to be a threat to the state. A new means of control was first created in 18th-century Paris, then adopted in other cities: the modern-type police.

DIETLIND HUECHTKER: „Unsittlichkeit" als Kristallisationspunkt von Unsicherheit: Prostitutionspolitik in Berlin (1800–1850)

At the beginning of the nineteenth century, administrative officials, the urban middle class (Bürgertum) active in municipal politics, and depictions of Berlin in the feuilleton section of the newspapers were all intensively concerned with issues of urban poverty, prostitution, immorality, and insecurity. In the daily contention over the reorganization of poor-relief policy, control of space within the city (that is, the city's public sphere), and the treatment of prostitution itself, new relationships between state and society and between state and citizens resulting from the Prussian reforms were implemented in practice. Irrespective of all dissension among the protagonists, prostitution and immorality functioned as topoi for mutual understanding. Prostitution policy localized immorality in the lower strata of society and in women. The concentration on prostitutes represented a model solution, so to speak, for renegotiating the boundaries between public control and private liberties, and for using social distinctions to conceptualize public safety and gender difference to conceptualize public control.

NORBERT FINZSCH: Polizei und sichere Stadt: African-Americans und irische Einwanderer in der Hauptstadt der USA (1860–1870)

Based on empirical research with archival material from the Metropolitan Police Department of Washington DC the author focusses on the practice of every day racism and the methods of social control by police units in a racialized and gendered city. The initial hypothesis that arrest records will reflect everyday racism in terms of sheer quantity could not be proved: Discrimination against Irish immigrants – used as a control group – turned out to be even more flagrant than against African Americans. Instead, a more complex scheme emerges in which African Americans seem to have been under the influence of all kinds of restricting rules and regulations which determined the way in which the interacted among themselves and with the white majority.

HERBERT REINKE: „Großstadtpolizei": Städtische Ordnung und Sicherheit und die Polizei in der Zeit des deutschen Kaiserreiches (1871–1918)

The years of the German Empire – from the French-German war of 1870/71 to the end of the First World War in 1918 – were a period of dramatic change for German economy and society. Among the changes that occurred, urban development was one of the most prominent ones. This made security in the cities an eminent problem, but security problems did not figure on top of the police priorities – at least not in the average German big city of that period: 'order' in the city became the central concern for urban police forces – with 'order' pertaining to wide range of urban topics, from the behaviour of youth in the streets, to a sanitary problems, to the order of the weekly public market etc.

PETER LEßMANN-FAUST: Gewalt und Gewaltmonopole. Parameter der „Inneren Sicherheit" in der Weimarer Republik.

In the period of civil war following the revolution from November 1918, the revolutionary Reich government under chancellor Friedrich Ebert choose military power as an instrument to restore internal security. Until the Kapp-Lüttwitz-Putsch the army worked as a police power and established de facto a system of military dictatorship in the Reich's interior politics. Coming into power after the failure of the Kapp-Lüttwitz-uprising, the new Prussian government under Otto Braun and Carl Severing restored the police power of the biggest Land in the Reich and fought the privileged status of the army in the Reich's internal security. Nevertheless, the Prussian police failed in protecting the Weimar Republic from the NSDAP's and the KPD's street-fighting methods to destabilise public life and the democracy, because she was trained for infanteristic action, following the experience of the civil-war-period of the early twenties. The work of the police-officers to fight right-wing and left-wing radicals was made fruitless by Jurisdiction and Reich-Governments giving more and more way to the Nazi purge of power.

PATRICK WAGNER UND KLAUS WEINHAUER: Tatarenblut und Immertreu. Wilde Cliquen und Ringvereine um 1930 – Ordnungsfaktoren und Krisensymbole in unsicheren Zeiten.

Our contribution analyses some characteristica and the public perception of the „Ringvereine" (associations of the underworld) in Berlin and of the „Wilde Cliquen" (wild youth gangs). While many people felt themselves harassed by these social groups, they gave their members feelings of social integration and security. On the one hand, „Ringvereine" as well as „Wilde Cliquen" became more visible during the Weimar years when compared to the Kaiserreich. On the other hand, they became objects of sensational press and book reports. Moreover, the actions of both groups pointed towards the limited scope of state power. While the police could theoretically declare to secure law and order in the working class neighbourhoods, the enforcement of this claim often clashed with competing social norms and values of the local society. Even during the national-socialist era the police could not totally destroy the social networks of the Ringvereine and of the „Wilde Cliquen".

Susanne Krasmann: Kriminologie der Unternehmer-Gesellschaft

The foucauldian concept of governmentality implies a specific manner of analyzing power, scrutinizing the ways of subjectivation corresponding to political rationalities. The figure of the entrepreneur characteristic of neo-liberal mentalities of government is also relevant for the shaping of crime. Taking into consideration the limits of the sovereign state Garland claimed a bifurcation of criminological theory, a normalization and demonization of the criminal. The analysis here points out that these are two different representations of the same strategy of crime prevention, implying specific mechanisms of responsibilization and exclusion.

Klaus Ronneberger: Die revanchistische Stadt. Überwachen und Strafen im Zeitalter des Neoliberalismus

Since the 1980s, socio-economic conditions within major urban regions have been fundamentally transformed. The form of socio-spatial polarization which characterizes American cities has not been established in Germany, but nevertheless here too emerge zones of poverty and enclaves of prosperity. With the decline of traditional industries, the economic complexion of cities is being altered. Consumption and entertainment industries are replacing factories and production sites. Central areas of the city are being revalorized or transformed into entertainment zones. In this manner, the practices of using and appropriating public space are being transformed. Not only local state agencies and businesses but the majority of the population have come to perceive the visible presence of marginal groups as a threat to social order and as a loss of control over the city. Municipal ordinances, private security services and police agencies are being mobilized to expel unwanted groups and to maintain bourgeois standards of normality. This new moral order is intended to hold together a fragmented society and to territorialize the growing distance between social classes. A new type of feudal urban citizenship appears to be crystallizing in which different rights and privileges are viewed as natural and legitimate.

Hubert Beste: Zentrale Raumkontrolle in Frankfurt am Main im ausgehenden 20. Jahrhundert

During the last thirty years, the metropolitan area of Frankfurt/Main has seen the development of new concepts of security and public order, indicating a fundamental change of perspective of social control. This development was accompanied by changed political and social patterns of exclusion as well as by different enemy concepts. The growing commodification of control, which could be defined as circumstantial and as subject to persons and space, follows the image of the 'safe and clean city', which defines itself as a 'theme-park' and tries at the same time to gain a lead in terms of image in the race for 'prime location' amongst the various cities. The inner city area is to be understood as a strategic space which, within its different zones, distinguishes itself particularly through a very high level of security, which in turn is geared towards the exclusion of certain disturbing social groups. The increasing exclusion of the so-called 'fringe groups' can be described using the expression of the 'revanchist city', which is characterised by a lower level of tolerance and a more profiled form of public reglementation instead.

HENNER HESS: Neue Sicherheitspolitik in New York City

In the early 1990's, New York City was regarded as an especially dangerous place. Crime and all sorts of disorder and incivilities seemed to be out of control, fear of crime was rampant. In the course of the 1990's, though, crime rates were reduced by more than half and New York now appears to be the safest of all big cities in America. To explain this astonishing development, several factors are usually considered: demographic changes, changes in the labor market, changes in the drug markets, the incapacitation policy with its high rates of imprisonment, a rise in private security measures and, finally, new forms of policing. A careful analysis of all these alleged causes reveals the last one as the most important, if not decisive: more police, a reorganization of the New York Police Department which rendered it more efficient, and the new strategy of quality of life policing. A detailed description of this new strategy modelled upon the broken windows theory demonstrates how reducing disorder can prevent crime.

Autorenporträts

ANDREA BENDLAGE, Wissenschaftliche Mitarbeiterin an der Universität Bielefeld im DFG-Forschungsprojekt 'Zur Entstehung des Öffentlichen Strafrechts'. *Veröffentlichungen*: Hüter der Ordnung. Bürger, Rat und Polizei in Nürnberg im 15. und 16. Jahrhundert, in: MVGN 82 (1995), S. 37–55; Die alltägliche Staatsgewalt. Arbeitsweise und Auftreten der Exekutive in der vormodernen Stadt, in: Neithard Bulst, Peter Schuster (Hg.), Gewalt. Ausprägung, Wahrnehmung und Regulierung von Gewalt in der Vormoderne, (erscheint 2000); Zur Monopolisierung des Strafrechts. Gesellschaftliche Relevanz und Reichweite obrigkeitlicher Normen in der Reichsstadt Nürnberg im 15. und 16. Jahrhundert. (mit Ulrich Henselmeyer) (erscheint 2000).

HUBERT BESTE, Wissenschaftlicher Mitarbeiter am Institut für Sozialpädagogik und Erwachsenenbildung der Universität Frankfurt/M. Seit April 2000 wissenschaftlicher Angestellter am Institut für interdisziplinäre Konflikt- und Gewaltforschung der Universität Bielefeld (Leiter: Prof. Dr. W. Heitmeyer). *Veröffentlichungen u.a.*: Kontrollpolitik zwischen Privatisierung und staatlicher Herrschaftssicherung, in: K.-D. Bussmann/R. Kreissl (Hg.): Kritische Kriminologie in der Diskussion. Theorien, Analysen, Positionen, Opladen 1996, S. 311–332; Policing the Poor – Profitorientierte Sicherheitsdienste als neue Kontrollunternehmer, in: Ch. Gusy (Hg.): Privatisierung von Staatsaufgaben: Kriterien – Grenzen –Folgen, Baden-Baden 1998, S. 180–214; Morphologie der Macht: Urbane ‚Sicherheit' und die Profitorientierung sozialer Kontrolle, Opladen 2000.

PETER BLASTENBREI, Privatdozent an der Universität Mannheim, 1986 Promotion mit einer Arbeit zur Sozialgeschichte der Söldner der italienischen Renaissance, 1988–1991 Mitglied des Deutschen Historischen Instituts in Rom, 1994 Habilitation an der Universität Mannheim mit einer Arbeit über die Delinquenz in der Stadt Rom im späten 16.Jahrhundert, seit Oktober 1999 Gastdozent am Deutschen Historischen Institut in Rom.

MARTIN DINGES, Stellvertretender Leiter des Instituts für Geschichte der Medizin der Robert Bosch Stiftung in Stuttgart und apl. Professor an der Universität Mannheim. *Veröffentlichungen u.a.*: Stadtarmut in Bordeaux (1525–1675) – Alltag, Politik, Mentalitäten, Bonn 1988; Der Maurermeister und der Finanzrichter. Ehre, Geld und soziale Kontrolle im Paris des 18. Jahrhunderts; Medizinkritische Bewegungen im Deutschen Reich (ca. 1870 – ca. 1933), Stuttgart 1996 (Herausgeber); Hausväter, Priester, Kastraten. Zur Konstruktion von Männlichkeit in Spätmittelalter und Früher Neuzeit, Göttingen 1998 (Herausgeber). Aufsätze: Normsetzung als Praxis? oder: Warum werden die Normen zur Sachkultur und zum Verhalten so häufig wiederholt und was bedeutet dies für den Prozeß der „Sozialdisziplinierung"?, in: G. Jaritz u.a. (Hg.): Norm und Praxis im Alltag des Mittelalters und der Frühen Neuzeit, Wien 1997, S. 39–53; Formenwandel der Gewalt in der Neuzeit. Zur Kritik der Zivilisationstheorie von Norbert Elias, in: R. P. Sieferle/ H. Breuninger (Hg.): Kulturen der Gewalt. Ritualisierung und Symbolisierung von Gewalt in der Geschichte, Frankfurt M. 1998, S. 171–194; Justiznutzungen als soziale Kontrolle in der Frühen Neuzeit, in: A. Blauert/ G. Schwerhoff (Hg.): Kriminalitätsgeschichte. Beiträge zur Sozial- und Kulturgeschichte der Vormoderne, Konstanz 2000, S. 503–544.

JOACHIM EIBACH, Wiss. Ang. am Lehrstuhl für die Geschichte der Frühen Neuzeit an der Universität Gießen. *Veröffentlichungen u.a.*: Der Staat vor Ort. Amtmänner und Bürger im 19. Jahrhundert am Beispiel Badens, Frankfurt/M. – New York 1994; Gerüchte im Vormärz und März 1848 in Baden, in: Historische Anthropologie 2 (1994), S. 245–64; Kriminalitätsgeschichte zwischen Sozialgeschichte und Historischer Kulturforschung, in: Historische Zeitschrift 263 (1996), S. 681–715; Städtische Gewaltkriminalität im Ancien Régime. Frankfurt am Main im europäischen Kontext, in: Zeitschrift für historische Forschung 25 (1998), S. 359–82; Stigma Betrug: Delinquenz und Ökonomie im jüdischen Ghetto, in: Helmut Berding u.a. (Hg.), Kriminalität und abweichendes Verhalten, Göttingen 1999, S. 15–38; Recht – Kultur – Diskurs. Nullum Crimen sine Scientia, in: Zeitschrift für Neuere Rechtsgeschichte 22 (2000).

NORBERT FINZSCH, Professor am Historischen Seminar der Universität Hamburg. *Veröffentlichungen u.a.*: Die Goldgräber Kaliforniens: Arbeitsbedingungen, Lebensstandard und politisches System um die Mitte des 19. Jahrhunderts, Göttingen 1982. Obrigkeit und Unterschichten: Zur Geschichte der rheinischen Unterschichten gegen Ende des 18. und zu Beginn des 19. Jahrhunderts, Stuttgart 1990. Herausgeberschaften: Different Restorations: Reconstruction and „Wiederaufbau" in the United States and Germany: 1865–1945–1989, Providence RI, Oxford, 1996 (mit Jürgen Martschukat). The Prerogative of Confinement: Social, Cultural, Political and Administrative Aspects of the History of Hospitals and Carceral and Penal Institutions in Western Europe and North America, 1500–1900, Cambridge, New York 1996 (mit Robert Jütte). Identity and Intolerance: Nationalism, Racism, and Xenophobia in Germany and the United States, Cambridge, New York 1998 (mit Dietmar Schirmer). Zur 'Ökonomie des Strafens': Gefängniswesen und Gefängnisreform im Roerdepartement nach 1794, in: Rheinische Vierteljahresblätter, Bd. 54, 1990, S. 188–210. Von Benin nach Baltimore: Die Geschichte der Afro-Amerikaner von der europäischen Besiedlung bis zur Gegenwart, 1999. 'To Punish as well as to Reform': Zur Geschichte des Strafvollzugs in der amerikanischen Bundeshauptstadt vor Beginn des Bürgerkrieges, in: Norbert Finzsch; Hermann Wellenreuther (Hg.), Liberalitas: Festschrift für Erich Angermann, Stuttgart 1992, S. 413–442. Städtische Sicherheit und ländliche Unsicherheit: Soziale Probleme und Stadt-Landbeziehung im Rheinland im frühen 19. Jahrhundert, in: Herbert Reinke (Hg.), „... nur für die Sicherheit da..."?: Zur Geschichte der Polizei im 19. und 20. Jahrhundert, Frankfurt – New York 1993, S. 137–157. Rassistische Gewalt im Süden der USA, 1865–1920, in: Kriminologisches Journal 26, 1994, S. 191–209. Das Gefängnis in Washington D.C., 1831–1862: Vorüberlegungen zu einer historischen Untersuchung der Kriminalität, in: Kriminologisches Journal 24, 1992, S. 290–299.

HENNER HESS, Professor am Institut für Sozialpädagogik und Erwachsenenbildung der Universität Frankfurt. *Veröffentlichungen u.a.*: Mafia. Zentrale Herrschaft und lokale Gegenmacht, Tübingen 1970, 4. Aufl. 1993 (ital. 1973, 4. Aufl. 1993; engl. 1973, 2. Aufl. 1998; span. 1976); Ghetto ohne Mauern. Ein Bericht aus der Unterschicht, Frankfurt/M. 1973; Rauchen. Geschichte, Geschäfte, Gefahren, Frankfurt/M. 1987; La rivolta ambigua. Storia sociale del terrorismo italiano, Firenze 1991; Was ist Kriminalität? Skizze einer konstruktivistischen Kriminalitätstheorie, in: Kriminologisches Journal 27 (1997), S. 83–155 (mit Sebastian Scheerer); mehrere Herausgeberschaften und ca. 60 Aufsätze in Fachzeitschriften und Sammelbänden; zwei Literaturpreise: Premio Nazionale Iglesias 1973 und Premio Nazionale Empedocle 1982.

CARL A. HOFFMANN, Wissenschaftlicher Mitarbeiter am Lehrstuhl für Bayerische und Schwäbische Landesgeschichte der Universität Augsburg. Hauptsächliche Forschungsschwerpunkte im Bereich der Stadt- und der Kriminalitätsgeschichte. *Veröffentlichungen u.a.*: Landesherrliche Städte und Märkte im 17. und 18. Jahrhundert. Studien zu ihrer ökonomischen, rechtlichen und sozialen Entwicklung in Oberbayern, Kallmünz 1997; zahlreiche Aufsätze zur Sozial- und Wirtschaftsgeschichte von Städtelandschaften, zum Problem des Verhältnisses von Stadt und Landesherr, zur Protoindustrialisierung, zur Rechts- und Kriminalitätsgeschichte.

DIETLIND HÜCHTKER, Wissenschaftliche Mitarbeiterin an der Martin-Luther-Universität Halle Wittenberg; Veröffentlichungen zur Frauen- und Geschlechtergeschichte, Geschichte der Armut 18./19. Jh., Geschichte der Polizey in Baden 18./19. Jh. u.a.: Einvernehmen und Distanz. Auseinandersetzungen über eine Bitt- und Bettelkultur (Berlin 1770–1838), in: WerkstattGeschichte 4 (1995), 17–28; Prostitution und städtische Öffentlichkeit. Die Debatte über die Präsenz von Bordellen in Berlin 1792–1846, in: Ulrike Weckel u.a. (Hg.), Ordnung, Politik und Geselligkeit der Geschlechter im 18. Jahrhundert, Göttingen 1998; „Elende Mütter" und „liederliche Weibspersonen". Geschlechterverhältnisse und Armenpolitik in Berlin (1770–1850), Münster 1999.

SUSANNE KRASMANN, Wissenschaftliche Mitarbeiterin am Aufbau- und Kontaktstudium Kriminologie der Universität Hamburg. *Veröffentlichungen u.a.:* Andere Orte der Gewalt, in: S. Krasmann/S. Scheerer (Hg.): Die Gewalt in der Kriminologie, Weinheim 1997, S. 85–102; Simultaneität von Körper und Sprache bei Michel Foucault, in: Leviathan 23 (1995), S. 240–262.

PETER LEßMANN-FAUST, pädagog. Mitarb. und stellvertr. Direktor des Informations- und Bildungszentrums Schloß Gimborn. *Veröffentlichungen u.a.:* Die preußische Schutzpolizei in der Weimarer Republik. Streifendienst und Straßenkampf, Düsseldorf 1989; Industriebeziehungen zwischen Deutschland und Frankreich während der deutschen Besatzung 1940–1944. Das Beispiel Peugeot – Volkswagenwerk, in: FRANCIA 17/3 (1990), S. 120–153; Ford Paris im Zugriff von Ford Köln 1943. Das Scheitern des Projekts eines europäischen Automobilkonzerns unter deutscher Leitung, in: Zeitschrift für Unternehmensgeschichte, 38 (1993), S. 217–33; Au poste perdue. La police en Prusse 1930–1933, in: Jean-Marc Berlière/Denis Peschanski (Hg.), Pouvoirs et Polices au XXe Siècle, Bruxelles 1997, S. 45–61; The Case of Berlin 1929, in: Richard Bessel/Clive Emsley (Hg.), Patterns of Provocation: Police and Public Disorder, Oxford 2000.

FRITZ SACK, Em. Soziologe und Kriminologe, zuletzt Universität Hamburg, langj. Leiter des Aufbau- und Kontaktstudiums Kriminologie der Univ. Hamburg. *Veröffentlichungen u.a.:* Probleme der Kriminalsoziologie, Bd. 12 Handbuch der empir. Sozialforschung, hg. v. R. König,

Stuttgart 1969, 1978; (Hg. m. R. König), Kriminalsoziologie, Frankfurt a.M. 1968; Stadtgeschichte und Kriminalsoziologie. Eine historisch-soziologische Analyse abweichenden Verhaltens, Opladen 1972; Definition von Kriminalität als politisches Handeln: der labeling approach. Kriminologisches Journal 1972; (Hg. mit Klaus Lüderssen) Seminar Abweichendes Verhalten, Bde. I – IV, Frankfurt 1974 ff.; (Mitherausg. u. Mitverf.) Kleines Kriminologisches Wörterbuch, Heidelberg 1974, 1985, 1993; (Mitherausg. u. Mitverf.) Protest und Reaktion. Analysen des Terrorismus, Bd. 4/2, Opladen 1984; Das Elend der Kriminologie und Überlegungen zu seiner Überwindung. Ein erweitertes Vorwort, in: Ph. Robert, Strafe, Strafrecht, Kriminologie. Eine soziologische Kritik, Frankfurt u. Paris 1990; Kriminologie aus deutscher Sicht, in: H.J. Albrecht u. J. Kürzinger (Hg.), Kriminologie in Europa – Europäische Kriminologie?, Freiburg 1994; (Mitherausg. u. Mitverf.) La prévention de la délinquance en Europe. Nouvelles stratégies, Paris u. Montréal 1997.

HERBERT REINKE, Wissenschaftlicher Mitarbeiter am Fachbereich Gesellschaftswissenschaften der Bergischen Universität / Gesamthochschule Wuppertal. *Veröffentlichungen u.a.*: Herausgeber von: „...nur für die Sicherheit da..."? Zur Geschichte der Polizei im 19. und 20. Jahrhundert, Frankfurt 1993; Mitherausgeber von: Privatisierung sozialer Kontrolle. Befunde, Konzepte, Tendenzen, Baden-Baden 1995; Mitherausgeber von: G. Fürmetz, K. Weinhauer (Hg.): Nachkriegspolizei. Sicherheit und Ordnung in Ost- und Westdeutschland 1945–1969, Hamburg 2000; dergl.: M. Althoff u.a. (Hg.): Integration und Ausschließung. Kriminalpolitik und Kriminalität in Zeiten gesellschaftlicher Transformation, Baden-Baden 2000; Mitherausgeber der Zeitschrift: Crime, History & Societies / Crime, Histoire & Sociétés, Genf 1997ff..

KLAUS RONNEBERGER, geb. 24.11.1950, Studium der Sozialpädagogik, der Kulturanthropologie und europäischen Ethnologie, der Soziologie und Politikwissenschaften. Langjähriger Mitarbeiter am Institut für Sozialforschung Frankfurt a. Main. Gegenwärtig freier Publizist. Arbeitsschwerpunkte: Neue städtische Konsumtionskomplexe, öffentlicher Raum und „innere Sicherheit", Neoliberalismus. *Veröffentlichungen*: Stadt-Welt (Herausgeber mit P. Noller und W. Prigge), Frankfurt – New York 1994; Die neue Dienstleistungsstadt (mit P. Noller), Frankfurt – New York 1995; Capitales Fatales (Herausgeber u.a. mit R. Keil und C. Schmid), Zürich 1995; Die Stadt als Beute (mit S. Lanz und W. Jahn), Bonn 1999. Gefährliche Orte – Unerwünschte Gruppen. Zur ordnungspolitischen Regulation städtischer Räume in den neunziger Jahren, in: WeltTrends, Nr. 17/1997; Kontrollierte Autonomie und rigide Norm. Zur neoliberalen Restrukturierung des Sozialen, in: Widersprüche, Nr. 69/1998; Die Stadt der „Wohlanständigen" und die neuen „gefährlichen Klassen". Der Umbau der Städte zu Konsumfestungen, in: Wilfried Breyvogel (Hg.): Stadt, Jugendkulturen und Kriminalität, Bonn, 1998; Die Stadt als Themenpark? In: Kulturzentrum Schlachthof Bremen (Hg.): parcs in space, Bremen/Boston, 1999.

GERD SCHWERHOFF, Professor für die Geschichte der Frühen Neuzeit an der TU Dresden. *Veröffentlichungen* Aktenkundig und gerichtsnotorisch. Einführung in die historische Kriminalitätsforschung, Tübingen 1999; Mitherausgeber von: Kriminalitätsgeschichte. Studien zur Sozial- und Kulturgeschichte der Vormoderne, Konstanz 2000.

PETER SCHUSTER, 1997 Habilitation an der Universität Bielefeld. 1998–2000 Lehrstuhlvertretung an der Universität Göttingen. *Veröffentlichungen u.a.*: Das Frauenhaus. Städtische Bordelle in Deutschland (1350–1600), Paderborn 1992. Der gelobte Frieden. Täter, Opfer und Herrschaft im spätmittelalterlichen Konstanz, Konstanz 1995. Eine Stadt vor Gericht. Recht und Alltag im spätmittelalterlichen Konstanz, Paderborn 2000.

PATRICK WAGNER, Wissenschaftlicher Mitarbeiter am Historischen Seminar der Universität Freiburg. *Veröffentlichungen* zur Geschichte von Kriminalität und Polizei und zur Hamburger Regionalgeschichte, u.a.: Volksgemeinschaft ohne Verbrecher. Konzeptionen und Praxis der Kriminalpolizei in der Zeit der Weimarer Republik und des Nationalsozialismus, Hamburg 1996; Displaced Persons in Hamburg. Stationen einer halbherzigen Integration 1945 bis 1958, Hamburg 1997; Ehemalige SS-Männer am "Schilderhäuschen der Demokratie"? Die Affäre um das Bundesamt für Verfassungsschutz 1963/64, in: G. Fürmetz/H. Reinke/K. Weinhauer (Hg.): Nachkriegspolizei. Sicherheit und Ordnung in Ost- und Westdeutschland 1945–1969, Hamburg 2000.

KLAUS WEINHAUER, Dr. phil., Wissenschaftlicher Mitarbeiter am Historischen Seminar der Universität Hamburg. *Veröffentlichungen* zur internationalen Arbeiter- und Streikgeschichte. Zusammen mit G. Fürmetz und H. Reinke Herausgeber des Sammelbands, Nachkriegspolizei. Sicherheit und Ordnung in Ost- und Westdeutschland 1945–1969, Hamburg 2000; Gesellschaftsbild und Staatsverständnis der westdeutschen Polizei, in: A. Schildt u.a. (Hg.), Dynamische Zeiten. Die sechziger Jahre in beiden deutschen Staaten, Hamburg 2000.